1990

petit Larousse
de la médecine

petit Larousse
de la médecine

sous la direction du

Professeur André Domart

Professeur de clinique à la faculté de médecine de Paris

et du

Docteur Jacques Bourneuf

Ancien externe des hôpitaux de Paris

tome 1

17, RUE DU MONTPARNASSE - 75298 PARIS CEDEX 06

Cet ouvrage a été réalisé avec le concours

des docteurs Philippe CRIMAIL, *chef du Service de gynécologie-obstétrique du C.H.I. de Montreuil, maître de conférence libre à l'U.E.R. de Paris XIII.*

Pierre DUPOUX, *chirurgien, ancien chef de clinique à la faculté de médecine de Paris.*

Dominique de GALARD.

Alexandra GIRAUD.

Didier PATTE, *interne des hôpitaux de Paris.*

Sylvie ROBERT, Claudine VIGNERON

et de Hélène BOURNEUF, *psychologue.*

Micheline VAN CAMELBEKE, *docteur en droit.*

Secrétariat de la rédaction. Alexandra GIRAUD.

Georges PÉGUET.

Maquette de Serge LEBRUN

ISBN 2-03-730004-2 (édit. complète)
ISBN 2-03-730005-0 (tome 1)

Achevé d'imprimer le 25 mai 1989 pour la Librairie Larousse.
Nº d'éditeur 15.164. Dépôt légal : mai 1982. Imprimé en Italie
par NEW INTERLITHO-MILAN.

à l'attention du lecteur

La médecine est une science qui fascine chacun d'entre nous parce qu'elle nous parle de notre corps, nous décrit les mécanismes complexes et admirables qui nous permettent de vivre, nous explique pourquoi ces mécanismes s'enrayent parfois, entraînant la maladie, et nous dit ce qu'il faut faire pour guérir.

Si les connaissances médicales semblent, à ceux qui ne sont pas médecins, appartenir à un monde mystérieux et lointain, difficile d'accès, c'est le plus souvent par ignorance du sens des termes scientifiques ou techniques et des mécanismes physiologiques et pathologiques. Ceux-ci et ceux-là sont en réalité accessibles au plus large public, pour peu qu'on se donne la peine de définir les mots et d'expliquer clairement les phénomènes.

Le Petit Larousse de la Médecine a été conçu dans cet esprit pour apporter à tous la possibilité de connaître le fonctionnement du corps humain, les causes et l'évolution de ses maladies, et de comprendre les raisons et les modes d'action des différents traitements.

Naturellement, les connaissances ainsi acquises ne permettront pas de remplacer le médecin, ni dans la complexe élaboration d'un diagnostic, ni dans la décision d'appliquer un traitement, tant on connaît les difficultés rencontrées dans ces actes intellectuels et les dangers que peuvent faire courir les thérapeutiques modernes si elles sont mal appliquées.

En revanche, ce livre pourra rendre de grands services dans les cas d'urgence, accidents, intoxications, malaises, en indiquant les gestes à faire et surtout ceux à ne pas faire en attendant l'arrivée du médecin. Après son départ, il permettra de mieux comprendre ce qu'il aura dit et de mieux appliquer ses prescriptions.

Présentés selon l'ordre alphabétique, les articles du Petit Larousse de la Médecine apportent d'abord les définitions de tous les mots médicaux courants, ce qui permet de comprendre, outre ce qu'a pu vouloir dire un médecin, le sens d'une phrase lue dans un journal, dans un livre, ou entendue à la radio ou à la télévision.

Des développements encyclopédiques, plus ou moins importants selon les sujets, complètent et explicitent les définitions. Ils concernent la description des organes (cerveau, cœur, foie, etc.), celle des maladies (infections, fièvres, tumeurs, etc.) ou des blessures (plaies, brûlures, etc.).

Les mécanismes par lesquels les causes des maladies provoquent les différents symptômes sont exposés chaque fois que la compréhension de l'affection le nécessite. La description des symptômes, syndromes et maladies a été faite avec le maximum de soin et de clarté afin que le lecteur sain ne soit pas tenté de s'en croire atteint. Par contre, tout symptôme constaté par un sujet et qui aurait pu lui paraître insignifiant pourra, avec la lecture du livre, se trouver rattaché à ses diverses causes possibles et incitera à consulter sans tarder le médecin.

Les raisons pour lesquelles celui-ci prescrira tel ou tel examen complémentaire, conseillera tels soins médicaux ou chirurgicaux seront mieux comprises, ce qui pourra faire gagner du temps et améliorer l'efficacité du traitement.

Parmi les nombreuses rubriques abordées, citons la description des inconvénients et dangers des produits ménagers et industriels, et les moyens d'y remédier; les risques que font courir les maladies infectieuses et contagieuses ainsi que les précautions d'hygiène qui permettent de s'en protéger.

Les plantes médicinales, qui gardent un intérêt certain à l'époque actuelle, sont pour la plupart citées avec leurs différents emplois. Les problèmes de la sexualité et de la contraception sont abordés avec précision, en tenant compte des plus récentes dispositions législatives.

Sur le plan du droit médical et de la sécurité sociale, toutes les indications sont fournies pour permettre au lecteur de connaître au mieux ses droits.

Enfin, à côté de la description des grandes névroses et des psychoses, une place importante est faite à toutes les difficultés de vivre, si souvent rencontrées : angoisses, anxiété, obsessions, dépressions, souvent causes de symptômes divers, et qui relèvent autant de la psychologie que de la psychiatrie.

Présenté dans un format maniable pour en faciliter l'utilisation, le **Petit Larousse de la Médecine** *a dû, pour condenser le maximum de notions pratiques et de renseignements utiles, réduire les développements scientifiques et techniques et les considérations théoriques. Ce complément d'information, le lecteur curieux le trouvera dans le* **Larousse de la Médecine,** *en trois volumes.*

Comme dans ce dernier ouvrage, les sujets de référence sont présentés sous forme d'«encadrés» auxquels le lecteur aura intérêt à se reporter. De nombreux renvois par astérisque (*) ou par indication directe (v. tel mot) faciliteront ce type de recherches qui peuvent paraître fastidieuses, mais qui ont été nécessaires pour éviter de traiter plusieurs fois un même sujet.

Une liste explicative des principaux préfixes et suffixes entrant dans la composition des termes médicaux permettra de trouver le sens de nombreux mots composés à partir de racines connues.

De nombreux dessins et schémas explicitent le texte, et des photographies sélectionnées visualisent les principaux aspects de la pathologie et de la thérapeutique.

Malgré tout le soin apporté à la confection du **Petit Larousse de la Médecine** *et en raison de l'étendue du domaine qu'il vise à embrasser dans ses modestes proportions, une erreur aura pu s'y glisser. Nous ne saurions être tenus pour responsables de ses conséquences ni d'une interprétation erronée, car, rappelons-le, aucun livre ne peut remplacer l'avis du médecin.* □

PRÉFIXES USUELS EMPLOYÉS EN MÉDECINE

a-, an-	privatif	méso-	au milieu de
anti-	contre	méta-	changé, déplacé
brachy-	court	micro-	petit
brady-	lent	mono-	unique, seul
dys-	anomalie	multi-	nombreux
ecto-	en dehors	pachy-	épaissi
endo-	en dedans	pan-	généralisé
eu-	normal	para-	parallèle à, à côté de
exo-	extérieur à	pauci-	pauvre, peu nombreux
extra-	extérieur à, en dehors de	per-	en même temps que, au travers de
holo-	entier, permanent	péri-	autour de
hyper-	excessif	poly-	multiple, plusieurs
hypo-	insuffisant	post-	postérieur à, en arrière de
infra-	au-dessous de, plus petit que	pré-	antérieur à, en avant de
inter-	entre	proto-	antérieur à, au début de
intra-	dans, intérieur	pseudo-	qui ressemble à, mais qui est
iso-	conforme à la norme		de nature différente
juxta-	à côté de	pyo-	purulent
macro-	grand	sub-	au-dessous de, plus petit que
mégalo-	très grand	super-	au-dessus de, plus grand que

SUFFIXES USUELS

-algie	douleur	-ose	lésion dégénérative ou
-ase	enzyme		inflammatoire chronique
-ectasie	dilatation	-pathie	souffrance de, maladie de
-ectomie	ablation chirurgicale	-pexie	fixation chirurgicale de
-émie	taux sanguin de	-plastie	restauration chirurgicale de
-iforme	ayant la forme de	-rragie	écoulement de sang
-ite	inflammation aiguë	-rraphie	suture
-lyse	fonte, destruction	-thérapie	thérapeutique
-lytique	qui fond, qui détruit	-stomie	abouchement
-oïde	qui évoque ou qui ressemble à	-tomie	incision
-ome	tumeur	-urie	taux urinaire
-orrhée	écoulement de		

ABRÉVIATIONS ET UNITÉS DE MESURE
LES PLUS UTILISÉES EN MÉDECINE

μ (lettre grecque *mu*) : millième de millimètre ou micromètre ou micron

μg : millième de milligramme ou microgramme, également γ (*gamma*)

μmol : micromole, millionième de mole

vg : nanogramme : millième de microgramme

mEq : milliéquivalent, millième d'équivalent

mmol : millimole, millième de mole

pg : picogramme : millionième de microgramme.

abaisse-langue n. m. Instrument utilisé pour appuyer sur la base de la langue, afin de ne pas être gêné dans l'examen de la gorge.

abandon n. m. **Sentiment et névrose d'abandon.** En psychiatrie, l'abandon signifie la rupture des liens affectifs et matériels qui attachent un être à son entourage, qu'il s'agisse de sa famille ou d'un groupe social plus vaste.

L'être abandonné éprouve des sentiments très pénibles de désarroi, de tristesse et d'injustice. Il vit sa situation comme une perte irréparable. Les conséquences psychologiques en sont plus ou moins graves. Chez l'adulte, on peut voir apparaître un grand désespoir, allant jusqu'au suicide, ou des accès de colère et d'agressivité. Le traitement consiste en une psychothérapie, des mesures d'assistance, des médicaments psychotropes.

Chez l'enfant, l'abandon provoque des troubles du développement psychique et physique. Un retard psychomoteur, des maladies respiratoires et digestives sont fréquents.

L'enfant abandonné peut sombrer dans un état de torpeur, de passivité et d'indifférence apparente, ou, au contraire, se montrer très anxieux, en alternance avec des périodes de jalousie excessive et d'agressivité. Le traitement est délicat ; on peut essayer de modifier le milieu familial ou recourir à une psychothérapie et à la création d'un milieu plus favorable.

abasie n. f. Impossibilité de marcher, d'origine nerveuse, indépendante de tout trouble musculaire, généralement associée à l'impossibilité de se tenir debout (astasie*).

abats n. m. pl. Viscères animaux employés pour l'alimentation : cervelle, foie, rognons (reins), ris de veau (thymus), rate, tripes (intestin).

Très nourrissants, ils sont cependant difficiles à digérer. Riches en nucléoprotéides*,

dont la dégradation aboutit à l'acide urique, ils sont déconseillés chez les goutteux et les insuffisants rénaux chroniques (urémiques).

abattement n. m. Diminution importante des forces physiques et du tonus général de l'individu, souvent attribuable à une cause générale : maladie au long cours, intoxication, fièvre élevée, ou à une cause psychologique : mélancolie, dépression. (Syn. : PROSTRATION.)

abcès n. m. Collection de pus dans une cavité créée par le développement de l'infection et dont les parois sont faites du tissu voisin refoulé et modifié. — L'abcès se différencie ainsi des épanchements purulents dans des cavités préformées ou des séreuses (kystes infectés, pleurésies purulentes, etc.).

Abcès chaud. La cause la plus fréquente en est la piqûre septique, mais le germe peut pénétrer par voie lymphatique ou sanguine ; les germes le plus fréquemment rencontrés sont le staphylocoque et le streptocoque. La pullulation des micro-organismes entraîne l'émission de toxines qui détruisent les tissus par cytolyse (fonte des cellules) ; l'organisme se défend en luttant directement contre l'agresseur : les leucocytes sortis des vaisseaux par diapédèse* et les cellules du tissu conjonctif phagocytent (absorbent) les germes et les digèrent par leurs ferments. Les débris cellulaires et tissulaires, les corps microbiens tués forment le *pus*. L'isolement du foyer infectieux est réalisé par l'établissement d'une barrière infranchissable aux germes, due à la prolifération du tissu conjonctif de voisinage : ainsi est formée la *coque* de l'abcès. Cette double réaction défensive peut faire avorter l'abcès, qui ne dépasse pas alors le stade congestif.

Symptômes. Dans un premier *stade congestif,* les signes locaux sont ceux de l'inflammation : rougeur, chaleur, gonflement, douleur ; des signes généraux les accompagnent : fièvre, petits frissons, insomnie ; une adéno-

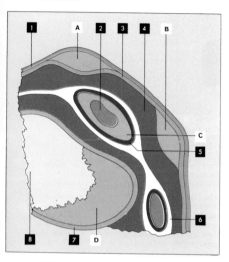

Différents types d'abcès :
A. Sous-épidermique ; B. Sous-dermique ;
C. Phlegmoneux de la gaine du tendon ;
D. Sous-périosté. — 1. Épiderme ;
2. Tendon d'un muscle ; 3. Derme ;
4. Tissus cellulo-graisseux ;
5. Gaine du tendon ; 6. Aponévrose ;
7. Périoste ; 8. Os.

pathie (gros ganglion) peut apparaître dans le territoire lymphatique correspondant.

La *suppuration* amène des modifications locales : augmentation de volume avec ramollissement au centre, modification de la douleur, qui devient pulsatile ; si l'abcès est superficiel, apparition de la *fluctuation** ; l'hémogramme montre une augmentation des globules blancs (leucocytes) et surtout des polynucléaires.

Traitement. Incisé et correctement drainé, l'abcès chaud évolue rapidement vers la guérison. Dans certains cas (germe très virulent, état général précaire, diabète), l'infection s'étend localement (phlegmon* diffus), parfois même essaime à distance par décharge des microbes dans le sang (septicémie ou septicopyohémie).

Les antibiotiques administrés tout au début peuvent empêcher la constitution de l'abcès, mais, une fois apparue la suppuration, le seul traitement est chirurgical : incision large, évacuation du pus, drainage de la cavité.

Abcès froid. On désigne sous ce nom les abcès dus au bacille de Koch que l'on observe au cours de la tuberculose* osseuse ou ostéoarticulaire et certains abcès dus à des champignons (mycoses*). Ils se constituent de façon lente, sans réaction inflammatoire apparente.

abdomen n. m. Partie inférieure du tronc, située entre le thorax en haut et le petit bassin en bas.

Anatomie.
Parois de l'abdomen. La colonne vertébrale (de la 12e vertèbre dorsale à la 5e lombaire), la partie inférieure de la cage thoracique, le bassin composent le cadre osseux de l'abdomen, cadre sur lequel s'insèrent de nombreux muscles. Le *diaphragme**, qui sépare le thorax de l'abdomen, constitue la paroi supérieure ; la paroi antérolatérale est formée de chaque côté par quatre muscles : *grand oblique, petit oblique, transverse* (muscles larges) et *grand droit* de l'abdomen. La paroi postérieure est formée par les *muscles spinaux* (vertébraux), les muscles *grand oblique, grand dorsal, petit dentelé* et *petit oblique, transverse, carré des lombes* et *psoas-iliaque.*

Abdomen.
Radiographie sans préparation :
1 et 2. Reins ;
3 et 4. Muscles psoas ;
5. Foie ;
6 et 7. Gaz dans le côlon droit ;
8. Colonne vertébrale ;
9. Os iliaques ;
10. Sacrum ; 11. Fémurs ;
12. Côtes.

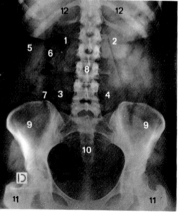

La paroi abdominale présente plusieurs *points faibles :* en particulier le canal inguinal, l'anneau crural, l'ombilic et la ligne blanche; par un de ces points faibles peut s'extérioriser un organe intra-abdominal, réalisant une *hernie**.

Contenu de l'abdomen. Il est constitué essentiellement par le tube digestif abdominal, enveloppé du péritoine*. En arrière de ces viscères se trouve l'espace *rétropéritonéal* où cheminent l'*aorte** abdominale et la *veine cave* inférieure*. Le sang du tube digestif, collecté par la *veine porte**, traverse le foie* et retourne à la veine cave par les veines sus-hépatiques. Le long des gros vaisseaux se trouvent les axes lymphatiques et nerveux (sympathique et parasympathique). De part et d'autre de l'axe vertébral se trouvent les *reins**, surmontés des *glandes surrénales**.

Les *organes intrapéritonéaux* sont les viscères digestifs compris entre l'œsophage* et le rectum* : estomac*, duodénum*, intestin* grêle et côlon*, les formations glandulaires s'y attachant : foie* et voies biliaires*, pancréas*, rate*, et les nerfs, vaisseaux et lymphatiques s'y rapportant.

Pathologie traumatique. *Les plaies de l'abdomen.* Particulièrement fréquentes en chirurgie de guerre, elles sont dues dans la pratique civile à des projectiles de petit calibre, des instruments tranchants ou piquants. *Toute plaie de l'abdomen doit être explorée chirurgicalement* dans l'ignorance où l'on est des lésions sous-jacentes, et cela quels que soient l'agent vulnérant, le siège et l'aspect de la « porte d'entrée ».

Les contusions de l'abdomen. Ces traumatismes abdominaux sans plaie cutanée sont de plus en plus fréquents du fait de l'augmentation des accidents de la circulation. Contrairement aux plaies de l'abdomen, l'indication opératoire s'impose rarement d'emblée. C'est la surveillance du blessé, poursuivie d'heure en heure, qui permet de voir apparaître et s'étendre une contracture traduisant une péritonite par rupture d'un viscère creux, ou une rupture de la rate, une matité des flancs traduisant un épanchement intrapéritonéal, une aggravation de l'état général malgré une réanimation bien conduite.

Les maladies et lésions de chacun des organes contenus dans l'abdomen (voir page 4) sont traitées à leur ordre alphabétique.

abduction n. f. Mouvement qui écarte un membre ou un segment de membre de l'axe du corps.

abeille n. f. Insecte de l'ordre des *hyménoptères*, muni d'un *dard* dont la piqûre est venimeuse, et qui reste dans la plaie de piqûre.

Abdomen. A. *Paroi antérieure :*
1. Diaphragme; 2. Épigastre; 3. Ombilic;
4. Ligne blanche;
5. Zone inguinale; 6. Zone crurale.
B. *Contenu de l'abdomen :* 1. Rate; 2. Foie;
3. Estomac; 4. Vésicule biliaire;
5. Pancréas; 6. Mésocôlon transverse;
7. Côlon transverse; 8. Intestin grêle;
9. Aorte; 10. Cæcum; 11. Appendice;
12. Rectum; 13. Utérus; 14. Vessie.

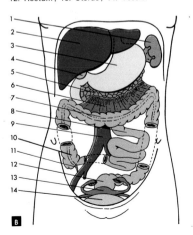

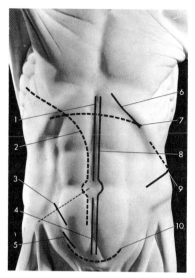

Voies d'abord sur l'abdomen :
1. Laparotomie sus-ombilicale (estomac, voies biliaires, pancréas);
2. Thoraco-phréno-laparotomie (foie, diaphragme);
3. Incision de Mac Burney (appendicite);
4. Laparotomie sous-ombilicale (intestins, appareil génital);
5. Incision oblique (hernies);
6. Incision parallèle au rebord costal (rate);
7. Incision transversale (anastomose porto-cave);
8. Laparotomie xipho-pubienne;
9. Incision latérale (rein);
10. Incision de Pfannenstiel (appareil génital de la femme).

Le plus souvent, la piqûre d'abeille est un accident bénin : douleurs locales vives, apparition d'une papule ortiée (« bouton » rouge), centrée sur le dard et accompagnée de démangeaisons. En cas de piqûres multiples peuvent apparaître des œdèmes* étendus, accompagnés de fièvre et d'accidents nerveux. Certains sièges de piqûres sont dangereux : ainsi la bouche et le pharynx, où l'œdème de la glotte peut entraîner l'asphyxie.

Traitement. Il faut extraire l'aiguillon, avec une pince à épiler ou une brucelle, puis faire une application locale d'eau de Javel et appliquer une pommade calmante (antihistaminique ou anesthésique local). En cas de piqûre buccale : ingestion d'eau salée. En cas d'accidents graves, les corticoïdes, l'adrénaline, les antihistaminiques, des toniques généraux sont administrés par le médecin.

aberration n. f. ABERRATION CHROMOSOMIQUE, anomalie dans le nombre ou la forme des chromosomes*.
Il en existe de congénitales, comme le mongolisme* (trois chromosomes 21), et d'autres qui sont acquises. On en fait le diagnostic par l'établissement d'un *caryotype*.
ABERRATION MENTALE, trouble psychique portant sur l'intellect : fausseté des idées, déviation du jugement du paranoïaque.
ABERRATION SEXUELLE, déviation de la libido hors de l'objet normal du désir sexuel. L'homosexualité, le fétichisme, l'exhibitionnisme sont des aberrations sexuelles.

ablactation n. f. Suppression du lait au cours de l'alimentation d'un enfant. Elle se différencie du *sevrage*, qui est l'arrêt de l'alimentation au sein.
L'ablactation doit s'effectuer de façon très progressive et s'accompagner de l'introduction des décoctions farineuses, puis des bouillies.

ablation n. f. Action d'enlever, de retrancher : ablation d'un organe, d'une tumeur, d'une exostose*. (V. EXÉRÈSE.)

abord n. m. *Voie d'abord*, lieu et tracé de l'incision qu'il convient de faire pour aborder en chirurgie une région anatomique donnée.

abortif, ive adj. et n. m. Se dit d'un produit ou d'une manœuvre utilisés pour provoquer un avortement; se dit aussi d'un traitement qui, institué précocement au début d'une maladie, la fait tourner court.

abouchement n. m. Implantation chirurgicale du moignon d'un viscère creux sectionné dans un autre viscère ou à la peau.

aboulie n. f. Insuffisance ou absence de volonté chez un sujet dont les capacités intellectuelles sont conservées, mais qui ne peut plus prendre de décision ou passer à l'acte.
L'aboulie s'observe dans différents troubles mentaux, notamment la mélancolie*, la névrose* obsessionnelle.

abrasion n. f. Ablation d'une saillie ou d'une tumeur par copeaux successifs (abrasion d'une exostose) ou d'une zone cutanée anormale par frottement (abrasion d'un tatouage).

absence n. f. ABSENCE D'ORGANES, malformation due à l'arrêt de développement d'un organe pendant la vie intra-utérine.

Certaines absences d'organes sont incompatibles avec la vie (anencéphalie = absence d'encéphale*); d'autres posent des problèmes chirurgicaux urgents (aplasie* diaphragmatique, atrésie* de l'œsophage).

ABSENCE DE MÉMOIRE, perte passagère de la mémoire. Le terme d'*absence* désigne aussi des pertes passagères de conscience.

absentéisme n. m. Somme des temps d'absence individuelle des salariés d'une catégorie professionnelle, d'un établissement, d'une entreprise ou de l'ensemble des exploitations d'une région ou d'un pays qui ne sont motivées ni par le chômage, ni par la maladie de longue durée, ni par un congé légal.

absorption n. f. **En physiologie**, processus par lequel des substances extérieures à une cellule pénètrent cette cellule sans lésion de sa membrane. L'absorption est un des mécanismes de la nutrition. (V. INTESTIN, *Absorption intestinale*, et MALABSORPTION.)

En physique, perte d'énergie d'un rayonnement lorsqu'il traverse un corps physique. C'est ainsi que, lors d'une irradiation*, l'organisme *absorbe* de l'énergie.

acanthose n. f. Modification de structure de la peau, consistant en un épaississement de la couche moyenne de l'épiderme : couche des cellules « à épines » ou couche de Malpighi (v. ÉPIDERME).

Généralement associée à une hyperkératose* (épaississement de la couche cornée), l'acanthose s'observe dans de nombreuses affections : lichen* plan, verrues*, psoriasis*.

acanthosis nigricans n. f. Maladie de la peau très rare, caractérisée par des plaques rugueuses, avec exagération des plis et des

Acanthosis nigricans.
On note la pigmentation brunâtre
et la peau rugueuse, épaissie et quadrillée.

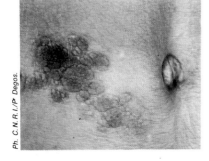

Ph. C.N.R.I./P. Degos.

sillons, apparition de végétations papillaires, et de coloration plus ou moins brunâtre.

Ces plaques siègent aux aisselles, au cou, aux muqueuses (langue, lèvres). Elles peuvent aussi provoquer des anomalies au niveau des ongles et du système pileux.

Chez l'enfant, les lésions peuvent durer indéfiniment. Lorsqu'elles apparaissent à l'âge adulte, elles accompagnent souvent un cancer digestif et régressent après l'ablation de celui-ci (v. PARANÉOPLASIQUES [*syndromes*]).

acariens n. m. pl. Arthropodes de la classe des arachnides.

Les principaux acariens parasites de l'homme sont : les ornithodores (tiques), les demodex (dans les comédons), les dermanysses, les ixodes, les rougets, les sarcoptes (la gale). Ils se nourrissent de sang et peuvent transmettre à l'homme un certain nombre de maladies microbiennes : les borrélioses*, certaines encéphalites* à virus et certaines rickettsioses*. Leur piqûre entraine parfois des signes locaux : douleur, rougeur, œdème.

accélération n. f. Accroissement brusque de la vitesse.

Lors de l'accélération d'un avion, d'une fusée, les passagers se trouvent soumis à l'effet d'une force d'inertie qui peut atteindre plusieurs fois celle de l'attraction terrestre. Cette force déplace les viscères en tirant sur leurs attaches, bloque la respiration et bascule le sang du corps vers l'extrémité située à l'arrière de l'engin. Son effet est particulièrement marqué sur les vaisseaux rétiniens (voile rouge ou noir) et cérébraux (perte de connaissance par anoxie cérébrale).

accès n. m. Apparition brutale d'un ensemble de symptômes, généralement aigus, d'ordre physique ou d'ordre psychique : *accès de fièvre, accès palustre, accès maniaque, accès de mélancolie.*

Les accès peuvent se répéter à intervalles réguliers ou, plus rarement, être isolés. S'ils se renouvellent à intervalles très rapprochés, ils réalisent un *état* de *mal*; on les dit alors *subintrants* : état de mal asthmatique, convulsions subintrantes.

accident n. m. Tout événement fortuit qui produit des lésions du corps.

Les accidents tuent environ 2 000 personnes par jour dans le monde. Aux États-Unis, parmi les personnes de moins de 35 ans, plus des deux tiers des décès sont dus à des accidents et un enfant sur cinq est menacé de mourir d'accident. Les causes des accidents sont multiples : accidents « domestiques » (chutes, brûlures, empoisonnements, asphyxie, etc.), accidents de sport et de vie en plein air (alpinisme, baignades, etc.), accidents du travail*. Mais ce sont les accidents des transports qui sont de loin la cause de mortalité la plus répandue (de 40 à 50 p. 100 des décès par accidents dans les pays industrialisés) et en particulier les accidents de la route.

Accidents de la route. Les causes et les mécanismes de ces accidents ont été particulièrement étudiés au cours des dernières années. Schématiquement, les forces en cause se ramènent à deux grands types : la décélération brutale par percussion d'un obstacle et l'accélération par éjection d'un véhicule lancé à grande vitesse. Les lésions sont de trois types :

— lésions par choc direct, provoquant, au niveau des points d'impact, fractures, enfoncements ou broiements ;

— lésions par exagération des courbures rachidiennes, soit à l'union des vertèbres cervicales et dorsales, soit au niveau du rachis lombaire ;

— lésions provoquées par l'ébranlement ou l'arrachement des viscères dans leurs cavités, provoquant contusions, plaies ou hémorragies internes.

En pratique, ces types de lésions sont associés et les blessés de la route sont des *polytraumatisés* que l'on peut répartir en :

— *blessés gravissimes*, en état de mort imminente, avec altération profonde des fonctions vitales imposant une réanimation d'extrême urgence ;

— *blessés moyens*, qui conservent, malgré un état de choc* marqué, des fonctions organiques équilibrées, mais chez lesquels une aggravation secondaire est toujours à craindre ;

— *blessés légers*, présentant des lésions plus ou moins importantes, mais ne mettant pas leur vie en danger.

Ramassage des blessés de la route. Le transport doit se faire dans les meilleures conditions de confort et de sécurité, par un personnel spécialisé et entraîné, évitant toute manœuvre brutale, au moyen d'ambulances, d'hélicoptères, d'avions spécialement équipés. Les forces de police et la gendarmerie sont efficacement aidées par les équipes de la Protection civile, et l'on s'efforce de multiplier les antennes mobiles de réanimation, dans lesquelles une équipe médicale peut mettre en œuvre les mesures de sauvegarde appropriées pendant le transfert du blessé vers le centre chirurgical.

La prévention des accidents de la route. Elle repose sur des mesures collectives (respect des règles de circulation, contrôles sévères des conducteurs et des véhicules) et sur des mesures individuelles concernant l'entretien et l'aménagement du véhicule (ceintures de

sécurité, appuie-nuque, bourrelets antichocs). Mais les mesures les plus sûres ne dépendent que du conducteur et de son entourage : s'interdire de conduire au cours de certains états pathologiques (affections vasculaires, maladies nerveuses) ; ne pas prendre le volant en état d'excitation ou de dépression ou lors de certains traitements médicaux (cure de tranquillisants) ; s'abstenir d'étapes trop longues, de repas trop copieux et, bien entendu, d'alcool.

Accident du travail. C'est un accident survenu, quelle qu'en soit la cause, par le fait ou à l'occasion du travail, à toute personne salariée ou travaillant à quelque titre que ce soit pour un ou plusieurs employeurs ou chefs d'entreprise, et contre le risque duquel ces personnes bénéficient d'une protection automatique (on y assimile l'accident de trajet, c'est-à-dire celui dont est victime le travailleur alors qu'il se rend à son travail ou en revient). C'est en 1898 qu'a été adoptée en France la première législation sur la réparation des accidents du travail, qui pose le principe de la responsabilité automatique de l'employeur. Pour se prémunir contre les conséquences patrimoniales de ce principe, les employeurs s'assurent. En 1905, une loi permet à la victime d'agir directement contre l'organisme assureur. En 1919, la couverture est étendue aux maladies* professionnelles figurant sur une certaine liste. En 1946, la réparation des accidents du travail est rattachée au régime général de la Sécurité* sociale. Ce sont les Caisses d'assurance maladie qui assurent le service des prestations : la victime n'a plus de recours contre l'employeur, sauf faute intentionnelle ou inexcusable de celui-ci. Les cotisations dues à ce titre sont à la charge exclusive de l'employeur. En cas d'accident du travail, la victime doit faire la déclaration dans les vingt-quatre heures à son employeur. Celui-ci lui remet une feuille d'accident (triple volet) que la victime présentera au médecin et au pharmacien, et déclare l'accident dans les quarante-huit heures à la Caisse primaire, qui en avise l'inspection du travail. La victime a droit aux soins médicaux, chirurgicaux, dentaires et pharmaceutiques que son état nécessite selon le système du libre choix. Ces soins sont pris en charge sans limitation de durée, et les frais médicaux et de pharmacie sont directement assurés par la Caisse primaire selon le système du tiers* payant. La victime a également droit à des indemnités journalières et, si elle est atteinte d'une incapacité permanente partielle ou totale, à une rente d'incapacité permanente. Si elle décède des suites de l'accident, un droit de

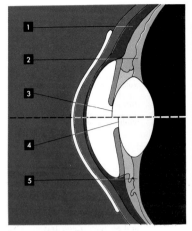

Accommodation. Son mécanisme.
En haut, pour les objets rapprochés :
1. Muscle ciliaire contracté ;
2. Zonule relâchée ; 3. Cristallin bombé.
En bas, pour les objets éloignés :
4. Cristallin aplati ; 5. Zonule contractée.

pension s'ouvre pour certains membres de sa famille.

accommodation n. f. Propriété de l'œil qui lui permet de voir nettement des objets situés à des distances différentes.
Cette propriété ne s'exerce qu'entre certaines limites, appelées *punctum proximum* (point rapproché) et *punctum remotum* (point éloigné). La distance entre ces deux points s'appelle le *parcours d'accommodation.*
Il existe des spasmes de l'accommodation, qui rapprochent le *punctum remotum* (vision au loin floue), et, avec l'âge, le pouvoir d'accommodation diminue : c'est la presbytie*, où le *punctum proximum* s'éloigne (vision rapprochée floue).
L'œil accommode également la vue à l'intensité lumineuse par l'action de l'iris*.

accoutumance n. f. Phénomène par lequel l'organisme devient peu à peu insensible à un produit régulièrement absorbé.
Appliqué aux opiacés, ce phénomène a pour contrepartie l'*état de manque,* ou dépendance, qui oblige le toxicomane à augmenter ses doses pour obtenir l'effet recherché. De même, l'accoutumance à un médicament : euphorisant, somnifère ou laxatif, est suivie d'une diminution progressive de son effet et peut nécessiter soit son interruption temporaire, soit son remplacement par un autre produit.

accouchement n. m. Ensemble des phénomènes mécaniques et physiologiques ayant pour conséquence la sortie du fœtus et du placenta hors des voies maternelles, à partir du moment théorique de viabilité, c'est-à-dire du sixième mois de grossesse.
Avant 6 mois, il s'agit d'un *avortement.* S'il se produit entre le 270e et le 280e jour, l'accouchement est dit *à terme.* S'il se produit entre 6 et 8 mois de grossesse, il est dit *prématuré.* Il est *spontané* s'il se déclenche de lui-même ; il est *provoqué* s'il se produit à la suite d'une intervention extérieure. Il est *naturel* s'il se produit sous l'influence de la seule physiologie normale ; il est *artificiel* quand il est le résultat d'une intervention. Enfin, il est *eutocique* quand il s'accomplit selon le déroulement dit normal ; il est *dystocique* quand le déroulement est perturbé.

Mécanisme général de l'accouchement.
Normalement et à terme, le fœtus a adopté dans la cavité utérine une position verticale, la tête en bas, déterminée par l'accommodation à cette cavité utérine. Pour apparaître à l'extérieur, le fœtus aura à cheminer à travers un canal musculoélastique dont l'extension est toutefois limitée par le canal osseux du bassin qui l'entoure à distance.
A. Cheminement du fœtus à travers les parties molles. 1. Le *col de l'utérus* fermé est le premier obstacle qu'il rencontre. Les trois quarts des forces déployées par l'utérus pendant le travail seront utilisées pour ouvrir ce col. Celui-ci va subir deux modifications : *l'effacement,* qui est la diminution de sa longueur, transformant le canal cervical en un orifice plan ; *la dilatation,* qui commence ensuite progressivement jusqu'à ce que les diminutions du col atteignent celles du vagin. À la dilatation complète, l'utérus, son col et le vagin ne forment plus qu'un énorme cylindre de 10 cm de diamètre. 2. Le *vagin* et la *vulve* sont beaucoup plus élastiques et malléables, mais le vagin est cependant quelque peu bridé latéralement par le muscle releveur de l'anus, qui forme l'essentiel du plancher périnéal. Ce plancher périnéal, second obstacle, sera franchi sous l'action des contractions de l'utérus, renforcées par les efforts volontaires de la femme contractant ses muscles abdominaux.
B. Traversée du bassin osseux. Cet anneau osseux étant rigide et inextensible, sa traversée sans dommages pour le fœtus ne saurait être une question de force. Le fœtus, pour le traverser, ne peut que s'adapter et s'accommoder à lui, un peu comme une vis s'adapte à un pas de vis. L'évolution dans le canal

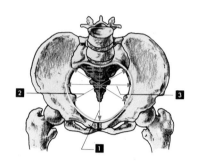

Accouchement. Diamètres du bassin osseux :
1. Antéro-postérieur ; 2. Oblique ;
3. Transverse.

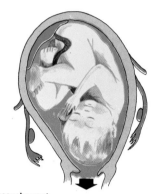

Accouchement.
Les présentations.

osseux varie selon la présentation, cette « présentation » se définissant comme la partie du fœtus qui occupe la surface supérieure du bassin ou « détroit supérieur ». Dans le cas le plus fréquent (présentation du sommet de

Quelques phases de l'accouchement :
1. L'accoucheur fixe la tête sur le périnée ;
2. Sortie de la tête ;
3. Dégagement des épaules ;
4. L'enfant est encore relié à sa mère par le cordon ombilical.

la tête), la traversée osseuse se fait de la façon suivante :
1. *L'engagement.* C'est le franchissement du détroit supérieur par le plus grand diamètre de la présentation. Auparavant, la tête fœtale devra avoir « orienté » son plus grand axe et s'être « amoindrie » en se fléchissant le plus possible ;
2. *La descente.* Au cours de sa descente dans l'excavation du bassin, la présentation doit faire une rotation telle qu'elle amène son plus grand axe à coïncider avec le plus grand axe du détroit inférieur, qui est médian ;

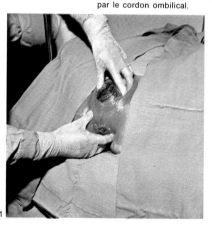

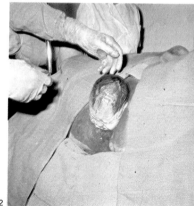

—1

2

3. *Le dégagement.* C'est le franchissement du détroit inférieur, ou sortie du bassin osseux. Il se fait autour du point fixe de la symphyse pubienne.

Variétés de présentation.

Le fœtus peut se « présenter » par une de ses extrémités, selon une présentation que l'on appelle *longitudinale.* Si cette extrémité est la tête, c'est une présentation *céphalique*; si cette extrémité est les fesses et les membres inférieurs, c'est une présentation *du siège.* Il peut se présenter, mais de façon tout à fait anormale, par le côté : c'est une présentation *transversale,* ou *de l'épaule.*

Les présentations céphaliques. On distingue, selon le degré de flexion de la tête : le *sommet,* lorsque la tête est fléchie au maximum, le menton touchant le sternum, qui représente la variété la plus fréquente et la plus normale ; la *face,* lorsque la tête est complètement défléchie et que le fœtus semble regarder « en l'air » ; enfin, la présentation du *front,* intermédiaire entre la flexion du sommet et la déflexion de la face.

Les présentations du siège. On distingue le

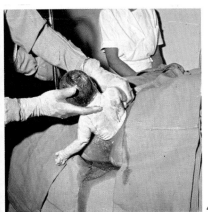 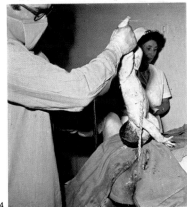

siège complet, lorsque le fœtus, assis en tailleur, présente à l'entrée du bassin à la fois les fesses et les membres inférieurs repliés, et le *siège décomplété*, lorsque, les membres inférieurs étant repliés sur l'abdomen, les fesses se présentent seules. La présentation du siège ne peut être considérée comme une présentation tout à fait normale, surtout chez la primipare*, bien que la plupart des présentations du siège se terminent spontanément par les voies naturelles.

Les présentations transversales ou de l'épaule. Elles ne peuvent, à l'évidence, aboutir à l'expulsion spontanée du fœtus. Elles constituent une dystocie majeure (v. DYSTOCIE) et nécessitent une intervention.

Déroulement de l'accouchement normal.

L'accouchement normal passe par deux périodes principales :

1. *La période de dilatation.* Le début du travail, souvent précédé par la perte du bouchon muqueux, fait de glaire et de sang, se caractérise par l'apparition de douleurs encore légères, espacées de 10 à 15 minutes et qui durent de 30 à 40 secondes. Puis le rythme des contractions se précipite, celles-ci pouvant survenir toutes les 5 minutes. Au toucher vaginal, on constate que le col de l'utérus perd progressivement de sa longueur (on dit qu'il « s'efface »), puis il commence à se dilater progressivement, passant de quelques millimètres de diamètre à 10 centimètres.

2. *La période d'expulsion.* Elle débute lorsque la dilatation de 10 cm, ou dilatation totale, a été obtenue. Le caractère des douleurs change, la femme éprouve le besoin de pousser. La poche des eaux se rompt alors, souvent spontanément. La progression de la tête fœtale aboutit à son arrivée à la vulve, annoncée par la distension progressive du périnée.

Après la sortie de l'enfant, survient un temps de latence, puis les contractions reprennent, beaucoup plus supportables, pour décoller et expulser le placenta et les membranes, ce qui termine ainsi le déroulement de l'accouchement (v. DÉLIVRANCE).

Suites de couches.

La période des suites de couches, ou *post-partum*, s'étend sur les six semaines qui séparent approximativement l'accouchement du retour de couches, c'est-à-dire du retour des premières règles.

Dès le lendemain de l'accouchement, la femme pourra être levée. Ce lever sera progressivement augmenté et complété par une gymnastique rééducative. La surveillance de l'accouchée comporte la prise du pouls, de la température, l'examen des seins, des jambes (pour dépister une phlébite) et des pertes. La toilette périnéale sera biquotidienne, et consistera en lavages à l'eau stérile avec un bock, suivis de la mise en place d'une garniture stérile sur la vulve. On évitera les injections vaginales. L'utérus se rétracte et diminue petit à petit de volume, ce qui constitue l'*involution* utérine. Les « tranchées », douleurs vives auxquelles sont sujettes surtout les multipares*, correspondent à des contractions intermittentes de l'utérus pour lui faire reprendre son volume normal. L'écoulement vulvaire des suites de couches, appelé « lochies », reste sanglant les trois premiers jours, puis séro-sanguinolent jusqu'au 8e jour, devient séreux vers le 15e jour et se tarit.

Progressivement, l'organisme retrouve son état et son équilibre antérieurs à la grossesse.

Conduite à tenir devant un accouchement.

Il peut arriver encore de nos jours qu'une femme accouche inopinément, en l'absence de médecin ou de sage-femme. Il est bon de savoir quelle conduite tenir.

Ce qu'il faut préparer. Il est plus facile d'accoucher une femme sur un plan dur, et relativement haut, que dans un lit profond et bas. Aussi sera-t-il souvent préférable de disposer une planche sous le matelas, ou d'installer la femme sur une table recouverte d'une couverture et d'un oreiller.

Par ailleurs, on préparera dans un récipient stérile (une simple cuvette émaillée flambée à l'alcool) une paire de ciseaux flambés, du fil de lin, de la soie ou une ficelle fine, stérilisés par ébullition. On aura également à sa disposition : de la teinture d'iode, de l'alcool à 90°, une solution de nitrate d'argent à 1 p. 100, des compresses, du coton hydrophile, 4 ou 5 serviettes-éponges, des épingles de sécurité et une bassine pouvant servir à baigner le bébé.

Ce qu'il faut faire.

PROCÉDER À LA TOILETTE DE LA FEMME. Savonnage de la vulve à l'eau bouillie et au savon de Marseille, suivi d'un ébarbage ou du rasage des poils. Disposer ensuite un drap replié sur lui-même, de façon à former une sorte de coussin que l'on glissera sous le siège de la parturiente.

AIDER LA FEMME À ACCOUCHER. Dès que la femme commence à ressentir l'envie de pousser, lui demander de maintenir les cuisses écartées et à demi fléchies, en prenant appui des talons et des mains sur le plan du lit. Progressivement, on voit le périnée se distendre, les lèvres de la vulve s'entrouvrir et les cheveux de l'enfant apparaître lors des efforts expulsifs.

Dès que la tête est sortie, elle exécute un mouvement de rotation qui amène l'occiput vers la droite ou vers la gauche, selon les présentations. Ne pas se presser. Insérer les doigts (mains lavées et passées à l'alcool) entre la vulve et le cou de l'enfant jusqu'à l'épaule, pour vérifier s'il n'existe pas de circulaire du cordon*. S'il y en a une, la faire passer par-dessus la tête ou sectionner le cordon entre deux ligatures. Prendre ensuite la tête à deux mains et l'abaisser au maximum pour dégager l'épaule antérieure sous le bord de la symphyse du pubis. Relever ensuite le corps de l'enfant contre le pubis pour dégager l'épaule postérieure de la commissure de la vulve. Les hanches sortent ensuite, d'elles-mêmes, sans difficulté.

S'OCCUPER DE L'ENFANT. Dès la naissance, il sera posé sur un linge chaud et sec, placé entre les cuisses de la mère. Débarrasser immédiatement la gorge des mucosités qui peuvent l'encombrer, avec une compresse ou, mieux, avec une petite poire ou une sonde molle à aspiration. Le maintenir la tête basse. Lier le cordon avec un fil, dès que ses battements ne sont plus perceptibles, en faisant deux nœuds, à 5 cm de l'ombilic et à 6 cm. Sectionner le cordon entre les deux ligatures avec des ciseaux. Désinfecter la surface de section du cordon et l'entourer d'une compresse de gaze imbibée d'alcool à 90⁰. Recouvrir d'ouate et maintenir le tout par une bande de crêpe en ceinture. Enfin, instiller dans chaque œil de l'enfant 4 ou 5 gouttes de solution de nitrate d'argent à 1 p. 100 ou d'un collyre antibiotique.

SURVEILLER LA MÈRE DANS LE MÊME TEMPS. Vérifier l'absence de saignement trop important (supérieur à 500 cc), l'absence de pâleur,

le pouls. Recueillir le placenta dès qu'il apparaît, en le saisissant à pleines mains et en lui faisant exécuter un mouvement de torsion continue afin d'enrouler les membranes sur elles-mêmes et d'éviter de les rompre. Le placer ensuite dans une cuvette d'eau pour contrôler son intégrité : la face maternelle doit présenter une surface régulière, sans déchirures, arrachements ou pertes de substance.

PRÉVENIR UN MÉDECIN. Dans tous les cas où les circonstances et les conditions géographiques le permettent, c'est la première chose à faire.

Accouchement «sans douleur». La méthode de préparation à l'accouchement sans douleur (appelé aussi *accouchement naturel, sans craintes*, ou *psychoprophylactique*) vise à détruire les préjugés sur la douleur, à donner confiance à la femme et à lui permettre d'avoir un comportement discipliné et coopérant au moment de son accouchement.

La *méthode anglaise* de Read cherche à obtenir l'assoupissement psychique. En effet, la peur de souffrir entraîne des réflexes de défense qui déterminent une tension musculaire, génératrice de douleurs réelles (triade « crainte-spasme-douleur »). La *méthode soviétique*, fondée sur la physiologie cérébrale, accorde au contraire à l'activité nerveuse supérieure un rôle prépondérant. Il faut donc diminuer les excitations sensorielles qui arrivent au cerveau et réduire leur amplification douloureuse provoquée par l'anxiété ou la crainte.

Il faut renforcer l'activité cérébrale de la femme par une prise de conscience et un contrôle des phases successives de l'accouchement. Cela suppose une éducation de la femme, mais également celle du personnel. Au cours des séances de préparation, on vise à supprimer les réflexes conditionnés nocifs et à en créer d'autres favorables.

Législation. *Déclaration de l'accouchement.* V. NAISSANCE.

Le phénomène d'accoutumance est mis à profit en thérapeutique dans les procédés dits *de désensibilisation** des sujets allergiques.

accumulation n. f. **Accumulation des médicaments dans l'organisme.** Un médicament peut s'accumuler dans l'organisme, soit qu'il ait été administré à des doses excessives, soit qu'il existe, chez le sujet traité, une insuffisance d'élimination. L'insuffisant rénal, par exemple, ne peut pas évacuer convenablement un grand nombre de

médicaments à élimination urinaire, et cette accumulation de médicaments est toxique.

accusation n. f. Action de rendre responsable.

En psychiatrie, on peut schématiquement distinguer trois types d'accusation selon les malades mentaux qui les portent :
— celles des *débiles*, des *déments* et de certains *délirants*, qui sont peu dangereuses car maladroites ;
— celles des *paranoïaques* (v. PARANOÏA), des

jaloux, des *fanatiques* et *idéalistes passionnels,* qui, par leur acharnement et leur fausse logique, peuvent semer le désordre ;
— celles des *mythomanes* et des *pervers*,* qui peuvent aussi être dangereuses.

acéphale adj. et n. m. Se dit d'un fœtus atteint d'une malformation exceptionnelle ne permettant pas la vie et caractérisée par l'absence d'extrémité céphalique (de tête).

acétone n. f. Cétone du propane, ou propanone, de formule $CH_3—CO—CH_3$.
Toxicologie. L'acétone est un liquide volatil, d'odeur caractéristique, employé dans l'industrie. Substance irritante et narcotique, elle est dangereuse pour la peau et les yeux, pouvant provoquer des brûlures et jusqu'à la cécité. Avalée ou inhalée sous forme de vapeurs, l'acétone entraîne des manifestations neurologiques allant, selon la dose, de la simple somnolence au coma profond. Une dose de 50 g est habituellement mortelle. Il n'existe pas d'antidote : le lait, en particulier, est contre-indiqué. Ne faire vomir l'intoxiqué que s'il est conscient et si l'ingestion est récente.
Physiologie. L'acétone est produite dans l'organisme au cours du métabolisme des graisses. À l'état normal, elle subit immédiatement une série de transformations qui aboutissent au gaz carbonique (CO_2). Dans certains états pathologiques, et notamment le diabète, cette transformation ne se fait pas, et on aboutit à la présence d'acétone et d'autres corps cétoniques dans les urines (*acétonurie*) où divers réactifs permettent de les mettre en évidence : c'est la *cétose** ou *acido-cétose.* (V. ACÉTONÉMIE.)

acétonémie n. f. Présence dans le sang d'acétone et autres corps cétoniques, qui passent ensuite dans les urines, où on les décèle (acétonurie).
Elle se rencontre accompagnée de vomissements et d'odeur caractéristique de l'haleine lors des *vomissements acétonémiques* de l'enfant, survenant brusquement chez un sujet en pleine santé apparente ou à l'occasion d'une infection ou d'un écart de régime : il faut supprimer les graisses (beurre, œufs, chocolat) et donner du sucre et de l'eau bicarbonatée (Vichy). Chez le diabétique, l'acétonémie est le signe prémonitoire du coma. L'hospitalisation est le plus souvent nécessaire.

acétylcholine n. f. Ester acétique de la choline, médiateur chimique du système nerveux.
C'est une drogue dite *parasympathomimétique,* c'est-à-dire qu'elle reproduit les effets de la stimulation du système parasympathique*. Son action s'exerce au niveau :

1° de la jonction neuro-musculaire ou plaque motrice ; 2° des ganglions de relais des systèmes parasympathique et sympathique* ; 3° des terminaisons périphériques parasympathiques ; 4° ainsi qu'à celui de certaines synapses cérébrales.
À faibles doses, l'acétylcholine a sur l'organisme des effets dits *muscariniques :* dilatation des petites artères et capillaires entraînant une chute de tension, ralentissement du cœur, augmentation des contractions de l'intestin et des bronches ainsi que de toutes les sécrétions (salivaire, sudorale, etc.), myosis*. Tous ces effets sont annulés par l'atropine.
À fortes doses, au contraire, l'acétylcholine a des effets inverses, dits *nicotiniques,* et semblables à ceux qui sont exercés par le système sympathique et l'adrénaline*, et ces effets ne sont pas sensibles à l'atropine. Les voies nerveuses le long desquelles l'influx se transmet par l'intermédiaire de l'acétylcholine sont dites *cholinergiques.*

acétylsalicylique adj. **Acide acétylsalicylique,** nom chimique de l'aspirine*.

achalasie n. f. Perte des mouvements coordonnés d'un segment du tube digestif, qui devient incapable de faire progresser son contenu.
Le mégaœsophage*, le mégacôlon* congénital sont dus à une achalasie du segment d'aval. Le traitement chirurgical est souvent nécessaire, parfois indispensable.

Achille n. pr. **Tendon d'Achille,** le plus volumineux des tendons de l'organisme. C'est par son intermédiaire que les muscles du mollet (soléaire et jumeaux formant le triceps sural) s'insèrent sur le calcanéum et, par leur contraction, provoquent l'extension du pied sur la jambe.
La rupture du tendon d'Achille doit être diagnostiquée sans retard et traitée chirurgicalement (v. TENDON).

achilléen, enne adj. **Réflexe achilléen,** réflexe ostéo-tendineux recherché en percutant le tendon d'Achille, ce qui entraîne un mouvement d'extension du pied sur la jambe. Ce réflexe explore les racines nerveuses S_1 et S_2 de la moelle épinière. (V. RÉFLEXOGRAMME.)

acholie n. f. Arrêt de la sécrétion de la bile par le foie.

achondroplasie n. f. Forme de nanisme héréditaire, faisant partie des chondrodystrophies* congénitales, transmis sur le mode dominant. (Syn. : MALADIE DE PARROT ET MARIE.)
L'achondroplasie est caractérisée par un arrêt de la croissance en longueur des os des membres, tandis que leur épaisseur est au

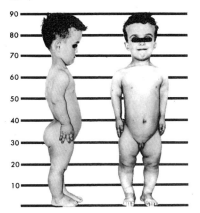

Achondroplasie.
Enfant nain âgé de 7 ans
atteint d'achondroplasie.

contraire augmentée. Cela donne un nanisme disproportionné, avec grosse tête, tronc normal et membres courts. Le diagnostic est porté dès la naissance ou dans les tout premiers mois de la vie.

achromie n. f. Diminution ou disparition de la pigmentation de la peau, généralement localisée et formant des taches blanches.

aciclovir n. m. Médicament chimique actif contre les poussées d'herpès, mais sans action préventive.

acide n. m. Substance chimique qui, dissoute dans de l'eau, libère des ions hydrogène (ions H⁺) de charge électrique positive.

Les ions H⁺ libérés par les acides en solution sont capables de s'unir à différents corps chimiques comme les métaux, certains composés organiques et surtout les bases, pour donner des sels ou des esters, toutes ces réactions étant réversibles.

Les principaux acides de l'organisme sont : les *acides organiques* ; les *acides organophosphoriques*, comme les acides nucléiques* ; les *acides minéraux* (sulfurique SO_4H_2, chlorhydrique ClH, etc.).

Acide aminé ou *aminoacide*. V. AMINÉ.

Brûlures par les acides. En cas de projection d'acide sur la peau, il faut laver à grande eau, puis avec une solution alcaline (ammoniaque ou soude diluée). Dans l'œil, le lavage doit être immédiat et le risque de lésion reste sérieux (v. BRÛLURES *oculaires*).

L'ingestion d'un acide doit être suivie d'un lavage d'estomac dès que possible, car il

existe un risque de rétrécissement de l'œsophage.

acidité n. f. L'acidité d'une solution ou d'un milieu organique se définit par sa *concentration en ions* hydrogène (ions H⁺) et s'exprime par le pH*.

L'acidité fait *baisser* le pH d'un milieu organique au-dessous de sa valeur physiologique de 7,42.

Acidité gastrique. V. ESTOMAC, *Physiologie.*

acido-basique (équilibre), rapport constant et équilibré entre les acides et les bases présents dans l'organisme, cet équilibre se traduisant par la stabilité du pH*, reflet de l'acidité* du milieu intérieur.

Physiologie. Alors que les métabolismes déversent en permanence d'énormes quantités d'acides dans le sang, sous la forme d'acide carbonique volatil et d'acides organiques non volatils ou fixes, le pH sanguin est constamment maintenu aux alentours de 7,40 par le jeu très complexe des systèmes « tampons » du plasma. Un tampon* est une substance capable de fixer ou de libérer des ions H⁺ selon les besoins : si on ajoute au milieu intérieur des ions H⁺ en administrant un acide, le tampon en fixera une partie, « tamponnant » ainsi l'acidité excédentaire. Si, au contraire, on retranche des ions H⁺ au milieu en administrant une base, le tampon en libérera suffisamment pour éviter l'alcalose et maintenir l'équilibre acido-basique à un pH stable. Le principal tampon du plasma est constitué par l'acide carbonique CO_3H_2 et son produit de dissociation, l'ion bicarbonate CO_3H^-.

D'autres systèmes tampons de l'organisme sont les protéines et les phosphates. Secondaires au niveau du sang, ils sont au contraire les tampons principaux à l'intérieur des cellules. Dans la pratique courante, on mesure le pH sanguin, c'est-à-dire les variations du système tampon bicarbonate-acide carbonique. La *réserve alcaline* (R. A.) désigne pratiquement la concentration en bicarbonate du plasma (27 milliéquivalents par litre à l'état normal).

Les systèmes tampons seraient rapidement débordés si l'organisme ne les régénérait pas. Le renouvellement s'effectue au moyen de deux organes : le poumon et le rein. Dans le poumon, l'acide carbonique est transformé en eau et en gaz carbonique par une enzyme : l'anhydrase carbonique, et le gaz carbonique est ensuite éliminé par l'expiration. Si la quantité d'acide carbonique dans le sang s'élève, le poumon accélère son rythme respiratoire, augmentant ainsi l'élimination de CO_2. Dans le cas contraire, il la réduit. Le rein, de son côté, par des mécanismes d'échanges ioniques complexes entre ions H⁺ et ions sodium, régénère du bicarbonate, d'une part, et élimine d'autre part des ions H⁺ en fabriquant de l'ammoniac NH_4, qu'il élimine par les urines. Le bilan de ces échanges représente une élimination urinaire d'ions H⁺, ce qui acidifie l'urine, qui est toujours normalement beaucoup plus acide que le plasma (pH de 4 à 6).

Perturbations de l'équilibre acido-basique. Tant que les mécanismes compensateurs pulmonaires et rénaux restent capables de corriger une éventuelle acidose ou une éventuelle alcalose, l'équilibre acido-basique du milieu ne change pas et, bien que l'acidose ou l'alcalose soient décelables par les variations de la teneur en gaz carbonique du sang, elles sont dites *compensées* car le pH ne varie pas. Mais dès lors que ces mécanismes sont débordés, le pH varie : acidose ou alcalose sont alors *décompensées*. Les variations pathologiques de l'équilibre acido-basique sont les suivantes :

Acidose et alcalose respiratoires (ou gazeuses). Elles sont d'origine pulmonaire.

L'*acidose respiratoire* correspond à une accumulation de gaz carbonique dans le sang (hypercapnie). Elle se voit dans les insuffisances respiratoires. Le rein essaie de compenser alors l'excès d'acidité en réabsorbant davantage de bicarbonates. Il y a donc élévation de la R. A. dans l'acidose respiratoire. Mais lorsque cette élévation n'est plus suffisante pour compenser celle de l'acide carbonique, le pH s'abaisse et on parle d'acidose respiratoire décompensée.

L'*alcalose respiratoire* correspond à une perte exagérée d'acide carbonique par hyperventilation. Elle est compensée par une fuite de bicarbonates au niveau du rein, donc par une baisse de la R. A. Mais lorsque celle-ci devient insuffisante, le pH s'élève et on parle alors d'alcalose respiratoire décompensée.

Alcalose et acidose métaboliques (ou fixes). L'*acidose métabolique* résulte le plus souvent d'une surcharge en résidus acides du métabolisme, soit par excès de production (acido-cétose* du diabète), soit par défaut d'élimination (insuffisance rénale), ou encore par perte de bases (diarrhée profuse). Le poumon tend alors à hyperventiler pour chasser l'excès d'acide carbonique formé à partir de ces acides, et le rein reconstitue des bicarbonates. Lorsque ces mécanismes sont débordés, le pH baisse, et l'acidose métabolique est décompensée.

L'*alcalose métabolique* se voit au cours des pertes exagérées d'acides (vomissements incoercibles, par exemple). Le rein tente alors de garder les ions H⁺ et de réduire sa production de bicarbonates. Quand le méca-

nisme est débordé, le pH monte, et l'alcalose métabolique décompensée s'installe.

Traitement. La gravité de ces perturbations pouvant mettre en jeu le pronostic vital, le traitement des déséquilibres acido-basiques se fera toujours en centre spécialisé.

acido-cétose n. f. Trouble métabolique sévère, associant une acidose (v. ACIDO-BASIQUE [*équilibre*]) et une cétose*, et qui est caractéristique du diabète grave.

acidose n. f. Trouble de l'équilibre acido-basique de l'organisme, correspondant à un excès d'acides dans le sang. (V. ACIDO-BASIQUE [*équilibre*].)

acmé n. f. Phase d'une maladie où ses manifestations atteignent leur maximum.

acné n. f. Maladie de la peau consistant en une inflammation des follicules pileux, et siégeant principalement au visage, aux épaules et dans le dos.

Acné juvénile ou acné vulgaire. Forme la plus fréquemment rencontrée. Survenant généralement au moment de la puberté, elle est due à des désordres hormonaux mal précisés, qui entraînent un excès de séborrhée*. Elle se corrige avec le temps et, en particulier, au cours des grossesses chez la femme. L'apparition de l'acné peut par ailleurs être favorisée par un état digestif déficient.

L'acné consiste le plus souvent en une association de *comédons* ou « points noirs », qui sont des amas de cellules épidermiques mortes accumulées dans les pores, et de pustulo-papules, petits « boutons » inflammatoires suppurants. Dans certains cas, ces pustules peuvent prendre des proportions importantes et laisser des cicatrices indélébiles inesthétiques (*acné pustuleuse*). Les pustules peuvent être considérablement aggravées lorsqu'elles sont manipulées,

Acné juvénile.

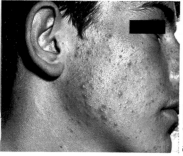

«pressées» par le sujet. Il est donc recommandé devant toute acné de l'adolescence d'observer une hygiène soigneuse du visage et des mains, de traiter l'excès de séborrhée par des savons acides ou soufrés et surtout de ne jamais «presser» ni points noirs ni pustules.

À côté de l'acné juvénile, on observe de multiples formes d'acné :

L'acné rosacée. Survenant vers la quarantaine, elle siège au visage et associe de la couperose (petits vaisseaux sanguins dilatés) aux pustules habituelles de l'acné. La présence d'un eczéma associé est fréquente.

L'acné chéloïdienne. C'est une suppuration des follicules pileux, suivie de grosses cicatrices et touchant surtout la nuque.

L'acné conglobata. C'est une folliculite suppurante chronique, localisée au dos, aux fesses, à la nuque, à la face et aux plis.

L'ingestion de *bromures* et d'*iodures*, ainsi que l'exposition au *chlore industriel* peuvent provoquer l'apparition de lésions d'acné.

L'avis médical est recommandé pour le traitement de toutes ces formes d'acné dont le risque est la persistance de cicatrices indélébiles.

aconit n. m. Plante de 1 à 1,50 m, aux fleurs roses ou bleu foncé.

L'aconit (*Aconitum napellus,* renonculacées) doit ses propriétés à l'aconitine* qu'il contient.

Toxicologie. L'aconit est toxique et peut provoquer des empoisonnements accidentels à la suite du mélange de ses feuilles avec le céleri (en salade) ou par consommation de ses racines à la place du raifort (rave). L'intoxication se manifeste par des fourmillements (paresthésies) du visage et de la gorge, puis des extrémités ; la vision se trouble, le pouls est irrégulier, la respiration faible, mais la conscience est conservée. Les troubles du rythme cardiaque entraînent un collapsus cardio-vasculaire puis la mort à partir de l'absorption de quelques grammes de la plante (de 1 à 2 mg d'aconitine).

Le traitement consiste à faire vomir (si l'on s'aperçoit de l'erreur), à donner une purge en attendant que le médecin administre du chlorure de calcium par voie intraveineuse, de l'atropine, des tonicardiaques.

aconitine n. f. Alcaloïde extrait de la racine de l'aconit.

On emploie l'aconitine à la dose de 0,1 mg par prise, sans dépasser 0,5 mg par 24 heures dans le traitement des névralgies faciales. Au-dessus de 1 milligramme, l'aconitine est toxique (v. ACONIT). [Toxique, tableau A.]

acoumétrie n. f. Appréciation clinique de la qualité de l'audition, utilisant la voix chuchotée, le tic-tac d'une montre, le diapason.

Utile pour orienter le diagnostic, l'acoumétrie cède le pas à l'audiométrie* dès qu'il s'agit d'établir le bilan d'une surdité.

acouphène n. m. Bruit perçu par le sujet, mais qui ne correspond à aucun son extérieur à lui. Les sifflements, claquements, bourdonnements* d'oreille sont les acouphènes les plus fréquents.

acquis, e adj. Qui n'existe pas à la naissance, mais survient au cours de l'existence. (Contraire : INNÉ.)

MALADIE ACQUISE, maladie contractée sans prédisposition héréditaire ni organique connue.

CARACTÈRES ACQUIS, caractères non contenus dans le patrimoine génétique de l'individu et qui apparaissent au cours de sa vie. Ils représentent essentiellement une *adaptation* de l'individu à des conditions particulières de son milieu. Par exemple : les agressions microbiennes ou parasitaires entraînent des phénomènes d'immunité acquise physiologique.

acrocyanose n. f. Coloration bleu violacé (cyanose) permanente des extrémités : mains, pieds, oreilles. (Syn. : ACROASPHYXIE.)

D'origine vraisemblablement neuro-glandulaire, ce trouble est exagéré par le froid et l'humidité, et peut alors conduire à des accès légèrement douloureux.

On l'observe surtout chez la jeune fille après la puberté et chez la jeune femme, et il s'atténue avec l'âge. Le plus souvent simplement inesthétique, l'acrocyanose peut cependant préluder, dans le cadre du syndrome de Raynaud, à la gangrène des extrémités. Le traitement en est très illusoire, la meilleure mesure restant la protection contre le· froid.

acrodermatite n. f. Toute affection de la peau, inflammatoire ou non, limitée aux extrémités.

acrodynie n. f. Maladie rare qui frappe les enfants de 6 mois à 8 ans, caractérisée par des tuméfactions douloureuses et rouges au niveau des pieds et des mains.

Il peut exister des élancements douloureux à type de brûlures et de picotements, des démangeaisons et des crises de sueurs, ainsi que des troubles cardio-vasculaires : accélération du rythme cardiaque (tachycardie) et hypertension.

La maladie, d'évolution lente (de 3 à 4 mois), attribuée à un virus, guérit habituellement sans séquelles. Rarement, la mort peut survenir par syncope ou paralysie.

acromégalie n. f. Affection caractérisée

Acromégalie.
Augmentation de volume de la mâchoire,
des lèvres, du nez, des mains.

par une augmentation non congénitale des
dimensions des mains, des pieds et de la tête,
accompagnée de malformations thoraciques,
le tout étant dû à une production excessive,
par le lobe antérieur de l'hypophyse*, d'*hormone somatotrope* ou hormone de croissance.
Cette hyperproduction, permanente et non
freinable, est due à une tumeur antéhypophy-
saire dite *à cellules éosinophiles*. L'apparence
physique du sujet atteint d'acromégalie est
frappante et suggère à elle seule le diagnostic : son visage est allongé, les saillies
osseuses (pommettes, arcades sourcilières)
en sont exagérées. Le menton est prognathe.
La langue est augmentée de volume (macro-
glossie). Paupières, oreilles et lèvres sont
épaissies, ainsi que les mains, qui sont
élargies, et les pieds, où l'hypertrophie du
talon est particulièrement nette. La peau est
épaisse, grisâtre, terne, grasse. Le dos se
voûte tandis que le ventre saille. Le diagnostic est confirmé en se référant à des photographies antérieures du sujet. En effet, la
transformation est progressive et s'étend sur
plusieurs années, au point que le malade et
ses proches peuvent ne pas s'en apercevoir.
L'interrogatoire révèle que le malade a progressivement changé sa pointure de chaussures, de gants, de chapeau. L'examen révèle
que les viscères sont gros (splanchnoméga-
lie). La radiographie montre des altérations
osseuses caractéristiques, notamment au
niveau de la *selle turcique* (loge de l'hypophyse), qui est agrandie. Le malade se plaint
par ailleurs de maux de tête et de troubles de
la vue.

Évolution. Bien que bénin en lui-même, l'adénome* éosinophile de l'hypophyse peut avoir
des conséquences fâcheuses sur le plan
articulaire (rhumatismes), métabolique
(diabète) et cardiaque par l'augmentation
du volume du cœur. D'autre part, le siège
anatomique de la tumeur, l'hypophyse étant
toute proche du chiasma* optique, menace
directement l'intégrité de la vue.

Traitement. Radiothérapie de l'hypophyse s'il
n'y a pas de signes d'évolutivité de la tumeur.
Dans le cas contraire, ablation chirurgicale
sans tarder. Les déformations se stabilisent
alors, et certaines complications (visuelles
notamment) peuvent régresser.

acromio-claviculaire adj. Relatif à
l'acromion et à la clavicule.
L'*articulation acromio-claviculaire* unit l'extrémité externe de la clavicule à l'acromion.

acromion n. m. Apophyse de l'omoplate*,
qui s'articule avec la clavicule.

acte n. m. **Acte médical,** tout geste ou toute
action, toute intervention médicale ou chirurgicale effectués par un médecin, un chirurgien-dentiste ou un auxiliaire médical dans
un dessein diagnostique ou thérapeutique.

Dans le cadre de l'assurance maladie, les soins donnés au malade sont en principe tarifés à l'acte, mais, afin de respecter le secret professionnel, le praticien utilise une nomenclature établie par l'Administration, sur laquelle chaque acte professionnel est désigné par une lettre clef indiquant la nature de l'acte ou la qualité du praticien, et un coefficient indiquant la valeur relative de chaque acte professionnel. Exemple :
— injection intraveineuse par médecin : K2 ;
— injection intraveineuse par auxiliaire médical, infirmier : AMI2.
Psychiatrie. *Passage à l'acte,* action physique effectivement réalisée et consécutive à une impulsion que le sujet ne peut contrôler. Cette action est significative d'un conflit psychique que le sujet ne maîtrise pas.

A.C.T.H., sigle d'*adreno-cortico-trophic hormone,* terme par lequel les auteurs anglosaxons désignent la *corticostimuline,* ou hormone corticotrope, sécrétée par le lobe antérieur de l'hypophyse* et ayant pour cible le cortex de la glande surrénale*.
Physiologie. L'A.C.T.H. stimule la production hormonale de la corticosurrénale. Son action n'est efficace que dans la mesure où la glande surrénale est saine et capable de répondre à la stimuline hypophysaire : c'est sur cette notion que repose le test de Thorn*, qui apprécie l'état fonctionnel des surrénales.
Emploi thérapeutique. Les indications de l'A.C.T.H. sont essentiellement d'ordre substitutif : subvenir à une insuffisance hypophysaire ou corticosurrénalienne. (V. CORTICOTHÉRAPIE.)

actinomycose n. f. Maladie due à des *actinomycètes,* micro-organismes parasites qui se développent dans différents tissus de l'organisme.
Elle frappe l'homme et certains animaux : bœuf, cheval, mouton, porc. Ses localisations les plus fréquentes sont *au cou et à la face,* où à partir d'une carie dentaire, elle forme une tumeur suppurée (mycétone) du maxillaire inférieur ; *au poumon,* causant la toux et des crachats infectés. Il existe aussi des localisations abdominales, cutanées, cérébrales.
Le traitement consiste en l'administration prolongée d'antibiotiques (après antibiogramme) et de sulfamides. L'excision et le drainage chirurgical sont parfois nécessaires.

activation n. f. Modification d'une substance inactive par l'intervention d'un facteur (généralement une enzyme*) qui la rend capable d'agir.

activité n. f. **Activités physiques,** expression désignant toutes les actions qui mettent en jeu le travail musculaire, quels que soient

les muscles intéressés, et qui provoquent une augmentation de l'activité circulatoire et de la respiration, donc des métabolismes.
L'homme des villes manque d'activités physiques, ce qui est nuisible au maintien d'un bon équilibre tant physique que moral. Les activités physiques, sportives ou non, ont un effet stimulant sur les différentes fonctions de l'organisme.
Effets cardio-vasculaires. Les exercices physiques accélèrent le rythme du cœur, qui peut atteindre de 140 à 180 pulsations par minute. Cette tachycardie d'effort augmente le débit cardiaque, qui peut passer de 5 litres par minute (normalement) à 20 ou même 40 litres par minute au cours d'un effort considérable. Parallèlement, la tension artérielle s'élève. Il existe chez les sportifs une accoutumance à ces débits élevés, qui peuvent provoquer une augmentation du volume du cœur : c'est le « gros cœur » des sportifs.
Effets musculaires. L'irrigation des muscles par la circulation capillaire s'accroît considérablement lors de l'effort musculaire, ce qui entraîne une meilleure nutrition du muscle et favorise son développement. Parallèlement, la température centrale du corps s'élève.
Effets sur l'appareil respiratoire. Les activités physiques augmentent la consommation d'oxygène et la production de gaz carbonique. L'augmentation des échanges gazeux se traduit par une accélération du rythme respiratoire (polypnée) et une augmentation du volume d'air échangé, qui peut passer de 3,5 à 6 litres par minute.
Effets sur la nutrition. Les phénomènes d'assimilation et de consommation énergétique de l'organisme sont d'autant plus grands que son activité est plus intense. La ration, de 2 600 calories chez un sédentaire, doit être de 4 000 à 6 000 calories chez un sportif ou un travailleur manuel.

acuité n. f. Qualité de ce qui est aigu, qui peut définir l'intensité d'une douleur, d'un son, d'une sensation.
L'*acuité visuelle* désigne une qualité de la vue permettant de distinguer deux points rapprochés. Elle est mesurée à l'aide d'un tableau (échelle optométrique) dont les lignes, imprimées en caractères de plus en plus fins, correspondent chacune à un dixième ; une vue parfaite permet de lire les 10 lignes (10/10).
L'*acuité auditive* désigne la qualité de l'ouïe ; elle est appréciée couramment par l'acoumétrie* et mesurée d'une façon précise par audiométrie*.

acupuncture n. f. Méthode thérapeutique d'origine chinoise, qui consiste en l'implanta-

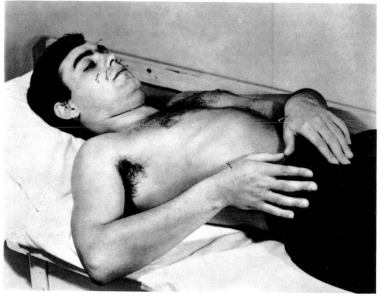

Acupuncture.
Traitement d'une sinusite maxillaire.

tion d'aiguilles en des points précis de la surface du corps.

Terminologie de l'acupuncture.

Les méridiens. Les points d'acupuncture déterminés par les médecins chinois sont au nombre de 787, correspondant à des organes et à des symptômes divers, et reliés entre eux par des «lignes hypothétiques» au nombre de 24. Ces lignes ont été appelées *jing* par les Chinois, mot signifiant que ce sont des lignes «vivantes», parcourues par un flux d'énergie vitale. Certains auteurs français contemporains ont traduit ce mot par *méridien*. Il existe 12 méridiens symétriques de chaque côté du corps, chaque paire de *jing* correspondant à un organe. Dans la pensée chinoise, l'énergie vitale circule le long de toutes ces lignes et passe d'un jing à l'autre sans qu'il y ait jamais interruption de cette circulation.

Les vaisseaux extraordinaires (mo). Outre les douze jing bilatéraux, les Chinois ont indiqué huit lignes supplémentaires, dont les plus importantes sont la *médiane antérieure* (*ren mo*), ou vaisseau de la conception, et la *médiane postérieure* (*tou mo*), ou vaisseau gouverneur.

Les points d'acupuncture. Chaque point d'acupuncture correspond à des signes cliniques précis et répertoriés. Leur classement est le suivant.

1. POINTS PRINCIPAUX. Chaque méridien bilatéral en comporte un certain nombre :

deux points capitaux, l'un de *tonification,* dont le rôle est de stimuler une fonction organique déficiente ; l'autre de *dispersion,* ou *sédatif,* dont le rôle est au contraire de calmer un hyperfonctionnement ;

des points spéciaux, dont le nombre varie avec le méridien : le *point de la source du méridien* renforce, selon les cas et selon l'aiguille employée, la stimulation ou la sédation exercée sur le point principal : c'est un point régulateur ; le *point vésical,* ou *point de l'assentiment,* placé sur le méridien de la vessie, apporte, par assentiment au point capital, tonifiant ou calmant ; le *point d'alarme,* ou *hérault,* est spontanément douloureux lorsque le méridien sur lequel il se trouve est perturbé (le point est toujours en regard de l'organe malade : par exemple, point de l'appendicite) ; le *point de passage* (*le* ou *lo*), très important, est toujours placé sur son propre méridien : c'est celui par où s'écoule, selon les Chinois, l'énergie vitale lorsqu'elle est en excès dans un organe.

2. POINTS COMPLÉMENTAIRES ET SECONDAIRES. Ces points, toujours situés sur les méridiens, ne seront poncturés que suivant certaines indications particulières propres à chacun d'eux. D'autres ne seront poncturés que pour calmer une douleur locale.

3. POINTS CURIEUX EN DEHORS DES JING. Ils sont d'importance secondaire et leur seule indication est la douleur locale. Les *points de réunion hui*, au nombre de 9, ont chacun une action particulière sur un groupe d'organes déterminés.

Les *aiguilles chinoises*, primitivement faites d'épines de bois, puis de silex taillé, sont actuellement en métal : l'or et le cuivre ayant une action tonifiante, l'argent et l'acier ayant une action sédative. Leur longueur varie de 1 à 2,5 cm. Certains acupuncteurs français utilisent des aiguilles dites « japonaises » dont la longueur va jusqu'à 15 cm. On les enfonce habituellement de 1 à 2 mm dans le derme. Il existe aussi des aiguilles dites « à demeure », que l'on enfonce dans le tissu cellulaire sous-cutané et qui sont maintenues en place plusieurs heures, parfois plusieurs jours. Dans certains cas, les aiguilles sont constamment animées d'un léger mouvement de rotation par l'opérateur.

Le massage chinois. Fait sur les points d'acupuncture, il est indiqué dans le cas de régions douloureuses ou spasmées.

Les moxas. Cautères en bois utilisés en Chine et au Japon comme complément à l'acupuncture. Ce sont des cônes qu'on colle sur la peau par leur base et dont on allume la pointe.

Les pouls chinois. La médecine chinoise traditionnelle fonde ses diagnostics sur la prise du pouls en différents points du corps et en effectuant des pressions variables (faible, moyenne, forte). L'appréciation de ces pouls permettrait de prévoir une maladie d'un organe et d'en éviter les manifestations grâce à l'acupuncture.

L'électropuncture. Certains acupuncteurs branchent les aiguilles sur des générateurs électriques spéciaux dont les impulsions ont pour effet de renforcer l'action physique des aiguilles. Suivant les caractéristiques électriques des impulsions, l'action est tonifiante ou calmante. L'électropuncture est notamment utilisée en anesthésie.

Indications de l'acupuncture. L'acupuncture est particulièrement indiquée dans les spasmes viscéraux comme l'asthme, les coliques néphrétiques, les contractures musculaires, ainsi que dans les douleurs rhumatismales, dans les névrites, les névralgies. Les inflammations des muqueuses comme la sinusite, les troubles neurovégétatifs comme les vomissements, la constipation opiniâtre, l'énurésie peuvent également entrer dans le cadre de ces indications, ainsi que l'insomnie et divers troubles psychosomatiques. L'acupuncture est depuis quelques années employée pour réaliser l'anesthésie chirurgicale, et les résultats obtenus sont très encourageants.

Contre-indications. Il faut éviter de pratiquer l'acupuncture dans les états fébriles et en particulier dans les arthrites infectieuses. Certaines précautions doivent par ailleurs être prises chez les sujets neurotoniques, qui risquent de présenter des malaises en cours de traitement.

adamantinome n. m. Tumeur maligne des maxillaires, née des bourgeons dentaires et détruisant à la fois l'os et la gencive.

Adams-Stokes (syndrome d'), trouble du rythme cardiaque, caractérisé par des accès de ralentissement extrême de la fréquence des pulsations (*bradycardie*), soit, au contraire, par de brusques palpitations (*tachycardie*).
Ces troubles, provoquant un arrêt momentané de la circulation cérébrale par inefficacité de la pompe cardiaque, sont à l'origine d'un ensemble d'accidents neurologiques allant du simple vertige à l'attaque d'épilepsie ou à la syncope mortelle. Le traitement par la pose d'un stimulateur* cardiaque (ou *pace-maker*) supprime tous les troubles.

adaptation n. f. Propriété que possède un organisme de se modifier suivant ses conditions d'existence, de manière à toujours fonctionner le mieux possible en dépensant un minimum d'énergie.
L'adaptation s'exerce vis-à-vis de toutes les composantes de l'environnement. L'altitude, par exemple, où la pression d'oxygène de l'air est moindre qu'au niveau de la mer, entraînerait une anoxie*, c'est-à-dire une insuffisance d'oxygénation des tissus, si l'organisme ne réagissait pas immédiatement par une hyperventilation pulmonaire, puis, au bout de quelques jours, par une augmentation du nombre des globules rouges (*polyglobulie*).
Lorsque l'ensemble des conditions imposées à l'organisme dépasse un certain seuil et constitue en quelque sorte une agression, l'organisme réagit par un certain nombre de moyens dont l'expression clinique traduit le *syndrome d'adaptation*.
Le syndrome d'adaptation. C'est l'ensemble des réactions non spécifiques de l'organisme à une agression quelconque (traumatisme, surmenage, choc, infection, intoxication, etc.)

et qui lui permettent, jusqu'à une certaine limite, d'en supporter les conséquences. Il se déroule en trois phases : 1° la *réaction d'alarme*, au cours de laquelle l'organisme, surpris par l'agression, présente un état de choc*, puis l'apparition des premières réactions de défense ; 2° le *stade de résistance*, plus durable, pendant lequel l'organisme s'adapte à l'agression et accroît ses défenses contre elle ; 3° le *stade d'épuisement*, pouvant aboutir à la mort si l'agression persiste avec la même intensité.

Le déclenchement de ces réactions dépend essentiellement de la sécrétion de la glande corticosurrénale, qui augmente lors de l'agression, en réponse à la sécrétion accrue d'A. C. T. H.* par l'hypophyse, elle-même stimulée par les centres cérébraux de l'hypothalamus*.

Adaptation visuelle. Faculté de la rétine de percevoir les différentes luminances, c'est-à-dire de voir avec des éclairages d'intensités différentes. Lorsque les luminances sont faibles, trois phénomènes caractérisent la vision :

1. *L'augmentation considérable de la sensibilité de l'œil à la lumière.* Cette adaptation progressive à l'obscurité relève, au sein de la rétine, du pourpre des bâtonnets (v. RÉTINE) qui, détruit par les lumières vives, est régénéré en quelques minutes dans l'obscurité. Cette adaptation est détériorée par les carences en vitamine A ;

2. *L'intervalle photochromatique.* Il correspond aux luminances faibles pour lesquelles ces objets sont vus gris, c'est-à-dire incolores. Il est situé entre le *seuil terminal* (où on ne voit plus rien) et le *seuil chromatique* (où on ne voit plus les couleurs) de la vision. Il varie en importance pour chaque couleur : nul pour le rouge sombre, qui n'est jamais perçu gris, il est maximal pour le violet, dernière couleur à apparaître avec la progression de l'intensité lumineuse ;

3. *L'effet Purkinje.* C'est le déplacement de la sensibilité de l'œil vers les couleurs moyennes du spectre (le vert, le bleu), la nuit. En lumière nocturne, en effet, les couleurs telles que le vert ou le vert-bleu sont mieux perçues que le rouge ou le violet, qui se trouvent aux extrémités du spectre lumineux.

Addis (compte d') ou épreuve d'Addis Hamburger, numération du débit des éléments figurés (globules rouges, globules blancs et cylindres*) émis par minute dans les urines d'un sujet (en abrév. : H. L. M. [hématies-leucocytes-minute]).

Pour réaliser cet examen, on fait uriner le sujet à son réveil et on jette ces urines. On le laisse ensuite au repos complet pendant trois heures, allongé, après quoi on le fait uriner de nouveau, et on adresse aussitôt ces dernières urines recueillies au laboratoire.

Seuls les débits d'hématies et de leucocytes supérieurs à 5 000 par minute sont considérés comme pathologiques. On observe une augmentation du débit des hématies dans les glomérulonéphrites*. L'augmentation du débit des globules blancs signe l'infection rénale : pyélonéphrite*, tuberculose.

Addison (maladie d') ou insuffisance surrénale lente, maladie due à une insuffisance de sécrétion hormonale de la glande surrénale.

Les causes principales en sont la *tuberculose* et, plus récemment, l'administration prolongée de médicaments cortisoniques anti-inflammatoires, lesquels, mettant la glande au repos par le mécanisme du feed-back*, peuvent entraîner à la longue son atrophie, qui se révèle cliniquement à l'arrêt du traitement. La maladie réunit classiquement les symptômes suivants : d'abord une immense *fatigue*, physique et psychique, le malade étant littéralement épuisé à la fin de la journée, tout déplacement devenant à la limite impossible. On observe d'autre part que son teint est *bronzé* (d'où le nom de *maladie bronzée*), cette pigmentation étant due à une hypersécrétion de mélanine* : c'est la *mélanodermie* de l'addisonien, accentuée aux points de frottement. Le malade, en outre, *maigrit* progressivement ; *sa pression artérielle est basse*, et il présente des troubles digestifs à type de douleurs abdominales, nausées et vomissements, diarrhée avec stéatorrhée* (selles graisseuses) ; son humeur est changeante, dépressive et irritable. Il est anémique, hypoglycémique (sucre sanguin abaissé), il perd de l'eau et du sel par les urines, où l'on note par ailleurs l'absence ou la baisse très importante des produits de dégradation des hormones surrénaliennes. Le test de Thorn* montre que la glande ne répond pas à la stimulation hypophysaire. Non traitée, cette maladie aboutissait jadis à la mort. Actuellement, le régime salé, le traitement hormonal substitutif *à vie* par la cortisone — à condition qu'il soit strictement continu et étroitement surveillé et adapté aux événements (en effet, toute émotion, infection ou intervention chirurgicale impose d'augmenter notablement les doses) — permettent aux malades une espérance de vie normale. L'addisonien devra toujours être muni d'une carte portant la mention de sa maladie et le traitement appliqué.

adduction n. f. Mouvement qui rapproche un membre ou un segment de membre de l'axe du corps.

adénectomie n. f. **1.** Ablation d'un ganglion lymphatique.
2. Syn. de ADÉNOÏDECTOMIE*.

adénine n. f. Substance résultant de la dégradation des nucléoprotéines*.
L'adénine est une base purique*; on l'emploie sous la dénomination de vitamine B4 dans le traitement des leucopénies*.

adénite n. f. Inflammation d'un ganglion lymphatique.
Adénite aiguë. Elle se caractérise par une augmentation de volume d'un ganglion ou d'un groupe ganglionnaire, avec douleur, et, si elle est superficielle, par une rougeur de la peau et une augmentation de la chaleur locale. À ce stade, dit *congestif,* la guérison peut s'obtenir par le traitement médical; sinon l'évolution se fait vers l'adénite suppurée (bubon) : la peau devient rouge, œdématiée, la tumeur devient fluctuante, les signes généraux apparaissent : fièvre, malaises, hyperleucocytose sanguine (augmentation des globules blancs). L'évacuation chirurgicale du pus et le drainage s'imposent, sinon va se produire l'ouverture spontanée à la peau (fistulisation) ou une diffusion de l'infection dans les tissus avoisinants (adénophlegmon*).
L'adénite aiguë est fréquemment en rapport avec une lésion souvent minime du territoire lymphatique concerné, s'accompagnant parfois de lymphangite*. Les adénites aiguës peuvent être multiples, par exemple au cours de l'adénomésolyphite* aiguë, de la maladie des griffes du chat, de la mononucléose* infectieuse.
Adénite chronique. Elle se caractérise par une augmentation de volume d'un ou de plusieurs ganglions, sans signes locaux ni généraux. Surtout observée au niveau du cou, cette affection a comme causes les plus fréquentes des infections subaiguës d'origine dentaire, amygdalienne, auriculaire. L'*adénite tuberculeuse* évolue spontanément vers la fistulisation à la peau qui laisse des cicatrices, les *écrouelles**. Les *adénites syphilitiques* se rencontrent à toutes les périodes de la maladie; à la phase tertiaire, elles peuvent réaliser une *gomme** syphilitique.

adénocarcinome n. m. Cancer* débutant à partir d'un épithélium* glandulaire.

adénogramme n. m. Examen de laboratoire permettant d'étudier les cellules d'un ganglion lymphatique.

adénoïde adj. Qui ressemble à un ganglion (à une adénopathie), ou qui concerne le tissu ganglionnaire (*tumeur adénoïde*).
Végétations adénoïdes. Formations de tissu lymphoïde* qui obstruent le rhino-pharynx des enfants. Ces végétations sont constituées

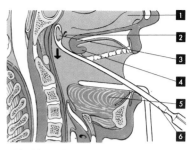

Adénoïdectomie.
1. Cloison nasale;
2. Orifice de la trompe d'Eustache;
3. Végétations adénoïdes;
4. Luette; 5. Langue abaissée;
6. Curette coupant les végétations.

par une augmentation de volume de l'*amygdale* pharyngée,* amygdale accessoire située dans le rhino-pharynx, en arrière et au-dessus des amygdales. Pour parler de *végétations adénoïdes,* il faut que l'amygdale pharyngée soit enflée et enflammée au point de provoquer des accidents mécaniques (obstruction nasale) et infectieux. L'infection est l'adénoïdite aiguë. Elle empêche la tétée chez le nourrisson, gêne le sommeil de l'enfant par l'obstruction nasale qu'elle provoque. Elle se complique fréquemment d'otite* aiguë. L'adénoïdite chronique entraîne des rhumes fréquents (rhino-pharyngites) et des otites à répétition, des troubles digestifs (diarrhée) par la déglutition de mucosités.
Le traitement consiste à l'ablation des végétations ou *adénoïdectomie.* Cette intervention est pratiquée en dehors de toute poussée aiguë et être faite dès le très jeune âge, sans toucher aux amygdales.

adénoïdectomie n. f. Ablation des végétations adénoïdes*. (On dit aussi ADÉNECTOMIE.)

adénolipomatose n. f. Affection de cause inconnue, probablement héréditaire, caractérisée par la présence de tuméfactions graisseuses (*lipomes*) disséminées en différents points du corps.

adénome n. m. Tumeur bénigne, due à la prolifération régulière d'un épithélium* glandulaire normal.
Les adénomes peuvent siéger dans toutes les structures où existent des glandes à sécrétion interne (surrénale, hypophyse, thyroïde, etc.) ou à sécrétion externe (peau, glandes salivaires, etc.). Ils peuvent se compliquer du

fait de leur volume, de leur siège : hémorragies, nécroses, troubles de compression des organes avoisinants.
Adénome prostatique. V. PROSTATE.

adénomectonie n. f. Ablation d'un adénome, et plus spécialement de l'adénome de la prostate*.

adénomésolymphite n. f. Syndrome douloureux abdominal de l'enfant, réalisant un tableau d'appendicite aiguë.
Appelée également *adénite mésentérique,* cette affection est en rapport avec une infection bénigne due à un virus ou à un bacille paratuberculeux.

adénopathie n. f. Terme général désignant toute augmentation pathologique du volume des ganglions, quels que soient leur siège et leur origine, inflammatoire ou tumorale.

adénophlegmon n. m. Suppuration d'un ganglion étendue aux tissus de voisinage.
Superficiel ou profond, localisé ou diffus, l'apparition d'un adénophlegmon au cours de l'évolution d'une adénite est favorisée par une virulence particulière du germe ou une déficience de l'état général du sujet.

adénosarcome n. m. Tumeur glandulaire associant une prolifération glandulaire bénigne et une prolifération conjonctive maligne.

adénosine n. f. Aminoacide* dérivant de l'adénine* et composé d'une molécule d'adénine et d'un sucre, le ribose.
ADÉNOSINE MONOPHOSPHATE, OU A. M. P., molécule d'adénosine à laquelle est fixée un atome de phosphore. L'A. M. P. est utilisé en thérapeutique dans les démangeaisons (prurits), les prophyries*.
ADÉNOSINE MONOPHOSPHATE CYCLIQUE, OU A. M. P. CYCLIQUE, substance qui joue dans les cellules un rôle de «second messager hormonal», c'est-à-dire que l'A. M. P. cyclique transmettrait le «message» de l'hormone (dont l'action directe s'arrêterait au niveau de la membrane cellulaire) jusqu'au noyau de la cellule.
ADÉNOSINE TRIPHOSPHATE, OU A. T. P., molécule d'adénosine sur laquelle sont fixés trois atomes de phosphore. Deux de ces derniers sont fixés à l'adénosine par une liaison riche en énergie, c'est-à-dire que sa rupture libère une grande quantité d'énergie.

adhérence n. f. Accolement de deux organes ou tissus.
Il existe des *adhérences normales, physiologiques* (tel l'accolement du mésocôlon* au péritoine* pariétal) et des *adhérences pathologiques,* congénitales ou acquises, qui peuvent être à l'origine de douleurs, de perforations. Les adhérences péritonéales secondaires à une péritonite ou à une intervention chirurgi-

cale sont particulièrement redoutables, car elles forment des brides sur lesquelles l'intestin peut s'étrangler et donner une *occlusion*.

adiadococinésie n. f. Trouble de la coordination des mouvements, rendant le patient incapable d'effectuer rapidement et régulièrement un mouvement alternatif comme celui des «marionnettes».
Ce symptôme neurologique se retrouve en particulier dans les atteintes du cervelet (syndrome cérébelleux) et dans la sclérose* en plaques.

Adie (syndrome d'), affection neurologique bénigne, caractérisée par l'association d'une abolition des réflexes ostéo-tendineux des membres inférieurs et d'un trouble de la pupille*, qui ne se contracte plus normalement.

adipeux, euse adj. Relatif à la graisse, chargé de graisse.
Tissu adipeux, forme de tissu conjonctif dont les cellules, ou *adipocytes,* sont chargées de corps gras. Il représente 5 p. 100 du poids du corps, réparti différemment chez l'homme, la femme et le nourrisson. Son importance est variable en fonction de l'alimentation (ou du jeûne). De nombreux facteurs endocriniens interviennent dans son accumulation, parmi lesquels il faut citer : l'hypophyse, les glandes génitales et digestives (foie, pancréas), la thyroïde et la corticosurrénale. Le tissu adipeux, mal vascularisé, se défend mal contre l'infection.

adipose n. f. Surcharge graisseuse des tissus.
Elle se traduit par une multiplication cellulaire exagérée et une surcharge des cellules adipeuses, une hypertrophie du tissu adipeux. Elle forme un lipome* quand elle est limitée.

adiposo-génital, e, aux adj. Syndrome **adiposo-génital,** association d'une obésité considérable, prédominant au tronc et à la racine des membres, et d'une insuffisance sexuelle (hypogonadisme) entraînant impuissance chez l'homme et arrêt de menstruation (aménorrhée) chez la femme, et dû à une lésion de l'hypothalamus et de l'hypophyse. (Syn. : SYNDROME DE BABINSKI-FRÖLICH.)

A. D. N., sigle de l'*acide désoxyribonucléique,* acide nucléique* dont le sucre est le désoxyribose.
L'A. D. N. est une substance complexe du groupe des nucléoprotéides*, et c'est l'élément constitutif des chromosomes*, supports matériels de l'hérédité.

adolescence n. f. Époque de la vie intermédiaire entre l'enfance et la période adulte. On y inclut généralement la puberté, qui en représente la première partie.

Transformations physiques. Elles se font sous l'influence de l'entrée en activité des glandes sexuelles.

C'est le moment de l'apparition des règles, des caractères sexuels secondaires et, après une rapide poussée prépubertaire, du ralentissement de la croissance.

Après la puberté, l'adolescence se poursuit par une évolution progressive vers l'âge adulte : augmentation modérée mais certaine de la taille, développement de la musculature et accroissement de la résistance physiologique.

Phénomènes psychiques de l'adolescence. L'adolescence est marquée par une crise psychologique, dite « d'originalité juvénile », qui varie d'intensité selon les cas.

Elle surprend toujours parents et éducateurs, qui se heurtent à des attitudes qu'ils ne comprennent plus. L'adolescent déconcerte par l'extrême instabilité et l'ambivalence de ses réactions. Périodes d'exaltation, de révolte, d'agressivité, de générosité alternent avec des moments de grande passivité où se manifeste le dégoût de soi et de la vie et où apparaissent des sentiments d'infériorité.

La signification de cette crise est avant tout la remise en question de soi, avec : 1° l'abandon des conceptions de l'enfance, le rejet de ses valeurs ; 2° le développement d'une sexualité à la recherche de son objet ; 3° le repli narcissique à la découverte d'une image de soi et vers une prise en charge de son destin propre.

adonis n. m. Plante herbacée (*Adonis vernalis*, renonculacées) dont on emploie les parties aériennes, séchées, en infusion ou sous forme d'extrait aqueux, comme diurétique* et comme tonicardiaque*. (Tableau C.)

adoption n. f. Acte juridique qui crée des rapports fictifs de filiation.

L'adoption connaît une faveur de plus en plus grande depuis le début du XXᵉ siècle. Le Code civil de 1804 n'autorisait que l'adoption des majeurs. Des lois de 1923 à 1925 ont élargi l'institution en faveur des orphelins qu'avait laissés la Première Guerre mondiale. En 1939 est entamée une véritable réforme qui, continuée en 1958, 1960, 1961, et parachevée en 1966 et en 1976.

Il existe actuellement deux sortes d'adoption : l'adoption simple et l'adoption plénière. La première, très proche de l'adoption du code Napoléon, est possible quel que soit l'âge de l'adopté. Si elle crée des liens successoraux entre l'adoptant et l'adopté et fait tomber l'adopté mineur sous l'autorité parentale de l'adoptant, elle ne rompt cependant pas les liens de l'enfant avec sa famille naturelle, s'il en a une. Elle est révocable dans certains cas. La seconde, réservée en principe aux enfants de moins de 15 ans, tend à assimiler l'enfant à un enfant légitime : il cesse d'appartenir à sa famille d'origine et entre dans la famille de l'adoptant avec tous les droits et devoirs de l'enfant légitime (nom, nationalité, autorité parentale, droits successoraux, obligation alimentaire, etc.). Elle est irrévocable.

Les deux formes d'adoption supposent que l'adoptant, qui peut être célibataire ou marié, ait plus de 30 ans (aucune condition d'âge n'étant exigée si l'adoption est demandée conjointement par deux époux mariés depuis au moins 5 ans), qu'il ait 15 ans de plus que l'adopté (10 ans si ce dernier est l'enfant du conjoint). L'adoption plénière suppose en outre que l'enfant appartient à l'une des catégories suivantes : enfant mineur pour lequel les parents ou le conseil de famille ont valablement consenti à l'adoption, pupille de l'État, enfant déclaré abandonné par le tribunal, et que cet enfant ait été accueilli au foyer de l'adoptant depuis au moins 6 mois. Le placement de l'enfant dont l'adoption est envisagée dans le foyer est toujours précédé d'une très sérieuse enquête sociale, médicale et psychiatrique auprès des futurs parents adoptants.

adoucisseur n. m. *Adoucisseur d'eau*, appareil utilisé pour diminuer le degré hydrotimétrique de l'eau*, c'est-à-dire sa teneur en calcium et en magnésium.

adrénaline n. f. Hormone sécrétée par la partie centrale de la glande surrénale ou médullosurrénale, et également formée au niveau des terminaisons du système sympathique, dont elle est le médiateur chimique.

C'est un *sympathomimétique*, c'est-à-dire que son action reproduit les effets de l'excitation du système sympathique ou adrénergique*.

Physiologie. L'action de l'adrénaline sur l'organisme est essentiellement une action de mobilisation des réserves et d'augmentation de l'utilisation de l'énergie en vue de l'activité. Elle potentialise les ressources de l'organisme devant toute agression ou choc, pour lui permettre de réagir rapidement.

Sur le système cardio-vasculaire. L'adrénaline augmente la contractilité et le rythme cardiaque ; elle provoque la vasoconstriction de certains territoires de l'organisme : rein, peau, muqueuses. Tout cela entraîne parallèlement une augmentation du débit cardiaque.

Sur les autres organes. Au niveau de l'intestin, de l'œil, des glandes salivaires, du muscle strié, de l'utérus et du système nerveux central, les effets de l'adrénaline sont pratiquement les mêmes que ceux de la noradrénaline*.

Emploi thérapeutique. Les indications de l'adrénaline sont très limitées. Elle est utilisée en dernier recours dans les syncopes cardiaques, par injection intracardiaque. (Toxique, tableau A.)

adrénergique adj. Qui agit par l'intermédiaire de l'adrénaline ou de substances comparables.

Les *nerfs adrénergiques* transmettent l'influx nerveux par l'intermédiaire de l'adrénaline. Ils sont intégrés dans le système sympathique (ou adrénergique), dont l'adrénaline est le médiateur* chimique.

Récepteurs adrénergiques. On a découvert dans les différents organes des cellules commandées spécifiquement par le système sympathique. Ces cellules sont divisées en deux types différents d'après les effets que produit leur stimulation : on les appelle récepteurs adrénergiques alpha (α) et bêta (β). La stimulation isolée de chacun de ces récepteurs ne reproduit qu'une partie des effets de la stimulation du sympathique entier (v. SYMPATHOMIMÉTIQUE). Certains médicaments (alphabloquants* et bêtabloquants*) bloquent respectivement l'action alpha- ou l'action bêta- de ces récepteurs.

adsorbant, e adj. Se dit de substances capables de produire l'adsorption*.

adsorption n. f. Phénomène physique qui consiste en la fixation, sur un solide poreux et par simple contact, d'un gaz ou d'une substance dissoute.

Les solides permettant l'adsorption, dits *adsorbants*, sont utilisés pour l'élimination hors de l'organisme des gaz intestinaux (charbon, kaolin, etc.), de poisons au cours d'une intoxication (charbon, résines catioanioniques), etc.

adulte adj. et n. Sujet dont l'âge se situe après l'adolescence et avant la vieillesse, et dont le corps, ayant atteint son développement définitif, possède au maximum les qualités de force et d'endurance qu'un individu est susceptible d'acquérir.

En fait, cet état d'optimum physiologique est atteint très tôt dans la vie, entre 18 et 20 ans, le vieillissement physiologique commençant aussitôt après, bien qu'il ne soit rendu sensible qu'au bout de plusieurs années. C'est par exemple à 20 ans que commencent à se déposer, sur les parois des artères, les lipides formant les plaques d'athérome* qui rendront plus tard le sujet athéroscléreux.

adynamie n. f. Faiblesse musculaire extrême, qui s'observe dans certaines maladies.

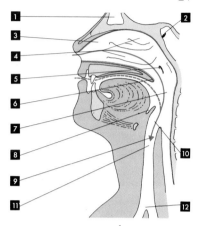

Voies aériennes supérieures :
1. Sinus frontal ; 2. Sinus sphénoïdal ;
3. Fosses nasales ; 4. Cornets ;
5. Orifice pharyngien de la trompe d'Eustache ;
6. Luette ; 7. Pharynx ; 8. Épiglotte ;
9. Trachée ; 10. Larynx ; 11. Sous-glotte ;
12. Bronche intermédiaire.

L'*adynamie*, phénomène surtout musculaire, est à distinguer de l'*asthénie*, qui est une faiblesse d'origine centrale (nerveuse).

aérien, enne adj. **Voies aériennes,** succession des cavités et des conduits qui permettent à l'air de pénétrer jusqu'aux poumons.

Elles comprennent, de haut en bas : les fosses nasales, la bouche, le pharynx, le larynx et la trachée, qui constituent les voies aériennes supérieures. Les bronches et leurs subdivisions, dont le trajet est presque totalement intrapulmonaire, constituent le reste des voies aériennes.

aérium n. m. Établissement de cure placé sous surveillance médicale, destiné à recevoir des enfants convalescents de plus de 3 ans et de moins de 16 ans, indemnes de lésions tuberculeuses.

aérobie adj. et n. m. Se dit de microorganismes (microbes) qui ont besoin d'air (oxygène libre) pour vivre.

aérocolie n. f. Accumulation excessive de gaz dans le côlon*, entraînant la distension de cet organe.

aéroembolisme n. m. Formation de bulles gazeuses (embolie gazeuse) dans les tissus et

les vaisseaux de l'organisme, lors de décompressions trop brutales.
Ces accidents de décompression peuvent survenir en aéronautique* (dépression en haute altitude), chez les ouvriers travaillant en air comprimé, chez les plongeurs sous-marins qui remontent à la surface sans respecter les paliers de décompression. L'azote dissous dans le sang, étant alors brusquement soumis à une pression moins importante, se dégage en formant des bulles, ce qui entraîne des accidents d'autant plus graves que la décompression a été plus brutale. On observe alors des symptômes très variés, allant de la simple démangeaison (prurit) jusqu'aux accidents neurologiques graves à type de paralysies définitives, en passant par des douleurs articulaires violentes, des hémorragies, des troubles visuels, auditifs, respiratoires (embolies gazeuses pulmonaires). Le sujet doit alors être immédiatement placé dans un caisson* sous pression suffisante et avec oxygène (oxygénothérapie hyperbare), et ensuite décomprimé progressivement.

aéronautique adj. La *médecine aéronautique* étudie les troubles provoqués par les voyages aériens et les moyens d'y remédier.
Les effets physiologiques de l'altitude sont dus à la diminution de l'apport en oxygène (anoxie) et à la diminution de la pression atmosphérique, qui entraîne une expansion des gaz libres contenus dans les cavités naturelles, essentiellement les oreilles, les sinus et le tube digestif.
L'aviation est par nature bruyante et, en plus des vibrations non audibles (infrasons et ultrasons), aux effets encore mal précisés, l'intensité des bruits constitue une cause importante d'inconfort.
Les accélérations et décélérations ont des conséquences physiologiques importantes sur les liquides contenus dans le corps humain, troublant l'hémodynamique circulatoire et provoquant, après un signe d'alarme représenté par une certaine lourdeur des membres, des troubles oculaires (voile gris, noir ou rouge) et nerveux graves.
Ces conséquences physiologiques majeures ne se rencontrent que dans l'aviation militaire ou au cours de certains exercices acrobatiques.
Les avions commerciaux sont climatisés et pressurisés à une altitude inférieure à 2 000 mètres. Le déficit en oxygène est minime, la température agréable, la sécheresse de l'air atténuée, les bruits très amoindris. Les seuls effets ressentis apparaissent lors de l'ascension (distension douloureuse du tympan, ballonnement abdominal).

Le mal de l'air est une forme du mal des transports, provoquée essentiellement par les mouvements de l'avion : nausées, vomissements frappant surtout les sujets prédisposés. Ces inconvénients minimes peuvent être évités en suçant un bonbon ou de la pâte à mâcher au moment de l'ascension, en ne faisant que des repas légers.
Les contre-indications aux voyages aériens sont actuellement relativement rares (grands malades pulmonaires, cardiaques décompensés) ; d'une manière générale, toutes les maladies organiques sévères sont une contre-indication relative au transport par air, comme d'ailleurs à tout autre mode de voyage. Les femmes enceintes peuvent sans inconvénient prendre l'avion jusqu'au 8e mois de la grossesse.

aérophagie n. f. Déglutition d'air survenant surtout lorsque le sujet déglutit de la salive sans aliments.
L'aérophagie n'est pathologique que si elle est excessive, entraînant des éructations (rots) et une certaine dilatation de l'estomac (aérogastrie). Elle est alors à l'origine de ballonnements après les repas, de hoquets, de douleurs thoraciques gauches à ne pas confondre avec une angine de poitrine.
L'aérophagie s'observe chez les sujets nerveux, qui mangent trop vite, boivent trop en mangeant et mangent trop de mie de pain, de pâtes, de féculents. On en limitera l'importance en mangeant lentement, en mastiquant bien, en buvant peu aux repas et en évitant les boissons gazeuses ainsi que les féculents. Les sédatifs nerveux facilitent l'observation de cette discipline ; le métoclopramide* atténue les troubles en facilitant la progression des gaz.

aérosol n. m. Suspension stable de fines particules liquides (de l'ordre du micron ou millième de millimètre) dans l'air.
Les aérosols employés en médecine sont obtenus à partir de solutions médicamenteuses au moyen d'un générateur propulsant de l'air comprimé et de gicleurs. Les médicaments contenus dans la solution sont absorbés par les muqueuses ou par les alvéoles pulmonaires du sujet. On peut administrer sous forme d'aérosols des antibiotiques (pénicilline), des antiasthmatiques, des corticoïdes (eau thermale) ou tout médicament soluble (v. ill. p. 26).

affection n. f. Terme général désignant toute altération de la santé, considérée uniquement dans ses manifestations actuelles, locales ou générales, indépendamment de ses causes.
Affection de longue durée. V. MALADIE (*assurance*).

Aérosol. Atomiseur électromagnétique
et divers embouts.

affectivité n. f. Aspect fondamental de la
personnalité, recouvrant l'ensemble des sentiments, des émotions et des passions d'un
individu. (On oppose habituellement l'affectivité et l'intelligence alors qu'en réalité elles
sont intimement liées.)
L'affectivité est l'élément de base à partir
duquel se structurent tous les liens d'un sujet
à son milieu. À un niveau élémentaire, elle se
manifeste sous forme d'émotions simples :
douleur, plaisir, désir, colère, etc. À un
niveau plus élaboré, elle se traduit par des
sentiments comme la tendresse, la haine, la
jalousie, l'orgueil, etc. Les perturbations de
l'organisation affective sont à l'origine de
nombreux déséquilibres mentaux et de nombreuses inadaptations* sociales.

afférent, e adj. Se dit d'un nerf qui se rend
vers un centre nerveux et d'un vaisseau qui
se dirige vers un organe ou une anastomose*.

affinité n. f. Attraction entre deux substances, deux événements ou deux états,
reposant sur une ressemblance ou une com-
plémentarité.
Affinité morbide, enchaînement naturel de
maladies, qu'il soit favorisé par un même
terrain ou que la présence de l'une favorise la
survenue de l'autre (par exemple : cancer du
foie survenant après une cirrhose).

affusion n. f. Procédé d'hydrothérapie consistant à verser de l'eau sur tout ou partie du
corps, en nappe, d'une certaine hauteur ou
avec des linges.

afibrinogénémie n. f. Absence complète

Phot. Lauros.

de fibrinogène* dans le sang, qui, de ce fait,
est incoagulable.
L'afibrinogénémie peut être congénitale,
entraînant des hémorragies souvent mortelles.

agalactie n. f. Absence de sécrétion lactée
après l'accouchement.
L'agalactie vraie est exceptionnelle, mais
l'*hypogalactie,* ou insuffisance de sécrétion,
est beaucoup plus fréquente. Le traitement
en est décevant. La bière reste cependant
utilisée pour augmenter la sécrétion lactée.

agammaglobulinémie n. f. Déficit ou
absence totale de gammaglobulines* dans le
sang.
Les gammaglobulines étant des agents essentiels de l'immunité, il résulte de leur déficit
ou de leur absence une sensibilité accrue de
l'organisme aux infections, qui sont alors
graves et récidivantes. Ce déficit est le plus
souvent secondaire à une maladie, mais il
peut parfois être congénital. Son traitement
comprend l'administration régulière de gammaglobulines* et le traitement antibiotique
énergique de toute infection.

agar-agar n. m. Mucilage* produit par
différentes algues (*Gelidium corneum,* algues
rhodophycées). [Syn. : GÉLOSE ou COLLE DU
JAPON.]
Alimentaire en Extrême-Orient, l'agar-agar
est utilisé en bactériologie comme milieu de
culture (gélose) et en thérapeutique dans le
traitement de la constipation.

âge n. m. Temps écoulé depuis la naissance.
La notion d'âge recouvre aussi les différentes
époques de la vie d'un homme, caractérisées
chacune par des critères morphologiques et
physiologiques particuliers : âge infantile, âge
adulte, âge sénile. On distingue plus précisément : l'enfance*, qui comprend la période
néonatale, la première enfance, la deuxième
enfance, puis la puberté*, l'adolescence*,
l'âge adulte* et enfin la sénescence*. Les
différents âges de la vie ont des limites qui
varient avec les civilisations et les climats :
la puberté survient plus tôt dans les pays
chauds et il existe des différences selon les
individus.
Âge physiologique. Pour suivre l'évolution de
la croissance chez l'enfant et chez l'adolescent, on définit plusieurs variétés d'âge
fondées sur des critères physiologiques éva-
lués en fonction d'une normalité calculée
statistiquement pour une population donnée.
1. *Âge fœtal.* Il est calculé à partir de la date
présumée de la conception. Le nouveau-né
normal a 9 mois d'âge fœtal. Le prématuré,
moins.
2. *Âge chronologique.* Calculé à partir de la

naissance, il ne correspond à l'âge de vie réel que chez les enfants nés à terme.

3. *Âge staturo-pondéral.* Défini en fonction du sexe par le rapport poids-taille, on en suit l'évolution au cours de la croissance avec une courbe qu'on compare à la courbe de référence.

4. *Âge dentaire.* Il est défini par l'éruption des dents de lait (entre 5 et 24 mois) et celle de la dentition définitive (entre 6 et 21 ans).

5. *Âge osseux.* À la naissance, la plupart des os ne sont constitués que de leur diaphyse* cartilagineuse et ne sont pas encore ossifiés (v. OSSIFICATION). L'apparition des *points d'ossification* (épiphyses*) définit l'âge osseux (par exemple, épiphyse humérale postérieure : 1 an; point rotulien : 5 ans, etc.). L'ossification n'est complètement terminée qu'à 18 ans.

6. *Âge pubertaire.* C'est le moment où apparaissent la différenciation morphologique de l'enfant (développement des épaules plus important chez le garçon, hanches plus larges chez la fille), les caractères sexuels secondaires, la pilosité, la mue chez le garçon, etc. On définit aussi l'âge pubertaire par l'élévation du taux des hormones sexuelles dans le sang et dans les urines (v. PUBERTÉ).

Âge affectif et intellectuel.

— De la naissance à 2 ans et demi, l'enfant commence par découvrir son corps et son entourage immédiat. Il est étroitement dépendant de sa mère. Puis, avec l'acquisition de la marche et de la fonction symbolique qui permet le langage et le jeu, l'enfant explore un espace toujours plus grand, noue des relations plus différenciées avec son entourage. Enfin les fonctions d'excrétion deviennent conscientes et leur éducation est capitale pour lui.

— De 2 ans et demi à 6-7 ans, il découvre sa propre personnalité, ce qu'il traduit dans son langage par l'emploi du « je ». Il découvre la différence des sexes : c'est l'époque tumultueuse du complexe d'Œdipe, où on le voit souvent s'opposer à autrui.

— De 6-7 ans à 10-11 ans, les conflits affectifs s'apaisent, rendant possible l'insertion scolaire.

— De 10 à 14 ans, c'est l'âge de la prépuberté et de la puberté, où l'on note une réactivation des conflits infantiles et de l'anxiété.

— De 14 à 18 ans, on entre dans la période de l'adolescence où le jeune se découvre autonome et se forge son propre système de valeurs. C'est l'époque des premières expériences amoureuses et de l'entrée dans la vie professionnelle.

agénésie n. f. Absence totale d'une structure ou d'un organe par défaut de création embryonnaire, différente de l'*aplasie*, où l'absence d'organe est liée à un arrêt de développement pendant la vie intra-utérine.

agent n. m. Tout ce qui agit, qui produit un effet.

Agents physiques, toutes les forces ou procédés qui agissent sur l'organisme par l'énergie thermique (chaleur), mécanique (kinésithérapie), rayonnante, etc., qu'ils libèrent.

agglutination n. f. Phénomène immunologique en vertu duquel des cellules ou des bactéries se collent en petits amas sous l'action de substances dites *agglutinines*.

Bactériologie. *Agglutination microbienne.* Elle s'observe lorsqu'on met en présence des germes microbiens porteurs d'un antigène* donné, ou agglutinogène*, et les anticorps* spécifiques à cet antigène, ou agglutinines*. La rencontre de l'agglutinogène et de l'agglutinine correspondante provoque l'agglutination de ces deux corps et leur sédimentation. (V. SÉRODIAGNOSTIC.)

Hématologie. *Agglutination des globules rouges.* Les globules rouges portent des caractères particuliers, dits *agglutinogènes A et B,* qui caractérisent les groupes sanguins. Ce sont des antigènes qui, mis en présence

Agglutinations microbiennes :
O. Antigènes du corps bactérien;
H. Antigènes des cils vibratiles ou flagelles.

Phot. Larousse.

O   H

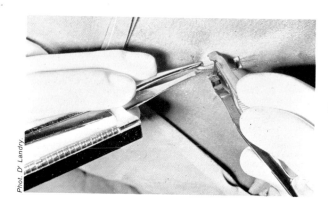

Phot. Dʳ Landry.

Pose d'agrafes.

d'agglutinines anti-A ou anti-B, qu'on trouve dans le sang des sujets qui n'ont pas les agglutinogènes A ou B, provoquent l'agglutination des globules rouges et les accidents des transfusions (v. GROUPE, *Hématologie*).

agglutinine n. f. Anticorps* déterminant en présence de l'antigène* correspondant, ou agglutinogène*, une réaction d'agglutination* (v. SÉRODIAGNOSTIC).

agglutinogène n. m. Antigène* capable de provoquer l'apparition d'anticorps spécifiques, les agglutinines*, et de donner avec ceux-ci une réaction d'agglutination*.

agitation n. f. Trouble du comportement alliant une excitation mentale à une excitation motrice et qui aboutit à une perte du contrôle des actes et des pensées.
Le malade, agité, inquiète et déroute son entourage. Il faut pourtant garder son calme face à lui, car il perçoit très bien la panique et l'agressivité des autres. Il faut appeler le médecin, qui décidera des moyens à employer et d'une éventuelle hospitalisation. Souvent l'agitation cesse à l'hôpital, avant tout traitement et devant l'attitude calme, ferme et neutre du personnel. Au besoin, des injections de sédatifs calment une excitation persistante. L'important est de déterminer alors les causes de cette agitation. Il peut s'agir d'une maladie psychiatrique, comme la manie* aiguë, d'une bouffée délirante, d'une forme de schizophrénie*. Parfois c'est un état de panique provoqué par un choc affectif (accident, attentat, etc.). Il peut s'agir de « crises de nerfs » d'allure théâtrale et spectaculaire chez les hystériques (v. HYSTÉRIE) ou les déséquilibrés du caractère*.
D'autres états d'agitation ont des causes organiques précises : confusions* mentales

avec fièvre, *delirium* *tremens,* méningites. L'épilepsie sous toutes ses formes peut être cause d'agitation.
Traitement. Il dépend de la cause. On doit d'abord traiter une éventuelle affection organique. L'agitation elle-même nécessite l'administration de neuroleptiques et de tranquillisants.

agnosie n. f. « Trouble de la reconnaissance des objets, inexplicable par un déficit sensoriel et traduisant un déficit intellectuel spécialisé » (Jean Delay). C'est le contraire de la *gnosie,* qui est la faculté de reconnaître la forme, l'identité et la signification d'un objet. L'agnosie peut toucher tous les sens, particulièrement la vue (*agnosie visuelle*) : le malade voit l'objet, mais est incapable de le reconnaître et de dire ce qu'il représente ; l'audition (*agnosie auditive* ou *surdité verbale*) : le malade entend bien les sons et les mots, mais ne les reconnaît pas et ne comprend pas ce qu'on lui dit ; le toucher (*agnosie tactile* ou *astéréognosie*) : impossibilité de reconnaître un objet en le palpant.

agonie n. f. Période terminale de la vie, précédant de peu la mort et marquée par une aggravation générale en cas de maladie, et par la défaillance des grandes fonctions vitales : respiratoire (gêne respiratoire), circulatoire (pâleur extrême), nerveuse (agitation ou immobilité), etc.
La durée de l'agonie est variable, allant de quelques minutes à plusieurs heures, ou nulle en cas de mort subite.

agoraphobie n. f. Crainte des espaces découverts.
Ce type de phobie se traduit par un état d'angoisse, de peur injustifiée qui s'empare d'un sujet dans un vaste espace découvert

tel qu'esplanade, rue, pont, etc. L'angoisse cesse dès que le sujet quitte ces lieux. Ce symptôme est un des signes de la névrose* phobique, mais il existe aussi dans d'autres névroses. La psychanalyse* permet d'en découvrir le sens profond, et ainsi d'en obtenir la guérison.

agrafe n. f. Petite lame de métal qui sert à suturer les plaies.

agranulocytose n. f. Disparition quasi totale des granulocytes du sang, c'est-à-dire des leucocytes (globules blancs) polynucléaires.
Cette situation, qui entraîne une grande sensibilité aux infections, était jadis souvent mortelle, mais les traitements antibiotiques modernes ont amélioré le pronostic. L'agranulocytose peut être associée à un déficit des autres lignées sanguines (globules rouges, lymphocytes, plaquettes) au cours des maladies malignes du sang, mais certains auteurs préfèrent réserver ce terme au déficit exclusif de la lignée blanche. Celui-ci est alors souvent provoqué par des médicaments, au premier rang desquels vient l'amidopyrine. Le plus souvent, l'arrêt du médicament nocif au stade de leucopénie (simple diminution du nombre des globules blancs) rétablit une formule sanguine normale.

agraphie n. f. Trouble du langage écrit, considéré en tant que fonction symbolique. L'agraphie est souvent un cas particulier d'aphasie* et peut être due à une lésion cérébrale.

agressivité n. f. Tendance à détruire et à attaquer.
Cette tendance existe normalement chez l'homme comme chez les animaux. Chez l'homme normal et adulte, elle perd son caractère primitif et brutal pour se transformer en tendances socialement acceptables : affirmation de soi, goût de la compétition, créativité, etc. Lorsqu'elle n'est pas contrôlée, l'agressivité est un phénomène psychopathologique. Elle est alors à la base de conduites inadaptées au sens large, allant des manifestations motrices les plus primaires comme les actes de violence, à des manifestations mentales très élaborées qui deviennent des composantes du caractère (rigidité, « sarcasme » permanent, etc.). L'agressivité prend donc des formes d'expression très variées selon l'organisation psychopathologique du sujet : impulsivité, sautes d'humeur, violences verbales dans les déséquilibres, décharges agressives incontrôlées chez les épileptiques, dans les ivresses pathologiques et au cours des états psychotiques (v. PSYCHOSE). L'agressivité est dirigée soit vers « l'autre », soit vers le sujet lui-

même. En effet, au cas où elle est ressentie comme fortement interdite par le milieu, le sujet peut la retourner contre lui-même : c'est ce qu'on observe dans les dépressions, le masochisme.
Chez l'enfant, les pulsions agressives diverses et intenses se heurtent très tôt aux interdits familiaux et sociaux. Il doit donc les refouler ou les transformer sous peine de subir des sanctions ou de perdre l'amour de sa famille. Dans les cas favorables, l'énergie de l'enfant est déviée dans des activités physiques ou constructives au sein d'un groupe. À l'inverse, certains enfants ont une agressivité anormale, qui peut se traduire par une opposition systématique et durable, des colères violentes, des actes de vandalisme. Face à l'instinct agressif de l'enfant, l'éducateur doit éviter deux écueils : l'excès d'autorité et la permissivité exagérée. La thérapeutique de l'agressivité doit s'attaquer à sa cause quand elle est connue (alcoolisme, épilepsie, psychose, etc.). Elle doit tenter de modifier les conditions de vie. L'administration de tranquillisants est souvent nécessaire. La psychothérapie peut diminuer l'intensité des conflits.

agriculture n. f. Les agriculteurs sont particulièrement exposés à des accidents toxiques du fait du maniement fréquent de produits désherbants*, corvicides* (pour tuer les corbeaux), raticides*, insecticides*, fongicides*, d'engrais*. Ils sont également exposés aux zoonoses*, maladies infectieuses ou parasitaires transmises par les animaux.

agueusie n. f. Perte du sens du goût par déficit de sensibilité au niveau de la langue ou par lésion des centres nerveux.
L'hémiagueusie est la perte du goût au niveau d'une moitié de langue.

aide n. f. **Aide sociale**, aide apportée aux indigents par la collectivité publique. (À la différence de la sécurité sociale, elle n'est pas liée à des cotisations mais à des conditions de situation sociales, médicales et financières. Le besoin est apprécié par des commissions d'admission qui constatent une situation de fait à laquelle il convient de remédier.)
C'est un décret du 29 novembre 1953 qui a transformé l'assistance* publique en aide sociale. Les nouveaux textes sont regroupés dans le *Code de la famille et de l'aide sociale*. On peut distinguer l'aide sociale à l'enfance, issue de l'assistance publique aux enfants assistés, et l'aide sociale aux adultes, issue de l'assistance* médicale gratuite et de l'assistance aux vieillards, tuberculeux, etc.
Le *service de l'aide à l'enfance*, chargé à l'origine du seul recueil des enfants aban-

donnés, a reçu des extensions successives, aussi bien en ce qui concerne l'enfance normale (protection* maternelle et infantile, service de santé scolaire) que l'enfance en danger (enfance inadaptée et aide sociale à l'enfance traditionnelle, c'est-à-dire ex-assistance publique).

L'*aide sociale générale* intervient à titre complémentaire pour les assurés sociaux (ticket modérateur) et pour les non-assurés sociaux. Il y a un domaine commun de la sécurité sociale et de l'aide sociale : il concerne l'aide médicale (issue en 1953 de l'assistance médicale gratuite, elle peut être accordée soit à domicile, soit à l'hôpital, totalement ou partiellement, et englobe les soins dus aux femmes en couches, aux tuberculeux et aux malades mentaux), ainsi que l'aide en espèces aux personnes âgées et l'aide aux infirmes. Elle a en outre un domaine propre : aide en nature aux personnes âgées, aux familles, aide en matière de logement et d'hébergement.

aigreur n. f. Sensation aigre ou amère, ressentie au niveau de la bouche ou de l'estomac.

Les *aigreurs d'estomac* proviennent d'une exagération de la sécrétion d'acide chlorhydrique et de sucs digestifs dans l'estomac, ainsi que de l'écoulement de la bile dans le duodénum. Ces anomalies sont mal supportées par les sujets anxieux, digérant mal et ayant une prédisposition à l'ulcère gastrique. Lorsque les aigreurs remontent jusque dans la bouche (pyrosis) et sont accompagnées d'éructation (rots), le sujet peut être porteur d'une hernie* hiatale.

aigu, ë adj. Une *douleur aiguë* est vive et précise ; elle ne dure pas longtemps ou survient par accès sur un fond permanent de douleur atténuée. Une *maladie aiguë* a un début brutal, précis, et ne dure pas longtemps sous traitement. Lorsque les poussées aiguës ne s'atténuent pas complètement, on

dit que la maladie évolue sur le mode *subaigu*. Au contraire, une évolution *suraiguë*, incoercible, brûle les étapes vers une issue souvent fatale.

aiguille n. f. **Aiguilles à injection.** Ce sont des aiguilles creuses munies d'un pavillon, ou embout, à une extrémité et dont l'autre est aiguisée en biseau. Leur longueur, leur diamètre, la forme de leur biseau sont variables selon leur usage (injection intraveineuse, intramusculaire, sous-cutanée).

Aiguilles à ponction. Elles sont munies d'un mandrin que l'on retire une fois l'aiguille en place et qui permet de contrôler l'écoulement sans mobiliser l'aiguille.

Aiguilles à suture. Il en existe de très nombreux modèles : aiguilles *à manche et à pédale*, de Reverdin, qui permettent d'ouvrir ou de fermer pour le passage du fil une encoche placée sur un des côtés du chas ; aiguilles *à main*, droites ou courbes, de section ronde ou triangulaire. On utilise de plus en plus des *aiguilles serties*, qui n'accrochent pas les tissus.

ail n. m. Plante liliacée (*Allium sativum*) dont on emploie le bulbe comme condiment. L'ail est utilisé comme antiseptique respiratoire, vermifuge, et il est utile contre l'hypertension artérielle.

aine n. f. Région située à l'union de la cuisse et du tronc, en avant de l'articulation de la hanche.

Dans sa partie interne, ou «triangle de Scarpa», passe le pédicule vasculo-nerveux destiné au membre inférieur. L'aine, aussi appelée *région inguino-crurale*, peut être le siège de hernies*, de varices*, d'adénopathies* dites *inguinales*.

aïnhum n. m. Affection observée en Afrique noire et en Inde, caractérisée par l'amputation spontanée d'un ou de plusieurs orteils.

air n. m. **Composition.** L'air atmosphérique sec contient : 21 p. 100 d'oxygène, 78 p. 100 d'azote, 1 p. 100 d'argon, 0,03 à 0,04 p. 100 de gaz carbonique et quelques traces de gaz rares (krypton, xénon, etc.). L'oxygène est le seul élément de ce mélange qui soit indispensable à la vie. L'air peut être pollué, c'est-à-dire contenir des microbes, des poussières et des vapeurs toxiques (v. ATMOSPHÈRE et POLLUTION).

Physiologie. Le besoin d'air, qui n'est autre que le besoin d'oxygène, est de 10 litres par minute environ. Il augmente à l'effort et dans une atmosphère où l'oxygène est raréfié. Le manque d'air entraîne l'asphyxie* et l'anoxie*.

aisselle n. f. Région située à la racine du

Aiguille.
Suture avec une aiguille courbe enfilée.

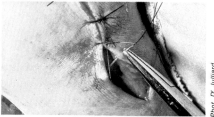

Phot. D' Julliard

bras, entre celui-ci et le thorax, sous l'articulation de l'épaule.

Elle donne passage au pédicule vasculo-nerveux du membre supérieur : artère et veine axillaires, plexus brachial et ses branches, importants groupes ganglionnaires qui drainent la lymphe du membre supérieur, de l'épaule, de la paroi antérolatérale du thorax et du sein.

Aix-en-Provence, station thermale des Bouches-du-Rhône, à 30 km de Marseille, ouverte toute l'année. Trois sources d'eau bicarbonatée calcique et magnésienne de 32 à 34°C sont employées en bains dans les affections veineuses (séquelles de phlébites), certaines arthroses et artérites, et dans les affections gynécologiques congestives.

Aix-les-Bains, station thermale de la Savoie, près du lac du Bourget, ouverte toute l'année. Trois sources sulfurées et bicarbonatées calciques et magnésiennes, dont deux très chaudes (45,5 et 41,7°C) et radioactives et une plus froide (19°C), sont employées en douches, «bouillon» (douche dans un local restreint faisant étuve), en bains et douches sous-marines ou pour faire des boues minéro-végétales. On y traite les arthroses, les périarthrites, la goutte et les séquelles de traumatisme. Les installations de kinésithérapie, de physiothérapie permettent d'assurer au mieux la rééducation fonctionnelle.

ajmaline n. f. Alcaloïde de *Rauwolfia serpentina* (apocynacées), sédatif cardiaque.

akinésie n. f. Impossibilité ou difficulté de faire des mouvements, d'origine neurologique et non musculaire ; c'est un des signes de la maladie de Parkinson*.

alaise, alèse ou alèze n. f. Drap plié placé sous le siège des alités pour protéger le drap de dessous, et que l'on change chaque fois qu'il est souillé.

alastrim n. m. Variole* d'évolution bénigne, observée en Amérique du Sud, aux Antilles, en Afrique du Sud.

albinisme n. m. Blancheur extrême de la peau, due à une absence de mélanine*.

C'est une maladie héréditaire transmise sur le mode récessif. Les sujets atteints, ou *albinos*, ont la peau d'un blanc laiteux, les phanères (poils et cheveux) décolorés, blanc-jaune ou très pâles. L'albinisme semble être plus fréquent dans la race noire. Les albinos sont particulièrement sensibles à la lumière (photophobie) et aux rayons du soleil.

Albinisme partiel, albinisme localisé à certains territoires de la peau, à l'œil ou aux cheveux (mèche blanche). Ce type d'albinisme se transmet généralement de l'un des parents à tous les enfants.

Albright (syndrome d'), syndrome associant à une dysplasie* fibreuse des os des troubles pigmentaires et des troubles endocriniens (puberté précoce).

albumine n. f. Protéine soluble.

L'albumine du plasma sanguin est désignée par le nom de *sérumalbumine* et elle représente la fraction la plus importante des protéines plasmatiques : de 40 à 50 g/l sur un total de 60 g/l de protéines. L'albumine sert essentiellement à maintenir la pression oncotique* du plasma. (V. ALBUMINURIE.)

albuminorachie n. f. Présence d'albumine dans le liquide céphalo*-rachidien. (Syn. PROTÉINORACHIE.)

Normalement de 0,20 g pour 1 000, l'albuminorachie est augmentée au-dessus de 0,30 g pour 1 000 dans les méningites, la poliomyélite, le mal de Pott, etc.

albuminurie n. f. Présence d'albumine dans les urines. — Ce terme tend à être remplacé par celui de *protéinurie* (présence de protéines dans les urines), car ce sont toutes les protéines, et non la seule albumine, qu'on retrouve dans les urines, au cours des maladies du rein comme les néphrites* et les syndromes néphrotiques*.

L'*albuminurie orthostatique* s'observe uniquement chez le sujet debout. Elle disparaît

Albinisme. Femme Fang avec son fils albinos.

dans la position allongée. Elle se recherche par une analyse d'urine faite le matin (absence d'albumine) et une autre le soir (présence d'albumine), et témoigne d'un trouble fonctionnel sans gravité.

alcali n. m. Tout composé chimique dont les propriétés sont antagonistes de celles des acides*, c'est-à-dire qui libère des ions OH⁻ en solution aqueuse. (Syn. : BASE*.)
Alcali volatil. V. AMMONIAC.

alcalin, e adj. et n. m. Relatif aux alcalis, qui en a la propriété.
Médication alcaline ou alcalinisante, médicament qui renferme un alcali, ou « base ».
Un tel médicament est employé soit pour diminuer l'acidité* gastrique, soit pour alcaliniser le sang dans les états d'acidose* ou encore les urines, dans le traitement de la goutte par exemple. Le bicarbonate de soude est un alcalinisant majeur.
Réserve alcaline, totalité des substances contenues dans le sang, et capables de lutter contre l'acidose en absorbant des ions H⁺ par libération du CO_2. Ce sont des substances dites *tampons,* essentiellement représentées par le système bicarbonate-acide carbonique (v. ACIDO-BASIQUE [*équilibre*]).

alcaloïde n. m. Substance d'origine végétale, présentant des caractères alcalins.
Les alcaloïdes sont pour la plupart des actions physiologiques et thérapeutiques puissantes à très faibles doses. À plus forte dose, ce sont des toxiques : c'est pourquoi nombre d'entre eux figurent sur les tableaux A et B des substances vénéneuses.
Le premier alcaloïde connu est la *morphine*, isolée de l'opium au début du XIXᵉ siècle. Ce furent ensuite la *quinine*, l'*atropine*, l'*émétine*, la *cocaïne*, la *strychnine*, l'*aconitine*, etc.
Toxicologie. Des doses élevées d'alcaloïdes reproduisent en les amplifiant à l'extrême les effets physiologiques obtenus à faible dose. Il peut s'ensuivre des chutes de tension, des comas, des troubles nerveux ou digestifs. (V. pour chaque substance à son ordre alphabétique.)

alcaptone n. f. Produit de dégradation de certains acides aminés, la tyrosine et la phénylalanine.
L'alcaptone est normalement détruite par une enzyme (oxydase) dont l'absence entraîne l'alcaptonurie*.

alcaptonurie n. f. Présence dans les urines d'un produit de dégradation de certains acides aminés, l'alcaptone, due à une anomalie enzymatique congénitale.
Les urines, de couleur normale lors de leur émission, prennent par la suite une couleur noire si elles sont laissées à la lumière et à

l'air. Dépourvu de tout caractère de gravité, ce trouble peut être observé chez des sujets tout à fait bien portants.

alcalose n. f. Trouble de l'équilibre acido-basique, caractérisé par la présence dans le sang d'un excès de substances alcalines.
L'alcalose fait augmenter le pH* (v. ACIDO-BASIQUE [*équilibre*] et ACIDOSE).

alcool n. m. Substance organique constituée par une molécule de carbure d'hydrogène dans laquelle un atome d'hydrogène (−H) est remplacé par un groupement oxhydryle (−OH).
Les alcools peuvent être *simples, multiples* (plusieurs carbones de la molécule possèdent la « fonction alcool » −OH) ou *complexes* (la molécule comprend d'autres radicaux).
Alcool éthylique ou éthanol. C'est le produit habituellement utilisé sous le nom d'alcool et qui est le principe de toutes les boissons alcoolisées. De formule C_2H_5OH, c'est un liquide incolore, mobile, volatil, d'odeur piquante caractéristique. Il est préparé dans l'industrie par fermentation des sucres, distillation du vin ou de divers moûts, ou par synthèse.
L'alcool dit « absolu » est l'alcool pur, sans eau, de conservation difficile en raison de son avidité pour l'eau.
Emploi pharmaceutique. Alcool éthylique. Il est employé sous forme de mélanges d'eau et d'alcool dont le titre correspond à la quantité d'alcool pur contenu dans 100 parties du mélanges à 15 ⁰C (alcools à 95⁰, 90⁰, 60⁰). On s'en sert pour la désinfection de la peau, des plaies, pour la stérilisation des instruments et comme solvant dans la préparation de nombreux médicaments.
Alcool dénaturé. C'est un alcool éthylique rendu impropre à la consommation par adjonction d'une substance odorante ou colorante (alcool à brûler).
Alcool modifié pharmaceutique. C'est un alcool à 70⁰ (pouvoir bactéricide maximal des solutions d'alcool et d'eau) additionné d'un colorant jaune. On l'emploie pour la désinfection de la peau avant les injections, à l'exclusion de tout usage interne.
Toxicologie. L'alcool éthylique contenu dans les boissons alcoolisées (vin, bière, cidre, liqueurs, apéritifs) est la cause de l'alcoolisme*.
Alcool méthylique. C'est un solvant et un carburant. Utilisé à des fins frauduleuses dans la fabrication de spiritueux, il peut provoquer la perte de la vue. Même à dose faible, l'inhalation de ses vapeurs entraîne une baisse de la vue (intoxication chronique). Une dose de 100 à 200 g entraîne la mort. En cas d'absorption accidentelle, le lavage d'es-

tomac doit être immédiat, précédant l'hospitalisation.

Éthylène-glycol. Alcool double, c'est un constituant des antigels. Dans l'organisme, il se transforme en acide oxalique et entraîne un coma accompagné d'une atteinte rénale sévère (anurie). L'absorption de 100 g est mortelle. L'ingestion accidentelle nécessite le lavage d'estomac et l'hospitalisation.

Certains éthers-sels (stéarates) d'éthylèneglycol, non toxiques, sont employés comme excipients de pommades.

Propylène-glycol. Autre alcool double, il est beaucoup moins toxique ; ses éthers-sels

Alcool. Fabrication.
Le moût A est élevé à 65 °C
dans le chauffe-vin B,
puis à 80 °C dans le récupérateur C,
avant d'être admis dans la colonne D.
Les vapeurs alcooliques se refroidissent
dans le chauffe-vin B,
puis se condensent dans le réfrigérant E.
L'alcool est recueilli dans l'éprouvette F.
Si le degré désiré n'est pas atteint,
le liquide rétrograde en G.

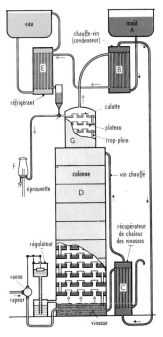

eau — chauffe-vin (condenseur) — moût A — E — B — réfrigérant — calotte — plateau — G — trop-plein — F — éprouvette — colonne — vin chauffé — D — récupérateur de chaleur des vinasses — régulateur — vanne — vapeur — C — vinasse

Doc. Comité nat. de défense contre l'alcoolisme.

(stéarates) sont employés comme excipients de suppositoires.

alcoolat n. m. Médicament obtenu par macération de plantes fraîches ou sèches, suivie de distillation.

alcoolature n. f. Médicament obtenu par macération d'une plante fraîche, suivie de filtration.

Les *alcoolatures de plantes stabilisées* sont faites sur des plantes soumises préalablement à l'action de l'alcool bouillant, qui détruit les enzymes de décomposition et conserve mieux les propriétés de la plante fraîche.

alcoolémie n. f. Taux d'alcool dans le sang.

Les signes cliniques de l'alcoolisme sont en corrélation directe avec le taux d'alcoolémie. Compte tenu d'une marge (limitée) d'accoutumance, l'ébriété est atteinte entre 0,50 et 1 g par litre, avec un ralentissement simultané du temps de réaction. L'ivresse apparaît à 2 g, le coma à 4 g et la mort à 5 g. L'absorption d'un tiers de litre de vin fait en moyenne monter l'alcoolémie à 0,50 g. En France, tout automobiliste ayant une alcoolémie comprise entre 0,80 et 1,20 g est en contravention ; à partir de 1,20 g, il commet un délit.

alcoolique adj. Relatif à l'alcool. — N. Sujet atteint d'alcoolisme.

Boissons alcooliques. Ce sont les boissons fermentées (vin, cidre, bière) et les boissons distillées (alcools, eaux-de-vie, liqueurs).

Le *vin*, dont la teneur en alcool varie de 9 à 15°, a une valeur nutritive d'environ 600 à 700 calories par litre. La *bière*, dont la teneur moyenne en alcool est de 3 à 6°, est fabriquée par fermentation du malt d'orge avec addition de houblon. Son abus favorise l'embonpoint. Le *cidre*, d'une teneur alcoolique de 2 à 5°, est obtenu à partir du jus de pomme ; d'acidité élevée, il est mal supporté par les dyspeptiques (v. DYSPEPSIE).

Les *boisons distillées* sont particulièrement nocives en raison de leur teneur élevée en alcool. Le whisky, provenant de la fermentation de l'orge et du seigle, contient de 60 à 75 p. 100 d'alcool et ne fait pas exception. La valeur nutritive de l'alcool est incontestable : elle est d'environ 7 calories par gramme, un degré équivalant à 8 g d'alcool par litre. Mais l'alcool n'est utilisable que pour la dépense calorique basale, jusqu'à concurrence de 50 p. 100. En ce qui concerne les effets des boissons alcoolisées, v. ALCOOLISME.

alcoolisation n. f. Technique médicale consistant à infiltrer un nerf sensitif avec de l'alcool pour supprimer la douleur dans le territoire correspondant.

alcoolisme n. m. Ensemble des phénomènes pathologiques entraînés par l'abus des boissons alcoolisées.
Générateur de dépendance*, l'alcoolisme constitue une véritable toxicomanie.

Genèse et fréquence de l'alcoolisme.

Boissons en cause. Les tests psychologiques portant sur la personnalité des buveurs montrent que l'alcoolique est souvent une personnalité à fond psychologique particulier ; affectivement immature, impulsif, facilement déprimé, les nombreuses circonstances sociales et professionnelles qui entraînent à consommer de l'alcool trouvent en lui un terrain particulièrement fragile : conditions de vie et de travail parfois difficiles, facteurs familiaux, rites mondains le rendent plus facilement qu'un autre dépendant de la boisson.

Le toxique auquel est asservi l'alcoolique est toujours le même, quelle que soit la boisson en cause : c'est l'alcool éthylique,

contenu dans le vin, le cidre, la bière, les liqueurs et apéritifs, l'eau-de-vie, le whisky.

Le vin est, de toutes les boissons alcoolisées, celle qui est la plus consommée en France, pays producteur. Le vin rouge représente 70 p. 100 de la totalité d'alcool pur consommé, et il est responsable de 90 p. 100 des cas d'alcoolisme. Sa consommation moyenne par habitant est de 120 litres par an, et près d'un tiers des Français en absorberaient plus d'un litre par jour, dose suffisante pour entraîner à la longue une intoxication chronique.

Les effets de l'alcool.

Ils sont de deux ordres : d'une part, les manifestations aiguës qui suivent immédiatement une ingestion excessive d'alcool, et, de l'autre, l'ensemble des manifestations pathologiques qui sont provoquées par l'habitude ancienne et permanente d'absorber des boissons alcoolisées et que désigne plus particulièrement le terme d'alcoolisme.

Effets immédiats de l'alcool (vin rouge).

1 HEURE APRÈS AVOIR CONSOMMÉ ...

... il y a par litre de sang				Plus de 3 litres
0,5 à 0,8 g d'alcool pur	0,8 à 1,5 g d'alcool pur	1,5 à 3 g d'alcool pur	3 à 5 g d'alcool pur	plus de 5 g d'alcool pur
Réflexes ralentis Euphorie du conducteur	Réflexes troublés Ivresse légère Conduite dangereuse	Ivresse nette Conduite très dangereuse	Ivresse profonde Conduite impossible	Coma pouvant entraîner la mort

ZONE D'ALARME	ZONE TOXIQUE		ZONE MORTELLE

Doc. Comité nat. de défense contre l'alcoolisme.

Alcoolisme aigu : l'ivresse. Des épreuves psychotechniques ont montré que, pour un taux d'alcoolémie compris entre 0,30 et 0,50 g par litre de sang, il existe déjà un rétrécissement du champ visuel et un allongement des temps de réaction des réflexes. À partir de 1 g par litre environ, le buveur devient euphorique ; il ressent une impression fallacieuse de facilité et de puissance. Au-delà de 2 g par litre, l'ivresse est patente et se caractérise par l'incoordination des mouvements, une démarche titubante, l'incohérence des propos et du mouvement. Les troubles digestifs peuvent alors apparaître, à type de nausées et de vomissements. Le sujet voit double (diplopie). Il peut devenir violent. Entre 3 et 5 g par litre, il perd la conscience de ses actes. Au-delà de 5 g par litre, un coma peut s'installer et parfois aller jusqu'à la mort.

L'état d'intoxication alcoolique aiguë peut survenir aussi bien chez un homme sain peu habitué à la boisson que chez un alcoolique invétéré. Chez ce dernier, cependant, la dose nécessaire sera plus élevée du fait de l'accoutumance au toxique.

Alcoolisme chronique. Il se définit par une ingestion quotidienne d'alcool supérieure à 1 cc par kilo de poids. La dépendance physique et psychique s'installe au bout d'un temps variable, l'alcoolique ne pouvant supporter un taux sanguin d'alcool inférieur à un certain seuil, toujours plus élevé avec le temps et l'accoutumance. Parallèlement à cette forme d'alcoolisme (la plus fréquente), citons la *dipsomanie*, forme de maladie mentale dans laquelle le sujet ne peut s'arrêter de boire qu'une fois ivre.

L'alcoolique chronique, dit « imprégné », est facile à reconnaître par l'association d'un certain nombre de signes évocateurs : le teint est congestif, les conjonctives jaunâtres et injectées de sang. Le nez et les pommettes sont rouges et parsemées de varicosités. Dans les états avancés, il existe un tremblement caractéristique des doigts (mis en évidence par l'attitude du serment), de la langue, des commissures des lèvres. L'alcoolique a souvent des crampes nocturnes des mollets, des renvois aigres matinaux (*pituites*). Il perd l'appétit et maigrit considérablement. Le nez et les pommettes d'estomac pouvant aller jusqu'à l'ulcère. Par ailleurs, la personnalité entière se détériore et l'alcoolique devient nerveux, irritable, ses facultés intellectuelles et notamment sa mémoire faiblissent ; il peut apparaître une désorientation temporo-spatiale.

Les complications de l'alcoolisme.

Digestives. Elles sont très fréquentes. La *gastrite** est constante, même si le malade n'en ressent pas les troubles. La cirrhose* du foie est presque inévitable ; c'est une cause importante de décès, soit par insuffisance hépatique grave, soit en entraînant des hémorragies cataclysmiques par déficit de synthèse des facteurs de la coagulation produits par le foie. La cirrhose peut également entraîner, à un stade ultérieur, une *encéphalopathie** *porto-cave* causée par l'imprégnation cérébrale d'ammoniac que le foie cirrhotique ne peut plus correctement filtrer. Avec le tabac, l'alcoolisme est par ailleurs un important facteur favorisant du *cancer de l'œsophage*.

Neurologiques. Il existe une toxicité directe et immédiate de l'alcool sur l'encéphale, d'une part (ainsi que l'attestent toutes les manifestations de l'ivresse), et sur le système nerveux périphérique, d'autre part.

SUR LE SYSTÈME NERVEUX PÉRIPHÉRIQUE. La *polynévrite des membres inférieurs* se manifeste d'abord par des crampes et une abolition des réflexes ostéo-tendineux.

Elle peut aboutir à une paralysie complète des deux membres inférieurs avec atrophie musculaire, diminution de la sensibilité dans les territoires concernés, et à des troubles trophiques et cutanés. Le traitement par la vitamine B1 et le sevrage complet de l'alcool peuvent éviter cette évolution grave.

La *névrite optique rétrobulbaire*, due à l'usage immodéré de l'alcool et du tabac, débute par un trouble de la vision des couleurs portant essentiellement sur le vert et le rouge, et aboutit assez rapidement à la cécité totale si elle n'est pas traitée par la suppression rigoureuse des toxiques et la vitaminothérapie B1, ce qui permet la récupération de la vue en quelques mois.

SUR L'ENCÉPHALE. Les lésions centrales sont isolées ou associées à la polynévrite.

L'*encéphalopathie de Gayet-Wernicke* se manifeste par un état de torpeur progressive, pouvant aller jusqu'à un coma plus ou moins profond, une rigidité des membres ne se manifestant que lorsqu'on essaie de les mobiliser, et par des paralysies oculaires. Non traitée, la maladie évolue vers la mort. On peut la guérir avec des doses massives de vitamine B1, mais des séquelles neurologiques peuvent persister.

La *psychose de Korsakoff* consiste en l'association d'une polynévrite d'intensité variable avec une maladie de la mémoire appelée *amnésie antérograde*, c'est-à-dire que le sujet oublie les faits récents sans en avoir conscience, alors que le passé plus lointain reste fixé dans la mémoire. Il ne peut plus former de souvenir nouveau. Il est désorienté dans le temps et dans l'espace, euphorique et fabulateur. Ces troubles étant liés à des lésions irréversibles des tubercules mamillaires du cerveau, le pronostic en est très sombre.

Les *atrophies cérébrales* sont dues à une action toxique directe de l'alcool sur le cerveau. Les lésions ont une localisation variable : elles peuvent être diffuses à tout l'encéphale ou, au contraire, limitées dans leur topographie. Citons pour mémoire l'*atrophie cérébrale diffuse* (cerveau réduit de volume) et l'*atrophie cérébelleuse* (atrophie du cervelet). Ces complications ultimes et irrémédiables guettent tout alcoolique chronique et conduisent beaucoup de malades à l'internement définitif.

L'atrophie cérébrale ou cérébelleuse est mise en évidence par l'*encéphalographie gazeuse* (insufflation de gaz dans les ventricules cérébraux), qui permet de visualiser l'épaisseur de la substance cérébrale, nettement diminuée en cas d'atrophie cérébrale.

Citons aussi l'*encéphalopathie porto-cave* (v. ci-dessus *troubles digestifs de l'alcoolisme*), qui associe à des troubles mentaux un coma plus ou moins profond, un tremblement des mains dit « en ailes de papillon », des troubles du tonus musculaire.

Troubles mentaux de l'alcoolisme.

Les troubles mentaux dus à l'alcoolisme sont de plus en plus nombreux depuis ces dernières années. On oppose deux types de troubles : ceux de l'intoxication aiguë et ceux de l'intoxication chronique. Les premiers sont en rapport avec l'ivresse, dont on connaît les formes délirantes, hallucinatoires, et les formes clastiques (bris d'objets) avec déchaînement agressif. Sans aller jusqu'à l'ébriété, et en deçà de 1 g p. 100 d'alcool dans le sang, le sujet a ses réflexes et ses capacités de réaction diminués. La mentalité de l'alcoolique chronique se caractérise par un défaut du contrôle émotionnel, une irritabilité agressive avec des colères. L'anxiété, qui peut se traduire par des cauchemars nocturnes, le besoin de satisfaction immédiate et l'instabilité de l'humeur sont fréquents. À cela peut s'ajouter une détérioration progressive de l'intelligence et du jugement. Sur cette trame de fond peuvent se développer des troubles mentaux aigus qui réalisent des états de confusion* mentale plus ou moins graves. Le plus dramatique est le *delirium* tremens*.

Conséquences sociales de l'alcoolisme.

Elles sont incommensurables. Dans la hiérarchie des causes de décès, l'alcoolisme vient en troisième position en France, après les maladies cardio-vasculaires et le cancer. En dehors des décès qu'il provoque par son action directe, il intervient comme facteur déterminant dans un tiers des décès par tuberculose, provoque le tiers des accidents mortels de la route, est retrouvé dans les quatre cinquièmes des cas de cancers du plancher de la bouche ou de l'œsophage. La moitié des homicides lui sont dus, sans parler de la délinquance juvénile, des accidents du travail et de l'incapacité temporaire ou définitive qu'ils entraînent, enfin de ce que cela coûte à la Sécurité sociale. Les alcooliques détériorés représentent le cinquième des malades mentaux.

Traitement.

Le traitement du toxicomane alcoolique est difficile et toujours soumis au risque très fréquent de la rechute. Il s'agit pour le sujet de cesser complètement de boire des boissons alcoolisées, tout en suivant une cure de désintoxication en milieu hospitalier. Cette cure est fondée sur la création d'un réflexe conditionnel de nausées ou de vomissements au contact de l'alcool. Ce réflexe est obtenu à l'aide d'un médicament, le *disulfirame*, qui sensibilise le sujet à l'alcool et déclenche des vomissements après toute ingestion d'alcool. Après sa sortie de l'hôpital, le malade continue à suivre régulièrement un traitement d'entretien à base de disulfirame, afin de pouvoir mieux résister à la tentation d'une rechute.

Une psychothérapie de soutien est bien sûr nécessaire, qui va parfois jusqu'à la psychanalyse après la cure de désintoxication. On adjoindra à toutes ces mesures l'administration de calmants et, éventuellement, d'antidépresseurs.

Prévention de l'alcoolisme.

La lutte antialcoolique. Une inversion de l'attitude de la loi française vis-à-vis de l'ivresse fait que, maintenant, la responsabilité pénale est maintenue, voire aggravée, en cas d'ivresse, alors qu'avant la guerre elle était considérée circonstance atténuante.

Conduite en état d'ivresse. Depuis la loi du 18 mai 1965 tombent sous le coup des sanctions prévues par le Code de la route non seulement la conduite en état d'ivresse, mais aussi la conduite sous l'emprise de l'alcool, même sans manifestations évidentes, ce qui conduit à rechercher la présence d'alcool

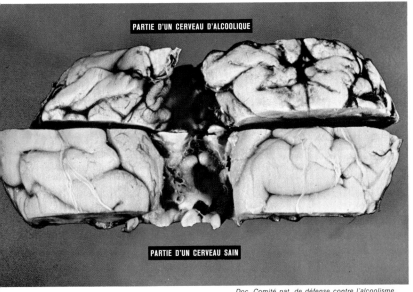

PARTIE D'UN CERVEAU D'ALCOOLIQUE

PARTIE D'UN CERVEAU SAIN

Doc. Comité nat. de défense contre l'alcoolisme.

dans l'organisme. (V. ci-dessous *Législation*.) Les épreuves de dépistage de l'alcoolisme sont devenues pratiquement systématiques devant certaines infractions dangereuses du Code de la route : chevauchement de la ligne jaune, dépassement dangereux, délit de fuite, etc. Les conditions de ces opérations de dépistage sont régies par divers décrets d'application de la loi de 1970.

Quiconque refuse de se soumettre au prélèvement sanguin est passible d'amende ou d'emprisonnement. Toutefois, le refus de se soumettre à l'alcootest n'est pas encore sanctionné.

Placement des alcooliques dangereux. La loi du 15 avril 1954 prévoit le placement des alcooliques dangereux en centres de rééducation, en vue de les désintoxiquer et de les rééduquer. Ces centres sont soit des sections d'hôpital psychiatrique, d'hôpital ou d'hospice, soit des centres spécialisés. Le placement est effectué à la demande de l'autorité sanitaire, soit, dans chaque département, le directeur départemental de la Santé, après enquête sur la vie familiale, professionnelle et sociale du sujet et examen médical complet par un médecin inscrit sur une liste d'experts légaux.

Autres mesures de lutte contre l'alcoolisme. Diverses mesures préventives ont été prises en France au cours de ces dernières années pour la protection des mineurs ; des mesures fiscales ; l'interdiction de la répartition des boissons alcooliques à titre d'avantages en nature par les entreprises. On a institué des zones de protection autour de certains établissements comme les écoles, les hôpitaux, les hospices et les maisons de retraite, les terrains de sport, etc.

Les tentatives de prévention psychologique (affiches, recommandations radiodiffusées, organisation des loisirs des jeunes, etc.) ainsi que les mesures économiques d'arrachage des vignes sont peu efficaces.

Législation.

Dans le cadre de la loi du 30 juillet 1960, qui avait habilité le gouvernement à prendre toutes mesures nécessaires contre les fléaux sociaux et notamment l'alcoolisme, un certain nombre d'ordonnances sont intervenues en 1960, notamment celle du 29 novembre modifiant le Code des débits de boissons et adoptant des mesures de lutte contre l'alcoolisme. Tout alcoolique présumé dangereux doit être signalé à l'autorité sanitaire par les autorités judiciaires ou administratives lorsque, à l'occasion de poursuites judiciaires, il résulte de l'instruction ou des débats des présomptions d'intoxication alcoolique ou quand celles-ci sont établies par le certificat d'un médecin de dispensaire, d'hôpital, d'établissement psychiatrique ; l'autorité sanitaire peut elle-même se saisir sur le rapport d'une assistante sociale. L'intéressé est alors placé sous surveillance, et l'autorité sanitaire fait procéder à une enquête. S'il est reconnu dangereux, le tribunal peut ordonner son placement pour 6 mois dans un centre de rééducation pour alcooliques. Le placement est renouvelable ; il prend fin quand la guérison paraît assurée.

En cas de crime, de délit ou d'accident de la circulation, les autorités de police et de justice ont la possibilité de faire procéder aux vérifications médicales, cliniques et biologiques destinées à établir la présence d'alcool dans le sang ; ces vérifications peuvent être faites sur l'auteur présumé de l'infraction et éventuellement sur la victime. Elles sont obligatoires si l'infraction ou l'accident a provoqué la mort de quelqu'un. L'ivresse peut constituer une circonstance aggravante.

Les vérifications médicales sont également obligatoires, même si l'infraction ou l'accident n'est pas suivi de mort, dès lors que l'auteur de l'infraction ou de l'accident semble avoir agi sous l'empire d'un état alcoolique, avec ou sans signes manifestes d'ivresse (le dépistage de l'imprégnation alcoolique se fait par l'analyse de l'air expiré [alcootest*]).

Un certain nombre de contraventions routières, même non suivies d'accident, permettent enfin ces vérifications médicales sans les rendre obligatoires, dès lors que l'auteur semble avoir agi sous l'emprise d'un état alcoolique, avec ou sans signes manifestes d'ivresse. Les vérifications médicales comportent un examen clinique médical, un prélèvement de sang, une analyse de sang par un biologiste et l'interprétation des résultats par un médecin expert.

Une loi du 9 juillet 1970 fixe la caractéristique de l'état alcoolique comme la présence dans le sang d'un taux d'alcool pur égal ou supérieur à 0,80 g pour 1 000. Conduire un véhicule dans ce cas constitue un délit (loi du 8 décembre 1983). Un haut comité d'études et d'information sur l'alcoolisme réunit les informations concernant l'alcoolisme, propose les réformes et avise le public. □

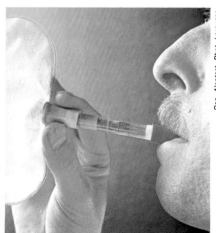

Doc. Alcootest. Phot. Larousse.

alcootest n. m. ou **Alcotest** (marque déposée). Instrument destiné à contrôler immédiatement et sur place la réalité d'un état alcoolique par l'évaluation de la teneur en alcool de l'air expiré par un sujet soupçonné d'ébriété.

L'ensemble se compose d'un tube de verre contenant un réactif, auquel on adapte, à une extrémité, un sac de matière plastique et, à l'autre, un embout buccal par lequel le sujet souffle pour remplir le sac à travers le tube d'alcootest. Le réactif, sous l'influence de l'alcool, vire du jaune au vert avec une intensité et sur une longueur d'autant plus grandes que l'imprégnation alcoolique est plus forte. Lorsque le réactif est totalement saturé par l'air expiré, le taux sanguin

Alcootest.
Expiration forcée dans un ballon plastique à travers l'alcootest.
Test positif, réactif viré au vert :
le sujet a bu de l'alcool.

d'alcool peut être évalué à 0,80 g. Au-delà, la coloration du réactif ne change pas. Il faut alors une prise de sang pour effectuer un dosage plus précis.

aldostérone n. f. L'une des hormones corticosurrénales, c'est-à-dire sécrétée par le cortex de la glande surrénale. (On la dit *minéralocorticoïde*.)
L'effet le plus important de l'aldostérone est la *réabsorption accrue du sodium (sel) au niveau du rein*. Comme l'eau suit toujours le sel dans les milieux intérieurs, avec la rétention sodée, l'aldostérone induit aussi une rétention d'eau, d'où une élévation de la tension artérielle.

alexie n. f. Trouble de la lecture, qui se caractérise par le fait que le malade voit mais ne peut saisir la signification de l'écriture.

algidité n. f. État pathologique caractérisé par le refroidissement des extrémités, une sensation de froid, sans que pour autant la température centrale s'abaisse.
Parallèlement, la pression artérielle s'effondre. L'algidité s'observe dans les états infectieux graves.

algie n. f. Toute douleur, locale, régionale ou généralisée (*polyalgie*), sans préjuger de sa cause.
Ce terme est souvent employé à titre de suffixe : *névralgie* (douleur d'un nerf), *gastralgie* (mal d'estomac), *dorsalgie* (douleur du dos), *lombalgie* (douleur lombaire), etc.

algodystrophie n. f. **Algodystrophie sympathique du membre supérieur,** terme qui englobe un certain nombre de phénomènes circulatoires et douloureux, avec un retentissement sur l'état trophique des tissus, localisés au membre supérieur, et dont la cause est une anomalie de fonction du système sympathique. La forme la plus caractéristique en est le *syndrome épaule-main* : c'est une périarthrite douloureuse de l'épaule, avec rougeur, œdème et enraidissement de la main. Le traitement par anti-inflammatoires, puis la rééducation s'imposent sous peine de séquelles à type de rétractions tendineuses définitives.

algues n. f. pl. Plantes thallophytes aquatiques.
Certaines algues servent à l'extraction de l'iode (*laminaria*), à la préparation de substances émollientes (*carragheen*) ou absorbantes (*agar-agar**). Les algues sont employées en bains dans la thalassothérapie*.

aliénation n. f. (lat. *alienus*, étranger). Terme longtemps utilisé pour désigner la maladie mentale.
Au XIXᵉ siècle, tous les malades de l'esprit étaient des aliénés. Ce terme traduit la réaction du public face à la maladie mentale : réaction faite d'agressivité, de méfiance et de peur. Le malade est considéré comme étranger à la société et dangereux; il doit donc en être radicalement séparé.
Les progrès de la psychiatrie ont amené à penser qu'il n'y a pas de différence tranchée entre l'homme normal et le malade mental, ce dernier manifestant à un degré pathologique des tendances qui sont présentes à l'état latent dans tout être humain. Les traitements modernes visent à accélérer la réinsertion sociale du malade après avoir résolu ses conflits.

aliéné, e n. Terme utilisé pendant longtemps pour désigner un malade mental quelconque, le malade étant considéré comme étranger (latin *alienus*, étranger) à la société, et la réaction de celle-ci étant de l'enfermer dans un « asile d'aliénés ». Aujourd'hui, on parle plus volontiers d'hôpital psychiatrique et de malade mental*.
Situation juridique des aliénés. La loi du 3 janvier 1968 les situe parmi les incapables* majeurs qui jouissent d'une protection générale contre les dangers de leurs actes juridiques.

alimémazine n. f. Dérivé de la phénothiazine, possédant une action antihistaminique et tranquillisante. On l'utilise contre l'urticaire, les insomnies, la toux.

aliment n. m. Substance ingérée, nécessaire au développement, au fonctionnement, à la constitution des réserves et à la réparation de l'organisme humain.
Les aliments sont formés de corps plus ou moins complexes que l'on différencie en protides*, glucides*, lipides* et sels minéraux.

Constituants des aliments.
Les protides. Ce sont des substances organiques qui contiennent du carbone, de l'hydrogène, de l'oxygène, de l'azote, parfois du soufre et du phosphore. Les protides constituent la plupart des protéines et des enzymes assurant les propriétés vitales de la cellule. Ce sont, par contre, des substances énergétiques peu rentables. L'origine des protéines alimentaires est double : animale et végétale.
La valeur nutritive des protéines animales (lait, œufs, viande, poisson) est importante, liée à leur coefficient d'utilisation digestive élevé et à leur richesse en acides aminés indispensables. Les protéines végétales (céréales, riz) ont une valeur nutritive plus faible.
Les hydrates de carbone ou glucides. Composés de carbone, d'hydrogène et d'oxygène, les glucides (céréales, pain, féculents) sont la

ALIMENTS Teneur par 100 g	Calories	Eau	Sels minéraux				Glucides	Protéines	Lipides		A	B$_1$
			Sodium	Calcium	Potassium	Fer			Totaux	Cholestérol		
Unités	kcal	g	mg	mg	mg	mg	g	g	g	g	UI	mg
VIANDES CRUES												
Bœuf	243	62,7	70	3	348	2,5	—	16,4	19,2	0,12	—	0,10
Cheval	120	74,3	44	10	332	2,7	0,9	21,7	2,6	—	—	0,07
Lapin	159	70,4	40	18	385	2,4	0	20,4	8,0	0,12	30	0,04
Lièvre	165	70	—	10	—	2,2	0	18,7	9,4	—	0	0,17
Mouton	239	64,0	78	10	380	2,7	0	18,0	18,0	0,07	—	0,16
Porc	351	52,6	76	5	252	2,2	0	14,6	32,0	0,10	—	0,92
Veau	190	68,0	90	11	330	2,9	0	19,1	12,0	0,065	—	0,18
ABATS												
Cervelle (porc)	126	78,0	153	10	312	3,6	—	10,6	9,0	—	—	0,16
Foie (veau)	140	70,7	84	8	295	5,4	4,1	19,2	4,7	0,36	22 500	0,28
Ris (veau)	111	75	73	—	519	0,9	0	19,6	3,0	0,28	—	0,08
Rognon (porc)	120	77,8	173	11	242	6,7	0,8	16,3	5,2	—	130	0,34
VOLAILLE												
Canard	326	54,0	85	15	285	1,8	0	16	28,6	0,07	—	0,10
Poulet	138	72,7	83	12	359	1,8	—	20,6	5,6	0,09	30	0,1

source préférentielle de l'énergie rapidement utilisable ; ils couvrent la majorité des besoins caloriques de l'individu.

Les lipides. Ce sont les corps gras formés de carbone, d'hydrogène et d'une faible quantité d'oxygène. Ils apportent la plus grande quantité de calories sous le plus faible volume (9 cal/g).

Eau et sels minéraux. L'eau (70 p. 100 du poids du corps) fait partie des besoins fondamentaux et permanents de l'organisme. L'ensemble des réactions biochimiques et le transport des éléments nutritifs passent par un milieu aqueux contenant de nombreux sels minéraux (chlorures, bicarbonates de sodium, de potassium) dont l'origine alimentaire est variée.

Conservation des aliments. On a, pour conserver les aliments au-delà d'un certain délai, recours à différents moyens. Les plus anciens (salaisons, fumage, ébullition) en modifient le goût, de même que la dessiccation. L'*appertisation* réalise la mise en conserve*. La *lyophilisation** est obtenue par dessèchement sous vide après congélation. La *pasteurisation** est utilisée pour le lait et la bière. La

ALIMENTS

Vitamines				Acide oxalique	Purines
C	D	PP	Autres		
mg	UI	mg		mg	mg
1	—	4,6	B₂, AP	—	50
1	—	4,3	B₂, B₁₂, E, AP	—	—
0	—	12,8	B₂, B₆, E, AP	—	38
0	—	5,6	B₂	—	—
—	—	5,2	B₂-B₆-B₁₂ Biotine, AF, AP	—	81
2	—	3,9	B₂-B₁₂, AP	—	—
0	—	6,3	B₂-B₆-B₁₂, AF	—	60
18	—	4,3	B₂-B₁₂, AP	—	—
32	50	17	B₂-B₆-B₁₂, AP, AF, Biotine, E, K	—	120
—	—	2,6	B₂	—	400
12	—	9,8	B₂-B₆-B₁₂, AP, Biotine	—	—
8	—	5,6	B₂	—	60
2,5	—	6,8	B₂-B₆, AP, AF, E, Biotine	—	60

réfrigération donne une garantie de quelques jours, contrairement à la *congélation* (pratiquement indéfinie). Actuellement, la conservation alimentaire à base d'additifs (antibiotiques, colorants) est rigoureusement réglementée.

Souillures des aliments. Pour être bénéfiques, les aliments frais ou conservés ne doivent pas comporter d'impuretés.

Les parasites (trichine, ascaris, amibe) et les germes (B.K., staphylocoque) sont une source de contamination, comme certains sels de plomb, de zinc sont des sources d'intoxication involontaire.

Légalement, il n'existe qu'une liste de colorants autorisés (loi du 1ᵉʳ août 1905, arrêtés en 1912, 1958), qui a été modifiée au moment de l'instauration du Marché commun.

alimentation n. f. Introduction d'aliments dans l'organisme ; c'est également la manière dont les aliments sont introduits.
Pour les malades ne pouvant pas manger normalement, on utilise des sondes introduites par la bouche ou par le nez jusqu'à l'estomac. L'*alimentation parentérale* consiste à introduire les éléments nutritifs par perfusions intraveineuses.
Alimentation des enfants. V. ALLAITEMENT, NOURRISSON.
Alimentation des malades, des sportifs. V. RÉGIME, DIÉTÉTIQUE.
Alimentation des malades mentaux. Au cours des maladies mentales, l'alimentation est souvent perturbée. Le désir d'autopunition se traduisant par un refus d'alimentation est fréquent dans les psychoses et les dépressions mélancoliques. Dans l'*anorexie* mentale*, c'est une restriction complète. Chez le nourrisson, l'anorexie est souvent secondaire à l'attitude maternelle.
L'atteinte du centre nerveux de la faim se traduit au contraire par la *boulimie;* l'origine peut être tumorale (base du cerveau) ou secondaire à certains traitements.

allaitement n. m. Mode d'alimentation du nourrisson, dans lequel le lait joue un rôle exclusif ou principal (v. LAIT).
La période d'allaitement s'étend de la naissance jusqu'à l'âge de 2 à 4 mois, âge marqué par l'introduction des farines.
Allaitement maternel ou lactation. C'est le seul mode d'alimentation physiologique du nourrisson. Il est regrettable que les impératifs sociaux et économiques de la vie moderne le rendent de plus en plus rare.
Les *avantages de l'allaitement maternel* sont nombreux :
1. Le lait de femme, de par sa composition, est le plus adapté aux possibilités digestives du nourrisson et contient de nombreux anticorps* ;
2. Sur un plan psychoaffectif, ce type d'allaitement épanouit au mieux les relations mère-enfant ;
3. Il donne des nourrissons plus résistants aux infections, plus forts, et dont la croissance pondérale est meilleure.
Le *début de l'allaitement* se fait au 2ᵉ ou au 3ᵉ jour après l'accouchement, sous forme, d'abord, d'une substance jaunâtre et visqueuse, le colostrum. Puis la montée laiteuse

ALIMENTS Teneur par 100 g	Calories	Eau	Sels minéraux				Glucides	Protéines	Lipides		A	B₁
			Sodium	Calcium	Potassium	Fer			Totaux	Cholestérol		
Unités	kcal	g	mg	mg	mg	mg	g	g	g	g	UI	mg
POISSONS												
Cabillaud	78	81,2	86	11	339	0,5	0	17,3	0,3	0,05	0	0,06
Carrelet	79	81,3	68	12	332	0,8	0	16,7	0,8	0,06	30	0,22
Maquereau	191	67,2	144	5	358	1,0	0	19,0	12,2	0,08	450	0,15
Sardines (boîte)	311	50,6	510	354	560	3,5	0,6	20,6	24,4	—	180	0,02
Thon (boîte)	290	52,5	361	7	343	1,2	0	23,8	20,9	—	90	0,05
ŒUFS												
Œufs entiers	162	74,0	135	54	138	2,3	0,7	12,8	11,5	0,46	1 180	0,12
— blanc	51	87,6	192	9	148	0,2	0,8	10,9	0,2	0	0	0,02
— jaune	360	50,0	50	141	123	7,2	0,6	16,1	31,9	1,6	3 400	0,32
LÉGUMES												
Artichaut	49	85,5	43	51	430	1,3	49	2,7	0,2	—	160	0,08
Asperge	21	92,9	2	22	240	1,0	4,1	2,1	0,2	—	900	0,18⁻
Carotte	40	88,6	50	37	311	0,7	9,1	1,1	0,2	—	11 000	0,06
Champignon	22	90,8	5	9	520	0,8	3,7	2,8	0,24	—	0	0,1
Chou	25	92,1	13	46	227	0,5	5,7	1,4	0,2	—	70	0,05
Épinard	26	90,7	62	106	662	3,1	4,3	3,2	0,3	—	8 100	0,10
Haricot sec	339	12,6	—	77	—	6,3	58,2	24,0	2,2	—	30	0,53
Haricot vert	32	90,1	1,7	56	256	0,8	7,1	1,9	0,2	—	600	0,07
Lentille	340	11,1	36	79	810	8,6	60,1	24,7	1,1	—	60	0,50
Petit pois (frais)	84	75,0	2	26	370	2,0	17,0	6,3	0,4	—	640	0,32

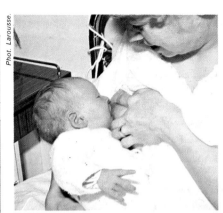

Phot. Larousse.

C	D	PP	Autres	Acide oxalique	Purines
ng	UI	mg		mg	mg
2	—	2,2	B₂-B₆-B₁₂, AP, AF, Biotine	—	62
—	—	3,8	B₂-B₆	—	86
0	50	7,7	B₂-B₆-B₁₂, AP, AF, E, Biotine	—	—
0	300	4,4	B₂-B₆-B₁₂, AP, AF, Biotine	—	—
0	—	10,8	B₂-B₆-B₁₂, AP, AF, Biotine	—	—
0	200	0,1	B₂-B₆-B₁₂, AP,AF,E, K, Biotine	—	—
0,3	—	0,1	B₂-B₆, AP, AF, Biotine	—	—
0	350	0,02	B₂-B₆-B₁₂, AP, AF, E, Biotine	—	—
9	—	1,0	B₂, AP	—	—
33	—	1,5	B₂-B₆, AP, AF, E	5,2	—
2,10	—	0,6	B₂-B₆, AP, AF, E, Biotine	33	—
5	150	6,2	B₂-B₆, AP, AF, E, Biotine	—	—
46	—	0,32	B₂-B₆, AP, AF, E	—	—
51	—	0,6	B₂-B₆, AP, AF, E, K, Biotine	460	—
6	—	2,5	B₁	—	—
19	—	0,5	B₂-B₆, AP, AF, E, K	30	—
—	—	2,0	B₂-B₆, AP, AF, Biotine	—	—
27	—	2,5	B₂-B₆, AP, AF, E, K, Biotine	1,3	—

Allaitement au sein.
Position correcte du bébé.

s'établit, les seins deviennent durs et douloureux, et sont sillonnés de grosses veines. L'entretien de la sécrétion lactée se fait par voie réflexe, grâce à la succion du mamelon.

La *technique* obéit à des directives simples :

1. L'horaire des tétées doit être souple, plus ou moins réglé sur la faim de l'enfant. Le nombre et la fréquence des tétées sont fonction de l'âge et de l'état de l'enfant (6 tétées par jour le 1ᵉʳ mois, 5 à partir du 3ᵉ. Une septième tétée n'est justifiée que chez les bébés fragiles ou trop petits) ;

2. Le sein doit être présenté bien soutenu par une main qui, déprimant légèrement la face supérieure, permet à l'enfant de respirer en tétant ;

3. La durée de la tétée ne doit pas dépasser 15 minutes. Une durée supérieure fatigue l'enfant et favorise la macération de la peau du mamelon. La tétée se termine par une éructation (rot), avec rejet d'un peu de lait, qu'il faut attendre en tenant l'enfant verticalement avant de le recoucher ;

4. Si le lait est peu abondant, ne donner qu'un seul sein à chaque tétée ;

5. Les mamelons seront soigneusement nettoyés avant et après les tétées, à l'eau bouillie ;

6. La pesée avant et après ne présente aucun intérêt dans les cas normaux ;

7. Après la tétée, l'enfant s'endort. Sa courbe de poids doit être régulièrement ascendante, avec un gain hebdomadaire de 130 à 200 g. Les selles de l'enfant nourri au

ALIMENTS Teneur par 100 g	Calories	Eau	Sels minéraux				Glucides	Protéines	Lipides		A	B$_1$
			Sodium	Calcium	Potassium	Fer			Totaux	Cholestérol		
Unités	kcal	g	mg	mg	mg	mg	g	g	g	g	UI	mg
LÉGUMES (suite)												
Poireau	44	87,8	5	60	300	1,0	9,4	2,0	0,3	—	50	0,06
Pomme de terre	76	79,8	3	14	410	0,8	17,7	2,1	0,1	—	—	0,11
Salade	14	95,1	12	35	140	2,0	2,5	1,3	0,2	—	970	0,06
Tomate	22	93,5	3	13	268	0,6	4,7	1,1	0,2	—	900	0,06
CÉRÉALES et DÉRIVÉS												
Biscotte	389	8,5	263	42	160	1,5	76	9,9	4,3	—	—	—
Pain (blanc)	253	38	385	58	132	0,95	51	8,2	1,2	—	—	0,086
Pâtes	369	10,4	5	22	—	1,5	75,2	12,5	1,2	—	0	0,09
Riz	362	12,0	6	24	113	0,8	80,4	6,7	0,4	—	0	0,07
GRAISSES												
Beurre	716	17,4	10	16	23	0,2	0,7	0,6	81,0	0,28	3 300	—
Huile d'olive	883	—	0,1	0,5	—	0,08	0	0	99,9	0	0	0
PRODUITS LAITIERS												
Camembert	287	51,3	1 150	382	109	0,5	1,8	18,7	22,8	—	1 010	0,05
Crème épaisse	288	64,1	38	75	78	0,01	2,9	2,2	30,4	—	1 100	0,025
Emmental	398	34,9	620	1 180	100	0,9	3,4	27,4	30,5	—	1 140	0,05
Lait (vache)	64	88,5	75	133	139	0,04	4,6	3,2	3,7	0,01	140	0,04
Yogourt	71	86,4	62	150	190	0,2	4,5	4,8	3,8	—	145	0,045

sein sont plus nombreuses (de 4 à 5) et plus jaunes que dans l'allaitement artificiel.

L'*hygiène de la nourrice* nécessite un sommeil suffisant, une nourriture riche en protides et en vitamines, ainsi qu'une grande quantité de liquides. Il faut qu'elle mange des légumes et des fruits pour prévenir la constipation. Elle doit éviter le thé, le café, le poivre, l'alcool et le tabac. Les soins locaux concernent essentiellement le mamelon : prévention des crevasses par la glycérine boratée ; protection du sein entre les tétées

LIMENTS

		Vitamines		Acide oxalique	Purines
C	D	PP	Autres		
g	UI	mg		mg	mg
8	—	0,5	B₂, E		
0	—	1,2	B₂-B₆, AP, AF, E, K, Biotine	5,7	—
3	—	0,3	B₂-B₆, AP, AF, E, Biotine	7,1	—
.3	—	0,6	B₂-B₆, AP, AF, E, Biotine	7,5	—
—	—	1,3	B₆	—	—
—	—	0,85	B₂-B₆, E	—	—
—	—	0,2	B₂	—	—
—	—	1,6	B₂-B₆, E	—	—
—	40	0,1	B₂, E	—	—
0	—	0	E	—	—
—	—	1,45	B₂-B₆, AP, Biotine	—	—
—	40	0,07	B₂-B₆	—	—
5	100	0,1	B₂-B₆, E	—	—
—	0,5-4	0,07	B₂-B₆-B₁₂, AP, AF, E, Biotine	—	—
2	—	0,18	B₂-B₆	—	—

par une compresse stérile et le port d'un soutien-gorge adapté à la taille de la poitrine.

L'allaitement au sein est une *obligation* chez les enfants de petit poids, au moins pendant les premiers mois.

Les *contre-indications à l'allaitement au sein* sont peu nombreuses : ce sont les maladies maternelles graves (néphrite, maladie de cœur, tuberculose évolutive, syphilis, diabète, incompatibilité Rhésus, maladie héréditaire avec intolérance digestive). Les crevasses ne sont qu'une contre-indication transitoire. L'insuffisance de lactation ne justifie jamais l'arrêt total de l'allaitement, mais seulement l'allaitement mixte. L'allaitement au sein peut être rendu difficile soit chez un nourrisson qui tète mal, soit par un mamelon mal formé. Il est alors utile d'entretenir la lactation et de recueillir le lait au moyen d'un tire-lait électrique, ou par l'intermédiaire d'un *bout de sein* en verre.

Allaitement artificiel. Il consiste à remplacer le lait maternel par le lait animal. Les laits d'ânesse et de chèvre, dont la composition est très proche du lait de femme, furent longtemps utilisés. Actuellement le lait de vache, après préparation industrielle, est le plus employé. Le lait* industriel peut être homogénéisé, concentré ou, le plus souvent, sec et en poudre.

L'*allaitement artificiel* nécessite des précautions de propreté, d'asepsie et de stérilisation qui doivent porter sur le lait, l'eau de coupage (qui doit être bouillie) et sur les biberons et les tétines. Après lavage et rinçage, les biberons seront stérilisés par ébullition et conservés bouchés. Plutôt que de les préparer une fois par jour, tous ensemble, il est préférable de préparer isolément chaque biberon au moment du repas. Les tétines doivent être souples et percées correctement (2 ou 3 trous faits à l'aide d'une aiguille chauffée). La technique de préparation varie selon le lait utilisé :
— pour le lait en poudre, mélanger dans le biberon le volume d'eau bouillie et les mesurettes de poudre, nécessaires en fonction de l'âge ;
— pour le lait de vache naturel : après l'avoir fait bouillir ou stériliser au bain-marie, le couper avec de l'eau bouillie (de moitié jusqu'à 2 mois, au quart à 4 mois).

Le *rythme des tétées* doit être plus régulier que dans l'allaitement au sein, puisque les quantités de lait sont constantes (toutes les 3 à 4 heures). Le mode d'administration des biberons doit se faire en tenant l'enfant en position semi-assise, après avoir vérifié la température du lait. Le biberon doit être renversé de façon que l'air reste en haut. Retirer la tétine de la bouche de l'enfant de temps en temps pour de courtes pauses. Après la tétée, maintenir l'enfant verticalement pour obtenir un rot, puis le recoucher sur le côté gauche. Les selles de l'enfant nourri au lait artificiel sont moins nombreuses (de 2 à 4), assez dures et de teinte

ALIMENTS Teneur par 100 g	Calories	Eau	Sels minéraux				Glucides	Protéines	Lipides		A	B₁
			Sodium	Calcium	Potassium	Fer			Totaux	Cholestérol		
Unités	kcal	g	mg	mg	mg	mg	g	g	g	g	UI	mg
FRUITS												
Abricot	51	85,3	0,6	17	440	0,5	12,8	0,9	0,2	—	2 700	0,03
Banane	85	75,7	1	8	420	0,2	22,2	1,1	0,2	—	190	0,05
Pêche	46	86,6	0,5	9	160	0,5	11,8	0,6	0,1	—	880	0,02
Poire	61	83,2	2	8	129	0,3	15,5	0,5	0,4	—	20	0,02
Pomme	58	84,0	1	7	116	0,3	15,0	0,3	0,6	—	90	0,04
Orange	49	87,1	0,3	41	170	0,4	12,2	1,0	0,2	—	200	0,10
Cerise	60	83,4	2	19	260	0,5	14,6	1,2	0,4	—	1 000	0,05
Datte séchée	274	22,5	1	59	790	3,0	72,9	2,2	0,5	—	50	0,09
Noix	651	3,5	4	99	450	3,1	15,8	14,8	64,0	—	30	0,3
Raisin	67	81,4	2	12	250	0,1	17,3	0,6	0,3	—	100	0,05
SUCRES												
Chocolat noir	528	0,9	19	63	397	1,4	57,9	4,4	35,1	—	10	0,02
Confiture	272	29	16	12	112	1,0	70,0	0,6	0,1	—	10	0,01
Miel	304	17,2	7	5	51	0,5	82,3	0,3	0	—	0	—
Sucre	385	0	0,3	0	0,5	0,04	99,5	0	0	—	0	0
BOISSONS									ALCOOL g			
Bière	47	90,6	5	4	38	—	4,8	0,5	3,6		0	0,004
Cidre	40	—	7	—	72	—	1,0	—	5,2		—	—
Vin	60-120	—	4-7	7	20-120	0,3-5	0,2-8	0	8,8-12,5		—	0,001-0,005

blanchâtre. La courbe de poids est sujette à des variations plus grandes.

Parmi les incidents qui peuvent survenir, beaucoup sont dus à une préparation défec- tueuse des biberons (diarrhée, érythème fes- sier, fièvre du lait sec, stagnation de poids) ; d'autres sont dus à une tétine insuffisamment ou trop percée ; d'autres enfin, plus rares,

LIMENTS

	Vitamines			Acide oxalique	Purines
C	D	PP	Autres		
g	UI	mg		mg	mg
7	—	0,7	B_2-B_6, AP, AF	—	—
40	—	0,6	B_2-B_6, AP, AF, E, Biotine	6,4	—
40	—	0,3	B_2-B_6, AP, AF, Biotine	—	—
0	—	2,2	B_2-B_6, AP, AF	—	—
2	—	1,0	B_2-B_6, AP, AF, E, Biotine	—	—
50	—	0,2	B_2-B_6, AP, AF, E, Biotine	24	—
7	—	1,0	B_2-B_6, AP, AF, Biotine	—	—
4	—	0,1	B_2-B_6, AP, AF, Biotine	3	—
5	—	0,1	B_2-B_6, AP, AF, E, Biotine	1,5	—
4	—	0,3	B_2-B_6, AP, AF, Biotine	—	—
		0,3	B_2	—	—
2		0,2	B_2	—	—
1		0,3	B_2-B_6, AP, AF	—	—
0		0		—	—
—		0,88	B_2-B_6, AP, Biotine	—	—
—		—		—	—
—		0,05	B_2-B_6, AP, AF	—	—

sont dus à une erreur de stérilisation. Il faut se rappeler que toute boîte de lait présentant un bombement, une odeur ou une couleur anormales à l'ouverture doit être jetée.

Deux affections sont particulières à l'allaitement artificiel : l'hypovitaminose, ou carence vitaminique, qui sera évitée par l'adjonction de préparations vitaminiques, et la dyspepsie du lait de vache, mal digéré par le nourrisson. Bien surveillé, l'allaitement artificiel reste malgré tout satisfaisant, mais ne possède jamais le caractère physiologique de l'allaitement au sein.

Allaitement mixte. Il consiste à compléter un allaitement au sein insuffisant, ou que l'on veut diminuer, par la prise de biberons. On peut soit compléter chaque tétée au sein par un biberon dont la quantité sera fonction du poids après la tétée au sein, soit remplacer une, deux ou trois tétées complètes par un biberon.

allantoïde n. f. Organe embryonnaire reliant l'embryon au placenta.
La partie embryonnaire de l'allantoïde donnera plus tard la vessie, l'anus et un cordon atrophié, l'ouraque.

allèle adj. Se dit de deux gènes situés en regard l'un de l'autre, sur deux chromosomes d'une même paire.
Si ces deux gènes sont identiques, le sujet est *homozygote* pour le caractère qu'ils commandent ; s'ils sont au contraire différents, le sujet est *hétérozygote* et le caractère perceptible est celui qui est commandé par l'allèle (gène) dominant.

allergène n. m. Dénomination de substances variées, en général protéiques, d'origine animale ou végétale, mais qui peuvent aussi bien être des poussières, et dont la pénétration dans certains organismes déclenche des manifestations d'allergie* : crise d'asthme, rhume des foins, urticaire, eczéma. (Les allergènes qui pénètrent par voie respiratoire sont dits *pneumallergènes*.)
Allergènes pharmaceutiques. Ils sont constitués par des extraits ou des suspensions de substances les plus diverses (poussières, poils, pollens), préparés stérilement et utilisés en cuti- ou intradermoréactions, voire injections, convenablement dilués et sous contrôle médical strict. Lorsque l'injection d'un allergène provoque une réaction d'allergie, on peut en conclure que l'allergie du malade est déterminée par cet allergène particulier, et entreprendre une cure de désensibilisation*.

allergides n. f. pl. Se dit de lésions cutanées d'origine « allergique », théoriquement l'eczéma ou l'urticaire, et pratiquement de toute éruption associant des érythèmes*, un purpura*, des macules* (Gougerot).

allergie n. f. Au sens étymologique : état

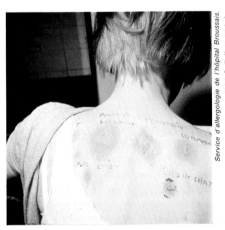

Service d'allergologie de l'hôpital Broussais.

Allergie. Tests cutanés du dos.
Lecture des réactions.

d'un individu qui réagit *autrement* au contact d'un agent agressif appelé ici *allergène**.

Cela signifie essentiellement qu'il manifeste une réaction physiologique notable au contact d'un facteur qui n'en produit habituellement aucune chez la majorité des gens.

Il existe deux types de réactions allergiques : l'*allergie humorale*, immédiate, due à la présence dans le sang d'anticorps circulants ou *réagines allergiques*; l'*allergie cellulaire*, retardée, sans anticorps circulants responsables, mais fondée sur l'action des cellules lymphoïdes.

Allergie humorale. Les allergènes responsables de l'*allergie humorale* sont le plus souvent les poussières de maison, les pollens des graminées, des substances animales ou végétales diverses (poils, plumes, etc.). La réaction allergique est dans ce cas immédiate après le contact avec l'allergène, brusque, survenant par crises et disparaissant aussi brutalement qu'elle est apparue, sans laisser de traces. Elle est généralement caractérisée par une vasodilatation, des œdèmes, des rougeurs et des démangeaisons, ou des spasmes bronchiques, et se manifeste par un rhume des foins, de l'asthme*, de l'urticaire*, un œdème* de Quincke, de l'eczéma*, des migraines*, etc.

Quel que soit le type de ces manifestations, l'allergie humorale peut être mise en évidence au moyen de tests cutanés par injection locale d'allergène, qui entraînent une réaction cutanée s'ils sont positifs.

Allergie cellulaire. L'allergie cellulaire n'est, en revanche, pas liée à la présence dans le sang de réagines allergiques. C'est une réaction immunologique due à une hypersensibilité développée vis-à-vis d'un antigène par un sujet qui a déjà été préalablement en contact avec lui, et dont les cellules lymphoïdes ont été sensibilisées par lui. La réintroduction de cet antigène chez ce même sujet entraîne alors une réaction allergique, généralement cutanée. Cette réaction n'est cependant pas immédiate, comme dans le cas de l'allergie humorale, mais retardée de 24 à 48 heures par rapport au moment du contact antigénique, d'où le nom d'*hypersensibilité retardée*, qui tend de plus en plus à remplacer celui d'allergie cellulaire. Ce type de réaction a en outre la particularité de pouvoir être *transmise* à un sujet non sensibilisé par un transfert de cellules lymphoïdes. Les rejets de greffe, les cuti- et intradermoréactions à la tuberculine, les eczémas et dermites de contact professionnelles relèvent de ce type d'allergie. La prédisposition individuelle joue cependant un grand rôle dans les phénomènes pathologiques allergiques. Il existe en effet des *terrains allergiques* qu'on s'accorde aujourd'hui à caractériser comme souvent anxieux et instables. On invoque cependant parfois à la légère une origine allergique pour des maux mal expliqués. Cette origine ne peut être retenue que sur la foi de critères biologiques indiscutables ou d'une reproduction expérimentale constante.

Traitement de l'allergie. Les manifestations allergiques sont pour la plupart chimiquement induites par une décharge d'*histamine* dans le territoire concerné par l'allergène responsable. Les *antihistaminiques** seront donc prescrits avec succès. Mais ce traitement, qui ne peut être que symptomatique, sera assorti à un traitement de fond de l'état allergique, à base de désensibilisation par injections progressivement croissantes de l'allergène* responsable (si toutefois il a pu être identifié), et de *corticothérapie** si les antihistaminiques se sont révélés inefficaces.

Allevard, station hydrominérale de l'Isère, à 37 km de Chambéry (alt. 471 m), ouverte du 1er juin au 1er octobre.

La source radioactive fournit une eau minérale à 16 °C, qu'on utilise en inhalations, insufflations pharyngées, gargarismes, douches nasales, pulvérisations, ou encore en cures de boisson, dans les affections des voies respiratoires supérieures : rhinites, sinusites, laryngites, bronchites, etc.

allocations familiales. V. PRESTATIONS *familiales.*

allopathie n. f. Mode de traitement qui

oppose aux symptômes des maladies des médications dont l'activité leur est contraire. (Terme employé par opposition à *homéopathie**.)

allopurinol n. m. Médicament synthétique qui réduit la formation d'acide urique* dans l'organisme.
L'allopurinol est employé dans le traitement de la goutte*.

aloès n. m. Suc épaissi de diverses plantes liliacées, très amer et purgatif.

alopécie n. f. Chute des cheveux, différente de la calvitie car elle est susceptible de repousse.
Alopécies diffuses. Des chutes de cheveux peuvent survenir à la suite d'une maladie infectieuse ou d'un choc traumatique ou émotionnel. Tous les cheveux peuvent tomber, mais la repousse est généralement spontanée. La syphilis* secondaire provoque une alopécie diffuse en plaques, qui peut être le premier symptôme de la maladie.
L'alopécie séborrhéique. C'est une alopécie diffuse à évolution lente, touchant les sujets à peau grasse, principalement de sexe masculin, où elle aboutit à la calvitie. Elle com-

Alopécie diffuse.

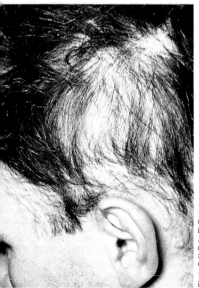

Phot. C N R I - P' Degos

mence au-dessus du front, où les cheveux se dégarnissent, puis disparaissent progressivement d'avant en arrière. Due à l'excès de sécrétion des glandes sébacées (séborrhée), l'alopécie séborrhéique est difficile à juguler, mais on peut retarder son évolution. Le traitement général vise à corriger d'éventuels troubles digestifs, endocriniens ou généraux, et à réduire la sécrétion sébacée par l'acide pantothénique (vitamine B5) et la pyridoxine (vitamine B6). Localement, les shampooings (pas trop fréquents : une fois par semaine) seront faits avec des produits à l'huile de cade ou de cèdre, ou avec des savons acides liquides. Les frictions et massages réguliers du cuir chevelu avec des lotions soufrées ou avec le minoxidil doivent être poursuivis régulièrement. L'abus des permanentes, décolorations, teintures, crêpages, laques aggrave l'alopécie féminine, plus rare que celle de l'homme.
Alopécies localisées. Diverses maladies comme la pelade*, les teignes (v. MYCOSE *du cuir chevelu*), le lupus* érythémateux, la sclérodermie*, le lichen* plan sont responsables d'alopécies circonscrites.

alphabloquant adj. et n. m. Se dit de substances chimiques qui bloquent les récepteurs adrénergiques* alpha (α) et dont la plus importante est l'*ergotamine*.

alphachymotrypsine n. f. Enzyme d'origine pancréatique, employée comme médicament contre l'inflammation et les œdèmes. On l'utilise par voie externe, en pommades ou en lotion, et par voie générale.

alphafœtoprotéine n. f. Protéine synthétisée par le foie du fœtus et qu'on ne retrouve en quantités considérables que dans le sang fœtal et dans celui de la plupart des malades atteints de cancer primitif du foie, dont c'est un élément de diagnostic.

alternant, e adj. **Pouls alternant,** succession régulière d'une pulsation forte et d'une pulsation faible, consécutive à une contraction cardiaque forte suivie d'une contraction cardiaque faible.
Matelas alternant. V. MATELAS.

altitude n. f. **Effets de l'altitude sur l'organisme.** Le *mal d'altitude* est l'ensemble des phénomènes pathologiques observés en haute altitude chez des gens qui n'ont pas l'habitude d'y être. La diminution de la pression des gaz de l'air (oxygène et gaz carbonique), entraînant une baisse de leur pression dans les tissus, et notamment dans le sang, provoque un malaise à type de migraines, palpitations, nausées, accélération du rythme respiratoire, pouvant aller jusqu'à des perturbations cérébrales. Ce mal peut être chronique chez des individus qui ne s'habituent pas à l'altitude ou qui, subitement, se désacclimatent. On y remédie par des inhalations d'oxygène.

aluminose n. f. Pneumoconiose* entraînée par l'inhalation des poussières d'alumine ou de certains composés de l'aluminium, notamment la bauxite et l'émeri.

alun n. m. Sulfate double d'un métal alcalin et d'aluminium. — L'*alun de potassium* hydraté est employé en solutions, comme astringent, pour l'usage externe.

alvéolaire adj. En forme d'alvéole, ou relatif aux alvéoles pulmonaires.
Cancer alvéolaire, variété rare de cancer du poumon*. *Os alvéolaire*, se dit de la partie des os maxillaires dans laquelle sont creusés les alvéoles dentaires.

alvéole n. m. **Alvéoles dentaires**, cavités creusées dans les os maxillaires et destinées à loger les racines des dents.
Alvéoles pulmonaires, petites cavités constitutives du parenchyme pulmonaire, où se font les échanges gazeux de la respiration.

alvéolite n. f. Lésion inflammatoire des alvéoles.
Alvéolite dentaire ou *périostite alvéolo-dentaire*, complication très douloureuse des infections de la pulpe dentaire et de la pyorrhée* alvéolo-dentaire.
Alvéolite pulmonaire, lésion inflammatoire du poumon, caractérisée par la présence de sérosité inflammatoire, hémorragique, fibrineuse ou purulente dans les alvéoles qui ne contiennent normalement que de l'air.

alvéolo-dentaire adj. Relatif à la dent et à l'alvéole dentaire qui la soutient. — Le *ligament alvéolo-dentaire* fixe la dent.

Alzheimer (maladie de). Démence dégénérative avec atrophie du cerveau, survenant entre 50 et 70 ans. Son évolution est progressive, touchant la pensée, l'humeur, la motricité.

amadou n. m. Substance spongieuse du champignon du chêne. — Appliqué sur une blessure, l'amadou arrête l'écoulement sanguin.

amaigrissement n. m. Toute perte de poids sensible et survenant dans un laps de temps donné, par exemple 1 kg en un mois ou quelques centaines de grammes par mois plusieurs mois de suite.
Un tel amaigrissement, s'il n'est pas dû à des restrictions alimentaires ni à un travail physique accru, est toujours suspect d'être l'indice d'une maladie générale ou endocrinienne et doit entraîner un examen médical.

amalgame n. m. Alliage du mercure avec un autre métal, employé pour les obturations* dentaires.

amandier n. m. Arbre méditerranéen dont le fruit est l'amande.
L'amande douce contient 50 p. 100 d'huile. Elle sert à faire des émulsions et loochs* pour la peau.

amanite n. f. Champignon à lames, volve et anneau, poussant en été et en automne dans les bois.
Les amanites *phalloïde, printanière* et *vireuse* sont mortelles. Leurs toxines se fixent très rapidement après l'absorption, en particulier sur les cellules du foie. Le début des troubles ne survient cependant généralement que de 18 à 24 heures après l'ingestion ; ce sont des manifestations digestives : vomissements et diarrhée sanguinolente, avec déshydratation. Gros foie, jaunisse et hypoglycémie signent l'atteinte du foie. Des lésions rénales peuvent apparaître. La mort survient au bout d'un délai variable si les mesures correctes n'ont pas été prises : en cas d'ingestion, il faut en effet immédiatement faire vomir le malade, lui donner des boissons très sucrées, éviter de lui faire boire de l'alcool et appeler tout de suite un médecin qui administrera une antitoxine de l'Institut Pasteur et continuera le traitement, qui doit être entrepris *avant* l'apparition des premiers symptômes.

amantadine n. f. Substance active contre les symptômes de la maladie de Parkinson. — On l'emploie seule ou associée à la L. dopa.

amaurose n. f. Perte complète de la vue, d'origine nerveuse, sans aucune lésion de l'œil. — L'amaurose peut être passagère ou définitive.

ambivalence n. f. Existence simultanée ou successive de deux sentiments ou de deux actes contradictoires, comme amour et haine, désir et crainte, affirmation et négation, etc., rencontrée dans certains troubles mentaux.

amblyopie n. f. Toute baisse de l'acuité visuelle, quelle qu'en soit la cause.

ambulance n. f. Véhicule destiné au transport des malades ou des blessés.
Les progrès de la traumatologie et de la réanimation conduisent, dans certains cas, à donner au sujet des soins avant son arrivée à l'hôpital. À côté des véhicules classiques, de plus en plus confortables, il existe des *unités mobiles de réanimation* équipées d'un matériel important que peuvent utiliser un ou plusieurs médecins ou infirmiers-réanimateurs. La multiplication des *accidents* de la *route* rend de plus en plus nécessaires ces équipes mobiles reliées aux centres hospitaliers par radiotéléphone. La nécessité de transports urgents sur des centres très spécialisés a, en outre, conduit à créer des

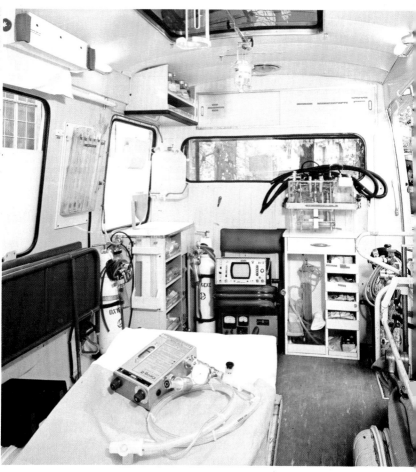

Ambulance spécialement équipée
pour la réanimation cardio-respiratoire
(perfusion, oxygénothérapie
et respiration assistée, moniteur cardiaque).

équipes aéroportées (hélicoptères) et même des avions sanitaires rapides pour les transports internationaux.

ambulatoire adj. Qualifie tout ce qui, au cours d'un état pathologique, permet au malade d'aller et venir.

Amélie-les-Bains, station thermale des Pyrénées-Orientales, ouverte toute l'année. Les eaux sulfurées et bicarbonatées sodiques, riches en silicium et chargées de gaz sulfhydrique, jaillissent à des températures de 41 à 60°C. On les emploie en bains, douches, inhalations et pulvérisations. Les douleurs rhumatismales, les suites d'acci-

dents, les affections des voies respiratoires
sont les principales indications de la station.

aménorrhée n. f. Absence de flux menstruel, de règles.
L'aménorrhée peut être *primaire* si la femme
n'a jamais eu de règles. Les autres signes
pubertaires peuvent ou non être apparus à
leur date normale. Si les autres caractères
sexuels sont normaux, il s'agit souvent de
malformations (absence d'organes, imperforation de l'hymen) ou de tuberculose génitale
survenue dans l'enfance. Si les caractères
sexuels sont immatures, il peut s'agir d'un
simple retard pubertaire ou d'un impubé-
risme total (insuffisance hypophysaire, altération ovarienne primitive, lésion cérébrale). Si
les caractères sexuels sont masculinisés, il
peut s'agir d'hermaphrodisme* vrai ou de
pseudohermaphrodisme (hyperplasie congénitale de la surrénale).
L'aménorrhée peut être *secondaire*
lorsqu'elle survient chez une femme qui avait
déjà eu des règles auparavant. Chez une
femme en période d'activité génitale (c'est-à-
dire dans la période qui va de la puberté à la
ménopause), l'aménorrhée secondaire fait
avant tout penser à la grossesse. Elle peut
survenir comme épiphénomène au cours de
différentes maladies entraînant un certain
degré d'altération de l'état général (tuberculose, diabète, maladies infectieuses) ou de
maladies endocriniennes (myxœdème, maladie de Basedow, d'Addison, de Cushing,
acromégalie, etc.). Il peut s'agir de maladies
organiques de l'utérus, des ovaires ou de la
région de l'hypophyse. Le plus souvent il
s'agit de causes fonctionnelles, avec un rapport avec une absence d'ovulation déterminée par
un changement de climat, un choc affectif ou
un dysfonctionnement de la menstruation*,
d'origine psychologique.
Le traitement d'une aménorrhée implique
de connaître à quel niveau réside le trouble,
de façon à pouvoir appliquer une thérapeutique étiologique ; il relève souvent de la
psychothérapie si une cause organique n'est
pas décelée.

amétropie n. f. Trouble de la vue, dû à
une anomalie de réfraction empêchant la
formation d'une image nette sur la rétine.
L'amétropie est supprimée par le port de
verres correcteurs. (V. MYOPIE, HYPERMÉTRO-
PIE.)

A. M. G. V. ASSISTANCE *médicale gratuite*.

amiante n. f. V. PNEUMOCONIOSE.

amibe n. f. Protozoaire rhizopode, vivant à
l'état libre ou en parasite.
L'amibe est un être unicellulaire qui com-

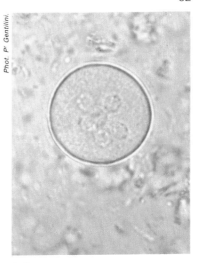

Phot. Pʳ Gentilini.

Amibe.
Kyste d'*Entamœba coli*
contenant plus de quatre noyaux.

prend un noyau, un cytoplasme limité par
une membrane élastique et des inclusions.
Son principal caractère est de se déplacer et
de se nourrir (par phagocytose) en émettant
des pseudopodes, réalisant ainsi des mouvements amiboïdes.
La multiplication cellulaire se fait soit par
division binaire, soit par enkystement, forme
de résistance et de dissémination. Plusieurs
espèces parasites (*Entamœba coli, E. nana*)
sont inoffensives pour l'homme. La seule
pathogène est *Entamœba dysenteriæ*, responsable de la dysenterie* amibienne ; elle existe
sous deux formes : la forme *minuta*, qui
n'engendre pas de troubles mais est à
l'origine de kystes (v. AMIBIASE) retrouvés
dans les selles, et la forme *histolytica*, de
plus grande taille et qui provoque des ulcérations de l'intestin (v. AMIBIASE).

amibiase n. f. Maladie provoquée par une
amibe pathogène : *Entamœba histolytica*, et
qui se manifeste principalement par une
diarrhée dite *dysenterie amibienne*.
L'amibiase est une maladie d'origine tropicale, mais elle est fréquemment observée en
France en raison des nombreux mouvements
de population. La contamination en zone
d'endémie se fait par les aliments et les eaux
de boisson souillés par les kystes ; en France,
la contamination est souvent interhumaine,

directe, à partir des malades et des porteurs sains.

Les kystes ingérés libèrent l'amibe sous la forme *minuta*, qui vit en saprophyte dans l'intestin. Sous des influences multiples (modifications de la flore, altération de l'état général), celle-ci se transforme en *Entamœba histolytica*, qui attaque la paroi digestive.

Lésions. Elles siègent au niveau du côlon (gros intestin), parfois uniquement au niveau du cæcum et/ou du rectum ou du sigmoïde. Elles constituent des ulcérations en «coup d'ongle» souvent accompagnées d'abcès. La muqueuse est fragile, congestive (rouge) et œdématiée (gonflée). L'évolution se fait vers la sclérose ou la perforation de l'intestin.

Signes cliniques. La forme *aiguë* réalise le syndrome dysentérique qui associe à des douleurs abdominales un ténesme, des épreintes et des faux besoins. Les selles sont nombreuses (une dizaine par jour), non moulées, faites de mucus et de glaires plus ou moins sanglantes. L'état général est peu touché et l'évolution est favorable après traitement.

La forme *chronique* est marquée par l'association de douleurs abdominales banales et de troubles du transit. Elle survient de nombreuses années après l'atteinte aiguë, souvent sur un terrain névropathique.

Complications. Quel que soit l'aspect initial, l'amibiase peut être responsable de complications à court et à long terme : hémorragies, perforations coliques ; altération de l'état général et psychique ; enfin et surtout, migration à distance par voie lymphatique et sanguine, atteignant le foie (abcès amibien), le poumon et, plus rarement, le cerveau.

Diagnostic. Il s'appuie sur l'examen parasitologique des selles (kystes ou forme hématophage mobile) et sur la rectoscopie, qui met en évidence un aspect caractéristique de la muqueuse.

Traitement. Il dépend du stade évolutif de la maladie :
— l'*amibiase infestation*, sans manifestations cliniques (*E. minuta*), est sensible aux amœbicides de contact, d'action locale. Ce sont les dérivés arsenicaux (cures de 10 jours) ou iodés (cures de 20 jours), associés aux antibiotiques oraux ;
— l'*amibiase aiguë* (*E. histolytica*) est sensible aux amœbicides tissulaires, diffusibles dans le sang. Le plus classique est l'*émétine* (1 cg par kilogramme et par cure), associée à la vitamine B 1 et à une surveillance cardiaque et neurologique. L'émétine s'éliminant lentement, il faut respecter un intervalle de 45 jours entre deux cures. Le métronidazole, actif par voie buccale (de 6 à 8 comprimés par jour), est mieux toléré, les cures

durant de 5 à 7 jours. On associe au traitement d'attaque un antibiotique et un amœbicide de contact, administrés plus longuement ;
— l'*amibiase chronique* est en fait une colite* persistante et requiert un traitement symptomatique : régime, antispasmodiques, cures thermales. On administre des amœbicides de contact si l'examen des selles révèle la présence de kystes. La chirurgie se révèle nécessaire dans quelques cas (perforations intestinales, abcès du foie).

amiboïde adj. Caractère rappelant l'amibe ou son comportement. Les leucocytes sont doués de mouvements amiboïdes.

amidon n. m. Substance glucidique d'origine végétale, constituée par des grains arrondis microscopiques, de taille variable suivant l'espèce. — On donne le nom de *fécules* aux amidons fournis par les parties souterraines des plantes (pomme de terre).

amidopyrine n. f. Puissant calmant de la douleur (*antalgique*) et de la fièvre (*antipyrétique*). [TABLEAU C.]
Elle est administrée le plus souvent sous forme de comprimés, cachets, suppositoires, pure ou associée à d'autres analgésiques (aspirine) ou à des médicaments anti-inflammatoire. Son administration prolongée peut donner naissance à des éruptions cutanées et surtout à des désordres sanguins graves : leucopénie*, agranulocytose*.

amimie n. f. Réduction ou perte de la mimique du visage.

amine n. f. Composé organique alcalin ayant pour formule un radical azoté (—NH₂) dit *fonction amine*.
Amines de réveil ou amines pressives, groupe de dérivés synthétiques aminés possédant des propriétés psychotoniques communes, dues à la présence, dans leur molécule, des fonctions alcool et phénol et dont le type est l'amphétamine*.

aminé, e adj. **Acide aminé,** acide organique caractérisé par la présence sur sa molécule d'une fonction amine (—NH₂) et d'une fonction carboxylique (—COOH). [Syn. : AMINOACIDE.]
Les acides aminés s'unissent les uns aux autres, la fonction acide de l'un neutralisant la fonction basique du suivant, constituant des chaînes dites *polypeptides*. Ainsi articulés les uns aux autres, ce sont les constituants constitutives des protéines*. Il existe 21 acides aminés qui sont des constituants élémentaires de la matière vivante.

aminoacide n. m. V. AMINÉS, *Acide aminé.*
aminocaproïque adj. **Acide aminoca-**

proïque, médicament qui empêche la fibrinolyse* et qui est administré dans les syndromes hémorragiques.

aminophylline n. f. Composé de théophylline et d'éthylène-diamine, doué de propriétés stimulantes pour le cœur (tonicardiaque), diurétiques, dilatatrices des vaisseaux et des bronches.
On l'administre en cas d'asthme, de troubles circulatoires cardiaques et cérébraux, etc., seule ou associée au phénobarbital, à la papavérine, etc.

aminoptérine n. f. Substance chimique synthétique, antagoniste de l'acide folique*, et utilisée pour diminuer la multiplication cellulaire dans les leucémies aiguës.

amitriptyline n. f. Médicament antidépresseur et antiallergique, administré par voie orale ou en injections dans les dépressions, l'anxiété.

ammoniac n. m. Gaz de formule NH_3, irritant et dangereux même à de faibles concentrations.
Physiologie. V. AMMONIUM.
Toxicologie. Le gaz ammoniac atteint particulièrement l'œil et l'appareil respiratoire, où il provoque respectivement une conjonctivite, voire une perte passagère de la vue, et une toux irritante. En cas d'exposition prolongée ou de concentration élevée, un œdème* aigu du poumon est possible, parfois mortel. Cet accident n'apparaît en général qu'au bout de 24 heures, ce qui est très important à savoir pour prolonger suffisamment la surveillance des sujets exposés, même indemnes en apparence.
L'ammoniac dilué dans de l'eau douce prend le nom d'*ammoniaque*, qui est une base (alcali volatil).

ammonium n. m. Radical chimique NH_4 qui dérive de l'ammoniac NH_3 par fixation d'un ion* H^+ en milieu aqueux, et qui donne des sels avec les acides.
Physiologie. Formé constamment dans l'organisme à partir de la dégradation des protéines, il a une existence très brève, car, toxique, il est aussitôt incorporé dans le cycle de formation de l'urée* par le foie (uréogénèse) et excrété dans l'urine. L'*ammoniémie* (taux sanguin d'ammonium) est donc normalement très faible. Elle s'élève au cours des grandes insuffisances hépatiques (coma hépatique).
Pharmacie. L'ammonium est utilisé en préparations diverses à base de son oxyde hydraté, l'ammoniaque, et de ses sels : *ammoniaque officinale*, *acétate d'ammonium*, expectorant et diurétique, *bromure d'ammonium* (v. BROME), *chlorhydrate d'ammonium*, acidifiant.

Les *ammoniums quaternaires* sont des antiseptiques et des désodorisants.

amnésie n. f. Insuffisance pathologique de la mémoire, permanente ou transitoire.
On distingue plusieurs types d'amnésies : les amnésies *antérogrades* (oubli des faits récents), *rétrogrades* (oubli des faits anciens), les amnésies *partielles* ou *globales*. Les amnésies de *fixation* (incapacité à fixer un souvenir), d'*évocation* (incapacité à évoquer au bon moment un souvenir).
En psychiatrie, on distingue des amnésies dites *psychogènes* parce qu'elles dérivent d'un système de défense servant à protéger le sujet contre certains souvenirs pénibles.
Il existe enfin des amnésies neurologiques, dues à des lésions cérébrales.

amniocentèse n. f. Prélèvement de liquide amniotique, aux fins d'examens, par ponction de la cavité utérine à travers la paroi abdominale.

amnios n. m. Mince membrane tapissant l'intérieur de la cavité où se trouve l'embryon, puis le fœtus.

amnioscopie n. f. Exploration visuelle de la cavité amniotique et de son liquide au moyen d'un appareil éclairant et grossissant (endoscope).
Cet examen permet d'apprécier par transparence les caractères du liquide amniotique (quantité, couleur, limpidité, vernix* caseosa). Il est utilisé dans la détection de la souffrance fœtale, de l'incompatibilité Rhésus, et dans la surveillance des grossesses prolongées.

amniotique adj. Relatif à l'amnios.
Cavité amniotique, espace compris entre le fœtus et l'amnios et rempli d'un liquide clair.
Liquide amniotique, liquide qui remplit la cavité amniotique. Il contient de l'eau, de l'albumine, de l'urée, des électrolytes* et des éléments cellulaires desquamés. Normalement, le volume de liquide est de 500 à 600 cm^3. L'insuffisance (oligoamnios) ou l'excès (hydramnios) sont souvent le témoin d'une anomalie fœtale. (V. AMNIOCENTÈSE et AMNIOSCOPIE.)
Bride amniotique, filament de fibrine tendu dans la cavité amniotique. On croyait autrefois que les brides amniotiques étaient responsables de certaines malformations congénitales.
Extraits amniotiques, extraits pharmaceutiques de membranes amniotiques, utilisés en pansements sur les plaies atones et les brûlures.

amodiaquine n. f. Médicament synthétique utilisé dans le traitement et la prophylaxie du paludisme*.

amorphe adj. Littéralement : dépourvu de forme.
Se dit, en anatomie pathologique, d'une substance ou d'un dépôt, le plus souvent anormaux, se disposant dans les interstices dont ils épousent les contours.

A. M. P., sigle d'ADÉNOSINE* MONOPHOSPHATE.

amphétamine n. f. Premier corps de la série des amines* pressives qui ait été utilisé. (Syn. : PHÉNYLAMINOPROPANE.)
L'amphétamine s'utilise par voie buccale, plus rarement en injection, comme stimulant intellectuel et physique. Elle augmente la vigilance, atténue la sensation de fatigue et, pendant une durée limitée, augmente les performances physiques. Son usage répété conduit à une véritable toxicomanie, ce qui l'a fait classer dans le tableau B des substances vénéneuses*. Son emploi est interdit chez le sportif, où il constitue une des formes les plus graves de dopage*. Certains dérivés amphétaminiques moins dangereux restent employés comme modérateurs de l'appétit, dans le traitement des excès de poids.

amphibole adj. Se dit de la période qui, dans certaines maladies, est intermédiaire entre la période d'état et la défervescence (v. FIÈVRE).

amphotéricine B n. f. Antibiotique antifungique puissant, utilisé dans le traitement des mycoses cutanées et viscérales.

amphotonie n. f. Hyperexcitabilité touchant à la fois les systèmes nerveux sympathique et parasympathique.

ampicilline n. f. Dérivé semi-synthétique de la pénicilline*, doué d'un pouvoir antibactérien élargi. — Son action s'étend non seulement aux germes Gram$^+$* sensibles à la pénicilline, mais aussi à de nombreux germes Gram$^-$.

ampliation n. f. *Ampliation thoracique,* augmentation de volume de la cage thoracique lors de l'inspiration.

amplificateur n. m. *Amplificateur de brillance,* appareil électronique qui permet d'augmenter la luminosité des images radioscopiques.

ampoule n. f. **Anatomie.** Dilatation physiologique localisée d'un organe : ampoule du rectum, ampoule de la trompe utérine, ampoule de Vater (à l'extrémité du canal cholédoque).
Pathologie. Décollement de l'épiderme rempli de sérosité transparente (cloque). Secondaires à des traumatismes locaux (frottements répétés), à des brûlures du premier

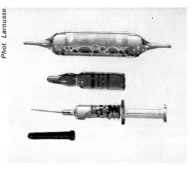

Phot. Larousse.

Ampoules pharmaceutiques.
De bas en haut : auto-injectable avec capuchon, autocassable (sans scie), standard.

degré dont elles sont la lésion essentielle (phlyctènes), les ampoules ne présentent de gravité que par leur surinfection ou leur étendue. Le traitement consiste à éviter l'infection, par ponction et application d'un antiseptique.
Pharmacie. Tube de verre scellé à la lampe, dans lequel sont placées des solutions médicamenteuses. Parfaitement étanches, les ampoules protègent le produit de toute souillure microbienne et de l'oxydation. Il existe des ampoules buvables et injectables.
Les *ampoules auto-injectables* sont de petites seringues à usage unique, munies d'une aiguille et prêtes à l'injection, garantissant une asepsie parfaite.
Les *ampoules jumelées* contiennent deux solutions différentes qu'on mélange au moment de l'usage.

ampullome n. m. *Ampullome vatérien,* tumeur de l'ampoule de Vater, à la terminaison du cholédoque*, dans le duodénum*.

amputation n. f. **Amputation chirurgicale,** intervention consistant à enlever un membre ou un segment de membre en sectionnant l'os et les parties molles. Il est pour chaque segment de membre une zone dite « d'élection », car elle rend l'appareillage plus aisé ; cependant, dans les amputations d'urgence pour traumatisme, il faut sectionner le plus bas possible, quitte à réintervenir pour obtenir un meilleur moignon. La rééducation du moignon doit être entreprise immédiatement après l'intervention, mais l'appareillage n'est possible qu'après un certain délai. Pour le membre supérieur, il existe des prothèses simples, « esthétiques », et des prothèses « de travail » qui ont au minimum la fonction d'un crochet ou d'une pince, mues soit par l'épaule opposée à l'aide de courroies, soit par une force électrique ou pneumatique commandée par la contraction musculaire. Des progrès considérables ont été réalisés grâce aux interventions de cinématisation et aux relais électroniques (main artificielle).

Amputation congénitale, malformation des membres caractérisée par l'absence d'un segment distal du membre.

amputé, e adj. et n. Qui a subi une amputation.

Douleurs des amputés. Un moignon peut être douloureux parce qu'il est imparfait : mal capitonné, infecté (ostéite), présentant une exostose (une recoupe pourra amener la guérison). Des douleurs très localisées peuvent être la traduction d'un névrome justiciable également d'une résection. Mais trop souvent les douleurs des amputés sont d'origine mystérieuse : illusion douloureuse d'un membre absent, à type de brûlures, de broiement du *membre fantôme*, douleur « sympathique » à type de fourmillements, de piqûres exacerbées par le moindre frottement. Au maximum, les douleurs sont telles qu'elles empêchent le sommeil et entraînent de graves troubles psychiques. On peut être amené à pratiquer des sympathectomies*, voire, exceptionnellement, des interventions sur les aires sensitives du cerveau.

amygdalectomie n. f. Ablation chirurgicale des amygdales palatines.

amygdales n. f. pl. Ensemble des formations lymphoïdes du pharynx. (Syn. : TONSILLES.)
Les plus importantes sont les *amygdales palatines,* situées symétriquement de chaque

côté de la cavité buccale, entre les piliers antérieur et postérieur du voile du palais, et visibles à l'ouverture de la bouche. Ce sont de petites formations ovoïdes, variant de 2 à 4 cm de grand axe vertical suivant les individus. Les *amygdales tubaires* tapissent l'orifice de la trompe d'Eustache. Les *amygdales linguales* sont situées à la base de la langue, de part et d'autre de la ligne médiane. L'*amygdale pharyngienne* constitue les végétations adénoïdes*.

Les amygdales sont formées de follicules* lymphoïdes*, groupés en lobes et séparés les uns des autres par des cloisons fibreuses. Elles présentent à leur surface des dépressions appelées *cryptes amygdaliennes*. Comme tout le tissu lymphoïde, dont elles font partie, les amygdales jouent un rôle dans la défense contre l'infection, en servant de barrière locale contre l'invasion des germes. (V. AMYGDALITE, ANGINE, PHARYNX.)

amygdalite n. f. Inflammation d'une amygdale. (Pratiquement synonyme de ANGINE.)

amylase n. f. Enzyme qui hydrolyse l'amidon en maltose.
Il existe une amylase dans la salive et une dans le suc pancréatique. On trouve aussi l'amylase dans le sang (*amylasémie* normale : de 80 à 150 unités Somogyi) et dans les urines (*amylasurie* normale : 2 000 unités par 24 heures). L'amylasémie et, secondairement, l'amylasurie sont fortement augmentées au cours des pancréatites* et des oreillons (inflammation des glandes salivaires).

amylobacter n. m. Bactérie anaérobie qui a la propriété de dégrader les sucres, la glycérine soluble, les acides tartriques et citriques, avec formation d'acide butyrique.

amyloïde adj. et n. f. Se dit d'une substance anormale glycoprotéique qui se dépose sur les fibres collagènes, sur les parois vasculaires et dans les espaces interstitiels au cours de certains états pathologiques chroniques.
La maladie amyloïde, ou *amylose*, se caractérise par le dépôt de cette substance dans les tissus.

amylose n. f. Maladie générale due à la précipitation de la substance amyloïde dans les parois vasculaires et dans les parenchymes.
L'amylose, ou maladie amyloïde, est souvent secondaire à des affections chroniques ou délabrantes : suppurations bronchiques, cancers, tuberculose, etc. Parfois primitive (sans cause connue), elle s'exprime sous forme d'amylose cutanée.

Symptômes. L'atteinte rénale s'exprime par un syndrome néphrotique avec protéinurie

Amygdale :
1. Voile du palais ; 2. Luette ;
3. Pilier postérieur ; 4. Amygdale ;
5. Pilier antérieur ; 6. Pharynx ; 7. Langue.

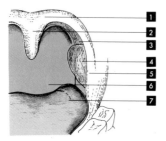

(albumine dans les urines). On peut observer un gros foie, de consistance pâteuse.

L'atteinte mésentérique se traduit par un syndrome de malabsorption* intestinale, celle du cœur par une insuffisance cardiaque.

L'amylose cutanée se présente sous deux formes :
— le *lichen amyloïde*, papules rosées, polygonales, localisées aux jambes, très prurigineuses mais de bon pronostic ;
— l'*amyloïdose systématisée* de la peau, associée à des papules, des ecchymoses, une cardiomégalie et une grosse langue. Elle est souvent associée à un myélome*.

Diagnostic. Il est de difficulté variable. Une protéinurie importante doit toujours y faire penser. On note dans le sang, à l'électrophorèse, des modifications des globulines (α_1 et α_2). Mais c'est seulement avec les ponctions-biopsies et les analyses histologiques qu'un diagnostic certain peut être posé.

Il n'existe pas de traitement de l'amylose ; seul celui de la cause, en cas d'amylose secondaire, apporte une amélioration.

amyotrophie n. f. Atrophie des muscles striés, entraînant une diminution du volume des masses musculaires.

L'amyotrophie peut être secondaire à un amaigrissement sévère (les muscles striés représentent près de la moitié du poids du corps). Elle peut être due également à une absence complète d'utilisation des muscles (alités permanents, membres plâtrés), ce qui les fait fondre, au même titre que l'exercice les développe. Il est donc utile de limiter le temps d'immobilisation nécessaire à la consolidation des fractures, par exemple, ou à la

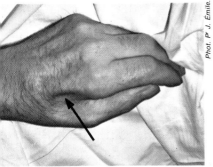

Phot. P' J. Émile.

Amyotrophie de la main.
Noter le creux
à la place de la musculature du pouce.

poussée douloureuse des maladies inflammatoires chroniques.

L'amyotrophie peut aussi être due à des maladies primitives du muscle, les *myopathies**, dont elles sont un signe clinique important.

Elle peut être *neurogène,* consécutive à une lésion de la corne antérieure de la moelle épinière ou du nerf qui vient innerver un muscle, et de la paralysie qui en résulte (poliomyélite, paralysies par blessure, amyotrophies de Charcot-Marie, de Duchenne de Boulogne, etc.).

La kinésithérapie est la base du traitement des amyotrophies.

anabolisant n. m. et adj. Substance qui favorise l'anabolisme*, c'est-à-dire qui entraîne une augmentation du poids et des forces.

Anabolisant protéique, médicament qui favorise une synthèse accrue des protéines nécessaires à l'organisme. Les anabolisants les plus couramment utilisés sont de nature hormonale : extraits corticosurrénaliens, hormones mâles (androgènes et dérivés [déconseillés chez l'enfant de moins de 15 ans et chez la femme enceinte]), hormone somatotrope*. Ont été également utilisés comme anabolisants diverses vitamines et, notamment, le dibencozide.

anabolisme n. m. Ensemble des réactions biochimiques aboutissant, dans l'organisme, à la formation de tissu vivant à partir des apports alimentaires. (Contr. : CATABOLISME.)

anaérobie adj. et n. m. Se dit d'un microbe qui ne se développe qu'à l'abri de l'oxygène de l'air. (Contr. : AÉROBIE*.)

analeptique adj. et n. m. Se dit d'une substance qui rétablit les forces et le fonctionnement des différents appareils.

Les *analeptiques respiratoires* ramènent à la normale le rythme et l'amplitude de la respiration. Les principaux sont la théophylline, la lobéline, la nicéthamide.

Les *analeptiques circulatoires* améliorent la contraction du cœur défaillant et le tonus des artères ; citons, parmi eux : le camphre, la nicéthamide, la néosynéphrine.

analgésie n. f. Suppression de la sensibilité à la douleur, obtenue soit par *anesthésie* générale,* soit par *anesthésie régionale* (en injectant l'anesthésique au niveau des troncs nerveux sensitifs), ou encore par *anesthésie locale* au niveau des terminaisons nerveuses.

Analgésie obstétricale. Elle ne doit pas nuire au fœtus en provoquant son anoxie ou son intoxication, ni entraver la marche normale de l'accouchement, qui doit rester avant tout un acte physiologique. L'accouchement psychoprophylactique dit « sans douleur » répond le mieux à ces impératifs.

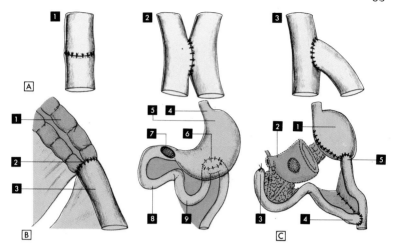

Anastomose.
A. Différents types d'anastomoses :
1. Terminoterminale ; 2. Latérolatérale ;
3. Terminolatérale.
B. Anastomoses digestives simples :
1. Côlon ; 2. Anastomose iléo-colique ;
3. Intestin grêle (iléon) ; 4. Œsophage ;
5. Estomac ; 6. Gastro-jéjunostomie ;
7. Obstruction ; 8. Duodénum ; 9. Jéjunum.
C. Anastomoses digestives multiples :
1. Estomac conservé et suturé ;
2. Portion retirée ; 3. Duodénum ligaturé ;
4. Anastomose jéjuno-jéjunale ;
5. Anastomose gastro-jéjunale.

analgésine n. f. Médicament antipyrétique (contre la fièvre) et analgésique (contre la douleur) ayant aussi la propriété, en applications locales sur une plaie (hémostatique), d'arrêter le saignement.

analgésique adj. et n. m. Médication supprimant la douleur.
En *thérapeutique,* le but des analgésiques est de supprimer ou tout au moins d'atténuer les phénomènes douloureux sans altérer les autres modes de la sensibilité. La *morphine* est le type des analgésiques centraux (agissant au niveau du système nerveux central).

analyse n. f. Les *analyses médicales* résument aussi bien l'analyse des substances issues de l'organisme (sang, urines, selles, lait) que celle des examens microscopiques qui étudient les cellules (examen cytolo-gique), les tissus (examen histologique) ou qui recherchent des bactéries ou des parasites. Les analyses médicales et autres examens de laboratoire doivent être prescrits par ordonnance médicale pour pouvoir être pris en charge par la Sécurité sociale.
En psychiatrie, synonyme de PSYCHANALYSE*.

anamnèse n. f. Ensemble des renseignements fournis au médecin par le malade ou par sa famille, au cours de son interrogatoire, sur les circonstances qui ont précédé une maladie et son début. — Les éléments ainsi obtenus sont dits *anamnestiques* ou *commémoratifs* et constituent l'«histoire de la maladie».

anamorphose n. f. En radiologie, déformation volontaire de l'image radiographique, obtenue en modifiant l'angle de pénétration des rayons X, et qui permet de mettre en évidence certains détails non visibles sur le cliché standard.

anaphrodisie n. f. Diminution ou absence du désir sexuel, pouvant s'observer dans les deux sexes. (Ne pas confondre avec *impuissance** et *frigidité**.)

anaphylaxie n. f. État inverse de l'immunité*, c'est-à-dire augmentation de la sensibilité de l'organisme (hypersensibilité) à une substance étrangère après un premier contact avec elle.
Le choc anaphylactique. Décrit en 1902 par Richet et Portier, il consiste en un ensemble de manifestations allergiques d'une grande

violence, à la suite, par exemple, de la deuxième injection d'un sérum thérapeutique. On assiste alors à un malaise général grave, avec frissons, angoisse, palpitations, chute de la tension artérielle pouvant aller jusqu'au collapsus*, urticaire, étouffements, convulsions. Si un traitement d'urgence à base de corticoïdes* n'est pas institué, le choc anaphylactique, suivant son intensité, peut aboutir à la mort. Les accidents de ce genre sont devenus exceptionnels chez l'homme.

Ce sont des manifestations comparables, mais considérablement plus faibles, qui ont donné naissance au concept d'allergie*.

anarthrie n. f. Trouble du langage caractérisé par l'impossibilité d'articuler les mots. — Cette anomalie, due à une lésion cérébrale, est voisine de l'aphasie*.

anasarque n. f. Gonflement généralisé de l'organisme, dû à la présence de liquide dans le tissu cellulaire sous-cutané (œdème), dans les séreuses (plèvres : hydrothorax ; péricarde : hydropéricarde ; péritoine : ascite) et parfois dans les organes eux-mêmes.
Anasarque fœto-placentaire, un des aspects les plus graves de la maladie hémolytique du nouveau-né par incompatibilité Rhésus (v. INCOMPATIBILITÉ). L'enfant, déformé par un œdème monstrueux, présente un aspect de « bouddha ». Il naît presque toujours mort et macéré. S'il naît vivant, il meurt le plus souvent en quelques heures, en dépit des progrès qui ont été faits dans la réanimation d'urgence.

anastomose n. f. **En anatomie,** réunion, aboutement naturel de deux vaisseaux par leur tronc ou par l'intermédiaire de branches collatérales.
En chirurgie, aboutement de deux conduits ou cavités : anastomoses digestives (gastroduodénostomie*, gastro-jéjunostomie*, iléocolostomie*). L'anastomose, réalisée par suture, peut être terminoterminale (en bout à bout), latérolatérale (tangentielle) ou terminolatérale.

anatomie n. f. Science qui a pour objet l'étude de la forme, de la structure et des rapports des différents éléments qui constituent le corps humain.
L'*anatomie topographique* précise les rapports entre les organes d'une même région ; l'*anatomie descriptive* a pour objet la description point par point d'un organe.
L'*anatomie pathologique* étudie les modifications de forme, de structure ou de rapports provoquées par la maladie, non seulement celles qui sont visibles à l'œil ou au palper (anatomie macroscopique), mais aussi toutes

les altérations tissulaires microscopiques (histopathologie, cytologie pathologique).
L'*anatomie radiologique* concerne non seulement le squelette, mais tous les organes transparents aux rayons X qui peuvent être visualisés par des procédés d'opacification (tube digestif, appareil urinaire, vaisseaux, etc.).

anatoxine n. f. Toxine microbienne dénuée de pouvoir pathogène (inoffensive) à la suite d'un traitement par le formol et la chaleur.
Les anatoxines gardent le pouvoir de provoquer la formation d'anticorps* dans l'organisme, c'est-à-dire de conférer une immunité spécifique. Les vaccins antidiphtérique et antitétanique sont des anatoxines.

androgène n. m. Substance qui provoque l'apparition des caractères masculins. — Par extension, nom donné aux hormones mâles : testostérone et androstérone.
Les androgènes sont sécrétés en grande majorité par le testicule, mais la glande corticosurrénale en sécrète également, et chez les deux sexes, ce qui peut donner lieu à des syndromes virilisants chez la femme lors de tumeurs sécrétantes de la surrénale.
En thérapeutique, les androgènes sont employés pour remédier aux insuffisances testiculaires, mais surtout comme anabolisants*.

androgynie n. f. Présence de caractères sexuels féminins chez des individus porteurs en réalité de testicules. — L'androgynie n'est qu'un hermaphrodisme* apparent, ou pseudohermaphrodisme, puisqu'il n'y a pas présence simultanée d'ovaires et de testicules. Seuls sont féminins les caractères sexuels secondaires.
Comme les testicules sont inapparents (cryptorchidie) et que le scrotum n'est pas soudé, l'aspect de l'appareil génital externe rappelle plus ou moins une femme.
Il s'agit vraisemblablement d'une altération de la fonction endocrine du testicule fœtal qui commande la morphogenèse des organes génitaux (syndrome du *testicule féminisant*).
Les androgynes, qui sont des femmes aux points de vue morphologique et psychique, peuvent avoir une vie sexuelle normale, mais sont évidemment stériles.

andropause n. f. Ensemble des manifestations somatiques et psychiques survenant chez l'homme après cinquante ans (terme créé par analogie avec la ménopause).
La baisse de l'activité sexuelle se fait d'une façon très progressive et selon un rythme différent en fonction des individus. La sécrétion externe du testicule (formation des spermatozoïdes) se poursuit beaucoup plus

longtemps que la sécrétion interne de l'hormone mâle.

anémie n. f. Diminution du nombre ou de la qualité des globules rouges du sang, ou *hématies*.

En fait, le globule rouge sert essentiellement à la respiration tissulaire, en apportant l'oxygène aux tissus. Or, au sein de l'hématie, c'est l'hémoglobine qui est le transporteur de l'oxygène, et c'est donc la diminution de la quantité totale de cette dernière qui est importante dans l'anémie, plus que la baisse du nombre absolu des globules rouges, lesquels peuvent être de taille variable et plus ou moins chargés en hémoglobine.

L'anémie est donc actuellement définie comme l'*abaissement au-dessous du niveau normal (de 14 à 15 g par 100 ml) de l'hémoglobine circulante totale*. Des chiffres inférieurs à 12 g pour 100 ml de sang chez la femme, 13 g pour 100 ml chez l'homme, doivent être considérés insuffisants et le sujet anémié.

Signes cliniques. À valeur égale, une anémie brutale entraîne une symptomatologie beaucoup plus marquée qu'une anémie chronique, l'organisme pouvant dans ce cas s'adapter progressivement au manque d'oxygène. Les signes de l'anémie sont d'abord la *pâleur* de la peau et des muqueuses, la *fatigue*, l'essoufflement (dyspnée), des palpitations à l'effort, et pour des efforts de plus en plus légers.

À un stade ultérieur, l'essoufflement est permanent, le pouls accéléré et, à l'auscultation du cœur, on peut entendre un souffle systolique. Des œdèmes des membres inférieurs apparaissent ainsi que des signes d'anoxie* cérébrale : maux de tête, vertiges, bourdonnements d'oreille, « mouches volantes », etc. Un taux d'hémoglobine à 5 g pour 100 ml exige des transfusions d'urgence. Aux environs de 3 g, le sujet tombe dans un *coma anémique*.

Caractères biologiques. Quatre ordres de renseignements complémentaires sur la nature d'une anémie sont apportés par l'hémogramme*.

1. Une anémie est *microcytaire* si les globules rouges sont de petite taille, *macrocytaire* (ou *mégaloblastique*) dans le cas contraire, et *normocytaire* si les globules rouges gardent une taille normale.

2. Si le contenu moyen en hémoglobine des hématies est diminué, on parle d'*anémie hypochrome*. Si ce contenu est normal, l'anémie est dite *normochrome*.

3. L'examen des hématies au microscope apporte des renseignements sur leur morphologie. Les hématies peuvent être de tailles différentes : c'est l'*anisocytose;* de formes

différentes : c'est la *poïkilocytose;* leur coloration peut être anormale : c'est la *polychromatophilie*. L'hypochromie peut être vérifiée sur lame, et on peut voir également si les globules rouges contiennent des *inclusions* anormales.

4. Enfin, la numération des *réticulocytes* (globules rouges jeunes récemment passés dans la circulation) indique le caractère régénératif ou non de l'anémie, c'est-à-dire si la moelle osseuse compense ou non la perte sanguine.

Ces renseignements sont d'une importance capitale pour l'orientation du diagnostic de la cause des anémies.

Causes et mécanismes. Ils sont extrêmement nombreux. On peut cependant distinguer deux grandes classes d'anémies : les anémies avec régénération (régénératives ou « périphériques ») par perte de globules rouges, et les anémies sans régénération (arégénératives ou « centrales ») par défaut de production des globules rouges par la moelle osseuse.

Les anémies régénératives. Elles se reconnaissent au nombre élevé des réticulocytes : il est supérieur à 120 000 par mm³. Elles sont généralement dues à une perte sanguine aiguë que la moelle osseuse tente de compenser par une surproduction de réticulocytes normochromes et normocytaires. Ces anémies ont pour cause soit une hémorragie importante, soit une hémolyse*, dans le cadre de laquelle rentrent toutes les *anémies hémolytiques* qui sont une diminution de la durée de vie des hématies.

Les anémies arégénératives. Elles sont d'un diagnostic plus délicat. L'absence de réticulocytes signe l'origine « centrale » de l'anémie. Il s'agit alors toujours d'une insuffisance de l'*érythropoïèse*, c'est-à-dire de la production de globules rouges par la moelle osseuse. La constatation d'une anémie arégénérative impose donc toujours la pratique d'un myélogramme* pour examiner la moelle osseuse.

ANOMALIES QUANTITATIVES DE L'ÉRYTHROPOÏÈSE. Elles sont dues à une disparition des précurseurs des hématies dans la moelle osseuse, les *érythroblastes*. Elles sont soit d'origine inconnue (maladie de Blackfan-Diamond), soit dues à l'envahissement de la moelle par un tissu étranger ou anormal (cancer, fibrose, etc.), ou bien encore à la disparition du tissu hématopoïétique*, laissant une moelle vide : c'est alors une *aplasie* médullaire* par radiation (rayons X ou gammas), toxique (médicaments), virale (infection) ou encore souvent de cause inconnue.

ANOMALIES QUALITATIVES DE L'ÉRYTHROPOÏÈSE. Elles sont dues à un défaut de maturation des érythroblastes, qui sont cependant présents dans la moelle. Le défaut de maturation est dû soit à une carence, soit à un défaut d'utilisation des constituants du globule rouge, en particulier vitamine B12, acide folique et fer.

La *carence en vitamine B12 et en acide folique* aboutit à la formation de globules rouges de grande taille, non fonctionnels, donc à une anémie dite *mégaloblastique*. Les grandes causes de carence en vitamine B12 et en acide folique sont la *maladie de Biermer** (ancienne anémie pernicieuse), les gastrectomies* totales, ainsi que certains syndromes de malabsorption* de l'enfant, toutes maladies qui empêchent l'absorption gastrique de ces substances.

Les *carences en fer* sont une autre grande cause de blocage de l'érythropoïèse, le fer étant un des constituants principaux de l'hémoglobine. L'anémie est alors hypochrome et microcytaire. Il s'agit le plus souvent de saignements chroniques mineurs qui durent plusieurs mois avant qu'une anémie inexpliquée entraîne des investigations approfondies. Les grandes dénutritions, les syndromes de malabsorption chroniques, les grossesses répétées, les grands syndromes inflammatoires (polyarthrites rhumatoïdes, maladie de Hodgkin, etc.) sont également des causes de déperdition en fer.

Dans les *anémies par anomalie d'utilisation du fer*, les érythroblastes sont présents ainsi que le fer, mais les premiers sont incapables d'incorporer le second à l'hème pour faire l'hémoglobine*. Chargés d'un fer qu'ils ne peuvent utiliser, ils deviennent des *sidéroblastes*. On se trouve alors devant une anémie hypochrome *sidéroblastique*. La thalassémie*, l'intoxication par le plomb et par certains médicaments sont parmi les causes de ce type d'anémie.

Traitement. Le traitement d'une anémie est avant tout le traitement de sa cause : arrêt de l'hémorragie ou de l'hémolyse, compensation des carences en vitamine B12, en acide folique ou en fer, etc. Les transfusions ne sont qu'un traitement symptomatique palliatif qui permet de réparer provisoirement une déplétion sanguine importante avant que sa cause ait été découverte et traitée. Les traitements prétendus antianémiques pratiqués en l'absence de diagnostic précis sont à proscrire.

anencéphale adj. et n. m. Monstre non viable présentant une anencéphalie*.

anencéphalie n. f. Monstruosité consistant en une absence d'encéphale et de voûte crânienne.

anergie n. f. Absence d'allergie*, c'est-à-dire disparition de la faculté de réagir vis-à-vis d'une substance à laquelle l'organisme était antérieurement sensibilisé. — Par extension : état d'un organisme incapable de se défendre.

L'anergie à la tuberculose se manifeste par le fait que la cutiréaction antérieurement positive redevient négative. Certaines maladies, telles la rougeole, la coqueluche et de nombreuses maladies du système lymphoïde, suppriment l'allergie : on les dit *anergisantes*.

anesthésie n. f. Suppression de la sensibilité.

L'anesthésie peut être spontanée, pathologique (dans certaines affections neurologiques) ou provoquée dans un dessein thérapeutique, essentiellement pour supprimer la douleur qui accompagne la plupart des interventions chirurgicales.

Anesthésie chirurgicale. L'anesthésie moderne comprend, outre l'insensibilité provoquée (analgésie), la surveillance et la sauvegarde de toutes les fonctions vitales, plus ou moins troublées par la maladie ou par les techniques anesthésiques elles-mêmes.

Anesthésie locale. Elle porte sur une partie plus ou moins étendue du corps, et ses modalités sont nombreuses :
— anesthésie par *contact*, par *infiltration locale ;*
— anesthésie *régionale :* tronculaire, qui intéresse tous les nerfs nés du tronc nerveux infiltré ;
— anesthésie *rachidienne ;* au cours de la *rachianesthésie,* l'anesthésique est injecté dans le liquide céphalo-rachidien par ponction lombaire, agissant ainsi directement sur la moelle épinière.

Anesthésie par intubation.

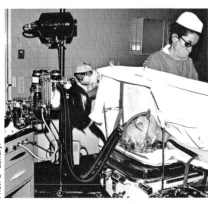

Phot. Dr Landry.

Les anesthésies *para-*, *épi-* ou *extradurales* consistent à injecter le produit dans l'espace situé en dehors de la dure-mère, agissant alors sur l'origine des nerfs rachidiens sans toucher la moelle.

Anesthésie générale. Employée pour toutes les interventions chirurgicales d'une certaine importance, elle réalise une perte de la motilité et de la conscience, en particulier de la perception douloureuse ; elle laisse subsister les fonctions automatiques, telles que la circulation et la respiration. Tout l'art de l'anesthésie générale consiste justement à supprimer la conscience sans modifier les fonctions végétatives automatiques. L'anesthésie nécessite une surveillance pré-, per- et postopératoire du patient.

L'examen préopératoire (avant l'opération) comprend une étude du fonctionnement de l'organisme : dosage de la glycémie*, de l'urée* sanguine, électrocardiogramme* ; on peut aussi reconnaître une maladie rendant dangereuse l'anesthésie, choisir parmi les anesthésiques* en fonction de leurs inconvénients respectifs et prévoir une complication éventuelle pour la traiter préventivement : pneumopathie, phlébite, coma diabétique. Le malade est laissé à jeun pour éviter les vomissements pendant l'intervention et reçoit des calmants pour diminuer son anxiété. L'anesthésie proprement dite peut être précédée par l'injection de substances neuroleptiques* (prémédication) ou faire appel d'emblée à un agent anesthésique. Le *curare* (d-tubocurarine) et certains de ses dérivés synthétiques sont devenus des moyens précieux pour rendre l'anesthésie moins toxique : paralysant les muscles striés (sauf le cœur), ils permettent de réduire les doses d'anesthésique à la concentration suffisante pour que l'opéré n'ait aucune conscience de l'acte opératoire. L'*intubation** trachéale est un appoint extrêmement précieux, permettant des interventions longues, évitant le danger toujours redoutable de régurgitation des liquides digestifs dans les voies respiratoires. L'anesthésie est dite *en circuit fermé* lorsque le malade expire en un récipient clos (va-et-vient ou circuit à soupapes), ou *en circuit semi-fermé, semi-ouvert* ou *ouvert* lorsqu'il y a un renouvellement incessant des gaz. Les *respirateurs artificiels* sont de plus en plus utilisés et perfectionnés, l'évolution tendant à se faire vers l'emploi d'appareils complets de surveillance, les *moniteurs*, qui contrôlent toutes les fonctions vitales durant l'intervention.

Anesthésie en odonto-stomatologie. Elle fait appel à toutes les techniques d'anesthésie, proportionnellement à l'intervention effectuée :

L'*anesthésie générale* est utilisée chaque fois qu'il est difficile d'obtenir une bonne anesthésie régionale ou locale chez des malades très émotifs ou présentant des lésions très importantes.

L'*anesthésie régionale* ou tronculaire s'effectue sur le tronc des nerfs maxillaires supérieur ou inférieur ou leurs branches.

L'*anesthésie locale* est obtenue par une injection d'anesthésique dans les ligaments dentaires ou par badigeonnage avec des solutions d'anesthésiques très concentrées.

Anesthésie obstétricale. Avant l'extraction de l'enfant, il faut concilier deux impératifs : nécessité pour l'anesthésiste de ne donner qu'une anesthésie légère et riche en oxygène ; nécessité pour l'accoucheur de faire naître l'enfant le plus rapidement possible. Après l'extraction de l'enfant, il ne s'agit plus que d'une anesthésie ordinaire.

anesthésique n. m. Produit supprimant la sensibilité consciente à tous les modes (tact, douleur, chaleur), s'opposant ainsi aux analgésiques*, qui ne suppriment que la sensibilité à la douleur.

Anesthésiques locaux. On distingue les anesthésies *de contact* ou *de surface*, par instillation du produit sur une muqueuse ou vaporisation sur la peau, et les anesthésies de *conduction* ou d'*infiltration* par injection d'un territoire ou d'un tronc nerveux. La *procaïne* est un des anesthésiques locaux les plus utilisés. La *cocaïne* est de moins en moins employée à cause du risque de toxicomanie.

Anesthésiques généraux. Le plus ancien des *anesthésiques volatils* est le *chloroforme*, mais ses inconvénients cardiaques et hépatiques l'ont fait abandonner. L'*éther* a été un des anesthésiques les plus utilisés jusqu'à ces dernières années, sa lenteur d'action permettant un dosage facile et son innocuité cardiaque compensant ses inconvénients pulmonaires et digestifs. Le *cyclopropane* est un excellent anesthésique gazeux, mais son emploi est restreint non pas tant par le danger de fibrillation ventriculaire qu'il comporte, que par son caractère très explosif. Le *protoxyde d'azote* (gaz hilarant) est toujours très utilisé, de même que certains dérivés chlorés tels que l'*halothane*, le *trichloréthylène*.

Les *anesthésiques intraveineux* barbituriques ont fait réaliser un immense progrès à la technique anesthésique, qu'ils ont rendue plus sûre, plus facile, plus confortable. Le plus employé est le penthiobarbital.

anévrisme n. m. Dilatation d'un vaisseau sanguin ou du cœur.

L'*anévrisme artériel* se produit à la suite d'une altération de la couche résistante de la

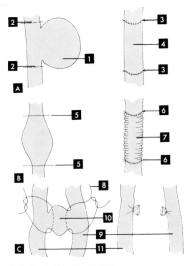

Anévrisme. Différents types
et résultats de la cure chirurgicale.
A. Sacciforme :
1. Anévrisme ; 2. Tracé de la section ;
3. Artère ; 4. Greffe veineuse.
B. Fusiforme :
5. Tracé de la section ; 6. Artère ;
7. Prothèse plastique.
C. Artério-veineux :
8. Fils de ligature ; 9. Veine ;
10. Anévrisme ; 11. Artère.

d'origine traumatique (fistule artério-veineuse) ou congénitale (anévrisme cirsoïde).

L'*anévrisme du cœur* est une complication assez fréquente des infarctus du myocarde, siégeant surtout sur le ventricule gauche. Sa cure chirurgicale est devenue réalisable depuis quelques années.

anévrismorraphie n. f. Cure chirurgicale d'un anévrisme.

angélique n. f. Plante herbacée dont on utilise la souche (la racine) en pharmacie, les fruits en distillerie et les tiges imprégnées de sucre en confiserie.

angiectasie n. f. Dilatation non tumorale d'un vaisseau. — Au niveau des petits capillaires de la peau, ce sont les télangiectasies* (couperose, étoiles vasculaires des cirrhoses).

angine n. f. Inflammation aiguë du pharynx, souvent localisée uniquement aux amygdales (amygdalite).
L'infection de la gorge est le plus souvent secondaire à l'inhalation d'un germe banal ; parfois elle provient d'un germe saprophyte qui devient virulent (angine de Vincent). Les

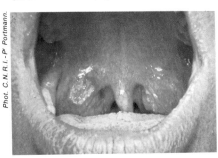

Phot. C.N.R.I.- Pr Portmann.

Angine ulcéreuse à monocytes.

paroi artérielle, la *media.* La cause la plus fréquente en est l'artériosclérose*, ou athérome*, beaucoup plus que la syphilis. Les localisations les plus fréquentes sont l'aorte,

abdominale ou thoracique, l'artère poplitée. Certains anévrismes, en particulier les anévrismes intracrâniens, sont dus à des malformations congénitales ou à des affections acquises (périartérite* noueuse). Le devenir inéluctable d'un anévrisme est d'augmenter de volume, d'entraîner des compressions des organes voisins, des migrations de caillots ou une thrombose massive de la poche, enfin de se rompre ; rupture mortelle par l'importance de l'hémorragie ou l'infarcissement de tissus vitaux. Le traitement est essentiellement chirurgical.
L'*anévrisme artério-veineux* est une communication directe entre une artère et une veine,

signes d'alarme se manifestent par une difficulté et une douleur pour avaler (dysphagie) et par un syndrome infectieux plus ou moins sévère, dont la fièvre est le symptôme principal.
Les angines guérissent le plus souvent en 2 à 3 jours avec un traitement antibiotique. En son absence, elles peuvent être le point de départ de septicémies* ou d'une extension locale de l'infection (abcès de l'amygdale). Les germes en cause sont multiples, les plus fréquents étant les streptocoques, mis en évidence par le prélèvement de gorge, et les

virus, dont l'identification relève de laboratoires spécialisés.

Variétés d'angines.

Les angines rouges. On distingue :

Les *angines virales,* caractérisées par leur haute contagiosité et leur fièvre. L'agent responsable est un virus (adénovirus); il existe souvent une surinfection par une bactérie (streptocoque, staphylocoque). Ces angines se traduisent par une fièvre élevée, des céphalées (maux de tête), une dysphagie, une adénopathie (ganglion) satellite. Les amygdales sont augmentées de volume et rouges. On doit redouter une complication rénale (glomérulonéphrite*) et administrer une antibiothérapie importante adaptée au germe isolé.

Les *angines des maladies éruptives :* la rougeole*, la rubéole* débutent par un énanthème (rougeur de la muqueuse buccale); la scarlatine* commence par une forte angine.

L'*angine streptococcique* du rhumatisme* articulaire aigu ou maladie de Bouillaud. Elle précède de quelques jours l'atteinte inflammatoire articulaire et parfois cardiaque, et ne présente que peu de caractères distinctifs. Le prélèvement de gorge met en évidence un streptocoque-bêta-hémolytique de type A.

Un traitement par la pénicilline et le repos s'imposent ainsi que l'administration de corticoïdes.

Les angines blanches. La muqueuse de la gorge est recouverte d'un exsudat fibrineux, d'aspect blanchâtre.

L'*angine diphtérique,* rare de nos jours, se caractérise par l'existence d'une fausse membrane extensive, résistante et reproductible. (V. DIPHTÉRIE.)

Les *angines érythématopultacées* et *pseudomembraneuses* ressemblent aux angines rouges, mais présentent un enduit crémeux, plus ou moins facile à enlever. Le diagnostic doit être précisé par l'examen bactériologique.

L'*angine herpétique* est brutale, avec des signes généraux intenses. (V. HERPÈS.)

Les angines ulcéreuses.

L'*angine de Vincent* est due à l'association de deux microbes : une bactérie et un spirille (association fusospirillaire), normalement saprophytes*. Ces germes provoquent une ulcération localisée, généralement unilatérale, envahissant l'amygdale. Le traitement antibiotique permet la rétrocession des troubles. Une infection dentaire peut être à l'origine de la maladie.

L'*angine de Duguet* est unilatérale, d'aspect particulier. On l'observe, très rarement, au début de la fièvre typhoïde.

Certaines *affections sanguines* se manifestent à leur début par une angine : ainsi la mononucléose* infectieuse et les leucémies*. Le diagnostic se fera sur les examens complémentaires (hémogramme*).

L'*angine de Ludwig* est un phlegmon* du plancher de la bouche qui nécessite un traitement antibiotique précoce.

Traitement des angines. Le traitement antibiotique, bien qu'inefficace sur les virus, est nécessaire dans pratiquement toutes les angines, soit pour lutter contre le germe causal (streptocoque), soit pour éviter une surinfection bactérienne (angines virales, angines des maladies infectieuses, de la mononucléose). On emploie selon les cas les pénicillines* (voie intramusculaire ou orale), les tétracyclines*, l'oléandomycine*, etc., le choix définitif de l'antibiotique étant fondé sur les résultats de l'antibiogramme* pratiqué sur le prélèvement. La diphtérie nécessite l'administration de sérum antidiphtérique.

Le traitement local comporte les gargarismes*, les pulvérisations buccales d'antibiotiques ou d'antiseptiques, les applications chaudes sur le cou, pour soulager la douleur. Celle-ci est combattue par l'aspirine, la phénacétine, le paracétamol, qui peuvent être administrés en suppositoires si la déglutition est difficile.

Le repos (au lit en cas de fièvre), une alimentation très légère, des boissons abondantes sont nécessaires. Tout refroidissement doit être évité. La recherche de l'albumine dans les urines (protéinurie) doit être faite après toute angine pour dépister une complication rénale et avant la reprise d'une alimentation et d'une activité normales.

angine de poitrine. Crise de douleur violente, constrictive, de la région du cœur, survenant à l'effort (escalier, marche en côte), au froid ou à la suite d'une émotion. (Syn. : ANGOR.)

Signes cliniques. La douleur de l'angine de poitrine est généralement thoracique, précordiale (en avant du cœur), mais elle peut siéger au creux épigastrique, irradiant souvent dans les deux épaules, les deux bras, les deux poignets, ainsi qu'à la mâchoire ou dans le dos. Ces irradiations ne sont pas obligatoires; elles peuvent être unilatérales ou ne pas exister du tout; elles peuvent être les seules manifestations de l'affection.

La douleur de l'angor est à type de constriction, de brûlure. Ce peut être une oppression en barre, en étau, une pesanteur ou une simple gêne. Son intensité est donc très variable, mais elle est en revanche presque toujours angoissante.

Souvent brève, elle est calmée très rapidement par une dragée de trinitrine, ce qui constitue un test diagnostique. La fin de la crise est souvent suivie d'éructations (rots). Si la douleur résiste à la trinitrine, il ne s'agit plus alors d'une douleur d'angor, mais, au contraire, on peut craindre la survenue d'un infarctus* du myocarde, dû à l'arrêt total de l'irrigation dans un territoire donné. Le risque d'infarctus devient critique lorsque les crises se répètent souvent, même au repos, sans aucune circonstance déclenchante, pouvant aussi réveiller le malade la nuit.

Causes. Les crises surviennent en général après une marche rapide, après une montée d'escalier. Elles cèdent dès que l'effort est interrompu et se renouvellent pour d'autres efforts analogues. Le vent, le froid, les émotions, la digestion peuvent être à l'origine de crises. La cause de loin la plus fréquente de l'angine de poitrine est l'athérosclérose*, qui obstrue les artères. Il existe cependant d'autres raisons qui peuvent entraîner des crises d'angor : une anémie* sévère, un rétrécissement aortique* serré, bref, toute circonstance faisant que le sang ne parvient pas de manière suffisante à oxygéner le myocarde.

Toute personne souffrant d'angine de poitrine doit subir un examen cardio-vasculaire approfondi et un électrocardiogramme, au besoin répété, de manière à en suivre l'évolution et à guider le traitement.

Traitement. Le médicament classique est la trinitrine*, qui agit en dilatant les artères coronaires et calme la douleur en moins de deux minutes. On dispose maintenant de nombreux autres vasodilatateurs coronariens, d'action « retard » ou préventifs des crises. Les calmants de la douleur (aspirine, morphine, etc.) doivent parfois être associés à la trinitrine, et les anticoagulants* sont prescrits si l'électrocardiogramme montre des signes d'insuffisance coronarienne. L'hygiène de vie doit être stricte : régime léger et sans corps gras, suppression rigoureuse du tabac, activité physique réduite en évitant tout effort violent.

angiocardiographie n. f. Technique permettant la mise en évidence radiologique des cavités du cœur et des gros vaisseaux, rendus visibles par l'injection d'un produit de contraste opaque aux rayons X. (V. ill. p. 56.)

angiocholite n. f. Inflammation des voies biliaires* intra- ou extrahépatiques, se manifestant par de brusques accès de fièvre avec frissons, une douleur du flanc droit et parfois

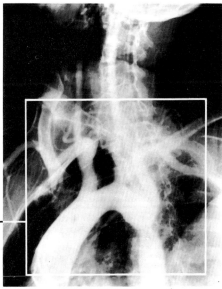

Angiocardiographie.
Temps artériel
montrant une coarctation
(rétrécissement) de l'aorte :
1. Carotide gauche ;
2. Tronc brachio-céphalique droit ;
3. Crosse de l'aorte ;
4. Sous-clavière gauche ;
5. Coarctation
de l'aorte thoracique descendante.

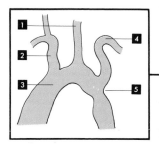

un ictère* peu intense. L'angiocholite peut entraîner une cirrhose* biliaire.

Le traitement est médical (antibiotiques, tubages duodénaux) lorsque l'inflammation a une cause purement microbienne ; une intervention chirurgicale est nécessaire si une obstruction (calcul, tumeur) est en cause.

angiodermite n. f. Altération de la peau, d'origine vasculaire, touchant les jambes et consistant en une plaque de couleur chamois, plus ou moins étendue, et pouvant entraîner un ulcère. (Syn. : DERMITE OCRE.)

angiographie n. f. Radiographie des vaisseaux après injection d'un produit de contraste*. (V. ARTÉRIOGRAPHIE, PHLÉBOGRAPHIE, etc.)

Angiographie numérisée ou digitalisée, angiographie perfectionnée utilisant des capteurs à la place du film sensible.

angiokératome n. m. Petite dilatation vasculaire de la peau, marquée d'un point rouge, et sur laquelle se dépose une couche kératosique (cornée).

angiomatose n. f. V. ANGIOME.

angiome n. m. Malformation constituée par une prolifération de vaisseaux sanguins. —

Angiome tubéreux du genou.

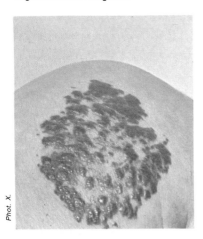

Phot. X.

Les angiomes sont dits *caverneux* si les cavités qu'ils comprennent sont larges, et *capillaires* si elles sont fines.
Les angiomes des vaisseaux sanguins sont des *hémangiomes,* alors que ceux des vaisseaux lymphatiques sont des *lymphangiomes.*

Les angiomes sont généralement congénitaux, mais ils peuvent se développer chez l'adulte.

Angiomes de la peau. *Les angiomes stellaires (en forme d'étoile).* Ce sont de petits points rouges entourés d'une ramification de vaisseaux capillaires dilatés. Ils se détruisent facilement par électrocoagulation*.

Les angiomes plans. Encore appelés « taches de vin », ce sont des plaques rouges, planes, de dimensions variables et qui se développent sur n'importe quel point du corps. Les traitements sont variables, suivant les cas : neige carbonique, radio- ou radiumthérapie, chirurgie. Chez les petits enfants, les angiomes doivent être traités précocement, avant qu'ils s'étendent.

Les angiomes tubéreux. Ce sont de véritables tumeurs saillantes, du volume d'un pois à celui d'un gros fruit, accompagnées de lésions des plans sous-jacents. Ils doivent être détruits par électrocoagulation avant leur développement, qui peut être considérable.

Les angiomes de la peau peuvent être associés à des malformations profondes des vaisseaux (varices, anévrismes, etc.).

Angiomes profonds. *L'angiome des muscles.* Il est rare, sauf au niveau de la bouche (langue, plancher de la bouche, région parotidienne). *L'angiome des os.* Il est très rare ; on l'observe au niveau du crâne, des vertèbres. Il se traite par la radiothérapie.

Les angiomes du cerveau. Ils se manifestent par des céphalées, des migraines, des crises d'épilepsie. Ils peuvent se compliquer d'hémorragies cérébrales ou méningée, provoquant une hémiplégie* ou une hémianopsie*. Leur diagnostic précis ne peut se faire que par artériographie* cérébrale. Ils seront enlevés chirurgicalement si leur siège le permet.

Les angiomes de la moelle épinière. Ils se manifestent comme des tumeurs, entraînant une compression de la moelle et nécessitant souvent une intervention chirurgicale.

Les angiomatoses. Ce sont des maladies caractérisées par de nombreux angiomes disséminés sur le corps et associés ou non à d'autres lésions.

La *maladie de Rendu-Osler,* ou *angiomatose hémorragique familiale,* se manifeste par des hémorragies nasales, gingivales et par de petits angiomes de la peau et des muqueuses, prédominant à la tête. La gravité de l'affection est variable.

La *maladie de Kaposi* associe des angiomes nodulaires sous la peau, envahissant progressivement tout le corps, et des angiomes disséminés dans les organes.

angiorraphie n. f. Suture chirurgicale

d'une brèche faite dans la paroi d'un vaisseau.

angiospasme n. m. Contraction spasmodique d'un vaisseau sanguin (spécialement d'une artère) commandée par le système sympathique.

L'angiospasme peut être dû à une affection artérielle, à un déséquilibre neurovégétatif ou endocrinien, ou tout simplement au froid.

angiotensine n. f. Polypeptide qui joue un rôle important dans la régulation de la sécrétion de l'aldostérone*, par l'intermédiaire du *système rénine-angiotensine*. (V. RÉNINE.)

angoisse n. f. Malaise caractérisé par un sentiment de crainte et de peur indéfinissable, accompagné d'une oppression douloureuse, de palpitations et de diverses autres manifestations physiques.

Névrose d'angoisse, affection caractérisée par la survenue de crises d'angoisse chez une personne en proie à une tension anxieuse permanente. Pendant la crise d'angoisse, le sujet éprouve la peur intense d'un danger imminent mais vague et informulé. L'angoisse se traduit par des manifestations corporelles (palpitations, sueurs, sensations d'étouffement, tremblements, vertiges, etc.) qui peuvent alarmer le sujet et l'amener à consulter. Cependant les examens ne révèlent pas de lésions organiques. La cause de cette névrose est mal élucidée. Les conditions de vie, les événements pénibles, les chocs affectifs peuvent jouer un rôle déclenchant. Il est indispensable d'administrer des tranquillisants. La psychothérapie est souvent nécessaire.

anguillulose n. f. Maladie parasitaire due à la présence de vers nématodes dans le duodénum : les *anguillules*.

Parasites. L'élément essentiel du cycle est la femelle parthénogénétique, qui se reproduit sans mâle, enchâssée dans la muqueuse duodénale, et pond des œufs qui se transforment en larves *rhabditoïdes*. À ce stade, il existe trois possibilités :
— cycle asexué et transformation directe à partir des selles en larves *strongyloïdes* infestantes ;
— cycle sexué et différenciation en mâle et femelle qui, après accouplement, donneront des larves rhabditoïdes ;
— cycle interne d'auto-infestation et transformation *in vivo* en larves infestantes. Ce cycle conduit à une infestation parasitaire de très longue durée.

L'anguillule se rencontre dans les zones sub- et intertropicales (Antilles, Sénégal), mais également dans les mines et tunnels.

L'affection est secondaire à la pénétration transcutanée des larves, qui gagnent le cœur droit, les poumons, et se fixent dans le duodénum après déglutition.

Signes cliniques. Ils se résument à la succession de trois phases :
— la *pénétration cutanée*, qui se manifeste par un urticaire allergique ;
— la *pénétration trachéale*, se traduisant par de la toux, une dyspnée qui passe souvent inaperçue ;
— la *phase duodénale* enfin, survenant après une période de latence, et caractérisée par une diarrhée et des douleurs abdominales.

Diagnostic. Il repose sur la recherche des larves rhabditoïdes dans les selles et la constatation d'une éosinophilie* importante (de 40 à 50 p. 100).

Traitement. Il utilise le thiabendazole en cure unique, à raison d'un comprimé par 10 kg de poids.

Prophylaxie. V. ANKYLOSTOMIASE.

angulaire adj. Relatif à un angle.

En anatomie, au niveau de la face, la région angulaire est celle de l'angle interne de l'œil.

En obstétrique, la *grossesse angulaire* est une gestation dans laquelle l'œuf s'est greffé dans l'angle que présente l'utérus à l'orifice de la trompe.

anhidrose n. f. Diminution ou absence de sécrétion de la sueur*. — Elle peut être générale ou localisée.

anhiste adj. Se dit, en histologie, d'une substance dépourvue d'éléments cellulaires.

aniline n. f. Composé chimique aromatique utilisé comme colorant dans l'industrie (encre, teintures) et pouvant provoquer des intoxications.

Substance très diffusible, l'aniline est facilement absorbée par voie respiratoire, digestive ou cutanée.

Intoxication aiguë. Elle provoque une hémolyse*, mais, surtout, détériore l'hémoglobine* en *méthémoglobine**, incapable de transporter l'oxygène et entraînant rapidement un teint pâle et bleuté (cyanose). On peut observer également une chute de tension, des convulsions et un coma. Une dose de 10 à 20 g peut être mortelle.

En cas d'intoxication, il faut enlever l'aniline par nettoyage de la peau ou lavage d'estomac (uniquement si le malade est conscient), et purger. Il faut aussi fournir de l'oxygène. La vitamine C peut être administrée contre la méthémoglobinémie.

Intoxication chronique. Elle entraîne une anémie, une perte de poids. Au bout de 20 à 30 ans, l'exposition à l'aniline a conduit à des tumeurs de la vessie pouvant dégénérer en cancer.

aniridie n. f. Absence congénitale de l'iris.
— Très rare, l'affection peut être associée au glaucome*.

anis n. m. L'*anis étoilé* est la badiane*. L'*anis vert*, cultivé en Espagne et en Russie, fournit une essence employée en distillerie. L'*anis de Malte* ou d'*Italie* est employé en infusion comme carminatif (pour évacuer les gaz intestinaux) et comme stomachique. Il entre dans la composition des *espèces purgatives* et du sirop de salsepareille composé.

aniséiconie n. f. Anomalie de la vision binoculaire : le même objet donne pour chaque œil une image de taille et de forme différentes. — Elle est due à une anisométropie* et est spécialement gênante en cas de fort astigmatisme* ou après extraction unilatérale du cristallin, faite pour traiter la cataracte*.

anisocytose n. f. État pathologique fréquent au cours des anémies*, dans lequel les hématies présentent des dimensions très variables au lieu d'avoir toutes le même diamètre.

anisométropie n. f. Inégalité du pouvoir réfringent des deux yeux.

ankylose n. f. Limitation plus ou moins grande de la mobilité d'une articulation, due à des lésions osseuses ou articulaires. Conséquence d'un traumatisme (fracture articulaire), d'une inflammation (arthrite aiguë ou chronique, rhumatisme), l'ankylose peut aussi être provoquée chirurgicalement afin de bloquer une articulation malade en bonne position (v. ARTHRODÈSE). La kinésithérapie en constitue le moyen de prévention essentiel, mais, devant une ankylose complète en mauvaise position, l'intervention chirurgicale s'avère indispensable.

ankylostome n. m. V. ANKYLOSTOMIASE.

ankylostomiase ou **ankylostomose** n. f. Maladie parasitaire due à la présence de vers nématodes, les *ankylostomes*, dans le duodénum.
Parasite. L'ankylostome est un petit ver parasite dont la larve vit dans les lieux humides et chauds et pénètre dans l'organisme par voie cutanée. Le ver adulte, dont la bouche est munie de crochets, se fixe dans le duodénum. Il est hématophage (vit de sang). Après la ponte des œufs, ceux-ci sont évacués par les selles et se transforment en larves. Après la pénétration, la larve gagne le cœur droit, les poumons, est déglutie et se loge dans le duodénum. La maladie s'observe dans les pays tropicaux, les mines.
Signes cliniques. Ils sont rythmés en trois phases :
— la *pénétration cutanée*, qui se manifeste

par une dermite d'invasion («gourme des mineurs»);
— le *passage trachéal*, qui provoque toux et expectoration ;
— la *fixation duodénale*, la plus importante, qui se manifeste par des douleurs ulcéreuses, une duodénite et une anémie chronique.
Diagnostic. Il repose sur la constatation d'une éosinophilie sanguine et des œufs du parasite dans les selles.
Traitement. On utilise les sels de béphénium (1 sachet à jeun en prise unique) ou le tétrachlorure d'éthylène. Les incidents sont fréquents mais peu graves. On corrige l'anémie par le fer et les vitamines.
Prophylaxie. Elle comporte la désinfection des selles (cyanamide de calcium) et la protection de la peau dans les mines.

annexes n. f. pl. Terme qui désigne :
En gynécologie, les trompes, les ovaires, les feuillets péritonéaux du ligament large, qui sont «annexés» à l'*utérus ;*
En dermatologie, les poils, les glandes sébacées et les glandes sudoripares, qui sont annexés à la *peau.*

annexite n. f. Inflammation des annexes, en gynécologie.
Ce terme est souvent utilisé en cas d'infection pelvienne génitale, car il est difficile de savoir s'il s'agit d'une infection de la trompe (v. SALPINGITE), de l'ovaire (v. OVARITE) ou des tissus cellulaires et péritonéaux voisins.

annulaire n. m. et adj. Quatrième doigt de la main. — Se dit également d'un orifice (un anneau) ou des fibres tendineuses qui le délimitent.

anodontie n. f. Absence totale de dents.

anonychie n. f. Absence congénitale d'ongles.

anophèle n. m. Moustique très cosmopolite (Europe, Afrique, Moyen-Orient, Sibérie).
Description. La tête d'*Anopheles maculipennis* porte deux yeux à facettes, une trompe et deux palpes maxillaires, ainsi que deux antennes. Les ailes, oblongues, s'insèrent sur le thorax.
Mode de vie. Ces insectes vivent près des eaux stagnantes, les mâles se nourrissant de sucs végétaux, les femelles étant hématophages (suçant le sang des mammifères). Celles-ci pondent leurs œufs isolément, sur l'eau ; il en sort une larve qui mène une vie aquatique mais respire de l'air par deux siphons. Au bout de quelques semaines, la larve se transforme en nymphe, puis devient adulte en 48 heures. Les femelles sont seules «vecteurs de maladies».
Maladies transmises. La principale maladie

transmise est le paludisme*, qui touche plus de 250 millions d'individus.

Les anophèles sont également vecteurs des filaires* lymphatiques et de certaines encéphalites* à virus.

Prophylaxie. On lutte contre les méfaits des anophèles en protégeant les habitations par des moustiquaires fines, par la destruction des insectes adultes au moyen d'insecticides (D.D.T., H.C.H.), par la destruction des larves avec des poisons larvicides ou des poissons larviphages et, surtout, par la suppression des gîtes. L'isolement des malades évite la contamination de nouveaux insectes.

anophtalmie n. f. Absence congénitale d'un œil.

anorexie n. f. Diminution importante de l'appétit.

L'anorexie peut révéler un grand nombre de maladies, allant de la simple fatigue au cancer gastrique, en passant par l'hépatite* virale, la tuberculose, etc.

Anorexie mentale, syndrome caractérisé par la restriction progressive de l'alimentation, inconsciemment volontaire, aboutissant à une perte totale de l'appétit, et qui s'observe surtout chez la jeune fille de 14 à 25 ans. Les trois symptômes sont la perte de l'appétit, l'amaigrissement et l'aménorrhée* (absence de règles).

L'anorexie mentale de la jeune fille traduit d'importants troubles affectifs inconscients. On retrouve souvent une immaturité affective, avec des théories sexuelles infantiles, le refus inconscient d'être adulte et un refuge dans l'intellectualisme à outrance. La perturbation de la relation avec la mère est caractéristique.

Le traitement consiste d'abord en un isolement du milieu familial avec hospitalisation et surveillance de la réalimentation. Quand la malade a repris du poids, un traitement psychothérapique s'avère nécessaire. Chez le jeune homme, ce syndrome est très rare et très grave.

Chez le nourrisson, l'anorexie psychogène s'observe après le 6ᵉ mois et jusqu'à 3 ans. Généralement, l'enfant ne mange pas, mais est bien portant et sans trouble psychologique patent. Il s'agit en fait d'une réaction d'opposition inconsciente à une mère anxieuse et désireuse de le nourrir à tout prix. Une attitude plus souple est le meilleur remède.

anorexigène adj. et n. m. Substance qui réduit l'appétit et qui provoque l'anorexie. (Syn. : MODÉRATEUR DE L'APPÉTIT*.)

anorganique adj. Se dit d'un phénomène ou d'un symptôme indépendant de toute lésion d'un organe.

Un *souffle anorganique* est un souffle cardiaque perçu à l'auscultation, mais qui ne relève d'aucune lésion du cœur (par exemple, les souffles anémiques).

anormaux n. m. pl. Dans le langage populaire, enfants dont l'aspect ou le comportement ne sont pas habituels.

Ce terme peut désigner des enfants atteints d'un déficit intellectuel, de troubles caractériels (v. CARACTÈRE) ou d'une maladie physique. Il tend à être de moins en moins employé, étant donné son imprécision, et on lui substitue plutôt les termes de *handicapé* ou d'*inadapté*.

anosmie n. f. Privation totale ou partielle de l'odorat, souvent accompagnée de perturbations du goût.

anovulation n. f. Absence d'ovulation.

C'est un état normal pour l'ovaire avant la puberté et après la ménopause, mais anormal en période d'activité génitale. L'origine peut s'en trouver au niveau de l'ovaire ou au niveau des commandes neurohypophysaires. L'anovulation a deux conséquences : la stérilité et l'insuffisance de la sécrétion de progestérone*.

Les contraceptifs oraux, qui bloquent l'ovulation, réalisent un état prolongé d'anovulation.

anovulatoire adj. **Cycle anovulatoire.** Se dit d'un cycle menstruel au cours duquel la menstruation n'a pas été précédée, comme normalement, d'une ovulation. Il se termine donc par une pseudomenstruation (fausses règles) dont la périodicité est des plus variables. Les cycles anovulatoires sont fréquents après la puberté et avant la ménopause.

anoxémie n. f. Diminution du taux d'oxygène contenu dans le sang.

L'anoxémie peut être due soit à une baisse de la pression de l'oxygène de l'air, soit à une insuffisance respiratoire ; elle entraîne l'anoxie*.

anoxie n. f. Absence d'oxygène au niveau des tissus.

L'anoxie tissulaire peut être *localisée*, due à l'irrigation sanguine insuffisante d'un territoire donné : l'infarctus* du myocarde en est un exemple. L'anoxie peut être *générale*, par une oxygénation insuffisante du sang (anoxémie*). Les différents tissus de l'organisme n'ont pas tous la même résistance au manque d'oxygène : le cerveau résiste trois minutes, au-delà desquelles des lésions irréversibles surviennent, alors que les os, les tendons, les muscles résistent beaucoup plus longtemps.

antagoniste adj. et n. m. Se dit des

	Voies d'administration			méningo-pneumo-gonocoque	streptocoque	entérocoque	staphylocoque furoncles-anthrax-septicémies	bac. pesteux	B. de Bordet-Gengou-coqueluche	bacille coli	bacille proteus	B. typhique-paratyphique fièvres typhoïde et paratyphoïde
+ : actif **± : peu actif ou actif seulement sur certaines souches** **0 : non actif ou non utilisable**	orale	parentérale	locale									
Pénicillines :												
pénicilline G	0	+	+	+	+	±	±	0	0	0	0	0
pénicilline-benzathine	+	+	0	même spectre d'activité - effet retard très prolongé indication majeure : streptocoque hémolytique								
pénicilline V (phénéticilline)	+	+	0	*id.*				*id.*				
amoxicilline	+	0	0	+	±	+	±			+	+	±
ampicilline	+	+	0	+	+	±	±	0	0	+	±	±
carbénicilline	0	+	0									
clométocilline	+	0	0	indication majeure : streptocoque hémolytique								
cloxacilline	+	+	0	indication majeure : staphylocoque								
méthicilline	0	+	0	indication majeure : staphylocoque								
oxacilline	+	+	0	indication majeure : staphylocoque								
Céphalosporines :	0	+	0	+	+	+	+		+	+	±	+
Tétracyclines :												
tétracycline base	+	+	+	+	+	±	±	+	+	±	±	±
— (hexaphosphate)	+	0	0	même spectre que la tétracycline base								
terrafungine (oxytétracycline)	+	+	+	même spectre que la tétracycline base								
auréomycine (chlortétracycline)	+	+	+	même spectre que la tétracycline base								
doxycycline	+	+	0	même spectre d'activité - effet prolongé dit retard								
Divers :												
amikacine	0	+	0							+	+	
bacitracine	+	0	+	±	+	+	±	0	0	0	0	0

	bacille diphtérique	bacille tuberculeux	bacille de la lèpre	bacille tétanique	tréponème-syphilis-pian	virus du trachome	rickettsia-rickettsioses	amibes-amibiase	champignons et levures, mycoses
	±	0	0	±	+	0	0	0	0
		id.				id.			
		+	0	0	0	+			
		+	0			0	+		
	±	0	0	±	±	+	+	+	0
	±	0	0	±	0				

muscles ou groupes de muscles dont les actions sont opposées (tels les extenseurs et les fléchisseurs).

antalgique adj. et n. m. Qui combat la douleur.
Position antalgique, position dans laquelle une douleur est soulagée.
Médicament antalgique, médicament qui atténue la douleur, tels l'aspirine*, l'amidopyrine*, le paracétamol*, et qui est également antipyrétique.

antécédent n. m. Tout événement pathologique qui, chez un sujet, a précédé sa maladie actuelle.
Les *antécédents personnels* sont médicaux, chirurgicaux, obstétricaux pour les femmes. On demande aussi les *antécédents familiaux,* qui aident à la recherche des maladies familiales ou héréditaires.

antéflexion n. f. Angle, d'environ 100°, que fait, dans les conditions normales, l'axe du corps utérin par rapport à celui du col utérin.

antéhypophyse n. f. Lobe antérieur de l'hypophyse*.

anthelmintique n. m. Médicament utilisé pour détruire les vers parasites chez l'homme et les animaux. (V. à chaque parasite : ASCARIS, OXYURE, TÉNIA, etc.)

antéversion n. f. Orientation normale de l'utérus dans le plan sagittal du petit bassin, plaçant le fond de l'organe en avant et calant le col sur la paroi postérieure du vagin.

anthracénique adj. Se dit des dérivés de l'anthracène, qui est extrait du goudron de houille. Les *hétérosides anthracéniques,* ou *glucosides anthracéniques,* sont des purgatifs.

anthracose n. f. Surcharge de certains tissus par la poussière de charbon.
Elle est secondaire à un séjour prolongé dans une atmosphère riche en charbon pulvérulent (mines de charbon). L'anthracose du poumon est une pneumoconiose* non sclérogène, à l'opposé de la silicose*.

anthrax n. m. Lésion inflammatoire et suppurée de la peau, due à une infection par le staphylocoque doré, et affectant plusieurs formations pilo-sébacées et le tissu sous-cutané voisin, ce qui l'oppose au furoncle (atteinte de la racine d'un seul poil).
L'anthrax siège avec prédilection au cou, à la face, au cuir chevelu et à la fesse. Il est plus fréquent et plus grave chez les débilités et les diabétiques.
Signes. On observe une tuméfaction chaude, douloureuse, battante, de couleur vineuse, s'accompagnant d'insomnie et de fièvre. Puis

ANTIBIOTIQUES Activité sur les principales espèc[es]

	Voies d'administration			méningo-pneumo-gonocoque	streptocoque	entérocoque	staphylocoque furoncles-anthrax-septicémies	bac. pesteux	B. de Bordet-Gengou-coqueluche	bacille coli	bacille proteus	B. typhique-paratyphique fièvres typhoïde et paratyphoïde
+ : actif ; ± : peu actif ou actif seulement sur certaines souches ; 0 : non actif ou non utilisable	orale	parentérale	locale									
Divers (suite) :												
chloramphénicol	+	0	+	+	+	±	+	±	+	+	±	+
colimycine	+	+	+	0	0	0	0			+	+	0
érythromycine	+	0	+	±	+	+	+	0	±	0	0	0
framycétine	+	0	+				+			±	+	
gentamycine	0	+	0	±	0	0	+			±	±	+
griséofulvine	+	0	0									
kanamycine	+	+	0	±	±	±	+	+	±	+	+	±
néomycine	+	0	+	±	±	±	+			+	+	±
novobiocine	+	+	+	±	±	+	+	±	±	0	+	0
nystatine	+	0	+									
oléandomycine	+	0	0	+	+	+	+	0	±	0	0	0
paromomycine	+	0	+				+			0	0	
polymyxine	+	+	+	+		+	+		+			
pristinamycine	+	0	0	±	±	±	+			+		
rifampicine		0	0									
rifamycine	0	0	+				+			+	+	
spiramycine	+	0	+	±	±	±	+			0	0	0
streptomycine	+	+	+	±	±	±	±	+	+	±	±	±
tobramycine	0	+	0							+	+	
triméthoprine-sulfaméthoxazol	+	0	0			+	+			+	+	
tyrothricine	0	0	+	dermatoses - infections du rhino-pharynx								
virgimycine	+	0	+			+			+			

bacille pyocyanique	bacille diphtérique	bacille tuberculeux	bacille de la lèpre	bacille tétanique	tréponème-syphilis-pian	virus du trachome	rickettsia-rickettsioses	amibes-amibiase	champignons et levures, mycoses
±	±	0	0	0	0	+	+	±	0
+	±	0	0	±	0				±
	+	0	0	±	+		+	±	0
±		0	0	0	0			±	0
+		0	0						
±	+	+		0	0			±	0
±	+	+		0	0				
0	0	0	0		0	0	0	0	0
									+
0	+	0	0	±	+	±	+	±	0
									+
+									
		+							
0	+	0	0	±	+	0	+	+	0
±	±	+	+	0	0			0	0
+									
		+	0	0					

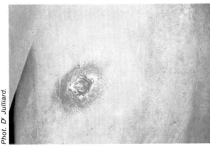

Phot. Dr Julliard.

Anthrax du dos.

la peau s'amincit, laissant apparaître les points jaunâtres des bourbillons, et s'ulcère en écumoire, laissant couler un pus sanguinolent. La cicatrice est souvent inesthétique. L'évolution peut se compliquer soit sur le plan local (phlegmon), soit sur le plan général (septicémie), *d'où la règle formelle de ne jamais manipuler (presser) un anthrax.*
Traitement. Il consiste à favoriser la maturation des abcès pilo-sébacés et l'évacuation du pus par des pulvérisations chaudes. Il faut éviter si possible les incisions chirurgicales qui disséminent l'infection. Les antibiotiques antistaphylococciques arrivent parfois à juguler l'infection au début, mais exposent à la transformation en un phlegmon ligneux (fibreux).

antiacide n. m. Médicament qui combat l'acidité gastrique.
Ce sont : les *sels alcalins,* comme le carbonate de soude ou le carbonate de chaux ; les *pansements gastriques,* comme le bismuth, le magnésium, l'hydroxyde d'aluminium, qui protègent la muqueuse gastrique ; enfin les *parasympathicolytiques**, comme l'atropine.

antiamaril, e adj. Se dit du vaccin contre la fièvre jaune.

antibiogramme n. m. Technique de laboratoire qui détermine la sensibilité d'une bactérie à l'égard des antibiotiques.
La méthode la plus employée est celle de la *diffusion en gélose :* un disque de buvard imprégné d'antibiotique est déposé dans une boîte de gélose où pousse une culture du germe à étudier. L'antibiotique diffuse dans la gélose et, s'il est actif sur le germe, inhibe la croissance de celui-ci suivant un cercle concentrique au disque et plus ou moins grand selon la sensibilité du germe à l'antibiotique en question. Cet examen, qui peut

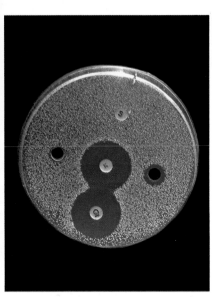

Antibiogramme. Germe sensible
seulement à deux antibiotiques (K, G).

se faire simultanément avec plusieurs
disques contenant des antibiotiques différents, permet le choix d'un antibiotique
adapté lors d'une infection dont le germe a pu
être isolé.

antibiothérapie n. f. Traitement par les
antibiotiques, réservé aux infections bactériennes et administré par voie générale et
locale.
Le mode d'action des antibiotiques contre les
bactéries est de deux sortes : *bactériostatique*
quand il se borne à arrêter la multiplication
des germes, l'infection étant ensuite vaincue
par les défenses naturelles de l'organisme ;
bactéricide quand l'antibiotique tue le germe.
L'action bactériostatique ou bactéricide peut
aussi dépendre de la dose administrée.
Un antibiotique bactériostatique à doses
moyennes devient bactéricide à fortes doses,
mais cela n'est pas toujours vrai. Il convient
de mesurer le *pouvoir bactéricide ou bactériostatique du sang du malade traité* pour voir
si les taux d'antibiotiques circulants sont
efficaces.
Le choix de l'antibiotique prescrit ne

devrait jamais être fait « à l'aveuglette », mais
toujours après identification de la bactérie
responsable de l'infection (sauf en cas de
grande urgence : méningite, septicémie).
C'est pourquoi, une fois le germe isolé, il
faut le soumettre à un antibiogramme* de
manière à effectuer le choix le plus adapté
possible à la sensibilité du germe et à établir
les associations* possibles d'antibiotiques.
L'association portera sur des antibiotiques
(rarement plus de deux) de familles différentes, ayant une action synergique sur le
germe. Une antibiothérapie ne devra jamais
être inférieure à une durée de 4 à 8 jours,
car, lorsqu'un germe n'est pas tué par un
antibiotique, il lui devient résistant au bout
d'un certain nombre de contacts, c'est-à-dire
qu'il subit une sorte de vaccination contre
l'antibiotique, qui désormais n'aura plus d'action sur lui. Les antibiothérapies de trop
courte durée sélectionnent des germes résistants qui deviennent de plus en plus difficiles
à détruire (v. HOSPITALISME, *Infectieux*).
Détruisant les germes pathogènes, les antibiotiques s'attaquent aussi aux colonies de
germes dits *saprophytes* qui habitent normalement l'intestin et constituent la flore intestinale, d'où les diarrhées qui accompagnent
fréquemment les antibiothérapies qui ne sont
pas accompagnées de ferments lactiques ou
de levures. Ce n'est pas là le seul danger de
l'antibiothérapie, chaque antibiotique comportant des inconvénients, voire une véritable
toxicité pour un organe particulier : accidents
allergiques de la pénicilline, toxicité rénale
de la colistine, de la viomycine, de la
kanamycine, accidents sanguins du chloramphénicol, etc. C'est pourquoi toute antibiothérapie doit comporter une surveillance
étroite des organes concernés par l'antibiotique administré.

antibiotique n. m. Initialement : « toute
substance chimique produite par des micro-
organismes ayant le pouvoir d'inhiber et
même de détruire les bactéries et autres
micro-organismes en solution diluée » (Waks-
mann, 1944), les antibiotiques sont actuellement également obtenus en laboratoire par
synthèse ou semi-synthèse.
Les principaux micro-organismes, sources
d'antibiotiques, sont des champignons inférieurs, essentiellement les *penicillium*, et des
bactéries dont les actinomycètes sont parmi
les plus employées. Les antibiotiques synthétiques sont obtenus soit à partir de dérivés
artificiels (sulfamides, isoniazide), soit en re-
créant des substances primitivement
extraites de micro-organismes (chloramphénicol). Les antibiotiques semi-synthétiques sont
obtenus en modifiant en laboratoire une

substance produite par un micro-organisme (pénicillines semi-synthétiques).

L'étendue de l'activité antibactérienne d'un antibiotique définit son *spectre*. Plus un antibiotique détruit de types de bactéries différentes, plus son spectre est large (cas des tétracyclines). Les antibiotiques antituberculeux* qui sont actifs sur le seul bacille de Koch ont, par contre, un spectre très étroit. Il faut savoir que les antibiotiques n'ont aucune action sur les virus.

L'action de l'antibiotique se manifeste soit en arrêtant la multiplication des germes (elle est alors *bactériostatique*), soit en les tuant (elle est alors *bactéricide*).

On définit plusieurs familles d'antibiotiques en fonction de leur nature chimique, de leur mécanisme d'action, de l'étendue de leur spectre (v. tableau). [V. ANTIBIOTHÉRAPIE.]

anticancéreux, euse adj. et n. m. Se dit des substances d'origine chimique ou biologique employées dans le traitement des cancers*.

Les substances anticancéreuses, ou cytotoxiques, empêchent la division cellulaire, donc la prolifération de la tumeur. Elles ne détruisent cependant jamais d'emblée la totalité d'une prolifération cellulaire tumorale, d'où la nécessité d'un traitement prolongé.

Classification. Les principales drogues anticancéreuses employées actuellement sont classées selon leur mécanisme d'action :

— les *antimétabolites* empêchent les synthèses des matériaux de base des acides nucléiques*, rendant ainsi impossible l'édification cellulaire : méthotrexate, 6-mercaptopurine, cytosine arabinoside, etc. ;

— les *agents alcoylants* détériorent la molécule d'A. D. N.*, ce qui rend la division cellulaire impossible : moutardes à l'azote, chlorambucil, cyclophosphamide, etc. ;

— les *antibiotiques,* comme l'actinomycine C, la daunorubicine, se lient à la molécule d'A. D. N., formant ainsi un complexe qui bloque la synthèse protéique ;

— les *alcaloïdes végétaux,* vincristine et vinblastine, bloquent la division cellulaire (mitose) ;

— les *hormones,* enfin, peuvent contribuer à inhiber certains cancers dits « hormonodépendants » de la sphère génitale : administration d'hormones mâles à un cancer de la femme (sein, utérus) ; administration d'hormones femelles à un cancer de l'homme (prostate).

Les médicaments anticancéreux ont l'inconvénient de n'être pas seulement toxiques pour les cellules cancéreuses, mais aussi pour les cellules normales et, en particulier, celles du sang. Cela fait que la chimiothérapie anticancéreuse doit être étroitement surveillée — notamment par des examens réguliers du sang — et périodiquement interrompue dès l'apparition des signes de toxicité, pour permettre une phase de régénération des cellules sanguines. (V. aussi CANCER.)

anticoagulant, e adj. et n. m. Se dit d'une substance qui s'oppose à la coagulation* du sang, donc à la formation du caillot*.

Les principaux anticoagulants sont l'*héparine* et ses dérivés, et les dérivés de la *dicoumarine* ou antivitamines K.

Indications des anticoagulants. La diminution de la coagulabilité du sang obtenue par le traitement anticoagulant a considérablement amélioré le pronostic de toutes les affections où le risque de coagulation du sang dans les vaisseaux (thrombose) et d'embolie* était grave : immobilisations prolongées au lit (postopératoires ou pour affection chronique), artérites, notamment des membres inférieurs, coronarites et, bien que cela soit actuellement discuté, infarctus du myocarde, phlébites*. Cependant, le risque hémorragique est contenu dans l'efficacité même du traitement. On peut observer des hémorragies surtout digestives et cérébrales, des saignements de nez et saignements urinaires. Le malade soumis au traitement anticoagulant doit régulièrement faire contrôler son *taux de prothrombine,* qui ne devra pas descendre au-dessous d'un certain pourcentage fixé par le médecin (entre 25 et 40 p. 100) sous peine du risque immédiat d'hémorragie. Le malade pourra aussi surveiller son état clinique sur le saignement de ses gencives lorsqu'il se brosse les dents.

En cas d'hémorragie, si l'anticoagulant adopté est de l'héparine ou un dérivé, elle est efficacement combattue par l'injection de sulfate de protamine. Dans le cas d'une antivitamine K, le traitement sera l'injection de vitamine K.

anticonceptionnel, elle adj. V. CONTRACEPTIF, CONTRACEPTION.

anticonvulsivant n. m. et adj. Sédatif du système nerveux central, capable d'interrompre ou de prévenir les convulsions dues à une crise d'épilepsie.

Les anticonvulsivants les plus employés sont les *barbituriques,* mais on connaît aussi les dérivés de l'*hydantoïne,* de la *pyrimidine,* de l'*oxazolidine,* ainsi que la *phénylacétylurée* et les dérivés du *succinimide.*

anticorps n. m. Substance protidique (globuline) élaborée par les lymphocytes du sang

en réaction à l'introduction dans l'organisme de substances qui lui sont étrangères, dites *antigènes**. (V. IMMUNITÉ.)
Éléments principaux de la défense immunitaire, les anticorps inactivent les antigènes en se combinant à eux pour former des *complexes antigènes-anticorps*. Tout anticorps est spécifique de l'antigène correspondant.

Anticorps monoclonaux. Anticorps obtenus à partir de clones* de cellules sélectionnés. On les utilise pour le diagnostic en immunologie et hématologie.

antidépresseur n. m. et adj. Médicament psychotrope* destiné à combattre les états dépressifs. (Syn. : THYMOANALEPTIQUE.)
Il existe deux grands groupes d'antidépresseurs : 1. Celui de l'*imipramine*, chef de file des thymoanaleptiques ; 2. Celui des *inhibiteurs de la mono-amine-oxydase* ou I. M. A. O.
Quel que soit son groupe, un antidépresseur ne doit être administré que sous contrôle médical strict. Le traitement peut entraîner des effets secondaires gênants, des incidents, et la prescription doit obéir à un certain nombre de règles sévères.
Les antidépresseurs n'ont de chances d'agir que sur les dépressions authentiques. Ils sont contre-indiqués dans un bon nombre de maladies mentales. Ils ne dispensent jamais d'une psychothérapie*.

antidiarrhéique n. m. et adj. Médicament qui combat la diarrhée sans cependant s'attaquer à ses causes.
Le charbon, les sels de bismuth, la belladone, l'opium (élixir parégorique) sont les principaux antidiarrhéiques.

antidiurétique adj. et n. m. Se dit d'une substance qui diminue l'élimination urinaire.
Le lobe postérieur de l'hypophyse* sécrète une hormone antidiurétique ou A. D. H. L'aldostérone* a également une action antidiurétique en retenant le sel.

antidote n. m. Substance capable de s'opposer à l'action d'un toxique.
Il n'existe pas d'antidote universel, chaque toxique ayant le sien propre, quand il en a. Le maniement des antidotes n'est pas toujours facile et doit souvent être fait sous surveillance médicale et parfois même en milieu hospitalier.

antiémétique ou **antiémétisant** adj. et n. m. Se dit d'une médication destinée à combattre les vomissements, sans préjuger de leur cause.
Les principaux antiémétisants sont le métoclopramide* et la métopimazine*.

antifongique adj. et n. m. Se dit de tout médicament actif contre les champignons et les levures parasites. (Contre les champi-

gnons des cultures, des bois, etc., on emploie des fongicides*.)

Antifongiques externes. L'*iode* et les *iodures* sont surtout actifs contre les mycoses* cutanées, de même que certains *acides* aromatiques et acides gras. Les *colorants :* vert malachite et violet de gentiane, ainsi que les *dérivés hétérocycliques* (du benzothiazole, du thiazole, de la quinoléine, etc.) s'emploient surtout en pommades. Les dérivés des *ammoniums quaternaires* sont utilisés en solutions pour usage externe exclusivement.

Antibiotiques antifongiques. On les emploie dans les mycoses* viscérales, notamment pulmonaires et digestives. La *nystatine*, active sur *Candida albicans* mais aussi sur de nombreux autres champignons et levures, a le spectre le plus large. L'*amphotéricine B*, médicament très puissant à administrer sous contrôle médical, est surtout utilisée dans les septicémies à *candida*. La *trichomycine* est active contre les *candida*, et la *pimaricine* agit à la fois contre les dermatophytes et les levures. La *griséofulvine* enfin, seul antifongique capable d'atteindre un foyer mycosique cutané par voie interne, est active contre les *microsporum* et les *trichophyton*.

antigène n. m. Substance étrangère à un organisme, qui, lorsqu'elle y est introduite, peut y provoquer l'apparition d'un facteur réactionnel spécifique appelé *anticorps** (pouvoir antigénique).
L'anticorps se combine alors à l'antigène pour l'inactiver, car toute substance étrangère à un organisme n'est pas tolérée par celui-ci. (V. IMMUNITÉ.)
Certains antigènes peuvent provoquer des manifestations allergiques lors de leur pénétration dans l'organisme : ils sont appelés *allergènes* (pollens de graminées, poussières de maisons, poils et plumes d'animaux domestiques, substances chimiques, etc.). [V. ALLERGIE.]

Antigène Australia, antigène particulier, fréquemment trouvé dans le sang des sujets atteints d'hépatite virale, mais aussi dans le sang de sujets sains. Les porteurs d'*antigène Australia*, même sains, ne sont en conséquence pas acceptés comme donneurs de sang, cet antigène étant considéré comme facteur prédisposant à l'hépatite.

antihémorragique adj. Se dit de toute médication employée pour lutter contre l'hémorragie. (V. HÉMOSTATIQUE.)

antihistaminique adj. et n. m. Se dit de toute substance qui s'oppose aux effets de l'histamine* dans l'organisme.
L'*histaminase* est une enzyme qui détruit l'histamine, mais son action est trop lente pour avoir une valeur thérapeutique. Les

traitements antihistaminiques sont donc à base de produits de synthèse, dont le chef de file est la *prométhazine* * et l'un des plus importants l'*alimémazine* *.

Tous ces produits n'empêchent pas la formation d'histamine, mais rendent les organes insensibles à son action contracturante. Ils sont donc très employés dans les maladies où l'histamine joue un rôle prépondérant, c'est-à-dire les manifestations allergiques : asthme, rhume des foins, urticaires, etc. Leur seul effet secondaire est une certaine somnolence, qui peut d'ailleurs être bénéfique mais parfois dangereuse si le sujet mène une vie active.

Toxicologie. Les antihistaminiques peuvent, à haute dose, provoquer des intoxications. Aiguës, elles peuvent simuler des crises convulsives avec coma et agitation. Chroniques, leurs signes varient avec le produit en cause, mais on peut voir apparaître des éruptions avec démangeaisons, sécheresse de la bouche, rétention d'urine, anémie et diminution du nombre des globules blancs (leucopénie) si l'intoxication se prolonge trop longtemps.

Il faut provoquer l'évacuation du toxique et prévenir les complications du coma.

anti-inflammatoire adj. et n. m. Se dit d'une substance ou d'un traitement destiné à combattre l'inflammation* sous toutes ses formes.

Les anti-inflammatoires les plus utilisés sont l'*aspirine* (acide acétylsalicylique), la *cortisone*, les *hormones corticostéroïdes* (v. CORTICOTHÉRAPIE), la *phénylbutazone* et ses dérivés et l'*indométacine*.

Très employé dans les maladies rhumatismales, en particulier la polyarthrite* rhumatoïde, les maladies allergiques comme l'asthme, ainsi que dans toute maladie comportant un élément inflammatoire, notamment les collagénoses*, le traitement anti-inflammatoire n'est pas dépourvu d'effets secondaires fréquents, notamment digestifs et nerveux.

antilaiteux, euse adj. Se dit de techniques ou de médications visant à interrompre la lactation*.

Avant la montée laiteuse, on utilise des antilaiteux hormonaux (œstrogènes de synthèse et sels de testostérone). Après elle, on fait appel aux purgatifs, aux diurétiques, à la compression des seins.

antilarvaire n. m. et adj. Substance ou procédé qui détruit les larves d'insectes.

Le pétrole est un excellent antilarvaire, ainsi que le vert de Paris, mais le plus utilisé est le D. D. T., bien que les insectes, et surtout les mouches, s'y accoutument progressivement

et que sa toxicité touche également les animaux destructeurs de larves et les insectes pollinisant les plantes.

antimitotique adj. et n. m. Qui s'oppose à la mitose. (V. ANTICANCÉREUX.)

antimoine n. m. Substance chimique voisine de l'arsenic par ses propriétés physicochimiques et toxiques.

La principale propriété de ses sels est de provoquer des vomissements : c'est une substance *émétisante*. L'intoxication par l'antimoine ressemble à celle qui est due à l'arsenic : diarrhée sanglante, atteintes du foie et des reins. On peut alors administrer un produit qui inactive le métal dans l'organisme, comme le 1-2 dithioglycérol.

antimollusque adj. et n. m. Se dit d'une substance qui tue les mollusques et spécialement les escargots.

Toxicologie. Les antimollusques sont à base de *métaldéhyde* et provoquent, surtout chez l'enfant, une intoxication grave s'ils sont ingérés. Les signes sont digestifs : vomissements, salivation, douleurs abdominales ; puis neurologiques, avec somnolence, coma, convulsions.

Il faut conserver ces produits rigoureusement hors d'atteinte des enfants, qu'il faut empêcher de jouer près des plantes où l'on cherche à détruire les escargots.

antipaludéen, enne ou **antipaludique** n. m. et adj. Médicament utilisé pour le traitement ou la prévention du paludisme. (Syn. : ANTIMALARIQUE.)

La *quinine,* alcaloïde du quinquina, est le plus ancien antipaludéen connu. Elle tend, actuellement, à être remplacée par des produits synthétiques dont les plus utilisés sont la *chloroquine* et les *aminoquinoléines*. On emploie aussi l'*acriflavine* et les *diguanides*. Ces médicaments ont une action soit *schizonticide* (v. SCHIZONTE), soit *gaméticide* (v. PALUDISME).

On emploie aussi les antipaludéens de synthèse dans le traitement de fond de la polyarthrite* rhumatoïde. Les antipaludéens sont toxiques au-delà d'une certaine dose. Les troubles sont analogues à ceux que produit la quinine, et le traitement en est identique. Quatre grammes de chloroquine sont mortels pour un adulte.

antipsychiatrie n. f. Courant idéologique qui se développe dans différents pays, tendant à contester la psychiatrie traditionnelle dans ses références théoriques et dans sa pratique. — Sur un plan plus général, elle remet en cause les structures répressives de la société, qui seraient génératrices d'aliénation mentale.

antipyrétique adj. et n. m. Se dit d'un médicament qui combat la fièvre. (Syn. : FÉBRIFUGE.)

On distingue des antipyrétiques non spécifiques qui sont également antalgiques comme l'aspirine, l'amidopyrine, la phénylbutazone, etc., qui diminuent la fièvre en agissant sur les centres cérébraux de la thermorégulation ; et des antipyrétiques spécifiques qui agissent sur la cause de la fièvre : quinine (paludisme), émétine (amibiase), antibiotiques (infections bactériennes).

antirabique adj. **Sérum antirabique**, sérum contre la rage. On l'administre :
— *localement*, dans la plaie en cas de morsure grave par un animal sauvage ;
— *par voie générale*, à raison de 0,5 ml par kilogramme de poids en cas de morsure grave (le sérum doit être suivi d'une vaccination). [V. RAGE.]

antisepsie n. f. Ensemble des méthodes qui ont pour but de détruire les microbes.
Les moyens employés sont très variés : chaleur (pour la désinfection du matériel chirurgical [v. ASEPSIE], rayons solaires, rayons X et gamma, et surtout produits chimiques en applications externes ou par voie générale (sulfamides, antibiotiques).

antiseptique adj. et n. m. Se dit d'une substance qui s'oppose à la prolifération des germes et les détruit.
Il existe de très nombreux antiseptiques : permanganate de potassium, eau oxygénée, hypochlorite de soude (liqueur de Dakin), iode, sels d'argent, phénols, dérivés de l'ammonium quaternaire, etc.

antispasmodique adj. et n. m. Se dit d'un médicament qui combat le spasme et la douleur qu'il engendre.
Certains antispasmodiques agissent directement sur la fibre musculaire lisse contracturée : c'est le cas de la papavérine.
D'autres agissent en bloquant la commande nerveuse (parasympathique) du muscle : c'est le cas de l'atropine*, de la scopolamine (parasympatholytiques*).

antistreptolysines n. f. pl. Antitoxines élaborées par l'organisme dans le sang, à la suite d'une infection streptococcique, contre les *streptolysines*, toxines sécrétées par le streptocoque.
Le taux des antistreptolysines doit être considéré comme pathologique au-dessus de 400 unités. On les dose dans toutes les suspicions d'infections streptococciques, c'est-à-dire : érysipèle, angine, scarlatine, septicémies, rhumatisme articulaire aigu, chorée*, glomérulonéphrite* aiguë.

antitétanique adj. **Sérum antitétanique**, sérum utilisé dans le traitement d'urgence des plaies dites *tétanigènes*, c'est-à-dire souillées et comportant un risque de tétanos.
La *sérothérapie préventive* consiste à injecter à titre prophylactique 1 500 unités de sérum antitétanique (S. A. T.) par la *méthode de Besredka** (en trois fois), de manière à détecter une éventuelle réaction allergique au sérum et interrompre alors l'injection. En cas de terrain allergique, on administre, au lieu du S. A. T., des *gammaglobulines* humaines de sujet immunisé.
La *sérothérapie curative* consiste à injecter le S. A. T. à des sujets chez qui le tétanos est déjà déclaré à la dose de 20 000 à 50 000 unités. Il doit être administré le plus tôt possible. D'autre part, la protection qu'il assure ne dépasse pas 20 jours. On ne saurait donc s'en contenter, et il faut toujours accompagner la sérothérapie, chez le sujet atteint ou suspect de l'être (plaie sale et souillée), d'une vaccination : c'est ce qu'on appelle la *séroanatoxinothérapie*.

antithyroïdien, enne adj. et n. m. Se dit d'une substance qui s'oppose à la formation de l'hormone thyroïdienne (thyroxine).
Les antithyroïdiens sont utilisés dans les hyperthyroïdies.

antitoxine n. f. Substance capable de neutraliser l'action d'une toxine.
Les antitoxines sont des anticorps* que l'organisme développe progressivement sous l'action des toxines microbiennes. L'injection d'une antitoxine apporte une immunité immédiate, mais passive et passagère (diphtérie, tétanos).

antituberculeux, euse adj. et n. m. Qui combat la tuberculose.
Les antituberculeux stricts majeurs sont : l'*isoniazide**, le plus actif d'entre eux, et l'acide para-amino-salicylique, ou P.A.S. La streptomycine est un antituberculeux majeur, qui agit également sur de nombreux autres germes, ainsi que la rifampicine. Les antituberculeux mineurs, administrés dans la seconde phase du traitement, sont plus nombreux : l'éthionamide, la cyclosérine, la viomycine sont des antituberculeux stricts, tandis que la kanamycine et la néomycine ont un spectre étendu. (V. TUBERCULOSE, *Traitement*.)

antitussif adj. et n. m. Se dit d'un médicament qui calme la toux.

antivenimeux, euse adj. Se dit d'une substance qui combat l'action nocive des venins.
Le *sérum antivenimeux* (contre le venin de serpent) est préparé à partir du sérum de chevaux immunisés par l'injection d'ana-

toxines* élaborées à partir des toxines* de serpents venimeux. Il doit être injecté aussitôt que possible après la morsure du serpent. Les sérums antivenimeux sont spécifiques de chaque type de venin.

antivitamine n. f. Substance capable de s'opposer aux effets d'une vitamine, soit en bloquant le récepteur cellulaire sur lequel agit la vitamine, soit par dédoublement de la molécule de vitamine elle-même.

antivomitif adj. et n. m. V. ANTIÉMÉTIQUE.

antre n. m. *Antre mastoïdien*, principale cavité de la mastoïde, qui communique avec la caisse du tympan. (V. OREILLE.)
Antre pylorique, partie de l'estomac* située juste avant le pylore.

antrectomie n. f. Résection chirurgicale de l'antre pylorique.

antrite n. f. 1. Inflammation de l'antre mastoïdien, complication infectieuse des otites* (v. OREILLE).
2. Inflammation de la muqueuse de l'antre du pylore* (partie de l'estomac située juste avant cet orifice). L'antrite est une gastrite* localisée.

antrotomie n. f. Ouverture de l'antre mastoïdien. — C'est une intervention de drainage pratiquée lors des antrites* et comme premier temps des mastoïdectomies*.

anurie n. f. Absence complète ou quasi complète d'urines dans la vessie, plusieurs heures au moins après la dernière miction*. — Le sondage vésical permet de distinguer l'anurie de la rétention d'urine dans la vessie.
L'anurie peut être mécanique, due à la présence d'un obstacle dans les voies urinaires (lithiase urétérale) : c'est l'*anurie excrétrice*. Elle peut aussi être due à l'arrêt de la sécrétion rénale, c'est l'*anurie sécrétoire*, qu'elle soit due à un processus aigu ou qu'elle représente le stade terminal d'une maladie chronique des reins.

Plusieurs mécanismes pathologiques peuvent entraîner l'arrêt de la fonction rénale. Toute chute de la tension artérielle à un chiffre de maxima inférieur à 7 mm de mercure entraîne l'arrêt de la filtration du rein*. En conséquence, le choc*, l'hémorragie*, les grands traumatismes*, etc., sont des causes d'anurie. Les états infectieux graves, certaines intoxications, des interventions chirurgicales portant sur l'abdomen peuvent entraîner une anurie.

L'anurie occasionne une intoxication métabolique : l'urée et les autres déchets azotés ne s'éliminant plus, leur taux sanguin s'élève dangereusement et le malade peut tomber dans un coma urémique. Parallèlement à l'élévation de l'urée sanguine, on note une acidose* métabolique avec baisse de la réserve alcaline* et hyperkaliémie*. Si aucun traitement n'est alors entrepris, la mort survient inévitablement.

L'anurie peut aussi entraîner une *nécrose corticale* du rein (destruction des glomérules périphériques), qui pèse lourdement sur le pronostic de la fonction rénale.

Traitement. Le traitement de l'anurie dépend de sa cause. S'il existe un obstacle sur les voies urinaires, il faut le lever d'urgence. Si l'anurie est sécrétoire, chacune de ses causes nécessite un traitement spécifique et la correction des anomalies physiologiques. D'abord un régime sévère pour en limiter les conséquences métaboliques : restriction liquidienne (500 ml par 24 h), régime sans sel, pauvre en potassium et en protéines. Si la fonction rénale ne reprend pas au bout d'un délai de quelques jours, il faut recourir à des méthodes d'épuration* extrarénale (dialyse* péritonéale, rein artificiel).

anus n. m. Orifice inférieur du tube digestif, à l'extrémité du rectum.
Son occlusion, en dehors des périodes de défécation, est assurée par un muscle circulaire, le *sphincter de l'anus*. La jonction de la

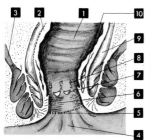

Anus.
Anatomie du canal anal :
1. Rectum ; 2. Muqueuse ;
3. Muscle releveur ;
4. Zone cutanée vraie ;
5. Zone cutanée lisse ;
6. Zone pectinée ;
7. Valvules ;
8. Colonne de Morgagni ;
9. Sphincter interne ;
10. Veines hémorroïdales.

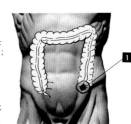

Anus iliaque définitif :
1. Abouchement à la peau.

muqueuse rectale avec la peau des régions voisines constitue la *marge de l'anus*.

Pathologie.

Les malformations congénitales. Imperforation, abouchement anormal, rétrécissement sont rares, mais de traitement complexe.

Les lésions inflammatoires de la région anale. Elles sont fréquentes. Les *abcès de l'anus* demandent un traitement chirurgical (mise à plat et drainage), mais les modalités de ce traitement sont très différentes selon les rapports de l'abcès avec le sphincter : faciles dans les abcès intrasphinctériens, difficiles dans les abcès extrasphinctériens, où récidives et extensions ne sont pas rares quelle que soit la technique. Le souci constant du chirurgien est le respect du sphincter anal, sa destruction entraînant l'incontinence des matières.

Fistule, fissure anales, hémorroïdes. V. ces mots.

Les tumeurs malignes ou cancers de l'anus. Ils se développent aux dépens des différents tissus constituant le canal et la marge anaux. Les épithéliomas sont les plus fréquents ; ils se manifestent par des sensations de faux besoins ou ténesme, par des hémorragies qui « tapissent les selles » ; mais les signes peuvent être discrets, voire trompeurs : ainsi des hémorroïdes* peuvent masquer un cancer du canal anal. Les indications thérapeutiques sont fonction du terrain, du siège de la tumeur, de son type anatomique : amputation chirurgicale ou physiothérapie (cobalthérapie, bêtatron). Les résultats dépendent de la précocité du diagnostic et du traitement.

anus artificiel. C'est l'abouchement du côlon à la paroi abdominale, le plus souvent dans la fosse iliaque gauche (anus iliaque), permettant une dérivation totale des matières, temporaire ou définitive. Il existe actuellement des appareillages (poches) qui rendent possible une vie sociale pratiquement normale.

anuscope n. m. Appareil permettant d'examiner le canal anal et, éventuellement, de pratiquer une biopsie de sa muqueuse.

anxiété n. f. Sentiment pénible d'un danger imminent et mal définissable.

Chez tout homme il existe une certaine anxiété, et tous les degrés sont possibles entre l'anxiété normale et l'anxiété pathologique. Dans la crise anxieuse, le sujet ressent une peur intense, une panique qu'il ne peut contrôler et qui n'est pas justifiée par les circonstances extérieures. Il peut s'agiter, marcher sans but ou, au contraire, rester figé sur place.

Dans certains cas, l'anxiété est réactionnelle à une cause extérieure : accidents, conflits, échecs, etc. L'anxiété est banale dans les états dépressifs, et elle est le symptôme essentiel de la plupart des névroses (d'angoisse*, phobique, hystérique, obsessionnelle). L'anxiété se rencontre aussi dans les psychoses, où elle a un caractère plus intense et dramatique que dans la névrose.

Enfin, l'anxiété apparaît dans bien des maladies organiques (affections cardiaques, respiratoires). Pour les psychanalystes, l'anxiété peut être à l'origine de maladies psychosomatiques*.

Chez l'enfant, l'anxiété est difficile à saisir, car la plupart des enfants sont incapables de définir ce qu'ils ressentent. Ils traduisent leur insécurité par des symptômes très divers.

Le traitement médical consiste à administrer des tranquillisants ou des neuroleptiques. Selon les cas, une indication psychothérapique est nécessaire.

anxiolytique adj. et n. m. Se dit de tout médicament neuroleptique* qui apaise l'anxiété.

aorte n. f. Tronc d'origine de toutes les artères du corps.

Anatomie. L'aorte comprend trois segments :
1. La *crosse de l'aorte*, qui naît du ventricule gauche et donne dans sa première portion, ascendante, les *artères coronaires;* de sa portion horizontale naissent le *tronc brachio-céphalique*, la *carotide primitive* et la *sous-clavière* gauches, puis l'aorte s'infléchit en arrière et à gauche, au niveau de la 4e vertèbre dorsale, devenant :
2. L'*aorte thoracique descendante*, qui longe la paroi postérieure du thorax jusqu'au diaphragme, à gauche de la colonne vertébrale, en donnant des branches viscérales et pariétales ;
3. L'*aorte abdominale*, qui traverse le diaphragme et descend contre la paroi postérieure de l'abdomen en donnant des artères pour tous les organes abdominaux.

Au niveau de la 4e vertèbre lombaire, l'aorte se divise en ses branches terminales : *iliaques primitives* droite et gauche, *sacrée moyenne*.

Pathologie. Les *anévrismes** de l'aorte thoracique ou abdominale sont dus essentiellement à l'athérome* et à la syphilis*. Leur évolution est grave, allant jusqu'à la rupture. Les seules possibilités thérapeutiques sont chirurgicales.

La *coarctation* de l'aorte est un rétrécissement du vaisseau siégeant en aval de la naissance de la sous-clavière gauche (isthme de l'aorte).

aortique adj. Qui se rapporte à l'aorte*.

Orifice aortique. Il fait communiquer la cavité du ventricule gauche avec l'aorte. Il com-

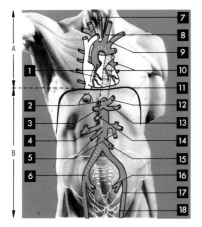

Principales branches de l'aorte.
A. Aorte thoracique ; B. Aorte abdominale :
1. Artères coronaires ; 2. Tronc cœliaque ;
3. Artère hépatique ; 4. Artère rénale droite ;
5. Artères génitales ;
6. Artère iliaque primitive ;
7. Tronc brachio-céphalique ;
8. Artère carotide gauche ;
9. Artère sous-clavière gauche ;
10. Artères intercostales ; 11. Diaphragme ;
12. Artère coronaire stomachique ;
13. Artère splénique ;
14. Artère mésentérique supérieure ;
15. Artère mésentérique inférieure ;
16. Artère iliaque interne ;
17. Artère iliaque externe ;
18. Artère fémorale.

Aorte. Aortographie abdominale.
L'aorte se divise en deux en un V inversé
donnant les artères iliaques.
Avant la bifurcation,
aspect irrégulier de l'aorte,
dû à l'athéromatose
rétrécissant le calibre de l'aorte.
1. Aorte ; 2. Rein ; 3. Artère rénale ;
4. Artères iliaques ; 5. Os iliaque ; 6. Sonde.

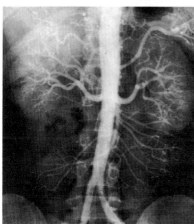

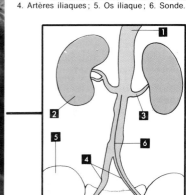

porte trois valvules*, dites *valvules sigmoïdes*, insérées sur un anneau fibreux périphérique. L'ensemble constitue la valve aortique, qui s'ouvre à la systole* ventriculaire, permettant le passage du sang du ventricule vers l'aorte, et se ferme à la diastole*, empêchant le reflux en sens inverse.
Rétrécissement aortique. Il est dû habituellement à la soudure partielle des commissures valvulaires par des plaques athéro-

mateuses secondairement calcifiées. Plus rarement, il est congénital ou consécutif à un rhumatisme* articulaire aigu. Le rétrécissement fait obstacle à l'éjection du sang et se traduit, à l'auscultation, par un souffle systolique râpeux entendu au foyer aortique (extrémité interne du 2e espace intercostal droit) et irradiant dans les carotides.
Insuffisance aortique. Elle est définie par la perte de l'étanchéité des valvules entre elles, permettant un reflux du sang lors de la

diastole ventriculaire. Elle se traduit par une pulsatilité artérielle exagérée, une baisse du deuxième chiffre de la tension artérielle (minima) et, surtout, à l'auscultation, par un souffle doux, entendu pendant la diastole au foyer aortique et au bord gauche du sternum. Elle est parfois congénitale (tricuspidie), mais plus souvent consécutive à un rhumatisme articulaire aigu.

Coarctation* aortique. V. AORTE, *Pathologie.*

aortite n. f. Inflammation des parois de l'aorte.

L'*aortite syphilitique* est une atteinte des parois aortiques par le tréponème, agent de la syphilis (v. SYPHILIS, *Stade secondaire*). On appelle aussi *aortite* les lésions de l'athérosclérose sur l'aorte.

aortographie n. f. Radiographie de l'aorte et de ses branches après injection d'un produit opaque aux rayons X.

apathie n. f. Affaiblissement de la réactivité avec indifférence aux stimulations.

apéritif, ive adj. Littéralement : qui ouvre l'appétit, en stimulant la faim par excitation de la sécrétion gastrique.

Les meilleurs apéritifs sont, d'une part, l'exercice physique modéré et l'air vif, d'autre part, le bouillon de viande simple et quelques plantes amères : chicorée sauvage, gentiane, houblon.

Les apéritifs alcoolisés, à base de quinquina, gentiane, anis, etc., doivent leur effet stimulant à l'alcool et aux éthers-sels qu'ils contiennent. Leur usage régulier expose à l'alcoolisme*.

apex n. m. Littéralement : sommet. Employé en médecine pour désigner le sommet du crâne (lors de l'accouchement), le sommet du poumon, des racines dentaires, etc. (Syn. : RÉGION APICALE.)

Apgar (score d'), confrontation de cinq critères (fréquence cardiaque, ventilation respiratoire, tonus musculaire, réactivité et coloration), cotés de 0 à 2, permettant de se faire une idée chiffrée de l'état d'un nouveau-né à sa naissance.

aphasie n. f. Perte ou trouble de la compréhension et de l'usage du langage parlé ou écrit, indépendamment de toute détérioration mentale globale et de toute atteinte sensorielle (cécité, surdité) ou motrice (paralysie, dysarthrie*).

L'aphasie résulte d'une lésion cérébrale limitée, localisée au lobe temporal gauche chez les droitiers ou au lobe temporal droit chez les gauchers, et touchant le centre du langage exclusivement. Elle est à distinguer de la dysarthrie, qui touche non pas la compréhension mais seulement l'expression du langage et est donc un phénomène moteur. L'aphasie est un déficit du mécanisme intellectuel touchant la pensée symbolique.

L'aphasique perd rarement toute possibilité d'utilisation de la fonction du langage. Il parle, mais « son langage est inefficace comme moyen de communication et comme instrument de pensée ». Chez tous les aphasiques, l'épreuve dite « de la dénomination des objets » fait apparaître un trouble commun : le *manque du mot* devant la présentation d'un certain nombre d'objets usuels, l'aphasique se révélant incapable de les désigner par leur nom exact.

L'examen d'un aphasique permet de dégager les trois grandes caractéristiques de son langage :
— *troubles de l'articulation du mot,* réalisant au maximum l'*anarthrie,* impossibilité de prononcer le moindre mot cohérent ;
— *stéréotypies verbales,* lors desquelles le langage se résume à la répétition invariable du même mot ;
— *jargonaphasie,* jargon incompréhensible résultant de l'emploi de mots déformés ou inventés.

Les troubles de la compréhension du langage : *surdité verbale* ou *aphasie auditive,* sont caractérisés par le fait que le patient entend le son mais ne le comprend pas, « comme si sa langue maternelle était devenue une langue étrangère ».

On distingue de nombreuses sortes d'aphasies. Les deux principales sont l'aphasie de Broca et l'aphasie de Wernicke.

Dans l'*aphasie de Broca,* le malade parle peu, comprend mal les phrases complexes et est conscient de sa maladie, à laquelle il réagit parfois de manière catastrophique.

Dans l'*aphasie de Wernicke,* l'expression orale est abondante mais incompréhensible.

Les aphasies sont souvent associées à d'autres troubles neurologiques : hémiplégie* notamment.

Le traitement de l'aphasie, lié à celui du trouble neurologique causal, est aléatoire, mais une rééducation du langage peut souvent améliorer l'état du patient.

aphonie n. f. Impossibilité d'émettre un son, de causes très diverses : paralysie du larynx, laryngites* aiguës infectieuses, tumeur laryngée, émotion, choc brutal, etc.

aphrodisiaque adj. et n. m. Se dit d'une substance réputée exciter le désir sexuel, tels les piments, les épices, les truffes, les crustacés et l'alcool.

aphte n. m. Petite érosion superficielle entourée d'un liséré rouge vif, siégeant généralement sur la muqueuse buccale, et très sensible au toucher.

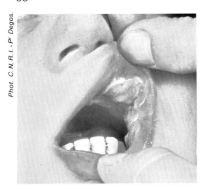

Phot. C.N.R.I. - Pr Degos.

Aphte géant de la lèvre supérieure
(face interne).

L'*aphtose* (grande aphtose de Touraine) est une maladie infectieuse, d'origine vraisemblablement virale, où les aphtes, nombreux, siègent sur les muqueuses buccales et génitales. Ils peuvent être accompagnés de manifestations oculaires, d'arthrites et d'éruptions cutanées. (V. aussi BEHCET [*maladie de*].)
Traitement. Le *traitement local* de l'aphte est la cautérisation chimique à l'aide d'une solution d'acide trichloracétique à 5 ou 10 p. 100.
  Le *traitement général*, en cas d'aphtes récidivants, à base de vitamines B et C, vise à stimuler les défenses de l'organisme. Il comporte aussi une bonne hygiène dentaire et intestinale.

aphteux, euse adj. **Fièvre aphteuse,** maladie des bovidés et des porcs, due à un virus transmissible à l'homme, distinct de celui de l'aphtose (v. APHTE).
La contamination humaine, très rare, peut se faire par contact, mais surtout par ingestion de lait cru.
Signes. Après une incubation de trois à cinq jours, apparaît une fièvre bientôt suivie de l'éclosion d'aphtes pouvant toucher toutes les muqueuses. La maladie évolue par poussées fébriles correspondant à des poussées aphteuses. Il existe des localisations digestives, pulmonaires et nerveuses.
Traitement. Il est purement symptomatique, par désinfection et analgésiques locaux et antibiotiques en cas de surinfection.
Prophylaxie. S'abstenir de consommer du lait cru en période d'épidémie aphteuse animale.

aplasie n. f. Absence congénitale de forma-

tion d'un organe ou d'un fragment d'organe : aplasie rénale, testiculaire, intestinale.
Aplasie médullaire, diminution très importante du pouvoir d'hématopoïèse* de la moelle osseuse, pouvant aboutir à une absence quasi totale de toutes les variétés de globules du sang (anémie aplastique). Les aplasies médullaires surviennent le plus souvent à la suite d'une irradiation excessive (rayons X, radium) ou d'un traitement chimique anticancéreux ou anti-inflammatoire à toxicité sanguine.

aplastique adj. **Anémie aplastique,** forme d'anémie arégénérative (v. ANÉMIE) où la diminution des globules rouges n'est pas réparée par la moelle osseuse.

apnée n. f. Arrêt complet de la respiration, plus ou moins prolongé, volontaire ou non.

apocrine adj. Se dit d'un mode d'excrétion de certaines glandes dont les cellules concentrent le produit de leur sécrétion dans leur partie apicale ou sommet, lequel, une fois plein, se détache du corps de la cellule et tombe dans le canal évacuateur.

apomorphine n. f. Substance dérivée de la morphine et qui provoque le vomissement (émétisante).
L'apomorphine peut être utilisée, en cas d'intoxication, pour l'évacuation du toxique avec les précautions d'usage (le sujet doit être conscient).

aponévrose n. f. Membrane résistante et inextensible, constituant, avec les tendons et les ligaments, le tissu conjonctif « modelé ». Il existe des aponévroses musculaires, d'intersection (ligne blanche), d'insertion ou d'enveloppe ; ces dernières peuvent entourer des groupes musculaires (aponévrose crurale), être tendues entre un os et la peau, entre

Aponévrose palmaire
au cours d'une aponévrectomie.

Phot. Dr Julliard.

Appareillage. Gouttière.

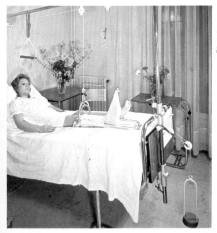

Appareillage chirurgical.
Extension d'une jambe.

deux os (cloison interosseuse) ou de la peau à la peau (aponévroses palmaires).

apophyse n. f. Saillie osseuse qui peut supporter une surface articulaire ou donner insertion à un muscle ou à un tendon.

apophysite n. f. Ostéite limitée à une apophyse osseuse.

apoplexie n. f. Arrêt brutal de toutes les fonctions du cerveau, entraînant un coma profond.

L'hémorragie cérébrale étant la cause la plus fréquente de l'apoplexie, ce terme a été étendu à tous les infarcissements hémorragiques d'organes, notamment au niveau des organes génitaux féminins (*apoplexie utéro-placentaire*) [v. HÉMATOME, *rétroplacentaire*].

appareil n. m. Ensemble d'éléments préparés pour une fonction ou un usage déterminés.

En anatomie et physiologie, organes participant à une même fonction : appareil circulatoire, appareil respiratoire, appareil urinaire, etc.

En médecine, on emploie de nombreux appareils pour les transfusions* de sang, les perfusions diverses, pour suppléer à diverses fonctions : respirateurs, stimulateurs cardiaques, reins artificiels, etc.

En chirurgie, également, il existe des appareils de tous genres : appareils plâtrés, d'extension continue, d'ostéosynthèse pour le traitement des fractures, d'aspiration gastrique ou duodénale en chirurgie digestive, etc.

appareillage n. m. Terme désignant soit la pose d'un appareil, soit l'appareil lui-même : appareillage d'une fracture, d'un moignon d'amputation*, d'un anus* artificiel.

En matière de Sécurité sociale, l'appareillage englobe tout objet ou instrument nécessaire à l'amélioration de la santé ou des fonctions : appareils d'optique (lunettes, verres de contact), prothèses auditives, appareillage provisoire ou définitif des moignons d'amputation, fauteuils roulants pour handicapés moteurs, etc.

appendice n. m. Tout élément qui complète ou prolonge un organe.

Spécialement l'*appendice iléo-cœcal*, ou *vermiculaire*, prolongement du cæcum*, qui naît à 2 ou 3 cm au-dessous de l'orifice iléo-cæcal ; il mesure environ 8 cm de long et de 4 à 8 cm de diamètre. Sa position par rapport au cæcum est sujette à de nombreuses variations ; sa situation rétrocæcale (en arrière du cæcum) ou sous-hépatique (sous le foie) complique particulièrement le diagnostic d'appendicite et l'ablation chirurgicale.

Pathologie. Outre l'appendicite*, l'appendice peut être le siège de torsion, de volvulus. La *tuberculose* de l'appendice peut n'être qu'un élément d'une atteinte tuberculeuse diffuse ou être isolée. Les *cancers* de l'appendice (rares) affectent le plus souvent la symptomatologie d'un abcès appendiculaire : ils imposent une opération élargie.

appendicectomie n. f. Ablation de l'appendice.

appendicite n. f. Inflammation de l'appendice.
La crise d'appendicite aiguë. Elle se traduit par des vomissements ou des nausées, des douleurs localisées à la fosse iliaque droite (point de McBurney), une fièvre aux alentours de 38 °C. À l'examen, il existe une « défense » localisée et une douleur à droite au toucher rectal ; l'hémogramme montre une augmentation du nombre des globules blancs. Un tel tableau entraîne l'intervention d'urgence. La situation anormale de l'appendice peut faire hésiter le diagnostic, donnant par exemple un tableau d'infection rénale droite, de cystite*, de cholécystite* aiguë (appendicite sous-hépatique). Chez le nourrisson, l'appendicite est très rare, mais très grave avant 18 mois, le diagnostic en étant spécialement difficile. Chez l'enfant, l'appendicite est particulièrement trompeuse et imprévisible dans son évolution. Chez le vieillard, l'évolution est plus torpide, pouvant donner un tableau d'occlusion intestinale fébrile ou

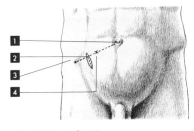

Appendicite : 1. Ombilic ;
2. Incision ;
3. Épine iliaque antérosupérieure ;
4. Point de McBurney.

d'abcès de la fosse iliaque. Chez la femme enceinte, le diagnostic est singulièrement difficile avec une pyélonéphrite* droite.
L'appendicite chronique. Elle présente un polymorphisme clinique déconcertant et ce n'est qu'après avoir éliminé d'autres affections que l'on peut en poser le diagnostic.
L'appendicectomie*. Seul traitement de l'appendicite. L'intervention doit être, en cas d'appendicite aiguë, pratiquée d'urgence. Les suites opératoires, simples dans les appendicites chroniques ou subaiguës, peuvent être compliquées dans les formes aiguës et les péritonites.

appétit n. m. Désir et plaisir de manger. (Contr. : ANOREXIE.)
L'appétit est stimulé, chez un organisme sain, par la vue et l'odeur des mets, les condiments, etc. La vie au grand air, l'abstention de toute alimentation entre les repas, leur régularité, une bonne digestion ont une influence favorable sur l'appétit.
Stimulants de l'appétit. V. APÉRITIF.
Modérateurs de l'appétit, substances qui suppriment la sensation de faim (syn. : ANOREXIGÈNES). On utilise ces médicaments dans le traitement de l'obésité. Les anorexigènes sont des dérivés des amphétamines ou de la caféine ; leur abus peut entraîner des désordres graves. (V. AMPHÉTAMINES.)

apragmatisme n. m. Perte de toute activité concrète et pratique. — Une perte du sens réel et un désintérêt du monde ambiant conditionnent cette inactivité.

apraxie n. f. Déficit neurologique de la motricité, dont l'analyse est complexe : c'est un « oubli des gestes appris », consécutif à une lésion de la région du cortex cérébral commandant l'élaboration effective des actes et des gestes acquis au cours de l'apprentissage et par l'habitude. (Par exemple, l'apraxique ne peut plus s'habiller, allumer une cigarette, cacheter une lettre, etc.)
L'origine de la lésion est le plus souvent vasculaire. Dans *l'apraxie idéatoire,* il y a un déficit de la représentation mentale de l'acte à accomplir.
Dans *l'apraxie idéomotrice,* la représentation mentale de l'acte est conservée, mais celui-ci ne peut être exécuté en raison de l'interruption des voies d'association avec les centres moteurs effecteurs.

aptyalisme n. m. Diminution ou suppression de la sécrétion des glandes salivaires.

apyrexie n. f. Absence de fièvre.

apyrogène adj. Se dit de substances qui, après injection, n'entraînent pas de fièvre. (Des verres spéciaux apyrogènes sont employés pour les ampoules injectables.)

arachnodactylie n. f. Maladie héréditaire transmise sur le mode dominant, et caractérisée par une longueur excessive des membres, une myopie sévère et la possibilité de malformations cardio-vasculaires graves.
Il n'existe aucun traitement de cette maladie. Elle ne comporte pas d'arriération mentale.

arachnoïde n. f. Feuillet moyen des méninges*, situé entre la dure-mère et la pie-mère.

arachnoïdite n. f. Inflammation localisée de l'arachnoïde*.
Souvent secondaire à un processus infectieux ancien et guéri lors de son apparition,

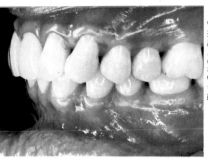

Arcade dentaire. Vue latérale gauche.

Phot. C. N. R. I. - Dʳ W. Green.

l'arachnoïdite entraîne la formation d'adhérences méningées qui cloisonnent le liquide céphalo-rachidien et compriment les éléments nerveux sous-jacents, entraînant des signes neurologiques variables en fonction des éléments intéressés.
Traitement. L'arachnoïdite est justiciable d'un traitement médical anti-inflammatoire et parfois d'une exploration chirurgicale visant à libérer les centres nerveux de leur gangue et de leurs adhérences. •

araignée n. f. Animal articulé, de l'ordre des aranéides.
La majorité des araignées d'Europe ont un venin inoffensif ou peu dangereux pour l'homme. Des cas mortels sont signalés sous d'autres climats (tarentule, mygale, latrodecte [veuve noire]). Au point de piqûre, qui est douloureux, se forme en quelques minutes une tuméfaction chaude avec une tache bleue ou une phlyctène* au centre. Une escharre peut survenir, dont la cicatrisation est lente. La réaction générale, exceptionnelle en France, se manifeste par des crampes musculaires, des raideurs, une gêne respiratoire.
Traitement. Localement, il faut désinfecter avec une solution antiseptique (mercurothiolate, hexamidine) et, pour calmer la douleur, faire des compresses humides avec ces mêmes solutions ou avec de l'alcool dilué ; on peut appliquer une pommade anti-inflammatoire et antiseptique. Le traitement général comporte des antihistaminiques*, des antispasmodiques* et des corticoïdes*.

Arcachon, station climatique de la Gironde, à 60 km de Bordeaux, associant les bénéfices de la cure héliomarine et des effluves balsamiques des forêts de pins. Le climat est favorable aux enfants déficients

ainsi qu'aux enfants ou adultes atteints d'asthme, de bronchite, de dilatation des bronches. Aériums, lycée climatique.

arcade n. f. Formation osseuse, fibreuse, vasculaire ou nerveuse en forme d'arc : *arcade crurale, arcade sourcilière, arcade dentaire,* etc.

ardoisiers (maladie des), variété de pneumoconiose* observée chez les ardoisiers, et ressemblant de très près à la silicose*.

arécoline n. f. Alcaloïde de la noix d'arec (palmier de Ceylan), qui s'emploie sous forme de bromhydrate, en collyre, pour abaisser la tension intra-oculaire dans le glaucome. — Elle est en outre *sialagogue* (elle fait saliver) et vermifuge.

aréflexie n. f. Absence de réflexes.
L'aréflexie peut être congénitale (v. ADIE [*syndrome d'*]) ou faire suite à une affection neurologique (poliomyélite*, polynévrite*, tabès*, etc.).

argas n. m. Parasite des oiseaux, pouvant piquer l'homme et jouant un rôle de réservoir à virus dans la fièvre* Q.

argent n. m. Métal dont plusieurs dérivés sont employés en médecine, mais dont certains sont toxiques.
Pharmacie. *Le nitrate d'argent.* Ses cristaux, incolores, donnent dans l'eau une solution d'autant plus caustique qu'elle est plus concentrée. On l'emploie sous cette forme ou sous forme de « crayons » pour cautériser les plaies et les bourgeonnements cicatriciels.
Les colloïdes argentiques. Ce sont des colloïdes antiseptiques mais non caustiques. On emploie l'argent colloïdal (obtenu par voie électrique) ou les albuminates (vitelline, protéinate, où l'argent est fixé sur une protéine). Ces corps sont employés en collyres, solutions nasales, pommades.
Toxicologie. L'ingestion de nitrate d'argent provoque des brûlures graves du tube digestif (vomissements blanchâtres, diarrhée). Un choc* et un collapsus* s'ensuivent, qui peuvent entraîner la mort lorsque la dose atteint 1 g, bien que les muqueuses digestives ne soient pas franchies. L'intoxication chronique par l'argent est l'argyrie*.

argile n. f. Terre formée de silicates d'aluminium hydratés naturels.
On utilise certaines argiles comme excipient pour des pommades non grasses (pâtes dermiques) ou, en poudre, comme pansement absorbant intestinal dans les diarrhées.

arginine n. f. Acide* aminé qui joue un rôle important dans les fonctions de détoxication hépatique.

Argyll Robertson (signe d'), contraction

permanente de la pupille (myosis) avec abolition du réflexe pupillaire à la lumière, mais conservation de ce réflexe à l'accommodation à la distance et à la convergence. — C'est un des signes du tabès*.

argyrie n. f. Coloration ardoisée de la peau, brunâtre ou avec des reflets bleus, indélébile, consécutive au contact prolongé avec des sels d'argents, ou à leur absorption.

armoise n. f. Plante commune dans toute l'Europe (*Artemisia vulgaris*, composées).
On emploie ses feuilles en infusion, comme emménagogue (pour rétablir la menstruation [les règles]).

A. R. N., sigle de l'*acide ribonucléique*. (V. NUCLÉIQUE, *Acides nucléiques*.)

Arneth (formule d'), tableau figurant la répartition des globules blancs polynucléaires selon le nombre apparent de leurs noyaux.
Les noyaux sont d'autant plus nombreux que le globule est plus vieux. Ce test renseigne sur la production et l'âge des polynucléaires.

arnica n. m. Plante herbacée des montagnes, aux capitules floraux jaune-orangé.
L'infusé d'arnica est utilisé localement contre les contusions, ainsi que la teinture* d'arnica, que certaines peaux sensibles ne supportent pas.

Arnold (nerf d'). *Grand nerf occipital d'Arnold,* branche du 2ᵉ nerf cervical qui innerve la partie postérieure du cuir chevelu.
— La *névralgie d'Arnold* se traduit par des douleurs de la moitié du crâne correspondant au territoire du nerf, de la nuque au sommet du crâne.

arrêt n. m. **Arrêt du cœur.** V. SYNCOPE.
Arrêt de travail. Le médecin traitant qui prescrit un arrêt de travail doit le mentionner sur la feuille de maladie et signer une formule d'avis d'arrêt de travail que l'intéressé fera parvenir à la caisse de Sécurité sociale dans les 48 heures. S'il s'agit d'un arrêt de travail à la suite d'un accident du travail, mention de l'arrêt doit être portée sur le certificat médical initial, rédigé en deux exemplaires dont l'un est gardé par la victime et l'autre adressé à la caisse. Dans l'un et l'autre cas, le médecin rédigera aussi, éventuellement, un certificat d'arrêt de travail destiné à l'employeur.

arriération n. f. Insuffisance du développement psychique, portant soit sur l'intelligence, soit sur l'affectivité.
Arriération mentale. C'est l'insuffisance du développement intellectuel. On oppose l'arriération, qui est une déficience très tôt apparue, à la démence, qui est une détérioration plus tardive de l'intelligence.
On distingue plusieurs degrés d'arriération.

Le plus grave est l'*idiotie* ou *débilité profonde.* L'idiot a un niveau mental ne dépassant pas 2 ou 3 ans et un quotient intellectuel (Q. I.) inférieur à 30. Il ne parle pas et « vit une vie purement végétative ». Le *débile moyen* ne dépasse pas 7 ans d'âge mental et a un Q. I. de 50. Son attention est instable, sa mémoire médiocre, son jugement inexistant et son raisonnement incorrect. Il ne peut acquérir la lecture et l'écriture. S'il n'y a pas de troubles du caractère associés, il peut être semi-éducable. Le *débile léger* a un niveau mental inférieur à 10 ans et un Q. I. inférieur à 75. Il a des fonctions intellectuelles inégalement développées. Sa mémoire peut être bonne et ses acquisitions nombreuses ; il peut lire et écrire, mais ses facultés d'élaboration, de raisonnement et d'abstraction sont réduites.

L'insuffisance mentale s'accompagne ou non de débilité motrice. Les troubles du caractère sont fréquents (instabilité et impulsivité).

Chez l'enfant, il faut distinguer l'arriération vraie d'un simple retard scolaire, d'un déficit sensoriel ou d'une arriération affective.

Les causes de l'arriération mentale sont loin d'être toutes connues. Il peut y avoir un facteur héréditaire, un trouble du métabolisme cérébral, une maladie du fœtus, une encéphalopathie*, une toxicose, un traumatisme crânien. Citons encore les aberrations* chromosomiques.

Devant une arriération mentale, le médecin doit apprécier les capacités intellectuelles du sujet afin de l'orienter soit vers une classe de perfectionnement, soit vers un établissement spécialisé adapté à son niveau.

Arriération affective. Chez l'*adulte,* il s'agit d'un individu dont l'évolution affective est restée incomplète. L'arriération affective peut être associée ou non à une arriération mentale. L'immaturité se traduit par un attachement anormal à l'enfance et à la famille. Des comportements infantiles expriment des exigences excessives.
Chez l'*enfant,* l'arriération affective simple se traduit par une dépendance étroite vis-à-vis de l'entourage. L'inhibition, le manque de curiosité et d'initiative caractérisent ces sujets. L'enfant immature peut avoir une intelligence normale, mais sa timidité entraîne souvent des performances médiocres. L'examen psychologique révèle des problèmes affectifs et une situation familiale difficile.

arrière-cavité n. f. *Arrière-cavité des fosses nasales,* partie du pharynx qui communique en avant avec les fosses nasales. (Syn. : RHINO-PHARYNX, CAVUM.)

Arrière-cavité des épiploons, diverticule de la cavité péritonéale en arrière de l'estomac.

arrow-root n. m. Fécule extraite des racines de plantes d'Amérique du Sud. — Légère et très digestible, elle est utilisée dans l'alimentation du premier âge.

arsenic n. m. Métalloïde dont un grand nombre de dérivés, dits *arsenicaux,* ont été employés en médecine. En raison de leur toxicité, la plupart de ces corps ont été abandonnés ; seuls certains dérivés sont encore employés en médecine ou en chirurgie dentaire.

Pharmacie.

Arsenicaux minéraux. Anciennement connus, la plupart des arsenicaux minéraux employés comme stimulants de la nutrition (anhydride arsénieux, arsénites, arséniates, iodure d'arsenic) sont abandonnés en raison de leur toxicité.

L'anhydride arsénieux, en revanche, est employé en chirurgie dentaire pour dévitaliser les dents. La pose du pansement peut être suivie d'une réaction douloureuse sans gravité les jours suivants. Le produit, qui ne passe pas dans le sang, ne peut entraîner d'intoxication.

Arsenicaux organiques. On emploie encore des arsenicaux dans le traitement des parasitoses intestinales, et notamment de l'amibiase* (acétarsol, diphétarsone), et dans la maladie du sommeil (tryparsamide).

Toxicologie. La toxicité de l'arsenic varie selon les dérivés en cause.

Les dérivés minéraux. Très toxiques, ils sont utilisés sous forme d'insecticides, de raticides, de colorants dans l'industrie des verres, de la céramique, des peintures.

L'*intoxication aiguë par ingestion* provoque des troubles digestifs graves : brûlures d'estomac, vomissements, coliques violentes et diarrhée sanglante. Une déshydratation s'ensuit, avec soif intense accompagnée de refroidissement, de cyanose*, de crampes. La dose de 0,50 g est mortelle ; si elle n'est pas atteinte, un ictère avec gros foie, une néphrite, des éruptions, des paralysies surviennent dans les jours suivants. Le danger de mort persiste longtemps.

L'*intoxication aiguë par inhalation* cause un œdème* aigu du poumon.

Le traitement de l'intoxication aiguë comporte l'évacuation du toxique par lavage d'estomac, le traitement de la diarrhée et du choc, et l'administration de BAL* ou dimercaprol.

L'*intoxication chronique* peut toucher le système nerveux, le tube digestif et la peau. La polynévrite est la manifestation la plus fréquente, avec paresthésies* et atteinte du nerf optique (cécité). Les troubles digestifs consistent en diarrhée et vomissements. Au niveau de la peau, on note une hyperkératose des plantes et des paumes, des pigmentations et des œdèmes, une alopécie*. Une anémie*, une néphrite*, une défaillance cardiaque peuvent s'ajouter à ces signes. La recherche d'arsenic dans les ongles, les cheveux, les vomissements, les selles et les urines aide à confirmer un diagnostic suspecté.

Les dérivés organiques. Les arsenicaux pentavalents encore employés en thérapeutique sont peu toxiques ; ils peuvent seulement endommager le nerf optique de sujets fragilisés par l'alcool et le tabac.

L'hydrogène arsénié. C'est un gaz très toxique qui se dégage de la dégradation d'arséniures ou par contact d'un acide avec un métal contenant de l'arsenic même en faible proportion (plomb des accumulateurs, nettoyage de hauts fourneaux, de chaudières). Ce gaz provoque une hémolyse, une anémie avec vertiges, céphalée, dyspnée, agitation. Des vomissements et de la diarrhée peuvent apparaître, ainsi qu'un ictère et des troubles rénaux.

artéfact n. m. Perturbation du résultat d'un examen biologique ou radiologique par les procédés techniques utilisés. (Par exemple : une tache de poussière sur un examen microscopique.)

artère n. f. Vaisseau qui conduit le sang oxygéné du cœur aux tissus et organes.

Anatomie. Les artères se ramifient en vaisseaux de calibre de plus en plus faible, les artérioles*, qui se divisent en capillaires*. Les artères, à l'opposé des veines, sont des conduits à paroi épaisse, élastique, semirigide qui maintient leur lumière béante. Elles possèdent trois tuniques : une tunique interne, ou *intima,* très mince, directement en contact avec le sang circulant ; une tunique externe, ou *adventice,* faite d'un tissu fibreux lâche qui contient les petits vaisseaux nourriciers des grosses artères, ou *vasa vasorum ;* une tunique moyenne, ou *media,* la plus épaisse, qui est de deux types : dans les artères élastiques (aorte, carotide), elle est constituée de fibres élastiques concentriques réunies entre elles ; dans les artères musculaires, la media est faite de longues fibres musculaires disposées en anneaux et séparées par de rares fibres élastiques.

Physiologie. L'ondée sanguine, au moment de la contraction du cœur* (*systole*), distend brusquement l'artère ; lors du relâchement du cœur (*diastole*), l'élasticité de la paroi ramène l'artère à son diamètre habituel et fait progresser la masse sanguine, qui ne peut plus refluer vers le cœur à cause de la fermeture des valvules sigmoïdes. Chaque ondée systolique pousse ainsi la précédente (cette pulsion rythmée est perçue en prenant le *pouls**). Les artères élastiques ont ainsi un rôle dans le maintien de la pression artérielle, dans la progression du sang et la régularisation de son débit. Les artères musculaires ont une innervation propre qui permet, en agissant sur leur constriction, de régler le débit du sang en fonction des besoins de l'organe qu'elles irriguent (*vasomotricité*).

Pathologie. Les *plaies artérielles* sont consécutives à un traumatisme par arme à feu, objet coupant, ou à un écrasement ou éclatement d'organes (grands traumatisés). Leur gravité dépend du type et du siège de la plaie. Sur les lieux de l'accident, on ne peut qu'assurer une hémostase temporaire (garrot, compression manuelle). Le traitement définitif, chirurgical, est entrepris après une réanimation* suffisante. La ligature ne peut être pratiquée que sur des artères ayant des anastomoses les reliant à d'autres artères; dans tous les autres cas, il faut rétablir la continuité du vaisseau par suture, plastie ou prothèse vasculaire.

Les *maladies* inflammatoires ou dégénératives des artères sont désignées par le terme général d'*artérite** ou d'artériopathie (*artériosclérose**, athérome, etc.). La dilatation pathologique d'une artère est l'*anévrisme**. Les artères peuvent être oblitérées par des *embolies**.

artériographie n. f. Radiographie des artères et de leurs branches après injection directe dans ces vaisseaux de produits opaques aux rayons X.

artériole n. f. Artère de petit calibre intercalée entre les grosses artères et les capillaires.

artériorraphie n. f. Suture chirurgicale d'une artère.

artériosclérose n. f. Ensemble de lésions dégénératives des artères et artérioles, aboutissant au durcissement de leurs parois avec destruction des fibres musculaires lisses et mutilation des fibres élastiques.
L'artériosclérose est différente de l'athérome*, mais lui est fréquemment associée (v. ATHÉROSCLÉROSE). Cette atteinte dégénérative des fibres est due autant à une mauvaise hygiène de vie (tabac, alcool, vie sédentaire, suralimentation) qu'à des facteurs organiques (hypertension artérielle, diabète, obésité), où l'hérédité joue un rôle.

L'artériosclérose réalise une induration palpable (artères superficielles) et visible (artère temporale); elle est à l'origine d'une hypertension* périphérique. De plus, la diminution du diamètre artériel réalise une mauvaise irrigation des territoires vasculaires correspondants.

Les complications de l'artériosclérose sont semblables à celles de l'athérome, retentis-

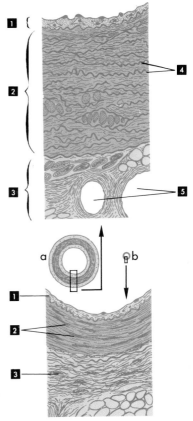

Artère. *a.* Grosse artère :
1. Intima; 2. Média; 3. Adventice;
4. Fibres élastiques;
5. Vaisseaux nourriciers ou *vasa vasorum*.
b. Artère moyenne musculaire :
1. Intima;
2. Média comprenant des fibres musculaires;
3. Adventice.

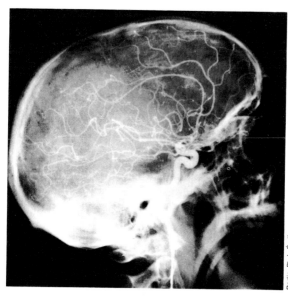

Artériographie carotidienne de profil. Vaisseaux normaux, non déplacés.

Radio Pr J. Émile.

sant sur le cœur, le rein, le cerveau, parfois sur un territoire localisé (artérite* des membres inférieurs).

artérite n. f. Nom désignant toutes les lésions artérielles d'origine inflammatoire ou dégénérative.

L'artérite est liée, d'une part, à l'affaiblissement de la paroi artérielle, à sa distension, pouvant aboutir à la formation d'un anévrisme* avec son risque de rupture, et, d'autre part, à l'épaississement de cette paroi, qui diminue la lumière du vaisseau, favorisant la thrombose*.

Les artérites peuvent être diffuses dans tout l'organisme ou localisées à un territoire vasculaire (artérite des membres inférieurs), être limitées à des portions de vaisseaux (*périartérite* *noueuse*) ou même toucher un seul vaisseau (*artérite temporale de Horton**).

Signes cliniques. L'artérite des membres inférieurs, de loin la plus fréquente, se manifeste au début par une claudication (boiterie) intermittente, des crampes des mollets apparaissant à la marche et cédant au repos. La douleur survient après une distance parcourue (périmètre de marche) dont l'importance diminue lorsque la maladie s'aggrave, rendant alors toute marche impossible. Lorsque les douleurs persistent au repos, il faut

redouter l'apparition de la *gangrène**. Celle-ci se présente comme une plaque d'abord violacée puis noirâtre, commençant aux orteils et qui peut s'étendre rapidement et nécessiter l'amputation. La mesure des battements artériels à l'oscillomètre permet d'apprécier l'état circulatoire et de surveiller l'évolution.

L'artériographie est indispensable pour préciser l'état exact du réseau artériel.

On recherche systématiquement un diabète sucré ou une élévation des graisses du sang (hyperlipémie), qui sont des causes prédisposantes et aggravantes.

Traitement médical. C'est d'abord et avant tout l'arrêt du tabac. Par ailleurs, les vasodilatateurs et les cures thermales sont souvent insuffisants. Les anticoagulants peuvent retarder l'apparition des thromboses. Les antibiotiques jugulent l'infection de la gangrène. Il est également indispensable d'observer un régime alimentaire pauvre en sucres et en graisses. Le traitement chirurgical reste souvent le seul recours des artérites avancées.

Traitement chirurgical. Il consiste le plus souvent à restaurer le courant artériel oblitéré lorsqu'il s'agit de gros troncs. On réalise alors un pontage court-circuitant la zone obstruée par greffe veineuse ou prothèses en plastique (Dacron, Téflon). On peut aussi chercher à améliorer la circulation de suppléance qui se forme autour du tronc bouché en supprimant la vasoconstriction d'origine sympathique au moyen d'une sympathectomie*. En cas de gangrène constituée, l'amputation est inéluctable.

arthralgie n. f. Douleur articulaire.

arthrite n. f. Toute inflammation aiguë ou chronique frappant les articulations.
On distingue les *arthrites rhumatismales,* ou rhumatismes inflammatoires, et les *arthrites infectieuses,* qui font suite à une infection articulaire.

Arthrites rhumatismales. Les principales maladies réalisant le tableau de l'arthrite rhumatismale sont la *polyarthrite* rhumatoïde,* la *spondylarthrite* ankylosante* et le *rhumatisme* psoriasique.* Elles réalisent toutes, avec des localisations différentes, la même lésion articulaire d'arthrite : inflammation de la synoviale* (*synovite*), laquelle s'épaissit, formant un coussinet solide (*pannus*) entre les surfaces articulaires, ce qui gêne leur liberté de mouvement. Cette synovite peut ulcérer le cartilage et l'os pour aboutir à une ankylose de l'articulation, si aucun traitement n'est entrepris.
Signes. L'arthrite rhumatismale frappe toujours plusieurs articulations : celles des extrémités des membres dans la polyarthrite rhumatoïde, celles de la colonne vertébrale dans la spondylarthrite ankylosante, celles des membres et du tronc dans le rhumatisme psoriasique. La douleur articulaire est permanente, mais plus intense au réveil, les articulations étant très enraidies le matin.
Les articulations touchées sont enflées, chaudes, et sont le siège d'un épanchement qui, lorsqu'il est ponctionné, révèle un liquide trouble, un peu visqueux. Les signes radiologiques de l'arthrite, ostéoporose, pincement et érosion des interlignes articulaires, apparaissent plus ou moins vite.
Les causes profondes des arthrites rhumatismales restent inconnues. Leur traitement est spécifique de chacune des maladies incriminées, mais généralement à base d'anti-inflammatoires (corticoïdes*).

Arthrites infectieuses. Ce sont toutes les arthrites par infection microbienne des articulations. Celles-ci peuvent s'infecter par inoculation directe du germe lors d'une plaie articulaire (notamment par aiguille lors d'une infiltration médicamenteuse), par propagation d'une infection osseuse de voisinage, ou bien encore par voie sanguine, lors de septicémies. Ce sont alors des *métastases infectieuses.* Les *arthrites septiques* atteignent

généralement une seule articulation, souvent importante : genou, hanche. L'articulation touchée présente tous les signes de l'inflammation aiguë : rougeur, chaleur, douleur, œdème, et le malade a de la fièvre. Le traitement repose essentiellement sur l'immobilisation plâtrée de l'articulation et l'antibiothérapie*.
Certaines infections générales spécifiques peuvent se localiser secondairement aux articulations. Il en est ainsi des gonococcies*, de la brucellose*, de la tuberculose (mal de Pott*), de la syphilis. Le germe responsable est alors retrouvé dans la ponction de l'articulation.
L'arthrite du rhumatisme articulaire aigu (R.A.A.) est due à la toxine streptococcique (v. RHUMATISME).

Arthrite.
Atteinte du coude
au cours d'une polyarthrite.

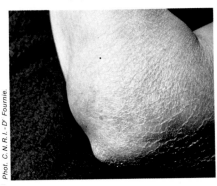

Phot. C. N. R. I. - Dr Fournié.

Arthrite aiguë.
Rougeur et gonflement de l'articulation.

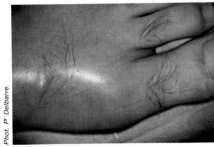

Phot. P. Delbarre.

Arthrites dentaires. Ce sont des affections inflammatoires du ligament alvéolodentaire*. L'arthrite dentaire se traduit par une mobilité de la dent, une douleur à la pression et à la percussion et une sensation de « dent longue » (contact prématuré avec les dents antagonistes). Les arthrites dentaires peuvent être d'origine infectieuse, médicamenteuse (antiseptiques), traumatique ou métabolique (arthritisme).

arthritisme n. m. Mot ancien désignant un ensemble de troubles des métabolismes, aboutissant à des états pathologiques divers touchant les articulations : goutte, rhumatismes chroniques, mais aussi le système nerveux, la peau, etc.

arthrodèse n. f. Intervention chirurgicale consistant à bloquer définitivement une articulation.

arthrographie n. f. Procédé permettant la mise en évidence radiographique des éléments d'une articulation* transparents aux rayons X (revêtements cartilagineux, ménisques). — Elle se fait par injection d'un produit de contraste ou de gaz.

arthrogrypose n. f. Maladie congénitale caractérisée par des raideurs articulaires des quatre membres, constituant un aspect caractéristique de « poupée en flexion », avec mains botes, pieds en varus* équin, infiltration des tissus sous-cutanés, palmures des doigts.

arthrolyse n. f. Intervention chirurgicale ayant pour but de rendre sa mobilité à une articulation* limitée dans ses mouvements.

arthropathie n. f. Nom générique de toutes les maladies des articulations*.

arthroplastie n. f. Réfection chirurgicale des surfaces articulaires, permettant de réta-

blir la mobilité en créant un nouvel espace articulaire.
Elle peut être réalisée par simple résection d'une des extrémités articulaires, par interposition de tissu fibreux, de cupule métallique, ou par remplacement complet d'une ou des deux extrémités osseuses par des *prothèses* métalliques ou plastiques.

arthrorise n. f. Intervention bloquant incomplètement une articulation, pour en limiter les mouvements (butée* articulaire par exemple).

arthrose n. f. Lésion chronique, dégénérative et non inflammatoire d'une articulation. L'arthrose se caractérise par trois lésions :
— l'atteinte du cartilage articulaire, qui se fissure et se creuse d'ulcérations laissant parfois l'os à nu ;
— l'atteinte de l'os lui-même, qui est ostéoporotique d'une part (v. OSTÉOPOROSE), et d'autre part condensé dans sa partie juxta-articulaire dans les zones de pression : c'est l'*ostéosclérose sous-chondrale* ;
— la formation, sur la marge de l'articulation, d'*ostéophytes** , fragments de cartilage ossifié formant des becs (dits « becs de perroquet ») de chaque côté de l'articulation.
À ces lésions peut se joindre inconstamment une inflammation de la synoviale* ou synovite*.
Signes. L'arthrose touche une seule articulation ou plusieurs articulations symétriquement (polyarthrose). Les articulations arthrosiques sont « douloureuses, déformées, craquantes, mais froides » (Coste). Contrairement à l'arthrite*, la douleur est provoquée par l'appui et par la marche, et calmée par le repos. Elle est d'intensité très variable et peut être très discrète. L'ostéophytose provoque à la longue des déformations des

Arthroplastie. Prothèse totale en place.

Phot. Dʳ Julliard.

Arthroplastie. Prothèse totale de la hanche.
Remplacement de la tête fémorale
par une tête acrylique
et mise en place d'un cotyle acrylique.
(Prothèse du professeur Merle d'Aubigné.)

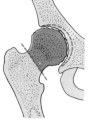
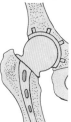

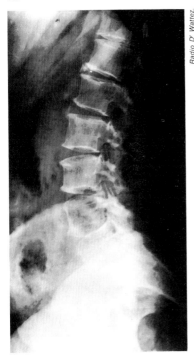

Radio D' Wattez.

Arthrose lombaire.

articulations en bourrelets durs plus ou moins épais, qui finissent par limiter le jeu articulaire, mais cela ne survient qu'au bout d'un temps assez long, et l'impotence n'est, même alors, jamais complète.

La radiographie objective toujours les mêmes lésions : pincement de l'interligne articulaire par destruction du cartilage ; condensation osseuse marginale ; ostéophytose plus ou moins développée. On observe souvent l'absence de parallélisme entre la radiographie et la clinique, c'est-à-dire qu'une arthrose à signes radiologiques très importants peut être tout à fait indolore, alors que certaines autres se révèlent par des douleurs intenses avant même l'apparition des premiers ostéophytes.

L'état général du malade est toujours bien conservé. Il n'y a pas de fièvre ni d'amaigrissement, en dehors des poussées inflammatoires aiguës qui peuvent exister.

Les lésions de l'arthrose sont irréversibles et aboutissent, outre les déformations, à un enraidissement articulaire plus ou moins important.

Traitement. À base d'iode, de soufre et de vitamine B. La kinésithérapie préserve l'articulation de l'enraidissement, les cures thermales peuvent stabiliser l'évolution. Les antalgiques (aspirine en particulier) sont utilisés contre les douleurs. Les anti-inflammatoires (phénylbutazone, indométhacine, etc.) sont administrés lors des poussées évolutives, ainsi que les infiltrations intra-articulaires de corticoïdes. Le repos est un élément capital du traitement.

Causes. L'arthrose se présente essentiellement comme un vieillissement prématuré de l'articulation, dont on ne connaît pas bien les causes. Dans certains cas, on peut invoquer à l'origine d'une arthrose un traumatisme, une arthrite infectieuse ou rhumatismale, ou encore une affection métabolique comme la goutte. La sénescence tissulaire, un déséquilibre endocrinien, des facteurs de surcharge articulaire comme l'obésité sont autant d'éléments favorables au développement de l'arthrose, ainsi qu'une indéniable prédisposition héréditaire et des facteurs alimentaires et professionnels (fatigue prédominant sur certaines articulations).

Les localisations les plus fréquentes de l'arthrose sont la hanche (*coxarthrose**), le genou (*gonarthrose**), les vertèbres cervicales ou lombaires (*cervicarthrose** et *lombarthrose**). On y retrouve les signes habituels de l'arthrose, localisés à l'articulation atteinte et qui entraînent une invalidité plus ou moins importante, la variété la plus invalidante étant la coxarthrose bilatérale. Suivant la localisation de la maladie, toujours diagnostiquée à ses signes radiologiques, le traitement comporte des indications particulières : intervention chirurgicale éventuelle pour une coxarthrose, infiltrations intra-articulaires de corticoïdes pour la gonarthrose, gymnastique et port d'un lombostat pour la lombarthrose. Il est de toute manière toujours très important de mettre l'articulation atteinte au repos plusieurs fois par jour.

Traitement chirurgical. Différentes techniques chirurgicales peuvent être proposées pour corriger ou atténuer les troubles mécaniques entraînés par les arthroses : *ostéotomie**, pour modifier les points de pression d'une surface articulaire, *sections musculaires* ou *tendineuses*, *arthroplastie** et *arthrodèse**.

arthrotomie n. f. Ouverture d'une articulation*.

artichaut n. m. Plante ligneuse (*Cynara scolymus*, composées), cultivée pour ses

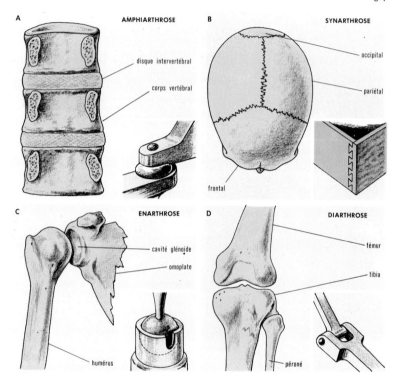

A. AMPHIARTHROSE
- disque intervertébral
- corps vertébral

B. SYNARTHROSE
- occipital
- pariétal
- frontal

C. ENARTHROSE
- cavité glénoïde
- omoplate
- humérus

D. DIARTHROSE
- fémur
- tibia
- péroné

Articulations et analogies mécaniques.
A. Amphiarthrose. Corps vertébral.
Analogie : Silentbloc.
B. Synarthrose. Sutures du crâne.
Analogie : assemblage à queue d'aronde.
C. Énarthrose. Articulation de l'épaule.
Analogie : rotule d'un pied d'appareil
photographique.
D. Diarthrose. Articulation du genou.
Analogie : bielle.

bractées et son réceptacle charnu qui constituent un excellent aliment.
L'artichaut, employé en extrait hydroalcoo-
lique, stimule les fonctions hépatiques et
rénales et favorise l'excrétion de l'urée.
articulateur n. m. Appareil utilisé en
prothèse dentaire pour reproduire en laboratoire l'articulation des prothèses avec le
moulage des dents du patient et retrouver les
rapports d'articulé*.

articulation n. f. Ensemble des éléments
par lesquels deux ou plusieurs os s'unissent
les uns aux autres.
Anatomie. Il existe trois grands types d'articulations : les *synarthroses*, immobiles (os du
crâne ou de la face) ; les *amphiarthroses*,
semi-mobiles (symphyse pubienne) ; les *diarthroses* et *énarthroses*, mobiles, qui présentent des surfaces articulaires lisses, revê-
tues de cartilage, séparées par une cavité
articulaire et mobiles les unes sur les autres ;
leurs moyens d'union sont constitués par une
capsule articulaire et des *ligaments* ; leur
lubrification est assurée par un liquide incolore, visqueux, filant : la *synovie*, produite
par la *membrane synoviale* (ou synoviale), qui
tapisse la cavité articulaire. Dans certaines
diarthroses il existe une formation fibrocarti-

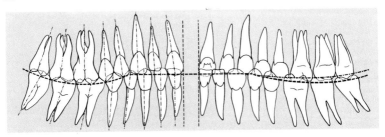

Articulé dentaire.
Demi-mâchoire droite d'un adulte
(vues externe et interne).

lagineuse, le *ménisque,* qui rétablit la concordance entre des surfaces articulaires qui ne s'adaptent pas exactement (genou).

Examen. L'examen d'une articulation comporte avant tout une étude clinique : inspection, palpation, recherche de mouvements anormaux. Devant un épanchement articulaire, la *ponction* permet de préciser s'il s'agit d'un épanchement synovial pur (hydarthrose), de sang (hémarthrose) ou de pus (pyarthrose). L'examen radiologique sous diverses incidences et l'arthrographie* peuvent montrer des lésions osseuses, des corps étrangers.

Pathologie. Les *plaies articulaires* sont toujours graves, car l'articulation s'infecte facilement, une fois qu'elle est ouverte, pour donner une *arthrite aiguë.* L'intervention chirurgicale est alors nécessaire, mais les séquelles sont fréquentes. Les *traumatismes* articulaires provoquent à un moindre degré une contusion, un épanchement séro-sanguin (hydrohémarthrose). Si un ou plusieurs ligaments sont rompus, il y a *entorse** bénigne ou grave ; si l'articulation est déboîtée, il y a *luxation**.

Les inflammations des articulations sont les *arthrites**, les lésions dégénératives, les *arthroses**. Les articulations peuvent être le siège de *tumeurs* nées d'un de leurs éléments : chondrome* (cartilage), ostéome* (os), fibrome* (ligaments, capsule), ou de lésions malignes (les sarcomes*).

articulé n. m. **Articulé dentaire,** ensemble des rapports de contact entre les dents supérieures et les dents inférieures.
L'articulé subit des variations *normales* avec l'évolution des dentitions temporaire puis définitive, et avec les abrasions par frottement réciproque. Des modifications pathologiques apparaissent avec la chute ou l'extraction des dents, les traumatismes des maxillaires ou les traitements prothétiques.

aryténoïde n. m. et adj. Chacun des petits cartilages symétriques et mobiles du larynx qui tendent les cordes vocales.

arythmie n. f. Trouble du rythme cardiaque, consistant en une irrégularité des contractions dans le temps. (V. RYTHME.)

asa fœtida n. f. Huile gommo-résineuse de diverses *ferula,* d'odeur persistante et fétide, employée comme antispasmodique et anthelminthique (vermifuge).

asbestose n. f. Variété de pneumoconiose* due à l'inhalation de poussière d'amiante (asbeste).

ascaridiose n. f. Maladie due à la présence dans l'organisme d'un ver nématode : *Ascaris lumbricoides.*
C'est une affection cosmopolite, d'origine alimentaire, la contamination se faisant par ingestion de la larve avec de l'eau ou des légumes souillés (engrais). [V. ASCARIS.]

Signes cliniques. On met en évidence deux périodes :
— l'*invasion pulmonaire* avec toux, prurit*, mais surtout une image radiologique caractéristique (opacité pulmonaire de courte durée du syndrome de Löffler) ;
— la *phase intestinale,* caractérisée par des douleurs abdominales et une alternance de diarrhée et de constipation.

De rares accidents peuvent s'observer, tels qu'occlusion* intestinale, pancréatite*, ictère* par obstruction des voies biliaires*, qui peuvent nécessiter une intervention chirurgicale. Le plus souvent, l'ascaridiose est bien supportée.

Diagnostic. Il se fait par la constatation d'une éosinophilie* sanguine, surtout par la présence des œufs dans les selles, plus rarement par le rejet d'un ver adulte.

Traitement. On emploie soit les sels de pipérazine, soit le tétramizole (prise unique), ou encore la santonine.

Prophylaxie. L'hygiène et la désinfection des mains sont essentielles. Le dépistage des sujets atteints et la suppression de l'emploi des fèces comme engrais permettent de circonscrire l'extension du parasite.

ascaris n. m. Ver nématode, parasite de l'intestin.
Ascaris lumbricoides est un ver rond, long d'une vingtaine de centimètres, à sexes séparés. (V. ASCARIDIOSE.)

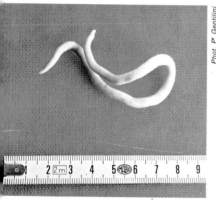

Phot. P. Gentilini.

Ascaris adulte.

ascite n. f. Épanchement liquidien de la cavité péritonéale, à l'exclusion des épanchements purulents (péritonites) et des épanchements purement sanglants (hémopéritoines).
La cause la plus fréquente d'ascite est la cirrhose* du foie ; viennent ensuite la tuberculose péritonéale chez le sujet jeune, les cancers digestifs ou génitaux chez les sujets âgés.

ascomycètes n. m. pl. Ordre de champignons qui peuvent être parasites de l'homme, parmi lesquels on trouve les *penicillium* et les *aspergillus*.

ascorbique adj. **Acide ascorbique**, nom chimique de la vitamine C. (V. VITAMINE.)

asepsie n. f. Absence de tout germe microbien, de tout élément susceptible d'entraîner une infection ; état des objets, êtres vivants ou milieux qui ne comportent pas de tels germes et que l'on dit «aseptiques».
En pathologie, on dit qu'une lésion est aseptique lorsqu'elle n'est pas due à des microbes (gangrène «sèche») ou lorsqu'elle évolue sans complications infectieuses (nécrose aseptique).

En chirurgie, l'asepsie désigne l'ensemble des méthodes qui préservent de la souillure microbienne tout ce qui est en contact avec la plaie opératoire. Elle est obtenue par la désinfection* de la peau autour du champ opératoire, par la stérilisation* des gants, des vêtements du chirurgien, des instruments et des pansements. Une salle d'opération est dite «aseptique» lorsque, outre les précautions ci-dessus, on n'y pratique que des interventions ne comportant aucun risque de projection de liquides septiques.
En médecine, outre la nécessité de respecter l'asepsie dans tous les actes habituels, on utilise des chambres «aseptiques» (ou «stériles») pour traiter certains sujets irradiés, greffés, intoxiqués, brûlés, dont les défenses naturelles sont partiellement ou totalement détruites.

asialie n. f. Absence de sécrétion salivaire, entraînant une sécheresse de la bouche.

aspartam n. m. Succédané du sucre, sans valeur calorique (pour boissons et aliments).

aspartique adj. (du latin *asparagus*, asperge). **Acide aspartique,** acide aminé présent dans toutes les protéines.

asperge n. f. Peu nourrissante, l'asperge est diurétique, mais déconseillée en cas de goutte, de calculs urinaires, de cystite.

aspergillome n. m. Amas constitué par un champignon microscopique, *Aspergillus fumigatus,* et siégeant sur une bronche ou dans le poumon. L'aspergillome se traduit par de la toux, mais surtout par des hémoptysies fréquentes, parfois dramatiques. Le diagnostic repose sur la découverte de filaments mycéliens dans les crachats, sur une image radiologique particulière («image en grelot») et sur la constatation d'anticorps sériques.
Le traitement est chirurgical et consiste en l'ablation du lobe pulmonaire atteint.

aspergillose n. f. Maladie due à un champignon microscopique (*aspergillus*).
On distingue des formes aiguës, bronchitiques ou pneumoniques, et des formes chroniques qui aboutissent à l'aspergillome*.

asphyxie n. f. Difficulté ou impossibilité de respirer, aboutissant, à la limite, à la mort par anoxie* et hypercapnie*.
Les causes pouvant entraîner l'asphyxie sont nombreuses :
— soit un *obstacle mécanique* à la pénétration de l'air dans les alvéoles pulmonaires, par strangulation, noyade, corps étranger dans la trachée ou les bronches, spasme laryngé ou bronchique (asthme), œdème de la glotte, tumeurs compressives du médiastin, etc. ;

— soit une *paralysie des muscles respiratoires* par atteinte du centre respiratoire bulbaire (hémorragie cérébrale, intoxication) ou des nerfs qui commandent ces muscles (poliomyélite*, polyradiculonévrite* inflammatoire) ;
— ou bien encore un *séjour dans un milieu insuffisamment oxygéné* ou dans un lieu correctement oxygéné mais contenant un *gaz toxique :* gaz carbonique, oxyde de carbone, chlore, ypérite, etc.

Signes. Les symptômes de l'asphyxie sont souvent brusques et évidents : gêne respiratoire, efforts pour respirer, coloration bleutée de la peau (cyanose). Certains gaz, notamment l'oxyde de carbone, entraînent un assoupissement progressif et indolore particulièrement dangereux.

Traitement. Le traitement de l'asphyxie comporte le lever immédiat de l'obstacle en cas de cause mécanique, la soustraction à l'influence du gaz responsable en cas d'intoxication, le rétablissement des mouvements respiratoires dans les paralysies (par intubation ou trachéotomie en milieu hospitalier, par bouche-à-bouche en urgence). Mais le traitement de l'asphyxie comporte toujours et surtout l'apport d'oxygène (bouteille d'oxygène, respirateur artificiel).

aspirateur n. m. Appareil servant à l'aspiration* de sécrétions organiques produites en quantité excessive, et comportant une pompe et un récipient pour recueillir les substances aspirées.

aspiration n. f. Technique destinée à évacuer les liquides indésirables contenus dans certaines cavités : aspiration bronchique, aspiration duodénale, etc.

Aspiration des sécrétions bronchiques.

Phot. D' Julliard.

L'aspiration est également utilisée pour enlever le sang épanché au cours d'une intervention et dégager le champ opératoire.

aspirine n. f. Ester acétique de l'acide salicylique. (Syn. : ACIDE ACÉTYLSALICYLIQUE.) L'aspirine est à la fois un analgésique*, un antipyrétique* et un anti-inflammatoire*. On l'administre par voie orale (comprimés, sachets solubles) ou rectale (suppositoires). Elle est utilisée dans un grand nombre d'affections : grippe, névralgies, rhumatismes, etc. L'aspirine n'est pas totalement dépourvue de dangers : elle est agressive pour la muqueuse gastrique, provoquant des douleurs d'estomac ; elle perturbe la formation des plaquettes* et la synthèse de la vitamine* K, favorisant donc les hémorragies ; elle est à l'origine de lésions du rein. L'administration d'aspirine aux enfants doit être particulièrement prudente, car la dose toxique est, chez eux, proche des doses usuelles. (V. SALICYLÉ.)

assimilation n. f. Incorporation à l'organisme des éléments nutritifs résultant de la digestion. (V. MÉTABOLISME.)

assistance n. f. Aide apportée à une personne qui ne peut faire seule un acte nécessaire ; secours, appui.
Assistance médicale gratuite (A. M. G.), forme d'assistance créée en 1893, pour permettre de se soigner à des sujets manquant de ressources, remplacée depuis 1953 par l'aide* médicale.
Assistance opératoire, action de l'aide du chirurgien dans une intervention ou présence du médecin traitant à une intervention sur l'un de ses malades.
Assistance aux malades mentaux, ensemble des mesures prises pour traiter ces malades dans les meilleures conditions de réinsertion possible.
Assistance publique, ensemble des secours alloués par l'État ou les collectivités locales aux personnes nécessiteuses ; ensemble des institutions publiques chargées de gérer ce service avant la réforme de 1953-1955 qui a substitué l'expression d'*aide* sociale* à celle d'assistance publique.
Administration générale de l'assistance publique, administration sanitaire et sociale chargée, à Paris et à Marseille, de la gestion des services d'aide sociale.

non-assistance à personne en danger, infraction commise par quiconque s'abstient volontairement de porter à une personne en péril l'assistance que, sans risque pour lui ni pour les tiers, il pourrait lui prêter soit par son action personnelle, soit en provoquant un secours (art. 63 du Code pénal). [La jurisprudence a précisé de façon explicite que les sanctions prévues s'appliquent non seulement aux personnes présentes, mais à celles qui seraient averties du péril à distance.]

assistante n. f. **Assistante sociale,** personne munie d'un diplôme d'État, chargée par un service social, d'une part d'enquêter sur les besoins d'aide morale, médicale ou matérielle des individus et des familles, d'autre part de les conseiller et de les éduquer en vue de les aider à trouver, si possible par eux-mêmes, les solutions à leurs problèmes.

Assistante dentaire, auxiliaire du chirurgien-dentiste qui remplit à la fois les fonctions de secrétariat et de préparation du matériel nécessaire au praticien.

association n. f. **Association médicamenteuse,** utilisation simultanée de deux ou plusieurs médicaments dans un dessein thérapeutique.

Associations médicamenteuses utiles. Lorsque des médicaments agissent sur le même élément, ils peuvent : soit simplement additionner leurs effets thérapeutiques, permettant d'employer une dose plus faible de chacun d'eux, soit *potentialiser* leurs effets, ce qui équivaut à les multiplier.

Associations médicamenteuses nuisibles. Un médicament utile employé seul peut se révéler nuisible si on lui en ajoute un autre de même nature chimique : par exemple, les barbituriques. D'autres médicaments, de natures chimiques éloignées, peuvent exercer un effet toxique sur le même organe : il convient alors de ne pas les utiliser ensemble. La liste des associations médicamenteuses peu recommandables (*incompatibles*) est très longue ; les principales sont indiquées à l'ordre alphabétique pour chaque médicament.

assurance n. f. **Assurances sociales,** système légal de protection des individus et de leur famille contre certains risques sociaux, qui a été mis en place dans la plupart des pays du monde à la fin du XIXe siècle et au cours de la première moitié du XXe, et qui est né en France en 1928-1930 pour les salariés les plus défavorisés.

Le système d'assurances sociales français, qui comporte dans le régime général l'assurance maladie*, l'assurance maternité*, l'assurance invalidité*, l'assurance vieillesse* et l'assurance décès*, s'est étendu peu à peu (v. SÉCURITÉ SOCIALE). C'est l'assurance vieillesse qui s'est généralisée le plus rapidement, mais, au cours de ces dernières années et dans le cadre des objectifs que s'étaient fixés le législateur et le gouvernement, l'assurance maladie a, elle aussi, fait l'objet de larges

mesures d'extension, soit par le rattachement de nouvelles catégories de personnes à des régimes obligatoires existants, soit par création de régimes propres ; enfin, la loi du 2 janvier 1978 relative à la généralisation de la sécurité sociale met en place une assurance personnelle qui permet à tout Français de bénéficier d'une couverture sociale, même en dehors de tout critère d'exercice d'une activité professionnelle.

Assy (plateau d'), station climatique de Haute-Savoie (commune de Passy), face à la chaîne du Mont-Blanc. Longtemps consacré au traitement de la tuberculose pulmonaire, le plateau d'Assy se reconvertit partiellement en station de convalescence, de repos et de vacances.

astéréognosie ou **stéréoagnosie** n. f. Perte de la reconnaissance de la forme et du volume des objets, souvent consécutive à un accident vasculaire cérébral et parfois observée dans les hémiplégies*. (V. STÉRÉOGNOSIE.)

asthénie n. f. Manque de forces, fatigue. Le terme d'*asthénie* désigne tous les cas dans lesquels l'organisme ne réagit pas convenablement aux stimulations, quelles qu'elles soient. L'asthénie peut être d'origine nerveuse, endocrinienne, ou être simplement l'expression d'un état général défectueux ou d'une maladie.

Aspect psychiatrique de l'asthénie. Au sens psychiatrique, l'asthénie n'est pas liée à l'effort et prédomine le matin. Le repos tend paradoxalement à l'augmenter. C'est un symptôme de deuxième plan dans les psychoses*. Par contre, elle est très apparente dans certaines névroses*, notamment dans la psychasthénie*. Enfin, une fatigue anormalement prolongée peut être le signe d'un état dépressif (v. DÉPRESSION).

asthénopie n. f. Impossibilité ou difficulté à soutenir un effort visuel.
L'asthénopie peut être *accommodative*, entraînant l'incapacité d'accommoder (v. ACCOMMODATION), ou *musculaire*, par faiblesse des muscles droits internes de l'œil.

asthme n. m. Maladie respiratoire caractérisée par des crises de dyspnée* aiguë, souvent nocturnes, dues à un brusque resserrement des bronches et des bronchioles par un spasme, un œdème et une hypersécrétion bronchique.

La crise d'asthme de l'adulte. Elle survient généralement entre minuit et 2 heures du matin. Le malade est réveillé par une sensation de gêne respiratoire qui va croissant, l'obligeant rapidement à se lever ou à s'asseoir. En quelques minutes, la crise atteint son maximum : en proie à une véritable « soif d'air », le malade, couvert de sueurs, angoissé, met en jeu tous ses muscles pour respirer. L'inspiration est lente et difficile, l'expiration plus difficile encore, prolongée et sifflante. Le malade manque d'air, il a l'impression d'étouffer, sa poitrine est dilatée au maximum, mais l'air qui y est emprisonné ne se renouvelle pas. Cette phase, dite *dyspnéique,* dure de 1 à 3 heures et est suivie d'une phase *catarrhale :* au cours d'efforts de toux, le malade ramène une expectoration peu abondante, faite de petits crachats translucides contenant des éléments grisâtres de la taille d'un grain de tapioca (« crachats perlés de Laennec »). Au bout d'un délai variable, la dyspnée se calme et le malade s'endort.

Les crises surviennent généralement plusieurs jours de suite ; elles se reproduisent non seulement la nuit, mais parfois plusieurs fois par jour, réalisant alors l'attaque d'asthme. Au terme de cette attaque, le sujet retrouve une respiration tout à fait normale. Si les crises se rapprochent et se multiplient, le malade ne retrouve pas une fonction respiratoire normale dans l'intervalle ; il présente une bronchite chronique par surinfection, qui peut à son tour engendrer une insuffisance cardiaque : c'est l'*asthme intriqué.* Si la crise ne se calme pas et persiste plusieurs heures ou plusieurs jours durant, il survient un *état de mal asthmatique,* accident dramatique dont l'apparition est favorisée par l'abus de médicaments du type de l'adrénaline*, de l'éphédrine*. L'asthme apparaît chez des sujets présentant une hérédité asthmatique ou allergique, souvent anxieux, avec parfois des problèmes psychoaffectifs. Quant aux mécanismes déterminant la crise, ils sont encore mal connus.

Traitement. Il est avant tout symptomatique et à base de théophylline. Sont formellement contre-indiqués les opiacés, les sédatifs, les antihistaminiques* et les antitussifs*, tous dépresseurs de la fonction respiratoire. On peut administrer des aérosols de bronchodilatateurs, tels l'isoprénaline*, le salbutamol. Le traitement corticoïde* ne doit pas être systématique, mais réservé aux formes graves, à dyspnée continue, qui rendent la vie intolérable, ou aux formes récidivantes et à l'état de mal asthmatique. Il faut souvent ajouter un traitement antibiotique, l'infection accompagnant fréquemment la crise d'asthme.

Le traitement de fond sera destiné à prévenir le déclenchement des crises : la mise en évidence d'un facteur allergique doit conduire à des tentatives de désensibilisation*. Les pulvérisations de cromoglycate sont notamment efficaces dans les asthmes

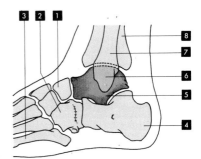

Situation de l'astragale dans le pied :
1. Scaphoïde ; 2. Cuboïde ; 3. 5e métatarsien ;
4. Calcanéum ; 5. Astragale ;
6. Malléole externe ; 7. Péroné ; 8. Tibia.

allergiques. Une antibiothérapie* au long cours pourra être instituée. La correction d'un éventuel trouble endocrinien, une psychothérapie peuvent s'imposer. Enfin, les cures thermales, les cures d'altitude, une hygiène de vie régulière seront toujours bénéfiques à l'asthmatique.

L'asthme de l'enfant. Il diffère sensiblement de celui de l'adulte. Son évolution est imprévisible : tantôt il reste limité à une ou deux crises isolées, tantôt il persiste pendant toute l'enfance jusqu'à l'adolescence, et peut récidiver à l'âge adulte, mais il existe toujours une sédation au moment de la puberté.

La crise débute rapidement. La dyspnée est intense et rapide (contrairement à celle de l'adulte, qui est lente). L'enfant ne tousse pas. Il est souvent cyanosé (bleu), alors que l'adulte ne l'est jamais, et il est fébrile, même en l'absence de complication.

Traitement. À base de théophylline, d'isoprénaline à petites doses, les corticoïdes étant réservés aux formes graves et aux états de mal. L'asthme infantile, par ses conséquences sur la scolarité, sur la vie familiale, sur le développement physique et psychique, justifie parfois des placements climatiques de longue durée.

astigmatisme n. m. Trouble de la vue qui résulte de l'inégalité de la distance focale des différents méridiens de l'œil.

Il en découle une vision défectueuse, aussi bien lorsque le sujet regarde à distance que lorsqu'il s'efforce de lire. L'image d'un point n'est pas un point mais une droite. L'astigmatisme est corrigé par des verres sphérocylindriques.

astragale n. m. Os du pied, qui joue un

rôle essentiel dans les mouvements de flexion-extension du pied sur la jambe.

astringent adj. et n. m. Se dit d'une médication qui resserre les tissus et réduit les sécrétions.
Les astringents les plus connus sont le tanin et ses dérivés (contre la diarrhée), l'alun (pour les muqueuses), l'eau des feuilles de noyer, le jus de citron (pour la peau).

astrocytome n. m. Tumeur du système nerveux central (cerveau, cervelet), née aux dépens des astrocytes, cellules nerveuses à ramifications multiples, en forme d'étoile.

asynergie n. f. « Perturbation dans la faculté d'association des mouvements élémentaires dans les actes complexes » (Babinski). — L'asynergie s'observe dans les atteintes du cervelet*.

asystolie n. f. Ensemble des phénomènes cardiocirculatoires résultant d'une insuffisance cardiaque* avancée (systoles défaillantes).

atavisme n. m. Forme d'hérédité portant sur le caractère, le comportement, les aptitudes, et due autant au conditionnement de l'individu par son milieu qu'à une hérédité proprement génétique.

ataxie n. f. Trouble de la motricité volontaire, lié à une incoordination des mouvements d'origine nerveuse haute, sans atteinte musculaire.
L'ataxie se retrouve soit dans le *tabès** (démarche de « pantin désarticulé »), soit dans des atteintes du cervelet*.

atélectasie n. f. Aplatissement des alvéoles pulmonaires par absence de ventilation, alors que la circulation sanguine y est normale.
L'atélectasie est l'état normal des poumons du fœtus. Après la naissance, elle est toujours pathologique, causée par l'obstruction d'une bronche. Elle se traduit radiographiquement par une obscurité correspondant au territoire atteint.

athérome n. m. Lésion de la paroi des artères, caractérisée par des dépôts d'une bouillie grumeleuse, jaunâtre, dans leur épaisseur.
Ces dépôts se font dans l'intima (membrane interne de l'artère), qu'ils boursouflent ; ils forment la « plaque d'athérome », constituée par un mélange de cellules chargées de graisse et de cristaux de cholestérol. La réaction de la paroi en regard de la plaque d'athérome est variable : elle commence par une sclérose (athérosclérose) et est suivie de calcifications (médiacalcose). Il peut s'ensuivre des thromboses (coagulation du sang

dans l'artère) et des anévrismes (distension de la paroi). L'athérome, maladie de la sénescence, atteint les artères élastiques et surtout l'aorte. L'athéromatose, caractérisée par la présence de nombreuses plaques d'athérome, est favorisée par une longévité accrue et par les mauvaises conditions d'hygiène (surmenage, tabac, alcool, obésité).

athérosclérose n. f. Maladie artérielle généralisée, associant une sclérose pariétale des artères (artériosclérose) à la présence de plaques d'athérome*.
L'athérosclérose siège surtout sur les vaisseaux coronariens, l'aorte et ses principales collatérales, plus rarement sur les vaisseaux pulmonaires.
C'est un processus dégénératif secondaire à l'athérome, qui entraîne une diminution du calibre artériel et un ralentissement du débit sanguin dans les endroits atteints.
Les causes en sont multiples : héréditaires, ethniques, mais surtout alimentaires et métaboliques. Bien que commençant à la fin de l'adolescence (20 ans), la maladie ne se manifeste que vers 50 ans, parfois avant, par l'ischémie de certains territoires (cerveau, cœur, membres inférieurs).
Traitement. Il est surtout préventif et réside dans une hygiène de vie faisant alterner les efforts et des périodes de détente suffisants, et dans une alimentation bien adaptée aux besoins et comportant peu de graisses et le minimum nécessaire de glucides. Le tabac et l'alcool sont à déconseiller. Le traitement médical a une influence restreinte sur la maladie constituée ; il vise à en réduire les manifestations (vasodilatateurs, anticoagulants).

athétose n. f. Ensemble de mouvements involontaires, lents, non rythmés, ayant tendance à se répéter, évoquant des mouvements de reptation, d'enroulement axial.
Ils peuvent être spontanés ou venir perturber un acte volontaire. Ils s'atténuent au repos et disparaissent dans le sommeil, et s'observent le plus souvent dans les encéphalopathies infantiles, où ils traduisent une lésion des centres cérébraux qui commandent la motricité.

athletic foot ou **pied d'athlète,** lésions cutanées prédominant entre les orteils, à la plante et au bord interne des pieds, survenant chez des sujets présentant une sudation importante.
Les lésions sont soit aiguës, suintantes et vésiculeuses, soit subaiguës, rouges et finissant par desquamer (peler). Elles sont dues à une infection par champignons (mycose) et sont souvent surinfectées. Le pied d'athlète est justiciable d'un traitement général anti-

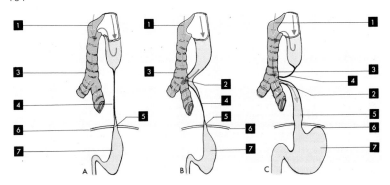

Atrésie œsophagienne. A. Simple.
B. Avec fistule trachéale
au-dessus du rétrécissement.
C. Avec fistule trachéale
au-dessous du rétrécissement.
1. Pharynx; 2. Fistule œso-trachéale;
3. Trachée; 4. Atrésie;
5. Œsophage; 6. Diaphragme; 7. Estomac.

fongique, anti-infectieux et antieczémateux.
Le traitement local sera particulièrement
soigneux : bains de permanganate, solutés
colorants désinfectants aqueux, puis alcooliques. Les pansements seront faits avec de
la gaze stérile.

athrepsie n. f. Stade ultime de la dénutrition chez les nourrissons. (V. HYPOTHREPSIE.)

atlas n. m. Première vertèbre cervicale, qui
s'articule en haut avec l'occipital*, en bas
avec l'axis*.

atomique adj. Relatif à l'atome, plus petite
partie d'un corps simple.
Protection contre les radiations atomiques.
Pour les travailleurs employés à l'utilisation
industrielle d'éléments radioactifs, un dosage
permanent du rayonnement reçu (au moyen
d'un dosimètre porté sur soi) et des visites
médicales fréquentes pour le contrôle de la
formule sanguine sont importants à observer.

atonie n. f. Absence de tonus*; perte ou
diminution importante de la tonicité (contraction permanente) normale d'un organe contractile : atonie gastrique, atonie utérine.

atoxique adj. Dépourvu de toxicité.

A. T. P., sigle d'ADÉNOSINE* TRIPHOSPHATE.

atrésie n. f. Oblitération ou imperforation
congénitale, totale ou partielle, d'un conduit
naturel.

atrichie n. f. Absence congénitale de poils
et de cheveux.

atrophie n. f. Diminution de poids et de
volume d'un tissu, d'un organe ou d'un
membre, par suite d'une nutrition insuffisante.
La nutrition normale des tissus étant assurée
par la présence de filets nerveux et de
vaisseaux transporteurs de substances nutritives, la déficience ou la destruction d'un de
ces éléments, ou des deux, provoquent une
atrophie. L'atrophie peut aussi survenir au
cours d'intoxications (atrophie du foie dans la
cirrhose alcoolique), par défaut de fonctionnement d'un organe (atrophie surrénalienne
lors d'un traitement prolongé à la cortisone
[v. SURRÉNALES et CORTICOTHÉRAPIE]) ou par
défaut d'utilisation : atrophie musculaire des
sujets longtemps plâtrés ou immobilisés.
Atrophie cérébrale. Le volume du tissu cérébral peut diminuer au cours de certaines
maladies dégénératives du cerveau :
démences alcooliques, démences préséniles
ou séniles, artériosclérose diffuse du cerveau.
Le diagnostic d'atrophie cérébrale est porté
par encéphalographie gazeuse; elle est irréversible.
Atrophie cérébelleuse. V. CERVELET.
Atrophie infantile. V. HYPOTHREPSIE et HYPO-
TROPHIE.
Atrophie musculaire. V. AMYOTROPHIE.
Atrophie optique. C'est l'atrophie du nerf
optique après destruction plus ou moins
complète de ses fibres. Elle est diagnostiquée
par l'examen du fond* de l'œil : elle s'accompagne d'un rétrécissement du champ* visuel
et d'une baisse de la vue.

atropine n. f. Principal alcaloïde de la
belladone*, l'atropine est un parasympatholy-
tique*, c'est-à-dire qu'elle inhibe les effets du

système parasympathique*, et notamment le nerf pneumogastrique*, en bloquant les récepteurs cholinergiques*.

En thérapeutique, on l'utilise pour diminuer des sécrétions bronchiques et salivaires, pour atténuer l'intensité de la sécrétion gastrique dans les ulcères et comme antispasmodique des voies digestives et urinaires. En ophtalmologie, elle permet de dilater la pupille.

Toxicologie. L'atropine a des effets secondaires gênants : palpitations, mydriase, sécheresse de la bouche, et peut aussi être cause d'intoxication. Celle-ci se manifeste par une accélération du pouls, une élévation de la tension artérielle, des troubles de la vue, une rougeur et une chaleur de la peau, outre les effets secondaires habituels. Une rétention d'urine peut s'installer. La mort survient au-delà de 10 mg. Le traitement consiste en un lavage d'estomac (s'il n'y a ni convulsions ni coma), suivi d'une purge et de l'administration de sédatifs.

L'atropine est contre-indiquée chez les sujets porteurs d'un glaucome* et de lésions de la prostate. Elle est, en revanche, indiquée dans les intoxications à la digitaline* ou aux organophosphorés*.

(Toxique, tableau A.)

attaque n. f. Terme courant pour désigner la première atteinte ou le retour aigu mais passager d'un état pathologique ; synonyme de « crise », d'« accès ». — Le mot *attaque* employé seul désigne un accident vasculaire cérébral, entraînant des paralysies, des troubles de la parole, etc. (V. ICTUS.)

attelle n. f. Appareil destiné à servir de tuteur à un membre fracturé.

Une attelle peut être improvisée sur les lieux de l'accident, pour permettre le transport : en bois, en aluminium, en fil de fer. L'attelle pneumatique est de plus en plus utilisée. En milieu hospitalier, il existe des attelles plus élaborées, qui permettent non seulement d'attendre le moment de l'intervention, mais aussi de commencer le traitement (par extension d'une fracture de jambe, par exemple) lorsque les systèmes d'appareillage en suspension* ne sont pas nécessaires. L'attelle diminue alors le degré de déplacement de la fracture et peut empêcher une ouverture de celle-ci.

attention n. f. Concentration de l'esprit sur une situation ou un objet précis.

Les troubles de l'attention peuvent être dus à une maladie cérébrale organique : confusion*, démence*. Ils sont fréquents dans les états dépressifs (v. DÉPRESSION), les névroses* d'épuisement, les déséquilibres caractériels (v. CARACTÈRE) ou au cours de certaines psychoses*.

attitude n. f. Position du corps et de ses différentes parties ; manière de se tenir.

Les attitudes défectueuses ou vicieuses sont de simples anomalies de position ; elles se différencient des déformations irréversibles.

Les *attitudes défectueuses scolaires* touchent principalement la colonne vertébrale ; elles sont facilement corrigibles (attitudes cyphotique, lordotique, scoliotique) par la gymnastique corrective. Elles doivent être distinguées des cyphoses, lordoses ou scolioses proprement dites.

Les *attitudes vicieuses professionnelles* ne sont pas rares : la pratique du sport est le meilleur traitement préventif.

De nombreuses maladies, notamment de l'appareil locomoteur, peuvent entraîner des attitudes vicieuses temporaires ou défini-

Phot. Lauros.

Attelle pneumatique pour le pied.

tives ; leur correction ou leur atténuation font appel, selon les cas, aux techniques physiothérapiques (kinésithérapie, massages) ou chirurgicales.

attrition n. f. Broiement traumatique d'un tissu, qui entraîne sa mortification ou nécrose.

atypique adj. Qui ne correspond pas à un type de description classique.

Une maladie est atypique lorsqu'elle ne réunit pas les symptômes habituels, mais revêt des manifestations trompeuses : telle l'indigestion qui se révèle être un infarctus du myocarde.

aubépine n. f. Arbrisseau épineux (*Cratœgus oxyacantha*, rosacées) dont les préparations (infusions, teintures, extraits) sont tonicardiaques* et diurétiques*.

audiogramme n. m. Courbe traduisant la qualité de l'audition, et établie avec un audiomètre.

L'*audiogramme tonal* précise le seuil d'audition pour les différentes fréquences des sons.

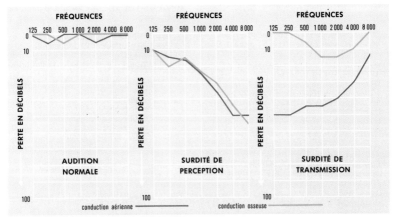

Audiogrammes.

Suivant la courbe obtenue, on distingue les *surdités de transmission*, les *surdités de perception* et les *surdités mixtes*.
L'*audiogramme vocal* mesure en pourcentage l'intelligibilité des mots. (V. SURDITÉ.)

audiomètre n. m. Appareil destiné à la mesure de l'audition (*audiométrie*) et permettant de tracer l'audiogramme*.
L'*audiomètre tonal* est un générateur de sons purs dont la fréquence peut aller de 16 à 32 000 vibrations par seconde et d'intensité réglable. On transmet les sons soit par un casque (conduction aérienne), soit par un vibrateur appliqué sur le crâne (conduction osseuse). On augmente l'intensité jusqu'à ce qu'un son soit perçu et on note cette intensité pour chaque fréquence.
L'*audiomètre vocal* est un appareil transmettant les sons à des intensités variables. Pour chaque intensité, on note le nombre de mots compris sur 100.

audioprothésiste n. m. Auxiliaire* médical, en même temps artisan et commerçant, chargé du choix, de l'adaptation, de la délivrance, du contrôle d'efficacité de la prothèse auditive et de l'éducation prothétique du déficient de l'ouïe.

auditif, ive adj. Nerf auditif, ou **nerf acoustique**, huitième paire des nerfs crâniens (VIII). Le nerf auditif est formé par la juxtaposition de deux nerfs : le nerf *cochléaire*, nerf de l'audition, et le nerf *vestibulaire*, nerf de l'équilibre. Le début de leur trajet est commun : le nerf auditif émerge du tronc cérébral au niveau du bulbe, puis pénètre dans le conduit auditif interne. Le nerf *cochléaire* se sépare du nerf vestibulaire et se dirige vers la base du limaçon* pour se répartir dans les cellules sensorielles auditives de l'organe de Corti* (v. OREILLE);

Nerf auditif :
1. Limaçon ; 2. Nerf cochléaire ;
3. Nerf vestibulaire ;
4. Conduit auditif interne ;
5. Intermédiaire de Wrisberg ;
6. Ganglion de Scarpa ;
7. Canaux semi-circulaires ; 8. Nerf facial.

vue de dessus

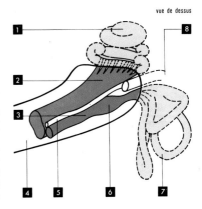

le nerf *vestibulaire,* séparé du précédent, présente au fond du conduit un renflement (le ganglion de Scarpa), puis se ramifie dans l'utricule, le saccule et les canaux semi-circulaires, organes sensoriels de l'équilibration.

Les nerfs cochléaire et vestibulaire, juxtaposés en nerf auditif, représentent le début des *voies cochléo-vestibulaires.* Une fois à l'intérieur du tronc cérébral, les deux voies sensorielles se séparent, formant, d'une part, les *voies cochléaires centrales* (voies de l'audition), qui vont se terminer dans le cortex temporal où se trouve le centre de perception des sensations auditives, et, d'autre part, les *voies vestibulaires centrales* (voies de l'équilibration), qui se terminent dans quatre noyaux situés dans l'aire vestibulaire du tronc cérébral, et d'où partent des faisceaux de fibres qui gagnent le cervelet, les cornes antérieures de la moelle (motricité) et le cortex cérébral. Toutes ces connexions expliquent la complexité des réflexes qui concourent à l'équilibration normale.

Les lésions du nerf auditif (nerf cochléaire et nerf vestibulaire) provoquent non seulement des troubles de l'audition, mais aussi des troubles de l'équilibre.

audition n. f. Perception des sons.
Les sons sont des vibrations mécaniques transmises par l'air jusqu'au pavillon de l'oreille* et par celui-ci au tympan, qui les transforme en vibrations mécaniques des osselets. La chaîne des osselets adapte la force et l'amplitude des vibrations, qu'elle transmet au limaçon de l'oreille interne (cochlée) où l'organe de Corti les transforme en influx nerveux. Le nerf auditif* transmet à travers le cerveau, par les voies auditives cochléaires, ces influx nerveux jusqu'au cortex du lobe temporal du cerveau, où ils sont la source des perceptions conscientes.
Les *troubles de l'audition* peuvent donc résulter soit d'une atteinte de l'oreille* (externe, moyenne, interne), soit d'une lésion du nerf auditif*, ou encore d'une atteinte des voies auditives cérébrales jusqu'au cortex temporal. (V. SURDITÉ.)

aura n. f. Sensation passagère qui précède l'apparition d'un accès pathologique aigu, telle la crise d'hystérie*, d'épilepsie*, d'asthme*, etc.
Les manifestations de l'aura, entièrement subjectives, varient d'un sujet à l'autre et peuvent revêtir diverses formes : auditive, visuelle, olfactive, viscérale, psychique, etc.

auriculo-ventriculaire adj. Relatif simultanément à l'oreillette et au ventricule du cœur, ou situé entre eux : *orifice auriculo-ventriculaire.*

aurothérapie n. f. Syn. : CHRYSOTHÉRAPIE.

auscultation n. f. Méthode d'examen clinique consistant à écouter les bruits, normaux ou anormaux, produits par des organes ou des vaisseaux sanguins.
L'auscultation peut être *immédiate,* par application directe de l'oreille sur le patient, ou *médiate,* par l'intermédiaire d'un stéthoscope.
La respiration et les battements cardiaques produisent à l'état normal des bruits très exactement codifiés, dont la moindre variation est une indication précieuse de l'examen clinique, de même que tout bruit surajouté. L'auscultation des vaisseaux sanguins permet d'entendre des souffles qui témoignent d'un écoulement turbulent, dû à une variation de leur calibre.

autisme n. m. Détachement de la réalité, comportant la perte des échanges avec le monde extérieur et la prédominance d'un monde intérieur imaginaire. (V. SCHIZOPHRÉNIE.)

auto-accusation n. f. Élément fondamental de la douleur morale chez le mélancolique. (V. MÉLANCOLIE.)
Le malade se croit coupable de toutes sortes de fautes et s'accuse violemment. Ce sentiment de culpabilité intense peut le conduire au suicide. Toutes différentes sont les auto-accusations des mythomanes, qui cherchent à se distinguer des autres.

auto-anticorps n. m. Anticorps* élaboré par un organisme à l'encontre d'un de ses propres constituants et cause des *maladies auto-immunes*. (V. IMMUNITÉ.)

autoclave n. m. Appareil servant à la stérilisation* des instruments par de la vapeur sous pression.

autogreffe n. f. Greffe prélevée sur l'individu lui-même.

autohémothérapie n. f. Méthode de traitement utilisée essentiellement dans l'allergie, et qui consiste à réinjecter au patient, par voie intramusculaire, de 20 à 25 ml de son propre sang, prélevé par voie veineuse.

auto-immun, e adj. *Maladies auto-immunes,* classe de maladies provoquées par la production dans un organisme d'auto-anticorps*. (V. IMMUNITÉ.)

auto-intoxication n. f. Ensemble des troubles provoqués par des poisons élaborés dans l'organisme lui-même.

autolyse n. f. 1. Destruction de cellules ou de microbes par des enzymes qu'ils sécrètent eux-mêmes (le produit de cette destruction est l'*autolysat*).
2. Synonyme de SUICIDE*.

automatisme n. m. Caractère de ce qui fonctionne par soi-même.

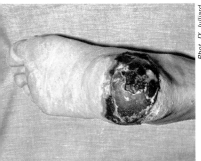

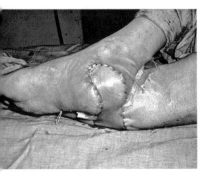

Phot. D' Julliard.

Autoplastie.
A. Escarre du talon avant intervention.
B. Autogreffe pour escarre du talon
(lambeau de peau pédiculé
sur le mollet de la jambe opposée,
technique dite *cross-leg*).

De nombreux organes sont doués d'automatisme, c'est-à-dire qu'ils conservent au moins une partie de leur activité lorsque les nerfs qui les commandent sont supprimés.

L'automatisme cardiaque est assuré par le tissu nodal*, formation nerveuse située à l'intérieur du muscle cardiaque lui-même, qui permet au cœur de battre même lorsqu'il n'est plus innervé.
Automatisme psychomoteur. V. ÉPILEPSIE.

automobile (accidents d'). V. ACCIDENT, *Accidents de la route.*

automutilation n. f. Blessures pratiquées volontairement sur soi-même.
Ces mutilations sont destinées à échapper à des obligations (militaires, par exemple) ou

sont symptomatiques d'une maladie mentale ou métabolique grave.

autoplastie n. f. Comblement d'une perte de substance cutanée en la recouvrant au moyen de la peau voisine, par glissement, rotation, etc.

autopsie n. f. Examen complet d'un cadavre et de son contenu (viscères, toxiques, etc.).
L'autopsie permet non seulement l'examen anatomique de tous les viscères, mais aussi d'effectuer des prélèvements destinés aux études chimiques, microscopiques, immunologiques, facilitant la progression de la science médicale ou la compréhension des causes d'un décès.
L'autopsie scientifique. Elle est pratiquée dans trois buts :
1. Prélever des organes frais en vue de greffe chez les vivants (reins, cornée, cœur) ;
2. Renseigner les familles sur les causes exactes d'un décès et découvrir d'éventuelles maladies héréditaires ;
3. Faire avancer les connaissances médicales, en permettant de confronter les faits cliniques, observés du vivant du sujet, avec les anomalies anatomiques occasionnées par la maladie ou l'ayant provoquée.
L'opposition écrite de la famille rend toute autopsie scientifique illicite, ainsi que la volonté du sujet de ne pas y être soumis.
L'autopsie médico-légale. Elle est pratiquée sur réquisition du procureur de la République, par un médecin légiste ; nul ne peut s'y opposer. Cette réquisition est faite en cas de mort consécutive à des violences, à un crime, à un accident ou à un suicide. Elle l'est également si la mort est suspecte (sujets jeunes ou apparemment en bonne santé, cause imprécise) ou quand une procédure de responsabilité civile ou pénale est engagée.
Les buts de l'autopsie médico-légale sont bien définis :
1. Elle permet de préciser ou d'établir l'identité du sujet (sexe, âge, état pathologique éventuel) ;
2. Elle permet de rechercher la cause de la mort (traumatisme, plaie, intoxication) et de définir légalement la nature de cette mort : mort naturelle, accident, crime ou suicide ;
3. Elle permet d'établir la date et parfois l'heure de la mort.

autoradiographie n. f. Image formée sur un film photographique par un corps ou un organe contenant une substance marquée par un isotope radioactif.

autorégulation n. f. Régulation automatique d'un processus physiologique, tendant à maintenir constants les principaux éléments ou rapports en jeu.

Toutes les fonctions assurant la constance du milieu intérieur sont soumises à des régulations de ce type, par voie humorale ou réflexe. (V. FEED-BACK.)

autosome n. m. Variété de chromosome* qui n'induit pas le sexe.

autosomique adj. Se dit des maladies héréditaires non liées au sexe.

autotransfusion n. f. Injection à un patient de son propre sang, préalablement prélevé et conservé, ou récupéré au cours d'une intervention chirurgicale. Elle évite tout risque d'infection (S. I. D. A., hépatite, etc.) et d'incompatibilité de groupe sanguin.

autovaccin n. m. Vaccin préparé à partir de microbes provenant du malade lui-même.

auxiliaire n. **Auxiliaire médical,** toute personne dont la profession consiste à exercer une activité requérant l'exécution personnelle et directe d'un ou de plusieurs actes (thérapeutique ou prothétique) sur un malade ou un handicapé, par délégation du médecin (seul ou sous son contrôle).
Les auxiliaires médicaux sont les infirmiers*, opticiens*-lunetiers, masseurs*-kinésithérapeutes, pédicures*, orthophonistes*, orthoptistes* et audioprothésistes*.

avant-bras n. m. Partie du membre supérieur située entre le coude et le poignet.
Anatomie. Le radius et le cubitus, réunis par le ligament interosseux, limitent deux régions dans l'avant-bras :
— une *région antibrachiale antérieure*, creusée à sa partie inférieure par la *gouttière du pouls*, et occupée par des muscles assurant la pronation* et la flexion des doigts et du poignet ;
— une *région antibrachiale postérieure*, dont les muscles assurent la supination* et l'extension des doigts et de la main.
Pathologie. Les fractures des deux os de l'avant-bras sont particulièrement fréquentes chez l'enfant, de traitement souvent difficile, nécessitant toujours une surveillance rigoureuse et prolongée. Chez l'adulte, l'ostéosynthèse est presque toujours nécessaire, une réduction parfaite étant indispensable pour conserver la fonction essentielle de l'avant-bras, la pronosupination*.

aveugle n. et adj. Toute personne « dont la vision centrale est nulle ou inférieure à un vingtième de la normale ».
Toute personne aveugle doit faire l'objet d'une déclaration à la mairie du lieu de résidence. Pour les mineurs, la déclaration est obligatoire et incombe aux parents, tuteurs ou à toute autre personne ayant la charge ou la garde du mineur. Les personnes dont la vue est inférieure ou égale à 1/10 autorisées au port de la canne blanche.

avion n. m. Le transport par avion des blessés et des malades prend de plus en plus de développement pour accélérer le transfert vers des centres spécialisés.
Les accidents ou inconvénients qui peuvent frapper les passagers sont liés à l'altitude, à la baisse de pression atmosphérique, aux accélérations et décélérations, aux vibrations et aux bruits. (V. AÉRONAUTIQUE.)
La chute d'un appareil en vol expose à des traumatismes gravissimes, aux brûlures par explosion ou incendie, à la dénutrition et au choc irréversible si le point de chute ne permet pas une récupération immédiate des survivants.

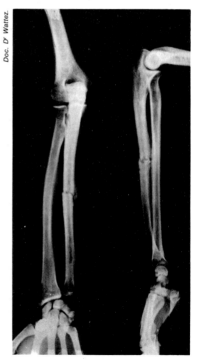

Doc. Dʳ Wattez.

Avant-bras.
Fracture de la partie moyenne du cubitus avec cal.

avitaminose n. f. Maladie entraînée par l'insuffisance ou l'absence de vitamines.

L'avitaminose peut être simple, relevant de la carence en une seule vitamine, ou complexe, relevant d'une carence polyvitaminique.

L'*avitaminose A* se révèle principalement par des manifestations oculaires : héméralopie* et xérophtalmie*.

L'*avitaminose B1* se manifeste par le béribéri et, en Occident, par les polynévrites alcooliques et l'encéphalopathie de Gayet-Wernicke (v. ALCOOLISME).

L'*avitaminose B3* ou *PP* détermine la pellagre*.

L'avitaminose B12 n'existe pas à proprement parler, mais la *maladie de Biermer* (anémie pernicieuse) est causée par un défaut d'absorption de la vitamine B12, consécutif à une altération de la muqueuse gastrique, entraînant une absence de facteur* intrinsèque.

L'*avitaminose C* réalise le scorbut*.

La *carence en vitamine D* entraîne un rachitisme* pendant la croissance, une ostéomalacie* chez l'adulte et, à tout âge, de la tétanie*.

L'*avitaminose K* conduit à des phénomènes hémorragiques.

avortement n. m. Interruption de la grossesse avant le 6ᵉ mois.

L'avortement peut être involontaire (fausse couche) ou volontaire. Dans ce dernier cas, il peut être thérapeutique ou non.

Avortement involontaire ou spontané. Il évolue selon un mécanisme qui rappelle celui de l'accouchement. Les grandes hémorragies et l'infection y sont exceptionnelles.

Signes. Ils consistent en petites pertes de sang rouge ou noir qui se répètent (métrorragies). Pour une femme enceinte, ce doit être un signe d'alarme, car une grossesse normale ne doit pas saigner. Parfois existent des douleurs pelviennes ou lombaires. L'apparition de contractions répétées de l'utérus est le prélude à une expulsion inévitable. L'avortement involontaire ou spontané est généralement complet, soit en un temps (embryon et placenta) au cours des deux premiers mois, soit en deux temps, à la façon d'un accouchement en miniature, après le deuxième mois (l'embryon étant expulsé d'abord, le placenta ensuite). Après lui, l'utérus se rétracte, le retour de couches survient quatre semaines plus tard.

Causes. 1. *Causes maternelles générales.* Les principales sont le diabète, les néphrites et certaines intoxications, ainsi que les maladies infectieuses.

2. *Causes utérines.* L'utérus peut offrir à un œuf normal des conditions d'hébergement défavorables : rétroversion utérine, fibrome, endométrite, utérus trop petit ou malformé, synéchie* ou béance de l'isthme.

3. *Causes hormonales.* La grossesse implique un équilibre hormonal dont la faillite est souvent retrouvée en cas d'avortement involontaire. On estime à l'heure actuelle que ce déséquilibre ne fait que traduire la souffrance de l'œuf et du placenta, et qu'il faut plutôt le considérer comme une conséquence que comme une cause de l'avortement. Dans cette perspective, les traitements hormonaux, dits « substitutifs », apparaissent assez illogiques.

4. *Causes chromosomiques.* On sait maintenant que les anomalies chromosomiques occupent une place de choix parmi les causes des avortements spontanés, notamment au cours des six premières semaines (70 p. 100 des cas). C'est le plus souvent un accident au cours de la méiose* qui conditionne cette anomalie, mais il peut s'agir également d'une perturbation de la fécondation ou des premières divisions de l'œuf.

5. *Causes immunologiques.* Enfin, il n'est pas utopique d'assimiler certaines interruptions de grossesse à de véritables « rejets de greffe », et les progrès réalisés en immunologie autoriseront peut-être des perspectives thérapeutiques nouvelles.

Avortement volontaire clandestin. Cet acte exposait naguère à des complications nombreuses et souvent dramatiques. Ces complications étaient dues :

1. Aux manœuvres abortives elles-mêmes (perforation de l'utérus, embolie, réflexe mortel) ;

2. Aux hémorragies, liées au décollement incomplet de l'œuf ;

3. À l'infection que favorisaient les deux facteurs précédents.

Avortement thérapeutique. Il est pratiqué quel que soit l'âge de la grossesse, lorsque des circonstances médicales, maternelles ou fœtales le rendent souhaitable (v. ci-dessous, *Législation*).

Interruption volontaire de grossesse. Lorsqu'une femme se trouve en situation de détresse du fait de son état de grossesse, et à condition qu'elle respecte les règles édictées par la loi (v. ci-dessous), elle peut faire interrompre sa grossesse. Jusqu'à la 7ᵉ semaine d'aménorrhée, l'interruption de grossesse peut être réalisée de façon semi-ambulatoire (sans hospitalisation), car il n'est pas indispensable de faire une dilatation préalable du col de l'utérus, par une aspiration à la canule souple (méthode de Karman).

Après la 7ᵉ semaine, la dilatation préalable est indispensable et nécessite une anesthésie et une hospitalisation. Il faut toutefois savoir que, même exécutée dans les meilleures conditions et par un médecin, l'interruption de grossesse n'est jamais exempte de risques, notamment de risques de stérilité.

Législation. Les lois du 17 janvier 1975 et du 31 décembre 1979 permettent, dans certaines conditions, l'interruption volontaire de la grossesse (I. V. G.).

L'avortement est autorisé jusqu'à la dixième semaine de grossesse, lorsque la femme enceinte présente une « situation de détresse ». L'interruption volontaire de la grossesse ne peut être pratiquée que par un médecin dans un établissement hospitalier public ou privé agréé. La femme doit être avertie des risques médicaux qu'elle encourt et recevoir un « dossier-guide » sur les droits, aides et avantages consentis aux familles, ainsi que sur les possibilités d'adoption. Elle doit consulter un centre d'information et de conseil familial. Si l'avortement est décidé, elle doit confirmer au médecin par écrit son intention. Si elle est mineure célibataire, le consentement de l'une des personnes représentant l'autorité parentale est requis.

Un médecin n'est jamais tenu de donner suite à une demande d'avortement ni de la pratiquer, mais il doit faire part de son refus lors de la première visite.

Par ailleurs, l'interruption volontaire d'une grossesse peut être pratiquée à toute époque si deux médecins, dont les qualifications sont prévues par la loi, attestent, après examen et discussion, que la poursuite de la grossesse met en péril grave la santé de la femme ou qu'il existe une forte probabilité que l'enfant à naître soit atteint d'une affection d'une particulière gravité, reconnue comme incurable au moment du diagnostic.

avulsion n. f. Ablation par arrachement : *avulsion dentaire.*

axillaire adj. Relatif à l'aisselle*.

axis n. m. Deuxième vertèbre du cou, qui, par son apophyse *odontoïde*, constitue l'axe de rotation de la tête sur le cou.

Ax-les-Thermes, station thermale de l'Ariège, à 42 km de Foix, ouverte du 1ᵉʳ juin au 31 octobre.

Les eaux sulfurées sodiques, très chaudes (de 41 à 78 ^{0}C), contiennent des bicarbonates, de la silice, des oligoéléments ; certaines sont radioactives. On les emploie en bains, douches, étuves dans les rhumatismes vertébraux, la périarthrite de l'épaule, les rhumatismes infectieux, la goutte. Les maladies de la peau et des muqueuses sont également améliorées.

axone n. m. Prolongement cytoplasmique du neurone*, qui transmet l'influx nerveux.

axonge n. f. Graisse de porc employée comme excipient dans les pommades. (Syn. : SAINDOUX.)

azoospermie n. f. Absence totale de spermatozoïdes dans le sperme. (Syn. : ASPERMIE.)

Cette anomalie se distingue donc de l'*oligospermie* (moins de 40 000 spermatozoïdes par mm³) et de l'*asthénospermie* (qui n'affecte que la motilité et la vitalité des spermatozoïdes).

On distingue deux sortes d'azoospermie :
1. L'*azoospermie excrétoire,* lorsque les spermatozoïdes se forment dans le testicule, mais ne peuvent arriver à l'extérieur par suite d'un obstacle sur les voies excrétrices ;
2. L'*azoospermie sécrétoire,* lorsque le testicule ne forme plus normalement les spermatozoïdes, comme le montre la biopsie.

L'azoospermie est une cause de stérilité conjugale.

azote n. m. Gaz constituant les quatre cinquièmes de l'air atmosphérique. (Syn. : NITROGÈNE.)

Biochimie. L'azote (symbole : N [de nitrogène]) est l'élément caractéristique des protides (acides aminés, polypeptides, protéines), où il entre sous forme de groupement amine (—NH$_2$). Le sang contient, outre les protéines, des substances azotées non protidiques (urée, créatinine) qui sont des déchets.

Pharmacie. Le gaz azote est employé comme protecteur de certains médicaments (craignant l'oxygène) et comme propulseur dans certains atomiseurs.

L'azote liquide est employé pour la destruction par le froid de petites tumeurs de la peau. (V. CRYOTHÉRAPIE.)

Le protoxyde d'azote est un gaz anesthésique*.

azotémie n. f. Quantité d'azote présente dans le sang, normalement de 0,20 à 0,40 g par litre. — Quand elle augmente, on parle d'*hyperazotémie.*

azoturie n. f. Quantité d'azote présente dans les urines, normalement de 10 à 18 g par litre.

AZT, sigle de l'*azidothymidine,* médicament employé contre le S.I.D.A.

azygos adj. Se dit de trois veines du thorax (grande et petites veines azygos, supérieure et inférieure) qui longent la colonne vertébrale et se réunissent pour se jeter dans la veine cave supérieure.

babeurre n. m. Produit liquide restant après le barattage du lait frais. — Le liquide qui se sépare du fromage blanc après fermentation est un *babeurre acide* employé en alimentation infantile et connu sous le nom simplifié de *babeurre*.

Il contient des sels minéraux et des protéines ; on le donne aux nourrissons intolérants aux graisses et après les diarrhées, additionné de sucre et de farine.

Babinski (signe de), inversion du réflexe cutané plantaire, qui traduit l'atteinte de la voie motrice principale du système nerveux, le *faisceau pyramidal*.

Ce signe se recherche en effleurant la plante du pied, d'arrière en avant, avec une pointe mousse, ce qui provoque normalement une flexion des orteils ou *réflexe cutané plantaire ;* il y a signe de Babinski quand ce réflexe se traduit au contraire par une extension du gros orteil.

bacillaire adj. Relatif à un bacille.

bacille n. m. Variété de bactéries* en forme de fin bâtonnet.

bacillémie n. f. Présence passagère de bacilles dans le sang circulant, due à la décharge de ceux-ci à partir d'un foyer microbien.

bactéricide adj. et n. m. Se dit de toute substance qui tue les bactéries. (Syn. : BACTÉRIOLYTIQUE.)

Les antiseptiques* sont bactéricides ainsi que certains antibiotiques*.

bactéridie n. f. *Bactéridie charbonneuse,* bactérie responsable du charbon*.

bactérie n. f. Micro-organisme appartenant au règne des protistes (êtres unicellulaires). La cellule bactérienne (*procaryote*) est beaucoup plus élémentaire que les cellules composant les êtres vivants (*eucaryotes*). En particulier, son noyau, dépourvu de membrane, est composé d'un seul chromosome qui ne donne pas lieu à des mitoses, mais se

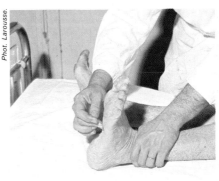

Phot. Larousse.

Babinski. Recherche du signe de Babinski.

multiplie par scissiparité. La population bactérienne issue de la division d'une cellule mère est désignée sous le nom de *clone bactérien.*

Les bactéries se présentent sous deux formes : rondes, ce sont alors des *coques,* ou *cocci ;* fines et allongées en forme de bâtonnet, ce sont alors des *bacilles.*

Les bactéries ne sont pas toutes pathogènes, par exemple *Bacillus subtilis* est un germe saprophyte* habituel de l'intestin. Il existe 11 ordres de bactéries pathogènes : les pseudomonales, les chlamydobactériales, les eubactériales, les myxobactériales, etc. À l'intérieur même de ces ordres, toutes les bactéries sont désignées de deux noms latins : le nom de genre, suivi du nom d'espèce. Par exemple : le bacille responsable de la peste appartient à l'ordre des eubactériales et se nomme *Yersinia pestis.*

Phot. Larousse.

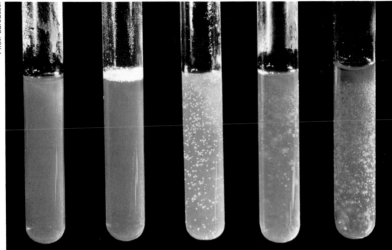

bactériémie n. f. Décharge de bactéries dans le courant sanguin à partir d'un foyer septique. — La bactériémie s'accompagne toujours d'un frisson. (V. SEPTICÉMIE.)

bactériologie n. f. Science consacrée à l'étude des bactéries.
Outre l'examen direct au microscope et les cultures sur milieux appropriés qui permettent de classer les bactéries, la bactério-

Bactériologie. Cultures de bactéries.
De gauche à droite : témoin non ensemencé,
aérobie strict,
aéroanaérobie facultatif, anaérobie strict ;
anaérobie strict.

Mélange de bactéries.
Gram positif (violettes) et négatif (rouges).

Bactérie :
1. Capsule ; 2. Mésosome ; 3. Chromosome ;
4. Corpuscule basal ; 5. Paroi ;
6. Inclusion ; 7. Membrane cytoplasmique ;
8. Flagelle.

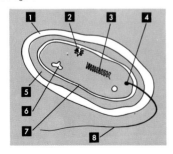

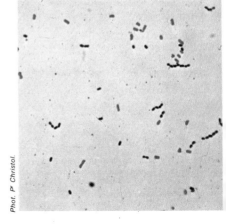

Phot. P' Christol.

logie applique l'inoculation expérimentale à des animaux de laboratoire, le cobaye en particulier, ce qui permet d'apprécier le pouvoir pathogène des bactéries. La bactériologie est la base scientifique de nombreuses industries alimentaires et un élément important de l'étude des sols en agriculture.

bactériolyse n. f. Destruction des bactéries sous l'influence d'anticorps spéciaux, les *bactériolysines*.

bactériophage n. m. Virus s'attaquant uniquement aux bactéries et spécifique de chaque type de bactérie. (Syn. PHAGE.)
Le parasitisme d'une bactérie par le bactériophage entraîne la destruction de celle-ci, c'est pourquoi on utilise parfois le bactériophage en thérapeutique anti-infectieuse.

bactérioscopie n. f. Recherche par examen microscopique de germes microbiens dans un produit pathologique (expectoration par exemple).

bactériostatique adj. et n. m. Se dit de toute substance, en particulier d'un antibiotique, dont l'action se borne à arrêter la multiplication des bactéries sans les tuer.

badiane n. f. Fruit du badianier (*Illicium verum*, magnoliacées). [Syn. : ANIS ÉTOILÉ.]
La badiane est employée en infusion, en teinture, pour son action stomachique et carminative.

badigeonnage n. m. Action de revêtir la peau ou les muqueuses d'un enduit médicamenteux, afin d'obtenir un effet révulsif, analgésique ou bactéricide.

bagassose n. f. Affection respiratoire observée chez les ouvriers qui manipulent le résidu de la canne à sucre : la *bagasse*.
La bagassose se manifeste par de la toux, de la dyspnée* et une expectoration parfois sanglante.

Bagnères-de-Bigorre, station thermale des Hautes-Pyrénées, à 21 km de Tarbes, ouverte du 15 juin au 30 septembre.
Les eaux sulfurées, calciques et magnésiennes, sont chaudes (de 27 à 51°C) et radioactives. On les emploie en boisson pour leurs propriétés laxatives, cholagogues et diurétiques chez les obèses, les hypertendus et les goutteux. Les bains en eau très chaude, les massages sous l'eau traitent les rhumatismes chroniques, la goutte, la cellulite, alors que les bains en eau tiède sont sédatifs du système nerveux. On y traite également les affections des voies respiratoires.

Bagnoles-de-l'Orne, station thermale de Normandie, à 48 km d'Alençon, ouverte du 1er juin au 1er octobre.
La grande source fournit une eau à 24°C, radioactive et peu minéralisée. Cette eau

stimule la contraction des muscles lisses des veines, de la vessie et de l'intestin. Elle favorise la cicatrisation (ulcères). Elle stimule la sécrétion des gonadotrophines* de l'hypophyse, qui agissent sur l'ovaire et la thyroïde. On emploie l'eau en bains, douches et irrigations locales dans le traitement des varices, des jambes gonflées, des suites de phlébites, d'ulcères et d'eczémas variqueux, ainsi que dans les congestions pelviennes (hémorroïdaires, prostatiques, utérines). Les aménorrhées* et dysménorrhées*, les insuffisances thyroïdiennes sont améliorées.

bague n. f. **Bague dentaire,** anneau métallique servant de prothèse dentaire pour reconstituer le contour d'une dent.
Bague tuberculinique, bague munie de fines pointes, servant à pratiquer les cutiréactions.

baie n. f. Fruit charnu à pépins.
Certaines baies sont comestibles (raisin, groseille, melon, etc.), d'autres peuvent être toxiques, soit d'emblée (colchique, chèvrefeuille, cascara [ou baie d'Avignon]), soit par immaturité ou par fermentation (tomates vertes, aubergines). [V. FRUIT.]

bâillement n. m. Ouverture forcée et involontaire de la bouche, normalement provoquée par le sommeil, la faim, l'ennui, ou même l'irritation.
Le bâillement peut aussi être provoqué par divers états pathologiques, amenant une plus grande quantité d'air dans le poumon à l'occasion d'un manque d'oxygène passager ; il peut coïncider avec un trouble dyspeptique, gastrique ou vésiculaire. Le mécanisme nerveux du bâillement est un phénomène complexe qui met en jeu plusieurs étages du système nerveux ; c'est pourquoi on l'observe au cours d'encéphalites* touchant les centres du sommeil, au cours des hypertensions intracrâniennes, voire au cours de lésions assez localisées du système nerveux central.

bain n. m. Immersion du corps, en totalité ou en partie, dans un liquide ou dans un gaz.
— Par extension, *bain de soleil*, exposition du corps aux rayons solaires. (V. HÉLIOTHÉRAPIE.)
Bains de toilette. Les bains en baignoire peuvent être pris de 18 à 37°C ; au-dessus de 37°C, il ne faut pas prendre de bain si l'on est seul, en raison du risque de malaise. Il faut éviter tout contact avec des fils ou appareils électriques lorsqu'on est dans l'eau, car l'eau étant conductrice on risque une décharge parfois importante ; il faut surveiller aussi le bon allumage du chauffe-eau s'il est à gaz (risque d'intoxication par l'oxyde de carbone).
Bains sportifs. Ils peuvent être pris à partir

de 17°C pour les sujets en bonne santé. Les sportifs entraînés se baignent dans de l'eau beaucoup plus froide, mais au-dessous de 12°C la durée du bain doit être très réduite, sinon il faut porter une combinaison de plongée.

Bains médicamenteux. On peut introduire de nombreux produits dans les bains en baignoire : sels minéraux, balsamiques, adoucissants, calmants, utiles dans certains cas. Les bains à 36 ou à 35°C permettent de faire baisser la température en cas de fièvre élevée.

Bains locaux. Les bains de pieds (pédiluves), de bras ou de mains (manuluves) ont la propriété d'atténuer l'inflammation, de nettoyer et désinfecter les plaies, d'activer la circulation locale.

Les *bains de bouche* consistent en l'introduction dans la bouche de solutions antiseptiques ou calmantes qui sont gardées quelques instants, puis crachées ; ils permettent de traiter les gingivites et les stomatites. Le *lavage de bouche* est un jet d'eau tiède appliqué dans la bouche avec un bock et une canule pour évacuer des déchets et désinfecter. On peut employer des solutions composées (solution de Dakin, 50 g par litre) ou des solutions de formol (à 1/1000), de permanganate de potasse (1/10000).

Les *bains d'oreille* sont des instillations de liquides dans le conduit auditif externe, qu'on laisse agir quelques minutes.

Bains thermaux. Ces bains, généraux ou locaux, sont pratiqués dans les stations thermales avec l'eau de source à sa température d'émergence ou refroidie par mélange ou décantation, ou encore réchauffée. Ils sont irremplaçables en raison soit de la radioactivité (vite perdue par l'eau), soit de composants chimiques instables. Les bains *carbogazeux* sont des bains dans de l'eau où se dégagent des bulles de gaz carbonique.

Les *bains de boue** sont obtenus par action d'une eau thermale sur un limon.

Les *bains de sudation** favorisent l'élimination des déchets et activent la circulation.

Bains-les-Bains, station thermale des Vosges, à 40 km au sud-est de Vittel, ouverte du 15 mai au 30 septembre.

Les eaux, hyperthermales (de 31 à 53°C), sont peu minéralisées mais très radioactives. On les emploie en bains, bains carbogazeux et douches dans le traitement des artérites des membres inférieurs, des séquelles d'infarctus du myocarde et dans l'hypertension.

BAL, sigle de *British Anti-Lewisite,* antidote des gaz de combat et de l'arsenic. (V. DIMERCAPROL.)

Phot. C.N.R.I.

Bain.
Bain thermal avec massage sous l'eau par douche sous-marine.

balanite n. f. Infection de la muqueuse qui recouvre le gland de la verge.

balano-posthite n. f. Infection de la muqueuse du gland et du prépuce.
Elle est très fréquente au cours du phimosis*, mais peut être également en rapport avec des causes parasitaires, infectieuses ou métaboliques (diabète).

balantidiose n. f. Maladie parasitaire intestinale de l'homme, due à un protozoaire, *Balantidium coli,* parasite habituel de nombreux mammifères, en particulier du porc.
L'homme s'infeste en touchant ou en mangeant du porc parasité. La maladie peut alors être aiguë, sous forme de *dysenterie balantidienne* ressemblant à l'amibiase* (diarrhée sanglante, douleurs, fièvre), ou revêtir une forme chronique, à type de *colite*.*

Le traitement est à base d'arsenicaux (diphétarsone), d'antibiotiques (tétracyclines) associés à un antispasmodique dans les formes douloureuses.

ballon (jeux de). Ces sports, pratiqués en équipe, imposent un effort de base relatif et des phases d'activité intense.

Le *basket-ball* convient aux deux sexes et la haute taille est un avantage. Les affections du cœur et des poumons sont des contre-indications.

Le *football*, surtout pratiqué par les hommes, nécessite une parfaite santé, du souffle et un entraînement régulier. Les accidents, fréquents, touchent surtout les membres inférieurs : entorses, claquages ou hernies musculaires, rupture du tendon d'Achille. Les fractures sont possibles. Les genoux* sont souvent atteints : contusion simple, hydarthrose*, rupture du ligament latéral interne, lésions des ménisques.

Le *handball*, qui nécessite de grandes qualités d'adresse, de rapidité, d'agilité, ne comporte que des risques minimes.

Le *rugby* demande une grande vigueur et de l'endurance. On y retrouve tous les incidents et accidents du football, avec, en plus, les conséquences de chutes et de collisions fréquentes.

Le *volley-ball*, qui demande des mouvements de détente et d'extension, est recommandé pour corriger les attitudes voûtées. On peut y observer des entorses ou des fractures des doigts, des ruptures des tendons fléchisseurs, des contusions de l'épaule.

ballonnement n. m. Augmentation pathologique plus ou moins importante du volume de l'abdomen par distension gazeuse. (Syn. : MÉTÉORISME.)

ballottement n. m. Mouvement d'un corps que l'on agite.
En médecine, ce terme désigne la mobilité anormale d'une articulation. Le mot *ballottement* s'applique également à la sensation perçue entre les deux mains qui palpent le mouvement du fœtus dans l'utérus ou d'un rein dans la cavité abdominale.

balnéothérapie n. f. Traitement par les bains*.

balsamique adj. et n. m. Se dit de substances résineuses naturelles renfermant de l'acide benzoïque ou de l'acide cinnamique. Ce sont soit des *baumes** (benjoin, baume du Pérou, baume de Tolú) soit des *térébenthines*, ou encore des *substances aromatiques* (eucalyptol, gaïacol, etc.). On les emploie comme antiseptiques et modificateurs des muqueuses des voies respiratoires.

banane n. f. La banane doit être consommée lorsque sa peau commence à brunir. Pauvre en sodium, elle est permise dans les régimes sans sel. Riche en sucre (18 p. 100) et en potassium, elle est déconseillée aux diabétiques.

Bancroft (filaire de). V. FILARIOSE *lymphatique.*

bandage n. m. Moyen utilisé pour maintenir en place un pansement, exercer une compression, immobiliser une partie du corps.

Les *bandages simples* peuvent être circulaires, obliques, croisés (spicas). Les *écharpes* permettent de soutenir le membre supérieur et de le fixer éventuellement au tronc : l'*écharpe de Mayor* est faite avec un linge carré, plié en triangle. Les *bandages de corps* sont utilisés pour la constriction du thorax (fracture de côtes) ou de l'abdomen (après laparotomie). Les *bandages en T* servent à maintenir les pansements du périnée.

Le *bandage herniaire* inguinal est composé d'une ou deux pelotes destinées à obturer l'orifice herniaire et d'un ressort ou d'une ceinture pour maintenir la pelote. Son utilisation est actuellement de plus en plus rare, la cure chirurgicale de la hernie étant de beaucoup préférable, même chez les vieillards ; le bandage herniaire ombilical n'est guère utilisé que chez le nourrisson.

Bandages :
1. Cape ;
2. Spica du membre inférieur.

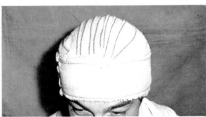

Phot. D' Julliard.

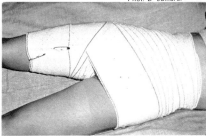

bande n. f. Pièce de tissu longue et étroite, utilisée en chirurgie.

La toile et le coton sont choisis pour les bandages compressifs ; les bandes en crêpe (de Velpeau) exercent une compression douce et uniforme ; les bandes de gaze sont surtout utilisées pour maintenir les pansements ; les bandes élastiques adhésives sont de plus en plus employées (entorses). La *bande d'Esmarch* est une bande de caoutchouc utilisée pour rendre exsangue le champ opératoire lors d'une intervention sur les membres.

banque n. f. **Banque d'organes,** organisme collecteur qui stocke des tissus en vue de greffes : os, sang, cornées, etc. — Il existe depuis peu des banques de sperme.

Banti (syndrome de), maladie touchant les sujets jeunes et comportant une grosse rate (splénomégalie) avec fonctionnement excessif de cet organe (hypersplénisme*) et constitution progressive d'une cirrhose* avec hémorragies digestives et ascite*.

Le syndrome de Banti peut survenir au cours d'une hypertension* portale ou au cours d'affections de causes diverses.

Barany (épreuve de), épreuve calorique permettant d'étudier les organes et les voies de l'équilibration : essentiellement le labyrinthe de l'oreille interne.

Lorsqu'on injecte de l'eau froide (20 °C) dans l'oreille d'un individu normal, on provoque un nystagmus* dirigé du côté opposé à l'oreille irriguée. C'est le réflexe *oculo-labyrinthique.* L'irrigation avec de l'eau chaude (42 °C) provoque des phénomènes analogues, mais en sens contraire. Il y a hyperexcitabilité labyrinthique lorsque les réponses sont exagérées ; au contraire, il y a hypo- ou inexcitabilité lorsque les réponses sont diminuées ou abolies.

barbiturique n. m. Groupe de médicaments synthétiques dérivant de l'*acide barbiturique* ou *malonylurée,* utilisés en thérapeutique pour leur action sédative et hypnotique (somnifère).

Ce sont des sédatifs du système nerveux ; le sommeil qu'ils provoquent est proche du sommeil physiologique, quoique de moins bonne qualité, et il peut s'accompagner de malaises (nausées, maux de tête). Les barbituriques exercent aussi une action anticonvulsivante. L'action des barbituriques est potentialisée par les autres drogues psychotropes* ainsi que par l'alcool.

Toxicologie. Il existe une accoutumance aux effets des barbituriques, ce qui peut entraîner le malade à augmenter ses doses, notamment pour obtenir un effet hypnotique. Les barbituriques sont également générateurs de dépendance si leur utilisation se prolonge longtemps. La dépression du système nerveux central induite par les barbituriques peut aller, si la dose a été excessive, jusqu'au *coma barbiturique.* C'est un coma avec abolition des réflexes, tachycardie*, fièvre. La mort survient par asphyxie, par dépression profonde de la fonction respiratoire. Le traitement du coma barbiturique doit être effectué en centre de réanimation.

Barbotan-les-Thermes, station thermale du Gers, à 73 km d'Agen, ouverte du 1er avril au 31 octobre.

Les eaux bicarbonatées calciques et magnésiennes, chaudes (36 °C) et radioactives, sont employées en bains, applications locales, boisson (cure de diurèse) et pour préparer des boues végéto-minérales. On traite ainsi les varices et séquelles de phlébites, les arthroses et la goutte.

Barèges, station thermale des Hautes-Pyrénées, à 40 km de Bagnères-de-Bigorre, ouverte du 15 mai au 1er novembre.

Les eaux sulfureuses, riches en silicium, radioactives, émergent à des températures de 34 à 44 °C. On les emploie dans le traitement des rhumatismes, des suites de traumatismes ostéo-articulaires en bains et douches, ainsi qu'en applications locales dans le traitement des affections O. R. L., gynécologiques et de la peau.

barothérapie n. f. Utilisation thérapeutique de l'oxygène sous pression (hyperbare), notamment dans les embolies gazeuses des plongeurs sous-marins. (V. CAISSON et HYPERBARE.)

barotraumatisme n. m. Lésion provoquée par les variations de la pression de l'air, soit par augmentation (plongeurs sous-marins, ouvriers des caissons), soit par diminution (aviateurs, ascensions diverses).

L'oreille est particulièrement touchée par les barotraumatismes, la trompe d'Eustache (qui fait communiquer l'oreille moyenne et le pharynx) étant l'organe qui permet d'équilibrer les pressions de l'oreille moyenne avec celles du milieu environnant. Lorsque la pression extérieure diminue (avion prenant de l'altitude, plongeur remontant à la surface), la caisse du tympan (v. OREILLE) se trouve en surpression, ce qui suffit à provoquer l'ouverture de la trompe d'Eustache, et ce, dès que la différence de pression atteint 15 mm de mercure. L'air sort alors passivement du tympan, la vitesse de dénivellation n'intervenant pas. Lorsque la pression extérieure augmente (descente d'avion, plongée), la caisse du tympan se trouve en dépression et *l'équilibre des pressions ne peut se rétablir spontanément,* car la surpression accole les

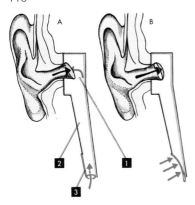

Barotraumatisme de l'oreille.
A. Pression extérieure légèrement supérieure
ou égale
à la pression dans la caisse du tympan (1) :
la déglutition (3) rétablit l'équilibre.
2. Trompe d'Eustache.
B. Pression extérieure très supérieure
à la pression dans la caisse du tympan :
trompe d'Eustache bloquée,
tympan enfoncé ou éclaté.

parois de la trompe d'Eustache. Son ouverture nécessite alors des mouvements qui mettent en tension les muscles tubaires : déglutition, bâillement, éternuement, diduction, phonation criée. Si la variation de pression s'effectue lentement, c'est-à-dire si la vitesse de dénivellation est faible, les mouvements spontanés de déglutition suffisent à rétablir l'équilibre. Si on laisse s'établir une différence de pression entre l'air de la caisse et l'air du pharynx supérieure à 60-70 mm de mercure, l'orifice tubaire se bouche et l'*otite barotraumatique* se constitue, avec ses divers degrés de gravité. Enfin, l'oreille interne est, elle aussi, lésée : les variations de pression des milieux sont responsables de surdités de perception brusques ou progressives.

Le traitement de l'otite barotraumatique est curatif (décongestionnant, antalgique, paracentèse* éventuelle), mais surtout préventif et fondé sur la prudence : lenteur des vitesses de dénivellation lorsque la pression extérieure augmente. Les aviateurs, les professionnels de la plongée sous-marine doivent être entraînés en caisson pneumatique, pour étudier les conséquences des variations de pression sur la fonction d'aération de la caisse du tympan par la trompe d'Eustache. Les sujets doivent connaître les vitesses de plongée, car il faut savoir s'arrêter et même remonter de 1 à 2 m si l'oreille s'équilibre mal. Il faut enfin interdire les vols et les plongées aux sujets présentant une infection aiguë des voies aériennes (rhino-pharyngite).

Les *sinus* peuvent également subir un barotraumatisme, quoique leur atteinte soit beaucoup moins fréquente et moins grave que celle de l'oreille. Elle se manifeste par une douleur et un saignement de nez. (V. CAISSON, *Maladie des caissons*.)

Des barotraumatismes peuvent également apparaître au niveau des articulations et du système nerveux, lors des décompressions rapides, par dégagement de bulles gazeuses (v. DÉCOMPRESSION).

Barr (corpuscule de), petite masse de chromatine* accolée à la membrane du noyau de chaque cellule.
Les hommes n'en ont pas, tandis que les femmes en possèdent un. Le *test de Barr*, recherche du corpuscule de Barr dans le noyau de cellules prélevées par frottis à l'aide des méthodes de colorations, permet de reconnaître le « sexe nucléaire » de chaque cellule (contrôle du sexe pour les épreuves sportives) et de dépister une éventuelle anomalie chromosomique.

Barraquer-Simons (maladie de), affection caractérisée par la disparition progressive et totale de la graisse sous-cutanée des régions supérieures du corps, contrastant avec l'hypertrophie du tissu adipeux de la moitié inférieure. (Syn. : LIPODYSTROPHIE* PROGRESSIVE.)

barre n. f. **Douleur en barre,** douleur à topographie horizontale, pouvant s'observer au thorax (angine* de poitrine) ou à l'épigastre (estomac, côlon transverse).

Bartholin (glandes de), glandes situées, chez la femme, de part et d'autre de l'orifice vaginal. — Elles sécrètent un mucus qui joue un rôle lubrifiant lors des rapports sexuels.

bartholinite n. f. Inflammation des glandes de Bartholin.
Elle est due le plus souvent à des germes banals, mais quelquefois à une infection gonococcique.

La *bartholinite aiguë* se traduit par de la fièvre, une douleur violente et une tuméfaction de la vulve. L'incision de drainage est le seul traitement logique, lorsque le pus est formé.

La *bartholinite chronique*, moins douloureuse, ne se traduit que par une tuméfaction plus petite de la grande lèvre. Son traitement définitif impose l'extirpation de la glande intéressée.

baryum n. m. Métal alcalinoterreux.
Le *sulfate de baryum*, ou *baryte*, opaque aux rayons X, est utilisé comme opacifiant pour les examens radiologiques.

bas n. m. **Bas à varices**, bas dont l'élasticité importante comprime la jambe et supplée à la déficience des parois veineuses. — Avant de les mettre, le variqueux aura soin de maintenir ses jambes surélevées un certain temps, de manière à drainer l'excès de sang présent dans les veines.

base n. f. Substance capable, en solution, de fixer un ion* H$^+$ et, par conséquent, de neutraliser les acides*. (Syn. : ALCALIN.)
Les principales bases sont la soude Na$^+$OH$^-$, la potasse K$^+$OH$^-$, l'ammoniaque NH$_4^+$OH$^-$ et les amines. (V. ACIDO-BASIQUE [*équilibre*].)

Basedow (maladie de), maladie associant un goitre* diffus (augmentation de volume homogène de la glande thyroïde), responsable des signes d'hyperthyroïdie, à une saillie excessive des yeux. (Syn. : GOITRE EXOPHTALMIQUE.)
Le goitre peut être de volume variable : on y ausculte parfois un souffle, qu'on peut aussi palper : le *thrill* thyroïdien.
L'hyperthyroïdie se traduit par différents signes : l'amaigrissement précoce contraste avec la conservation d'un appétit normal ou exagéré. La tachycardie (accélération du pouls) permanente et régulière, persistant pendant le sommeil, est un signe important. Les mains sont soumises à un tremblement menu, fin et rapide. Le sujet se plaint de bouffées de chaleur, tient difficilement en place, devient émotif, irritable. Les troubles digestifs, tels que nausées, vomissements, diarrhée, sont plus rares. La peau est chaude et moite, les cheveux fins et cassants.
L'atteinte des yeux se caractérise par une protrusion (saillie) des globes oculaires en dehors de l'orbite : c'est l'*exophtalmie* vraie. Une rétraction de la paupière supérieure, accompagnée de rareté du clignement, donne au regard un aspect fixe et tragique. Certains examens biologiques confirment le diagnostic : augmentation du métabolisme* de base, raccourcissement du réflexogramme* achilléen, baisse du taux sanguin du cholestérol. En outre, la captation d'iode par la glande thyroïde est augmentée (gammagraphie), ainsi que le taux d'hormones circulantes. Des complications cardiaques sont à redouter, ainsi que des troubles psychiques sévères.
La maladie de Basedow atteint de préférence la femme jeune ; elle résulte d'un désordre des mécanismes faisant intervenir

l'hypophyse*, qui ajustent la sécrétion d'hormone thyroïdienne aux besoins physiologiques des tissus périphériques.
Le traitement médical est à base de sédatifs associés à des antithyroïdiens de synthèse. On administre parfois de l'iode radioactif, traitement de choix quand existe une contre-indication chirurgicale. Le repos est toujours nécessaire.
Le traitement chirurgical consiste en une ablation de la thyroïde qui permet d'obtenir des résultats très satisfaisants.

basocellulaire adj. Relatif aux cellules de la couche basale (la plus profonde) de l'épiderme. (Se dit des cancers formés à partir de cette couche, dont le pronostic est bon.)

basophile adj. Se dit d'une cellule ou d'un tissu présentant une affinité tinctoriale pour les colorants basiques.

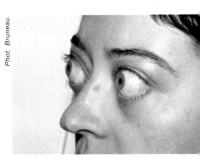

Phot. Bruneau.

Maladie de Basedow. Exophtalmie bilatérale.

bassin n. m. Ceinture osseuse qui constitue la partie inférieure du tronc, lui sert de base et fournit un appui aux membres inférieurs.
Anatomie. Le bassin est formé par les *os iliaques*, creusés sur leur face externe d'une cavité articulaire, la cavité cotyloïde, qui reçoit la tête du fémur pour former l'articulation de la hanche. En avant, les deux os iliaques se réunissent au niveau de la symphyse pubienne. En arrière, ils s'articulent avec le *sacrum*, situé au-dessous de la colonne vertébrale lombaire et prolongé en bas par le *coccyx*. Le bassin osseux circonscrit ainsi une cavité en forme d'entonnoir, divisée par un relief, le *détroit supérieur*, en deux parties, le grand bassin et le petit bassin ou *pelvis*. Le grand bassin forme la partie inférieure de la cavité abdominale ; le pelvis est limité en bas par un diaphragme musculo-

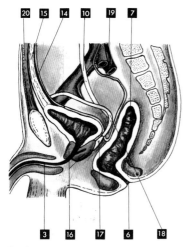

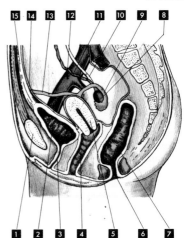

Bassin.
Coupes médianes antéropostérieures du bassin
chez la femme (à droite)
et chez l'homme (à gauche) :
1. Symphyse pubienne ; 2. Vessie ;
3. Urètre ; 4. Vagin ; 5. Utérus ; 6. Anus ;
7. Rectum ; 8. Ovaire ; 9. Trompe ;

10. Uretère ;
11. Vaisseaux ovariens ; 12. Artère iliaque ;
13. Ligament rond ; 14. Péritoine ;
15. Ouraque ; 16. Prostate ;
17. Vésicules séminales ; 18. Canal déférent ;
19. Veine iliaque ; 20. Paroi abdominale.

Bassin normal d'homme.

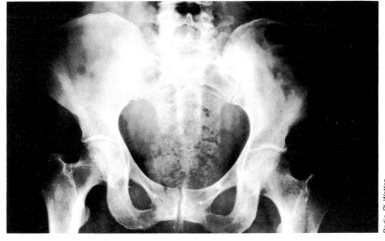

Radio Dʳ Wattez.

aponévrotique, le *périnée**. Le petit bassin présente trois rétrécissements dont l'importance est grande en obstétrique :

1. Le *détroit supérieur* (qui marque sa limite supérieure), constitué d'arrière en avant par le promontoire et l'aileron du sacrum, les lignes innominées et les bords supérieurs des pubis (face antérieure des deux os iliaques). Il forme un angle de 60⁰ avec le plan horizontal ;

2. Le *détroit moyen*, au niveau des épines sciatiques de l'os iliaque ;

3. Le *détroit inférieur*, losangique, limité par le bord inférieur du pubis, les branches ischio-pubiennes de l'os iliaque et le sommet du coccyx.

Il existe quelques différences entre le bassin de l'homme et celui de la femme. Chez elle, il est plus large, l'ouverture supérieure plus évasée, l'angle pubien plus ouvert. Ces caractéristiques facilitent l'accouchement. Chez l'homme, au-dessus du plancher périnéal, se trouve la vessie, d'où part l'urètre* (entouré de la prostate*) avant de traverser le périnée ; dans l'urètre prostatique débouchent les canaux éjaculateurs venus des vésicules* séminales, petits réceptacles situés derrière la vessie, en avant du rectum.

Pathologie. Les fractures du bassin ont vu leur fréquence augmenter avec la multiplication des accidents* de la route. Les *fractures parcellaires* intéressent l'une ou l'autre des différentes pièces osseuses sans interrompre l'anneau pelvien ; elles sont de pronostic en général bénin. Les *fractures du cotyle* sont dues à un choc violent sur le fémur : leur traitement est difficile et des séquelles importantes sont toujours à redouter. Les *fractures de la ceinture pelvienne* rompent la continuité de l'anneau pelvien ; elles sont souvent compliquées de lésions vasculaires, nerveuses ou urinaires (déchirure de la vessie, rupture de l'urètre) qui demandent un traitement d'urgence difficile et peuvent laisser des séquelles importantes. De plus, ces fractures surviennent à la suite de traumatismes importants, entraînant un état de choc grave, surtout s'il s'agit de polytraumatisés chez qui d'autres lésions, abdominales, rénales, cranio-encéphaliques, mettent en jeu le pronostic vital.

Obstétrique. En obstétrique, le bassin est l'élément principal de la filière pelvi-génitale que le fœtus doit traverser. Il est donc essentiel de préciser la forme et les dimensions du bassin avant l'accouchement. C'est ce que se proposent la pelvimétrie interne (mesure du diamètre sagittal par le toucher vaginal) et la radiopelvimétrie (radiographie couplée du bassin et d'une réglette graduée).

Le détroit supérieur représente le *plan d'engagement* de la tête du fœtus. Le détroit inférieur représente le *plan de dégagement* par lequel la tête fœtale quitte l'excavation du bassin. Les anomalies du bassin qui sont à l'origine de difficultés lors de l'accouchement constituent la *dystocie* *osseuse*. Le rachitisme*, l'ostéomalacie*, l'achondroplasie* l'atrophient et le déforment ; la gibbosité* l'atrophie et le déplace, mais toujours en lui gardant sa symétrie. Au contraire, la coxalgie*, la poliomyélite*, la luxation unilatérale de la hanche* ainsi que les scolioses* vertébrales entraînent des déformations asymétriques.

bassin n. m. Récipient aplati, en métal émaillé ou en matière plastique, pour faire uriner et aller à la selle les malades alités. (Le bassin doit être désinfecté à l'eau de Javel.)

bassinet n. m. Segment élargi de l'appareil excréteur du rein*, situé à la jonction des grands calices et se continuant par l'uretère.

Bauhin (valvule de), repli de la paroi interne du gros intestin au niveau de l'abouchement de l'intestin grêle, et qui empêche le reflux des liquides du premier dans le second.

baume n. m. Résine végétale, liquide ou solide, douée de propriétés adoucissantes et légèrement antiseptiques, dites *balsamiques**.

B. C. G., sigle du bacille *bilié de Calmette et Guérin*, bacille tuberculeux bovin atténué, utilisé pour la vaccination antituberculeuse.
— Le bacille perd tout pouvoir pathogène par passages successifs sur un milieu de culture spécial.

Techniques de vaccination. Le B. C. G. est pratiqué chez les sujets ayant une réaction négative à la tuberculine. On le fait donc précéder d'une cuti- ou d'une intradermo-réaction.

Vaccination intradermique. C'est la méthode la plus couramment employée. On injecte un dixième de centimètre cube de vaccin dans le derme du bras. Trois semaines après l'injection, on constate l'apparition d'une papule rouge bleuâtre, qui grossit jusqu'à la 6ᵉ semaine et peut donner lieu à un léger écoulement séreux pendant plusieurs semaines.

Vaccination par scarification. On dépose quelques gouttes de suspension vaccinale à 3 cm les unes des autres, et on fait des traits de scarification à travers chaque goutte. Chez le nourrisson, on se contente de deux gouttes et de quatre traits d'un demi-centimètre de long. On laisse sécher avant de recouvrir d'une compresse. Il se forme une croûte qui tombe vers le 5ᵉ jour. Les traits deviennent saillants vers la 3ᵉ semaine et mettent de 2 à 3 mois pour disparaître. On peut également faire la scarification avec une bague analogue à la bague tuberculinique.

La méthode par scarification ou par bague est employée pour les vaccinations des enfants de moins de 2 ans. Par contre, pour les enfants plus âgés et les vaccinations collectives, on préfère la méthode intradermique.

Résultats. Le B. C. G. réalise chez le sujet vierge de toute affection tuberculeuse antérieure une primo-infection se réduisant à la simple positivation des réactions tuberculiniques. Il protège efficacement contre les tuberculoses graves (granulie, méningite tuberculeuse). Des études statistiques ont prouvé que la pratique systématique du B. C. G. a considérablement abaissé la morbidité tuberculeuse.

Indications. La loi du 5 janvier 1950 rend obligatoire la vaccination par le B. C. G. de tous les sujets de moins de 25 ans dont les réactions tuberculiniques sont négatives, les enfants fréquentant les établissements scolaires et les crèches, le personnel hospitalier, les militaires et tous les sujets exposés à la contamination tuberculeuse. L'absence de contamination tuberculeuse antérieure est affirmée par la négativité de l'intradermoréaction à 10 unités de tuberculine ou du timbre tuberculinique jusqu'à l'âge de 12 ans. Si toutefois le sujet présente des réactions déjà positives, le B. C. G. ne fait alors que renforcer son immunité. Dans les suites de la vaccination, il faut éviter le contact du vacciné avec des tuberculeux contagieux tant que la cutiréaction n'est pas devenue positive.

Contre-indications. Il existe des contre-indications temporaires et définitives à la vaccination contre le B. C. G.

Les contre-indications *temporaires* sont :
— la prématurité, tant que l'enfant n'a pas atteint le poids de 3 kg ;
— les maladies aiguës pendant toute la durée de leur évolution et de leur convalescence ;
— les dermatoses étendues en évolution.

Les contre-indications *définitives* sont les affections viscérales chroniques graves : néphrites chroniques, syndromes néphrotiques, cardiopathies mal tolérées.

La vaccination doit être contrôlée dans l'année qui suit et sera périodiquement recontrôlée par réaction tuberculinique, pour procéder, si la cuti redevient négative, à une revaccination.

Indépendamment de son rôle dans la tuberculose, il a été prouvé que le B. C. G.

est un stimulant des défenses naturelles de l'organisme en général. C'est ainsi qu'on l'administre dans certains cas à des malades dont les défenses immunitaires sont déficientes, par exemple dans les cas de leucémies, de myélome* ou autres cancers. (V. CANCER, *Chimiothérapie*.)

béance n. f. Ouverture anormale d'un orifice.

En chirurgie dentaire, la béance est l'impossibilité du contact entre dents antagonistes : *béance incisive.*

En obstétrique, la *béance du col utérin* est une ouverture anormale de l'orifice interne du col de l'utérus. La perte de cette fonction de « verrouillage » du col compromet l'évolution de la grossesse en exposant aux avortements involontaires et aux accouchements prématurés. L'origine peut être congénitale, fonctionnelle ou traumatique, à la suite d'un accouchement difficile ou d'un avortement volontaire. Le traitement, qui ne se justifie que dans la mesure où la béance est responsable d'interruptions de grossesse, est le cerclage* du col.

bébé n. m. V. NOUVEAU-NÉ et NOURRISSON.

bébé-éprouvette, enfant résultant d'une fécondation* *in vitro* suivie d'une réimplantation de l'embryon dans l'utérus.

bec-de-lièvre n. m. Malformation congénitale consistant en une fente plus ou moins étendue de la lèvre supérieure, pouvant atteindre la narine, et résultant de l'absence de soudure des bourgeons faciaux primitifs de l'embryon.

Sa fréquence est de 1 p. 1000. Le bec-de-lièvre peut être uni- ou bilatéral, isolé ou associé à une fissure du palais. À la naissance, il expose à des troubles de la déglutition et aux affections rhino-pharyngées ; par la suite, il peut entraîner des troubles de la parole.

Le traitement est chirurgical et ne peut être envisagé qu'après l'âge de 6 mois.

bec-de-perroquet n. m. Prolifération osseuse ou ostéophyte*, en forme de bec d'oiseau, qui apparaît sur le bord des articulations au cours de l'arthrose*.

béchique adj. Se dit des substances employées contre la toux : *sirop béchique.* (Actuellement, on tend à remplacer ce terme par celui d'*antitussif*.)

bégaiement n. m. Trouble de l'élocution, caractérisé par l'impuissance à émettre certains sons ou à enchaîner les mots, en l'absence de toute paralysie.

Plus fréquent chez le garçon que chez la fille, le bégaiement est souvent accompagné de troubles d'ordre respiratoire, moteur (gri-

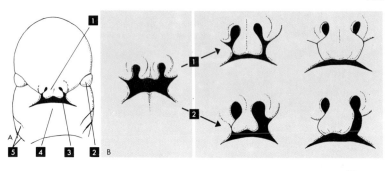

Schéma explicatif du bec-de-lièvre.
A. Visage d'un embryon humain de 15 mm :
1. Lobe du nez ; 2. Œil ;
3. Orifice buccal primitif ; 4. Maxillaire ;
5. Branchies.
B. 1. Développement normal
de la lèvre supérieure ;
2. Formation d'un bec-de-lièvre
(défaut d'accolement de l'une des crêtes).
C. Évolution et soudure des éléments
constitutifs du palais
et de la lèvre supérieure.

maces, contorsions de la tête pendant l'élocution), neurovégétatif (rougeurs, sueurs).

Apparaissant entre 3 et 7 ans, le bégaiement augmente si on y fait attention et avec les émotions. Il disparaît au contraire dans le chant.

Une rééducation douce par un orthophoniste peut guérir le bégaiement, ou du moins apporter une amélioration importante. Les meilleurs résultats sont obtenus avant 7 ans.

Bec-de-lièvre chez un enfant,
avant intervention chirurgicale.

Bec-de-lièvre d'un adulte.
Bon résultat esthétique et fonctionnel,
après intervention chirurgicale.

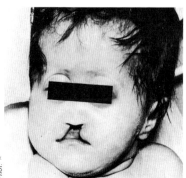

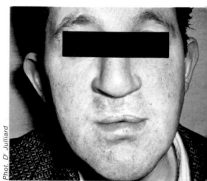

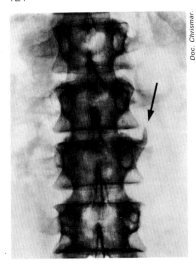

Doc. Chrismar.

Bec-de-perroquet.
Arthrose vertébrale avec bec-de-perroquet.

Jamais, en tout cas, le bégaiement ne doit susciter de railleries ni de colère, qui ne feraient que l'empirer. L'enfant qui bégaie étant souvent anxieux et hyperémotif, voire névrotique, une psychothérapie peut être associée au traitement.

Behcet (maladie de), affection exceptionnelle, associant à des poussées d'aphtes de la bouche et des muqueuses génitales des signes oculaires (conjonctivite, uvéite, iritis) et une méningite.

belladone n. f. Plante (*Atropa belladona*) ayant des effets physiologiques analogues à ceux de son principe actif, l'*atropine**.
La belladone est employée en pharmacie sous forme d'*extrait de belladone*, d'*huile de jusquiame composée*, de *teinture de belladone* (toxique, tableau A). Elle peut entraîner une intoxication dont les effets sont semblables à ceux de l'atropine. (V. ATROPINE, *Toxicologie*.)

bénignité n. f. Caractère des maladies évoluant normalement vers la guérison, sans complications ni séquelles, et des tumeurs non cancéreuses.

Béniqué (sondes de), sondes métalliques de calibre croissant et de courbure appro-priée, permettant de dilater progressivement l'urètre masculin.

benjoin n. m. Résine odorante obtenue par incision d'arbres d'Indo-Malaisie (styrax) et qui se présente en «larmes» jaunâtres ou rougeâtres dont la cassure a une consistance cireuse et dégage une odeur de vanille.
Le benjoin est employé dans les affections des voies respiratoires supérieures en inhalations (teinture de benjoin) et en sirops; il entre dans la formule de produits dermatologiques.
Benjoin colloïdal. Il est utilisé dans une réaction de floculation du liquide céphalorachidien; cette réaction sert au diagnostic de la syphilis nerveuse.

benzène n. m. Carbone cyclique isolé des produits de distribution des huiles minérales et de la houille. (Syn. : BENZINE.)
On a utilisé le benzène dans le traitement des parasitoses externes : gale, aoûtats, phtiriase, mais c'est surtout un détachant et un solvant industriel dont l'inhalation fréquente peut provoquer le *benzolisme*, maladie professionnelle.
Toxicologie. Le benzène et ses homologues (toluène, xylène) peuvent provoquer des intoxications aiguës ou chroniques.
L'intoxication aiguë. Elle touche surtout le système nerveux. Les premiers signes consistent en des vertiges, une euphorie inexpliquée, des nausées et des vomissements, des maux de tête et une congestion du visage. Le sujet titube, paraît en état d'ébriété. Si l'intoxication est importante, un flou de la vision, des tremblements apparaissent, puis un coma accompagné de convulsions et de troubles du rythme cardiaque. La mort peut survenir par collapsus*, encombrement respiratoire ou tachycardie* irréductibles. Le contact du benzène avec la peau entraîne une irritation et des rhagades (fissures, crevasses).
Le *traitement* consiste à soustraire immédiatement la victime aux vapeurs toxiques. Il n'y a pas d'antidote, le traitement est purement symptomatique.
L'intoxication chronique. Le benzène provoque une atteinte de la moelle osseuse, où se fait l'hématopoïèse*. Il en résulte des anomalies d'une des trois lignées sanguines, ou des trois à la fois, réalisant une *aplasie* médullaire* mortelle. Cette aplasie peut être remplacée par une hémolyse*, une polyglobulie* ou une leucémie. Heureusement, les lésions sanguines sont lentes à se constituer et sont souvent dépistées à leur stade de début : légère anémie* hypochrome, baisse des globules blancs polynucléaires neutrophiles, augmentation des éosinophiles. Il faut

alors muter de poste le sujet concerné. Une atteinte plus importante justifie la déclaration en tant que *maladie professionnelle du benzolisme,* inscrit au tableau 4 du régime général.

En raison de la gravité de l'intoxication au benzène, des *mesures préventives* concernant les ouvriers, d'une part, et les produits manipulés, d'autre part, sont rendues obligatoires par les décrets du 16 octobre 1939 et du 23 août 1947. Notamment, les visites médicales de contrôle sont obligatoires pour les ouvriers travaillant dans le benzène.

benziodarone n. f. Vasodilatateur coronarien doué en outre d'une forte action uricosurique, c'est-à-dire éliminant l'acide urique par les urines.

benzoïque adj. Étymologiquement : «dérivé du benjoin».
Acide benzoïque, acide cyclique jadis extrait du benjoin, auquel il doit son nom, et doué de propriétés antiseptiques intestinales et expectorantes.
Benzoate de sodium, sel de l'acide benzoïque, utilisé comme diurétique, antiseptique génito-urinaire, cholagogue et expectorant.
Benzoate de benzyle, ester benzoïque de l'alcool benzylique, utilisé comme antispasmodique et en applications locales dans les parasitoses externes : gale, phtiriase.

benzolisme n. m. Intoxication par le *benzène** ou ses homologues.

benzonaphtol n. m. Ester benzoïque du naphtol, utilisé comme antiseptique intestinal.

benzylthiouracile n. m. Substance synthétique utilisée pour son action antithyroïdienne.

béquillard, e n. Personne qui se sert de béquilles.
Syndrome des béquillards, ensemble des troubles entraînés par la compression du paquet vasculo-nerveux de l'aisselle par les béquilles : fourmillements, insensibilité des doigts, paralysies, troubles circulatoires. Ce syndrome peut être évité par l'utilisation de «cannes anglaises», avec lesquelles l'appui se fait sur les avant-bras.

béquille n. f. Bâton destiné à aider les infirmes à marcher, l'appui se faisant sous les aisselles, qui reposent sur un support placé à l'extrémité supérieure de la béquille. (V. BÉQUILLARD, *Syndrome des béquillards.*)

Berck, station climatique du Pas-de-Calais, à 45 km d'Abbeville, spécialisée dans le traitement des affections ostéo-articulaires. Réservée au traitement des tuberculoses osseuses et articulaires jusqu'à la Seconde Guerre mondiale, la station s'est orientée depuis vers le traitement des autres affections osseuses et des atteintes neuro-musculaires.

béribéri n. m. Maladie provoquée par la carence en vitamine B1, consécutive à une alimentation exclusive par le riz décortiqué, dépourvu de vitamine B1.
Le béribéri s'observe presque uniquement en Extrême-Orient et en Afrique. La maladie touche principalement le système nerveux : polynévrite* des membres inférieurs, diminution de la force musculaire, crampes des mollets, chaleur des extrémités, abolition des réflexes. La *forme sèche* du béribéri est limitée à ses manifestations nerveuses. Le *béribéri humide* est accompagné d'œdèmes importants, gagnant parfois les séreuses :

Béquilles.
À gauche, béquille ; *à droite,* canne anglaise.

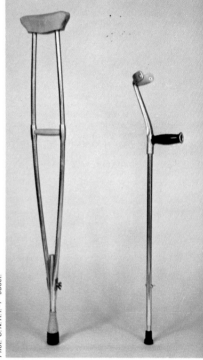

Phot. C. N. R. I. - P. Judet.

gros cœur avec péricardite, ascite*. Sans traitement, la maladie évolue vers la mort.

Traitement. Il consiste en l'administration de vitamine B1 à fortes doses, par voie buccale ou en injections, et en un régime alimentaire riche et équilibré. Dans la forme humide, il faut adjoindre un traitement symptomatique pour combattre les troubles cardiaques.

bérylliose n. f. Affection provoquée par le contact avec le béryllium*, dont certaines formes sont reconnues comme maladies professionnelles.

Les signes de la bérylliose sont essentiellement cutanés (granulomes) et pulmonaires (v. PNEUMOCONIOSE).

béryllium n. m. Métal gris, extrait du béryl, et utilisé sous forme de fluorure.

Les ouvriers se trouvent à son contact dans les mines d'extraction, dans les piles atomiques et dans diverses industries. Il provoque la bérylliose*.

Besnier-Bœck-Schaumann (maladie de), maladie du système réticulo-endothélial, dont on ne connaît ni la cause ni le mode de production, et qui se caractérise par la présence dans les organes atteints de petites tumeurs conjonctives contenant des cellules épithélioïdes et histiocytaires (les *granulomes sarcoïdosiques*). [Syn. : LYMPHOGRANULOMATOSE BÉNIGNE, SARCOÏDOSE.]

Les manifestations sont très diverses, et la plus fréquente est l'augmentation symétrique du volume des ganglions lymphatiques du médiastin (adénopathies hilaires bilatérales), sans traduction clinique. Les autres organes atteints sont nombreux.

L'atteinte cutanée se traduit par l'existence de « sarcoïdes », nodules rouges, indolores, siégeant à la face, aux épaules, sur les membres, de taille variable allant de celle d'une tête d'épingle au vaste placard tuméfié ; leur aspect rappelle celui des engelures, et le diagnostic repose sur l'examen des lésions au microscope.

Les *lésions oculaires* constituent une irido-cyclite (inflammation de l'iris et de son pourtour) et s'associent fréquemment à une inflammation des glandes salivaires, la parotide surtout.

Les *lésions pulmonaires* rappellent, à l'examen radiologique, celles de la tuberculose.

Les *lésions osseuses* siègent électivement sur les phalanges des doigts de la main et du pied, qui sont tuméfiés.

On peut observer une hépatomégalie (gros foie), une splénomégalie (grosse rate), une perte de poids, de la fièvre, le malade se plaignant de malaises vagues.

Le diagnostic fait appel à quelques particularités de la maladie : absence de réaction de la peau à l'injection de tuberculine (anergie cutanée), formation d'un nodule sur la peau du sujet malade lorsqu'on injecte ses extraits de ganglions atteints de sarcoïdose (réaction de Kveim). De plus, on note une augmentation du taux sanguin du calcium et des gammaglobulines*.

Cependant la clef du diagnostic reste dans l'examen histologique des lésions, qui y découvre l'existence du granulome sarcoïdosique. La sarcoïdose est une maladie généralement bénigne : les lésions cutanées se résorbent lentement, les lésions pulmonaires s'atténuent rapidement sous traitement. Cependant la maladie peut se stabiliser, voire s'aggraver, pour aboutir à une insuffisance respiratoire sévère.

Les corticoïdes constituent le seul traitement efficace de cette maladie.

Besredka (méthode de désensibilisation de), méthode consistant à fractionner les injections (de sérum en particulier), destinée à éviter des réactions de type anaphylactique* qui pourraient être provoquées par l'introduction dans l'organisme d'une protéine étrangère. La dose à injecter est ainsi administrée à doses croissantes toutes les 15 ou 20 minutes, et on interromp les injections à l'apparition du moindre malaise.

bestialité n. f. Comportement sexuel anormal, caractérisé par la pratique de rapports sexuels avec des animaux.

bêtabloquant n. m. et adj. Nom donné aux médicaments ayant une action *sympatholytique* ou *adrénolytique,* c'est-à-dire inhibiteurs du système sympathique*, dont le médiateur chimique est l'adrénaline.

L'action de ces inhibiteurs s'exerce électivement sur les récepteurs *bêta* du système sympathique, d'où leur nom. (V. aussi ADRÉNERGIQUE, *Récepteurs adrénergiques,* et ALPHABLOQUANT.)

L'utilisation des bêtabloquants est importante en cardiologie, pour diminuer les besoins en oxygène du muscle cardiaque dans l'angine de poitrine (v. ANGOR) et pour diminuer son excitabilité dans les troubles du rythme (tachycardies) ; on emploie également les bêtabloquants dans le traitement de l'hypertension artérielle.

bétaïne n. f. Corps dérivant de la choline par oxydation, administré par voie orale dans des affections hépatiques, l'hypercholestérolémie, etc.

bêtaméthazone n. f. Corticoïde anti-inflammatoire de synthèse (fluoro-9 α-méthyl-16 β-prednisolone) ayant des effets analogues à ceux de la cortisone.

beurre n. m. Corps gras du lait, obtenu par centrifugation, fermentation, puis barattage (battage mécanique).

La composition du beurre est la suivante (pour 100 g) : lipides, 84 g ; eau, 14 g ; protides, 0,8 g ; glucides, 0,5 g ; traces de sels minéraux, vitamines A et D. Sa valeur nutritive est très élevée : 760 calories pour 100 g. Le beurre est plus digeste cru que cuit. Le rancissement est dû à une pullulation microbienne, avec formation d'acide butyrique. Le beurre pasteurisé se conserve plus facilement.

Le beurre doit être rationné ou supprimé dans les hyperlipémies, les hypercholestérolémies, l'athérosclérose, l'obésité.

Beurre de cacao, corps gras du cacao*, employé comme excipient des suppositoires, bâtons de rouge à lèvres et diverses préparations dermatologiques.

bézoard n. m. Concrétion formée de débris végétaux ou de cheveux, qu'on retrouve dans l'estomac de certains psychopathes qui avalent n'importe quoi.

Biarritz, station climatique et thermale du golfe de Gascogne, à 8 km de Bayonne.

CLIMAT. Les variations de température sont faibles, aussi bien entre le jour et la nuit qu'entre l'été et l'hiver. Les pluies ont une répartition régulière et le degré hygrométrique est élevé. Tous ces éléments constituent un climat stimulant favorable aux convalescences, aux consolidations osseuses, aux asthénies, aux retards de croissance.

EAUX. Les eaux naturelles de Biarritz-Briscous, contenant 300 g de sel par litre (11 fois plus que l'eau de mer), sont employées en bains, douches et applications locales dans les affections gynécologiques.

biberon n. m. Petite bouteille en verre graduée, utilisée pour l'allaitement artificiel. Le biberon doit résister à la stérilisation, posséder à la partie supérieure une rainure destinée à ajuster la tétine, recouverte ou non d'un bouchon. Le biberon doit être stérilisé avant chaque usage ; il est lavé sans produits détersifs à la fin de chaque tétée. Pour donner le biberon, on tient l'enfant en position demi-assise, dans les bras ; on vérifie la chaleur du liquide (sur le dos de la main) et la bonne perméabilité des orifices de la tétine. Si le lait coule difficilement, on agrandit les trous avec une aiguille chauffée au rouge. Si le lait coule trop vite et fait tousser l'enfant, il faut changer la tétine.

bicarbonate n. m. Sel dérivé de l'acide carbonique.

Le *bicarbonate de sodium* (CO_3HNa), dissocié en ses ions (CO_3H^- et Na^+), joue un rôle dans l'équilibre acido*-basique de l'organisme. Il est employé en solutions naturelles (eaux de Vichy, de Vals) ou pharmaceutiques (associé aux sulfate, phosphate, citrate) dans le traitement de l'acidité gastrique, des gastrites, et pour lutter contre l'acidose.

biceps adj. et n. m. Se dit d'un muscle dont l'une des extrémités se termine par deux tendons ou « chefs ».

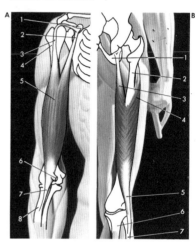

Biceps.
A. *Biceps brachial (bras)* :
1. Omoplate ; 2. Courte portion ;
3. Longue portion ; 4. Humérus ; 5. Biceps ;
6. Expansion aponévrotique ;
7. Tendon inférieur ; 8. Radius.
B. *Biceps crural (cuisse)* :
1. Ischion ; 2. Fémur ; 3. Longue portion ;
4. Courte portion ;
5. Tendon inférieur ; 6. Tibia ; 7. Péroné.

Le biceps *brachial*, qui fait saillie à la face antérieure du bras, est fléchisseur de l'avant-bras sur le bras. Le biceps *crural*, à la face postérieure de la cuisse, fléchit la jambe sur la cuisse.

Biermer (anémie de), anémie grave, due à un défaut d'absorption de la vitamine B12. (Syn. : ANÉMIE PERNICIEUSE.)

La vitamine B12 étant nécessaire à la multiplication des globules rouges, sa carence entraîne une diminution du nombre de ceux-ci et un défaut de leur maturation qui aboutit à la production d'hématies anormalement grandes (*mégaloblastes*). Le défaut d'absorption de la vitamine B12 est lié à l'absence de *facteur intrinsèque* gastrique*, nécessaire à cette absorption.

La maladie de Biermer frappe essentiellement les sujets de race blanche, surtout les femmes, et à l'âge mûr. Elle présente par ailleurs un caractère *familial*.

Ses manifestations sont de trois ordres :

1. *Anémique* : le malade venant consulter pour des troubles fonctionnels gênants (fatigue, pâleur, essoufflement, palpitations) ;

2. *Digestifs* : toutes les muqueuses digestives sont atrophiées, ce qui est visible au niveau de la langue, qui est lisse, vernissée, et dont les sillons sont effacés : c'est la classique *glossite de Hunter*. Il peut exister une diarrhée graisseuse importante ou, au contraire, une constipation ;

3. *Neurologique* : souvent discrètes (fourmillement des extrémités, perte de la sensibilité profonde, exagération des réflexes ostéotendineux).

Le diagnostic est porté devant la numération sanguine, qui montre une anémie normochrome, arégénérative (v. ANÉMIE). Le myélogramme* révèle la mégaloblastose, dont l'origine est précisée par l'étude de l'absorption gastrique de la vitamine B12 radioactive (test de Schilling*) et par la mesure de l'acidité gastrique, qui s'est effondrée.

Traitement. Il consiste en l'administration intramusculaire de vitamine B12 à la dose de 100 à 1 000 gammas par jour jusqu'au retour à la normale de la numération. La « crise réticulocytaire » (apparition de nombreux réticulocytes dans le sang, témoignant de la reprise de l'hématopoïèse*) affirme l'efficacité du traitement. Un traitement d'entretien doit être poursuivi à vie, à la dose de 100 gammas par mois environ. Le traitement a transformé le pronostic de l'anémie de Biermer, jadis toujours mortelle.

bigéminisme n. m. Ensemble de deux systoles (contractions cardiaques) dans lequel la systole normale est suivie d'une extrasystole* plus faible. — Dans le *pouls bigéminé*, les deux pulsations sont suivies par une série plus ou moins longue de contractions normales. (Syn. : BIGÉMINIE.)

biguanide n. m. Corps dérivé du noyau de la guanidine. — Certains biguanides sont employés dans le traitement oral du diabète*.

bilan n. m. 1. Somme des entrées et des sorties du métabolisme d'un individu : bilan d'eau, bilan d'azote, bilan électrolytique. (Le bilan est positif s'il y a plus d'entrées que de sorties, et négatif dans le cas contraire.) 2. Ensemble des résultats des examens biologiques, cliniques et radiologiques appréciant l'état de santé d'un individu (par exemple, *bilan préopératoire* comprenant l'étude de l'état cardio-vasculaire, rénal, pulmonaire, etc., d'un malade avant l'intervention).

bile n. f. Liquide sécrété par le foie*, au taux de 0,8 à 1 litre par jour.

Excrétée par la cellule hépatique dans les canalicules biliaires du foie, la bile gagne ensuite la vésicule biliaire. Là, elle est stockée, concentrée, puis déversée par le canal cholédoque dans l'intestin (duodénum), au moment de la digestion. Ses constituants principaux sont les sels biliaires*, la bilirubine* et le cholestérol*.

La bile est à la fois un suc digestif, car elle agit sur la digestion des graisses, et un liquide d'excrétion, car elle stimule la contractilité de la vésicule biliaire et de l'intestin. Sa rétention provoque l'ictère* (jaunisse).

En thérapeutique, la bile est utilisée sous forme d'extrait sec, par voie rectale ou orale, contre la constipation et les troubles de la digestion intestinale.

bilharziose n. f. Maladie parasitaire humaine, due à l'infestation de l'organisme par un petit ver rond, la bilharzie, encore appelée *schistosome*.

Les bilharzioses sévissent dans les régions tropicales et subtropicales, où plus de 150 millions de personnes en sont atteintes.

Les parasites. Ce sont des vers trématodes à sexes séparés. Le mâle présente sur sa face ventrale un canal dans lequel se glisse la femelle. Ce couple inséparable vit dans les veines, où il se nourrit de sang, et résiste très longtemps.

Les femelles pondent des œufs qui, éliminés avec les selles ou les urines, effectuent leur cycle en eau douce. Puis l'embryon, ou *miracidium*, s'en échappe, pénètre dans un mollusque, hôte intermédiaire qui diffère selon l'espèce de bilharzie. Après maturation, il donne naissance à de nombreuses larves, ou *cercaires*, puis aux *furcocercaires*, qui, après avoir quitté leur hôte, parasitent l'homme.

Mode de contamination. Les furcocercaires ont besoin, pour se développer, d'une température élevée et d'une eau peu courante. La contamination active se fait au travers de la peau immergée. Les furcocercaires gagnent ensuite par voie veineuse le système de la veine porte, puis la grande circulation. Devenus adultes 2 mois plus tard, ils s'accouplent et commencent à pondre vers le 60e jour.

Clinique. On distingue 4 types de bilharzioses.

1. *Bilharziose intestinale à Schistosoma mansoni.* C'est la plus largement distribuée en

Afrique, en Amérique centrale et aux Antilles. Après un bain infestant et une incubation silencieuse de 3 à 6 semaines, la période d'état se caractérise par une fièvre élevée, un gros foie et une grosse rate, parfois des signes pulmonaires. La phase de localisation des vers adultes est l'origine de douleurs abdominales, de diarrhées, sanglantes ou non, ou d'un syndrome dysentérique. L'atteinte du foie et de la rate fait toute la gravité de cette localisation ; elle ne survient qu'en cas de contamination massive (ce qui se voit au Brésil). Des complications intestinales, pulmonaires et neurologiques peuvent se rencontrer.

2. *Bilharziose sino-japonaise à Schistosoma japonicum.* Elle sévit en Chine, au Japon, en Corée, aux Philippines, au Laos, au Cambodge. Cette forme ressemble beaucoup à la précédente, mais a une évolution plus rapide et un pronostic plus grave. Les signes sont très intenses (fièvre, tuphos*), la période de localisation marquée par des signes d'entérite, une atteinte du foie et de la rate précoce et plus grave.

3. *Bilharziose urinaire à Schistosoma hœmatobium.* On la rencontre en Afrique, en Asie Mineure, en Inde. La phase cutanée n'existe pas. La maladie débute par l'hématurie*, signe de localisation vésicale, vers le 3e mois. Celle-ci reste souvent isolée en dehors de poussées de cystite*. L'évolution se fait progressivement vers des lésions vésicales, urogénitales, responsables d'infection et de troubles urinaires graves.

4. *Bilharziose rectale à Schistosoma intercalatum.* On la rencontre au Congo, au Gabon, au Cameroun. Les premiers stades sont silencieux et aboutissent à des lésions de recto-colite granulomateuse, associées à des atteintes génitales.

Diagnostic. Il repose sur la recherche des œufs de schistosomes dans les urines, les selles, sur les biopsies rectales et vésicales, sur les réactions sérologiques spécifiques.

Traitement. On emploie le praziquantel, administré par la bouche en un seul jour, et qui est efficace contre les différents types de bilharzioses. Un traitement chirurgical complémentaire est parfois nécessaire.

Prophylaxie. Individuelle, elle consiste à éviter l'immersion en eau douce dans les régions d'endémie. Générale, elle associe la lutte antimollusques, la lutte contre le réservoir de germes (les mollusques) et surtout l'hygiène (éviter la souillure par les selles).

biliaire adj. Relatif à la bile.

Acides et sels biliaires. Constituants de la bile, les acides biliaires (*acides glycocholiques* et *taurocholiques*) sont fabriqués par le foie à partir du cholestérol et ensuite éliminés

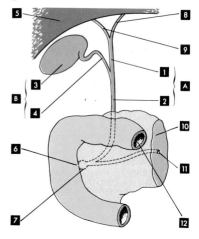

Voies biliaires.
A. *Voie biliaire principale.*
B. *Voie biliaire accessoire.*
1. Canal hépatique ;
2. Canal cholédoque.
3. Vésicule biliaire ;
4. Canal cystique ; 5. Foie ;
6. Sphincter d'Oddi ;
7. Ampoule de Vater ;
8. Canal hépatique gauche ;
9. Canal hépatique droit ;
10. Pancréas ;
11. Canal de Wirsung ;
12. Duodénum.

dans la bile. Les neuf dixièmes en sont réabsorbés par l'intestin (*cycle entéro-hépatique*). Les sels de ces acides, ou *sels biliaires*, ont un rôle important dans la digestion des graisses : ils facilitent l'émulsification des graisses alimentaires, nécessaire à leur absorption, et stimulent la motricité intestinale et celle de la vésicule. Leur rétention (lors des choléstases*) entraîne une stéatorrhée (selles graisseuses) et un prurit. On évalue alors leur concentration sanguine (*cholalémie*) et urinaire (*cholalurie*).

Calculs biliaires. V. ci-dessous *Calculs et inflammations des voies biliaires.*

Pigments biliaires. Ce sont la bilirubine* et ses dérivés. Leur rétention entraîne l'ictère*.

Voies biliaires, ensemble des canaux qui drainent la bile* sécrétée par le foie* jusqu'au tube digestif.

Anatomie. Les *voies biliaires intrahépatiques* ont leur origine dans les canalicules situés à l'intérieur des lobules du foie ; ces canalicules se jettent dans des canaux périlobulaires, qui s'anastomosent entre eux et forment les canaux hépatiques droit et gauche.

La *voie biliaire principale* naît dans le hile* du foie par la jonction des deux canaux hépatiques ; le *canal hépatique* ainsi formé descend du pédicule hépatique, reçoit le canal cystique (qui draine la vésicule biliaire) et prend alors le nom de *canal cholédoque ;* celui-ci passe en arrière du duodénum et de la tête du pancréas*, puis pénètre dans l'épaisseur même de cet organe, où il s'accole au canal de Wirsung, qui draine le pancréas. Les deux canaux traversent la paroi de la deuxième partie du duodénum et se réunissent en une formation appelée *ampoule de Vater*, avant de s'ouvrir dans cet organe. La terminaison du cholédoque et du canal de Wirsung est entourée d'un sphincter musculaire, le *sphincter d'Oddi*, dont le rôle est très important dans la pathologie bilio-pancréatique. La *voie biliaire accessoire* comprend la vésicule biliaire ou *cholécyste* et son canal excréteur, le *canal cystique*, qui se jette dans la voie biliaire principale.

Physiologie. La régulation du flux biliaire est déterminée par le débit de bile sécrétée par le foie, par la contraction vésiculaire et par le tonus du sphincter d'Oddi. Au début d'un repas, l'influence du nerf pneumogastrique (déclenchée par la vue, le goût, l'odorat) entraîne une discrète contraction vésiculaire et une fermeture du sphincter d'Oddi, d'où mise en tension du contenu cholédocien. Quand le chyme* gastrique parvient dans l'intestin grêle, celui-ci sécrète une hormone, la *cholécystokinine*, qui entraîne la contraction vésiculaire ; parallèlement, le sphincter d'Oddi se relâche et permet l'écoulement de la bile dans le duodénum ; dans la suite de la digestion, la sécrétion de bile hépatique est maintenue à un degré élevé. Cette physiologie peut être explorée par le *tubage* duodénal.

Exploration radiologique des voies biliaires.
— La *radiographie sans préparation* recherche l'image directe de calculs spontanément opaques.
— La *cholécystographie* consiste à faire ingérer un produit de contraste électivement excrété par la muqueuse de la paroi vésiculaire : on peut ainsi déceler des calculs sous forme de taches claires dans la masse vésiculaire opaque.
— Quand la vésicule ne s'opacifie pas par voie orale (ou quand le sujet a subi une cholécystectomie), on peut opacifier l'arbre

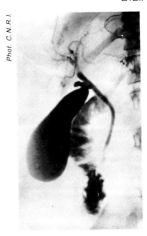

Phot. C. N. R. I.

Voies biliaires.
Cholangiographie montrant
les canaux hépatiques,
le canal cholédoque
et la vésicule.

Calculs biliaires visibles sans préparation.

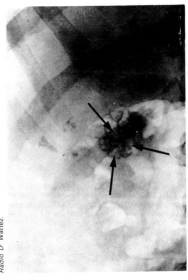

Radio Dʳ Wattez.

biliaire par voie intraveineuse (*cholangiographie*), le produit injecté étant excrété par la cellule hépatique.

— Enfin, la réalisation de radiographies de la voie biliaire principale doit faire partie de toute opération sur les voies biliaires, associée à l'étude des pressions qui règnent dans l'hépato-cholédoque (*radiomanométrie* peropératoire*).

Pathologie.

CALCULS ET INFLAMMATIONS DES VOIES BILIAIRES. Les calculs biliaires sont particulièrement fréquents. Leur formation constitue la *lithiase biliaire*. Quatre fois plus fréquente chez la femme que chez l'homme, on a invoqué successivement, pour expliquer la lithiase biliaire, les régimes riches, la suralimentation, la sédentarité, les grossesses, sans arriver à établir de véritable schéma physiopathologique. Les calculs ont un centre fait de cholestérol cristallisé, entouré de couches variables dont la teneur en calcium détermine leur opacité ou leur transparence aux rayons X. En général ils sont multiples, mais un calcul solitaire peut atteindre le volume d'un œuf de poule. Parfois la lithiase est cliniquement silencieuse, découverte fortuitement lors d'une radiographie systématique. Souvent, des troubles digestifs mineurs se manifestent : mauvaises digestions, nausées, ballonnement, et l'examen peut montrer une douleur sous les côtes, à droite, nette lors d'une forte inspiration (manœuvre de Murphy). Lorsqu'un calcul migrant se bloque et se dilate sous l'effet de sa propre sécrétion (*hydrocholécyste*). Si l'enclavement a lieu dans le cholédoque, apparaît un *ictère* par rétention*, avec jaunisse et passage des pigments biliaires dans les urines, qui deviennent foncées. Même en l'absence de migration, la lithiase irrite les parois de la vésicule, dont la muqueuse s'ulcère, s'épaissit : c'est la *cholécystite chronique* lithiasique, qui peut évoluer vers l'inflammation aiguë avec suppuration ; cette *cholécystite aiguë* peut aboutir à la perforation de la vésicule dans le péritoine (péritonite biliaire ou abcès sous-phrénique) ou dans un organe voisin (fistule cholécysto-duodénale) ; le calcul peut alors migrer dans le tube digestif et provoquer une occlusion (*iléus biliaire*). La stase biliaire (stagnation de la bile) et les lésions du sphincter d'Oddi peuvent être à l'origine d'une inflammation des canaux biliaires : ces *angiocholites* sont des infections graves, entraînant des signes généraux sévères, voire une septicémie. Les calculs du cholédoque

peuvent aussi avoir un retentissement grave sur le pancréas*, déclenchant une *pancréatite*.

La lithiase biliaire prédispose indubitablement au cancer de la vésicule.

DYSKINÉSIES BILIAIRES. En dehors de la lithiase, les troubles fonctionnels des voies biliaires ne sont pas rares ; on les groupe sous le nom de *dyskinésies biliaires* : troubles de contraction de la vésicule, dysfonctionnement du sphincter d'Oddi, responsables de coliques hépatiques sans lithiase, de migraines, de vomissements. Ces dyskinésies sont difficiles à traiter et rarement améliorées par la chirurgie.

TUMEURS ET AUTRES LÉSIONS. Les cancers des voies biliaires peuvent s'observer en l'absence de calculs, notamment au niveau des canaux hépatiques ; ils sont souvent latents jusqu'à ce que le rétrécissement du canal entraîne un ictère (jaunisse). Les cancers du pancréas sont souvent la cause d'un ictère par rétention, en enserrant le cholédoque dans sa partie intrapancréatique.

Beaucoup plus rares sont les lésions congénitales ou les tumeurs bénignes des voies biliaires. Des parasites peuvent atteindre les voies biliaires : *douves*, qui peuvent entraîner un ictère par rétention, et *ascaris*, qui, remontant du duodénum dans le cholédoque, entraînent une crise d'angiocholite.

Chirurgie des voies biliaires. L'intervention la plus fréquente est la *cholécystectomie*, ou ablation de la vésicule biliaire, traitement de base de la lithiase vésiculaire. Dans certains cas, on peut être amené à pratiquer l'abouchement de la vésicule à la peau (*cholécystostomie*), à l'estomac ou au duodénum. La *cholédocotomie*, ou ouverture du canal cholédoque, permet d'explorer la voie biliaire principale, d'en extraire les calculs au moyen de pinces spéciales et même de contrôler à vue l'état des canaux. La terminaison du cholédoque peut être abordée en ouvrant la deuxième portion du duodénum (duodénotomie), ce qui permet de faire une *sphinctérotomie* en sectionnant tout ou partie du sphincter d'Oddi afin d'extraire un calcul enclavé dans l'ampoule de Vater. Enfin, lorsque l'obstacle à l'écoulement de la bile dans le duodénum est inextirpable chirurgicalement ou risque de se reproduire, on pratique une anastomose bilio-digestive : entre le cholédoque et l'intestin grêle.

bilieux, euse adj. **Fièvre bilieuse hémoglobinurique,** accident grave du paludisme à *Plasmodium falciparum,* survenant classiquement chez les sujets atteints après une prise excessive de quinine ou après un refroidissement chez des sujets affaiblis.

La fièvre bilieuse hémoglobinurique se manifeste par une fièvre élevée avec des frissons, un ictère*, l'apparition d'hémoglobine dans les urines et une chute de tension importante qui peut faire craindre une anurie*.

Un traitement d'urgence, portant sur le choc et l'anurie, doit être appliqué dans un centre spécialisé. La prévention consiste en une thérapeutique prudente du paludisme.

bilirubine n. f. Pigment biliaire jaunâtre, responsable de la couleur de la bile, et provenant de la dégradation de la biliverdine*.

Insoluble dans l'eau, la bilirubine circule dans le sang, combinée à l'albumine. On la désigne à ce stade sous le nom de *bilirubine libre, indirecte* ou *non conjuguée*. Son taux sanguin normal est inférieur à 10 mg par litre de sang. De la circulation, elle passe dans la cellule hépatique, où elle est conjuguée à l'acide glycuronique. Dite alors *bilirubine conjuguée* ou *directe*, elle est éliminée dans la bile (son taux sanguin est pratiquement nul). Une partie en est réabsorbée dans l'intestin, et le reste, transformé en stercobilinogène*, est éliminé dans les fèces, auxquelles il donne leur couleur.

L'augmentation du taux de bilirubine dans le sang entraîne son passage dans les tissus et l'ictère* (jaunisse).

biliverdine n. f. Pigment biliaire vert, dérivé de l'hémoglobine*.

binoculaire adj. Résultant de la vision des deux yeux, propre à cette vision : *vision binoculaire, microscope binoculaire.*

biochimie n. f. Chimie des substances et des réactions existant chez les êtres vivants.

biologie n. f. Science de la vie sous toutes ses formes : *biologie végétale, animale, humaine.*

La biologie, pénétrant de façon toujours plus intime les mécanismes de la vie, a reculé ses frontières jusqu'au niveau de la cellule (biologie cellulaire) et au niveau de la molécule (biologie moléculaire). La biologie médicale est l'application de diverses techniques de laboratoire dans une intention diagnostique. (V. ANALYSE.)

biomicroscope n. m. Microscope binoculaire utilisé pour l'examen de l'œil. (Syn. : LAMPE À FENTE.)

biopsie n. f. Prélèvement d'un fragment de tissu dans l'intention de l'analyser.

La biopsie peut être effectuée lors d'une intervention chirurgicale (biopsie extemporanée), par un prélèvement superficiel avec une pince particulière (col utérin), par le curetage d'une cavité naturelle (biopsie d'endomètre) ou par la ponction d'une « carotte » de tissu

avec des aiguilles creuses spéciales (biopsie de rein, de foie, etc.). Le tissu biopsié est examiné au microscope (examen anatomopathologique). La *biopsie-exérèse* est une intervention chirurgicale consistant à prélever en une seule fois la totalité de la lésion à examiner.

bios n. m. Substance complexe contenue dans la levure de bière, comprenant le bios I (vitamine B7) identifié à l'inositol*, le bios II (vitamine B8 ou biotine), ainsi que l'acide folique (vitamine B9) et l'acide pantothénique (vitamine B5).

biothérapie n. f. Traitement utilisant soit les organismes vivants (yogourt, kéfir, levures, microbes divers), soit les milieux de culture où ils vivent (lait, suc gastrique).

biscotte n. f. Tranche de pain séchée et dorée au four, friable et facilement attaquable par les sucs digestifs.

La valeur nutritive des biscottes est, à poids égal, *supérieure* à celle du pain (360 calories pour 100 g). Il existe des biscottes sans sel (hypertension, néphrites) et des biscottes au gluten (pour diabétiques).

biscuit n. m. La valeur nutritive des biscuits (faits de farine, œufs et sucre) est élevée (410 calories pour 100 g). — On prépare des biscuits spéciaux (avec sels minéraux, vitamines) pour les rations d'effort des sportifs ou des combattants.

bismuth n. m. Métal d'un blanc jaunâtre. Le *nitrate basique*, ou sous-nitrate de bismuth, et le *carbonate de bismuth* sont des pansements gastro-intestinaux et des anti-

Biopsie cutanée exsangue.
Prélèvement d'un lambeau de peau
chez un Noir, sans faire saigner.
Technique employée
dans le diagnostic de l'onchocercose.

Phot. P' Gentilini.

diarrhéiques. Le *gallate basique de bismuth* est employé en dermatologie.

Toxicologie. L'emploi des sels de bismuth ayant beaucoup augmenté dans les dernières années, on a constaté l'apparition d'encéphalopathies toxiques survenant surtout après l'absorption de fortes doses répétées. En conséquence, toutes les spécialités à base de bismuth ont été retirées du commerce en 1978, afin d'élucider les causes de ces accidents et d'éviter leur répétition.

bistouri n. m. Petit couteau à lame pointue, très tranchant, utilisé en chirurgie pour inciser les tissus.

Le *bistouri électrique* est une pointe métallique qui produit une étincelle destructive sous l'effet d'un courant de haute fréquence.

Phot. Larousse.

Bistouris.
Un bistouri droit (*en haut*)
et deux bistouris à lame changeable.

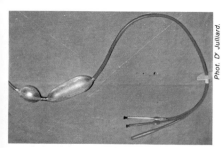

Phot. Dr Julliard.

Sonde de Blakemore.

B. K., sigle de BACILLE DE KOCH*, bacille acido-alcoolo-résistant, responsable de la tuberculose.

Blakemore (sonde de), sonde de caoutchouc, entourée d'un ballonnet gonflable, qui, introduite dans l'œsophage et la partie supérieure de l'estomac, est destinée à arrêter les hémorragies par rupture de varices* œsophagiennes. (V. HYPERTENSION *portale.*)

blanc n. m. **Blanc de baleine,** matière cireuse extraite des tissus adipeux du cachalot et entrant dans la composition du *cérat* cosmétique* et des *cold* cream.* (Syn. : SPERMACETI.)

Blanc de l'œil, partie visible de la sclérotique, entourant la cornée. — Lorsque le blanc de l'œil devient rouge, il peut s'agir d'une hémorragie (teinte uniforme) ou d'une congestion (conjonctivite*, kératite*).

blastocyste n. m. Stade de l'embryogenèse au cours duquel l'œuf fécondé, segmenté et préalablement appelé *morula*, se creuse d'une cavité centrale, ou *blastocèle.*

blastocystis n. m. Champignon (*Blastocystis hominis*) non pathogène, souvent retrouvé à l'examen microscopique des selles des sujets vivant dans des régions tropicales, et qui est souvent confondu avec le kyste amibien.

blastomère n. m. Cellule initiale indifférenciée, résultant de la division de l'œuf fécondé. — De 2, 4, 8, 16, etc., blastomères, l'œuf arrive au stade d'une petite masse pleine, en forme de mûre, la *morula.*

blastomycoses n. f. pl. Affections causées par des champignons qui se multiplient par bourgeonnement et ont un aspect soit de levures, soit de filaments, ou des deux à la fois. (V. CANDIDOSE et CRYPTOCOCCOSE.)

blastula n. f. Syn. de BLASTOCÈLE. (V. BLASTOCYSTE.)

blennorragie n. f. Infection d'origine presque toujours vénérienne, provoquée par le *gonocoque de Neisser.*

La fréquence de la blennorragie a beaucoup augmenté dans le monde ces dernières années, vraisemblablement du fait de la plus grande liberté sexuelle, de la contraception et du brassage des jeunes.

Signes. La blennorragie, ou gonococcie, provoque un écoulement douloureux au niveau des muqueuses atteintes. Chez l'homme, elle siège au niveau de l'urètre (urétrite) et se traduit par des douleurs intenses lors de la miction (« chaude-pisse »), apparaissant de 5 à 9 jours après le contact infectant. Chez la femme, le début peut se faire sur un mode aigu (vulvite, urétrite, bartholinite, annexite ou pelvipéritonite) ou de façon d'emblée chronique et plus sournoise, de diagnostic difficile. Le diagnostic repose sur la mise en évidence du germe, le gonocoque, qui se révèle comme un diplocoque encapsulé Gram négatif, dans les sécrétions prélevées.

Complications. Bien et rapidement traitée, la blennorragie aiguë guérit vite et définitivement. Mal traitée, elle entraîne de nombreuses complications, notamment l'orchi-épididymite (v. ORCHITE). L'évolution vers la chronicité est responsable, chez l'homme, de rétrécissements de l'urètre, véritable infirmité nécessitant un traitement prolongé ; chez la femme, de salpingites et d'ovarites. Dans les deux sexes, ces atteintes sont cause de stérilité*. Il faut encore citer la possibilité de rhumatisme blennorragique, et l'ophtalmie gonococcique du nouveau-né, due à la contamination de l'œil lors de l'accouchement.

Traitement. La prophylaxie repose sur l'usage de préservatifs (condom) et de pommades antiseptiques, et sur une toilette soigneuse après les rapports. Le traitement curatif repose sur une antibiothérapie intense mais courte, adaptée à l'antibiogramme*. Les formes chroniques rendent nécessaires les soins locaux (instillations de solution de nitrate d'argent). Toute guérison doit être contrôlée par l'examen bactériologique des sécrétions urétrales ou vaginales.

blépharite n. f. Inflammation localisée au bord ciliaire des paupières. — Les blépharites ont tendance à récidiver.

La *blépharite érythémateuse,* la plus fréquente, où le bord de la paupière est rouge et inesthétique, est très difficile à guérir et peut durer toute la vie.

Dans la *blépharite squameuse,* la paupière pèle en permanence.

La *blépharite folliculaire* est une inflammation plus profonde (v. ORGELET), qui peut entraîner la chute des cils.

blépharochalasis n. f. Amincissement de la peau et du tissu sous-cutané des paupières. — Il en résulte un repli cutané qui peut entraîner un entropion*.

blépharophimosis n. m. Réduction de l'ouverture palpébrale dans toutes ses dimensions, les paupières restant normalement constituées. — Le traitement est chirurgical.

blépharoplaste n. m. Corpuscule de chromatine* observé chez certaines cellules ou chez les protozoaires flagellés. — Il sert d'implantation aux cils ou au flagelle.

blépharorraphie n. f. Fermeture chirurgicale des deux paupières pour protéger une cornée malade. (Syn. : TARSORRAPHIE.)

blépharospasme n. m. Contraction anormale du muscle orbiculaire des paupières.
Le blépharospasme a surtout une origine réflexe, dont le point de départ est une lésion irritative de la région oculaire, quelle que soit sa nature.

blésité n. f. Défaut de prononciation, tels le zézaiement ou la suppression de consonnes comme le « r » (parler créole).

blessure n. f. Lésion produite en un point du corps par un agent vulnérant.
La gravité des *blessures par arme à feu* dépend du calibre, du nombre, du trajet des projectiles. Les lésions cutanées sont en règle les moins graves. L'orifice de sortie du projectile est plus important que l'orifice d'entrée, notion médico-légale essentielle, qui permet de reconstituer le trajet du projectile, de prévoir les lésions profondes et de connaître la position du tireur. (V. FRACTURE, PLAIE, TRAUMATISME.)

bleu n. m. 1. Nom familier de l'*ecchymose*. 2. *Bleu de méthylène,* colorant (*chlorure de méthylthioninium*), soluble dans l'eau et dans l'alcool, servant essentiellement comme antiseptique urinaire et colorant des bactéries. 3. *Coloration au bleu,* méthode de coloration bactériologique au bleu de méthylène.

bleu, e adj. **Maladie bleue,** dénomination commune désignant deux cardiopathies con-

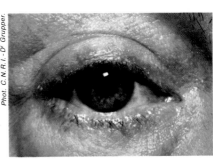

Phot. C. N. R. I. - Dʳ Grupper.

Blépharite aiguë.

génitales : la trilogie* et la tétralogie* de Fallot, dans lesquelles le mélange des sangs artériels et veineux donne aux téguments de l'enfant atteint une teinte cyanosée (bleuâtre) due au défaut d'oxygénation du sang.

bloc n. m. **Blocs du cœur,** troubles de la stimulation motrice du cœur, caractérisés par un arrêt ou un ralentissement de la conduction nerveuse intracardiaque. (V. CŒUR, *Physiologie.*)
BLOC AURICULO-VENTRICULAIRE. Ce bloc porte sur la transmission de l'influx des oreillettes aux ventricules par le nœud d'Aschoff-Tawara et le faisceau de His, et se manifeste soit par un défaut, soit par une absence

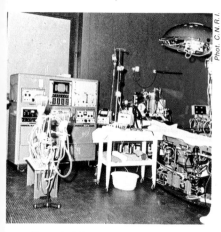

Bloc opératoire.
Le matériel de la salle d'opération.

Phot. C. N. R. I.

complète de synchronisation entre les contractions des oreillettes et celles des ventricules.

BLOC DE BRANCHE. C'est le bloc d'une des branches du faisceau de His. On parle de *bloc de branche gauche* si c'est la branche gauche qui est atteinte, et de *bloc de branche droit* si c'est la droite. Ce dernier s'observe souvent en dehors de toute affection organique du cœur. (V. CŒUR, *Pathologie*.)

Bloc articulaire ou blocage articulaire, accident brutal survenant au cours d'un mouvement et se manifestant par une douleur articulaire et l'impossibilité de l'extension complète de l'articulation (coude, genou). Le blocage dure généralement peu de temps et disparaît avec une sensation de ressaut : il doit rechercher une lésion intra-articulaire (corps étranger, lésion d'un ménisque pour le genou).

bloc opératoire, ensemble des locaux d'un service de chirurgie destinés aux opérations. Le bloc comprend au moins une *salle d'opération aseptique,* une *salle septique* (pour les interventions sur infections) et des locaux annexes pour la stérilisation, l'entreposage du matériel, le lavage des mains et l'habillage des chirurgiens.

bock n. m. Récipient de tôle émaillée, muni à son extrémité inférieure d'un tube de caoutchouc terminé par une canule.
On s'en sert pour l'irrigation des plaies, les

injections vaginales, les lavements. La pression du liquide dépend de la hauteur à laquelle on tient le récipient.

bois n. m. **Accidents dus au bois.** La manipulation des bois peut provoquer des eczémas* de contact ou des réactions générales (bûcherons, menuisiers, ébénistes). Le hêtre, le châtaignier, le peuplier, le platane, le chêne, les bois exotiques sont le plus souvent en cause. On peut observer, outre des eczémas, des rhinites*, des bronchites*, ainsi que de la fièvre, des nausées et des vomissements. La sciure provoque de l'asthme*. Le liège peut engendrer une pneumoconiose*, la subérose. Les substances pour traiter le bois (produits antiparasites et antimoisissures, vernis, encaustiques) sont parfois à l'origine de troubles digestifs, hépatiques, rénaux, nerveux ou respiratoires.

boisson n. f. Liquide absorbé par la bouche, pour maintenir ou rétablir la proportion normale d'eau de l'organisme.
La boisson est le plus impérieux des besoins physiologiques ; sa privation entraîne rapidement des accidents graves. À l'état normal, l'homme a besoin de 2 à 3 litres d'eau par 24 heures : 40 p. 100 sont apportés par les aliments, le reste (de 1 200 à 1 800 ml) doit être apporté par la boisson. L'eau est la seule boisson indispensable, mais l'homme boit le plus souvent des boissons variées d'origine végétale : infusion (thé, café), jus de fruits

Bock avec tuyau et canules.

Phot. Drapier - Lauros.

et, surtout, boissons alcoolisées, ces dernières ne devant être absorbées qu'en quantités modérées.

boiterie n. f. Irrégularité de la démarche, due à une anomalie d'un membre inférieur qui peut être un raccourcissement, une lésion douleureuse osseuse (suite de fracture) ou articulaire (rhumatisme).

bol n. m. *Bol alimentaire,* masse d'aliments déglutis en une fois.
Bol fécal, masse de matières fécales présentes dans le rectum avant l'expulsion.

boldine n. f. Alcaloïde de la feuille de boldo, excitant des fonctions digestives et stimulant de la sécrétion biliaire.

boldo n. m. Plante de l'Amérique du Sud (*Peumus boldus,* monimiacées). — Les feuilles servent à préparer l'extrait fluide et la teinture de boldo, qui stimulent les fonctions hépatiques et vésiculaires grâce à la boldine*.

bolet n. m. Nom générique donné aux champignons basidiomycètes à tubes communément appelés *cèpes.* — Le *bolet Satan* est le seul, parmi la quarantaine d'espèces de bolets, à pouvoir entraîner des incidents digestifs.

bombe n. f. *Bombe au cobalt.* V. COBALT.

Bonain (mélange de), liquide constitué par le mélange à parties égales de chlorhydrate de cocaïne, de phénol et de menthol, utilisé en attouchements pour l'anesthésie locale des muqueuses.

borate n. m. Sel de l'acide borique. (V. BORE.)

borborygme n. m. Gargouillement produit par le mouvement de bulles gazeuses dans les liquides du tube digestif. — Il n'a de signification pathologique que s'il fait partie d'un syndrome de Kœnig* (occlusion intestinale).

Bordet et Gengou (coccobacille de), bactérie responsable de la coqueluche. (Syn. : HÆMOPHILUS PERTUSSIS.)

Bordet-Wassermann (réaction de), couramment désignée par ses initiales B. W., cette réaction permet la mise en évidence d'anticorps antitréponème dans le sang de sujets atteints de syphilis. Elle est fondée sur le principe de la fixation du complément* par les complexes antigène-anticorps : le tréponème suscite la production d'anticorps et forme avec lui un complexe antigène-anticorps. Le *complément* est alors fixé par ce complexe, et n'est plus disponible pour entraîner une réaction immunologique nouvelle si on le met au contact d'un autre antigène*.

Si la tréponématose la plus courante en Occident est la syphilis, il faut savoir qu'il y en a d'autres : pian*, carate*, béjel, etc., et qu'un B. W. positif n'est donc pas obligatoirement synonyme de syphilis. On peut voir également des positivités passagères du B. W. après une vaccination antivariolique, dans les collagénoses* ainsi que dans des affections tropicales comme la lèpre* et le paludisme*.

bore n. m. Métalloïde dont certains dérivés, l'*acide borique* et le *borate de sodium* ou *borax,* sont utilisés en pharmacie : l'acide borique comme antiseptique doux, sous forme de pommade, collyre, soluté ; le *borate* sous forme de collutoire, gargarisme, tablettes, etc.
Toxicologie. Tous les dérivés du bore sont toxiques. Le *borate* et le *perborate de sodium,* antiseptiques, agents de blanchiment ou de préparation alimentaire, sont mortels à la dose de 10 à 15 g chez l'adulte. L'intoxication aiguë peut entraîner une diarrhée sanglante, un coma avec convulsions, une érythrodermie* bulleuse avec desquamation*, une atteinte du rein et du foie. Le diagnostic est porté en trouvant de l'acide borique dans les urines. L'emploi d'acide borique en solutions trop concentrées pour la désinfection buccale peut produire un déchaussement dentaire et des brûlures locales.

Bornholm (maladie de), maladie épidémique bénigne observée dans l'île de Bornholm (Danemark) et due à un virus (coxsackie). — Elle se manifeste comme une grippe violente avec douleurs musculaires.

borréliose n. f. Maladie infectieuse, caractérisée par des clochers fébriles à répétition et due aux *borrelia,* micro-organismes mobiles. (Syn. : FIÈVRE RÉCURRENTE.) [Les borrélioses sont transmises par les poux ou les tiques.]
La borréliose à poux (réservoir humain). C'est une maladie cosmopolite, épidémique, due à de mauvaises conditions d'hygiène. La maladie se transmet non par la piqûre, mais par l'écrasement du pou sur la peau. Cliniquement, elle se présente, après une incubation silencieuse d'une semaine, comme une poussée fébrile intense avec malaise général. Puis survient une atteinte hépato-rénale intense avec signes méningés. Brusquement, au 6e jour, on observe une chute de la fièvre et la disparition des symptômes pendant une semaine, après quoi débute un nouvel accès. Des complications oculaires peuvent survenir.
La borréliose à tiques (réservoir animal). Elle est due à la piqûre des tiques molles ou ornithodores. Elle est plus souvent à l'origine

de manifestations locales. Le diagnostic est
basé sur la recherche du parasite et sur des
réactions sérologiques.

Le traitement repose sur l'antibiothérapie.
Seule la prophylaxie par la destruction des
poux et tiques permettra l'éradication de ces
maladies.

bosse n. f. Saillie anormale du corps. — On
désigne communément sous ce nom :
— les *« bosses » du dos* : gibbosités dues à
une déformation vertébrale (v. CYPHOSE et
SCOLIOSE) ;
— les *hématomes** (épanchements de sang)
survenant sous la peau, la collection sanglante provoquant un soufflement des plans
profonds ;

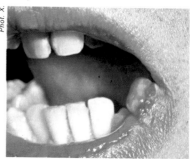

Botryomycome de la lèvre.

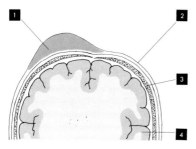

Bosse séro-sanguine. Coupe frontale :
1. Bosse séro-sanguine ; 2. Cuir chevelu ;
3. Os du crâne ; 4. Cerveau.

— la *bosse séro-sanguine*, bosse de la tête du
nouveau-né, faite d'une infiltration œdémateuse et hématique de la peau et du tissu
sous-cutané à l'endroit de l'ouverture du col
utérin contre laquelle la tête de l'enfant a
été comprimée. Elle est normale et disparaît spontanément quelques jours après la
naissance.

bot, e adj. **Pied bot,** malformation congénitale du pied, de cause inconnue.
Le traitement doit en être entrepris dès les
premiers jours de la vie : manipulations
d'assouplissement et de redressement, puis
plâtres successifs, voire interventions chirurgicales. En l'absence de traitement, l'évolution du pied bot aboutit, vers l'âge de 4 à
5 ans, à une malformation irréductible.

Botal (trou de), orifice entre les deux
oreillettes du cœur de l'embryon, qui normalement se comble à la naissance. Sa persistance nécessite l'intervention chirurgicale.
(V. CARDIOPATHIE, *Cardiopathies congénitales.*)

bothriocéphalose n. f. Maladie parasitaire, due à la présence dans l'intestin de
l'homme d'un ver cestode : le *bothriocéphale*
(*Diphyllobothrium latum*).
C'est un ver plat mesurant de 8 à 10 m de
long, composé d'anneaux hermaphrodites.
Les œufs, une fois pondus, sont éliminés
dans les selles. L'embryon s'en libère et parasite successivement un petit crustacé d'eau
douce, le *cyclope*, puis un poisson qui avale
celui-ci. L'homme se contamine en mangeant
ces poissons (brochet, lotte de lac, perche,
etc.), crus ou mal cuits.
La maladie se manifeste par des douleurs
abdominales, des troubles du transit intestinal, une anémie* par carence en vitamine B12 (détournée par le bothriocéphale).
Le diagnostic est porté par la découverte
des œufs du parasite dans les selles.
Traitement. Il est à base de semences de
courges fraîches, de dichlorophène, ou,
mieux, de niclosamide. Contre l'anémie,
vitamine B12 et transfusions dans les cas
sévères. La prophylaxie : ne consommer les
poissons de rivière que bien cuits.

botryomycome n. m. Syn. de BOURGEON*
CHARNU.

botulisme n. m. Maladie due à la diffusion
dans l'organisme de la toxine* botulinique,
sécrétée par un bacille anaérobie* : *Clostri-
dium botulinum,* contaminant certains aliments avariés (charcuterie, jambons fumés,
conserves artisanales ayant échappé aux
réglementations de l'hygiène).
Bactériologie. Le « germe » est un bacille
anaérobie tellurique cilié. Les spores*, résistantes, peuvent séjourner longtemps dans la
terre : absorbées par les porcs ou souillant
certains légumes, elles donnent naissance
aux formes végétatives. C'est dans les ali-

ments eux-mêmes que se forme la toxine (le germe ne se multiplie pas chez l'homme).

Cette « toxine » est une exotoxine ; elle est détruite par la chaleur et peut être transformée en anatoxine* par le formol. L'antitoxine* est obtenu après injection de l'anatoxine au cheval et est à l'origine du sérum curatif.

Clinique. La symptomatologie du botulisme est essentiellement neurologique en raison de la localisation nerveuse de la toxine.

Les premiers signes apparaissent brusquement, après un délai de quelques heures à quelques jours suivant l'ingestion de l'aliment responsable, sous forme de douleurs abdominales et de vomissements. Apparaissent ensuite et restent au premier plan : troubles oculaires (mydriase*, paralysie de l'accommodation) ; troubles de la déglutition ; paralysie des membres inférieurs et des muscles respiratoires ; paralysie sécrétoire (sécheresse de la bouche, des yeux, du pharynx) ; rétention d'urine et paresse intestinale.

Il n'y a pas de fièvre ni de troubles de la conscience. Les signes cliniques régressent lentement, même sous traitement, et parfois incomplètement. La mort peut survenir par paralysie respiratoire.

Diagnostic. Il repose sur l'interrogatoire (intoxication familiale), la recherche du germe dans l'aliment avarié, l'extraction de la toxine et l'inoculation à la souris.

Traitement. Le traitement spécifique consiste à injecter de l'antitoxine botulinique (Institut Pasteur), polyvalente au début, spécifique après toxinotypie. On associe repos et traitement symptomatique ; l'assistance respiratoire est appliquée en cas de paralysie des muscles respiratoires.

Prophylaxie. Elle consiste à éviter l'abattage des animaux (surtout des porcs) en période postpradiale* (bactériémie*), à conserver la viande des animaux dans la saumure.

Les conserves familiales doivent être bien stérilisées (120 °C pendant 1 h 30). Toute conserve à l'odeur suspecte (beurre rance) doit être éliminée (dans les jambons fumés, il faut se méfier de la partie profonde, près de l'os, qui ne doit avoir aucune odeur). La cuisson et l'ébullition (15 mn), au moment de la consommation, sont un moyen sûr d'éviter toute contamination, puisque la toxine est détruite par la chaleur.

bouche n. f. Segment initial du tube digestif, destiné à l'introduction, à la mastication et à l'imprégnation salivaire des aliments.

La bouche est divisée par les arcades gingivo-dentaires en une partie périphérique, le vestibule, et une partie centrale, ou cavité buccale proprement dite.

L'étude des maladies de la bouche est la *stomatologie** (v. ODONTO-STOMATOLOGIE) ; l'inflammation de la muqueuse buccale est la *stomatite**.

bouche-à-bouche, technique de respiration artificielle simple et rapide. (V. RESPIRATION ARTIFICIELLE.)

bouchon n. m. *Bouchon de cérumen.* V. CÉRUMEN.

boue n. f. **Boue thermale,** substance obtenue par action d'une eau thermale sur un limon. L'emploi des boues en *fangothérapie* se fait uniquement par voie externe et consiste soit

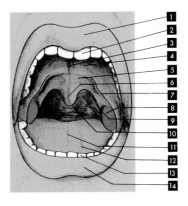

Bouche ouverte, vue antérieure :
1. Lèvre supérieure ;
2. Arcade dentaire supérieure ;
3. Raphé palatin ;
4. Voûte du palais, partie dure ;
5. Voûte du palais, partie molle ; 6. Luette ;
7. Pilier antérieur ; 8. Amygdale.
9. Pilier postérieur ;
10. Paroi postérieure du pharynx ;
11. Sillon médian ;
12. Artère dorsale de la langue ;
13. Arcade dentaire inférieure ;
14. Lèvre inférieure.

en *bains*, soit en *applications locales*, en cataplasmes sur une ou plusieurs parties du corps. La fangothérapie est bénéfique aux maladies rhumatismales.

bouffée n. f. En médecine, accès soudain qui passe comme un souffle.

Bouffée de chaleur, sensation de chaleur subite et passagère prédominant au visage, qui se colore parfois simultanément d'une rougeur soudaine. Les bouffées de chaleur peuvent être dues à des troubles de la digestion, à une décharge d'adrénaline en rapport avec une tumeur carcinoïde*. Le plus fréquemment, c'est une des manifestations de la ménopause*. (V. OVAIRE.)

Bouffée délirante, psychose aiguë qui se caractérise par la brusquerie de son début et par sa durée, allant de quelques jours à quelques mois.

Les signes cliniques comprennent des idées délirantes (v. DÉLIRE), des troubles de l'humeur importants. Dans la majorité des cas, l'évolution est favorable et on assiste à une guérison complète. La distinction entre une bouffée délirante et le début d'une schizophrénie* peut être difficile.

bouffissure n. f. Gonflement des téguments ne s'accompagnant pas de signe d'inflammation (rougeur, douleur).
La bouffissure traduit le plus souvent un œdème* ou une infiltration anormale de la peau (myxœdème*, sclérœdème*).

bougie n. f. Instrument de chirurgie cylindrique, servant à la dilatation progressive d'un orifice ou d'un conduit naturel. Les bougies agissent mécaniquement, introduites l'une après l'autre par diamètre croissant. Les *bougies de Hégar* servent à dilater le col de l'utérus, les *bougies de Béniqué*, à dilater l'urètre masculin.

Bouillaud (maladie de). V. RHUMATISME, *Rhumatisme articulaire aigu.*

bouillie n. f. Aliment composé de farine* et de liquide portés à ébullition.
La cuisson hydrolyse partiellement l'amidon et rend la farine plus digestible. La consistance de la bouillie est fonction de la farine utilisée et de la concentration. La bouillie est préparée avec de l'eau ou du lait, et des aliments diététiques. Les farines utilisées sont des farines de céréales, de légumineuses, etc.; elles peuvent être composées, cuites ou prédigérées.

Les bouillies de l'enfant. Elles occupent une place très importante dans l'alimentation du nourrisson. Leur introduction, vers 2 à 3 mois, marque le début de l'ablactation* et de l'alimentation variée; elle doit se faire de manière progressive.

bouillon n. m. Liquide alimentaire obtenu par ébullition prolongée de viande ou de légumes (ou les deux) dans de l'eau légèrement salée. — Le bouillon a une action stimulante et réconfortante.
Bouillon de culture, milieu liquide utilisé en bactériologie pour obtenir la multiplication des germes microbiens.

boulimie n. f. Appétit excessif qui pousse à une consommation exagérée d'aliments.
La sensation d'angoisse qui accompagne la faim en fait un trouble d'origine psychologique et non physiologique; c'est souvent la compensation d'une frustration affective.

Boulou (Le), station hydrominérale des Pyrénées-Orientales, à 21 km de Perpignan, ouverte du 1er mai au 1er octobre.
Les eaux, bicarbonatées, carbogazeuses, émergeant à 16°C, sont employées en cures de boisson, douches et «goutte-à-goutte». On y traite les affections de la vésicule biliaire (dyskinésies biliaires, cholécystites, lithiase), l'insuffisance hépatique, les affections intestinales, les allergies et les migraines, les séquelles de paludisme et de dysenterie.

bourbillon n. m. Partie centrale nécrosée du furoncle*. — Son élimination marque la guérison.

Bourbon-Lancy, station thermale de Saône-et-Loire, à 36 km de Moulins, ouverte du 10 mai au 1er octobre.
Les eaux, très chaudes (de 48 à 56°C), sont radioactives et contiennent des gaz (azote, gaz carbonique, gaz rares), mais elles sont peu minéralisées. On les emploie en bains, douches, étuves de vapeur, inhalation de gaz thermaux et d'aérosols, dans le traitement des *cardiopathies* rhumatismales à la phase de convalescence, ainsi que dans celui de l'hypertension artérielle d'une part, des *affections rhumatismales inflammatoires* (dès que la poussée évolutive est atténuée) et des arthroses, d'autre part.

Bourbon-l'Archambault, station thermale de l'Allier, à 23 km de Moulins, ouverte du 15 mai au 1er octobre.
La source des Trois-Puits fournit une eau chlorurée et bicarbonatée sodique et calcique à 53°C, radioactive. On l'emploie en bains, douches sous-marines, étuves, massages et rééducation sous l'eau dans le traitement des polyarthrites chroniques évolutives, des spondylarthrites* et surtout des arthroses, notamment vertébrales, ainsi que dans les périarthrites de l'épaule.

Bourbonne-les-Bains, station thermale de la Haute-Marne, à 53 km de Chaumont, ouverte du 10 mai au 1er octobre.
Les eaux, chlorurées sodiques, sont très chaudes (de 55 à 66°C) et radioactives; elles contiennent des bulles de gaz radioactif (radon) et d'hélium. On les emploie en bains, bains aérogazeux, douches à haute ou à basse pression dans le traitement des suites de traumatismes (fractures, amputations), dans les raideurs et ankyloses articulaires, ainsi que dans les rhumatismes chroniques et

arthroses; les suites de poliomyélites et polynévrites bénéficient de la cure.

bourbouille n. f. Ensemble des manifestations d'intolérance cutanées, observées en climat tropical ou équatorial, du fait de la chaleur et de l'humidité, et qui sont à base d'érythème diffus (rougeurs), de vésicules et de pustules avec prurit (démangeaisons).

Bourboule (La), station thermale et climatique du Puy-de-Dôme, à 53 km de Clermont-Ferrand, ouverte du 15 mai au 1er octobre.
Les eaux, chlorurées et bicarbonatées sodiques, arsenicales, chaudes (56 °C) ou froides (19 °C), ont une action antiallergique et antihistaminique. On les emploie en cure de boisson, inhalations, aérosols, pulvérisations et instillations dans le traitement des affections des voies respiratoires supérieures (rhinites*, sinusites*, rhino-pharyngites, bronchites*, asthme*), notamment lorsque la cause en est une allergie*. Des bains et douches filiformes sont employés pour traiter les eczémas, les dermatoses prurigineuses, ainsi que l'acné et le psoriasis. Les anémies légères et le lymphatisme sont améliorés par la cure de boisson.

bourdaine n. f. Arbuste des bois d'Europe (*Rhamnus frangula*), dont l'écorce, concassée, est employée en infusions (de 1 à 3 g) ou associée à un mucilage, comme laxatif*.

bourdonnement n. m. Bourdonnement d'oreille, sensation auditive se produisant en l'absence de toute vibration de l'air environnant, et qui n'est perçue que par le malade. (Syn. : ACOUPHÈNE*, TINTEMENT.)
Toutes les maladies de l'appareil auditif, depuis le conduit auditif externe jusqu'aux centres nerveux, sont susceptibles d'être accompagnées de bourdonnements, ainsi que les troubles nerveux d'origine vasculaire (hypertension), infectieuse ou tumorale. Citons aussi les causes purement psychiques. Le traitement du bourdonnement d'oreille est très décevant : les lésions de l'oreille accessibles doivent être traitées par le spécialiste (O. R. L.), les vasodilatateurs donnent parfois des résultats s'il s'agit de troubles circulatoires (hypertension, artériosclérose).

bourdonnet n. m. Petit tampon de gaze interposé dans les anses des points de suture, et permettant d'augmenter la surface d'adossement des plans cutanés.

bourgeon n. m. Bourgeon charnu, petite masse de chair mamelonnée, rouge et suintante, apparaissant sur une plaie, et témoin de début de cicatrisation. (Syn. : BOTRYOMYCOME.)

Bourget (solution de), solution de bicarbonate, de phosphate et de sulfate de sodium, employée par voie buccale pour stimuler la sécrétion des sucs digestifs et modérer l'excès d'acidité gastrique.

Bourneville (maladie de) ou **sclérose tubéreuse du cerveau,** maladie héréditaire à transmission dominante, consistant en la présence sur les couches du cortex cérébral de nombreux petits nodules fibrillaires de la grosseur d'une noisette. (Syn. : ÉPILOIA.)
Cliniquement, cette maladie se manifeste par une arriération mentale profonde et des crises d'épilepsie* dues à la présence des nodules dans le cerveau. Les nodules peuvent également toucher le rein, le cœur, les poumons, les os, la peau. On ne peut traiter que l'épilepsie.

bourrache n. f. Plante herbacée (*Borrago officinalis*) dont les fleurs sont employées en infusion, à 10 g par litre, pour leur action sudorifique et diurétique (il est recommandé de passer l'infusion sur un linge pour retenir les poils de la plante, irritants).

bourse n. f. Bourse séreuse, cavité virtuelle, limitée par une fine membrane conjonctive, dont le rôle est de faciliter le glissement des organes auxquels elle est annexée.

bourses n. f. pl. Enveloppes des testicules (v. SCROTUM).

bouton n. m. Terme familier pour désigner une petite élevure, généralement inflammatoire, de la peau. (V. ACNÉ, BULLE, PAPULE, VÉSICULE.)
Boutons d'huile. Ils se développent principalement sur la face antérieure des cuisses chez des ouvriers exposés aux projections de corps gras industriels.

Bourdonnet.

Phot. Dr Julliard

Le diagnostic est porté par la constatation simultanée d'un tatouage des pores de la peau des cuisses et du dos des doigts (élaïoconiose). Les lésions peuvent être guéries par des nettoyages biquotidiens avec un mélange alcool-éther à parties égales (inflammable), joints à des savonnages énergiques et à l'application d'antiseptiques ou antibiotiques bien choisis. On changera de bleu de travail plus souvent.

Bouton d'Orient, maladie parasitaire du groupe des leishmanioses*. (Syn. : BOUTON DE BISKRA.) Le parasite (*Leishmania tropica*) est transmis à l'homme par la piqûre d'un moustique, le *phlébotome**. Au point d'inoculation apparaît une papule rouge sombre qui s'étend et peut évoluer soit sous une forme sèche, avec une croûte parfois verruqueuse, soit sous une forme humide, avec ulcération,

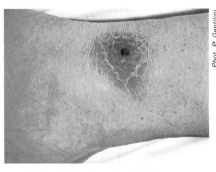

Phot. P. Gentilini.

Bouton d'Orient ou **clou de Biskra**
au niveau de la malléole externe.

adénopathie satellite (ganglion) et possibilité de surinfection. L'affection est chronique, rarement mutilante, mais laisse une cicatrice indélébile. Le traitement emploie des dérivés de l'antimoine.

boutonneux, euse adj. Qui se manifeste par des boutons.

Fièvre boutonneuse, maladie infectieuse méditerranéenne, due à une rickettsie* (*Rickettsia conori*) transmise à l'homme par la piqûre de tiques fréquemment trouvées sur les chiens. La maladie se manifeste par de la fièvre, une éruption de macules et de papules (boutons rouges) généralisée, et une escarre au point d'inoculation. Le traitement comporte des antibiotiques et des toniques généraux. La prophylaxie consiste à lutter contre les tiques (D. D. T.).

Bouveret (maladie de), maladie caractérisée par des accès de tachycardie* brutale (palpitations), survenant soit spontanément, soit lors d'émotions, d'efforts ou d'un changement de position. (Syn. : TACHYCARDIE PAROXYSTIQUE.)
Le cœur bat à des rythmes allant de 180 à 200 pulsations par minute. La crise peut durer de quelques minutes à quelques heures. Souvent retrouvée chez des femmes jeunes et anxieuses, au cœur sain, cette maladie se traite par des sédatifs, des régulateurs du rythme cardiaque, ou encore par un choc électrique si elle se prolonge au-delà des délais habituels. Il existe des moyens non médicamenteux pour faire cesser la crise, qui sont souvent découverts par le malade lui-même : massage du sinus carotidien (au cou), absorption d'un verre d'eau glacée, d'une grosse bouchée de pain, compression des globes oculaires (stimulations du nerf pneumogastrique).

bovarysme n. m. Par analogie avec le comportement de Mme Bovary du roman de Flaubert, état d'insatisfaction profonde, dû au décalage entre les aspirations élevées d'une personne et sa condition réelle, surtout dans le domaine sentimental.

Bowen (maladie de), tumeur de la peau (épithélioma*) survenant sur n'importe quelle partie du corps.
La lésion initiale est une plaque rouge, squameuse, un peu infiltrée, indolore, à développement très insidieux. Elle se traite par électrocoagulation, chirurgie ou radiothérapie.

Boyden (repas de), épreuve pratiquée au cours d'un examen radiologique des voies biliaires, et qui consiste à absorber des aliments gras qui augmentent les contractions et accélèrent l'évacuation de la vésicule biliaire préalablement opacifiée par un produit opaque aux rayons X.

brachial, e, aux adj. Qui se rapporte au bras.
Le *plexus brachial* est une formation nerveuse intermédiaire entre les racines des branches antérieures des quatre derniers nerfs rachidiens cervicaux et les nerfs qui assurent l'innervation du membre supérieur.

brachio-céphalique adj. Qui concerne à la fois le bras et la tête.
Le *tronc brachio-céphalique artériel* est une artère née de la crosse aortique et qui se divise en carotide primitive et sous-clavière droites.
   Les *troncs veineux brachio-céphaliques*, formés par la réunion des veines jugulaires interne et sous-clavière, s'unissent pour former la veine cave supérieure.

Braille.
Enfant lisant
un texte en Braille
sur un livre
et le recopiant
en Braille
avec un
normographe spécial.

brachycéphale n. m. et adj. Type humain dont l'indice* céphalique est égal ou supérieur à 81, et qui correspond à une tête arrondie.

brachydactylie n. f. Raccourcissement congénital des doigts.

Brachio-céphalique.
Troncs artériel et veineux :
1. Tronc brachio-céphalique artériel;
2. Tronc brachio-céphalique veineux;
3. Veine cave supérieure; 4. Cœur;
5. Artère pulmonaire; 6. Crosse de l'aorte;
7. Veine sous-clavière;
8. Artère sous-clavière; 9. Artère carotide;
10. Veine jugulaire interne; 11. Trachée.

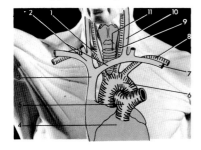

brachymélie n. f. Raccourcissement congénital d'un membre ou d'un segment de membre.

brachy-œsophage n. m. Anomalie congénitale caractérisée par un œsophage trop court et la présence dans le thorax d'une partie de l'estomac.

bradycardie n. f. Ralentissement des battements du cœur au-dessous de 60 pulsations par minute.
Un ralentissement très important peut entraîner une syncope*. (V. POULS et RYTHME.)

bradypnée n. f. Ralentissement du rythme respiratoire au-dessous de 16 ampliations par minute.

brai n. m. **Maladie du brai (de houille),** maladie qui atteint les ouvriers chargés de la manipulation du brai employé dans la fabrication des briquettes. Elle se manifeste par une dermite* et une conjonctivite*, et comporte un risque permanent de cancérisation de la peau. C'est une maladie professionnelle indemnisable.

Braille (alphabet), alphabet destiné à permettre aux aveugles de lire. — La «lecture» se fait en touchant des signes formés de points en relief.

brancard n. m. Appareil servant à transporter les malades ou les blessés, et consistant en une toile ou un matelas tendu sur un cadre métallique, avec bras amovibles ou rentrants, et pouvant être monté sur roulettes.

branchial, e, aux adj. (de *branchies*). Se dit des formations éphémères qui apparaissent au pôle céphalique chez l'embryon de trois semaines et à partir desquelles se constitueront certains organes de la tête et du cou.

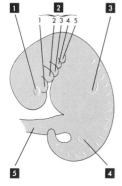

Branchial.
Arcs branchiaux chez l'embryon :
1. Ébauche de l'œil ;
2. Les cinq arcs branchiaux ;
3. Ébauche du membre supérieur ;
4. Ébauche du membre inférieur ;
5. Cordon ombilical.

Phot. D' Julliard.

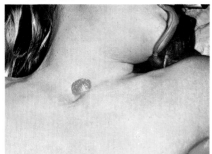

Branchiome.
Kyste branchial du tractus thyréoglosse.

Ces formations branchiales de début sont des *fentes,* ou *poches branchiales,* au nombre de quatre, entre lesquelles se trouvent cinq renflements, ou *arcs branchiaux.* Arcs et poches branchiaux sont visibles à la surface externe de l'embryon, mais se dessinent également à l'intérieur, au niveau de l'intestin primitif.

Les deux premiers arcs branchiaux servent à la formation de l'oreille et d'une partie de l'os hyoïde. Les 3e, 4e et 5e forment le reste du squelette pharyngo-laryngé. Les poches branchiales se différencient en externes et internes. Les poches internes donnent naissance aux parathyroïdes et aux amygdales. Les poches externes disparaissent, mais peuvent laisser des reliquats, fistules ou kystes branchiaux, que l'on retrouve depuis la base du cou jusqu'à l'angle de la mâchoire.

branchiome n. m. Tumeur ou fistule des régions antérieures et latérales du cou, provenant d'une fermeture incomplète des arcs branchiaux (v. BRANCHIAL) ou de la persistance de vestiges de ces arcs embryonnaires.

bras n. m. Segment du membre supérieur compris entre l'épaule et le coude. — Le squelette du bras est constitué par l'humérus*.

brassière n. f. Vêtement du nourrisson (1er et 2e âge), de différente texture (laine, fil, coton, etc.), qui se passe par les bras et se ferme dans le dos.

bréviligne adj. Se dit du type morphologique caractérisé par le développement du corps en largeur, avec des membres courts, ce qui donne une taille petite et une relative corpulence.

bride n. f. Bande de tissu conjonctif réunissant anormalement deux organes : *bride*

Muscles du bras.
Face externe : 1. Clavicule ; 2. Acromion ;
3. Trapèze ; 4. Deltoïde ;
5. Biceps ;
6. Grand pectoral ; 7. Triceps brachial :
a, longue portion ;
b, vaste externe ; c, vaste interne ;
8. Brachial antérieur ;
9. Long supinateur ; 10. Radial.
Face interne : 4. Deltoïde ; 5. Biceps ;
11. Brachial antérieur ; 12. Vaste interne.

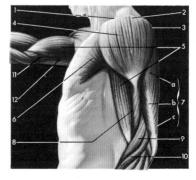

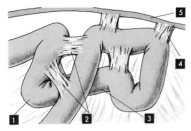

Brides péritonéales et intestinales :
1. Intestin grêle; 2. Brides intestinales;
3. Torsion d'une anse grêle;
4. Brides péritonéales; 5. Péritoine.

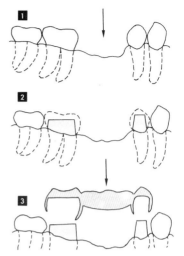

Bridge.
Préparation des dents « piliers » :
1. Espace à combler; 2. Dents piliers;
3. Tablier.

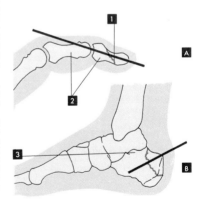

Broche.
Mise en place d'une broche pour fracture
avec déplacement.
A. Fracture de la phalangette
(petit os long).
B. Fracture et déplacement
d'un fragment de calcanéum (petit os large).
1. Fracture; 2. Phalanges; 3. Calcanéum.

péritonéale. (Ce genre de bride peut entraîner des occlusions intestinales aiguës par torsion d'une anse intestinale autour d'elle.)

Brides-les-Bains, station thermale de la Savoie, à 33 km d'Albertville, ouverte du 1er juin à fin septembre.
Brides est jumelée à la station de *Salins-les-Thermes* pour le traitement de l'obésité. À *Brides* se fait la cure de boisson : l'eau, sulfatée et chlorurée sodique à 38°C, est cholagogue et laxative; des eaux calciques et diurétiques lui sont associées. À *Salins,* c'est le traitement externe par bains et applications externes d'eaux chlorurées sodiques à 31°C qu'on mélange avec la source froide (11,6°C) très radioactive. On traite aussi à Brides l'insuffisance hépatique et certaines affections gastro-intestinales.

bridge n. m. (mot angl. signif. *pont*). Appareil de prothèse fixe pour remplacer des dents manquantes et prenant appui sur les dents voisines.
Le « bridge » comprend un tablier qui repose sur des dents « piliers ». Un *bridge de contention* est destiné à immobiliser des dents trop mobiles. L'établissement d'un bridge est soumis à des règles *mécaniques* (résistance des dents, des tabliers, calcul des forces masticatoires), *physiologiques* (respect des tissus voisins et des dents antagonistes) et *esthétiques.* (V. PROTHÈSE DENTAIRE.)

Bright (mal de), syn. de NÉPHRITE CHRONIQUE. (V. NÉPHROPATHIE.)

broche n. f. Tige métallique longue et mince, permettant, lorsqu'elle est posée au travers d'un os, la traction continue d'un membre, ou utilisée pour l'ostéosynthèse* d'un os de faibles dimensions (phalange, métacarpien).

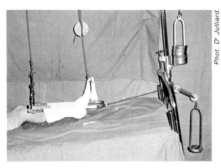

Broche de Kirschner en traction avec poulies.

Phot. Dʳ Julliard

broiement n. m. Écrasement d'un segment du corps atteignant tous les éléments anatomiques et posant des problèmes de réanimation et de traitement chirurgical complexes.

brome n. m. Métalloïde de la famille des halogènes (fluor, chlore, iode), liquide rouge foncé, d'odeur désagréable.
Thérapeutique. V. BROMURE.
Toxicologie. Utilisé pur dans certaines industries, le brome peut être toxique par ses vapeurs, susceptibles de provoquer un œdème aigu du poumon. Projeté sur la peau ou dans les yeux, le brome entraîne des brûlures profondes, qui seront évitées par un rinçage immédiat.

brome-sulfone-phtaléine n. f. Dérivé organique du brome, colorant, employé dans certaines épreuves de diagnostic. (Sigle : B. S. P.) [V. FOIE, *Exploration fonctionnelle.*]

bromide n. f. Lésion de la peau provoquée par les bromures ingérés, à type de pustules congestives du visage, de végétations ou de bulles survenant en n'importe quel point du corps.

bromocriptine n. f. Alcaloïde de l'ergot de seigle, qui freine les sécrétions hypophysaires de prolactine* et d'hormone somatotrope*. On l'emploie pour arrêter la montée laiteuse et dans le traitement de l'acromégalie*.

bromoforme n. m. Homologue bromé du chloroforme, utilisé dans le traitement des toux spasmodiques (sirops, gouttes).

bromure n. m. Sel de brome.
Les principaux bromures utilisés en thérapeutique sont des sédatifs : le *bromure de potassium* possède une action diurétique ; le *bromure de sodium*, mieux toléré que le précédent, le *bromure de calcium* et le *bromure de strontium* ont un ion métallique alcalino-terreux qui vient renforcer l'action sédative du brome.
Les bromures peuvent entraîner une *intoxication* à type de douleurs abdominales, vomissements, coma calme. L'intoxication chronique se manifeste par des troubles mentaux : perte de mémoire, irritabilité, confusion mentale. Une éruption très caractéristique peut survenir (bromide*). Devant une intoxication par les sels de brome, il faut éliminer rapidement le produit par un lavage d'estomac (sauf en cas de coma) et activer l'élimination rénale par des boissons fortement salées.

bronche n. f. Conduit semi-rigide destiné au transfert de l'air entre la trachée et les alvéoles pulmonaires.
La trachée se divise en deux bronches, droite et gauche, qui pénètrent dans le poumon* correspondant où elles se divisent.
Inflammation des bronches. V. BRONCHITE.
Corps étranger des bronches. V. EXTRACTION.
Cancer bronchique. Le véritable cancer du poumon, développé aux dépens des alvéoles, est extrêmement rare, et les tumeurs malignes pulmonaires ont en fait une origine bronchique. La fréquence croissante de cette affection ne peut s'expliquer par la seule

Bronche. Arbre bronchique.
Bronche droite et bronche gauche.
1. Trachée ; 2. Bronche lobaire supérieure ;
3. Bronche lobaire moyenne ;
4. Bronche paracardiaque ; 5. Bronche basale ;
6. Bronche apicale ; 7. Bronche dorsale ;
8. Bronche ventrale ;
9. Bronche lingulaire ;
10. Bronche lobaire inférieure ;
11. Bronche basale.

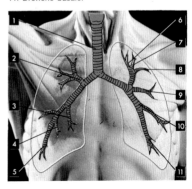

augmentation de la durée moyenne de vie, et le rôle favorisant du tabac est, à l'heure actuelle, unanimement admis. Les signes révélateurs sont très variés : toux persistante et rebelle, douleurs thoraciques, essoufflement, infection persistante, expectoration sanglante (hémoptysie). Parfois c'est l'examen radiologique systématique qui fait découvrir la lésion ; la bronchoscopie* est l'examen fondamental qui permet de faire le diagnostic. L'évolution spontanée est très grave. Le seul traitement est l'exérèse chirurgicale. Les agents physiques (cobaltothérapie, bêtatron) et les traitements antimitotiques apportent des rémissions temporaires.

bronchectasie n. f. Augmentation permanente et diffuse du calibre des bronches, portant habituellement sur les bronches de moyen et de petit calibre, et à laquelle s'ajoute l'obstruction de l'extrémité terminale des bronches dilatées.

Primitives ou secondaires à une lésion pulmonaire définie (abcès, tuberculose), les bronchectasies réalisent une maladie couramment appelée *dilatation des bronches*.

Signes cliniques. Les signes de cette maladie dépendent essentiellement de l'*hypersécrétion* et de la *suppuration* bronchique qu'elle entraîne. Elle se manifeste donc par une *expectoration* muco-purulente d'une abondance extrême, pouvant atteindre jusqu'à 400 ml par jour, et à prédominance matinale. Le malade présente aussi une *toux* tenace et souvent une *sinusite* chronique qui peut être à l'origine de l'infection bronchique. Des *hémoptysies** peuvent se manifester, ainsi que des épisodes infectieux aigus à type de bronchopneumopathies. La dilatation des bronches se manifeste également par un hippocratisme* digital.

Le diagnostic, fortement évoqué par les signes cliniques, est confirmé par la *bronchographie**, qui montre des aspects caractéristiques de bronches dilatées de formes variables : ampullaires, sacciformes, cylindriques. La bronche touchée est d'autre part amputée de nombreuses collatérales, qui sont bouchées, ainsi que de son extrémité terminale. Elle réalise l'aspect radiologique classique « en bois mort ».

La maladie évolue par poussées infectieuses successives, avec augmentation de l'expectoration et apparition d'une dyspnée* qui peut aboutir à l'insuffisance respiratoire chronique. De nombreuses complications peuvent s'observer : abcès du poumon, pleurésies purulentes, insuffisance cardiaque, etc.

Traitement. Il repose essentiellement sur une antibiothérapie énergique, visant à éteindre la suppuration et donc tarir l'expectoration.

Les techniques de drainage de posture (couché sur le côté, à plat ventre ou tête en bas, positions permettant au malade d'expectorer au maximum) et de kinésithérapie respiratoire sont essentielles. Des cures thermales sulfurées constituent un appoint utile. Après échec d'un traitement médical correct, une exérèse chirurgicale limitée (segmentaire ou lobaire) peut être proposée dans les bronchectasies très localisées.

bronchiole n. f. Rameau de division des bronches à l'intérieur du poumon. — La bronchiole terminale aboutit aux alvéoles.

bronchite n. f. Inflammation diffuse de la muqueuse des bronches. — Affection respiratoire parmi les plus fréquentes, la bronchite peut être aiguë ou chronique.

Bronchite aiguë. Elle succède souvent à un refroidissement et accompagne habituellement une rhino-pharyngite, une laryngite ou une trachéite. Elle débute par une sensation de chaleur rétrosternale plus ou moins douloureuse, une toux sèche, avec malaise général et fièvre. Puis, en quelques jours, tandis que ces symptômes s'amendent, la toux devient grasse et ramène une expectoration plus ou moins purulente ; la maladie se termine progressivement en une semaine. Le traitement comporte des fluidifiants bronchiques pour faciliter l'expectoration, des antibiotiques à large spectre. Les sédatifs de la toux doivent être employés avec prudence car, en empêchant de tousser, ils entravent l'expectoration. Le repos au chaud et au lit est nécessaire tant que dure la fièvre.

Bronchite chronique. Sa fréquence et sa gravité ont longtemps été méconnues en raison de la banalité de ses symptômes et du fait de l'absence de traduction radiologique. La symptomatologie de la maladie se constitue lentement, sur un certain nombre d'années au cours desquelles le malade présente des poussées de bronchite aiguë en hiver, avec toux et expectoration. Le malade est souvent un homme adulte, grand fumeur. L'asthme s'ajoute à la bronchite une fois sur trois : c'est l'*asthme intriqué*. L'évolution de la bronchite chronique est souvent irréversible et peut mener à l'insuffisance respiratoire avec emphysème*. Le traitement vise surtout à éviter les poussées infectieuses aiguës de la maladie et à retarder son évolution. La suppression du tabac en est une des conditions fondamentales, le tabac constituant un irritant permanent pour ces bronches enflammées. L'antibiothérapie (après antibiogramme*) doit être prolongée bien au-delà des poussées infectieuses. En cas d'asthme intriqué, on pourra instituer une corticothérapie* associée aux antibiotiques.

La kinésithérapie respiratoire, en apprenant au malade à expectorer, et des cures thermales seront des adjuvants utiles.

bronchocèle n. f. Tumeur gazeuse du cou, en communication avec une bronche.

bronchographie n. f. Examen radiologique des bronches après opacification par une huile iodée.

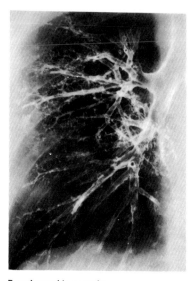

Phot. C. N. R. I.

Bronchographie normale.

bronchophonie n. f. Résonance très forte de la voix à l'auscultation, due à sa transmission au travers d'une condensation pulmonaire (pneumonie, tumeur, etc.).

bronchoplégie n. f. Paralysie de la musculature des bronches, entraînant des difficultés à l'expectoration.

broncho-pneumonie n. f. Inflammation des bronches, des bronchioles et du parenchyme pulmonaire adjacent.
Les broncho-pneumonies sont dues à une infection soit virale, soit bactérienne, cette dernière donnant une atteinte anatomique plus localisée.
Signes cliniques. Après un début brutal, marqué par un frisson, une fièvre à 40 °C, une dyspnée* rapide (polypnée), l'état géné-

ral s'altère rapidement et la toux s'installe, sèche au début. À ces signes peut être associé un herpès* naso-labial (bouton de fièvre). L'auscultation perçoit de nombreux râles ronflants et sibilants dans les deux champs pulmonaires. La radiographie montre une opacité systématisée bien limitée à un lobe pulmonaire dans la broncho-pneumonie bactérienne et des opacités floues et diffuses dans les broncho-pneumonies virales. Avant les antibiotiques, l'évolution se faisait habituellement vers des complications infectieuses (abcès, pleurésie purulente), et l'issue fatale était fréquente. Depuis les antibiotiques, la guérison est devenue la règle, sauf chez les vieillards et les débilités, chez qui le pronostic reste grave et dépend de l'état général et cardiaque.
Traitement. À base d'antibiotiques, le traitement comporte aussi l'oxygénothérapie, la réhydratation et les tonicardiaques* si nécessaire. Dans les broncho-pneumonies virales vraies, les antibiotiques servent seulement à protéger contre une surinfection bactérienne.

broncho-pneumopathie n. f. V. BRONCHO-PNEUMONIE.

bronchorrhée n. f. Sécrétion excessive de mucus bronchique, qui se traduit cliniquement par une expectoration abondante et incolore.

bronchoscopie n. f. Examen endoscopique de l'intérieur de la trachée et des grosses bronches. (V. ENDOSCOPIE.)

bronchospasme n. m. Contraction spasmodique des bronches, qui en rétrécit le calibre et provoque la crise d'asthme*.

bronchospirométrie n. f. Méthode d'exploration et de mesure de la fonction respiratoire des poumons.
L'air de chacun des deux poumons est recueilli séparément par des sondes introduites dans la trachée et les bronches, qui l'amènent à deux spirographes distincts. Grâce à cette méthode, on peut connaître les réserves fonctionnelles d'un poumon et ses possibilités de compensation en cas d'ablation chirurgicale du poumon opposé. (V. POUMON, *Exploration fonctionnelle*.)

bronzé, e adj. Se dit des maladies qui s'accompagnent d'une coloration foncée de la peau : la *maladie bronzée d'Addison** (insuffisance des surrénales), la *cirrhose* et le *diabète bronzé* (v. HÉMOCHROMATOSE).

brosse à dents n. f. V. HYGIÈNE *buccodentaire*.

Brown-Séquard (syndrome de), syndrome neurologique provoqué par la section d'une moitié de la moelle épinière, et se traduisant par une paralysie et une abolition de la sensibilité profonde du côté de la lésion, et par une abolition de la sensibilité superficielle de l'autre côté.

brucellose n. f. Maladie infectieuse touchant les animaux et l'homme, due à des germes du genre *Brucella* (*B. melitensis, bovis,* etc.). [Syn. : FIÈVRE DE MALTE, FIÈVRE ONDULANTE, MÉLITOCOCCIE.]
Localisées au début dans le pourtour méditerranéen, les brucelloses ont actuellement une répartition cosmopolite.

L'homme est atteint par voie cutanée ou digestive, au contact des animaux ou de leurs produits (lait, fromages). Cela explique la reconnaissance de l'affection comme maladie professionnelle (vétérinaires, paysans).
Symptômes. La maladie réalise, dans sa forme aiguë, un tableau associant une fièvre ondulante élevée, des sueurs profuses et des douleurs diffuses, de durée variable. Des localisations viscérales doivent toujours être recherchées pour éviter le passage à la chronicité : ostéoarthrites (hanche), atteintes nerveuse et glandulaire (orchite).

La guérison survient après une longue convalescence, mais des rechutes sont fréquentes.

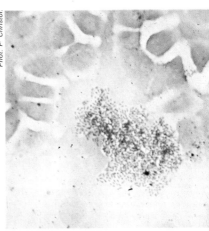

Phot. Pʳ Christol.

Brucellose. Hémoculture de *Brucella*.

Bronchoscopie.
Tumeur bronchique
(métastase d'un cancer du sein).

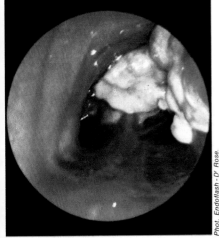

Phot. Endoflash-Dʳ Rose.

Diagnostic. Il se fait par l'isolement du germe, sur la positivité de l'intradermoréaction spécifique à la mélitine et, plus tard, sur celle du sérodiagnostic de Wright.
Traitement. Il repose sur l'antibiothérapie (tétracyclines, chloramphénicol).
Prophylaxie. Elle repose sur la vaccination animale et une hygiène rigoureuse. La vaccination humaine est pratiquée dans les professions exposées. En cas de maladie, la déclaration est obligatoire, l'isolement du malade et la désinfection des locaux sont nécessaires.

bruit n. m. Le bruit est l'une des principales nuisances des sociétés industrielles, en raison du développement des usines, de l'accroissement de la circulation et des procédés modernes de construction.
Le retentissement du bruit est double : il provoque d'une part une *surdité professionnelle* chez les ouvriers exposés aux sons intenses et, d'autre part, il favorise les *troubles mentaux* dans l'ensemble de la population qui y est exposée.
Caractéristiques des bruits. Les bruits sont nocifs en fonction de certaines caractéristiques. L'*intensité* en est la principale : c'est à partir de 90 à 100 décibels qu'un son devient pénible et nocif. Notons que les marteaux pneumatiques produisent 110 décibels, les postes de rivetage 120, les marteaux-pilons 130, et l'entrée d'une rame de métro en gare 90. Les autres éléments qui accen-

tuent la nocivité d'un son sont sa *fréquence* (hauteur) et sa *pureté* (timbre), car le bruit est d'autant plus pénible qu'il est plus aigu et moins pur. Le *rythme* intervient aussi, les bruits rythmés étant obsédants (métier à tisser), et les sons inopinés (sonnerie du téléphone) difficiles à supporter.

Conséquences du bruit. La *surdité* survient après une exposition prolongée à un bruit intense. Elle est insidieuse, irréversible et, au-delà d'un certain stade, elle continue à s'aggraver, même après la suppression de la cause. La surveillance des ouvriers exposés au bruit est donc une obligation. Elle se fait par des contrôles audiométriques.

La deuxième conséquence nocive des bruits est leur *retentissement psychique.* Il existe presque toujours une gêne à tout travail intellectuel en milieu bruyant, les facultés de concentration et de raisonnement sont diminuées, le sommeil est perturbé. Le bruit aggrave les états psychopathiques, les tendances aux névroses, l'irritabilité, les dépressions. Les affections professionnelles provoquées par les bruits sont classées comme maladies professionnelles 40-42 (décret du 10 avril 1963).

Prévention des bruits. La prévention des méfaits du bruit dans les usines comporte d'abord une sélection des ouvriers, afin de ne pas embaucher des sujets prédisposés à la surdité. Divers moyens doivent être employés dans les ateliers pour diminuer et absorber le bruit des machines. On peut faire porter au personnel des bouts de coton ou de plomb dans les oreilles, ou même des casques qui réduisent l'intensité des perceptions sonores de 10 à 30 décibels. Les bruits domestiques peuvent être diminués par l'amélioration de la qualité de la construction, par la juxtaposition de matériaux différents et par l'emploi d'isolants phoniques.

bruits du cœur, bruits de galop. V. CŒUR, *Examen clinique du cœur.*

brûlures d'estomac, sensation aiguë ressentie par un sujet lors d'un excès d'acidité gastrique (v. GASTRITE) ou s'il est porteur d'une hernie* hiatale.

brûlures en urinant. V. CYSTALGIE.

bruxomanie n. f., ou **bruxisme** n. m., ou **brycomanie** n. f. Mouvements faisant entrer en contact les surfaces des dents en dehors de la mastication. (Syn. : GRINCEMENTS DE DENTS.)

B.S.P., sigle de BROME*-SULFONE-PHTALÉINE.

bubon n. m. Inflammation suppurée d'un ganglion lymphatique (adénite* aiguë), plus spécialement localisée à l'aisselle ou à l'aine.

brûlure n. f. Lésion tissulaire provoquée par la chaleur ou par d'autres agents physiques ou chimiques (66 p. 100 des brûlures sont domestiques et pourraient être évitées au prix de quelques précautions simples ; 50 p. 100 des brûlés sont des enfants victimes d'un défaut de surveillance).

Causes.
Elles sont diverses : *agents thermiques* (liquides bouillants, solides chauds ou en ignition, vapeurs) ; *agents chimiques* (acides, bases, phosphore) particulièrement dangereux ; *électricité,* provoquant des brûlures profondes avec risque de syncope respiratoire et arrêt cardiaque ; *agents ionisants :* rayons X, explosions atomiques (où le blessé est en plus un irradié).

Signes cliniques.
Selon l'*étendue,* on distingue des brûlures bénignes, atteignant moins de 15 p. 100 de la surface du corps, des brûlures graves (de 15 à 60 p. 100) et des brûlures au-dessus des ressources thérapeutiques actuelles, touchant plus de 60 p. 100 de la surface corporelle.

Selon la *profondeur,* on distingue les brûlures du *1er degré,* caractérisées par une rougeur diffuse avec gonflement local et douleur : la guérison se fait en quelques jours (coup de soleil). Dans les brûlures du *2e degré,* la douleur est très vive, le derme est mis à nu, parsemé de phlyctènes (ampoules ou « cloques ») ; si la couche basale du derme est atteinte (2e degré profond), il n'y a pas de régénérescence spontanée. Les brûlures du *3e degré* constituent une atteinte cutanée totale : perte complète de la sensibilité, aspect parcheminé, chamois, de la peau. Mais les différents degrés sont souvent associés, et il faut parfois quelques jours d'attente pour préciser la profondeur exacte des lésions. La gravité des brûlures tient également à leur *siège :* problèmes esthétiques à la face, au cou, séquelles fonctionnelles au niveau des mains ou des plis de flexion. Le terrain est également un élément de pronostic : à surface égale, la gravité est plus grande chez l'enfant, le vieillard, le diabétique.

Traitement.
Petites brûlures. Elles guérissent spontanément, mais nécessitent cependant une surveillance stricte : s'assurer d'abord de la profondeur réelle de la lésion. Les brûlures du 1er degré (simple rougeur sans effraction de la peau) sont soulagées par des crèmes adoucissantes. Les brûlures du 2e degré, avec

ampoules, doivent être désinfectées avec une solution antiseptique (hexamidine, mercurothiolate, etc.); les ampoules sont excisées, ce qui forme une plaie qui doit être pansée de façon aseptique. Les corps gras vitaminés (pommades, tulles gras) peuvent être appliqués s'il n'y a pas de risque d'infection, sinon il faut appliquer une pommade antiseptique (hexamidine). Une compresse stérile et une bande protègent la brûlure dont la cicatrisation s'accomplit en 10 à 20 jours. Les pansements sont refaits tous les jours ou tous les deux jours, pour s'assurer qu'il n'y a pas d'infection (rougeur, pus).

Phot. D' Julliard.

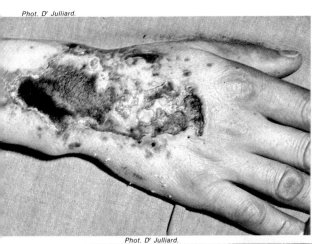

**Brûlure
du troisième degré
du dos
de la main.**

Phot. D' Julliard.

Brûlure.
Greffe
après résection
du sphacèle.

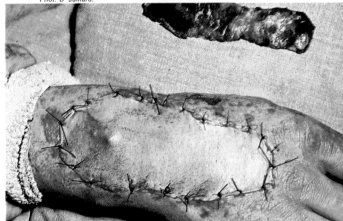

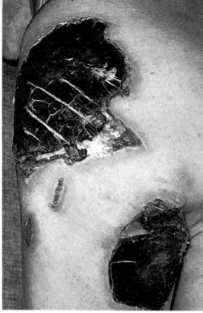

Phot. Dr Julliard.

Brûlure. Brûlure du troisième degré avec carbonisation.

Brûlures graves. Elles doivent être traitées en milieu chirurgical : aucun acte ne doit être effectué sur les lieux de l'accident, sauf évidemment en cas de brûlure par l'électricité où l'on s'assurera de l'interruption du contact électrique.

À l'arrivée au centre chirurgical, la priorité doit être donnée à la *prévention du choc** : classiquement, ce choc ne se voit que pour les brûlures supérieures à 20 p. 100 du corps chez l'adulte, à 15 p. 100 chez l'enfant ; en fait, il est variable avec la profondeur de l'atteinte et la constitution du blessé. Biologiquement, il existe un syndrome d'hémoconcentration par fuite de l'eau et des électrolytes* dans l'espace interstitiel. Le traitement consiste à calmer la douleur, à perfuser le blessé autant qu'il est nécessaire (plasma sanguin, solutions d'électrolytes). La *prévention de l'infection* par les antibiotiques est également indispensable, sans oublier la sérothérapie antitétanique. Le traitement chirurgical proprement dit ne sera entrepris qu'une fois l'état général nettement amélioré. Il vise à apprécier le siège, l'étendue, la profondeur de la brûlure, à déterger les surfaces atteintes et à exciser les débris voués à la nécrose : ce « parage » est une véritable intervention chirurgicale qui doit

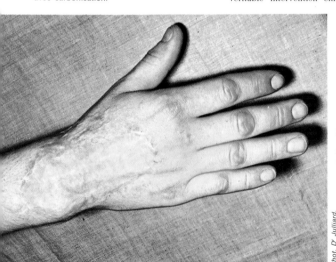

Brûlure.
Résultat
d'une greffe
du dos de la main.

Phot. Dr Julliard.

s'effectuer de manière aseptique. Après parage, selon les cas, on installera un pansement occlusif ou, au contraire, les lésions seront laissées exposées à l'air libre. Les baignoires pour brûlés de grande surface permettent de maintenir le corps dans un liquide de pression osmotique convenable et légèrement antiseptique : cette technique demande des installations et un personnel très spécialisés.

Dans la *période secondaire,* qui s'étend de la première semaine au premier mois, il faut éviter l'infection, remplacer la perte de substance cutanée, lutter contre la tendance aux attitudes vicieuses. C'est à cette période que peut apparaître la « maladie des brûlés », qui se manifeste par un déficit de l'état général, avec asthénie, anorexie, amaigrissement ; une alimentation hypercalorique, un régime diététique particulièrement suivi sont alors indispensables. Le remplacement de la perte de substance cutanée, après excision large, peut faire appel à l'*autogreffe* (utilisation de la peau de l'individu lui-même), procédé de choix, mais qui ne peut être employé en cas de brûlure importante ; l'*homogreffe* (peau prélevée sur un donneur) est en fait un pansement biologique qui enveloppe provisoirement la surface brûlée, permettant à l'état général de s'améliorer. À cette période secondaire, des complications peuvent encore apparaître : générales (septicémie) ou locorégionales (hémorragie secondaire, thromboses veineuses).

La *kinésithérapie* est un élément essentiel du traitement : au début, mobilisation douce et prudente, puis de plus en plus active pour éviter les rétractions, surtout chez l'enfant ; massage des tissus lésés dès la période de cicatrisation.

Les *séquelles* sont variables : troubles trophiques fréquents, cicatrices chéloïdes*, brides rétractiles ; la dégénérescence cancéreuse est très rare.

Selon la localisation : les brûlures de la *face* doivent toujours faire craindre une brûlure des voies respiratoires supérieures par inhalation de gaz à haute température, voire des brûlures oculaires, qu'il faut rechercher systématiquement. Les brûlures *orificielles* (nez, anus, vagin, etc.) sont d'autant plus graves qu'elles ont une tendance spontanée à l'évolution vers la sténose (rétrécissement) cicatricielle. Les brûlures du *tube digestif* par ingestion d'acides ou de bases (soude caustique) posent des problèmes chirurgicaux complexes ; elles entraînent également des rétrécissements.

Les bubons surviennent lors d'infections spécifiques comme la peste (peste bubonique), les maladies vénériennes (chancre* mou, maladie de Nicolas*-Favre).

bucco-dentaire adj. Relatif à la bouche et aux dents.
Hygiène bucco-dentaire, v. HYGIÈNE.

Buerger (maladie de) ou **thrombo-angéite oblitérante,** inflammation diffuse et généralisée, oblitérante des artères, survenant presque exclusivement chez les hommes jeunes.

bulbaire adj. Qui concerne le bulbe* rachidien.
Syndrome bulbaire. On entend par ce terme des troubles de la déglutition, de la phonation, de la motricité de la langue, de la bouche et de la face, dus à l'atteinte des formations anatomiques nerveuses situées dans le bulbe rachidien.
Syndrome pseudo-bulbaire, groupe de signes qui évoquent une atteinte bulbaire, mais qui relèvent en réalité de lésions situées plus haut, notamment au niveau du cortex et des noyaux gris centraux du cerveau*, et souvent dues à une mauvaise circulation cérébrale. On y voit des atteintes du syndrome bulbaire associées à une marche à petits pas, une incontinence sphinctérienne, des troubles intellectuels, une succession de rires et de larmes immotivés (« rire et pleurer spasmodique »).

bulbe n. m. Partie renflée d'un organe. — On désigne sous ce nom :
— le *bulbe rachidien,* partie la plus basse du tronc cérébral, juste au-dessus de la moelle

Bulbe rachidien : 1. Hypophyse ; 2. Protubérance ; 3. Bulbe ; 4. Moelle épinière ; 5. Cervelet.

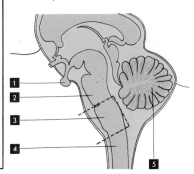

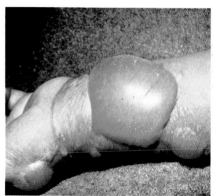

Bulle. Dermatose bulleuse.

épinière (v. NERVEUX, *Système nerveux céré-brospinal*);
— le *bulbe duodénal,* première partie du duodénum*, siège fréquent d'ulcères;
— le *bulbe dentaire,* renflement situé à la base du follicule dentaire;
— le *bulbe pileux,* renflement du poil à sa base;
— le *bulbe urétral,* renflement de la partie spongieuse de l'urètre, chez l'homme.

bulin n. m. Petit escargot d'eau douce, hôte intermédiaire spécifique de *Schistosoma hæmatobium,* agent de la bilharziose* urinaire.

bulle n. f. Décollement qui survient entre les différentes couches de la peau (derme, épi-derme, hypoderme) et qui se remplit de liquide séreux ou inflammatoire, suivant la cause. (Syn. : AMPOULE, CLOQUE, PHLYCTÈNE.) Les bulles peuvent être accidentelles : c'est le cas des brûlures du 2e degré. D'autres sont toxiques et apparaissent après la prise de certains médicaments (syndrome de Lyell*). D'autres encore sont primitives et caracté-risent les maladies bulleuses comme la mala-die de Dühring*-Brocq, le pemphigus*, etc.

buphtalmie n. f. V. GLAUCOME *congénital.*

bursite n. f. Inflammation aiguë ou chro-nique des bourses* séreuses.

butée n. f. Greffon osseux placé au contact d'une articulation, pour empêcher sa luxation ou limiter ses mouvements.

butobarbital n. m. Barbiturique utilisé dans le traitement des insomnies, à cause de son peu de toxicité. (Syn. : BUTYL-ÉTHYL-MALONYLURÉE.)

butyrophénone n. f. Neuroleptique* prin-cipalement utilisé dans les psychoses, les syndromes hallucinatoires, les états d'agita-tion psychomotrice. (Le type en est l'halopé-ridol*.)

B.W., initiales de BORDET*-WASSERMAN.

byssinose n. f. Affection pulmonaire frap-pant les ouvriers qui inhalent les poussières de coton, de chanvre ou de lin.
Elle se manifeste par une dyspnée* asthma-tique qui peut devenir chronique.

Bywaters (syndrome de), insuffisance rénale aiguë atteignant les blessés présentant des écrasements musculaires étendus, provo-quant un afflux de déchets azotés.

ça n. m. Terme de psychanalyse désignant l'ensemble des pulsions primaires et des instincts de nature inconsciente qui orientent l'activité psychique de l'homme.

Cabot (anneaux de), anneaux fixant les mêmes colorants que la chromatine* et présents dans les globules rouges au cours des anémies* hémolytiques et toxiques.

cacao n. m. Le cacao, qui sert à faire le chocolat, contient de 40 à 45 p. 100 de graisses (« beurre de cacao » employé comme adoucissant des lèvres), de la caféine* et de la théobromine*.

cachet n. m. Ensemble de deux capsules de pain azyme collées ou emboîtées, formant une cavité pour administrer les médicaments en poudre.

cachexie n. f. État de maigreur extrême observé à la phase terminale de certaines affections chroniques (cancer, tuberculose,

Cachet. Appareil à cachets en officine.

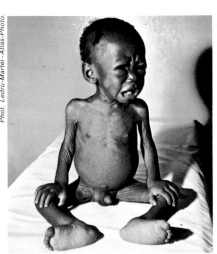

Phot. Ledru-Martel - Atlas-Photo.

Cachexie chez un jeune enfant.

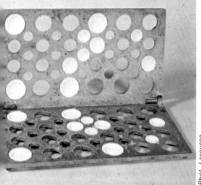

Phot. Larousse.

grandes intoxications [morphine, alcool]) et en cas de malnutrition.
La cachexie est caractérisée par un amaigrissement très accentué, parfois masqué par des œdèmes, un teint jaunâtre ou plombé.
Cachexie hypophysaire, maladie due à une déficience globale des sécrétions de l'hypophyse. (Syn. : MALADIE DE SIMMONDS.) Elle se manifeste par un amaigrissement profond impressionnant, une fatigue extrême, un déficit glandulaire global, une aménorrhée*, une anorexie* (v. ANOREXIE *mentale*).

cacosmie n. f. Perception d'une mauvaise odeur.

Elle peut être *objective*, due par exemple à une infection des fosses nasales, ou *subjective*, perçue uniquement par le sujet.

cadavre n. m. Corps après la mort et qui présente les signes indiscutables du décès : coagulation globale du sang dans les vaisseaux, rigidité cadavérique, lividités* cadavériques.

cade (huile de), produit de distillation du bois de *genévrier oxycèdre*. — L'huile de cade est employée dans le traitement d'affections cutanées (psoriasis, certains eczémas), sous forme de pommade et de glycérolé.

cadmium n. m. Métal blanc analogue au zinc.
Toxicologie. L'ingestion de cadmium peut s'observer après décapage de plats métalliques par le vinaigre ou les jus de fruits. L'intoxication aiguë touche le tube digestif, le foie, les reins. L'intoxication chronique provoque une dyspnée, un amaigrissement, un jaunissement des dents. L'inhalation de vapeurs industrielles provoque une irritation broncho-pulmonaire et des lésions osseuses. L'antidote en est l'E. D. T. A.*.

caduque adj. et n. f. (étymologiquement : « qui tombe »). En abréviation de *membrane caduque*, se dit de la partie de la muqueuse utérine transformée pendant la gestation, et qui tombera avec les membranes de l'œuf.

cæcum n. m. Partie du gros intestin, située en cul-de-sac après l'abouchement de l'intestin grêle dans le côlon droit. (À la face interne du cæcum, sous l'orifice iléocolique, s'implante l'*appendice*.)

café n. m. Le café renferme la caféine* (de 1 à 2 p. 100), la caféone (aromatique), la théobromine (diurétique).
À dose moyenne ou forte selon les individus, le café provoque des palpitations, des tremblements, de l'agitation, des insomnies.
Les cafés décaféinés contiennent parfois des produits divers qui, à forte dose, provoquent des palpitations. L'intoxication par le café (de 10 à 20 g) majore les troubles précédents (bourdonnements, vomissements, délire, convulsions). Le café soulage cependant certains maux de tête. C'est un bon stimulant de la vigilance et de l'activité intellectuelle.

caféine n. f. Alcaloïde du café. (Syn. : TRIMÉTHYLXANTHINE.) La caféine se trouve dans le café, le thé, le cacao, la noix de kola.

cage n. f. **Cage thoracique,** squelette du thorax, formé par la portion dorsale de la colonne vertébrale, les côtes, les cartilages costaux et le sternum. (V. THORAX.)

caillot n. m. Masse gélatineuse qui résulte de la coagulation* du sang. — Le caillot est

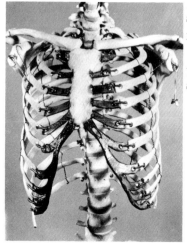

Cage thoracique. Côtes et gril costal.

formé par un réticulum de fibrine emprisonnant les globules rouges. Normalement, le caillot se rétracte, laissant sourdre le sérum*.

caisson n. m. Enceinte hermétique dans laquelle il est possible d'établir une pression d'oxygène supérieure à celle de la pression atmosphérique.
Les caissons sont utilisés : 1° dans l'industrie, pour les travaux immergés (piles de pont, tunnels, etc.); 2° en médecine, chaque fois qu'il est nécessaire d'augmenter la quantité d'oxygène dans le sang (oxygénothérapie hyperbare).
Description des caissons médicaux. Le modèle le plus simple est un cylindre doté de hublots pour la surveillance. Une porte, munie d'un joint et fermée par plusieurs vis à sa périphérie, livre passage à une civière coulissant à l'intérieur du caisson. Des broches permettent le branchement d'un électrocardiographe et d'un électroencéphalographe ; un système de soupapes assure, à l'aide d'un respirateur situé hors du caisson, la ventilation du malade en respiration artificielle.
Utilisation et indications. Les indications principales de l'oxygénothérapie hyperbare sont :
— l'*intoxication par l'oxyde de carbone** (*CO*) : le caisson permet d'augmenter la pression de l'oxygène dans le sang et d'accé-

lérer la disparition de la carboxyhémoglobine ;
— les *accidents de décompression des plongeurs,* au cours desquels l'azote, normalement dissous dans le sang, est brutalement libéré dans la circulation à l'état gazeux sous forme de bulles, créant des embolies gazeuses. Le caisson permet la redissolution de l'azote.

D'autres indications sont plus discutées ; ainsi : — les grangrènes gazeuses sur plaies infectées par des germes anaérobies* (ne vivant pas en présence d'oxygène) ; — certains troubles vasculaires (ramollissement cérébral) ; — certaines affections métaboliques (hépatites graves).

Maladie des caissons. C'est l'ensemble des accidents observés dans les professions soumises à des compressions et des décompressions fréquentes et souvent rapides (caissonniers, tubistes, scaphandriers). Ils sont dus à des phénomènes de dissolution et de restitution de l'azote dans les tissus et dans le sang.

À la compression peuvent s'observer vertiges, bourdonnements d'oreilles, épistaxis*, otorragies. À la décompression ou dans les heures suivantes, les accidents sont souvent plus graves : embolie* gazeuse cérébrale et paralysies, troubles de l'audition, vertiges, emphysème sous-cutané, hémorragies diverses, douleurs articulaires, prurit. Parfois mortels, les accidents neurologiques laissent souvent des séquelles.

Les ostéoarthrites constituent un état chronique avec douleurs et raideurs articulaires, puis lésions des articulations (épaules et genoux essentiellement), visibles sur les radiographies. Elles peuvent survenir tardivement, parfois plusieurs mois après l'arrêt du travail, et constituent la seule maladie professionnelle légalement reconnue au cours des travaux en air comprimé (n° 29 au tableau des maladies professionnelles).

La prévention de ces accidents fait l'objet d'une réglementation précise concernant les temps de compression et de décompression, les temps de travail, les visites médicales et l'interdiction de ces travaux aux femmes et aux jeunes de moins de 18 ans.

cal n. m. Formation, à partir de tissu conjonctif, de substance osseuse assurant la fusion entre les deux surfaces fracturées d'un os.
Le *cal vicieux* est un cal trop gros, constituant une déformation parfois visible à l'œil nu, toujours perceptible au toucher.

Calabar (œdèmes de) [du nom d'une localité du Nigeria], œdèmes fugaces et migrateurs observés au cours des filarioses* à loa-loa.

calcanéum n. m. Os du tarse, situé à la partie inférieure et postérieure du pied, formant la saillie du talon.
Le tendon d'Achille s'insère à sa partie postéro-supérieure. Les fractures du calca-

Caisson de recompression pour traiter les barotraumatismes.

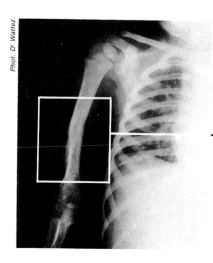

Phot. Dʳ Wattez.

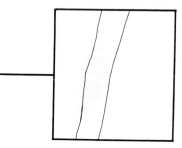

Cal. Séquelle de fracture de l'humérus chez l'enfant ;
cal presque normal.

néum sont causées par une chute sur le talon d'un lieu élevé ; leur traitement est difficile, les séquelles sont fréquentes.

calcémie n. f. Quantité de calcium présente dans le sang. — La calcémie normale est de 100 mg par litre. (V. CALCIUM.)

calciférol n. m. Vitamine D2, obtenue par irradiation ultraviolette d'un stérol naturel, l'ergostérol. (V. VITAMINE* D.)

Calcanéum.
Situation du calcanéum dans le pied :
1. Tibia ; 2. Péroné ;
3. Astragale ; 4. Malléole externe ;
5. Cuboïde ;
6. Calcanéum ; 7. Tendon d'Achille.

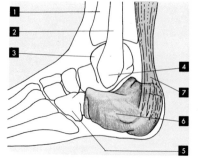

calcification n. f. Dépôt de sels de calcium dans les tissus, normaux ou pathologiques. — Ces dépôts sont durs et parfois palpables.
À l'état normal, la calcification est un phénomène physiologique de formation des os et des dents, et un phénomène de réparation des fractures (v. CAL).
À l'état pathologique, les calcifications représentent un des modes de guérison de la tuberculose et s'observent dans les organes anciennement atteints (poumons, reins, vessie, etc.). Dans les organes creux, la calcification entraîne la formation de calculs*. Elle peut aussi se voir le long des vaisseaux sanguins : calcification des artères dans l'artériosclérose, des veines dans les varices anciennes. Les calcifications sont de diagnostic facile, car opaques aux rayons X.

calcinose n. f. Dépôt de sels de calcium formant des masses calcaires, visibles à la radiographie et parfois palpables.
La calcinose peut toucher tous les tissus et viscères. Elle peut être localisée aux artères (médialcalose), aux reins dans le cas d'un trouble de l'excrétion urinaire du calcium et du phosphore (néphrocalcinose).

calcitonine n. f. Hormone polypeptidique sécrétée par les cellules « parafolliculaires » de la thyroïde.
Son rôle est d'abaisser le taux sanguin du calcium et du phosphore en empêchant la résorption osseuse. La calcitonine est utili-

sée dans le traitement des décalcifications osseuses (ostéoporose*, maladie de Paget*).

calcium n. m. Métal alcalino-terreux.
L'organisme humain contient 2 p. 100 de calcium, presque entièrement fixé sur le squelette (99 p. 100). Le plasma en contient 100 mg (soit 1 p. 100 du calcium total) par litre (calcémie). Le calcium est apporté par l'alimentation, surtout par les produits laitiers. Ionisé par l'acidité gastrique, il est absorbé au niveau de l'intestin ; l'absorption est facilitée par la vitamine D. Puis il est éliminé dans les urines (calciurie).

L'ion calcium joue un rôle fondamental dans la perméabilité des membranes cellulaires, l'activation ou l'inhibition de nombreuses enzymes, l'action de plusieurs hormones.

La régulation de la concentration sanguine en calcium, de sa concentration intracellulaire, de l'équilibre entre construction et résorption osseuses fait intervenir des phénomènes physiques d'échanges entre ions et l'action de trois substances : la parathormone*, le calciférol* (vitamine D2), la calcitonine*. Les deux premières augmentent la calcémie ; la calcitonine a une action inverse.

L'*hypercalcémie* (augmentation du calcium sanguin) entraîne des troubles digestifs (nausées, douleurs, constipation), des troubles rénaux (calculs, néphrocalcinose par dépôts de calcium), une diminution du tonus musculaire, des anomalies de l'électrocardiogramme, des lésions osseuses (douleurs, fractures spontanées) par diminution du calcium fixé sur les os.

Les causes d'hypercalcémie sont l'hyperparathyroïdie primaire, les cancers secondaires des os, la sarcoïdose*, l'intoxication à la vitamine D, la thyrotoxicose*, l'ostéoporose, l'insuffisance surrénale aiguë.

L'*hypocalcémie* entraîne des accès de tétanie*. Elle s'observe dans l'hypoparathyroïdie, la carence de vitamine D (rachitisme chez l'enfant, ostéomalacie chez l'adulte), l'insuffisance rénale.

Les *hypercalciuries* (augmentation du calcium urinaire) accompagnent les hypercalcémies.

Thérapeutique par le calcium. Le calcium est un reminéralisant employé dans les hypocalcémies et les décalcifications, et un sédatif. Il est utilisé sous forme de combinaisons minérales ou organiques diverses. On utilise le calcium sous forme de chlorure, de bromure, de phosphate, de gluconate, de lévulinate.

calcul n. m. Concrétion qui se constitue dans certains organes aux dépens des substances contenues dans les liquides de l'organisme. (La formation des calculs est la lithiase*.)
Calculs biliaires. Ils sont formés soit uniquement de cholestérol (et dans ce cas ils sont transparents aux rayons X), soit de cholestérol et de sels de calcium disposés concentriquement (et opaques aux rayons X). [V. BILIAIRE, *Voies biliaires.*]
Calculs urinaires. Les calculs urinaires sont faits soit d'oxalates ou de phosphates de calcium, soit de cristaux d'acide urique, plus rarement de cristaux de cystine. Certains calculs d'acide urique se chargent secondairement de calcium (cristaux mixtes). [V. LITHIASE *urinaire* et URINAIRE (*appareil*).] V. illustration, page 156.

calice n. m. Cavité excrétrice du rein qui draine l'urine sécrétée par les papilles. — Les petits calices se réunissent en deux ou trois grands calices dont la fusion constitue le *bassinet*. (V. REIN [*anatomie*].)

callosité n. f. Épaississement cutané épidermique, dû au frottement. (V. DURILLON.)

calmant, e adj. et n. m. Se dit d'un médicament qui diminue la douleur, l'anxiété et les troubles nerveux. (V. ANALGÉSIQUE, ANTALGIQUE, NEUROLEPTIQUE, SÉDATIF, TRANQUILLISANT.)

calomel n. m. Chlorure mercureux, laxatif mais irritant et délaissé pour cette raison.

Calcification.
Importante calcification pulmonaire près du hile droit.

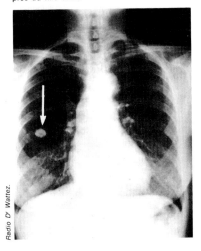

Radio Dr Wattez.

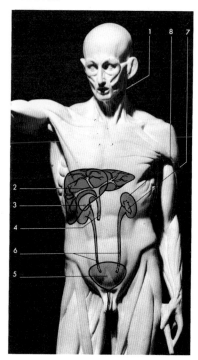

Calcul.
Organes susceptibles de contenir des calculs :
1. Glandes salivaires ;
2. Canaux biliaires intrahépatiques ;
3. Vésicule biliaire ;
4. Cholédoque ; 5. Vessie ; 6. Uretères ;
7. Bassinet ; 8. Rein.

calorie n. f. Unité de chaleur.
La *grande calorie* est la quantité de chaleur
nécessaire pour élever 1 litre d'eau de 1 °C.
La *petite calorie* en est la millième partie. La
valeur énergétique des aliments est caractérisée par le nombre de grandes calories que
dégage leur combustion dans l'organisme.
(V. RATION.)

calvitie n. f. Absence définitive de cheveux. (V. ALOPÉCIE.)

camisole n. f. **Camisole de force,** vêtement
à manches en forme de sac, utilisé autrefois
pour ligoter les malades mentaux agités.

camomille n. f. Plante composée (*An-
themis nobilis*) dont la fleur est employée en
infusion (quelques têtes par tasse) comme
stomachique et antispasmodique.
Camomille allemande. V. MATRICAIRE.

camphosulfonique (acide), dérivé du
camphre utilisé sous forme de sel de sodium
comme analeptique cardiaque.

camphre n. m. Substance aromatique extraite de diverses plantes.
Le *camphre naturel* est obtenu par distillation
du camphrier du Japon (*Camphora offici-
narum*). On l'a employé sous forme d'huile
camphrée, de soluté alcoolique, comme stimulant du cœur et du système nerveux ; on
lui substitue les sels de l'acide camphosulfonique*. Le *camphre synthétique*, extrait de
l'essence de térébenthine, ne doit être utilisé
que pour l'usage externe (frictions d'alcool
camphré).
Toxicologie. À forte dose, le camphre est
toxique pour le système nerveux. La dose
mortelle pour un enfant de 1 an est de 1 g
(5 ml d'huile camphrée). On observe des
nausées, vertiges, troubles du comportement
aboutissant à un coma avec convulsions. Il
n'y a pas d'antidote ; il faut faire un lavage
d'estomac et donner des sédatifs.

camping n. m. Pour pratiquer le camping,
il faut être correctement vacciné contre le
tétanos (avec rappels) et il est utile de l'être
contre les fièvres thyphoïde et parathy-
phoïde. Il ne faut jamais consommer d'eau
d'origine douteuse. On vend dans les
pharmacies des comprimés spéciaux pour
désinfecter l'eau. En dehors des campings
aménagés avec W. C., il faut creuser des
feuillées, loin des tentes et assez profondes,
qu'on désinfectera au crésyl sodique.
La double tente, le tapis de sol, des duvets
et, si possible, un lit de camp permettent
d'éviter les refroidissements, les insectes et
les serpents. Une trousse* de secours est
utile, avec pansements adhésifs, compresses,
antiseptiques, sérum antivenimeux.

camptodactylie n. f. Anomalie héréditaire
caractérisée par une flexion permanente du
cinquième doigt.

canal n. m. Organe cylindrique creux servant à conduire un liquide de l'organisme.
De nombreux organes adultes contiennent
des canaux : canaux biliaires du foie, canaux
lymphatiques, etc.
Le *canal thoracique* est le plus volumineux
des troncs lymphatiques du corps ; il est
formé par la jonction des deux troncs lymphatiques lombaires et reçoit tous les lymphatiques de l'intestin. Renflé à son origine
(citerne de Pecquet), il monte dans le thorax

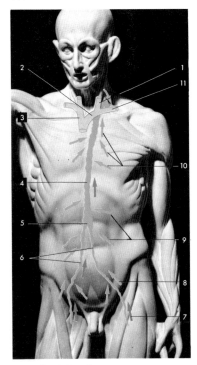

Le *canal artériel* fait communiquer chez le fœtus l'artère pulmonaire avec l'aorte. Il s'oblitère, puis s'atrophie à la naissance, persistant sous la forme de ligament artériel. La persistance du canal artériel entraîne des

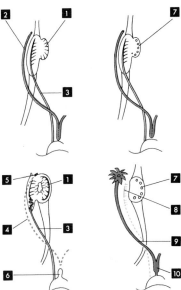

Canal. Canal thoracique :
1. Veine jugulaire ;
2. Tronc brachio-céphalique veineux ;
3. Veine cave supérieure ;
4. Canal thoracique ; 5. Citerne de Pecquet ;
6. Troncs lombaires ; 7. Ganglions inguinaux ;
8. Ganglion iliaque ;
9. Ganglions de l'abdomen ;
10. Ganglions du thorax ;
11. Veine sous-clavière.

Canal. Canaux de Wolff et Müller :
1. Testicule ;
2. Canal de Müller ; 3. Canal de Wolff ;
4. Reste du canal de Müller ;
5. Hydatide sessile de Morgagni ;
6. Utricule prostatique ;
7. Ovaire ;
8. Reste du canal de Wolff en régression ;
9. Trompe ;
10. Canal utéro-vaginal (utérus et vagin).

le long du bord droit de l'aorte, décrit à la base du cou une crosse, pour aller se jeter dans la veine sous-clavière gauche.
Les *plaies* du canal thoracique provoquent un épanchement de chyle (chylothorax) et nécessitent une intervention chirurgicale pour le ligaturer, ce qui ne présente pas d'inconvénients (la lymphe passe par les veines lymphatiques). Des *anévrismes* de ce canal existent et sont aussi traitées par ligature.

troubles de la circulation dans le poumon, qui nécessitent l'intervention.
Le *canal omphalo-mésentérique* réunit chez l'embryon la partie moyenne de l'intestin à la cavité vitelline. Le diverticule de Meckel* en représente le vestige.
Le *canal de Müller*, formation embryonnaire bilatérale, s'étend de l'éminence génitale gonadique au cloaque, parallèlement au canal de Wolff. Chez le fœtus masculin,

ces canaux disparaissent ; chez le fœtus féminin, ils forment le vagin, l'utérus et les trompes.

Le *canal de Wolff*, formation embryonnaire bilatérale, donne naissance à deux formations éphémères qui disparaîtront chez l'enfant à terme, le *pronéphros* et le *mésonéphros*. Chez le sujet féminin, la quasi-totalité de cette formation disparaît ; chez le mâle, au contraire, le canal de Wolff contribue à former les canaux déférents et éjaculateurs ainsi que le trigone vésical.

canard n. m. Tasse à bec pour faire boire les malades couchés.

cancérigène adj. et n. m. Qui provoque le cancer. (V. CANCER, *Les facteurs d'apparition du cancer.*)

cancérisation n. f. Processus par lequel une cellule ou un tissu normal devient cancéreux. (V. CANCER, *Cellules malignes et tumeurs cancéreuses.*)

cancérologie n. f. Spécialité médicale consacrée à l'étude et au traitement des cancers. (Syn. : CARCINOLOGIE.)

cancroïde n. m. Variété de cancer cutané ayant une évolution très lente et limitée, siégeant surtout à la face, sur les lèvres en particulier, à la jonction entre peau et muqueuse, et sur les cicatrices de brûlure.

Phot. C. N. R. I. - P Degos.*

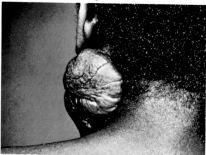

Cancroïde.

Candida albicans (nom latin). Levure saprophyte des muqueuses de l'organisme, qui, en diverses occasions (modification du pH* local, déséquilibre de la flore microbienne intestinale après antibiothérapie*, déficit immunologique), peut devenir pathogène et responsable de candidoses*.

cancer n. m. Terme général désignant les tumeurs malignes.

Le cancer est une prolifération anarchique de cellules anormales, dites « malignes », à partir d'un foyer primitif, pouvant récidiver localement après ablation et essaimer à distance, entraînant la formation de métastases.

Cellules malignes et tumeurs cancéreuses.
La *cellule maligne* est reconnaissable à l'examen microscopique : c'est une cellule de proportions monstrueuses dont le noyau est beaucoup plus important qu'un noyau de cellule normale, tant par la quantité excessive de chromatine* qu'il contient que par le nombre élevé de ses mitoses* (la cellule cancéreuse se divise, en effet, sans arrêt, alors même que les autres cellules sont au repos).

La multiplication cellulaire normale obéit effectivement à des règles qui la limitent d'abord sur le plan quantitatif, les cellules cessant de se multiplier lorsqu'elles ont atteint une certaine densité : c'est l'*inhibition de contact*, propriété de la membrane ; d'autre part, les cellules ne peuvent se multiplier dans n'importe quelle direction de l'espace, mais sont soumises à la structure du tissu auquel elles appartiennent. Ces deux conditions ne sont pas remplies par les cellules cancéreuses, qui se multiplient de façon permanente et anarchique, s'entassant avec désordre et sans respect pour la trame primitive de leur tissu d'origine, formant ainsi une *tumeur* qui peut envahir totalement l'organe ou le tissu en question.

Classification histologique des cancers.
On classe les tumeurs malignes en fonction du tissu à partir duquel elles se développent. On distingue ainsi :

les *épithéliomas*, ou *carcinomes*, qui se développent à partir des différents épithéliums* ;

les *sarcomes*, tumeurs malignes des différents tissus conjonctifs : os, cartilage, muscle, tissu vasculaire. On y rattache aussi les cancers du tissu réticulo*-endothélial : sang, rate, moelle osseuse et ganglions. Ce sont des cancers assez peu différenciés et à potentiel évolutif puissant ;

les *cancers embryonnaires*, constitués par des cellules et des tissus qui n'existent plus chez le nouveau-né, mais sont normalement présents lors de l'embryogenèse et chez le fœtus ;

les *tumeurs du tissu pigmentaire*, ou *méla-*

nomes* malins, cancers dont la malignité est parmi les plus redoutables ;

les *cancers du système nerveux central,* qui forment un groupe très particulier, puisque, à l'inverse des autres cancers, ils ne possèdent qu'une extension locale et ne métastasent jamais.

Cette classification des cancers a un intérêt d'identification et de nomenclature, mais ne possède aucune incidence clinique ni pronostique, chaque cancer ayant des manifestations cliniques qui varient d'un individu à l'autre et une évolutivité le plus souvent imprévisible.

Facteurs d'apparition du cancer : cancérogenèse.

La cause première du cancer demeure toujours inconnue. Cependant, les progrès de la recherche ont permis de découvrir *de nombreux facteurs qui contribuent à créer, chez un sujet donné, une situation favorable à l'éclosion d'un cancer.* Il est désormais acquis que l'origine du cancer n'est pas univoque. Pour prendre un exemple bien connu, le fait de fumer ne suffit pas à lui seul à provoquer un cancer de l'œsophage ou du poumon. Mais il y contribue de façon décisive si un individu réunit à un moment donné un nombre suffisant de *facteurs cancérigènes.* Il est même actuellement admis qu'il se forme en permanence dans l'organisme un certain nombre de cellules cancéreuses qui, normalement, sont éliminées par les défenses naturelles. Mais si un jour ce contrôle ne s'exerce plus, le petit nombre de cellules existantes pourra se multiplier et aboutir à la formation d'une tumeur. (V. plus loin : *Immunité et cancer.*)

Les facteurs de la cancérogenèse sont de deux types :

A. Facteurs endogènes ou propres à l'homme.

1. FACTEURS GÉNÉTIQUES. On a observé une fréquence accrue de certains cancers (sein, tube digestif, prostate) dans une même famille. Un certain nombre d'affections héréditaires semblent prédisposer au cancer : la neurofibromatose de Recklinghausen*, la polypose* recto-colique, etc. Enfin, des anomalies chromosomiques sont parfois retrouvées conjointement au cancer : chromosome « Philadelphie » de la leucémie* myéloïde chronique. Dans le mongolisme*, qui est une trisomie 21, la fréquence des leucémies est deux fois plus élevée que dans la population générale.

2. FACTEURS HORMONAUX. Certains déséqui-

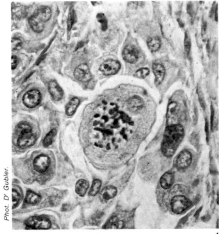

1

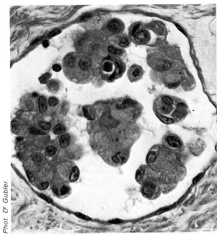

2

Cancer.
1. Cellule cancéreuse.
Remarquez sa taille monstrueuse
par rapport aux cellules voisines normales.
2. Embolie de cellules néoplasiques.

Phot. Dr Gubler.

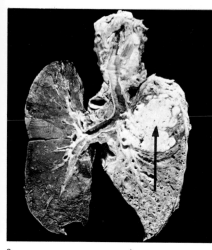

Phot. Dʳ Gubler

3

Cancer.

3. Cancer bronchique dit « cancer du poumon ».
4. Épithélioma cutané en plaque,
peu développé.

4

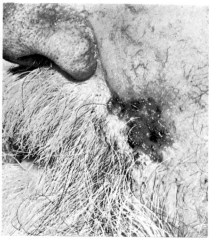

Phot. Institut du radium.

libres endocriniens semblent exercer une
stimulation hormonale excessive, favorable à
l'apparition de cancers soit de la glande en
cause, soit de l'organe sur lequel elle agit
(organe cible) : tumeurs du sein induites par
une sécrétion excessive d'œstrogènes, par
exemple. Inversement, le traitement médical
du cancer de la prostate consiste à l'administration d'hormones féminines. On parle
alors de *cancers hormonodépendants.*
3. FACTEURS IMMUNITAIRES. Les cancers et
hémopathies* malignes sont plus nombreux
chez les sujets qui présentent des déficits
immunitaires congénitaux, acquis ou thérapeutiques (immunodépression pour greffe du
rein, par exemple). [V. *Immunité et cancer.*]

***B. Facteurs exogènes ou extérieurs à
l'homme.*** Ce sont les carcinogènes physiques, chimiques, et les virus.
1. CARCINOGÈNES PHYSIQUES. Principalement,
les radiations ionisantes (rayons X) ont été à
l'origine de cancers cutanés, osseux, voire de
leucémies, ainsi que de cancers chez des
enfants par irradiation de la mère pendant la
grossesse.
2. CARCINOGÈNES CHIMIQUES. Ils sont extrêmement variés :
— métaux : *arsenic,* induisant des cancers
de la peau ; *chrome,* induisant des cancers
des voies respiratoires ; *amiante, béryllium,*
induisant des cancers broncho-pulmonaires ;
cobalt, nickel, causes des cancers broncho-
pulmonaires et des voies aériennes supérieures ; *zinc, aluminium, sélénium,* cancérigènes seulement dans l'expérimentation
animale ;
— amines aromatiques : cancer de la vessie ;
— benzol et dérivés : leucémies aiguës ;
— substances organiques diverses : extraits
de goudron, agents alcoylants, œstrogènes
artificiels, insecticides, matière plastique,
huiles minérales.
Il ne faut pas oublier que de nombreuses
substances n'ont pas de propriétés dangereuses à doses normales, mais peuvent en
avoir à une concentration excessive et que
la modification de la structure de n'importe
quelle molécule peut transformer son action
dans le sens cancérigène : 1º en révélant un
virus latent ; 2º en favorisant la transformation maligne à tout niveau de la synthèse
protéique, cela au même titre que les radiations ionisantes ou les virus.
3. VIRUS*. Il a été prouvé que l'inoculation
expérimentale de certains virus à l'animal
entraînait l'apparition d'un cancer chez celui-
ci. De même, son inoculation à une culture

de cellules normales entraîne soit la destruction de celles-ci, soit leur transformation maligne. Ces virus sont dits *cancérigènes* ou *oncogènes.*

La preuve de l'action cancérigène des virus chez les animaux étant faite, il y a peu de chances pour qu'il n'en aille pas de même chez l'homme. La certitude en est cependant rendue plus difficile par l'impossibilité évidente de toute forme d'expérimentation.

Ainsi l'apparition d'un cancer est un événement qui dépendrait de facteurs multiples, relevant aussi bien de la réceptivité du sujet lui-même que de la nocivité de son environnement.

Immunité et cancer.

La tumeur cancéreuse, faite de cellules « transformées », n'est pas un tissu comme les autres : elle est désormais de nature étrangère à l'organisme qui la porte. On peut dès lors se demander pourquoi ce dernier ne développe pas à son encontre une réaction de rejet, comme pour une greffe étrangère. D'autant qu'au cours de ces dernières années on a mis en évidence chez l'homme l'existence d'antigènes* spécifiques aux tumeurs. Ces antigènes sont de trois sortes :
— attachés à la surface de la cellule cancéreuse ;
— intérieurs au cytoplasme* ou au noyau ;
— circulants, produits par la tumeur.

Les antigènes ne suscitent cependant pas la réaction immunologique escomptée, pour des raisons qui relèvent, d'une part, de la tumeur, et d'autre part du malade, c'est-à-dire de l'hôte.

a. *La cellule tumorale.*
1. Elle peut devenir résistante aux réactions immunitaires de l'hôte (immunorésistance).
2. Quand ils sont produits, les anticorps*, en venant se combiner aux antigènes tumoraux, peuvent réduire le pouvoir antigénique de ceux-ci (pouvoir de susciter une réaction immunitaire), donc de la tumeur elle-même (*modulation antigénique*).
3. Un phénomène de sélection immunitaire ne laisserait survivre que des cellules suffisamment peu antigéniques pour échapper aux réactions de l'hôte (*immunosélection*).

b. *La réponse immunitaire de l'hôte est souvent affaiblie dans le cas d'un cancer :* la disparition de la positivité de l'allergie tuberculinique (cutiréaction) lors de la maladie de Hodgkin* en est une illustration.
1. Pour des raisons d'ordre *génétique :* on trouve, en effet, un nombre anormalement élevé de cancers dans une population atteinte

d'un déficit immunitaire congénital par rapport à la population normale.
2. Pour des raisons d'ordre parfois *thérapeutique :* la survenue de cancers est également plus fréquente chez les sujets soumis à un traitement immunodépresseur chronique.
3. La recrudescence des cancers observés avec l'âge pourrait être expliquée par la lente dépression des fonctions immunitaires qui se produit à cette époque de la vie.
4. On a constaté que certains facteurs cancérigènes (chimiques ou viraux) étaient également des dépresseurs de l'immunité.
5. Les anticorps qui viennent se combiner aux antigènes tumoraux bloqueraient ceux-ci (anticorps bloquants), protégeant alors la cellule tumorale de l'agression immunitaire (*facilitation immunitaire*), à rapprocher de la modulation antigénique. (V. plus haut.)

En conclusion : devant une agression cancérigène équivalente, l'organisme dont les défenses immunitaires sont intactes pourra échapper à l'envahissement. Au contraire, celui qui présente un déficit immunitaire quelconque, congénital ou transitoire, moins bien défendu, aura le cancer.

Manifestations de la maladie cancéreuse.

Signes d'éveil et diagnostic. Le diagnostic de certitude du cancer ne repose actuellement que sur l'examen histologique d'un fragment de tissu suspect prélevé par biopsie*, après exérèse chirurgicale. Cependant, laissée à elle-même, la maladie évoluera fatalement vers l'extension généralisée des tumeurs et vers la mort. C'est pourquoi il est essentiel de savoir reconnaître assez tôt les premières manifestations pathologiques, qui doivent attirer l'attention et amener à consulter.

Ce sont :
— toute **grosseur dure et indolore,** où qu'elle soit située, et en particulier au sein ;
— tout **écoulement anormal** du mamelon ;
— toute **ulcération cutanée** ou **muqueuse** (langue, lèvres) persistante, légèrement hémorragique, d'aspect sale ;
— toute **tumeur de la peau,** ou grain de beauté, qui grossit et prend un aspect inflammatoire ;
— toute **perte anormale de sang,** qu'elle provienne des voies urinaires, du tube digestif (selles noires) et, surtout de l'appareil génital féminin, après la ménopause ou en dehors des règles (par exemple, saignements après les rapports sexuels) ;
— tout **mal de gorge, enrouement, toux persistante** et sans cause évidente, surtout

après quarante ans et chez un sujet qui fume et qui boit ;

— tout **trouble digestif** durable, s'accompagnant d'amaigrissement ;

— l'**amaigrissement**, rapide et important, qui accompagne très fréquemment l'installation d'un cancer et représente à lui seul un signe d'alarme suffisant. Il faut savoir aussi que, le plus souvent, **le cancer au début n'est pas douloureux, et il ne faut pas attendre d'avoir mal pour consulter.**

Cela dit, il n'existe pas de symptôme particulier au cancer, dont l'existence signerait infailliblement la maladie maligne. Tous les signes cités ci-dessus peuvent se retrouver dans d'autres maladies, inflammatoires, infectieuses ou autres. C'est pourquoi, plus qu'à leur nature, le médecin s'attachera aux *caractères* de ces manifestations pathologiques souvent banales, car, lorsqu'elles sont en rapport avec un processus cancéreux, elles revêtent une allure particulière. Elles sont surtout anormalement *récidivantes* ou *persistantes* et rebelles à toutes les thérapeutiques habituelles.

La toux du cancer du poumon, souvent attribuée d'abord à une bronchite chronique, ne sera modifiée ni par les antibiotiques ni par les différents expectorants ou sédatifs de la toux. La pleurésie d'origine cancéreuse, à peine évacuée par la ponction, se reproduira aussitôt et indéfiniment, malgré le traitement anti-inflammatoire. L'enrouement du cancer du larynx ne régressera pas. Les douleurs, quand elles existent, seront rebelles à tous les antalgiques.

À l'examen clinique, les tumeurs malignes revêtent un aspect particulier qui les différencie des proliférations bénignes : elles ont des *limites irrégulières*, elles sont *infiltrantes*, posées sur une *base indurée*. À la palpation, elles sont *dures* et *fixées*, *adhérentes* aux plans profonds, immobilisant parfois les organes de voisinage lorsqu'elles les envahissent. Lorsqu'elles sont superficielles (tumeurs de la peau), elles ont *tendance à saigner*, à se nécroser ; elles ont un aspect « sale » et *irrégulier* qui les fait reconnaître. Mais il arrive aussi que des formations bénignes dégénèrent en cancer, ce qui se voit avec une relative fréquence au niveau des verrues et des nævi (v. NÆVUS) de la peau. À ce niveau, la prévention est particulièrement facile. La dégénérescence maligne de la verrue ayant souvent une origine mécanique, il est formellement déconseillé de toucher, gratter ou frotter les verrues, nævi ou autres

« grains de beauté ». Il est également recommandé de leur éviter l'irritation constante des vêtements au niveau de la ceinture, de la bretelle du soutien-gorge, etc. Toute verrue dont l'aspect se modifie, dont le pourtour devient rouge, dur et inflammatoire, qui s'ulcère et se met à saigner discrètement doit être montrée au dermatologue.

Dans certains cas non exceptionnels, le cancer peut être révélé par un *ganglion*, satellite d'une tumeur cliniquement « silencieuse », ou par la métastase d'un cancer primitif passé inaperçu, car les cancers longtemps asymptomatiques sont nombreux.

En conclusion, toute manifestation pathologique récidivante ou rebelle aux traitements usuels doit inciter à pousser les investigations plus loin et à consulter. Car les caractères de malignité d'une lésion, lorsqu'ils existent, ne sont reconnaissables que par le médecin. Retarder la consultation par angoisse du diagnostic éventuel ne fait que réduire les chances de guérison qui, importantes au début de la maladie, ne le restent pas très longtemps.

Syndromes paranéoplasiques. Ce sont des manifestations pathologiques qui apparaissent en même temps qu'un cancer et qui régressent lors de l'ablation de celui-ci. Leur constatation doit faire soupçonner l'existence d'une formation néoplasique, et la rechercher.

Ils sont souvent *endocriniens* : hypercalcémie, hypoglycémie*, syndrome de Cushing*, hippocratisme* digital, gynécomastie*, hyperthyroïdie.

Ils sont parfois *neurologiques*, très variés : myosites*, polyradiculonévrites* sont souvent retrouvées.

Souvent *dermatologiques* : acanthosis* nigricans, ichtyose*, dermatomyosite*.

Enfin *hématologiques*, de toutes sortes.

Cependant, il ne faut pas penser que l'apparition d'un de ces syndromes est obligatoirement liée à l'existence d'un cancer méconnu.

Bilan d'extension de la maladie. Une fois reconnue la nature cancéreuse d'une lésion, on pratiquera les examens nécessaires pour faire le bilan de l'extension de la maladie, d'abord localement et régionalement, puis à distance, à la recherche d'éventuelles métastases. Cette extension conditionne en effet le choix de la thérapeutique à appliquer et, par conséquent, une part importante du pronostic. Elle se fait de plusieurs manières :

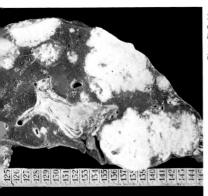

Phot. Dr Gubler.

Cancer.
Métastases hépatiques d'un cancer du côlon.

L'EXTENSION LOCALE. La tumeur peut envahir les tissus voisins : c'est l'extension locale. Ainsi, un cancer de l'utérus envahira les uretères* par *contiguïté*, un cancer de l'œsophage, le médiastin. Une extension locale trop importante peut être une contre-indication à l'intervention chirurgicale. Elle est appréciée par le caractère fixe ou mobile de la tumeur et des tissus voisins, par l'existence ou non de signes fonctionnels au niveau des organes voisins, qui peuvent être comprimés, envahis ou détruits ; par l'infiltration de la peau dans les tumeurs superficielles (sein), etc:

Les cellules cancéreuses ont une adhésivité mutuelle beaucoup plus faible que celle des cellules normales. Cela explique qu'il s'en échappe toujours quelques-unes qui, captées soit par la circulation lymphatique, soit par la circulation sanguine, sont exportées ainsi dans des territoires éloignés du foyer primitif, où elles se multiplient, devenant responsables des métastases à distance.

L'EXTENSION LYMPHATIQUE. C'est un mode d'envahissement très fréquent, en particulier pour les carcinomes*. La propagation par voie lymphatique se fait de proche en proche : il est donc essentiel d'examiner les aires ganglionnaires satellites de l'endroit où s'est développée la tumeur.

On recherche des ganglions axillaires par la palpation de l'aisselle, lors du cancer du sein par exemple. Lorsqu'ils sont envahis, les ganglions sont durs et indolores. Ils peuvent être mobiles ou fixés aux plans profonds. De nombreuses aires ganglionnaires sont cependant inaccessibles à la palpation. On a alors recours à la lymphographie*.

LA DISSÉMINATION MÉTASTATIQUE À DISTANCE. Elle se fait par voie sanguine. La circulation sanguine permet en effet la migration des cellules cancéreuses et leur greffe dans des organes fort éloignés du foyer primitif, contrairement à l'extension lymphatique. Lorsque la métastase est révélatrice du cancer (v. plus haut), son analyse histologique permet parfois d'identifier le tissu d'origine, si elle en a gardé la structure à des degrés variables. Les métastases peuvent rester longtemps cliniquement silencieuses.

La tendance à la dissémination métastatique est bien connue pour certains types de tumeurs : les sarcomes*, les mélanomes*, les tumeurs du testicule, des bronches, du sein, de la prostate, du rein. Parallèlement, certains organes sont connus comme étant fréquemment le siège des métastases, notamment les os, les poumons, les os, le foie et le cerveau. (En revanche, les tumeurs primitives du cerveau ne métastasent jamais.)

L'examen clinique étant souvent insuffisant pour déceler les métastases (sauf lorsqu'elles ont une symptomatologie très « bruyante », et c'est alors souvent à un stade très tardif), tous les moyens d'investigation technique dont on dispose sont employés pour les déceler : radiographies simples ou avec opacification, gammagraphie*, endoscopies* avec biopsies*. Devant un cancer connu, la découverte d'un second foyer de malignité n'implique pas forcément l'existence d'une métastase, bien que ce soit le cas le plus fréquent. Il peut s'agir en effet d'un second cancer histologiquement différent du premier.

Une fois le bilan d'extension du cancer pratiqué, on classe celui-ci en fonction de la taille de la tumeur, de l'existence ou non de ganglions envahis, de métastases. On note également son type histologique. Le stade du cancer est en effet très important à connaître, car les possibilités thérapeutiques diffèrent en fonction du degré d'évolution et d'extension de la maladie, ainsi que de sa nature histologique.

Traitement des cancers.
La thérapeutique anticancéreuse a considé-

rablement évolué au cours de ces dernières années. Une *stratégie* anticancéreuse, fondée sur l'association modulée des différentes méthodes, a pris le pas sur l'application stricte d'un traitement donné. La thérapeutique s'est ainsi personnalisée au point qu'on a pu dire qu'il n'existe pas de traitement général valable pour tous les cancers, pas même pour tous les cas d'un même cancer. Plus on progresse dans la connaissance des mécanismes intimes de la cancérisation et des facteurs généraux et individuels dont elle dépend, mieux on est à même d'adapter un traitement à chaque cas particulier.

Les trois armes classiques sont : la chirurgie, la radiothérapie, la chimiothérapie.

Chirurgie. Guérissant à elle seule près du tiers des cancéreux, la chirurgie peut être à visée curatrice ou palliative.

La *chirurgie éradicatrice à visée curatrice* s'attache à éliminer non seulement la tumeur, mais les tissus de voisinage, le plus largement possible, au besoin en enlevant l'organe entier quand c'est possible. En effet, plus l'exérèse est large, moins on a de risques de voir apparaître une récidive locale. Les progrès de l'anesthésie et de la réanimation ont permis des interventions plus audacieuses. Il faut cependant prendre en considération le confort et la qualité de la survie du malade. C'est pourquoi on a désormais tendance à diminuer l'ampleur des mutilations pour associer à la chirurgie d'autres formes de traitement (irradiation et/ou chimiothérapie).

Les thérapeutiques complémentaires visent également à réduire le risque de formation de métastases par fuite de cellules cancéreuses au cours même de l'intervention (chimiothérapie peropératoire).

Les seules contre-indications à l'exérèse chirurgicale des tumeurs sont, d'une part, l'existence généralisée de métastases et, d'autre part, les tumeurs évoluées ayant une extension locale et régionale qui dépasse les possibilités de la chirurgie.

Le curage chirurgical des ganglions satellites de la région où se trouve la tumeur, jadis systématique, est actuellement contesté, de même que leur irradiation, car, *lorsqu'ils sont sains,* les ganglions représentent une défense naturelle de l'organisme contre l'envahissement.

Une *chirurgie palliative* est pratiquée lorsque l'éradication totale d'une tumeur est impossible, soit en vue d'améliorer le confort du malade (en levant une compression, par exemple), soit pour combattre des douleurs qui sont rebelles à tout traitement, ou encore pour diminuer le volume d'une tumeur, de manière à la rendre plus accessible à la chimiothérapie ou à la radiothérapie.

Radiothérapie. On estime à 80 000 environ le nombre de cancéreux traités chaque année en France par la radiothérapie. On estime également que, parmi les cancéreux guéris, un sur deux l'a été grâce à cette méthode. Parfois utilisée seule, la radiothérapie est plus souvent combinée à la chirurgie et/ou à la chimiothérapie. Les radiations ionisantes exercent sur les molécules qui constituent le noyau des cellules — notamment sur les molécules d'A. D. N. — des lésions irréversibles, qui entraînent l'incapacité de la cellule à se diviser, donc sa mort. Plus la dose est élevée, moins le nombre de cellules survivantes est important, et les succès thérapeutiques récents sont dus à l'augmentation considérable des doses délivrées grâce à la mise au point d'appareils à haute énergie : bombe au cobalt*, bêtatron, etc.

Le but de la radiothérapie est de délivrer le maximum de rayons à la tumeur (volume cible) avec le minimum d'effets secondaires nuisibles au niveau des tissus sains. C'est pourquoi l'administration de la dose totale est, d'une part, étalée dans le temps, et d'autre part fractionnée en plusieurs séances, pour permettre la régénération des tissus sains entre deux irradiations (cellules sanguines en particulier), ces derniers se réparant plus vite que les tissus malades.

On utilise trois techniques en radiothérapie :

1. la *radiothérapie transcutanée*, où le faisceau est émis par un générateur situé hors de l'organisme : bombe au cobalt, par exemple ;

2. la *curiethérapie*, où des sources radioactives de petites dimensions (radium) sont placées dans des vecteurs implantés à même la tumeur (cette méthode est utilisée surtout dans les cancers de la langue et du col de l'utérus) ;

3. la *radiothérapie métabolique*, où l'on administre par voie orale ou intraveineuse une substance radioactive qui a une affinité particulière pour le tissu malade en question.

Chimiothérapie. C'est l'utilisation des drogues anticancéreuses* dans le traitement des cancers. Elle peut servir d'adjuvant à la chirurgie, soit pour détruire les cellules malignes libérées au moment de l'acte chirurgical, soit, à titre préventif, pour extirper

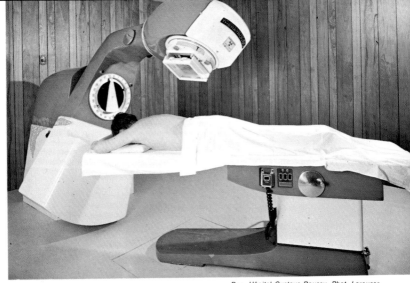

Cancer. Application de thératron (cobalt 60).

Doc. Hôpital Gustave-Roussy. Phot. Larousse.

d'éventuelles métastases microscopiques non décelables à l'examen clinique avant une intervention. Elle peut aussi servir d'auxiliaire à la radiothérapie, pour diminuer le volume d'une tumeur avant une irradiation à visée curatrice.

En règle générale, la chimiothérapie ne guérit pas le cancer à elle seule. Elle se borne à faire fondre le volume des tumeurs solides de manière souvent importante mais incomplète, tandis que des résultats plus appréciables ont été constatés dans les leucémies*.

L'approfondissement des connaissances des mécanismes de la croissance tumorale, d'une part, et du mode d'action des différents anticancéreux, d'autre part, a ainsi permis de donner à la chimiothérapie anticancéreuse une souplesse et une adaptabilité très importantes. Quant aux thérapeutiques fondées sur la *stimulation des défenses immunitaires* naturelles de l'organisme, dont on a vu que la défaillance favorisait l'apparition des cancers, elles en sont encore à un stade expérimental. Que ce soient l'immunisation par l'injection de cellules tumorales inactivées, sorte de vaccination anticancéreuse, la stimulation non spécifique des défenses immunitaires par le B. C. G.* (qui est l'immunothérapie la plus fréquemment pratiquée), l'injection d'anticorps antiantigènes tumoraux, la transfusion de globules blancs ou la greffe de moelle osseuse, le recul manque encore pour en apprécier l'efficacité.

Le médecin possède donc quatre armes contre le cancer : la chirurgie et la radiothérapie ont une action locale, la chimiothérapie et l'immunothérapie ont une action générale par l'intermédiaire de la circulation sanguine. L'action de chacun de ces moyens pris séparément étant limitée, l'efficacité du traitement du cancer se trouve augmentée par leur association.

Les thérapeutiques anticancéreuses sont importantes et lourdes à supporter pour le malade. Leur définition même indique que ce sont des traitements *cytotoxiques*, puisqu'ils visent à la destruction de certaines cellules, et cette toxicité porte également sur les cellules normales et tout particulièrement sur les cellules du sang, donc sur les défenses naturelles de l'organisme. Cela est valable aussi bien pour la radiothérapie que pour la chimiothérapie, et de là découle la règle fondamentale de l'administration *discontinue* des traitements anticancéreux, pour permettre aux cellules sanguines de se régénérer entre deux traitements. La surveillance hématologique hebdomadaire est systématique au cours de ces traitements, lesquels doivent être interrompus si le chiffre des globules blancs baisse au-dessous d'un certain niveau.

Quoi qu'il en soit, grâce aux progrès de cette thérapeutique, la guérison des cancers est de plus en plus fréquente, tout au moins les taux de survie se sont-ils considérablement allongés et la qualité de cette survie s'est-elle améliorée de façon importante. Cependant, la condition essentielle à l'amélioration du pronostic des cancéreux est la découverte précoce de la maladie, d'où l'intérêt du dépistage.

Le dépistage du cancer.

Dépister un cancer, c'est le découvrir alors qu'il existe déjà sur le plan anatomique, mais qu'il ne présente encore aucun symptôme et que son porteur est apparemment en bonne santé.

Devant les difficultés insurmontables que représenterait le dépistage systématique appliqué à toute la population, on s'est efforcé de définir une catégorie de population qui serait à *haut risque*. Les critères de sélection de cette classe de « cancéreux potentiels » sont fondés sur les données apportées par l'*étude épidémiologique* du cancer :

L'*âge* d'abord. En France, 9 p. 100 des hommes de 60 à 65 ans sont touchés par le cancer ; 11,6 p. 100 de ceux de 70 à 75 ans contre 6 p. 100 chez les femmes du même âge.

L'*exposition à un risque carcinogène* : on sait que le tabac est fréquemment retrouvé dans les habitudes des hommes atteints de cancers des bronches et de la vessie ; l'alcool et le tabac chez ceux qui ont un cancer de l'appareil digestif. Des facteurs professionnels spécifiques sont souvent reconnus dans certains métiers.

La *localisation des cancers* est un élément important du dépistage, dans la mesure où l'on sait que 50 p. 100 des cancers féminins sont mammaires ou gynécologiques ; que, chez l'homme, 65 p. 100 des cancers sont

dans des localisations accessibles à l'examen clinique : peau, poumons, tube digestif, appareil génito-urinaire. On peut ainsi imaginer un dépistage se limitant aux localisations les plus fréquentes.

L'*hérédité* constitue un facteur important des sujets à haut risque (v. ci-dessus *Facteurs d'apparition du cancer : facteurs génétiques*).

La *localisation géographique* a également son importance, car on sait que la fréquence de certains cancers varie suivant les régions du globe : ainsi le cancer de l'estomac est particulièrement fréquent au Japon et chez les populations soviétiques de l'Est ; les cancers du rhino-pharynx sont 100 fois plus élevés en Chine que dans le reste du monde, etc. Également, dans une même région, l'incidence des cancers varie suivant l'origine ethnique des habitants. Ainsi, à São Paulo, ville cosmopolite du Brésil, en 1969, une enquête a montré que les Portugais et les Japonais étaient beaucoup plus souvent frappés par le cancer de l'estomac que les Brésiliens, les Italiens par le cancer de la vessie, les Espagnols par celui du poumon, de la prostate et du côlon.

En fonction de tous ces renseignements, le dépistage peut donc être orienté dans le sens du cancer statistiquement le plus probable.

D'autre part, la connaissance d'états dits *précancéreux : kératose* sénile, cervicites** chroniques du col utérin, leucoplasies*, qui évoluent fréquemment en cancers, peut amener à un traitement précoce et efficace, prévenant la dégénérescence cancéreuse.

Les techniques utilisées pour le dépistage sont à peu de chose près les mêmes que celles qu'on emploie pour le diagnostic : la plus importante étant l'examen clinique complet et approfondi, assorti d'analyses biologiques et d'examens complémentaires comme les frottis* vaginaux, la radiographie, etc.

La pratique du dépistage anticancéreux implique surtout une transformation de l'approche psychologique du public à la notion de cancer. La démystification de cette maladie, qui inspire à beaucoup une terreur injustifiée eu égard aux connaissances et aux méthodes dont dispose la médecine actuelle, est la condition pour que le public se soumette au dépistage, donc *accepte l'éventualité d'en être atteint*. On se trouve trop souvent confronté à des situations désespérées dont la raison est la peur du diagnostic, qui fait remettre indéfiniment au lendemain la consultation médicale, pressentie comme « fatale ».

□

candidose n. f. Mycose due aux levures du genre *candida*.

Les candidoses se manifestent essentiellement par :

— des atteintes cutanéo-muqueuses, responsables du muguet* (ou moniliase), de vaginites, d'onyxis* ;

— des atteintes viscérales plus ou moins disséminées, responsables de pneumonie, méningite, endocardite, abcès du cerveau, septicémie.

Le diagnostic est obtenu par culture de la levure sur milieu spécifique (milieu de Sabouraud*). Le traitement des lésions cutanées repose sur l'usage de pommades à base de nystatine*, tandis que l'amphotéricine B* est efficace par voie parentérale dans les formes viscérales.

canine n. f. Troisième dent en partant de l'incisive médiane. (V. DENT.)

canitie n. f. Blanchiment des cheveux et des poils.

La canitie peut être congénitale (albinisme*). Elle est le plus souvent la conséquence du vieillissement. L'administration de vitamine B5 (acide pantothénique) peut en retarder l'apparition.

canule n. f. Tube creux destiné à être introduit dans un orifice, pour maintenir son ouverture ou faire passer de l'air ou un liquide : canules de trachéotomie*, canule de Guedel, qui, glissée dans la bouche, évite la chute de la langue et permet le passage de l'air au cours d'une anesthésie ou chez un malade comateux. (Les canules vaginales ou rectales permettent de pratiquer injections et lavements.)

capacité n. f. Possibilité plus ou moins grande de réussir dans l'exécution d'une tâche ou l'exercice d'une profession.

Elle dépend à la fois de l'attrait ou de l'aversion pour le travail en question, du degré de maturité de l'individu, de son éducation ou de l'apprentissage et de l'exercice. Ces différents facteurs sont utiles à connaître pour orienter le choix d'un enfant ou d'un adolescent vers un cycle scolaire ou un métier, ou pour comprendre les raisons d'une inadaptation scolaire ou professionnelle et tenter d'y remédier.

Capacité respiratoire, quantité maximale d'air que peuvent contenir les poumons*. (Syn. : CAPACITÉ TOTALE.)

Elle comprend la capacité vitale et le volume résiduel. La *capacité vitale* est le volume maximal d'air qui peut être expulsé des poumons par une expiration forcée succédant à une inspiration forcée, soit 4 litres en moyenne. Elle se mesure par spirométrie. L'insuffisance respiratoire, quelle que soit la cause, diminue la capacité vitale.

Le *volume résiduel* est la quantité d'air qui reste dans les poumons après une expiration forcée, soit environ 1,5 litre. L'élévation du volume résiduel traduit une distension alvéolaire. Ces valeurs varient en fonction de la taille, de l'âge et du sexe des sujets. Les sportifs ont des valeurs supérieures à celles des sédentaires. Les affections pulmonaires, pleurales et bronchiques réduisent la capacité respiratoire. (V. POUMON, *Explorations fonctionnelles respiratoires*.)

capillaire n. m. Vaisseau sanguin très fin (comme un cheveu).

Histologie. Le diamètre des capillaires varie entre 6 et 30 μ. On en distingue trois variétés.

Les *capillaires typiques* sont formés de cellules aplaties, plus ou moins jointives avec de rares cellules musculaires, d'où leur grande extensibilité ; au début de leur trajet, ils sont engainés par du muscle, qui forme le *sphincter précapillaire*.

Les *capillaires sinusoïdes*, de même structure mais plus sinueux, épousent les interstices des tissus. (V. FOIE.)

Les *capillaires embryonnaires*, enfin, où le contour des cellules a disparu, laissant place à une gelée parsemée de noyaux et permettant des échanges très importants.

Un capillaire est disposé entre une artériole afférente et une veinule efférente, formant un réseau capillaire terminal quand il n'est pas anastomosé à un réseau voisin.

La circulation capillaire a comme rôle

Canule de Guedel.

Phot. Larousse.

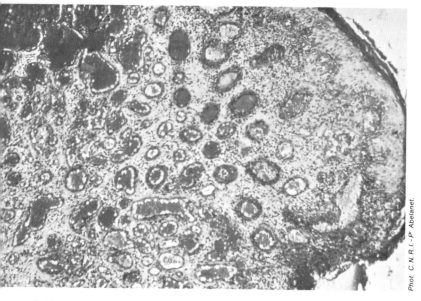

Capillaire.
Coupe histologique de nombreux capillaires
dans un angiome.

d'assurer la nutrition et la respiration des
tissus, grâce aux échanges d'oxygène, de gaz
carbonique et de métabolites énergétiques à
travers la paroi. La circulation dans les
capillaires varie en importance suivant les
états physiologiques : ainsi, durant la digestion, les capillaires intestinaux sont très
dilatés. Ces variations de répartition du sang
dans les capillaires selon les besoins permettent de réduire la masse sanguine circulante et, donc, le travail du cœur. Le
changement de débit dans les capillaires
reflète passivement les réactions vaso-mo-
trices des artérioles, qui obéissent aux
influences du système nerveux, des hormones surrénaliennes et de l'état chimique
local. Les sphincters précapillaires se contractent ou se dilatent en fonction de tous ces
facteurs.

Résistance capillaire, résistance des vaisseaux capillaires à la rupture. Elle s'apprécie
par le « test du lacet* ».

Fragilité capillaire, syndrome hémorragique
caractérisé par la rupture facile des petits
vaisseaux. On distingue la fragilité capillaire
acquise, qui s'observe au cours du diabète,
de l'hypertension* artérielle, des hémopathies* malignes et des purpuras*, de la
fragilité capillaire *constitutionnelle,* fréquente
chez les jeunes filles qui présentent certains
troubles nerveux ou endocriniens. Le traitement comporte un régime pauvre en graisse
et la prise de vitamines C et P.

capillarite n. f. Inflammation aiguë ou
chronique, due à une altération des vaisseaux
capillaires de la peau.
La capillarite se traduit par des érythèmes
(rougeurs), du purpura*, voire des petits
éléments nécrotiques formant des croûtes
noires. La capillarite s'observe le plus souvent au niveau des jambes, associée à
d'autres troubles circulatoires : varices,
eczéma ou ulcères variqueux, etc.

capillaroscopie n. f. Examen microscopique, pratiqué sur le sujet vivant, des
capillaires du derme ou de la conjonctive.

capsicum n. m. Nom générique des piments. — Le capsicum est révulsif et rubé-
fiant ; on l'emploie en liniments, pommades
ou cotons révulsifs.

capsule n. f. 1. Formation fibreuse de
l'organisme, qui peut être :
— la *membrane d'enveloppe* d'un organe :
capsule de Glisson du foie*, capsule du
rein*.
— l'enveloppe d'une *articulation :* manchon

fibreux autour des surfaces articulaires.

2. *Capsules surrénales*, V. SURRÉNAL.

3. Petite enveloppe gélatineuse pour les médicaments.

captopril n. m. Médicament de l'hypertension. (Il abaisse les taux d'angiotensine et d'aldostérone sanguines).

Capvern, station thermale des Hautes-Pyrénées, à 20 km de Bagnères-de-Bigorre, Les eaux, sulfatées calciques et magnésiennes, hypothermales (de 20 à 24 °C), diurétiques* et cholérétiques*, sont employées en cures de boisson, bains et douches dans le traitement des affections de la vésicule biliaire, des allergies, des affections urinaires. L'arthritisme, la goutte, les troubles de la ménopause s'en trouvent améliorés.

caractère n. m. Manière d'être, de penser, de sentir et de vouloir, relativement stable, propre à un individu et qui le distingue des autres.

Formation du caractère. Deux conceptions se sont toujours affrontées à propos de la genèse du caractère. La première est la conception constitutionnaliste, selon laquelle le caractère est inné et sans changement chez un individu, de sa naissance à sa mort.

Une autre conception met l'accent sur l'importance des facteurs acquis et sur l'interaction avec le milieu. Les psychanalystes, notamment, ont donné aux traumatismes affectifs de la première enfance un rôle capital dans le développement du caractère. Les relations affectives de l'enfant avec son père et sa mère, les attitudes éducatives laissent une forte empreinte sur la personnalité du sujet.

Ces deux conceptions ont été l'objet d'exagérations, certains auteurs niant l'influence du milieu, d'autres, l'influence de la constitution héréditaire. En réalité, on ne peut dissocier ces deux facteurs, qui sont en constante interrelation. Le rôle des circonstances éducatives et des traumatismes affectifs est indéniable, mais il varie en fonction de la vulnérabilité et de la fragilité individuelles, qui, à leur tour, dépendent de l'équipement biologique.

Types caractériels normaux. Caractérologie. De nombreuses écoles (française, hollandaise, allemande, russe, etc.) ont établi des classifications qui visent à faire entrer le caractère dans des catégories.

Les auteurs allemands ont distingué trois types de caractère en fonction du tempérament. Le *pycnique* (sujets trapus) correspondrait à un type caractériel cyclothymique*. Le *leptosome* (sujets grands et minces) répondrait au caractère schizoïde*. L'*athlétique* serait moins bien différencié sur le plan du caractère.

La classification de Jung ne tient compte que de critères psychologiques. Elle oppose les *introvertis* (méditatifs, réservés) aux *extravertis* (tourné vers l'extérieur et vers l'action).

En France, Le Senne a introduit une nouvelle classification à partir de trois critères : l'émotivité, l'activité, le retentissement des émotions. Il obtient ainsi huit types principaux de caractère : l'émotif actif primaire, colérique ; l'émotif actif secondaire, passionné ; l'émotif non actif primaire, nerveux ; l'émotif non actif secondaire, sentimental ; le non-émotif actif primaire, sanguin ; le non-émotif actif secondaire, phlegmatique ; le non-émotif non actif primaire, amorphe ; le non-émotif non actif secondaire, apathique.

Les psychiatres ont aussi distingué différents caractères pouvant prédisposer à certaines maladies mentales : l'hyperémotif, le mythomane, le cyclothymique, le schizoïde, le paranoïaque, etc.

Caractères pathologiques. Tous les degrés existent entre l'homme dit « normal » et le névrosé. La classification psychanalytique permet de faire le lien entre ces deux pôles, selon que certains traits et tendances pathologiques sont plus ou moins accentués.

Le caractère *oral* se marque par une recherche de dépendance, de soumission ou,

Capsule articulaire.
Articulation coxo-fémorale (vue antérieure) :
1. Capsule articulaire ;
2. Grand trochanter ; 3. Fémur ;
4. Petit trochanter ; 5. Os iliaque.

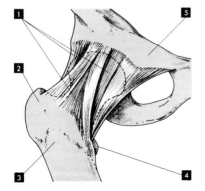

au contraire, par une revendication agressive et une avidité très nettes.

Le caractère *anal* est marqué par une tendance à la rigidité, à la parcimonie et à l'autoritarisme.

Le caractère *masochiste* se définit par une insatisfaction profonde, le besoin de souffrir, de se plaindre.

Le caractère *narcissique* est marqué par un amour excessif de soi, un égocentrisme forcené.

Le caractère *phobique* désigne des individus constamment tendus et inquiets.

Le caractère *hystérique*, fréquent chez la femme, est fait d'hyperémotivité, de théâtralisme, du désir de séduire, pour se définir par rapport aux sentiments qu'on cherche à susciter chez les autres.

Troubles du caractère chez l'enfant. Ils sont innombrables et ne sont pas tous pathologiques. On peut distinguer :

— les troubles du caractère survenant au moment des crises de développement de la personnalité (crises d'affirmation de trois ans, de six ans, crise pubertaire). Ces troubles sont nécessaires à une maturation affective harmonieuse ;

— les troubles caractériels réactionnels, qui sont une réponse de l'enfant à un milieu pathogène ;

— les troubles caractériels névrotiques, dont l'origine est profondément ancrée dans la personnalité : ils comprennent des inhibitions, des blocages, des tendances dépressives ;

— les troubles caractériels du type délinquance avec passage à l'acte (vol, prostitution, fugue, etc.) ; ces conduites révèlent un besoin de satisfaction immédiate et une vive impulsivité.

Quelle qu'en soit l'origine, les troubles du caractère chez l'enfant regroupent des manifestations très polymorphes. Il peut s'agir aussi bien de conduites antisociales que de troubles du sommeil, de troubles de la conduite alimentaire, sphinctérienne (incontinence d'urine ou énurésie*), de tics, etc.

Traitement. Le traitement comporte deux méthodes qui peuvent être associées. La thérapeutique médicamenteuse, qui comprend tous les psychotropes, employés à bon escient ; la psychothérapie sous toutes ses formes : la psychothérapie de soutien, la psychothérapie analytique, le psychodrame, la relaxation, etc. Les parents sont souvent sollicités au cours des psychothérapies, et leur refus de coopérer peut constituer un obstacle à la poursuite du traitement. Il est parfois nécessaire de modifier le milieu où vit l'enfant en le plaçant, par exemple, dans une institution spécialisée ou dans un centre d'apprentissage.

Troubles caractériels de l'adulte. Ils s'inscrivent souvent dans une organisation pathologique de la personnalité : névrose*, déséquilibre psychopathique. (V. DÉSÉQUILIBRE, PSYCHOSE.)

caractériel, elle adj. et n. Se dit d'un sujet présentant des troubles du caractère*.

caraté n. m. Maladie de peau, observée en Amérique tropicale et en Afrique, et due à un tréponème* (*Treponema carateum* ou *T. herrejoni*). [Syn. : MAL DEL PINTO.]

carbamazépine n. f. Sédatif du système nerveux, employé dans l'épilepsie et la névralgie faciale.

carbarsone n. f. Dérivé pentavalent de l'arsenic, bien toléré et utilisé par la bouche dans le traitement des amibes*, des spirilles* et des trichomonas* intestinaux.

carbocromène n. m. Dilatateur des artères coronaires, prescrit dans l'angine* de poitrine, l'infarctus du myocarde, etc.

carbone n. m. Métalloïde qui constitue à l'état pur le diamant et le graphite. — Il est présent dans toutes les molécules complexes des corps organiques (glucides, lipides, protides).

Son dioxyde (CO_2), ou gaz carbonique*, joue un grand rôle physiologique.

Quatre de ses dérivés sont particulièrement toxiques pour l'organisme :

L'oxyde de carbone (CO). Incolore et inodore, il résulte de la combustion incomplète du carbone. Les sources en sont multiples : gaz de ville (de 30 à 40 p. 100) ; poêles à charbon à mauvais tirage ou lorsque la fonte, chauffée au rouge, devient perméable aux gaz ; hauts fourneaux, fours à céramique, soudure autogène ou toute électrolyse à électrodes de charbon ; moteurs à explosion (5 p. 100 pour un moteur bien réglé) ; certains phénomènes naturels (éruptions volcaniques, coups de grisou) ou accidentels (incendies).

On doit noter que les gaz naturels (Lacq), le propane et le butane ne contiennent pas d'oxyde de carbone.

Toxicologie. Les intoxications sont généralement ménagères et hivernales (mauvais tirages ou fuites des cheminées), parfois accidentelles ou plus souvent volontaires (suicides au gaz de ville), enfin professionnelles (garages mal ventilés, mines, fonderies, etc.). La toxicité de l'oxyde de carbone est due à sa très grande affinité pour l'hémoglobine* (250 fois supérieure à celle de l'oxygène), qu'il transforme en *carboxyhémoglobine*, impropre au transport de l'oxygène. Il en résulte une anoxie* généralisée dont souffrent les tissus les plus avides d'oxygène : le cerveau et le cœur, expliquant le coma, les troubles du rythme et de l'électrocardiogramme et les séquelles possibles.

L'*intoxication suraiguë* : pour un taux égal ou supérieur à 66 p. 100 de carboxyhémoglobine, la mort est instantanée, le sujet restant figé dans l'attitude où il se trouvait.

L'*intoxication aiguë* est la plus banale. Elle débute par des maux de tête, une somnolence, parfois des vertiges et des vomissements. L'impotence de l'intoxiqué l'empêche de se sauver par ses propres moyens, et ses propres mouvements (qui augmentent la consommation d'oxygène) précipitent l'anoxie et la survenue du coma.

Le coma est habituellement hypertonique, la face est rouge cochenille et des phlyctènes peuvent apparaître aux points d'appui. Il existe souvent des signes d'œdème* pulmonaire et des troubles électrocardiographiques.

Traité tôt, le malade se réveille rapidement, mais son état nécessite une surveillance cardiaque et neurologique de plusieurs jours. Des séquelles peuvent apparaître : infarctus du myocarde, séquelles mentales ou neurologiques.

L'*intoxication chronique* est essentiellement professionnelle et se traduit par des troubles de l'humeur, de la mémoire et de l'intelligence, accompagnés d'une asthénie profonde.

Conduite à tenir et traitement. L'intoxiqué est habituellement découvert en coma ou très obnubilé. Il convient d'abord d'éviter tout risque d'explosion lorsqu'il s'agit d'intoxication au gaz de ville : éviter toute étincelle électrique, ne rien allumer. Ensuite, il faut ouvrir les fenêtres : l'intoxication cesse de s'aggraver dès qu'on n'est plus en atmosphère confinée. Éventuellement, il faut pratiquer une respiration artificielle (bouche-à-bouche) et assurer le transport du malade vers un centre hospitalier, de préférence en caisson* hyperbare automobile, permettant de commencer le traitement dès le transport.

À l'hôpital, le diagnostic est confirmé par dosage de l'oxyde de carbone dans le sang, et le traitement entrepris sans délai par oxygénothérapie, de préférence en caisson, sur un malade au besoin intubé et ventilé. Les médicaments cardiotoniques* complètent ce traitement. L'intoxication chronique nécessite une prévention plus qu'un traitement : évacuation correcte des gaz, aération des locaux, présence d'appareils détecteurs du CO, dont le taux ne doit pas dépasser 0,1 p. 1 000.

L'oxychlorure de carbone (COCl₂), ou **phosgène.** Il est utilisé dans l'industrie pharmaceutique et celle des colorants.

L'*intoxication*, toujours *aiguë et accidentelle*, manifeste la causticité du gaz à l'égard des muqueuses, en particulier respiratoires. Elle se caractérise par une perte de l'odorat (anosmie) qui prolonge la durée du contact avec le gaz (dont l'odeur n'est plus reconnue par l'intoxiqué), puis par la toux et la dyspnée*. Ces signes disparaissent, puis sont remplacés, quelques heures après, par un œdème pulmonaire traduisant une lésion des parois alvéolaires. Sa prévention repose sur la surveillance du taux dans les ateliers, qui doit rester inférieur à 1 p. 1 000.

Le sulfure de carbone. Utilisé comme antiparasite agricole et dans l'industrie du caoutchouc, il provoque des *intoxications chroniques* avec paresthésies* des extrémités, fatigue, troubles de la mémoire et de l'humeur, et surtout troubles visuels par névrite* optique. L'*intoxication aiguë* (rupture de circuit) se traduit par une agitation délirante et hallucinatoire avec nausées et coma. Le taux de sécurité dans les ateliers est de 20 p. 1 000, le gaz étant dangereux à partir de 100 p. 1 000.

Le tétrachlorure de carbone. Il est utilisé comme solvant et détachant.

Outre l'irritation des muqueuses respiratoires, sa toxicité est essentiellement hépatique et rénale. L'*intoxication aiguë* se manifeste par une toux, des nausées et vomissements avec douleurs abdominales, puis, secondairement, hépatite* avec ictère*, enfin atteinte rénale avec anurie*. L'*intoxication chronique*, outre ces mêmes signes plus atténués, peut provoquer des crises d'asthme et des paresthésies ainsi qu'une atteinte de l'état général avec amaigrissement. L'intoxication est potentialisée par l'alcool ou par la proximité d'un foyer de combustion qui transforme le tétrachlorure de carbone en phosgène (v. ci-dessus).

carbonique adj. **Gaz ou anhydride carbonique.** Le gaz carbonique (CO₂) résulte de la combustion complète du carbone. C'est un gaz lourd, incolore et inodore. Dans l'organisme, son rôle est fondamental : c'est le produit des oxydations cellulaires et il est transporté par l'hémoglobine jusqu'aux poumons, où il est éliminé. C'est surtout un élément essentiel de la régulation acido-basique* de l'organisme, car il se dissocie dans l'eau en ions* H⁺ et CO₂H⁻, ce dernier constituant le principal système tampon* du sang. C'est enfin le principal stimulant du centre respiratoire bulbaire.

Toxicologie. Le gaz carbonique (CO₂) ne présente aucune toxicité propre. Mais lorsque son taux s'élève anormalement dans l'air inspiré, sa diffusion à travers la membrane alvéolaire (7 fois supérieure à celle de l'oxygène) et sa grande affinité pour l'hémoglobine chassent l'oxygène du sang et provoquent une anoxie*. L'intoxication se manifeste par des vertiges, tremblements, puis perte de connaissance. Elle est spontanément réversible lorsque le taux du gaz carbonique baisse dans l'air ambiant, mais peut laisser des séquelles dues à l'anoxie tissulaire.

carbonique (constitution), en homéopathie, constitution d'un individu de morphologie bréviligne*, trapue, de texture musculoligamenteuse serrée, à digestions lentes et justiciables d'un groupe de remèdes à radical *carbone.*

carboxylase n. f. Enzyme capable de fixer une molécule de gaz carbonique (CO_2) sur une molécule organique (carboxylation).

carcinoïde adj. et n. m. Littéralement : « qui ressemble au carcinome* ».
Ce terme désigne un type de tumeur maligne formé à partir des cellules digestives *argentaffines* (qui fixent la coloration argentique), dont la caractéristique est de sécréter de la *sérotonine*.

carcinologie n. f. Syn. de CANCÉROLOGIE.

carcinome n. m. Tumeur maligne constituée par du tissu épithélial. (Syn. : ÉPITHÉLIOMA.)

cardia n. m. Orifice supérieur de l'estomac, où s'abouche l'œsophage.

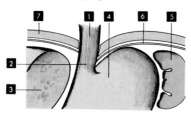

Cardia.
1. Œsophage ; 2. Cardia ; 3. Foie ; 4. Estomac ; 5. Rate ; 6. Péritoine ; 7. Diaphragme.

cardiaque adj. et n. Qui concerne le cœur. (Se dit aussi de tout sujet atteint d'une maladie du cœur.)

Insuffisance cardiaque. C'est l'incapacité du cœur* à propulser dans les artères un volume de sang suffisant à l'irrigation de tous les tissus de l'organisme.

Physiopathologie. Cette incapacité a deux conséquences :
— en aval du cœur, dans la circulation artérielle, le débit cardiaque devient insuffi-

sant, la pression artérielle baisse, avec pour conséquence un risque d'oxygénation insuffisante des tissus (*anoxie*) ;
— en amont du cœur, dans les compartiments pulmonaires et veineux, l'impossibilité du cœur à recevoir et à renvoyer tout le flux sanguin qui lui parvient entraîne une stase veineuse (œdèmes) et une congestion viscérale (œdème pulmonaire, congestion hépatique, etc.).

Signes cliniques. La défaillance cardiaque peut être brutale, lors d'un infarctus du myocarde ; on assiste alors à un *collapsus* circulatoire (v. CHOC).
Le plus souvent, le nom d'*insuffisance cardiaque* est réservé à une décompensation réalisée progressivement, permettant à des mécanismes compensateurs neuro-endocriniens de continuer à assurer une irrigation suffisante des tissus. Les conséquences de l'insuffisance cardiaque sont alors à prédominance congestive (œdème pulmonaire, œdème des membres inférieurs, etc.). Le risque, à long terme, étant alors une *décompensation* brutale de cette insuffisance avec chute importante de la tension artérielle par baisse du débit cardiaque.
L'insuffisance cardiaque ne touche pas toujours d'emblée les deux ventricules. Elle peut, selon ses causes, être localisée au ventricule gauche ou au ventricule droit uniquement, l'insuffisance cardiaque globale n'étant alors que le stade terminal d'une insuffisance ventriculaire longtemps compensée.

Insuffisance ventriculaire gauche (I. V. G.). Les *causes* sont de deux sortes.
1. Les maladies qui augmentent le travail du ventricule gauche, par obstacle, comme l'hypertension* artérielle, le rétrécissement aortique, une cardiomyopathie* obstructive, ou par surcharge sanguine, comme dans les insuffisances valvulaires, mitrale* ou aortique* (v. CŒUR).
2. Les maladies qui altèrent la valeur du muscle cardiaque (myocarde), essentiellement l'infarctus* du myocarde, l'insuffisance coronarienne (v. ANGINE DE POITRINE) et les troubles du rythme*.
L'insuffisance ventriculaire gauche entraîne essentiellement un œdème pulmonaire par augmentation de la pression dans la circulation pulmonaire. C'est pourquoi les signes en sont essentiellement respiratoires avec une *dyspnée* (essoufflement) pour des efforts de plus en plus minimes, et même la nuit en position couchée. Une toux, avec ou sans oppression, est un autre signe. Le cœur a un rythme accéléré et on peut entendre un *bruit de galop* à la pointe. L'électrocardio-

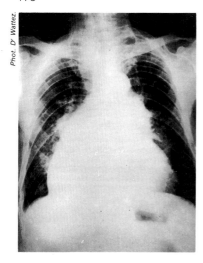

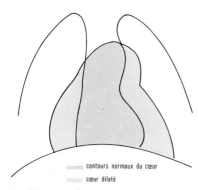

contours normaux du cœur
cœur dilaté

Insuffisance cardiaque :
gros cœur, aorte sombre et déroulée.

gramme* montre des signes d'augmentation de volume du ventricule gauche.
Insuffisance ventriculaire droite (I. V. D.). C'est la conséquence d'une gêne dans la circulation artérielle pulmonaire, entraînant une hypertension pulmonaire. On comprend que l'insuffisance ventriculaire gauche soit la cause la plus fréquente de l'insuffisance ventriculaire droite par action rétrograde.

Cependant, une I. V. D. pure se voit dans le *cœur* pulmonaire chronique des bronchopneumopathies* chroniques ou des embolies* pulmonaires répétées, ou lors de la présence d'obstacles à l'éjection du ventricule droit (cardiopathies* congénitales). Les signes cliniques de l'insuffisance ventriculaire droite dépendent tous de l'hyperpression veineuse créée en amont des cavités droites du cœur par la défaillance de celui-ci à éjecter le volume de sang qu'il reçoit de la circulation veineuse de retour. L'hyperpression et la stase veineuse se manifestent tout d'abord par une augmentation de volume du foie, qui se trouve engorgé de sang (*foie cardiaque*). La compression du foie s'accompagne de turgescence des veines jugulaires (*reflux hépato-jugulaire*). Le volume des urines diminue sensiblement (oligurie), et la rétention hydro-saline provoque les œdèmes* caractéristiques du cardiaque, qui prédominent le soir aux membres inférieurs. L'électrocardiogramme montre des signes de surcharge auriculaire et ventriculaire droite.

L'insuffisance cardiaque globale. Elle associe les signes des deux insuffisances ventriculaires.

Traitement. Quelle que soit sa forme, l'insuffisance cardiaque commande des règles strictes de traitement :
1. Le *repos absolu au lit est fondamental,* car il évite jusqu'aux moindres efforts, diminuant ainsi le travail du cœur. On ne prolonge cependant pas trop l'immobilisation complète pour éviter les risques thrombo-emboliques. Le malade pourra ainsi se mettre dans un fauteuil dès les premières améliorations de son état.
2. Le *régime sans sel* est capital pour diminuer la surcharge hydrique de l'organisme, ainsi que les diurétiques*, qui feront fondre les œdèmes. Le travail du cœur en sera allégé d'autant.
3. Les *tonicardiaques* renforcent le muscle cardiaque et le ralentissent. C'est ainsi que la digitaline* est l'élément essentiel du traitement de l'insuffisance cardiaque. Son administration nécessite une surveillance étroite.

cardiologie n. f. Spécialité médicale consacrée à l'étude des maladies du cœur et des vaisseaux.

cardiomégalie n. f. Augmentation du volume du cœur.
La *cardiomégalie familiale* est une affection héréditaire grave, caractérisée par une augmentation du volume des ventricules, prédominant à gauche, survenant tôt dans la vie et de pronostic sévère.

cardiomyopathie n. f. Affection rare, de cause mal connue, s'attaquant au muscle cardiaque. (Syn. : MYOCARDIOPATHIE.)
Il en existe deux variétés principales.

Les *cardiomyopathies primitives* sont caractérisées par la dilatation des cavités cardiaques avec amincissement de leurs parois. La maladie est découverte lors d'un examen pour essoufflement. Le cœur est augmenté de volume, et l'électrocardiogramme révèle essentiellement des troubles du rythme ou de la conduction intracardiaques.

Les *cardiomyopathies obstructives* bénéficient d'un pronostic un peu plus favorable. Il s'agit d'un épaississement localisé du muscle cardiaque portant sur la cloison intraventriculaire, qui fait saillie dans la cavité ventriculaire gauche, créant ainsi un obstacle à l'éjection du sang.

La digitaline, qui renforce la contraction cardiaque, et donc la saillie du bourrelet à la systole*, est ici formellement contre-indiquée.

Lorsque la maladie a un retentissement sévère sur la fonction circulatoire, il convient d'opérer le malade pour faire l'excision partielle ou totale du bourrelet musculaire.

cardiopathie n. f. Terme générique désignant toute maladie du cœur.

Signes cliniques. Les cardiopathies sont parfois latentes et de découverte fortuite. Plus souvent, elles se traduisent par des manifestations de signification précise :
— la **douleur** : *a)* constrictive, angoissante, rétrosternale (au-devant du thorax), irradiant au cou et au bras gauche, parfois aux deux bras et dans le dos, survenant à l'effort, calmée par le repos et surtout par la trinitrine, elle signe l'insuffisance coronarienne ; *b)* brève et épisodique, elle caractérise l'angine* de poitrine (angor), alors que, permanente et non calmée par la trinitrine, elle évoque l'infarctus du myocarde ;
— la **dyspnée*** (essoufflement), pratiquement constante au cours des cardiopathies, traduit l'encombrement de la circulation pulmonaire. L'œdème aigu du poumon est une forme extrême de cet encombrement avec inondation des alvéoles pulmonaires ;
— les **palpitations** surviennent par crises soudaines, brèves et bien limitées dans le temps, traduisant un accès de tachycardie*, soit régulière, soit sur un fond d'arythmie* permanente (tachycardie) ;
— la **cyanose***, enfin, est inconstante et traduit soit l'existence d'une communication (shunt) entre le cœur droit et le cœur gauche, soit un important déficit de l'hématose* (oxygénation du sang) par stase sanguine.

Principales cardiopathies. Elles peuvent être *congénitales* ou *acquises*, soit d'origine rhumatismale, soit par athérosclérose.
Cardiopathies congénitales. Elles sont d'origine embryonnaire, dues à l'arrêt ou au défaut de développement d'une partie du

Cardiopathies congénitales.
A. Persistance du canal artériel.
B. 1. Communication interauriculaire ;
2. Communication interventriculaire.
C. Coarctation (rétrécissement) de l'aorte.
D. Rétrécissement de l'orifice pulmonaire
(les petites flèches
indiquent la difficulté de passage du sang).
E. Tétralogie de Fallot.
1. Communication interventriculaire ;
2. Rétrécissement de l'orifice pulmonaire ;
3. Aorte déplacée ;
4. Hypertrophie du ventricule droit.
F. Trilogie ou triade de Fallot.
1. Rétrécissement de l'orifice pulmonaire ;
2. Communication interauriculaire ;
3. Hypertrophie du ventricule droit.

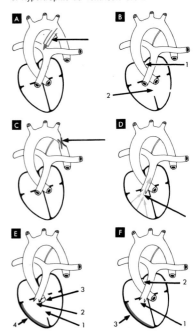

cœur, en particulier des cloisons entre cœur droit et cœur gauche, des valves et des gros troncs artériels ou veineux émergeant du cœur.

Les shunts* sont des « courts-circuits » entre cœur droit et cœur gauche. Normalement, le régime de pression gauche (sang oxygéné) est supérieur au régime de pression droit (sang non oxygéné). Le shunt circule alors de gauche à droite, et la cardiopathie est non cyanogène, c'est-à-dire qu'elle n'entraîne pas de défaut d'oxygénation des tissus. Si la pression est plus forte à droite qu'à gauche, ou s'il existe une aorte « à cheval » sur les deux ventricules, du sang droit (non oxygéné) est mélangé au sang gauche (oxygéné) : la cardiopathie est alors cyanogène (enfants « bleus »).

Les principales **cardiopathies cyanogènes** sont :
— la *tétralogie de Fallot*, ou « maladie bleue », associant : 1° une communication interventriculaire, avec 2° une aorte « à cheval » sur les deux ventricules, 3° une sténose (rétrécissement) serrée de l'orifice pulmonaire, et 4° une hypertrophie du ventricule droit ;
— la *trilogie de Fallot*, associant un rétrécissement de l'orifice pulmonaire, une augmentation de volume du ventricule droit et une communication interauriculaire (entre les deux oreillettes) ;
— les *transpositions complètes* ou *incomplètes* des gros vaisseaux (aorte et artère pulmonaire, placées l'une à la place de l'autre), dont la malposition peut aller jusqu'à l'inversion totale. Une des deux artères est souvent atrophique, et il existe habituellement d'autres malformations cardiaques associées.

Les **cardiopathies non cyanogènes** sont plus nombreuses. Les unes comportent un *shunt* :
— la *communication interauriculaire* (C. I. A.) est une des plus fréquentes, souvent bénigne et même latente ;
— la *communication interventriculaire* (C. I. V.) isolée, ou maladie de Roger, et plus grave par son retentissement pulmonaire et par l'insuffisance cardiaque qu'elle engendre ;
— il en va de même pour le *canal artériel persistant* (C. A. P.), reliquat vasculaire embryonnaire normalement occlus entre aorte et artère pulmonaire.

D'autres ne comportent *pas de shunt* : ce sont essentiellement des malformations valvulaires, dont les plus fréquentes sont :
— le *rétrécissement congénital de l'orifice pulmonaire*, parfois très serré (atrésie) ;
— la *bicuspidie aortique*, absence d'une des

trois valvules aortiques entraînant une fuite à la diastole* ventriculaire.

On rapproche de ce type de cardiopathies les malformations au voisinage des valves : rétrécissement aortique sus- ou sous-orificiel, et surtout la coarctation* aortique, rétrécissement siégeant sur la crosse aortique même.

Cardiopathies valvulaires rhumatismales. Ce sont les séquelles plus ou moins lointaines du rhumatisme* articulaire aigu (R.A.A.) ou maladie de Bouillaud. Elles se constituent habituellement en quelques mois à quelques années, mais peuvent parfois être immédiates, au cours même de la maladie (v. CARDITE). Les valves le plus souvent atteintes sont la mitrale et l'aortique, parfois la tricuspide, très exceptionnellement la pulmonaire (v. CŒUR, *Anatomie*).

Selon la lésion et la valve touchée, on parle de rétrécissement mitral* (R. M.) ou aortique* (R. Ao.), d'insuffisance mitrale* (I. M.) ou aortique (I. Ao.), de maladie mitrale ou aortique. Plusieurs valves peuvent être simultanément atteintes.

Le traitement médical des valvulopathies ne peut être que palliatif, la cure radicale étant toujours chirurgicale et intervenant lorsque le retentissement circulatoire de la maladie met en jeu la vie du malade ou devient trop invalidant. La valve peut parfois être réparée (commissurotomie mitrale à cœur fermé), mais doit le plus souvent être remplacée par une prothèse dont la plus connue est la valve à bille de Starr.

Cardiopathies ischémiques par athérosclérose. Ce sont les plus courantes des cardiopathies de l'adulte. Elles sont dues au développement de plaques athéromateuses dans les coronaires, diminuant le débit sanguin et, donc, l'apport d'oxygène au muscle cardiaque. Leur survenue dépend de certains facteurs métaboliques (hyperlipémie, hypothyroïdie, diabète, etc.), mais surtout de l'importance des facteurs de risque : tabagisme, régimes riches, sédentarité, surmenage, anxiété, qui expliquent l'accroissement de la maladie et sa prédominance dans les pays développés. Le signe essentiel en est la douleur très évocatrice réalisant la crise d'angine* de poitrine, ou angor, accompagnée de signes ischémiques à l'électrocardiogramme. Le stade ultime est l'infarctus* du myocarde.

Le traitement fait appel aux vaso-dilatateurs et parfois à la chirurgie (pontage coronarien). Il doit surtout être préventif, en limitant les facteurs de risque.

Autres cardiopathies. Elles se classent selon la tunique cardiaque atteinte.

Les *endocardites** sont les affections du

revêtement interne (endocarde), habituellement d'origine infectieuse. Elles peuvent être aiguës ou lentes (maladie d'Osler*) et laissent souvent de gros dégâts valvulaires.

Les *myocardiopathies*, ou *cardiomyopathies*, touchent le muscle lui-même, pouvant être primitives ou acquises, obstructives ou non.

Les *péricardites*, enfin, atteignent la tunique externe du cœur. Leurs causes sont variées. Elles peuvent être « sèches » (sans épanchement) ou liquidiennes, d'évolution aiguë ou chronique.

cardio-rénal, e, aux adj. Qui concerne à la fois le cœur et les reins : *troubles cardio-rénaux.*
N. Malade atteint d'affection du cœur et des reins.

cardiospasme n. m. Spasme du cardia*, associé à un trouble de la motricité de l'œsophage (achalasie) entraînant la dilatation, parfois monstrueuse, de cet organe (mégaœsophage).
Les troubles de la déglutition et les régurgitations provoqués par cette affection peuvent entraîner une dénutrition importante. Le traitement de choix est chirurgical : section des fibres musculaires autour du cardia. Il donne d'excellents résultats.

cardio-thyréose n. f. Ensemble des troubles cardiaques engendrés par l'excès de fonctionnement de la glande thyroïde (hyperthyroïdie).

cardiotonique adj. et n. m. Se dit de tout médicament qui augmente la tonicité du muscle cardiaque.
Les *tonicardiaques* agissent sur le muscle cardiaque lui-même : digitale*, digitaline*, strophantus*, ouabaïne.
Les *analeptiques* cardiaques agissent par stimulation du système neurovégétatif : nicéthamide*, spartéine*, caféine*, camphre*, etc.

cardio-vasculaire adj. Relatif au cœur et aux vaisseaux.

cardite n. f. Atteinte cardiaque du rhumatisme* articulaire aigu. — Les trois tuniques du cœur (endocarde, myocarde, péricarde) peuvent être touchées isolément ou simultanément. (V. RHUMATISME *articulaire aigu.*)

carence n. f. Manque d'un élément nécessaire à la vie normale, soit sur le plan physique (carence alimentaire), soit sur le plan moral (carence affective, carence d'autorité).
Carence alimentaire, insuffisance ou absence totale de certains facteurs alimentaires indispensables à l'équilibre et au développement

de l'organisme. Une telle carence peut s'installer par trois mécanismes.
1. *Par défaut d'apport :* grandes famines, mais aussi régime alimentaire déséquilibré (excès de sucreries, abus des laitages, insuffisance de protéines).
2. *Par défaut d'absorption :* insuffisance des sucs digestifs, défaut de la muqueuse digestive, et toutes les causes de malabsorption*.
3. *Par défaut d'utilisation* par l'organisme des substances normalement absorbées (troubles métaboliques).
V. AVITAMINOSE et KWASHIORKOR.

Carence d'autorité, absence ou insuffisance d'autorité de la part des parents. Le défaut d'autorité est un facteur qui peut engendrer ultérieurement des troubles du comportement. L'enfant aspire à une autorité juste, forte et protectrice qui le rassure et à laquelle il pourra s'identifier. Le rôle du père est irremplaçable, et l'absence ou la faiblesse de la fonction paternelle suscite des troubles nombreux : opposition, délinquance, refus scolaire, etc. Les causes de ce défaut d'autorité paternelle sont multiples, mais le plus souvent à base de faiblesse caractérielle.

Carence affective, absence ou déficience de certaines relations affectives nécessaires au développement de la personnalité. Chez le tout jeune enfant, la privation temporaire ou définitive, partielle ou totale de la présence maternelle peut avoir de grandes conséquences. (V. HOSPITALISME.) On observe également des troubles, en dehors de toute séparation physique, lorsque la présence maternelle est par trop lointaine ou mal adaptée aux énormes besoins affectifs de l'enfant. La guérison dépend du retour du personnage maternel dans la vie de l'enfant et de l'amélioration des rapports mère-enfant. L'enfant plus âgé souffrant d'une carence affective gardera toujours des troubles de l'affectivité, qui se manifesteront surtout par une inaptitude à nouer des liens profonds et durables. Une carence affective prolongée peut être responsable de troubles psychiatriques.

carie n. f. Lésion des tissus durs, os et surtout dents, aboutissant à leur ramollissement et à leur destruction.

Carie osseuse. Ce terme désigne les lésions destructives de la tuberculose* osseuse, très rares depuis l'emploi des antibiotiques.

Carie dentaire. C'est une altération d'origine bactérienne des tissus durs de la dent évoluant de la périphérie vers le centre et se traduisant par une destruction progressive de l'émail puis de l'ivoire.
Causes. La formation des caries fait interve-

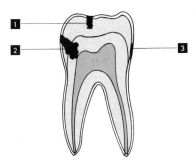

Carie dentaire. Conséquences de la carie
pour la dent elle-même :
1. Carie évoluant vers la dentine ;
2. Carie évoluant vers la pulpe ;
3. Carie de l'émail.

nir des causes externes et des causes
internes.

ORIGINE EXTERNE. Le point de départ de la
carie se situe au niveau de la *plaque* dentaire*, dont les bactéries transforment les
glucides de l'alimentation en acide lactique
et c'est celui-ci qui s'attaque à l'émail puis à
l'ivoire qu'il déminéralise.

ORIGINE INTERNE. La *pulpe* de la dent joue
un rôle dans les réactions de défense de la
dentine en formant un barrage de dentine
dite secondaire qui s'oppose à la progression
de la carie. La circulation sanguine joue
donc un rôle dans la défense de l'intégrité de
la dent. Par ailleurs, l'administration générale de fluor (dans l'alimentation ou en médicament) et les dentifrices fluorés freinant
l'apparition des caries montrent le rôle du
fluor dans la défense de l'organisme contre
celles-ci.

Formes de caries. La *carie simple de l'émail*
est le premier degré de la lésion. Le point
atteint est blanc crayeux, mat, contrastant
avec la dent saine, brillante. Le froid, le
chaud, l'acide ne sont pas douloureux à ce
stade.

La *carie simple de l'ivoire*, ou second
degré, fait suite à la carie de l'émail. Sous un
orifice minime de celui-ci se forme une cavité
réelle, aux bords en surplomb, beaucoup plus
importante que l'orifice et elle-même entourée d'une zone de dentine ramollie.

Les *caries pénétrantes* évoluent par agran-
dissement de la lésion jusqu'à la cavité
pulpaire.

Les caries atteignent aussi bien les dents
« de lait » que les dents définitives. Non
traitée, la carie atteint la pulpe (pulpite, très

douloureuse), les tissus voisins (abcès de la
gencive) et se communique aux dents adjacentes.

Prévention de la carie. Elle réside en un
brossage minutieux des dents, matin et soir,
et en des examens réguliers par le spécialiste. Le sucre et les bonbons pris le soir
favorisent la carie. Le fluor a un rôle préventif de la carie ; on l'emploie localement
(dentifrices, solutions) ou pour la fluorisation
des eaux de boisson.

Traitement. C'est l'ablation de toute la zone
de dentine ramollie, suivie de la taille d'une
cavité convenable, de sa désinfection et de
son obturation* (amalgame, inlay, silicate,
etc.).

carminatif, ive adj. et n. m. Se dit des
remèdes qui aident à expulser les gaz de
l'intestin. (Ce sont l'anis*, la badiane*, la
sauge, le sulfate de magnésium, etc.)

carnet n. m. **Carnet de santé**, carnet que,
aux termes de l'ordonnance de 1945 sur la
protection* maternelle et infantile, la mairie
doit remettre aux parents de tout enfant qui
vient de naître. Il doit contenir le résultat des
examens radiologiques et sérologiques du
sujet, mentionner les vaccinations dont il a
fait l'objet et les maladies épidémiques et
contagieuses dont il a été atteint.
Carnet international de vaccination. V. VACCI-
NATION.

caroncule n. f. Excroissance charnue :
caroncules *sublinguales* (sous la langue),
caroncules *myrtiformes* de la vulve, caroncules *lacrymales* à la commissure interne des
paupières.

carotène n. m. Pigment végétal dont un
constituant, le bicarotène, sert de précurseur
à la vitamine A.

carotide n. f. Nom d'importants troncs
artériels destinés à irriguer la tête et le
cerveau.
Les *carotides primitives* droite et gauche se
divisent chacune en *carotide externe,* qui
irrigue la face et les téguments du crâne, et
carotide interne, destinée au cerveau et au
contenu de l'orbite.

carotte n. f. Légume de faible valeur
nutritive (45 calories pour 100 g), mais riche
en potassium et en carotène (provitamine A).
— La carotte cuite est adsorbante et anti-
fermentative, jouant un rôle de pansement
intestinal.
Soupe de carotte. C'est le régime adsorbant le
plus facile à administrer aux nourrissons et
aux enfants, en cas de diarrhée ou d'entérite.
Elle ne doit être donnée de façon exclusive
que pendant quelques jours, puis associée au
babeurre* ou au régime habituel de l'enfant.

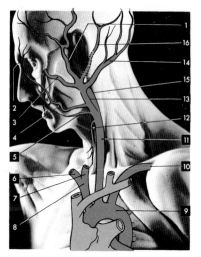

élastique, formant le squelette de l'embryon et ne persistant chez l'adulte que dans le pavillon de l'oreille, le nez et à l'extrémité des os, où il recouvre les surfaces articulaires. Le *cartilage de conjugaison* est une mince bande de tissu cartilagineux séparant la diaphyse de l'épiphyse des os et assurant leur croissance en longueur (*cartilages fertiles*). Il disparaît en s'ossifiant à la fin de la croissance.

Pathologie. L'*achondroplasie** est due à l'arrêt de développement en longueur des os ; c'est un nanisme sans trouble endocrinien, avec activité intellectuelle normale.

Les *chondromes* sont des tumeurs formées à partir des cartilages, en général bénignes, mais susceptibles de récidives et de dégénérescence cancéreuse.

Les *chondrosarcomes* sont des tumeurs malignes essentiellement composées de carti-

Artères carotides gauches :
1. Artère temporale superficielle ;
2. Artère frontale ;
3. Artère maxillaire interne ;
4. Artère faciale ; 5. Artère linguale ;
6. Artère sous-clavière droite ;
7. Carotide primitive droite ;
8. Tronc artériel brachio-céphalique ;
9. Crosse de l'aorte ;
10. Artère sous-clavière gauche ;
11. Carotide primitive gauche ;
12. Artère thyroïdienne supérieure ;
13. Carotide externe ; 14. Artère occipitale ;
15. Carotide interne ;
16. Artère auriculaire postérieure.

Carpe.
Face dorsale et coupe transversale du poignet au niveau de la flèche :
1. Cubitus ; 2. Semi-lunaire ; 3. Pyramidal ;
4. Pisiforme ; 5. Os crochu ; 6. Grand os ;
7. Premier métacarpien ; 8. Trapézoïde ;
9. Trapèze ; 10. Scaphoïde ; 11. Radius ;
12. Tendons des muscles fléchisseurs ;
13. Pisiforme ; 14. Pyramidal ; 15. Os crochu ;
16. Grand os ;
17. Scaphoïde ; 18. Long fléchisseur du pouce ;
19. Nerf médian ; 20. Aponévrose.

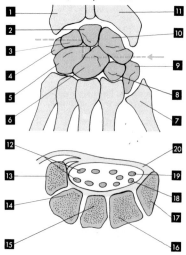

La soupe de carotte donne des selles rouge orangé. Pour la préparer, on fait cuire 1 kg de carottes dans 2 litres d'eau pendant 90 minutes environ ; on rajoute de l'eau bouillie pour ramener à 2 litres et on passe au moulin à légumes ou au mixer (soupe vraie), ou on filtre simplement (bouillon) si la diète hydrique est prescrite dans les cas aigus.

caroube n. m. Fruit du caroubier (*Ceratonia siliqua*), dont la pulpe est employée comme antidiarrhéique.

carpe n. m. Squelette de la partie supérieure de la main et du poignet, formé de huit os courts disposés en deux rangées.

carragheen n. m. Algue de l'Atlantique (*Chondrus crispus*), récoltée sur nos côtes. — On l'utilise contre la constipation pour sa forte teneur en mucilage.

cartilage n. m. Tissu conjonctif résistant et

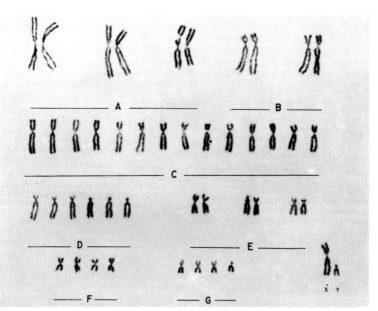

Caryotype d'homme normal.
Les différents groupes de chromosomes non sexuels (ou autosomes) sont classés de A à G.
Les deux chromosomes sexuels (ou gonosomes) sont indiqués par X et Y (sexe masculin).

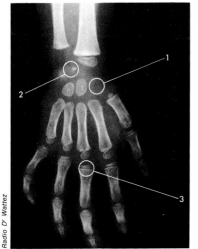

Cartilage. Cartilages fertiles, main normale chez l'enfant :
1. Zone de squelette uniquement cartilagineux ;
2. Point d'ossification du semi-lunaire ;
3. Cartilage de conjugaison de la première phalange.

lage ; primitifs ou secondaires, leur pronostic est grave.

Les *corps étrangers* cartilagineux des articulations sont fréquents au cours des arthroses (ce sont des fragments de cartilages rompus).

L'*ostéochondrite* (maladie de Kœnig) et l'*ostéochondromatose* se caractérisent par la formation de fragments cartilagineux libres (« souris articulaires »), qui peuvent entraîner des blocages articulaires et nécessiter l'intervention chirurgicale.

caryolytique adj. et n. m. Se dit des médicaments qui agissent en détruisant le noyau des cellules.

caryotype n. m. Ensemble de chromosomes caractéristiques d'une espèce donnée.

Les chromosomes (contenus dans le noyau de chaque cellule) sont normalement toujours identiques, en forme et en nombre, pour chaque espèce. L'homme a 23 paires de chromosomes, dont 22 déterminent les caractères génétiques non liés au sexe (*autosomes*), la 23e paire étant constituée par les chromosomes sexuels, ou *gonosomes* (XX pour la femme ; XY pour l'homme).

L'étude du caryotype est pratiquée sur des cellules isolées de l'organisme (leucocytes, fibroblastes). Elle permet de diagnostiquer les anomalies ou aberrations chromosomiques, soit chez l'enfant (en cas de troubles physiques ou psychiques), soit chez la femme (en cas d'avortements répétés pour en chercher la cause), dans l'entourage de sujets atteints de maladies génétiques et même chez le fœtus (par amniocentèse) pour rechercher une éventuelle aberration chromosomique.

cascade n. f. **Estomac en cascade,** conformation gastrique dans laquelle la face postérieure de l'estomac est horizontale dans sa partie supérieure et verticale dans sa partie moyenne.

cascara sagrada n. f. Écorce d'un arbuste d'Amérique, utilisée pour son action laxative.

caséeux, euse adj. Relatif à la caséine*, au fromage.
Pathologie. *Dégénérescence caséeuse,* nécrose des tissus, qui leur donne l'aspect du fromage, survenant au cours de la tuberculose. *Pneumonie caséeuse,* atteinte tuberculeuse de tout un lobe pulmonaire, surtout observée lors des primo-infections chez des sujets déficients (transplantés).

caséine n. f. Substance protéique phosphorée constituant la majeure partie des matières azotées du lait. (Sa fermentation est à l'origine de tous les fromages.)

caséum n. m. Substance granuleuse, constitutive de la dégénérescence caséeuse*.

Casoni (intradermoréaction de), test diagnostique de l'échinococcose* (kyste hydatique), dont la positivité se manifeste par l'apparition, en 5 à 10 minutes, d'une papule ortiée prurigineuse.

cassette n. f. Boîte plate, opaque, dans laquelle on place les films pour faire les radiographies.

cassis n. m. Le suc de cassis, diurétique, est riche en potassium, magnésium, calcium et en vitamine C.

castration n. f. Ablation des testicules (orchidectomie) ou des ovaires (ovariectomie). La castration a pour conséquence de supprimer l'action des glandes génitales et,

notamment, de leurs sécrétions internes, qui jouent un rôle essentiel dans l'établissement des caractères sexuels secondaires et dans l'équilibre physiologique. Par ailleurs, la suppression des sécrétions externes (spermatozoïdes ou ovules) entraîne l'impuissance et la stérilité.

Pratiquée *avant la puberté,* la castration empêche cette dernière de s'installer et les caractères sexuels secondaires n'apparaissent pas. De plus, l'enfant mâle garde une apparence féminine : peau fine, système pileux inexistant, os grêles, voix haute (chantres de la chapelle Sixtine), musculature faible et tendance à l'obésité.

Pratiquée *après la puberté,* la castration entraîne des troubles plus discrets, mais non négligeables : chez l'homme adulte, la barbe et le système pileux se raréfient, la voix change et la libido diminue. C'est chez la femme que la castration partielle ou totale est le plus souvent réalisée, pour des raisons thérapeutiques. Si les deux ovaires sont retirés, les troubles sont pratiquement les mêmes que ceux que l'on observe après la ménopause naturelle, mais souvent plus intenses et plus durables, et ce, d'autant plus que la femme aura été opérée plus jeune. Si une thérapeutique hormonale substitutive n'est pas instituée pour venir pallier l'absence des ovaires, un certain nombre d'effets cliniques se manifestent rapidement : bouffées de chaleur, troubles vaso-moteurs, altérations trophiques des régions génitales (kraurosis* vulvaire), troubles psychologiques, prise de poids. Les troubles, cependant, s'atténuent au bout d'un certain temps, le traitement substitutif peut être espacé puis supprimé. En cas de castration unilatérale, la présence d'un seul ovaire suffit en général à assurer une sécrétion hormonale suffisante.

Le traitement des troubles entraînés par la castration chez la femme repose sur les hormones ovariennes (œstrogènes et progestatifs). Employées jusqu'à l'âge de la ménopause, ces hormones suppriment tous les malaises.

Complexe et angoisse de castration. Ces termes correspondent, en psychanalyse, à l'ensemble des désirs et des craintes suscités chez l'enfant lors de la prise de conscience de la différence des sexes. L'angoisse liée à la castration apparaît normalement entre 2 et 5 ans. Elle recouvre, chez le garçon, la peur de mutilation du pénis et, chez la fille, l'impression d'en avoir été privée.

Le complexe de castration doit se résoudre vers l'âge de 6 ans, pour le garçon et pour la fille, avec l'acceptation de leur sexualité propre par identification au parent du même sexe. La persistance du complexe de castration joue un rôle dans la constitution des névroses.

catabolisme n. m. Ensemble des réactions chimiques permettant la dégradation des composés naturels de la cellule et chargées de produire de l'énergie. — Le catabolisme s'oppose à l'anabolisme*, qui est la voie de synthèse. L'ensemble des deux processus forme le métabolisme*.

catalepsie n. f. Perte momentanée de la contractilité volontaire des muscles, avec maintien des attitudes imposées aux membres. — La catalepsie s'observe dans l'hystérie et au cours de la schizophrénie*.

cataménial, e, aux adj. Qui a rapport aux règles et au cycle menstruel. — L'*herpès* *cataménial* survient tous les mois au moment des règles.

cataplasme n. m. Préparation pâteuse à base de farine de lin, de fécule ou de poudres diverses, étalée sur un linge fin et destinée à être appliquée sur la peau d'une région douloureuse ou inflammatoire, dans un but sédatif et antalgique.
Les cataplasmes sont parfois mal tolérés par la peau de sujets allergiques. Ils peuvent constituer un milieu de culture microbienne : aussi ne doit-on jamais en appliquer sur une plaie ou une région infectée.

cataplexie n. f. État pathologique caractérisé par une brusque perte du tonus musculaire, entraînant la chute du malade. La cataplexie est souvent associée à la narcolepsie* (syndrome de Gélineau).
Dans la cataplexie, la conscience est parfaitement conservée ; survenant lors d'une grande émotion, sa cause est encore inconnue ; parfois des lésions nerveuses en sont responsables. Le traitement fait appel aux substances dites « de réveil », telles les amphétamines*.

cataracte n. f. Opacification du cristallin, qui perd sa transparence et altère la vision.
La cataracte atteint généralement les sujets âgés. Elle peut être congénitale (due à la rubéole contractée par la mère pendant la grossesse) ou familiale. Acquise, elle peut survenir à l'occasion d'un traumatisme de l'orbite (cataracte contusive). Elle peut être métabolique, due à un diabète, à une hypoparathyroïdie, ou toxique (absorption de dinitrophénol).
Le diagnostic est posé devant la baisse de l'acuité visuelle et l'opacification ambrée, visible à l'œil nu, du cristallin.
Le traitement médical est parfois stabilisateur (collyres), mais l'intervention chirurgicale est le plus souvent nécessaire.
Opération de la cataracte. Elle est généralement pratiquée sous anesthésie générale. Après incision de la cornée, il faut extraire le cristallin et sa capsule, après les avoir libérés de leurs adhérences. Le cristallin est extrait à la pince, à la ventouse ou, mieux, au cryoextracteur, appareil qui coagule par le froid. Le malade opéré de cataracte devient *aphaque* (sans cristallin) ; on lui prescrit alors des verres correcteurs puissants, afin de suppléer aux fonctions du cristallin disparu. On peut aussi le remplacer par un cristallin artificiel en plastique.

catarrhe n. m. Augmentation pathologique des sécrétions des muqueuses respiratoires (sinus, bronches).

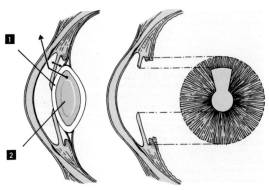

Opération de la cataracte.
A. Cataracte nucléaire.
Coupe antéro-postérieure
d'un cristallin
atteint de cataracte :
1. Capsule ;
2. Cristallin.
B. Coupe après l'opération.
Le cristallin a été extrait.
Notez l'ablation de l'iris
(iridectomie)
à la partie supérieure.

A   B

Phot. Lauros.

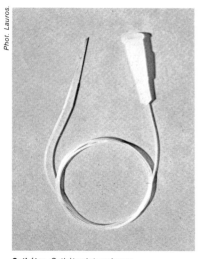

Cathéter. Cathéter intraveineux.

catatonie n. f. Ensemble de troubles psychomoteurs caractérisé par l'inertie et la perte de l'initiative motrice : le malade est figé comme une statue, indifférent à ce qui l'entoure. Sur ce fond de passivité, on note des phénomènes semi-automatiques :
— la *catalepsie* (maintien des attitudes imposées à la main, à la tête, etc.);
— la *flexibilité cireuse*, où l'on peut imposer aux membres des positions, même très incommodes, que le sujet maintient sans fatigue apparente;
— des *parakinésies*, telles que grimaces, attitudes maniérées, mimiques et gestes stéréotypés;
— le *négativisme*, avec opposition à l'entourage, mutisme, refus de s'alimenter;
— la *suggestibilité*, lorsque le sujet exécute comme un automate certains ordres.
Ce syndrome se rencontre surtout dans certaines formes de schizophrénie. L'évolution de la crise de catatonie est accessible aux thérapeutiques modernes : neuroleptiques, électrochocs.

catécholamine n. f. Substance chimique du groupe des amines* et dont l'action est analogue à celle du système sympathique.
Les catécholamines sont au nombre de quatre : la noradrénaline*, l'adrénaline* (hormones sécrétées par la glande surrénale), la dopamine et son précurseur la L. dopa,

utilisée dans le traitement de la maladie de Parkinson.

catgut n. m. Fil pour ligature chirurgicale résorbable, d'origine animale (intestin de mouton).

catharsis n. f. En psychologie, méthode visant à exprimer les tendances profondes d'un individu.

cathéter n. m. Conduit étroit que l'on introduit dans un canal naturel ou dans un trajet pathologique pour instiller un liquide, explorer une fistule* ou mesurer une pression.

cathétérisme n. m. Introduction d'une sonde dans un canal pour le dilater, évacuer le contenu d'un réservoir, mesurer la pression qui règne dans un organe creux ou y introduire des liquides (médicaments, sang, etc.).
Cathétérisme cardiaque, introduction par une veine périphérique d'une sonde poussée vers la veine cave, puis l'oreillette droite, le ventricule droit et l'artère pulmonaire. Cette méthode permet de mesurer les pressions qui règnent dans les diverses cavités traversées et les concentrations du sang en oxygène; elle est très utile au diagnostic de certaines cardiopathies* et permet de calculer le débit cardiaque. (V. CŒUR.)
Cathétérisme urétéral, montée d'une sonde dans l'un ou les deux uretères par cystoscopie*. Cet examen permet de déceler un obstacle (calcul de l'uretère), d'opacifier les cavités rénales (pyélographie), de permettre la division des urines (séparation des urines de chaque rein pour analyse).

cauchemar n. m. Rêve pénible, avec réveil en sursaut et où l'anxiété est extrême. Chez l'*enfant*, on distingue les cauchemars des terreurs nocturnes. Dans la terreur nocturne, l'enfant, sans se réveiller complètement, hurle de peur; en proie à une frayeur intense, il peut se rendormir sans se souvenir de rien le lendemain.
Chez l'*adulte*, les cauchemars fréquents témoignent aussi de l'existence de perturbations affectives.

causalgie n. f. Sensation douloureuse à type de cuisson, de brûlure.

caustique adj. et n. m. Se dit de toute substance qui brûle et ronge les tissus.
Pharmacie. Le terme s'applique aux médicaments utilisés sur des lésions de la peau en vue de leur destruction; certains agissent progressivement (nitrate d'argent, utilisé pour la rectification des cicatrices); d'autres détruisent le tissu rapidement (acides chromique et trichloracétique).

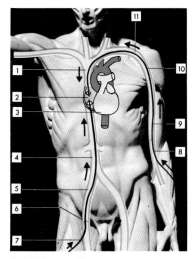

Cathétérisme cardiaque.
1. Veine cave supérieure ;
2. Oreillette droite ; 3. Ventricule droit ;
4. Veine cave inférieure ;
5. Veine iliaque externe ; 6. Veine fémorale ;
7. Cathéter introduit par la veine fémorale ;
8. Cathéter introduit par la veine humérale ;
9. Veine humérale ;
10. Veine axillaire ; 11. Veine sous-clavière.

Toxicologie. Les caustiques industriels comprennent essentiellement les acides sulfurique, chlorhydrique, fluorhydrique, l'eau de Javel, la soude et le permanganate de potassium. Certains sont absorbés dans une intention suicidaire ; plus souvent, il s'agit d'un accident du travail ou de l'absorption malencontreuse par un enfant d'un produit ménager.

L'absorption buccale provoque une douleur immédiate, épigastrique, suivie de vomissements et de diarrhée sanglants et d'un état de choc. Les jours suivants, des perforations des organes atteints (œsophage, estomac) peuvent survenir, laissant des rétrécissements cicatriciels irréductibles.

Sur la peau, la projection de caustiques provoque une escarre lente à cicatriser, plus grave dans le cas d'une base (soude), car plus profonde. Le rinçage immédiat et prolongé à grande eau froide peut éviter les lésions.

Au niveau des yeux, l'œdème des conjonctives, associé à une atteinte de la cornée, peut entraîner une cécité. Ces conséquences seront évitées en rinçant immédiatement l'œil à grande eau.

L'inhalation de caustique, surtout dans l'industrie, provoque l'apparition d'une toux sèche et d'une gêne respiratoire, rapidement résolutives, mais on craint toujours la survenue d'un œdème aigu du poumon.

Le traitement de l'absorption de caustique fait proscrire toute tentative de vomissement, car le produit ne doit pas brûler de nouveau en repassant par l'œsophage. Il faut boire beaucoup et administrer pour chaque produit l'antidote qui convient. Les antibiotiques sont nécessaires.

cautère n. m. 1. Instrument métallique porté à haute température pour la cautérisation. 2. Substance employée pour la cautérisation, tel le bâton de nitrate d'argent.

Cauterets, station thermale sulfureuse des Hautes-Pyrénées, à 30 km de Lourdes, ouverte de juin à septembre et spécialisée dans le traitement des affections respiratoires.

Les eaux, sulfurées et chlorurées sodiques, riches en silicium, émergent à des températures de 38 à 50 °C. On les emploie en cures de boisson, bains locaux et généraux, douches, et en humages et pulvérisations nasales et pharyngées dans les affections chroniques du nez et de la gorge.

On traite également certaines dermatoses* (acné, eczémas torpides) et certaines affections gynécologiques...

cautérisation n. f. Destruction ou révulsion de tissus par la chaleur au moyen d'un thermo- ou d'un galvanocautère. — La cautérisation peut aussi être obtenue par l'emploi de neige carbonique (cryothérapie), de substances caustiques (nitrate d'argent, acide trichloracétique) ou de courants à haute fréquence (électrocoagulation).

cave adj. Se dit de deux gros troncs veineux qui assurent le retour du sang au cœur en s'abouchant dans l'oreillette droite, les *veines caves* supérieure et inférieure.

caverne n. f. Excavation produite dans un parenchyme* par une nécrose du tissu, dont le produit s'est évacué à l'extérieur.

caverneux, euse adj. Relatif à des cavités ou à des cavernes.

Anatomie. *Corps caverneux,* tissus formés par un lacis de larges veines anastomosées en réseau, qui leur confèrent une rigidité particulière lorsqu'elles sont gorgées de sang : corps caverneux de la verge, du clitoris.

Sinus caverneux, lacis veineux du crâne, de

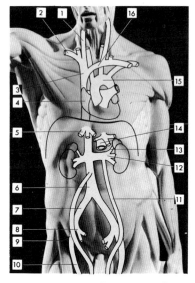

**Veine cave supérieure
et veine cave inférieure :**
1. Veine jugulaire ;
2. Veine sous-clavière droite ;
3. Veine cave supérieure ; 4. Auricule droite ;
5. Veines sus-hépatiques ;
6. Veine cave inférieure ;
7. Veine iliaque primitive ;
8. Veine hypogastrique ;
9. Veine iliaque externe ; 10. Veine fémorale ;
11. Veine spermatique gauche ;
12. Veine rénale gauche ; 13. Veine surrénale ;
14. Aorte abdominale ; 15. Crosse de l'aorte ;
16. Tronc brachio-céphalique veineux.

chaque côté de l'hypophyse, qui entoure la
terminaison de l'artère carotide interne.
Pathologie. *Souffle caverneux, râle caverneux,*
bruits sourds et profonds entendus à l'auscultation lorsqu'il existe des cavernes pulmonaires.

cavum n. m. Syn de RHINO-PHARYNX, partie
haute du pharynx* où se forment les végétations adénoïdes*.

cécité n. f. Absence complète de vision
d'un ou des deux yeux. — Lorsque la cécité
est due à une lésion nerveuse sans atteinte de
l'œil lui-même, on parle d'amaurose*.

cèdre n. m. Arbre méditerranéen dont
l'essence est antiseptique, balsamique et
diurétique.

ceinture n. f. **Anatomie.** Ensemble osseux
qui unit un membre au tronc : *ceinture
scapulaire* (les clavicules et les omoplates),
ceinture pelvienne (le bassin).
Pathologie. *Douleur en ceinture,* douleur qui a
tendance à entourer le tronc.
Thérapeutique. *Ceinture orthopédique,* bande
de tissu ou de cuir destinée à corriger des
attitudes* vicieuses ou à maintenir en place
certains organes.
Il existe divers modèles de ceintures de
soutien abdominal, de ceintures de soutien
vertébral, de ceintures pour ptôse intestinale.
(V. aussi CORSET et LOMBOSTAT.)

cellulaire adj. Relatif à la cellule*.
Tissu cellulaire, tissu conjonctif lâche, situé
entre les organes ou sous la peau.

cellule n. f. Unité constitutive de tout
système vivant.
Bien que très différentes d'une espèce à
l'autre et hautement spécialisées pour les
diverses fonctions des organismes supérieurs,
les cellules ont en commun certaines caractéristiques fondamentales. Elles sont toutes
formés d'un *cytoplasme* et d'un *noyau,* qui
contient le matériel génétique : les *chromosomes.*
Les cellules des organismes supérieurs (eucaryotes) ont une membrane séparant le
noyau du cytoplasme, alors que chez les
bactéries (procaryotes) la chromatine* est
libre dans le cytoplasme. Le cytoplasme de
la cellule contient les organites cellulaires,
« organes » de la cellule qui lui permettent
d'assurer son fonctionnement. Les principaux

Corps caverneux.
Coupe médiane antéro-postérieure du bassin
chez l'homme :
1. Corps caverneux ; 2. Urètre ;
3. Corps spongieux ; 4. Prostate ; 5. Rectum.

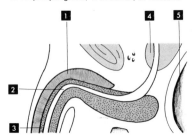

Doc. Drapier. Phot. Lauros.

Ceinture de soutien lombaire.

Cellule. 1. Réticulum endoplasmique;
2. Appareil de Golgi;
3. Vacuoles; 4. Membrane nucléaire;
5. Nucléole;
6. Chromatine; 7. Noyau;
8. Mitochondries; 9. Membrane cellulaire;
10. Centre cellulaire.

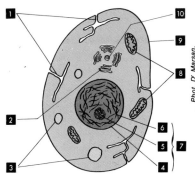

organites sont : le *réticulum endoplasmique,*
important réseau de membranes intracellulaires qui véhicule jusqu'au milieu extérieur
le produit de la synthèse protéique; les
mitochondries, petites formations sphériques
contenant les enzymes respiratoires de la

cellule; enfin l'*appareil de Golgi*, empilement
de petites vésicules aplaties, qui permet
d'expulser de la cellule certaines substances
nocives : c'est l'appareil excréteur de la
cellule.

cellulite n. f. 1. Inflammation du tissu
cellulaire sous-cutané, qui se traduit par une
induration douloureuse. La porte d'entrée est
souvent une plaie. Le traitement associe les
antiseptiques locaux aux anti-inflammatoires
et fibrinolytiques; en l'absence de traitement, la cellulite peut aboutir au phlegmon*.
2. Par extension, ce terme désigne un état
particulier d'*envahissement graisseux du tissu
conjonctif,* siégeant habituellement au sommet des cuisses et sur les membres inférieurs. Ce type de cellulite se manifeste par
des névralgies et des indurations douloureuses de la peau, qui prend un aspect
d'«écorce d'orange» à la pression. Les
massages, le régime, l'hormonothérapie et les
cures thermales permettent de lutter contre
cette affection disgracieuse.

cellulose n. f. Glucide polymère du gluco-
pyranose, qui forme les fibres végétales et

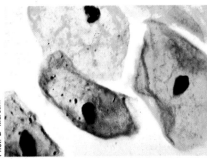

Phot. Dr Marsan.

Cellules épithéliales normales
(fort grossissement).

qui confère leur rigidité aux végétaux. Non
digérée par l'homme, la cellulose contenue
dans les légumes verts, les tubercules, les
fruits reste utile à la digestion, aidant à la
progression des aliments. Elle est déconseillée
dans les colites.

cénesthésie n. f. Perception diffuse que
nous avons de notre corps, de sa position
dans l'espace, de la tension de nos muscles,
du fonctionnement de nos organes, etc.

Cette sensibilité nous donne le sentiment de l'existence de notre corps et nous fournit une image physique intérieure et extérieure de nous-même qu'on nomme aussi le *schéma* corporel.*

centre n. m. **Centre nerveux,** région du système nerveux* central qui commande une fonction bien définie : centre de la respiration, centre de l'olfaction, de la sensibilité, de la motricité, etc.

centreur n. m. Dispositif utilisé en radiographie et en radiothérapie pour diriger le faisceau des rayons X sur la zone à traiter.

centrifugation n. f. Rotation à grande vitesse d'un mélange comportant des particules en suspension dans un liquide et entraînant, du fait de la force centrifuge, la sédimentation des particules plus lourdes que le liquide et la flottation des particules plus légères.

La centrifugation est une méthode d'analyse des urines, du plasma, des liquides de pleurésie ou d'ascite, etc.

centrosome n. m. Élément du cytoplasme des cellules, situé de part et d'autre du noyau et jouant un rôle d'attraction des chromosomes lors de la mitose*.

Céphalhématome.

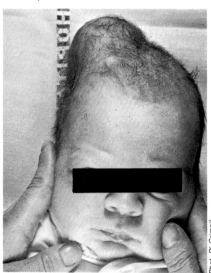

Phot. D' Crimail.

céphalée n. f. Toute douleur intracrânienne (mal de tête) localisée ou diffuse, prolongée dans sa durée (par opposition à la *céphalalgie,* qui désigne une douleur fugitive), et à l'exclusion des névralgies de la face, qui sont extracrâniennes et qui entrent dans la catégorie des « algies de la face ».

Les causes de céphalée sont multiples. La plus fréquente reste cependant la migraine*. On voit aussi des céphalées d'origine *méningée,* diffuses mais prédominant dans la région fronto-occipitale et accompagnées de vomissements et de raideur de la nuque (v. MÉNINGITE) ; des céphalées qui accompagnent aussi bien l'hypertension que l'hypotension artérielle ; enfin les céphalées localisées des processus tumoraux. Citons encore les céphalées de la maladie de Horton*. Bien souvent, cependant, la céphalée peut n'être que l'expression d'une simple fatigue et notamment d'une fatigue des yeux, d'une infection saisonnière (grippe), d'une sinusite, etc., sans oublier les céphalées d'origine digestive et notamment biliaire. Une céphalée persistante nécessite un bilan sanguin (urée, cholestérol, etc.), un examen ophtalmologique (recherche d'un glaucome), O. R. L. et neurologique.

céphalhématome n. m. Formation assez fréquente chez le nouveau-né, surtout né de primipare, constituée par un épanchement sanguin entre un des os du crâne et le périoste.

C'est une tuméfaction saillante, arrondie, coiffant la tête de façon asymétrique et donnant l'aspect d'un chapeau de clown. La résorption est longue mais complète.

céphalique adj. Relatif à la tête.
Indice céphalique, rapport entre la largeur et la longueur maximales de la tête, et qui caractérise les *dolichocéphales* (valeurs inférieures à 70) et les *brachycéphales* (valeurs supérieures à 84). Les valeurs intermédiaires caractérisent les *mésocéphales.*

céphalo-rachidien adj. **Liquide céphalo-rachidien,** liquide qui baigne le système nerveux* central (cerveau et moelle épinière) et le sépare de ses enveloppes osseuses (crâne et canal rachidien).

Le liquide céphalo-rachidien (L. C. R.) est contenu entre les méninges* et dans les ventricules du cerveau. Normalement, il y a de 100 à 150 ml de liquide céphalo-rachidien qui se renouvelle perpétuellement. Il est sécrété au niveau des plexus choroïdes* et réabsorbé au niveau des méninges de la convexité du cerveau (granulations de Pacchioni).

Composition. C'est un liquide limpide, ne contenant pas de cellules, mais une très

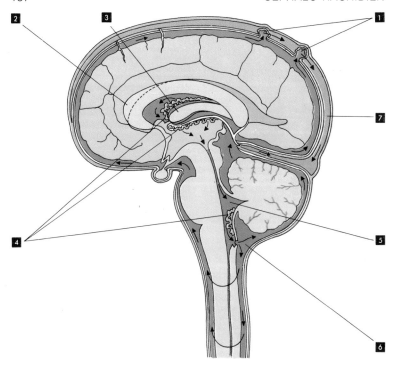

Céphalo-rachidien. Liquide céphalo-rachidien :
1. Granulations de Pacchioni ;
2. Ventricules latéraux I et II ;
3. Troisième ventricule ;
4. Plexus choroïdes
qui sécrètent le liquide céphalo-rachidien ;
5. Quatrième ventricule ;
6. Grande citerne ;
7. Sinus veineux dans lequel se draine
le liquide céphalo-rachidien.

faible quantité de protéines (environ 0,20 g p. 1 000), 0,50 g p. 1 000 de sucre et environ 7 g de chlorures par litre. De nombreuses affections du système nerveux et des méninges se manifestent par des modifications des caractères cytologiques et chimiques du L. C. R.

La ponction lombaire. C'est la méthode la plus courante de prélèvement du liquide céphalo-rachidien. Le sujet faisant le dos rond, on pousse une aiguille entre les deux apophyses épineuses des dernières vertèbres lombaires (de manière à ne pas toucher la moelle, qui s'arrête plus haut) jusqu'à ce qu'on ait franchi l'obstacle un peu plus dur des méninges, et on retire quelques millilitres de liquide. Après la ponction, le sujet doit rester couché à plat durant quelques heures, le temps que la quantité de liquide prélevé soit compensée, autrement il risquerait des maux de tête par hypotension intracrânienne.

La possibilité de nausées associées incite également à laisser le sujet à jeun quelques heures avant et après l'examen. Une précaution importante à prendre avant toute ponction lombaire est l'examen du fond* d'œil, pour vérifier l'absence de toute hypertension intracrânienne, qui entraînerait un risque d'« engagement » du cerveau dans le trou occipital à la faveur de la diminution de pression provoquée par la ponction.

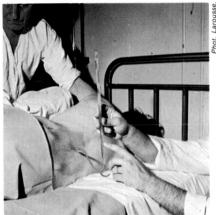

Phot. Larousse.

Céphalo-rachidien. Ponction lombaire.
Mesure de la pression
du liquide céphalo-rachidien.

En plus du prélèvement de liquide, on peut, à l'occasion d'une ponction lombaire, mesurer la pression du liquide céphalo-rachidien pour étudier sa circulation. L'absence de toute augmentation de pression lors de la compression de l'abdomen ou de la compression des veines jugulaires traduit un *blocage* qui témoigne d'un obstacle à la libre circulation du liquide, du fait, par exemple, d'une tumeur (épreuve de Queckenstedt-Stookey*).

Un autre mode de prélèvement du liquide céphalo-rachidien est la *ponction sous-occipitale,* indispensable en cas de blocage rachidien. La *ponction ventriculaire,* qui, sauf chez le nouveau-né, nécessite un trou de trépan sur le crâne, n'est pratiquée que lorsqu'il faut étudier le liquide ventriculaire.

céphalosporine n. f. Antibiotique extrait de *Cephalosporum acremonium* ou obtenu par synthèse. Les céphalosporines sont bactéricides et bien tolérées, mais elles peuvent être cause d'allergie comme les pénicillines. Les céphalosporines de première génération (céfaloridine), actives sur les bactéries Gram + et Gram − sont employées dans les infections courantes. Les céphalosporines de deuxième et de troisième génération (céfoxitine, céfotaxime, etc.), plus actives mais d'emploi plus délicat, sont réservées aux infections graves en milieu hospitalier.

céramique n. f. **Céramique dentaire,** porcelaine spéciale, teintée à l'aide de colorants, qui sert à la fabrication de prothèses dentaires esthétiques. Elle est faite de quartz, de feldspath, de kaolin et d'un fondant.

cercaire n. f. Stade larvaire des vers trématodes (douves*, shistosomes*) possédant deux ventouses et une queue fourchue.

cerclage n. m. **Cerclage des os,** procédé de contention d'une fracture par un fil métallique.

Cerclage de l'anus, procédé destiné à maintenir en place le rectum dans certains prolapsus de l'enfant.

Cerclage du col de l'utérus, procédé destiné à empêcher un avortement en cas de béance anormale de l'isthme utérin, et consistant à entourer le col avec un fil de suture qui sera enlevé au moment de l'accouchement.

cercle n. m. **Cercle périkératique,** rougeur

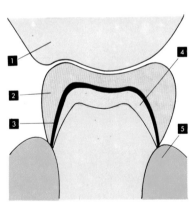

Céramique. Céramique dentaire.
Schéma d'une dent couronnée :
1. Dent antagoniste ; 2. Céramique ;
3. Couche opaque ; 4. Métal ; 5. Muqueuse.

de l'œil localisée autour de la cornée et traduisant une kératite* ou une uvéite*.

cérébelleux, euse adj. Relatif au cervelet. *Syndrome cérébelleux.* V. CERVELET.

cérébral, e, aux adj. Relatif au cerveau*.

cérébro-spinal, e, aux adj. Relatif au cerveau et à la moelle simultanément : *méningite cérébro-spinale.*

cerfeuil n. m. Plante aromatique, riche en

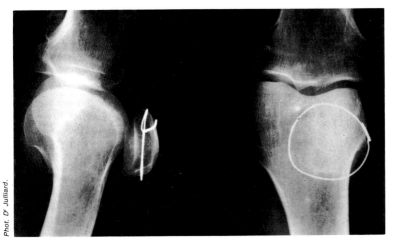

Cerclage de la rotule, face et profil.

vitamine C et stomachique. — L'infusion de cerfeuil assouplit les tissus et retarde les rides.

cerise n. f. Fruit riche en vitamine C, en potassium et en acide phosphorique. — La queue de cerise en infusion (10 g par litre) est diurétique.

certificat n. m. Écrit officiel ou dûment signé d'une personne compétente qui atteste un fait.

Certificat médical. Délivré par le médecin, soit à la demande du malade, soit en vertu d'une mission spéciale de l'Administration ou de la Justice, il tend à quatre sortes de constatation :
1. Existence d'un acte médical (certificat de vaccination);
2. Constatation d'un état pathologique (arrêt de travail);
3. État de bonne santé (embauche);
4. Constatation d'un fait (naissance, décès).
Aucune forme particulière n'est exigée de ce document, qui doit cependant être daté, porter le nom de l'intéressé et la signature du médecin. La délivrance d'un faux certificat peut engager la responsabilité pénale du médecin.

Certificat international de vaccination, carte sur laquelle doivent être portées la nature, et la date des vaccinations reçues par les personnes qui se déplacent à l'étranger.

Certificat de santé, certificat que le médecin, aux termes de la loi du 15 juillet 1970 et des décrets du 2 mars 1973, établit lors des examens que les nourrissons doivent subir dans les 8 jours suivant la naissance, au 9e et au 24e mois, et dont la présentation peut être obligatoire pour le versement de certaines prestations familiales. Cette législation a pour but de permettre la découverte chez l'enfant de toute anomalie, maladie ou infirmité, notamment mentale, sensorielle ou motrice, susceptible de provoquer une invalidité ou un handicap, et la présence de foyers localisés de maladies contagieuses graves.

Certificat de mariage. V. MARIAGE.

Certificat de décès. V. DÉCÈS.

cérumen n. m. Produit de sécrétion des nombreuses glandes sébacées (ou *cérumineuses*) de la peau du conduit auditif externe. Leur accumulation est responsable du *bouchon de cérumen*, cause de surdité (v. OREILLE, *maladies de l'oreille*).

Le bouchon de cérumen doit être détrempé par des bains d'oreille avec un liquide mouillant, puis enlevé par lavage à l'énéma*.

cervelet n. m. Partie de l'encéphale située dans la fosse cérébrale postérieure, sous le cerveau et au-dessus et en arrière du tronc* cérébral, auquel il est attaché par les pédoncules cérébelleux.

Anatomie. Chez l'homme, le cervelet a la forme d'un papillon, ailes déployées. Il présente en effet une portion médiane réduite, le *vermis,* et des formations adjacentes, plus développées, les *hémisphères cérébelleux.* Vermis et hémisphères sont découpés par des sillons concentriques et transversaux qui isolent des lobes, des lobules, des lames, des lamelles.

cerveau n. m. Organe principal du système nerveux*.

Le cerveau est contenu dans le crâne, au-dessus du tronc cérébral et du cervelet. L'ensemble, qui constitue l'encéphale*, est entouré par les méninges*. C'est au niveau du cerveau que s'intègrent toutes les informations sensitives et sensorielles qui parviennent à l'individu, aussi bien de l'extérieur que de l'intérieur du corps, par l'intermédiaire des nerfs sensitifs et des voies de la sensibilité (voies centripètes), et c'est de lui que partent toutes les réponses motrices adaptées aux différentes situations et véhiculées sur les voies motrices, puis sur les nerfs moteurs (voies centrifuges). Le cerveau est le siège des fonctions supérieures — langage, intelligence, mémoire —, celui enfin, au niveau de son écorce ou *cortex*, de la conscience. C'est l'organe de la vie de relation, sans lequel l'individu est réduit à une simple vie végétative.

Configuration externe du cerveau.

Le cerveau est incomplètement divisé en deux hémisphères symétriques par une scissure médiane profonde, dite *scissure interhé-* *misphérique*. Il a la forme d'une masse ovoïde à grosse extrémité postérieure, qui repose, en avant, sur la partie antérieure et moyenne des os de la base du crâne, et, en arrière, sur

Cerveau. Hémisphère cérébral, face interne :
1. Sillon sous-pariétal ; 2. Lobe quadrilatère ;
3. Circonvolution du corps calleux ;
4. Scissure perpendiculaire interne ;
5. Sixième circonvolution occipitale (cunéus) ;
6. Épiphyse ; 7. Scissure calcarine ;
8. Cinquième circonvolution occipitale ;
9. Cervelet (substance blanche) ;
10. Cervelet (substance grise) ;
11. Trou de Magendie ;
12. Bulbe ; 13. Quatrième ventricule ;
14. Lingula ; 15. Valvule de Vieussens ;
16. Aqueduc de Sylvius ;
17. Protubérance ; 18. Hypophyse ;
19. Chiasma optique ; 20. Pédoncule olfactif ;
21. Pédoncule cérébral ; 22. Couche optique ;
23. Lobe du corps calleux ;
24. Sillon du corps calleux ;
25. Première circonvolution frontale ;
26. Scissure sous-frontale ; 27. Corps calleux ;
28. Scissure de Rolando
(extrémité supérieure) ;
29. Lobe paracentral.

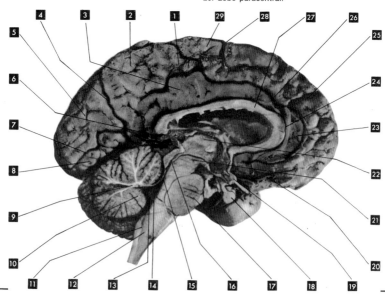

un feuillet méningé de la dure-mère, la *tente du cervelet*, qui le sépare de la *fosse postérieure* située au-dessous et où sont contenus le cervelet* et le tronc* cérébral.

Le rôle des deux hémisphères cérébraux est sensiblement le même. Chez le sujet droitier, l'hémisphère gauche est un peu plus volumineux que le droit. Ils ne sont pas isolés l'un de l'autre, la coordination entre les deux étant assurée par les formations interhémisphériques d'association.

La surface de chaque hémisphère est parcourue de scissures qui isolent grossièrement les lobes. On distingue ainsi 5 scissures principales :

1. La *scissure de Sylvius,* horizontale, limitant en haut le lobe temporal ;

2. La *scissure de Rolando,* verticale, séparant le lobe frontal, en avant, du lobe pariétal, en arrière ;

3. La *scissure marginale,* isolant la circonvolution limbique de la frontale interne ;

4. La *scissure perpendiculaire externe,* ou *pariéto-occipitale,* entre les lobes pariétal et occipital ;

5. La *scissure calcarine,* séparant les 5ᵉ et 6ᵉ circonvolutions occipitales.

Ainsi sont grossièrement délimités les *lobes* du cerveau. On définit 4 grands lobes sur la surface du cerveau : le *lobe frontal,* le *lobe pariétal,* le *lobe occipital,* le *lobe temporal,* 2 autres :
— le *lobe de l'insula,* situé entre les berges de la scissure de Sylvius ;
— le *lobe du corps calleux,* formé d'une seule circonvolution qui entoure les formations interhémisphériques et qui porte le nom de *circonvolution limbique.*

La surface de chaque lobe est marquée par des sillons moins profonds que les scissures et qui séparent des *circonvolutions,* chaque lobe présentant à sa surface plusieurs circonvolutions.

Les *formations interhémisphériques* (reliant les deux hémisphères) se composent : du corps calleux, du trigone ou fornix, de la commissure blanche antérieure.

À chaque lobe et à chaque circonvolution cérébrale est dévolue une fonction particulière de la vie de relation, comme nous le verrons plus loin.

Configuration interne.
Les coupes verticales et horizontales du cerveau (coupes de Flechsig et de Gowers) montrent une composition hétérogène. Elles mettent en évidence des cavités, les ventri-

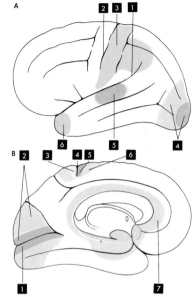

Cerveau. A. Aires sensitivo-sensorielles.
Face externe de l'hémisphère gauche :
1. Scissure de Sylvius ;
2. Scissure de Rolando ;
3. Aires sensitives (toucher) ;
4. Aires visuelles ; 5. Aire auditive ;
6. Aire gustative.
B. Aires sensitivo-sensorielles.
Face interne de l'hémisphère gauche :
1. Scissure calcarine ; 2. Aires visuelles ;
3. Aire sensitive ; 4. Scissure de Rolando ;
5. Aire motrice volontaire ;
6. Aire motrice semi-volontaire ;
7. Aire olfactive.

cules, une substance blanche et une substance grise.

Les ventricules cérébraux sont tapissés par une fine membrane, l'épendyme, et remplis de liquide céphalo*-rachidien. Ils sont au nombre de 3, 2 ventricules latéraux et un 3ᵉ ventricule dans le diencéphale (structure cérébrale comprise entre les deux hémisphères), reliés entre eux par les *trous de Monro.* Le 3ᵉ ventricule est ensuite relié par l'*acqueduc de Sylvius* à un 4ᵉ ventricule, situé, lui, dans le tronc cérébral. Le liquide céphalo-rachidien circule librement dans tous les ventricules ainsi que dans les espaces méningés (autour du cerveau), où il pénètre par le *trou de Magendie,* en regard du 4ᵉ ventricule.

La substance grise du tissu cérébral. Elle est composée des corps des neurones* (ou cellules cérébrales) par opposition à la substance blanche, composée de leurs seuls prolongements ou *axones.* La substance grise forme tout le cortex et une partie du tissu sous-cortical, diencéphalique, rassemblé en formations rondes appelées *noyaux gris.*

Cortex. Le cortex cérébral est l'aboutissement ou le point de départ des influx nerveux conscients, c'est-à-dire de la sensibilité, de la sensorialité et de la motricité.

La projection corticale de la *sensibilité générale* se fait dans l'aire somatosensible située en arrière de la scissure de Rolando, dans la circonvolution *pariétale ascendante.* La représentation des différentes aires correspondant aux différentes parties du corps dessine un petit homme, tête en bas, avec une grosse langue et une grosse main : l'*homunculus de Penfield.* À côté de cette aire somatosensible, qui ne perçoit que des sensations brutes, existent deux autres aires d'élaboration : l'aire *somatopsychique* et l'aire *tactognosique,* permettant l'une d'apprécier la qualité de la sensation, l'autre de la reconnaître.

L'*aire gustative* siège dans le lobe pariétal, à la partie inférieure de la pariétale ascendante.

L'*aire olfactive* se situe au niveau de l'extrémité antérieure de la 5ᵉ circonvolution temporale.

L'*aire auditive* est localisée à la partie supérieure de la première circonvolution temporale.

L'*aire visuelle* siège sur les lèvres supérieure et inférieure de la scissure calcarine (lobe occipital), les fibres issues de la moitié supérieure de la rétine (champ visuel supérieur) se projetant sur la lèvre supérieure.

Tout autour de ces aires se retrouvent les aires psychiques et gnosiques de la sensation considérée.

Les influx nerveux qui partent du cortex se répartissent en trois groupes, issus des trois aires motrices.

L'*aire pyramidale* préside aux mouvements volontaires. Elle est située en avant de la scissure de Rolando, dans la circonvolution frontale ascendante.

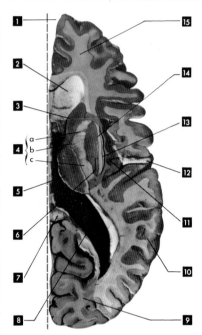

Cerveau.
Coupe horizontale dite « de Flechsig » :
1. Grande scissure interhémisphérique ;
2. Prolongement antérieur du ventricule latéral ;
3. Noyau caudé ;
4. Capsule interne (*a,* segment antérieur ; *b,* genou ; *c,* segment postérieur) ;
5. Couche optique ; 6. Noyau lenticulaire ;
7. Corps calleux ;
8. Prolongement postérieur du ventricule latéral ;
9. Lobe occipital ; 10. Lobe temporal ;
11. Lobe de l'insula ; 12. Scissure de Sylvius ;
13. Avant-mur ;
14. Capsule externe ; 15. Lobe frontal.

L'*aire extrapyramidale* assume les fonctions de coordination semi-volontaire, semi-automatique des mouvements associés ; ses centres, très nombreux, se répartissent sur tous les lobes.

L'*aire oculo-céphalogyre* comprend deux centres : 1. Le centre des mouvements volontaires associés des globes oculaires et des mouvements conjugués de la tête et des yeux est situé dans le pied de la 2ᵉ circonvolution frontale ; 2. Le centre réflexe, indépendant de la volonté, répondant aux incitations perçues par la rétine, siégerait dans le pli courbe du lobe pariétal.

Diencéphale. Situé au-dessous des hémisphères et entre eux, il est formé de multiples noyaux de substance grise, grossièrement groupés au centre du cerveau, de part et d'autre du 3ᵉ ventricule : les noyaux gris. Le diencéphale apparaît comme un filtre entre le cortex et les centres nerveux sous-jacents, chaque type d'influx (sensitif, sensoriel) faisant relais dans ces noyaux avant de parvenir au cortex. Il apparaît donc comme le centre de triage des influx sensitifs et sensoriels avant qu'ils n'arrivent au cortex, c'est-à-dire à la conscience. Dans le diencéphale, on trouve :

Le *thalamus,* centre de relais par où passent toutes les incitations sensitives issues du corps. Chacune de ces incitations, empruntant un trajet particulier, aboutit à un noyau précis, où elle est filtrée puis dirigée vers l'aire corticale correspondante, où se fera l'élaboration consciente de cette sensation ;

Le *métathalamus,* constitué de deux noyaux (corps genouillés médian et latéral) qui sont les relais des voies auditives et optiques ;

Les *noyaux striés,* qui sont le centre moteur du diencéphale. On en distingue deux : le *pallidum* et le *striatum.* Le pallidum peut être considéré comme le véritable centre extrapyramidal sous-cortical. C'est lui qui contrôle le tonus et la coordination des mouvements automatiques élémentaires. C'est son altération qui est responsable de la maladie de Parkinson* ;

L'*hypothalamus,* centre principal du système végétatif. C'est un centre neurosécrétoire à l'origine de la sécrétion hormonale, laquelle obéit, par son intermédiaire, aux incitations d'origine nerveuse. L'hypothalamus a de multiples connexions sensitivo-sensorielles, bien que son activité n'est pas isolée, mais en accord avec l'ensemble de l'activité du corps.

La substance blanche. Elle est constituée par les faisceaux issus ou aboutissant aux formations corticales et sous-corticales, et par les voies d'association. On les groupe en *fais-ceaux ascendants,* issus de la périphérie et se rendant aux centres sus-jacents, en *faisceaux descendants,* issus des centres supérieurs et destinés à la périphérie, et en *faisceaux d'association,* soit des centres entre eux, soit des deux hémisphères.

Vascularisation du cerveau.
L'irrigation du cerveau est assurée par 4 artères : 2 antérieures, les *carotides internes;* 2 postérieures, les *artères vertébrales.*

Le sang veineux est collecté dans des sinus situés dans des dédoublements méningés. Ces sinus aboutissent aux veines jugulaires internes qui descendent le long du cou.

Méthodes d'exploration du cerveau.
Le cerveau n'est pas directement accessible à l'examen clinique. Son atteinte se traduit par l'altération des différentes fonctions qu'il assume ; les déficits neurologiques qui en résultent sont mis en évidence par l'étude clinique de la motricité*, de la sensibilité*, des réflexes*, des organes des sens, des fonctions supérieures (v. NERVEUX, *Exploration du système nerveux cérébro-spinal*). En revanche, de nombreux examens complémentaires permettent de mettre en évidence les altérations cérébrales. Ce sont :

L'*examen ophtalmologique du fond* d'œil,* qui permet de déceler un œdème de la papille du nerf optique, signe d'hypertension* intra-crânienne ;

La *ponction* lombaire,* qui fournit des indications sur la composition du liquide céphalo*-rachidien, dont la pression et la teneur peuvent être altérées lors de diverses affections cérébrales ;

L'*électroencéphalogramme*,* qui étudie l'activité électrique du cerveau et peut révéler des foyers anormaux (son rôle est capital dans le diagnostic de l'épilepsie*) ;

La *scintigraphie cérébrale,* ou gammaencéphalographie, qui localise des foyers de fixation anormale ou, au contraire, des lacunes ;

L'*échoencéphalogramme*,* qui, par la déviation de l'écho médian, révèle un processus expansif latéralisé d'un côté du cerveau.

Enfin, les examens les plus précis font appel à la radiologie : *radiographie* simple, face et profil, *tomographies*,* et surtout *radiographie avec préparation par injection d'un produit de contraste* qui peut être liquide ou gazeux. Ainsi sont réalisées des *artériographies* cérébrales* par injection d'un liquide

194

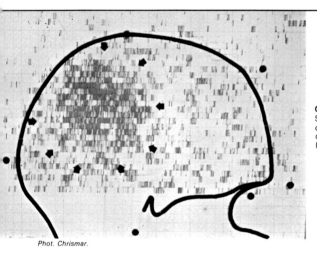

Cerveau.
Scintigraphie
d'une tumeur
du cerveau
(glioblastome pariétal).

Phot. Chrismar.

opaque aux rayons X, permettant d'apprécier la forme, le trajet et la valeur des artères, mais aussi un éventuel rétrécissement, refoulement, amputation ou existence de malformations valvulaires du type anévrisme* ou angiome*. L'*encéphalographie* gazeuse* est également un examen de valeur qui permet d'examiner les cavités cérébrales : ventricules et espaces sous-méningés.

Maladies du cerveau.
Il faut savoir que, étant donné la spécialisation des différentes régions du cerveau, tout processus pathologique, indépendamment de sa nature, s'exprimera de façon totalement différente selon la topographie de la lésion. Cela dit, le cerveau est soumis aux mêmes agressions pathologiques que les autres organes, et il peut être soumis aussi bien aux infections qu'aux intoxications, aux accidents vasculaires, aux maladies dégénératives, aux tumeurs. Peu nombreuses sont les maladies générales à n'avoir aucun retentissement sur le cerveau lui-même.
Infections. Ce sont les *encéphalites**, dont les micro-organismes responsables sont très nombreux : parasite, champignon, bactérie, virus, etc. Lorsque le processus touche également les méninges, on parle de *méningo-encéphalite.* La maladie peut être généralisée ou localisée, comme dans l'abcès du cerveau. Celui-ci associe à un état infectieux plus ou moins sévère des signes en rapport avec sa localisation.
Intoxications. La plupart des substances toxiques ont, à partir d'une certaine dose, un retentissement sur le système nerveux, que ce soit de façon directe ou indirecte, définitive ou transitoire. L'intensité de l'intoxication est fonction non seulement de la dose, mais aussi de la nature du toxique, de son mode d'administration, de sa vitesse d'élimination, du type de son action. Les intoxications peuvent être d'origine exogène : plomb, hydrocarbures, organophosphorés, insecticides, barbituriques, etc. ; mais il existe aussi des intoxications dites *endogènes*, où la substance toxique n'est pas introduite dans l'organisme, mais s'y trouve naturellement et y persiste anormalement, entraînant une accumulation nocive, soit par défaut d'élimination, soit par excès de formation. Par exemple, l'intoxication ammoniacale de l'encéphalopathie hépatique, où le foie n'arrive pas à détoxiquer l'ammoniac normalement fabriqué. Les intoxications cérébrales présentent tout l'éventail des manifestations neurologiques : coma, convulsions, syndrome extrapyramidal*, troubles cérébelleux, etc. On connaît un certain nombre d'antidotes, mais c'est surtout la réanimation et l'élimination urinaire accrue du toxique par perfusions alcalines qui peuvent sauver l'intoxiqué.
Affections vasculaires. Elles occupent en

neurologie une place considérable, qu'il s'agisse d'accidents hémorragiques ou d'insuffisance circulatoire (ischémie).

Hémorragie cérébrale. C'est la rupture d'un vaisseau sanguin intracrânien. Elle entraîne une hémorragie qui peut être cérébrale, méningée ou cérébro-méningée. Il s'agit toujours d'un accident brutal, réalisant le plus souvent un coma* avec hémiplégie*. Si la mort ne survient pas dans les premiers jours, on observe soit une régression des troubles, soit une aggravation secondaire. L'hémorragie cérébrale peut être justiciable d'une intervention neurochirurgicale, pour évacuer un éventuel hématome* collecté. L'hémorragie cérébrale peut se produire au niveau d'un vaisseau malformé (anévrisme*) ou chez des sujets présentant une hypertension* artérielle.

Accidents ischémiques. C'est l'*athérosclérose* qui est la grande cause de ces accidents ischémiques. Divers facteurs y prédisposent : hypertension artérielle, obésité, excès de cholestérol, diabète, alcoolisme, tabac. En fait, ces facteurs sont le plus souvent associés, mais il peut aussi s'agir d'embolies, d'artérites inflammatoires, etc.

L'insuffisance d'irrigation cérébrale entraîne un *ramollissement* de la région concernée. Il en résulte des phénomènes neurologiques déficitaires ou irritatifs, définitifs ou régressifs suivant que l'insuffisance circulatoire est plus ou moins sévère ou durable, ou se fait parfois par à-coups. Le caractère circonscrit et la diversité du siège des ramollissements expliquent l'absence ou le caractère transitoire du coma, ainsi que la multiplicité des signes déficitaires, qui peuvent porter sur la motricité, la sensibilité, le champ visuel, les fonctions supérieures (aphasie*, apraxie*). Dans tous les cas, l'artériographie* cérébrale est l'examen essentiel. Le traitement médical fait appel à des vasodilatateurs (v. VASODILATATION). Le traitement chirurgical prend une place de plus en plus considérable : désobstruction des gros vaisseaux du cou, exérèse d'une malformation, etc. Mais la thérapeutique reste en cette matière très insuffisante : c'est dire l'importance de la prévention de tels accidents par une hygiène de vie correcte et le traitement des affections susceptibles de les provoquer.

Tumeurs du cerveau. Bénignes ou malignes, elles ont une symptomatologie qui dépend de leur siège (c'est-à-dire des fonctions dévolues à la zone du cerveau dans laquelle elles se développent). Ce sont les signes dits *lésionnels* et, du fait que les tumeurs prennent de la place dans une cavité inextensible, la boîte crânienne, elles conduisent, dès qu'elles atteignent un certain seuil de développement, à une *hypertension* intracrânienne* qui entraîne des maux de tête, des vomissements, une raideur de la nuque et des troubles de la statique et du rythme cardiaque. Les signes lésionnels sont variables. Les troubles apparaissent progressivement et

Phot. Pr Émile.

Cerveau.
Accidents
vasculaires
du cerveau.
Ramollissement
cérébral.
Important
gonflement
de l'hémisphère
avec aplatissement
du ventricule
correspondant,
qui est, par ailleurs,
repoussé.
Le ramollissement
a un caractère
hémorragique.

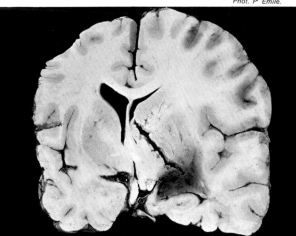

s'étendent en tache d'huile, touchant successivement des structures voisines. Le seul traitement des tumeurs cérébrales est l'exérèse chirurgicale, associée ou non à la radiothérapie, quand cette exérèse est possible et n'entraîne pas de lésions incompatibles avec la vie.

Traumatismes cérébraux. Les chocs entraînant un traumatisme cérébral s'exercent le plus souvent au niveau de la tête, par l'intermédiaire de la boîte crânienne. Les os du crâne peuvent alors se briser (fracture) ou s'enfoncer (embarrure). Ils peuvent résister, ce qui n'empêche pas l'encéphale d'être ébranlé (commotion cérébrale). On a tendance à penser que, lorsqu'il se produit une fracture, celle-ci peut épuiser une grande partie de l'onde de choc et, dans cette mesure, réduire l'importance des lésions nerveuses. L'expression clinique des traumatismes crâniens est variable : tous les intermédiaires existent entre des maux de tête passagers et un profond coma prolongé.

La *commotion cérébrale* simple, sans lésion du tissu nerveux, peut s'accompagner d'une brève perte de connaissance, suivie d'une amnésie portant sur les événements précédant immédiatement l'accident (amnésie antérograde). Elle peut aussi se traduire par un coma durant plusieurs jours, voire plusieurs semaines, et nécessitant alors une alimentation parentérale (perfusions). Même après de tels délais, la récupération est possible si l'électroencéphalogramme indique une activité cérébrale...

Les *plaies du cerveau* (par os fracturés ou par balle, éclat d'obus, etc.) entraînent en outre des perturbations neurologiques correspondant aux territoires lésés et une hémorragie.

Quel que soit le tableau clinique, le problème important est de déterminer aussi vite que possible l'existence d'un hématome intracrânien. Le diagnostic se fonde essentiellement sur une *notion évolutive,* celle d'une aggravation qui succède à une période d'amélioration apparente, de quelques minutes à quelques heures après l'accident, appelée *intervalle libre.* L'apparition de cette aggravation après l'intervalle libre indique qu'un hématome extradural s'est constitué goutte à goutte, ayant pour origine un saignement discret. À partir d'un certain volume, il comprime le cerveau et entraîne très vite des conséquences graves. Son évacuation chirurgicale, si elle est faite à temps, permettra la guérison. C'est pourquoi tout traumatisé du crâne doit être surveillé de près pendant au moins 48 heures après son accident, même s'il va tout à fait bien, et transporté en neurochirurgie dès l'apparition de vomissements, d'obnubilation ou d'une somnolence inhabituelle.   □

Le cervelet intervient dans le contrôle du tonus musculaire, de l'équilibre et de la coordination des mouvements.

Pathologie. Le *syndrome cérébelleux* traduit l'atteinte du cervelet. Il comporte des troubles de la station debout, non aggravés par la fermeture des yeux ou l'obscurité : le sujet a un équilibre incertain, il est instable, oscillant dans tous les sens autour de son point d'équilibre (*dysmétrie*). La marche est troublée, le malade étant contraint, pour garder son équilibre, d'élargir son polygone de sustentation, c'est-à-dire de marcher les jambes écartées. À la limite, la station debout est impossible. Les mouvements isolés des membres sont également perturbés et dépassent leur but (*hypermétrie*). Les mouvements alternatifs sont difficiles (*adiadococinésie*), gêne qui est mise en évidence par la difficulté qu'a le malade à faire « les marionnettes ». La voix et l'écriture sont, elles aussi, perturbées.

L'origine des lésions cérébelleuses peut être vasculaire, traumatique, infectieuse ou inflammatoire. Il peut se développer dans le cervelet des tumeurs bénignes ou malignes. Par ailleurs, le cervelet est souvent intéressé par des processus dégénératifs ou atrophiques (alcoolisme). Les lésions dégénératives ne compromettent jamais la vie du malade, même si elles entraînent un certain degré d'invalidité.

Traitement. Il s'adresse avant tout à la cause, car en lui-même le syndrome cérébelleux ne peut guère être amélioré.

cervical, e, aux adj. Relatif au cou (*arthrose cervicale*) ou au col de l'utérus (*glaire cervicale*).

cervicarthrose n. f. Arthrose* cervicale, c'est-à-dire arthrose des vertèbres du cou.

En plus des symptômes communs à toutes les arthroses (douleurs, limitation des mouvements, etc.), la cervicarthrose entraîne fréquemment des vertiges, car elle perturbe la circulation cérébrale (artères vertébrales) et le système sympathique du cou qui contrôle cette circulation.

cervicite n. f. Inflammation du col de l'utérus, encore appelée *métrite du col*.
La cervicite est une affection gynécologique fréquente, qui s'observe surtout après un accouchement ou un avortement. La symptomatologie se réduit à des pertes filantes et à des douleurs pelviennes. Le traitement utilise la diathermocoagulation* après prélèvement d'un frottis* de dépistage.

césarienne n. f. Extraction du nouveau-né par voie abdominale, après ouverture chirurgicale de la cavité utérine.
L'emploi des antibiotiques a élargi les indications de cette intervention, qui est devenue parfaitement réglée et tout à fait anodine pour la mère. Il ne faut pas toutefois tomber dans la facilité et penser que la césarienne résout tous les problèmes de l'accouchement.
Les indications à pratiquer une césarienne sont très nombreuses et on ne peut les énumérer toutes. L'accoucheur peut la décider dans certains cas de dystocie* osseuse (bassin étroit), dynamique (anomalies des contractions) ou fœtale (présentations du siège ou de l'épaule).
Une femme qui a subi une première césarienne et qui se retrouve enceinte doit se faire suivre attentivement et accoucher en milieu obstétrico-chirurgical. Si la cause de la première césarienne persiste, une nouvelle césarienne s'imposera à l'évidence. Dans le cas contraire, l'accouchement par les voies

naturelles peut être tenté si une surveillance qualifiée est obtenue et au prix de certaines précautions.

cestodes n. m. pl. Vers plats rubannés hermaphrodites, parasites de l'homme et des animaux.
Les principaux cestodes parasites sont les *ténias* saginata* et *solium*, l'*Hymenolepsis nana*, le *Dipylidium caninum*. Ce sont des parasites de l'intestin sous leur forme adulte. Dans certains cas, l'homme est parasité par les larves : cysticercose*, échinococcose* (kyste hydatique).

cétonique adj. Relatif aux cétones.
Corps cétoniques. L'acide acétylacétique, l'acétone et l'acide bêta-hydroxybutyrique sont des corps cétoniques provenant de la dégradation des graisses dans le foie. Détruits chez le sujet sain, ces corps, toxiques, s'accumulent dans le sang et passent dans les urines au cours de certaines maladies de l'enfant (v. ACÉTONE), au cours du jeûne et de certains diabètes.

cétose n. f. Augmentation du taux sanguin des corps cétoniques qui s'éliminent alors dans les urines, alors que la cétonurie (taux de corps cétoniques dans les urines) est nulle à l'état normal.
La cétose, qui entraîne une acidose* métabolique grave, s'observe surtout dans la décompensation d'un diabète, mais aussi dans les vomissements prolongés, les troubles hépatiques sévères, certaines intoxications et

Césarienne.
A. Extraction de la tête.
B. Extraction du tronc.

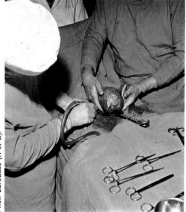

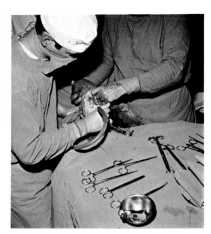

Phot. Larousse (A et B).

glycogénoses*. Elle entraîne le coma acido-cétosique, qui est une urgence médicale.

Chagas (maladie de), maladie parasitaire, observée dans les régions tropicales d'Amérique du Sud, due à un protozoaire flagellé, *Trypanosoma cruzi*, et transmise à l'homme par piqûres de réduves* (triatomes*). [Syn. TRYPANOSOMIASE AMÉRICAINE.]
La forme aiguë se manifeste par un œdème unilatéral des deux paupières, avec dacryocystite (inflammation du sac lacrymal) et adénopathie régionale (signe de Romana). Puis surviennent la fièvre à 39 °C, une augmentation de volume de la thyroïde (thyroïdite), l'hépatomégalie (gros foie), la splénomégalie (grosse rate), tandis que l'œdème s'efface. La guérison survient spontanément en quelques semaines, mais des complications peuvent survenir : myxœdème, myocardite aiguë, méningo-encéphalite.

chair n. f. *Chair de poule,* syn. d'HORRIPILATION*.

chalazion n. m. Granulome* inflammatoire chronique, dû à la rétention des sécrétions des glandes siégeant au niveau du bord libre de la paupière (glande de Meibomius).
Le chalazion peut entraîner une conjonctivite réactionnelle, s'infecter et suppurer. Son évolution est variable : il peut régresser spontanément, sous l'effet du traitement médical, ou nécessiter l'ablation chirurgicale. S'il récidive fréquemment, il faut craindre la survenue d'un épithélioma*.

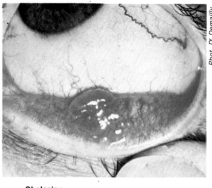
Phot. Dʳ Demailly.

Chalazion.

chaleur n. f. La chaleur est indispensable à toute vie. Le corps humain est spontanément chaud grâce à différents mécanismes produisant de la chaleur (oxydation), dont une certaine partie est éliminée (sudation) ; pour maintenir une température constante, l'organisme possède des centres nerveux (v. THERMORÉGULATION) qui règlent la production et l'évacuation de la chaleur.

Accidents dus à la chaleur.
Coup de chaleur, ensemble des manifestations provoquées par le séjour dans un milieu trop chaud.
Le coup de chaleur est surtout grave chez le nourrisson, où il survient d'ailleurs pour une faible élévation de la température ambiante. À cet âge, les mécanismes qui président à la thermorégulation sont mal assurés et les réserves organiques en eau sont faibles (la transpiration et l'élimination d'eau par voie respiratoire permettent de lutter contre la chaleur). Le coup de chaleur apparaît au cours d'une promenade aux heures chaudes de l'été, d'un séjour prolongé dans une voiture et aussi sur des nourrissons fragilisés par une maladie intercurrente. Le coup de chaleur simple se traduit par des cris, de l'agitation, une pâleur de la face et une fièvre vers 39 °C.
Parfois l'enfant pâlit brusquement, devient prostré, sans force ; les signes de déshydratation sont sévères : yeux creux et cernés, pli cutané, fontanelle creusée, langue sèche ; la diarrhée cholériforme apparaît, aggravant encore le tableau (des convulsions peuvent alors survenir) ; le cerveau est atteint, et l'enfant peut mourir rapidement par syncope.
La guérison est obtenue en quelques jours par une réanimation urgente, corrigeant les désordres hydroélectrolytiques*, parfois au prix de séquelles neurologiques.
On peut éviter le coup de chaleur en été en habillant l'enfant légèrement, en maintenant une bonne ventilation dans une pièce close, en le préservant du soleil trop brûlant et en le faisant boire très régulièrement. L'hiver, l'enfant ne doit pas être victime d'un surhabillement intempestif et il faut maintenir dans les pièces chauffées une aération suffisante.
Dans le cas d'un coup de chaleur simple, le traitement consiste à dévêtir l'enfant en lui laissant une petite chemise de linge fin, à lui faire boire de l'eau fraîche et à le placer hors de la source de chaleur.
Dans certaines professions comme la fonderie, la forge, la verrerie, les ouvriers travaillent sous de fortes températures et ressentent parfois de la fièvre, prélude à des accidents sévères : crises de diarrhée, lésions cutanées, dyshidrose*.
Il faut signaler que les intoxications professionnelles surviennent plus facilement l'été, car l'absorption des toxiques par la peau est facilitée par la chaleur.

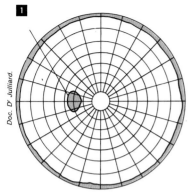 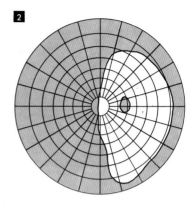

Doc. Dr Julliard.

Champ visuel. 1. Champ visuel normal ;
2. Hémianopsie par angiome par[é]to-occipital.

Emploi thérapeutique de la chaleur. La chaleur constitue un appoint thérapeutique non négligeable pour la décongestion ; on ne peut nier l'effet calmant des « boules chaudes », ni l'effet décongestif du bain chaud. On utilise aussi le chauffe-ventre, sous forme de bouillotte ou de compresses pourvues d'une résistance électrique, permettant de créer une chaleur sèche. La chaleur sèche est bonne pour les douleurs rhumatismales, sauf pour les arthrites aiguës où les articulations sont déjà chaudes, gonflées, parfois rouges.

chambre n. f. **Chambre de malade.** Elle doit assurer un confort suffisant tout en permettant de donner les soins nécessaires. La teinte des murs sera agréable, non violente. L'ensoleillement est souhaitable, mais des rideaux permettront de faire l'obscurité si le malade veut se reposer. L'éclairage doit être correct, permettant la lecture au lit. L'aération évitera d'engendrer des courants d'air. Le chauffage doit être régulier, assurant une température comprise entre 20 °C et 22 °C.

Des lits métalliques basculants et réglables permettent de placer le malade dans la meilleure position, de le soigner et de changer son linge sans difficulté. Des « cerceaux » évitent que les draps et couvertures n'appuient sur les membres inférieurs.

Dans les cliniques et les hôpitaux, des chambres spéciales pour réanimation sont aménagées avec des conduits d'oxygène, de vide pour les aspirations, de ventilation, de branchements électriques pour les moniteurs*, respirateurs* artificiels et autres appareillages.

Les chambres pour contagieux doivent être isolées et équipées, à l'entrée, de solutions antiseptiques pour la désinfection des mains et de blouses particulières pour les visiteurs et le personnel soignant.

Chambres antérieure et postérieure de l'œil*. La chambre antérieure de l'œil est comprise entre la cornée et l'iris ; la chambre postérieure, entre l'iris et le cristallin ; elles communiquent par la pupille et contiennent l'humeur aqueuse.

champ n. m. Surface.
Champ visuel, ensemble des points de l'espace qu'un œil immobile peut voir. Pour explorer le champ visuel, on se sert d'un appareil appelé *périmètre*, arc de cercle de 180°, orientable dans tous les méridiens de l'espace par rotation autour d'un diamètre horizontal. Le sujet est placé devant et fixe le centre de l'arc. Un objet lui est alors présenté depuis la périphérie et il signale le moment où il le perçoit par vision périphérique. Le point à partir duquel l'objet est perçu est noté. L'expérience est répétée dans tous les méridiens. On peut ainsi préciser les limites du champ visuel.

Les altérations du champ visuel sont de deux sortes : les rétrécissements, qui portent sur la périphérie, et les *scotomes,* qui sont des taches aveugles à l'intérieur du champ. Les rétrécissements les plus fréquents sont les *hémianopsies :* suppression de toute une moitié du champ visuel, pour chacun des deux yeux. La topographie de ces altérations permet souvent de localiser une lésion de la rétine ou du nerf optique. On distingue ainsi les *hémianopsies homonymes,* qui siègent du même côté du champ visuel par rapport au

Phot. Six.

Phot. Larousse.

plan médian du corps, et les *hémianopsies hétéronymes*, symétriques dans le champ visuel par rapport au plan médian du corps.

Champ opératoire, pièce de linge stérilisée, de la taille d'une serviette, placée au pourtour de la plaie opératoire pour que les mains, les instruments du chirurgien ne se souillent pas au contact de zones non désinfectées.

champignon n. m. Végétal cryptogame dont il existe environ 100 000 espèces, de taille, de forme et d'habitat très divers.

Champignons comestibles. Ils ont une valeur nutritive non négligeable : 43 calories pour 100 g. Ils contiennent, pour 100 g : 4 g de protides, 0,3 g de lipides et 6 g de glucides. Ils sont pauvres en sodium, riches en potassium et en phosphore. Le champignon a toutefois une digestibilité médiocre et doit être considéré comme un condiment plutôt que comme un véritable aliment. Il est important par ailleurs de savoir reconnaître les champignons vénéneux pour en éviter la consommation.

Champignons vénéneux. Ce ne sont jamais les champignons de culture, mais les champignons sauvages qui, par les toxines qu'ils contiennent, provoquent des intoxications parfois mortelles. Du point de vue préventif, il est essentiel de bien identifier les champi-

Champignon.
1. Chanterelle ou girolle (comestible) ;
2. Champignon de couche ou de Paris (comestible) ;
3. Amanite phalloïde (mortel) ;
4. Lactaire toisonné (indigeste).

Phot. Lauros.

Phot. S

gnons, et aussi de bien les cuire. Il est indispensable de ne faire identifier les champignons que par des personnes compétentes. La cuisson doit être prolongée, car de nombreuses toxines sont détruites par la chaleur.

Les signes d'empoisonnement, quand il en survient, leur délai d'apparition et les traitements nécessaires varient suivant les champignons en cause ; c'est pourquoi une identification rigoureuse du toxique s'impose avant toute entreprise thérapeutique. Les troubles précoces sont dus au champignons les moins toxiques, alors qu'au contraire ceux qui apparaissent après la 12e heure évoquent les champignons les plus dangereux, en particulier les redoutables *amanites phalloïdes.* De plus, les signes toxiques sont beaucoup plus graves chez l'enfant, la femme enceinte, etc. Les signes cliniques sont variables selon le type du champignon ingéré. On distingue :
— les troubles digestifs banals, ou intoxication lividienne ;
— l'intoxication panthérinienne (amanite tue-mouches) ;
— l'intoxication muscarinienne (inocybes et clitocybes) ;
— l'intoxication phalloïdienne (amanite phalloïde) ;
— des troubles vasculaires.

Les troubles digestifs. Ils peuvent être les signes de l'intoxication et sont tout d'abord caractérisés par les vomissements, les douleurs abdominales et la diarrhée (comme lors d'intoxication par bolet Satan, lactaires cutolomes). Une déshydratation plus sévère peut s'installer (tricholomes et entolomes), pouvant entraîner une oligurie*, des céphalées* et même un collapsus (chute de tension). Le foie est souvent lésé et un dosage des transaminases* est nécessaire.

Ces troubles digestifs sont précoces et nécessitent un traitement de réhydratation rapide et en quantité importante. La pose de perfusions veineuses est parfois nécessaire.

L'intoxication panthérinienne. Elle survient peu de temps après l'ingestion d'amanites peu cuites (leur toxine étant détruite par l'ébullition). Elle groupe des troubles digestifs (vomissements, gastralgies*) et nerveux (paresthésies* ou fourmillements nerveux), excitation, hallucinations. À ce tableau s'ajoutent une mydriase (dilatation de la pupille), une tachycardie* et une oligurie. Un état de confusion mentale avec coma est plus rare.

L'association d'un lavage gastrique, si le malade est conscient, et de calmants permettra le retour à un état normal.

L'intoxication muscarinienne. Elle associe très brutalement les sueurs, un myosis (rétré-cissement pupillaire), des troubles oculaires (larmoiements) et bronchiques (dyspnée*, spasme). Parfois s'y ajoutent des troubles nerveux (paresthésies, vertiges).

L'évolution se fait en quelques jours vers la guérison accélérée par l'administration d'atropine par voie intraveineuse.

L'intoxication phalloïdienne. C'est l'intoxication la plus grave ; elle se termine souvent par la mort. Les espèces responsables sont nombreuses et assez répandues, caractérisées par une volve membraneuse en forme de sac, bien détachée du pied. Les premiers signes surviennent de 20 à 48 heures après l'ingestion, ce délai étant signe de gravité. À un malaise général s'ajoutent des troubles digestifs sévères (vomissements, diarrhée profuse), des crampes, une anxiété importante. Puis une déshydratation s'installe, associée à une hypotension. Cependant, le pronostic dépend de l'importance de l'atteinte hépatique et rénale. Des troubles de la glycémie, de la coagulation, une augmentation de l'urée sanguine dominent cette symptomatologie particulièrement riche. Ce sont les toxines qui sont responsables de l'intoxication ; résistantes à la chaleur, elles se fixent dès leur absorption sur le foie, surtout en présence de boissons alcoolisées.

Le traitement doit être précoce. Il est souvent entrepris trop tardivement, le début des troubles survenant plus de 20 heures après la fixation hépatique. La pose d'une perfusion veineuse permet une réhydratation massive, mais l'insuffisance hépatique, surveillée sur le taux des transaminases et des facteurs de l'hémostase, doit être traitée dans des centres de réanimation hautement spécialisés. Le décès survient néanmoins dans de nombreux cas.

Les troubles vasculaires. Ils sont le fait d'une intoxication par des gyromitres mal cuits. Ils associent des troubles digestifs, une atteinte nerveuse et surtout une hémolyse*.

Seule une identification faite par un spécialiste mycologue qualifié permet d'éviter ces accidents, car il n'existe pas de test de comestibilité. Dès les premiers signes digestifs, seule l'hospitalisation permet un traitement approprié.

chancre n. m. Ulcération de la peau ou des muqueuses, le plus souvent vénérienne.

Chancre syphilitique, lésion initiale de la syphilis. Le chancre syphilitique siège aux organes génitaux dans 98 p. 100 des cas ; il apparaît au point d'inoculation, après une incubation silencieuse de 10 à 20 jours.

C'est une érosion superficielle, régulière, rosée, à surface lisse vernissée. Elle repose sur une base indurée. Parfois le chancre est ulcéré et recouvert d'une croûte (verge, bourses, grandes lèvres). Non traité, il se cicatrise en 4 à 6 semaines en laissant une petite marque.

Le chancre est accompagné de gonflement des ganglions du territoire correspondant. Survenant du 6e au 8e jour après le chancre, cette adénopathie est faite de ganglions multiples, inégaux, l'un d'eux étant plus gros ; ils sont indolores et mobiles.

L'association du chancre et de l'adénopathie caractérise la syphilis primaire.

Le diagnostic est fondé sur la découverte du tréponème dans le chancre (sans traitement préalable) ou dans le suc ganglionnaire. (V. SYPHILIS.)

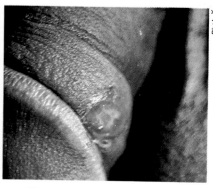

Phot. X.

Chancre syphilitique.

Chancre mou ou **chancrelle**, affection vénérienne due au bacille de Ducrey. Elle associe des ulcérations et une adénopathie. L'ulcération irrégulière, unique ou multiple, sale, douloureuse, siège le plus souvent sur le prépuce.

Elle apparaît quelques jours après la contamination et peut être mutilante. L'adénopathie unique et très inflammatoire et peut même s'ulcérer.

Le diagnostic repose sur la recherche du bacille.

Le traitement est à base de streptomycine et de sulfamides.

Le chancre mou peut être associé à la syphilis.

Chancre tuberculeux. On donne ce nom à la lésion de début de la primo-infection. Au poumon, c'est une opacité visible à la radiographie ; à la peau, une petite ulcération traînante accompagnée d'un ganglion.

chancrelle n. f. V. CHANCRE *mou.*

chanvre n. m. Plante à feuilles palmées, dont la tige fournit une fibre textile et les graines, une huile.

L'absorption de *chanvre ordinaire* produit des vertiges et des éblouissements. Le *chanvre du Canada* occasionne des troubles cardiaques comparables à ceux de la digitaline.

Le *chanvre indien*, ou *haschisch, kif, marijuana* (*Cannabis sativa*, urticales, cannabinacées), originaire de l'Inde, est un stupéfiant.

chapelet n. m. **Chapelet costal**, petites bosses indolores, dues à une tuméfaction de l'extrémité antérieure des côtes, de chaque côté du sternum, observées dans le rachitisme.

charbon n. m. Maladie infectieuse, due à la bactéridie charbonneuse. (Syn. : PUSTULE MALIGNE.)

Cette maladie rare, sauf en milieu agricole, touche les animaux (ovidés, bovidés), plus épisodiquement les éleveurs, vétérinaires, peaussiers, etc. Elle est de déclaration obligatoire (n° 28) et reconnue comme maladie professionnelle (n° 18).

Signes cliniques. Après une incubation de 2 à 3 jours, une lésion pustuleuse, située au cou ou au visage, apparaît. Elle se transforme en escarre noirâtre (d'où le nom de *charbon*), indolore, non suppurative. Il n'y a pas de fièvre, mais souvent une adénopathie* (ganglion). Avec le traitement, la maladie guérit en laissant une petite cicatrice ; parfois l'escarre s'étend au visage, puis est responsable d'une septicémie* avec signes neurologiques et collapsus* pouvant être suivi d'asphyxie et de mort. Le « charbon pulmonaire » est observé chez les lainiers.

Le diagnostic se fait sur la culture des crachats ou sur l'hémoculture*.

Traitement. Il est fondé sur l'emploi d'antibiotiques, en particulier la pénicilline et la streptomycine.

Prophylaxie. Elle repose sur la disparition des foyers animaux, c'est-à-dire sur la vaccination, la déclaration des cas, la désinfection des locaux, l'abattage du bétail atteint.

Charcot-Marie (amyotrophie de), affection neurologique héréditaire, rare, caractérisée par une importante atrophie de certains muscles des jambes (les péroniers). L'évolution de la maladie est très lente, et s'étend progressivement aux muscles des bras et des mains.

charcuterie n. f. La charcuterie est peu digeste, déconseillée en cas de troubles digestifs, interdite dans les régimes sans sel (sauf le jambon diététique « sans sel ») et en cas d'hypercholestérolémie. Les abats (foie, pâtés) sont néfastes dans l'hyperuricémie et la goutte.

charge (épreuve de), épreuve destinée à apprécier la déficience de l'organisme en une substance organique quelconque. On administre une quantité importante de ce corps : l'organisme carencé le retient, et son élimination urinaire est faible. Si, par contre, la carence n'existe pas, l'élimination urinaire sera fortement augmentée.

charnière n. f. Terme désignant certaines régions articulaires : charnière cervico-occipitale (entre la tête et le cou), charnière lombo-sacrée (entre la 5e vertèbre lombaire et le sacrum), qui fait partie du bassin; cette articulation, très oblique, est souvent le siège de douleurs, d'arthrose.

chasse n. f. Les *accidents de chasse* sont le plus souvent la conséquence d'une imprudence. — À 10 mètres, une charge de plomb no 7 fait balle et peut provoquer des blessures mortelles. Les atteintes oculaires sont particulièrement fréquentes, et un seul plomb peut encore, à 100 mètres, entraîner la perte d'un œil.

chassieux adj. m. Se dit d'un œil qui présente des sécrétions visqueuses collant les cils et les paupières. (V. CONJONCTIVITE et DACRYOCYSTITE.)

chat n. m. Le chat peut être à l'origine de la transmission de certaines maladies infectieuses.

Maladie des griffes du chat, maladie infectieuse bénigne, transmise à l'homme par griffure, plus rarement par morsure (elle peut l'être également par les égratignures de ronces, l'agent pathogène étant un virus présent dans les déjections des oiseaux tués par les chats).

La maladie se manifeste par l'apparition de nombreux ganglions qui peuvent atteindre un volume important et se fistuliser. L'évolution est longue, peut être émaillée de complications nerveuses et osseuses, mais la maladie reste bénigne.

Maladies tropicales dues au chat. Dans les pays tropicaux, le chat sert de réservoir de germes et contamine les insectes qui transmettent la trypanosomiase*, certaines filarioses*, le kala-azar*, la leishmaniose*. Les cas de contagion directe sont extrêmement rares.

Châtelguyon, station thermale du Puy-de-Dôme, à 20 km de Clermont-Ferrand (ouverte du 1er mai au 15 octobre), recommandée pour les affections de l'intestin.

On y traite la constipation, les colites, les parasitoses (amibes, lamblia, etc.), les dolichocôlons et mégacôlons, certaines diarrhées.

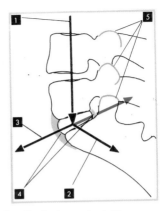

Charnière lombo-sacrée, profil.
1. Poids du corps;
2. Partie de la force transmise au sacrum;
3. Composante
neutralisée par les ligaments (4)
et les articulations (5)
des colonnes articulaires.

chaude-pisse n. f. V. BLENNORRAGIE.

chauffage n. m. Le chauffage d'une maison ou d'un lieu de travail doit satisfaire à certains critères du point de vue hygiénique : absence de nocivité par les gaz résiduels, maintien d'une ventilation et d'une hygrométrie correctes.

Le degré hygrométrique doit être de 50⁰ environ et rester à ce niveau grâce aux saturateurs. Il intervient dans la sensation de bien-être, et son maintien à un degré convenable permet d'éviter rhinites et bronchites.

Un minimum de 14 à 17 °C est nécessaire dans toute l'habitation, avec chauffage d'appoint qui permette d'atteindre 18 °C dans les pièces où l'on travaille étant immobile et les chambres d'enfant; 20 à 22 °C dans les chambres de malades sont des températures idéales.

chaulmoogra n. m. Huile extraite des graines de *Taraktogenos kurzii,* arbre de l'Inde, employée dans le traitement de la lèpre.

chaussure n. f. Le choix de la matière et de la forme de la chaussure doit respecter la physiologie et l'hygiène du pied.

La chaussure basse pour homme, à bout large ou carré, avec petit talon, est la

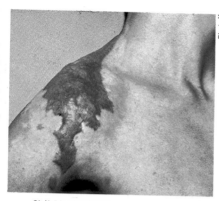

Phot. X.

Chéloïde de l'épaule.

plasie de glandes salivaires aberrantes (en excès).

La *chéilite kératosique* est un état desquamatif et croûteux de la lèvre inférieure.

chélateur n. m. Substance formant avec un poison une combinaison moins toxique, et favorisant son élimination.

Les chélateurs représentent le traitement de certaines intoxications dues aux dérivés des métaux lourds : mercure, arsenic, or, plomb, fer, etc. Ils sont surtout employés dans le saturnisme* (intoxication au plomb). Le composé le plus employé est le *calcitétracémate disodique de l'acide éthylène-diaminotétraacétique* (E. D. T. A. calcique).

chéloïde n. f. Boursouflure cutanée disgracieuse, le plus souvent secondaire à une brûlure, à une plaie ou à une cicatrice chirurgicale. (Le traitement en est décevant.)

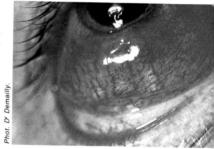

Phot. Dr Demailly.

Chémosis.

meilleure pour le pied. Les chaussures de femme à bout pointu exposent aux déformations des orteils, aux cors et aux durillons. Les talons trop hauts cambrent le pied et entraînent un report en avant de l'appui physiologique, générateur de déformations de la voûte plantaire. Ils perturbent le mouvement du pied dans la marche et favorisent l'attitude lordotique. Les chaussures trop plates, sans talon, sont à déconseiller chez les sujets astreints à une position debout prolongée ou aux longues marches.

Chaussures orthopédiques. V. ORTHOPÉDIE, *appareils d'orthopédie.*

check-up n. m. Examen médical approfondi, comportant un ensemble d'épreuves pratiquées systématiquement et permettant d'apprécier l'état de chaque appareil (cœur, poumon, rein, etc.) et son fonctionnement.

chéilite n. f. Inflammation des lèvres.

La chéilite peut être *aiguë,* se manifestant par une sensation de cuisson, un prurit, un œdème des lèvres, parfois suintantes. Elle peut être *chronique,* marquée par une desquamation persistante, des fissures, un érythème (rougeur).

La cause la plus fréquente en est un contact allergisant, le rouge à lèvres en particulier, les dentifrices, les agrumes, les appareils dentaires. Le traitement est celui d'un eczéma*.

La chéilite peut avoir une origine infectieuse, streptococcique, en rapport avec une pyorrhée dentaire (candidose).

La *chéilite glandulaire* est due à l'hyper-

chémosis n. m. Infiltration œdémateuse de la conjonctive, qui forme un bourrelet circulaire autour de la cornée, généralement d'origine inflammatoire.

chénique ou **chénodésoxycholique** adj. Se dit d'un acide biliaire qui rétablit l'équilibre entre les différents constituants de la bile. On l'emploie pour la dissolution des calculs biliaires ne contenant que du cholestérol.

chénopode n. m. Plante herbacée non charnue, poussant dans les rocailles. — Le *chénopode vermifuge* et son *essence* ont des propriétés vermifuges. (Dangereux, tableau C.)

cheval n. m. L'utilisation du cheval par les fermiers, la pratique de l'équitation peuvent entraîner des accidents divers : avant tout les

chutes, causes de fractures, de traumatismes crânio-encéphaliques ; les morsures, qui sont particulièrement septiques ; les spores du tétanos, toujours présents dans les déjections de l'animal, d'où le caractère indispensable de la vaccination préventive chez toutes les personnes en contact avec l'animal. Exceptionnelles sont les tuberculoses d'origine chevaline et certaines leishmanioses*.
La *viande de cheval* ne transmet pas le ténia comme celle du bœuf ou du porc : elle peut donc être consommée crue, mais elle provoque parfois des allergies.

chevauchement n. m. Déplacement de deux surfaces de fracture d'un os qui se placent l'une au-dessus de l'autre.
Chez le nourrisson, le chevauchement des os du crâne, normalement séparés par les fontanelles, traduit un état de déshydratation ou d'hypotrophie sévère.

cheveu n. m. Poil qui se développe dès la vie intra-utérine sur la partie de la surface de la tête dénommée « cuir chevelu ».
Le cheveu est implanté obliquement dans le cuir chevelu, où il occupe le follicule pilo-sébacé. Le cheveu se renouvelle tout au long de la vie. Sa vitesse de croissance est d'environ 1 cm par mois. La chute normale quotidienne, correspondant au renouvellement physiologique, est de 20 à 30, voire 50 cheveux par jour, toujours plus importante à l'occasion du shampooing*.
La chevelure doit être l'objet d'attentions constantes. Elle sera brossée régulièrement. Les cheveux longs exposent plus que les cheveux courts au *parasitisme* (poux, teignes, etc.) ; ils doivent donc être d'autant mieux soignés (shampooings fréquents, brossages, frictions).

cheville n. f. Segment du membre inférieur compris entre la jambe et le pied, formé par l'articulation tibio-tarsienne et les tissus qui l'entourent.

Cheyne-Stokes (respiration ou **dyspnée de),** mode de respiration pathologique caractérisé par l'alternance d'une phase d'arrêt respiratoire, avec immobilité totale (apnée) de 10 à 20 secondes, et d'une phase de respiration régulière d'amplitude progressivement croissante, puis progressivement décroissante.
La respiration de Cheyne-Stokes reflète l'instabilité des mécanismes nerveux qui président au contrôle de la respiration : on l'observe normalement chez le petit enfant et dans certaines maladies cardiaques, neurologiques, ainsi que dans le coma urémique.

chiasma n. m. **Chiasma optique,** entrecroisement des fibres des nerfs optiques de l'œil

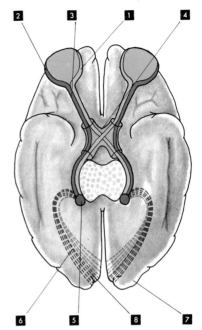

Chiasma optique.
1. Faisceau nasal du nerf optique ;
2. Faisceau temporal du nerf optique ;
3. Nerf optique ; 4. Chiasma optique ;
5. Corps genouillé externe ;
6. Radiations optiques ; 7. Lobe occipital ;
8. Centre visuel cortical.

droit et de l'œil gauche, pour former les bandelettes optiques.

chiasmatique adj. Relatif au chiasma optique.
Syndrome chiasmatique, groupement de symptômes dont l'existence témoigne d'une atteinte du chiasma* optique, dont l'hémianopsie* bitemporale est l'élément majeur.
L'atteinte du chiasma optique est due le plus souvent à une tumeur de l'hypophyse* ; elle s'accompagne souvent de signes d'altération des fonctions glandulaires de celle-ci.

chien n. m. Le chien peut transmettre des maladies à l'homme, en le contaminant directement ou par l'intermédiaire de ses parasites ; il sert alors de réservoir aux germes.

Il s'agit de maladies dues à des bactéries, à des virus, à des parasites végétaux (levures) ou animaux (vers, insectes) ; les deux maladies les plus graves sous nos latitudes sont la rage et l'échinococcose*.

La *rage** est transmise par un virus siégeant dans la salive d'un chien ; en cas de morsure, il ne faut pas abattre l'animal, mais le faire examiner par un vétérinaire qui le place sous surveillance. On vaccine préventivement les chiens de façon répétée et régulière lorsqu'on veut leur faire traverser les frontières.

L'*échinococcose** est responsable du kyste hydatique*.

Certains insectes, et notamment des puces du chien, piquent l'homme et provoquent ainsi diverses lésions cutanées.

chiendent n. m. Les racines de cette plante graminée sont employées en décoctions (20 g par litre d'eau) diurétiques et rafraîchissantes.

chimiothérapie n. f. Traitement des maladies par les substances chimiques.

Le domaine de la chimiothérapie s'étend des médicaments contre l'infection (sulfamides, antibiotiques), aux médicaments anticancéreux (v. CANCER), aux diurétiques*, aux médicaments contre le diabète*, aux psychotropes*, etc.

chimiotropisme n. m. Propriété que possèdent certains organismes (tissus ou cellules) d'être attirés (*chimiotropisme positif*) ou repoussés (*chimiotropisme négatif*) par une substance donnée.

chique n. f. Puce (*Tunga penetrans* ou *Sarcopsylla penetrans*), de la famille des sarcopsyllidés, dont la femelle fécondée pénètre dans les tissus de l'hôte (principalement au niveau des callosités de la plante des pieds dans les pays où l'on ne porte pas de chaussures) et peut ainsi déterminer des infections plus ou moins graves (septicémie, gangrène, tétanos).

Il faut extirper la chique prudemment, sans la percer, et désinfecter localement.

chiropracteur n. m. Praticien qui applique la chiropractie*. (En France, seuls les docteurs en médecine y sont autorisés.)

chiropractie ou **chiropraxie** n. f. Méthode de traitement de certaines affections vertébrales douloureuses par des manipulations brèves et brusques sur la vertèbre en cause, ou, à distance, par action sur le cou ou les membres.

Longtemps empiriques et non dénuées de dangers entre des mains non qualifiées, ces

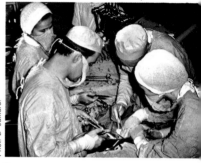

Phot. Dr Julliard.

Équipe chirurgicale.

méthodes ont aujourd'hui cédé la place à des techniques de *manipulations vertébrales* utilisées par les seuls médecins et dans un certain nombre de cas bien déterminés.

chirurgical, e, aux adj. Qui se rapporte à la chirurgie.

Pathologie chirurgicale, étude des affections susceptibles d'être traitées par un acte chirurgical, qu'il s'agisse d'une opération sanglante ou d'un traitement orthopédique.

chirurgie n. f. Discipline médicale qui consiste à faire avec la main ou à l'aide d'instruments des actes opératoires sur un corps vivant.

L'acte chirurgical s'effectue dans un « bloc* opératoire ». Les instruments sont rangés, stérilisés et présentés dans des boîtes métalliques. Le linge qui sert aux opérations et à l'habillage du chirurgien ainsi que les compresses sont également stérilisés. Après s'être lavé les mains, l'opérateur et ses aides revêtent une casaque de linge stérile, mettent des gants de caoutchouc stérilisés. L'entrée en salle d'opération de toute personne non revêtue d'une blouse propre, d'un masque et de bottes de toile doit être rigoureusement proscrite. Pendant l'opération, les pertes sanguines sont compensées par transfusion dès qu'elles atteignent une certaine importance. Les suites opératoires sont surveillées étroitement par le chirurgien lui-même avec le concours de l'anesthésiste-réanimateur.

Les progrès des techniques ont amené la chirurgie à se spécialiser en différentes disciplines :

— la chirurgie viscérale groupe la chirurgie du tube digestif et la chirurgie thoracique ;

— la chirurgie orthopédique connaît un essor considérable du fait de l'augmentation des accidents de la route, de même que la chirurgie plastique et réparatrice ;

— la neurochirurgie s'adresse aux lésions du système nerveux (cerveau, moelle, nerfs périphériques).

Chirurgie dentaire, discipline qui a pour objet l'étude du système dentaire et le traitement des lésions pouvant l'atteindre.

chirurgien n. m. Docteur en médecine spécialisé en chirurgie.

chirurgien-dentiste, praticien habilité à pratiquer les interventions et à mettre en œuvre les techniques de la chirurgie dentaire.

chlamydia n. f. Genre de bactéries Gram négatif responsables d'infections oculaires (trachome), muqueuses (urétrites) et ganglionnaires (lymphoréticuloses bénignes). Ces bactéries sont sensibles aux tétracyclines.

chloasma n. m. Ensemble de taches brunâtres, bien limitées, symétriques, siégeant habituellement sur le front et les régions périorbitaires. Le chloasma est dû à des troubles endocriniens. Chez la femme enceinte, c'est le « masque de grossesse ».

chloral n. m. Nom usuel du trichloroéthanal, antiseptique externe, hypnotique et sédatif par voie interne.
Toxicologie. Absorbé à des doses supérieures à 10 g, le chloral provoque un coma profond qui peut aboutir à la mort.

chloralose n. m. Combinaison de chloral et de glucose hypnotique, utilisée en comprimés ou en suppositoires. Absorbé à des doses supérieures à 1 g, le chloralose provoque un coma accompagné de convulsions. L'intoxication peut être accidentelle, car ce produit est employé pour détruire les rats.

chloramphénicol n. m. Antibiotique bactériostatique, actif par voie orale (dragées) contre de nombreuses bactéries, des rickettsies et certains virus (lymphogranulomatose, psittacose). — Il est particulièrement actif contre le bacille d'Eberth (fièvre typhoïde).

chlore n. m. Corps simple gazeux, se combinant aux métaux pour donner des sels.
Biochimie. Le chlore joue un grand rôle biologique sous forme ionisée. Le chlore du plasma sanguin (chlorémie) est de 365 mg pour 100 ml.
La chlorémie augmente dans les affections rénales, dans l'acidose*, et elle diminue dans les vomissements répétés (pertes d'acide chlorhydrique, alcalose*).
Le chlore éliminé dans les urines (chlorurie) est normalement de 12 g par 24 heures.
Les chlorates et hypochlorites (eau de Javel, solution de Dakin) sont des désinfectants énergiques. Le tétrachlorure de carbone est parasiticide (v. CARBONE).

Toxicologie. Le chlore gazeux de l'industrie est un toxique irritant qui peut provoquer un œdème pulmonaire. Il se dégage du chlore lorsqu'on mélange de l'eau de Javel et un acide ou un détartrant. Il faut donc éviter ces mélanges, dans le nettoyage des w.-c. par exemple. Le chlore provoque par ailleurs une vive irritation des yeux. Son inhalation entraîne de la toux, une douleur thoracique accompagnée d'angoisse. Après une rémission de quelques heures, l'œdème* aigu du poumon peut survenir ; l'hospitalisation s'impose.

chloroforme n. m. Un des premiers anesthésiques utilisés pour l'anesthésie générale, abandonné en raison de sa toxicité.

chlorome n. m. Variété très rare de leucémie* de l'enfant, au cours de laquelle se développent sur la peau des tuméfactions indolores et verdâtres. (Syn. : CANCER VERT D'ARAN.)

chloroquine n. f. Dérivé synthétique de la quinoléine, utilisé pour le traitement du paludisme, des amibiases* et de certaines inflammations.

chlorothiazide n. m. Médicament sulfamidé du groupe des benzothiazidines, utilisé comme diurétique* puissant par voie orale.

chlorpromazine n. f. Médicament neuroleptique* majeur (actif sur les états mentaux et sur le système neurovégétatif).
La chlorpromazine est administrée par voies orale (comprimés à 25 mg et 100 mg), rectale (suppositoires) et parentérale (injections intramusculaires ou intraveineuses).

choanes n. m. pl. Orifices postérieurs

Choanes.
Vue postérieure du rhino-pharynx :
1. Choane droit ; 2. Cornet moyen ;
3. Cornet inférieur ; 4. Luette ;
5. Fossette de Rosenmüller ; 6. Orifice
de la trompe d'Eustache ; 7. Choane gauche.

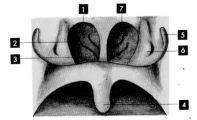

des fosses nasales, qui font communiquer celles-ci avec le cavum, partie supérieure du pharynx.

choc n. m. État de détresse générale qui s'installe plus ou moins rapidement dans un organisme soumis à une perturbation grave, et qui menace son équilibre physiologique. Cette agression dépasse les moyens de défense de l'organisme, et ces moyens, sollicités à l'extrême, deviennent nocifs, créant et entretenant à leur tour l'état de choc.

L'état de choc, provoqué par un facteur déclenchant, évolue ensuite pour son propre compte, indépendamment de sa cause, et nécessite donc un traitement propre.

L'installation, l'expression et la gravité du choc dépendent de l'organisme en cause (âge, sexe, etc.) et de son état avant l'agression.

Signes du choc. Le choc associe presque constamment, à des degrés divers, les signes d'un collapsus* cardio-vasculaire et ceux de perturbations métaboliques chez un malade anxieux, prostré, voire comateux, avec une tension artérielle basse, un pouls rapide et filant, une pâleur prédominant aux extrémités (qui sont exsangues et froides), des sueurs froides, tandis que les veines sont plates et les urines rares et foncées.

À côté de ce choc froid — le plus typique — on peut voir des chocs «chauds», sans refroidissement, malgré une tension artérielle effondrée, et des chocs «congestifs» avec pression veineuse et pulmonaire élevée. Quoi qu'il en soit, le fait dominant est le déficit circulatoire, quel que soit son mécanisme. Il est durable et non régressif spontanément.

Modifications hémodynamiques. La chute de la pression artérielle doit être appréciée par mesure intra-artérielle, car les mécanismes de défense peuvent assurer une tension artérielle satisfaisante dans les organes, alors que la pression artérielle prise au bras paraît nulle.

On mesure aussi la pression dans les veines : une pression veineuse basse est l'expression d'une baisse du volume sanguin circulant ; une pression veineuse haute, celle d'une défaillance de la fonction cardiaque, qui ne renvoie plus le sang qui lui parvient.

Le débit cardiaque est habituellement effondré.

Ces paramètres permettent, par leur comparaison entre eux et d'un jour à l'autre, de préciser les caractères évolutifs de l'état de choc et de surveiller l'efficacité du traitement.

Perturbations métaboliques. Les faits les plus constants sont :

— l'*acidose* métabolique avec accumulation d'acide lactique ;

— l'*augmentation des catécholamines* sécrétées par les surrénales ;

— l'*augmentation d'un certain nombre d'enzymes ou de substances nocives* (sérotonine, histamine, etc.).

Physiopathologie de l'état de choc. Le phénomène premier semble être une vasoconstriction* artériolaire, due à la sécrétion brutale de catécholamines par les surrénales, glandes sollicitées constamment par toute agression quelle qu'elle soit. Les tissus ainsi privés de sang, donc d'oxygène, continuent leur métabolisme propre en anaérobie (sans oxygène) et élaborent ainsi des produits de fermentation (acides lactique et pyruvique) en grande quantité.

Le foie, dont les fonctions sont diminuées par la chute du débit circulatoire, ne peut épurer ces acides en excès, et apparaît alors l'acidémie (baisse du pH plasmatique), qui, elle-même, aggrave la fonction circulatoire, donc l'oxygénation des tissus. Par la suite, on assiste à une réouverture des capillaires avec stagnation du sang dans ceux-ci.

Cette stagnation va, à son tour, avoir des conséquences fâcheuses : sortie du plasma hors des vaisseaux, hyperviscosité sanguine, agrégation des globules rouges, coagulation dans les vaisseaux. Alors qu'un traitement bien adapté permet une correction des troubles dans la première phase, la deuxième phase est beaucoup plus difficile à traiter, et, passé un certain temps, devient irréversible.

Conséquences viscérales du choc. Les perturbations circulatoires ont un retentissement viscéral, et chaque organe lésé va apporter sa pathologie propre au tableau.

Il se produit en effet, une réaction du système sympathique* qui tend à préserver les circulations cérébrales et coronaires au détriment des territoires cutanés, viscéraux et rénaux.

Le *rein** est, en effet, un des premiers organes touchés par le choc. Avec la diminution considérable de la pression artérielle au niveau du glomérule*, on assiste à une diminution puis à l'arrêt de la diurèse*, avec comme corollaire l'absence d'élimination des déchets.

L'anoxie locale provoque, en outre, des lésions rénales qui peuvent être irréversibles si le collapsus se prolonge. Il apparaît alors une insuffisance rénale qui persiste après correction de l'état de choc.

Le *foie* voit également ses fonctions perturbées : baisse des fonctions d'épuration et diminution des synthèses enzymatiques. L'anoxie de la muqueuse digestive, privée d'une irrigation sanguine suffisante, entraîne l'apparition de diarrhée sanglante.

Le cœur et le cerveau sont, en revanche, privilégiés aux dépens des autres territoires :
— le *cœur* (en dehors des cas où le choc est dû à sa défaillance propre), car sa fonction est stimulée par les catécholamines et il est le seul organe capable d'utiliser directement les lactates pour sa nutrition (cependant, un choc prolongé diminue la circulation dans les artères coronaires et aboutit à des signes d'ischémie* à l'E.C.G., puis à une diminution de la force du muscle cardiaque) ;
— le *cerveau*, car ses vaisseaux sont insensibles à l'action vasoconstrictive des catécholamines. Le débit cérébral ne chute que pour une baisse très importante de la tension artérielle moyenne. En revanche, dès que la fonction cardiaque et l'oxygénation au niveau des poumons auront diminué, il souffrira très rapidement.

Les causes de l'état de choc. Diverses classifications ont été proposées : la plus commode est celle du mécanisme déterminant la défaillance circulatoire.

Les chocs cardiogéniques. Ils sont dus à une faillite de la pompe cardiaque. Il en existe trois types principaux :
— le choc cardiogénique par diminution de la force d'éjection ventriculaire, avec, en premier lieu, l'infarctus du myocarde grave et étendu. Son pronostic est très réservé ;
— le choc cardiogénique par défaut de remplissage : il s'agit d'une gêne au remplissage ventriculaire par compression du cœur (épanchements péricardiques) ou augmentation des pressions intrathoraciques (pneumothorax* suffocant) ;
— le choc cardiogénique au cours de certains troubles du rythme cardiaque (tachycardies* ventriculaires).
Tous les chocs cardiogéniques ont en commun la gravité de leur pronostic.

La diminution du contenu. Elle caractérise les chocs par baisse du volume sanguin efficace. Ils sont dus habituellement à un saignement supérieur à 1 litre : plaie artérielle, hémorragie digestive extériorisée ou non, saignement intrathoracique ou abdominal. Parfois il s'agit d'une déshydratation majeure.
Les chocs par perte de plasma sont tout à fait comparables et s'observent lors des brûlures étendues, des écrasements de membres importants, etc.

Les chocs par désadaptation du contenant par rapport au contenu. Ce terme désigne à l'origine du choc un relâchement des vaisseaux, soit au niveau des artérioles, soit au niveau des capillaires et du réseau veineux.
LES CHOCS ENDOTOXINIQUES. Ils sont considérés comme la forme la plus pure du choc vasculaire. Ils surviennent au cours d'une

infection grave, et sont essentiellement dus à des bacilles Gram* négatif.
Les germes sont variés, mais le plus souvent on retrouve un *perfringens*, un *colibacille*, une *salmonelle*, un *proteus*, etc.
LES CHOCS ANAPHYLACTIQUES* ET MÉDICAMENTEUX. Ces états de choc correspondent presque toujours à un phénomène allergique.
Les substances en cause sont très variées. Citons principalement les sérums (sérum antitétanique par exemple), certains vaccins (culture du virus sur œufs), les venins, certains antibiotiques (pénicilline), des dérivés iodés (produits de contraste radiologiques), des anesthésiques locaux.
Le choc serait dû, ici, à une réaction antigène-anticorps importante, avec libération brutale par l'organisme de substances vasoactives.
LES CHOCS TOXIQUES. Ils sont essentiellement dus aux barbituriques*, à la phénothiazine* ou aux tranquillisants.
LES CHOCS D'ORIGINE NEUROLOGIQUE. Il s'agit d'une suppression du contrôle vasomoteur central, soit par lésions neurologiques organiques, tels les traumatismes médullaires ou crâniens, certaines affections virales, soit par interruption de la commande neurologique par des médicaments (neuroleptiques, sympatholytiques).

Traitement du choc. Il s'agit d'une urgence médicale. Devant un blessé choqué, il faudra s'attacher d'abord à le réchauffer et à assurer la liberté des voies respiratoires supérieures : nez, bouche. Il devra ensuite être transporté dans les meilleures conditions, en ambulance médicalisée, dans un centre spécialisé. Les éléments de surveillance principaux sont le contrôle horaire de la diurèse, la mesure de la pression veineuse centrale et celle de la pression artérielle. D'autre part, on s'assure de la ventilation correcte et d'une respiration efficace avec contrôle répété des gaz du sang.
Il faut, en outre, assurer une masse sanguine correcte par transfusions, parfois très importantes, de sang ou de soluté de remplacement.
Il faut également corriger les troubles osmotiques* et électrolytiques par des perfusions de solution glucosée ou salée, ainsi que de bicarbonates.
La ventilation et l'oxygénation sont assurées, si besoin est, par une respiration artificielle après intubation* endotrachéale ou trachéotomie*.
Enfin, on s'attache à obtenir une fonction cardiaque satisfaisante par emploi de drogues cardiotoniques* adaptées. On utilise, par ailleurs, des traitements spécifiques de l'affection causale, tels, par exemple, les antibiotiques (choisis en fonction des germes) ou

les corticoïdes, plus particulièrement indiqués dans les chocs allergiques. Tant que l'affection causale n'est pas enrayée, le traitement du choc ne saurait en effet avoir de valeur curative. Le traitement d'un malade choqué demande une surveillance très attentive et un personnel nombreux ; bien conduit, il amène la guérison dans un grand nombre de cas.

choc affectif. Il se caractérise par une émotion et un bouleversement tels que le sujet est incapable d'adaptation pendant une longue période. Le choc affectif est en rapport avec un événement inattendu de caractère brutal.

choc (traitement de). En psychiatrie, les traitements par les chocs sont encore utilisés pour soigner les affections psychiatriques qui ont résisté aux drogues psychotropes. Les deux techniques actuellement pratiquées sont l'électrochoc et le choc insulinique (l'injection d'insuline provoque une chute de la glycémie et un coma passager).

chocolat n. m. Mélange de sucre avec au moins 32 p. 100 de pâte de cacao. — Aliment très nutritif, il est souvent mal toléré par les hépatiques.

cholagogue n. m. et adj. Substance qui provoque l'évacuation dans le duodénum de la bile contenue dans les voies biliaires et, en particulier, dans la vésicule. (Syn. : CHOLÉCYSTOKINÉTIQUE.)

L'huile d'olive, les sels de magnésium, le beurre, les œufs, le lait sont des cholagogues qui agissent en provoquant la sécrétion d'une hormone duodénale, la cholécystokinine.

cholangiographie n. f. Examen radiologique des voies biliaires* après opacification par des produits iodés, injectés dans une veine. — Les clichés sont pris successivement et mettent en évidence les canaux biliaires intrahépatiques, le canal hépatique, le cholédoque et la vésicule biliaire. (V. aussi CHOLÉCYSTOGRAPHIE.)

cholangiome n. m. Petite tumeur bénigne du foie, prenant son origine dans les canaux biliaires et habituellement sans traduction clinique. — Le *cholangiome malin* est une variété de cancer du foie*.

cholécystectomie n. f. Ablation chirurgicale de la vésicule biliaire.

cholécystite n. f. Inflammation de la vésicule biliaire, le plus souvent due à des calculs (90 p. 100 des cas).

La *cholécystite aiguë* se traduit par des douleurs de l'hypocondre droit, avec fièvre et vomissements.

La *cholécystite chronique* a une symptomatologie très variable, parfois simple endolorissement sous-costal, troubles digestifs divers.

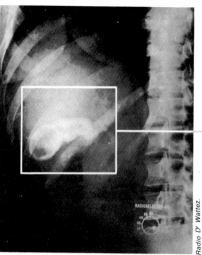

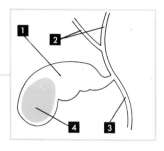

Cholangiographie. Cholédoque normal, volumineux calcul de la vésicule biliaire.
1. Vésicule biliaire ;
2. Canaux intrahépatiques ;
3. Cholédoque (normal) ; 4. Calcul.

Radio Dʳ Wattez.

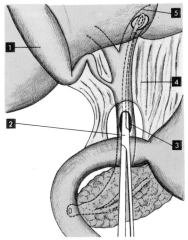

Cholédochotomie.
1. Vésicule ; 2. Une pince à « calculs »
explore le canal hépatique gauche ;
3. Ouverture sur le cholédoque
(cholédochotomie) ;
4. Petit épiploon ; 5. Canal hépatique gauche.

Le traitement médical, par les antibiotiques et antispasmodiques, atténue les troubles, prépare à l'intervention, mais le seul traitement radical est la cholécystectomie*.

cholécystographie n. f. Radiographie de la vésicule biliaire après ingestion d'un produit de contraste iodé, qui est éliminé dans la bile et stocké dans la vésicule.
L'examen montre la vésicule pleine, éventuellement les calculs qu'elle peut contenir. Ensuite, on fait absorber un repas de Boyden*, qui fait contracter la vésicule, et on refait un cliché qui montre si elle se vide bien.

cholédochotomie n. f. Incision du cholédoque pour l'explorer, extraire, au besoin, un ou plusieurs calculs et vérifier la perméabilité des voies biliaires. (V. ill. p. 180.)

cholédoque n. m. Portion terminale de la voie biliaire principale, formée par la réunion du canal hépatique et du canal cystique. (V. BILIAIRE, *Voies biliaires*.)

cholémie n. f. Présence de bilirubine dans le sang (normalement 4 mg par litre).

Cholémie familiale ou maladie de Gilbert, affection héréditaire se traduisant par une élévation du taux de bilirubine libre dans le sang.

cholépéritoine n. m. Épanchement de bile dans le péritoine. (Syn. : PÉRITONITE BILIAIRE.)

choléra n. m. Toxi-infection intestinale, strictement humaine, due au vibrion cholérique.
Il existe depuis toujours une zone d'endémie* en Inde et au Pakistan, avec quelques incursions en Orient et en Égypte.
Depuis 1970, le vibrion s'est propagé grâce aux moyens de communication modernes et, actuellement, il sévit une pandémie* qui touche le bassin méditerranéen et l'Afrique,

Canal cholédoque. Vue antérieure
(le duodénum a été sectionné
et un volet a été relevé
pour permettre de suivre le trajet du canal) :
1. Foie (relevé) ;
2. Vésicule biliaire ; 3. Canal hépatique ;
4. Canal cystique ; 5. Veine porte ;
6. Hiatus de Winslow ; 7. Canal cholédoque ;
8. Veine cave inférieure ; 9. Duodénum ;
10. Rein recouvert du péritoine ;
11. Ampoule de Vater et sphincter d'Oddi ;
12. Canal pancréatique (Wirsung) ;
13. Pancréas ;
14. Estomac ; 15. Petit épiploon ;
16. Artère coronaire stomachique ;
17. Artère hépatique.

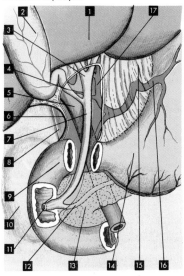

bien que la prophylaxie et le traitement de cette maladie s'efforcent d'en enrayer l'expansion.

Bactériologie. Le vibrion cholérique, *Vibrio comma* ou *El Tor*, est un bacille arqué de 2 à 3 μ; il est très mobile et se cultive facilement. Il est tué par la lumière, le froid et la chaleur.

Épidémiologie. Le choléra est extrêmement contagieux. La contamination se fait par contact direct avec les malades (mains, linges, cadavres) et par l'ingestion d'eau ou d'aliments souillés.

Clinique. Après une brève incubation, le début est brutal : diarrhée spectaculaire en jet, vomissements, angoisse. Les selles sont aqueuses, avec un aspect en grains de riz. Ces signes entraînent une fatigue importante, une soif intense et des crampes musculaires dues à la déshydratation, qui est massive. Il n'y a pas de fièvre et, au contraire, la température est abaissée (35 °C, 36 °C) réalisant un tableau d'algidité*. Il existe différentes formes, plus ou moins graves selon l'importance et la rapidité de la déshydratation. Celle-ci constitue le grand danger de cette maladie, qui peut être mortelle.

Diagnostic. Souvent clinique : zone d'endémie ou voyage, diarrhée foudroyante, selles riziformes ; la certitude repose sur la coproculture* et la reconnaissance du germe.

Traitement. Il comporte avant tout une réhydratation et l'apport massif de sels minéraux compensant les pertes. On y associe les sulfamides et les antibiotiques (tétracyclines).

Prophylaxie. Elle débute par une amélioration de l'hygiène générale et le bouclage strict des zones d'endémie. La vaccination n'est pas une bonne protection, n'immunisant pour une courte durée que 40 p. 100 des sujets. Actuellement, cette vaccination n'est plus obligatoire pour les voyages internationaux. La chimioprophylaxie, basée sur la prise quotidienne de sulmadoxine, représente le moyen le plus sûr et le moins coûteux pour assurer la protection des individus.

cholérétique adj. et n. m. Se dit d'une substance capable d'accroître la sécrétion biliaire, comme la déhydrocholate de soude, le boldo, le romarin, l'artichaut, etc.

choléstase n. f. Ensemble des manifestations liées à la diminution ou à l'arrêt de la sécrétion biliaire.
Elle peut être due à deux mécanismes différents : l'obstruction des voies biliaires* ou l'arrêt de la formation de la bile par atteinte des hépatocytes* (cellules du foie).

La *choléstase extrahépatique* est secondaire à une obstruction de la voie biliaire principale. Elle est due principalement à un calcul du cholédoque, à un cancer ou à un rétrécissement cicatriciel (cholécystite*).

La *choléstase intrahépatique* est due soit à un obstacle des voies biliaires intrahépatiques, soit à un arrêt de la formation de bile (hépatite).

Les conséquences de la choléstase sont multiples :
— l'absence de bile dans le tube digestif entraîne une malabsorption des graisses (stéatorrhée) et des vitamines A, D et K. Les selles sont décolorées ;
— la bilirubine conjuguée, les acides biliaires refluent dans l'organisme, d'où l'ictère* et le prurit* ;
— la cellule hépatique, par un mécanisme inconnu, fabrique en excès le cholestérol et des phosphatases* alcalines ;
— des lésions hépatiques apparaissent, entraînant une élévation du taux sanguin des transaminases*.

Dans les choléstases extrahépatiques, il se produit en amont de l'obstacle une dilatation des voies biliaires, responsable d'un gros foie.

Quand la choléstase est complète, elle se manifeste par un ictère, une décoloration des selles et des urines foncées (présence de bilirubine).

Chez le nourrisson, la choléstase est le plus souvent due à une malformation des voies biliaires, plus rarement à une accumulation de mucus (mucoviscidose*).

choléstéatome n. m. Masse faite de cellules épidermiques et de dépôts de cristaux de cholestérol, qui peut se développer dans l'oreille moyenne et dont le traitement nécessite l'intervention chirurgicale.

cholestérol n. m. Lipide complexe élaboré principalement par le foie.
Le cholestérol peut cristalliser en paillettes ; il est insoluble dans l'eau et soluble dans les solvants organiques. Il est constitué par une molécule de poids élevé, à noyau complexe (*cyclopentophénanthrène*), sur lequel sont fixées une fonction alcool et une chaîne latérale. Sur le noyau peuvent se fixer de nombreux radicaux, qui donnent naissance à de nouvelles substances : corticoïdes*, hormones œstrogènes* androgènes* et progestatifs*. Le cholestérol est synthétisé essentiellement dans le foie à partir d'acétates, puis estérifié (v. ESTER; ESTERASE); il passe dans le sang (v. CHOLESTÉROLÉMIE), et une partie est éliminée dans la bile.

cholestérolémie n. f. Taux de cholestérol* présent dans le sang.
À l'état normal, le cholestérol varie entre 1,5 et 2,5 g par litre, dont les deux tiers (60 p. 100) sont à l'état estérifié. Il circule dans le sang

combiné à des lipoprotéines de densité élevée (H. D. L. ou *hight density lipoproteins*) ou de densité faible (L. D. L. ou *low density lipoproteins*). Un taux élevé de cholestérol lié aux H. D. L. (H. D. L.-cholestérol) protège contre l'athérome, alors que l'élévation du cholestérol lié aux L. D. L. est un facteur de risque. (V. HYPERCHOLESTÉROLÉMIE.)

choline n. f. Base organique présente dans la bile et dans de nombreux tissus.

cholinergique adj. et n. m. Se dit des nerfs parasympathiques* et des fibres préganglionnaires du système sympathique dans lesquels l'influx nerveux est transmis par l'acétylcholine*. (V. NERVEUX [*système*].)

cholinestérase n. f. Enzyme provoquant l'hydrolyse des esters de la choline, principalement l'acétylcholine.

cholurie n. f. Présence de pigments biliaires dans les urines au cours des ictères, ce qui rend les urines très foncées.

chondrodystrophie n. f. Ensemble de malformations congénitales frappant l'ossification d'origine cartilagineuse, dont la plus connue est l'achondroplasie*.
On connaît aussi la *chondrodysplasie spondylo-épiphysaire*, ou *maladie de Morquio*; la *dyschondroplasie*, ou *maladie d'Ollier*; la *dyschondrostéose*, qui réalise un nanisme avec membres très courts.

chondrome n. m. Tumeur du cartilage, en règle bénigne, mais susceptible de récidive et de dégénérescence.

chondrosarcome n. m. Tumeur maligne essentiellement composée de cartilage.

chorde ou **corde** n. f. Partie médiane et dorsale du troisième feuillet embryonnaire (chordomésoblaste*). — La chorde représente le squelette axial de l'embryon.

chordome n. m. Tumeur rare, habituellement maligne, développée aux dépens des vestiges de la chorde et dont les sièges habituels sont la loge de l'hypophyse, la région vertébrale. Le pronostic des chordomes reste sévère.

chordomésoblaste n. m. Troisième feuillet de l'embryon, qui sert à constituer le squelette, les muscles, le mésenchyme, les systèmes cardio-vasculaire et néphro-urinaire.

chorée n. f. Maladie nerveuse caractérisée par des mouvements involontaires et irréguliers.
Les mouvements de la chorée sont désordonnés, amples et rapides, imprévisibles, facilités par l'émotion, l'attention. Ils sont atténués par l'isolement et disparaissent pendant le sommeil. Spectaculaires, ils siègent volontiers à la face et à la racine des membres.
Ils traduisent l'existence d'une lésion des noyaux gris du cerveau*, qui participent à la fonction de la motricité. On distingue :
— la *chorée de Sydenham*, maladie aiguë de l'enfance, due à la toxine du streptocoque et en relation avec le rhumatisme* articulaire aigu. Le traitement associe la pénicillothérapie aux neuroleptiques et à l'isolement ;
— la *chorée de Huntington*, ou chorée chronique progressive, qui est une affection dégénérative héréditaire de l'adulte. Les mouvements choréiques sont associés à des troubles psychiques sévères. Le traitement associe des sédatifs et des neuroleptiques.
La *chorée de Morvan* est une affection très différente, sans mouvements anormaux, caractérisée par des contractions musculaires fasciculaires apparaissant surtout aux membres inférieurs.

chorioépithéliome n. m. Tumeur maligne reproduisant de façon caricaturale un tissu placentaire et sécrétant comme lui des prolans*.
Le *chorioépithéliome testiculaire* survient chez le jeune garçon au niveau d'un testicule déjà anormal (dysembryome*, ectopie).
Le *chorioépithéliome utérin* survient au décours d'un accouchement ou d'un avortement, le plus souvent môlaire (v. MÔLE). C'est une véritable cancérisation de l'épithélium de l'œuf. Le pronostic s'est considérablement amélioré depuis l'introduction de la chimiothérapie.

chorion n. m. Tissu conjonctif souvent dense, servant de soutien à un revêtement

Chorion.
Coupe de l'embryon et de ses annexes (début du 2e mois).
1. Chorion ; 2. Cavité amniotique ;
3. Embryon ; 4. Vésicule allantoïde ;
5. Vésicule ombilicale.

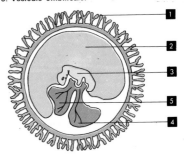

muqueux ou cutané. (Le derme qui soutient l'épiderme est le chorion de la peau.)

En pratique, ce terme désigne une annexe de l'embryon, d'origine ovulaire, qui se soude à la muqueuse utérine, ou caduque.

choroïde n. f. Tunique moyenne de l'œil, entre la sclérotique et la rétine. — Très vascularisée, la choroïde irrigue la rétine. (V. ŒIL.)

choroïdite n. f. Inflammation de la choroïde.

De nombreuses infections bactériennes (tuberculose, foyer dentaire), virales ou parasitaires (toxoplasmose*) peuvent atteindre la choroïde. Elles entraînent une baisse plus ou moins importante de la vue.

chromatine n. f. Substance colorable, présente dans le noyau de toute cellule, et formée d'A. D. N.*.

chromatographie n. f. Méthode d'analyse permettant de séparer les constituants d'un mélange par déplacement de fluides, en vue de leur identification et et, éventuellement, de leur dosage.

Chaque composant du mélange est soumis à l'influence de deux phases (liquides ou gazeuses), l'une stationnaire, l'autre mobile ; et, suivant son affinité pour chaque phase, le composant est entraîné plus ou moins rapidement par la phase mobile.

chromatopsie n. f. Hallucination colorée. — Une vision rouge (*érythropsie*) peut être due à une hémorragie intraoculaire provoquée par une intoxication par les solanacées (belladone) ; une vision bleue (*cyanopsie*) peut marquer le début d'un décollement de rétine.

chrome n. m. Métal blanc, brillant, inoxydable à froid. — L'*anhydride chromique* (CrO_3) en solution (dite encore *acide chromique*) est utilisé comme cautérisant des ulcérations de la muqueuse buccale ; ses sels, les *chromates*, sont employés en médecine vétérinaire.

Les vapeurs de chrome produisent les lésions cutanées : ulcérations douloureuses, dermites eczématiformes et des ulcérations de la cloison nasale. Ce sont des maladies professionnelles.

Toxicologie. L'absorption d'une dose unique de 5 à 10 g de *bichromate de potassium* peut entraîner la mort par une atteinte rénale après une période de troubles digestifs.

chromidrose n. f. Coloration de la sueur. — Lorsqu'elle est rouge, elle simule un saignement et est liée en général à la présence de champignons (sudation axillaire).

chromosome n. m. Structure en forme de bâtonnet, située dans le noyau de toute cellule vivante, et servant de support aux caractères génétiques propres à l'espèce.

Les chromosomes sont composés de *gènes* et transmettent le message héréditaire de la cellule mère à la cellule fille lors de la mitose*. La forme et le nombre de chromosomes sont caractéristiques de chaque espèce.

Structure des chromosomes. Les chromosomes ne se présentent pas de la même manière suivant que la cellule est en phase de division ou non (interphase). Durant l'interphase, c'est-à-dire entre deux mitoses, ils se présentent sous la forme de *chromatine*. Lorsque la mitose commence, les chromosomes s'individualisent en longs bâtonnets tantôt rectilignes, tantôt en V à bras inégaux, tantôt à bras très courts, tantôt en X à bras inégaux, suivant les espèces. Le point de réunion des bras chromosomiques est un rétrécissement appelé *centromère*.

Les chromosomes vont en général par paires, les chromosomes d'une même paire étant dits *chromosomes homologues*. Un même noyau renferme donc deux jeux de chromosomes identiques : c'est la *diploïdie*. La longueur du chromosome et la position du centromère permettent de différencier les chromosomes les uns des autres et de les ranger par paires identiques. Dans la cellule humaine, il y a 22 paires de chromosomes identiques (les *autosomes*) qui ne sont pas liés au sexe. La 23e paire représente les chromosomes sexuels ou *gonosomes* : XX chez la femme, XY chez l'homme. Ils portent le sexe et les caractères génétiques liés au sexe.

Anomalies des chromosomes. Il peut exister des anomalies dans la répartition des chromosomes : ce sont les *aberrations chromosomiques*, qui touchent soit leur nombre, soit leur structure. La présence de trois chromosomes dans la 21e paire (trisomie 21) est responsable du mongolisme. Les trisomies 18 et 13 entraînent des malformations graves et mortelles dans les premières semaines de la vie.

Les anomalies de structure comportent essentiellement la délétion (perte) d'un fragment de chromosome. Il existe aussi des aberrations portant sur les chromosomes sexuels : syndrome de Turner* (XO) et de Klinefelter* (XXY). On peut parfois déceler ces anomalies avant la naissance par amniocenthèse* et établissement du caryotype* du fœtus.

Les chromosomes sont composés d'A. D. N.*, d'A. R. N.* (v. NUCLÉIQUE, *Acides nucléiques*) et de protéines associées. Chaque gène est un fragment d'A. D. N.

chronaxie n. f. Constante de temps, caractéristique du fonctionnement d'un nerf, d'un

215

muscle ou d'un centre nerveux. — La chronaxie est la durée pendant laquelle il faut appliquer un courant électrique double de la rhéobase* pour provoquer une excitation. La mesure de la chronaxie fait partie de l'électrodiagnostic*.

chronique adj. Qui dure longtemps. (Le diabète, la tuberculose, les rhumatismes sont des affections chroniques.)

chrysarobine n. f. Poudre extraite du bois d'*Andira araroba,* employée dans le traitement du psoriasis.

chrysops n. m. Insecte hématophage, de la famille des tabanidés (taons), qui transmet la filariose*.

C. H. U., sigle de *Centre Hospitalo-Universitaire.* (V. MÉDECINE, *Enseignement médical.*)

Chvostek (signe de), contraction des muscles de la lèvre supérieure et de la face, provoquée par la percussion des parties molles de la joue, au-dessous de l'apophyse zygomatique. C'est un symptôme de tétanie* et d'hypoparathyroïdie (v. PARATHYROÏDE).

chyle n. m. Liquide blanchâtre, résultat de la digestion des aliments et contenu dans l'intestin, d'où il est en grande partie absorbé par les vaisseaux lymphatiques (chylifères*).

chylifère adj. et n. m. Se dit des vaisseaux lymphatiques de l'intestin, dont le rôle est

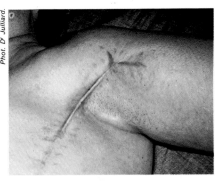
Phot. D' Julliard.

Cicatrice rétractile après intervention
pour ablation du sein
(bride chéloïde de l'aisselle).

considérable dans l'absorption intestinale du chyle*.

chylopéritoine n. m. Épanchement de lymphe dans le péritoine, dû à une obstruction des voies lymphatiques par une tumeur ou à une blessure du canal thoracique.

chylothorax n. m. Épanchement de chyle dans la cavité pleurale, dû à une blessure du canal thoracique ou à son obstruction.

chylurie n. f. Émission de chyle dans les urines, due à une fistule* entre les voies urinaires et lymphatiques.

chyme n. m. Contenu alimentaire de l'estomac, projeté dans le duodénum à travers le pylore.

cicatrice n. f. Tissu qui se forme après une interruption de la continuité d'un tissu (muqueuse, peau) ou après une lésion d'un organe (infarctus). [V. CICATRISATION.]

cicatrisant adj. et n. m. Se dit d'un procédé ou d'une substance hâtant ou favorisant la cicatrisation : antisepsie de la plaie, cautérisation d'un bourgeon charnu, traitement vitaminé, extraits placentaires, etc.

cicatrisation n. f. Processus qui aboutit à la solidarisation des berges d'un tissu vivant après sa section (incision) ou sa destruction partielle, de cause externe (plaie) ou interne (infarctus).
C'est grâce à cette capacité des tissus de s'unir de nouveau que la chirurgie et la guérison des multiples accidents de la vie courante sont possibles.
La cicatrisation peut se faire par *première intention,* cas idéal dont le type est la

Chylifère.
Coupe de villosités intestinales :
1. Villosités intestinales ;
2. Canal chylifère central ;
3. Réseau capillaire sanguin ;
4. Veinule efférente ;
5. Artériole afférente ; 6. Réseau lymphatique.

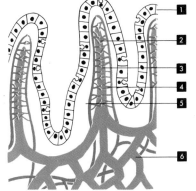

plaie chirurgicale aseptique convenablement affrontée ; la réparation est obtenue dans un délai de 8 à 15 jours, mais ce n'est qu'après 6 mois que l'on peut juger de l'aspect définitif d'une cicatrice. La cicatrisation par *seconde intention* se rencontre lorsqu'il existe une perte de substance cutanée qui interdit l'affrontement des berges ; l'espace intermédiaire est alors recouvert par la prolifération épithéliale.

Cicatrices pathologiques. On peut observer des *retards* ou *absences* de cicatrisation chez certains individus à l'état général précaire.

Les *cicatrices vicieuses* sont irrégulières, dures, douloureuses, rétractiles aux plis de flexion.

Les *chéloïdes** sont des cicatrices hypertrophiques gonflées, rouges, rigides.

Chirurgie des cicatrices. Devenue de plus en plus courante, en aucun cas elle ne saurait « effacer » les cicatrices, mais peut simplement les rendre moins visibles (ponçage, excision, greffe). Les chéloïdes sont de traitement difficile et ont une grande tendance à la récidive ; l'exérèse doit être complétée par la radiothérapie.

cigarette n. f. La cigarette favorise la survenue des affections cardiaques (coronarites, troubles du rythme), vasculaires (hypertension), respiratoires (bronchites), nerveuses (névrites) et les aggrave. Le cancer des voies respiratoires et surtout du poumon s'observe avec une grande fréquence chez les gros fumeurs de cigarettes. La cigarette diminue les performances physiques et perturbe la mémoire. Chez la femme enceinte, elle est la cause d'hypotrophie du fœtus (enfant de faible poids à la naissance et fragile).

ciguë n. f. Nom de plusieurs plantes vénéneuses :
1. La *ciguë officinale*, ou *grande ciguë*, possède une action analgésique locale (employée en emplâtres, pommades, cataplasmes), grâce à son alcaloïde, la *cicutine ;*
2. La *ciguë vireuse*, ou *ciguë d'eau*, est très vénéneuse ; 3. La *petite ciguë*, ou *faux persil*, souvent confondue avec le persil ou le cerfeuil, peut contenir une teneur élevée en alcaloïde qui la rend dangereuse.

cil n. m. Poil des paupières.
Cils vibratiles. Certains tissus de l'organisme sont revêtus de cils microscopiques dits *vibratiles*, car ils sont animés d'un mouvement qui permet la progression ou le rejet des sécrétions et des corps étrangers.

ciliaire adj. **Corps ciliaire**, membrane en forme d'anneau, située dans l'œil*, à l'union de l'iris et de la choroïde. Il comprend le *muscle ciliaire* et des replis en collerette, les *procès ciliaires*, entourant le cristallin.

ciment n. m. Le contact direct et prolongé peut entraîner des lésions de la peau appelées *gale du ciment*. Le ciment est caustique par son action abrasive, sa forte alcalinité, la chaleur dégagée lors de son mélange à l'eau, la présence de chromates. Il provoque des indurations (callosités), des rhagades (fissures de la peau), des ulcérations, des surinfections (pyodermites) pouvant atteindre les yeux, des eczémas chez les sujets sensibilisés au ciment. La dermite du ciment est une maladie professionnelle indemnisable. Le délai de prise en charge est de 30 jours. On peut éviter ces lésions par un lavage soigneux des mains et des parties exposées, le port de gants, l'emploi de pommades protectrices aux silicones.

cimétidine n. f. Substance qui inhibe la sécrétion d'acide chlorhydrique et de pepsine par l'estomac. On l'emploie dans le traitement des ulcères de l'estomac et du duodénum.

cimetière n. m. Les cimetières sont soumis à des règles d'hygiène pour éviter la pollution atmosphérique par les gaz de putréfaction et la contamination des nappes d'eau souterraines. C'est ainsi qu'aucun puits ne doit être creusé dans un rayon de 100 mètres alentour, et que les cercueils doivent être disposés à une profondeur minimale de 1,50 m pour éviter le dégagement des gaz.

cinématisation n. f. Opération ayant pour but d'utiliser les contractions des muscles d'un moignon d'amputation pour mouvoir un appareil de prothèse.

cinquième adj. *Cinquième maladie.* V. MÉGALÉRYTHÈME *épidémique*.

cirage n. m. Le cirage est parfois absorbé par les enfants. Les accidents toxiques qu'il provoque sont en général bénins, car la quantité prise est ordinairement très faible. Il ne faut ni faire vomir ni pratiquer un lavage d'estomac, mais administrer de la vitamine C et surveiller la respiration.

circoncision n. f. Résection chirurgicale du prépuce, indiquée en cas de phimosis*, et pratiquée dans certaines religions.

circonflexe adj. et n. m. Le *nerf circonflexe*, branche du plexus brachial, innerve le muscle deltoïde ; commandant les mouvements d'abduction du bras sur le thorax, il peut être lésé lors de certaines fractures ou luxations de l'épaule.

circulation n. f. **Circulation sanguine**, déplacement du sang dans les artères*, les capillaires* et les veines* sous l'action motrice du cœur* et des artères.
On distingue : 1. La *petite circulation*, qui amène le sang chargé de gaz carbonique au poumon par l'action du ventricule droit et des

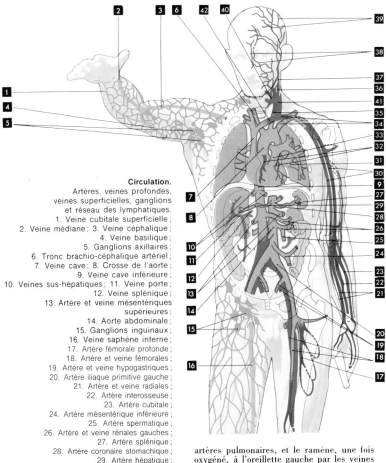

Circulation.

Artères, veines profondes, veines superficielles, ganglions et réseau des lymphatiques.
1. Veine cubitale superficielle ;
2. Veine médiane ; 3. Veine céphalique ;
4. Veine basilique ;
5. Ganglions axillaires ;
6. Tronc brachio-céphalique artériel ;
7. Veine cave ; 8. Crosse de l'aorte ;
9. Veine cave inférieure ;
10. Veines sus-hépatiques ; 11. Veine porte ;
12. Veine splénique ;
13. Artère et veine mésentériques supérieures ;
14. Aorte abdominale ;
15. Ganglions inguinaux ;
16. Veine saphène interne ;
17. Artère fémorale profonde ;
18. Artère et veine fémorales ;
19. Artère et veine hypogastriques ;
20. Artère iliaque primitive gauche ;
21. Artère et veine radiales ;
22. Artère interosseuse ;
23. Artère cubitale ;
24. Artère mésentérique inférieure ;
25. Artère spermatique ;
26. Artère et veine rénales gauches ;
27. Artère splénique ;
28. Artère coronaire stomachique ;
29. Artère hépatique ;
30. Artère et veine humérales ;
31. Veine pulmonaire ;
32. Artère coronaires ;
33. Artère pulmonaire ;
34. Artère et veine sous-clavières ;
35. Carotide primitive ;
36. Carotide interne ;
37. Carotide externe ;
38. Artère et veine faciales ;
39. Artère et veine temporales ;
40. Tronc thyrolinguo-facial ;
41. Veine jugulaire ;
42. Tronc brachio-céphalique veineux.

artères pulmonaires, et le ramène, une fois oxygéné, à l'oreillette gauche par les veines pulmonaires.

2. La *grande circulation,* qui part du ventricule gauche et, par l'aorte* et le système artériel, irrigue tous les organes en sang oxygéné, le retour se faisant par les veines caves* à l'oreillette droite.

3. La *circulation porte,* qui recueille le sang provenant de l'intestin et le conduit au foie par la veine porte*.

Circulation collatérale, réseau veineux de compensation qui se développe lors d'une *hypertension* portale,* et qui permet au sang veineux de passer de la veine porte à la veine

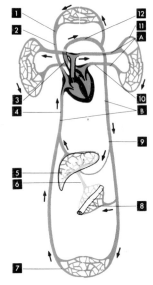

Circulation.
Schéma de la circulation du sang.
A. Petite circulation.
B. Grande circulation.
1. Circulation du sang, tête et bras;
2. Veine cave supérieure;
3. Aorte; 4. Veine cave inférieure;
5. Capillaires du foie; 6. Veine porte;
7. Circulation dans les jambes;
8. Capillaires des intestins;
9. Aorte abdominale; 10. Veine pulmonaire;
11. Capillaires des poumons;
12. Crosse de l'aorte.

cave inférieure (anastomose porto-cave). On peut voir ces réseaux anastomotiques sur la peau du flanc et autour de l'ombilic.

circulatoire adj. Relatif à la circulation du sang.
Troubles circulatoires, anomalies de déplacement du sang dans les vaisseaux, dues soit à une anomalie du cœur, soit à une anomalie des vaisseaux. Le ralentissement de la circulation dans un organe ou une région est la *stase**. L'accumulation du sang dans des vaisseaux dilatés est la *congestion**. Si le plasma* s'accumule dans les tissus, il y a *œdème**. Si un vaisseau se rompt, il y a *hémorragie* (interne ou externe). Dans les

artères, le ralentissement ou l'arrêt de la circulation peut être dû à un spasme*, à une embolie* ou à une thrombose*. Cela aboutit alors à l'ischémie* ou à l'anoxie* tissulaire. Dans les veines, l'obstruction résulte le plus souvent d'une thrombose ou d'une compression de la veine par un autre organe. Elle aboutit à l'œdème.

circumduction n. f. Mouvement de rotation, combiné avec des déplacements latéraux et antéropostérieurs, qui mobilise plusieurs groupes musculaires.

cire n. f. Matière produite par les abeilles. La *cire blanche* sert d'excipient dans diverses pommades, suppositoires, onguents, etc., dits *cérats*.

cirrhose n. f. Maladie diffuse du foie, comportant une *atteinte de l'hépatocyte* (cellule hépatique), une *sclérose* et des *nodules de régénération*.
Ces derniers constituent la caractéristique anatomique principale de la maladie et on ne peut pas parler de cirrhose s'ils sont absents. Les nodules de régénération sont des amas hypertrophiques de cellules hépatiques qui ont perdu leur agencement normal. (V. FOIE, *Histologie*.)
Signes cliniques. Le foie est toujours modifié dans sa taille, soit augmenté de volume (cirrhose hypertrophique), soit au contraire diminué (cirrhose atrophique). Il est toujours dur et irrégulier, et son bord inférieur est tranchant. Il peut exister un subictère et des angiomes* stellaires, signes d'insuffisance hépatique, ainsi qu'une circulation* collatérale, le foie cirrhotique étant un obstacle à la circulation porto-cave.
Examens biologiques. Ils peuvent montrer des signes d'insuffisance hépatique (v. FOIE, *Exploration fonctionnelle*), en particulier l'augmentation des transaminases* et une rétention de la B.S.P.*, mais ils peuvent également être normaux. Il existe fréquemment des signes sanguins d'inflammation* : hypergammaglobulinémie notamment. On peut s'aider, pour le diagnostic, de la scintigraphie* hépatique, de la laparotomie* exploratrice ainsi que de la biopsie.
Évolution. La cirrhose peut être longtemps latente et bien tolérée, cela tant que le parenchyme* hépatique fonctionnel reste suffisant. Mais l'évolution se fait tôt ou tard vers l'apparition de complications comme l'ascite*, souvent associée à des œdèmes des membres inférieurs, des ictères* par rétention biliaire, de la fièvre et une susceptibilité accrue aux infections, du fait des troubles des gammaglobulines ; enfin et surtout les *hémorragies digestives,* qui relèvent de trois mécanismes : la rupture de varices* œsopha-

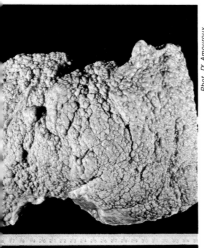

Phot. Dʳ Amouroux.

Foie atteint de cirrhose.

giennes, l'ulcère* gastro-duodénal et la gastrite* hémorragique. Les troubles de la coagulation, qui accompagnent toujours les grandes insuffisances hépatiques, aggravent le pronostic de ces hémorragies. Dans 10 à 20 p. 100 des cas de cirrhose, on peut voir apparaître un cancer primitif du foie. L'encéphalopathie* hépatique est une complication des cirrhoses très évoluées.

Causes. La cause la plus fréquente (80 p. 100) de cirrhose est l'alcoolisme. La cirrhose peut également succéder à une hépatite* virale ou à des hépatites à répétition. En dehors de ces deux causes principales, on trouve aussi l'hémochromatose*, la maladie de Wilson*, la cirrhose biliaire primitive, qui est une rétention biliaire intrahépatique de cause inconnue, la cirrhose biliaire secondaire à un obstacle des voies biliaires, etc.

Il n'existe pas de traitement curatif de la cirrhose déclarée. Le traitement se limite en effet à faire cesser la cause déclenchante (le plus souvent l'alcool) avant que l'évolution soit irréversible, et à traiter (ou à prévenir) les complications.

ciseaux n. m. pl. Instrument utilisé en chirurgie, pour la dissection et la section ; il en existe de nombreuses variétés : droits, coudés, à bouts pointus ou arrondis, etc.

citrate n. m. Sel de l'acide citrique.

Le citrate de fer est antianémique ; le citrate de sodium est laxatif, antiacide et anticoagulant ; le citrate de magnésium est laxatif.

citrique adj. Se dit d'un acide organique présent dans le citron et dans un grand nombre de fruits. On l'utilise pour la préparation des limonades et des citrates*.

citron n. m. Fruit du citronnier (Citrus limonum).

Le citron renferme 30 p. 100 de suc, contenant lui-même les vitamines A, B et C. Le suc est employé comme rafraîchissant, antiseptique et astringent.

civière n. f. Cadre de bois ou de métal, tendu de tissu, et servant au transport des malades ou des blessés. (V. BRANCARD.)

clairance n. f. (de clearance, mot angl. signif. épuration). Épreuve de fonctionnement du rein*, permettant d'étudier ses possibilités d'épuration.

La clairance d'un corps est égale au rapport de la quantité de ce corps éliminée par le rein en une minute à la concentration plasmatique de cette substance. Elle représente donc le volume du plasma qui peut être entièrement débarrassé de cette substance en une minute par le rein.

On peut mesurer la clairance de tous les corps contenus dans le sang et qui passent dans les urines. La clairance de la créatinine* est mesurée couramment.

clamp n. m. Pince non traumatisante, servant à occlure temporairement un vaisseau ou un canal.

clampage n. m. Occlusion momentanée d'un vaisseau ou de l'intestin pour arrêter son courant intérieur.

clangor n. m. À l'auscultation, résonance métallique éclatante que prend le 2ᵉ bruit du cœur dans certaines maladies de l'aorte*.

clapotage n. m. Bruit produit par un conflit de gaz et de liquide, perçu au niveau de l'estomac ou de l'intestin.

Normal dans les périodes de digestion, le clapotage gastrique à jeun doit faire rechercher un trouble du transit de l'estomac, essentiellement une sténose (rétrécissement) ou un spasme du pylore*.

claquage n. m. Rupture, à la suite d'un effort violent, de quelques fibres musculaires.

Il se traduit par une douleur vive, de survenue brutale, exagérée par la mobilisation ; la guérison est rapide (en quelques jours), favorisée par la chaleur, les révulsifs, les massages.

claquement n. m. Bruit sec, anormal, perçu à l'auscultation ou même à distance.

CLAQUEMENT

Claquement valvulaire, bruit du cœur produit par le choc des valvules cardiaques lors de leur fermeture.

Claquement tendineux, bruit que fait la rupture du muscle plantaire grêle (au mollet) ou du tendon d'Achille.

Claquement de dents, un des éléments du frisson général qui peut accompagner les grandes émotions ou marquer une poussée de fièvre.

clastique adj. **Colère clastique**, accès d'excitation de certains psychopathes, au cours desquels ils brisent tout ce qui les entoure.

Claude Bernard-Horner (syndrome de), affection neurologique due à une lésion des fibres sympathiques* destinées à l'œil.

Le syndrome de Claude Bernard-Horner associe un *myosis* (rétrécissement de la pupille), un *ptosis* (chute de la paupière supérieure) et une *énophtalmie* (enfoncement anormal du globe oculaire dans l'orbite). Ce syndrome se rencontre dans divers accidents vasculaires cérébraux (hémorragie du thalamus*, ramollissement du bulbe*) et, de façon transitoire, dans les migraines.

claudication n. f. Action de boiter.

Il existe plusieurs sortes de «boiteries» :
— la *boiterie latérale*, qui est due à un mauvais appui consécutif à la douleur ou à l'hypotonie musculaire ;
— la *boiterie de bas en haut*, qui est due au raccourcissement d'un membre (au-delà de 2 cm, des chaussures orthopédiques sont nécessaires).

Claudication intermittente douloureuse des membres inférieurs, signe annonciateur de l'*artérite oblitérante.* Elle apparaît d'abord au cours d'une longue marche : lourdeur du membre qui le fait boiter, puis crampe du mollet obligeant au repos ; après un temps d'arrêt, la marche peut être reprise, mais la douleur revient vite et le périmètre de marche se rétrécit progressivement. Cette claudication, d'origine vasculaire, doit être distinguée de la *claudication intermittente d'origine neurologique,* premier temps d'une paraplégie spasmodique.

claustrophobie n. f. Peur des espaces clos se manifestant dans une pièce fermée, un véhicule, un ascenseur, etc. — La claustrophobie est un symptôme de la névrose phobique mais peut se rencontrer dans d'autres névroses.

clavicule n. f. Os long, en forme de *S* italique, qui s'articule en dehors avec l'acromion, apophyse de l'omoplate, et en dedans avec le sternum et le premier cartilage costal, contribuant à former la ceinture* scapulaire et à maintenir l'épaule.

Les *fractures* de la clavicule sont très fré-

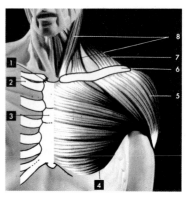

Clavicule.
Les muscles qui s'insèrent sur la clavicule.
1. Ligament sterno-claviculaire ;
2. Première côte ; 3. Sternum ;
4. Muscle grand pectoral ; 5. Deltoïde ;
6. Clavicule ; 7. Muscle trapèze ;
8. Muscle sterno-cléido-mastoïdien.

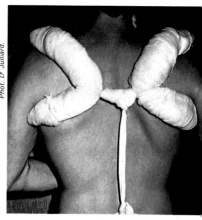

Phot. Dr Julliard.

Clavicule.
Bandage pour fracture de la clavicule.

quentes, les complications exceptionnelles. Le traitement est orthopédique (bandages attirant l'épaule en arrière et remettant les fragments bout à bout), sauf en cas de déplacement important où l'ostéosynthèse est nécessaire. Fréquents sont les cals hypertrophiques, inesthétiques.

La *luxation acromio-claviculaire* se voit surtout chez les sportifs : elle nécessite parfois l'intervention sanglante. La luxation sterno-claviculaire est beaucoup plus rare.

clignement n. m. Contraction du muscle orbiculaire des paupières, aboutissant à une occlusion fugace de la fente palpébrale.

climatisme n. m. Ensemble des moyens médicaux, hygiéniques, hôteliers, hospitaliers et sociaux mis en œuvre pour l'application de la climatothérapie*.

Orienté surtout vers le traitement de la tuberculose (sanatoriums) jusqu'à la Seconde Guerre mondiale, le climatisme s'est développé depuis celle-ci dans de nouvelles voies. Les enfants déficients, convalescents, cardiaques ont vu s'ouvrir les *colonies sanitaires* (colonies de vacances pour enfants déficients), les *homes d'enfants* (pour les enfants ne pouvant être accompagnés de leurs parents) et de nombreux centres spécialisés où l'action du climat peut être associée au régime, à la rééducation, à la cure thermale. Les cures sont prises en charge par la Sécurité sociale après accord du médecin-conseil.

climatologie n. f. Étude des climats.

La climatologie médicale étudie l'action des climats sur l'organisme : c'est la base de la climatothérapie.

Différents climats. La France, dont le climat est dans l'ensemble tempéré, présente selon les régions divers types de climats.

Le *climat océanique* des côtes atlantiques, de la Manche et des plaines de l'Ouest est doux (faibles écarts de température) et humide. Le *climat de montagne* (moyenne ou haute altitude) est plus sec, plus rude (grands écarts de température entre jour et nuit, entre été et hiver). Le *climat méditerranéen*, doux et humide en hiver, est sec et chaud en été.

Des régions très limitées peuvent avoir des caractéristiques spéciales (ensoleillement, pureté de l'air), constitutives des *microclimats*. Chaque climat a une action favorable ou défavorable sur les maladies. (V. CLIMATOTHÉRAPIE.)

climatothérapie n. f. Traitement des maladies par les propriétés du climat.

Affections bénéficiant de la climatothérapie.
1. Les *climats de plaine et de faible altitude* (moins de 400 m), généralement doux et stables, sont sédatifs. Ils conviennent aux convalescents, surmenés, aux sujets nerveux et agités ainsi qu'aux malades atteints de diverses affections respiratoires.
2. Les *climats de moyenne altitude* (entre 500 et 800 m) sont toniques et bien tolérés ; ils conviennent particulièrement à la tuberculose pulmonaire (sanatoriums), mais aussi aux enfants déficients et anémiques et aux convalescents ayant besoin d'une stimulation mesurée.
3. Les *climats de haute altitude* (1 000 m et plus) sont toniques et excitants, mais ils ne sont pas supportés par les sujets nerveux ou trop affaiblis, les cardiaques et les hypertendus. Ils conviennent aux convalescences de maladies infectieuses ou parasitaires, aux anémies, aux affections osseuses (rachitisme, tuberculose osseuse), aux affections bronchiques allergiques (asthme) et à la tuberculose pulmonaire, sauf en cas de poussées congestives.
4. Les *climats marins* sont doux mais humides. Sur la Manche, les vents importants, l'alternance de pluies et de soleil sont stimulants et excitants ; le climat est favorable aux asthéniques, aux lymphatiques, mais déconseillé aux sujets nerveux, excitables. On traite les affections ostéo-articulaires à Berck, certains rhumatismes à Roscoff.

La côte atlantique, très ensoleillée, est favorable aux convalescents et aux enfants.

La côte méditerranéenne et notamment les hauteurs en retrait du littoral ont un climat doux et calmant pour les sujets nerveux, les congestifs.

clinique adj. et n. f. **Examen clinique,** tout ce que le médecin peut observer sur le malade, à l'exclusion des examens de laboratoire, de la radiologie, de l'endoscopie et de tout résultat apporté par un procédé instrumental de diagnostic, ces derniers étant *paracliniques*.

Cliniques médicales, chirurgicales, obstétricales, établissements privés destinés à recevoir les malades, les blessés ou les femmes en couches.

Clinique ouverte, service d'un établissement hospitalier public dans lequel les malades peuvent faire appel aux médecins, chirurgiens ou spécialistes de leur choix.

clinodactylie n. f. Malformation congénitale caractérisée par la déviation latérale d'un doigt, d'un orteil ou d'une phalange.

clitoris n. m. Petit organe érectile féminin, médian, situé à la jonction antérieure des petites lèvres de la vulve, et qui joue un rôle important dans l'acte sexuel.

clivage n. m. Séparation de deux organes accolés ou de deux tissus différents. — Le « plan de clivage » est l'interstice qu'il faut trouver pour effectuer le décollement.

clofibrate n. m. Médicament qui diminue les taux du cholestérol et des triglycérides dans le sang.

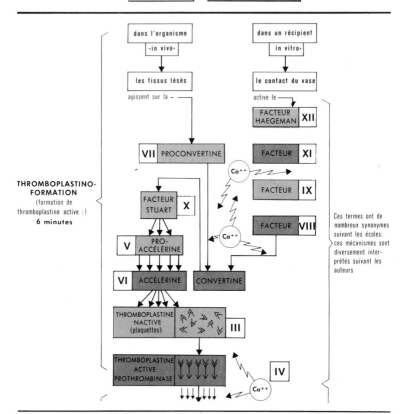

dans l'organisme «in vivo»

les tissus lésés

agissent sur la —

dans un récipient «in vitro»

le contact du vase

active le —

FACTEUR HAEGEMAN XII

VII PROCONVERTINE

FACTEUR XI

Ca⁺⁺

THROMBOPLASTINO-FORMATION
(formation de thromboplastine active :)
6 minutes

FACTEUR STUART X

FACTEUR IX

V PRO-ACCÉLÉRINE

Ca⁺⁺

FACTEUR VIII

VI ACCÉLÉRINE

CONVERTINE

Ces termes ont de nombreux synonymes suivant les écoles: ces mécanismes sont diversement interprétés suivant les auteurs

THROMBOPLASTINE INACTIVE (plaquettes) III

THROMBOPLASTINE ACTIVE PROTHROMBINASE

IV

Ca⁺⁺

cloison n. f. Formation osseuse, cartilagineuse, aponévrotique ou musculaire qui sépare deux cavités anatomiques : cloison des fosses nasales, cloison auriculo-ventriculaire du cœur, etc.

cloisonnement n. m. 1. Division pathologique d'une cavité naturelle par une ou plusieurs membranes : l'utérus, le vagin peuvent être cloisonnés.
2. Obturation chirurgicale d'une partie ou de la totalité d'une cavité naturelle.

clomiphène n. m. Corps chimique non stéroïde qui a la propriété de provoquer l'ovulation. (Il est employé dans le traitement des stérilités par anovulation*.)

clone n. m. Ensemble de toutes les cellules issues d'une cellule mère.

clonidine n. f. Médicament hypotenseur à action centrale.

clonus n. m. Contractions successives et involontaires des muscles extenseurs et fléchisseurs, provoquant une trépidation du pied, de la rotule ou de la main. Le clonus est dû à une irritation du faisceau pyramidal* (hémiplégie, paralysie).

cloque n. f. Nom familier de l'*ampoule* ou PHLYCTÈNE*.

substances existant normalement dans le sang	substances n'apparaissant qu'au cours de la coagulation

COAGULATION

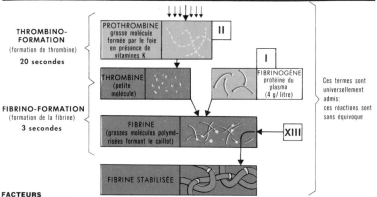

THROMBINO-FORMATION
(formation de thrombine)
20 secondes

PROTHROMBINE
grosse molécule formée par le foie en présence de vitamines K — **II**

I
FIBRINOGÈNE
protéine du plasma
(4 g/litre)

THROMBINE
(petite molécule)

Ces termes sont universellement admis; ces réactions sont sans équivoque

FIBRINO-FORMATION
(formation de la fibrine)
3 secondes

FIBRINE
(grosses molécules polymérisées formant le caillot) — **XIII**

FIBRINE STABILISÉE

FACTEURS DE LA COAGULATION

I. Fibrinogène.	IV. Calcium.	VIII. Facteur antihémophilique A.
II. Prothrombine.	V. Proaccélérine.	IX. Facteur antihémophilique B.
III. Thromboplastine.	VI. Accélérine.	X. Facteur Stuart.
	VII. Proconvertine.	XI. Facteur P T A (plasma thromboplastine antécédent).

XII. Facteur Haegeman.
XIII. Facteur de stabilisation de la fibrine.

Cloisonnement.

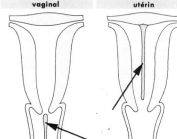

cloisonnement vaginal   cloisonnement utérin

Clou. Clou-plaque en place.

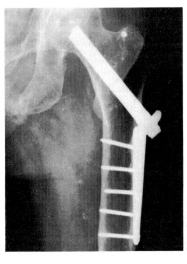

Radio Dr Wattez.

clou n. m. Objet métallique en forme de clou, utilisé en chirurgie orthopédique pour contenir deux fragments osseux.

coagulation n. f. Transformation d'un liquide organique en une substance solide ou semi-liquide.

La *coagulation du sang* est la deuxième partie de l'hémostase*; elle aboutit à la formation du caillot*, qui arrête définitivement l'hémorragie. Elle consiste à fabriquer la fibrine* du caillot.

Mécanisme de la coagulation. C'est un phéno-

Coagulation. *À gauche :* sang frais normal ;
au centre : sang coagulé
après rétraction du caillot ;
à droite : sang avec anticoagulant.

mène très complexe, qui met en jeu les treize *facteurs plasmatiques de la coagulation* synthétisés par le foie. La coagulation comporte trois phases :
1. La formation de *thromboplastine :* c'est la *thromboplastinoformation ;*
2. La formation de *thrombine* sous l'effet de la thromboplastine : c'est la *thrombinoformation ;*
3. La formation de *fibrine** sous l'effet de la thrombine : c'est la *fibrinoformation.*

FORMATION DE THROMBOPLASTINE. La thromboplastine peut être synthétisée de deux manières : par la VOIE EXOGÈNE, si le point de départ de l'hémorragie est une plaie. Lors de la rupture des tissus, le plasma est mis en contact avec certains constituants tissulaires qui déclenchent la formation de la thromboplastine par un mécanisme très rapide, mettant en jeu trois facteurs de la coagulation : les facteurs VII, ou *proconvertine,* X, ou *facteur Stuart,* et V, ou *proaccélérine.* Par contre, lorsque le sang est prélevé dans un tube de verre, le contact avec la surface du verre déclenche la VOIE ENDOGÈNE, qui fait intervenir dans la synthèse de la prothrombinase le facteur XII, ou *facteur Hageman,* le facteur XI, antécédent plasmatique à la thromboplastine, le facteur IX, ou *antihémophilique B,* le facteur VIII, ou *antihémophilique A.* On suppose que chaque facteur active le suivant. La présence de calcium (facteur IV) est nécessaire aux deux voies.

FORMATION DE THROMBINE. Sous l'action de la thromboplastine, la prothrombine, présente dans le plasma sous forme inactive, est transformée en thrombine active.

FORMATION DE FIBRINE. La thrombine agit à son tour sur le fibrinogène* inactif du plasma pour le transformer en fibrine, laquelle constituera l'élément solide du caillot. Celui-ci sera stabilisé par le facteur XIII ou *facteur stabilisant de la fibrine.*

Une fois formé et après la consolidation de l'hémostase, le caillot se rétractera, et la fibrine sera progressivement détruite : c'est la lyse du caillot (v. FIBRINOLYSE).

Troubles de la coagulation. Le sang peut être trop coagulable et entraîner un risque de maladie thrombo*-embolique, notamment en phase postopératoire, chez les accouchées et dans les troubles du rythme cardiaque. On administre alors un traitement anticoagulant*. Le sang est, au contraire, trop peu coagulable au cours des syndromes de fibrinolyse* pathologiques et lorsque les plaquettes* sont en nombre insuffisant. (V. THROMBOCYTOPÉNIE.)

Explorations de la coagulation.

Explorations de la coagulabilité globale.

Temps de coagulation. C'est le temps mis par du sang prélevé et mis dans un tube de verre à 37 °C à coaguler : il est normalement de 10 à 12 minutes. Supérieur à 15 minutes, il est pathologique.

Temps de Howell. Obéissant au même principe que le précédent, il est pratiqué sur un plasma oxalaté, riche en plaquettes et en calcium. Il varie de 1 mn 30 à 2 mn 30.

Test de tolérance à l'héparine. On compare le temps de coagulation d'un plasma normal et d'un plasma additionné d'héparine* (anticoagulant).

Thromboélastogramme*. C'est un tracé qui renseigne sur l'état d'hypo- ou d'hypercoagulabilité du sang et sur les qualités élastiques du caillot.

Exploration de la voie endogène.

Test de consommation de la prothrombine. C'est un test qui explore la formation de thrombine à partir de la prothrombine sous l'action de la thromboplastine.

Temps de céphaline-kaolin (T. C. K.). C'est un test permettant d'explorer la coagulation plasmatique. Le T. C. K. varie entre 50 et 70 secondes.

Exploration de la voie exogène.

Temps de Quick. Souvent appelé à tort *taux de prothrombine,* ce test mesure la formation de thrombine à partir de la prothrombine en présence des facteurs V, VII et X. Les résultats du malade sont exprimés en pourcentage d'un plasma normal, la normale étant 100 p. 100. Ce test est employé pour explorer aussi bien la coagulation que les fonctions hépatiques, car tous les facteurs qu'il met en jeu sont synthétisés par le foie. Il ne doit être considéré comme pathologique qu'au-dessous de 60 p. 100, en l'absence de traitement anticoagulant. (En cas de traitement anticoagulant, il doit descendre entre 30 et 40 p. 100.)

Exploration de la phase finale de la coagulation.

Temps de thrombine. C'est la mesure du temps de coagulation du plasma en présence d'un excès de thrombine. Il est compris entre 15 et 20 secondes.

On dose également le *fibrinogène**, qui doit être présent au taux de 3 à 4 grammes par litre de plasma.

Coagulation du sang dans les vaisseaux. V. THROMBOSE.

Coagulation intravasculaire disséminée. C'est un syndrome hémorragique grave où le sang peut être hypocoagulable, qui survient au cours de certains états de choc* et d'intoxication aiguë. (V. aussi FIBRINOLYSE*.)

Phot. Six.

Cobaye.

coapteur n. m. Plaque métallique destinée à la contention des fragments osseux au cours des ostéosynthèses*.

coarctation n. f. Rétrécissement congénital d'un canal et spécialement de l'isthme de l'aorte.
La coarctation aortique se manifeste par un souffle systolique et une hypertension* artérielle aux membres supérieurs. Souvent bien tolérée pendant l'enfance, il faut néanmoins réséquer la coarctation par une intervention chirurgicale afin d'éviter les complications d'endocardite* maligne, d'hypertension* artérielle.

cobalt n. m. Métal blanc voisin du fer et du nickel, qui entre dans la composition de la vitamine B12 (cyanocobalamine).
Cobalt radioactif, bombe au cobalt. V. COBALTOTHÉRAPIE.

Toxicologie. L'ingestion de sels de cobalt entraîne une hypotension et des convulsions. La contamination faible et prolongée peut faire apparaître un goitre.

cobaltothérapie n. f. Traitement par le rayonnement du cobalt 60, isotope radioactif du cobalt.
La cobaltothérapie a amélioré l'efficacité des traitements des tumeurs malignes. Différentes techniques sont employées : soit l'implantation d'aiguilles de cobalt au sein même des lésions (langue, lèvre, cou); soit l'introduction dans les cavités naturelles de cylindres contenant l'élément radioactif (utérus, vessie); ou encore l'emploi d'une source de rayonnement extérieur à l'organisme (bombe au cobalt).

cobaye n. m. Mammifère rongeur utilisé en bactériologie pour la recherche de nombreux microbes : bacille tuberculeux, brucella, leptospires, etc. (L'inoculation à l'animal d'un produit pathologique [crachat, urines] contenant une très petite quantité de bactéries reproduit chez lui la maladie en cause.)

cobra n. m. Serpent venimeux, également appelé *naja.*
La morsure de cobra provoque un gonflement douloureux local, un malaise, un engourdissement, des sueurs, puis des paralysies de la langue, de la bouche et de la respiration, entraînant la mort en 4 à 6 heures. Il faut poser un garrot qu'on enlève une demi-heure après, éviter les excisions profondes et les cautérisations, injecter 10 ml de sérum de l'Institut Pasteur (à renouveler éventuellement). Les analeptiques vasculaires et des transfusions complètent au besoin le traitement.

coca n. f. Substance extraite des feuilles de cocaïer, arbrisseau cultivé en Amérique du Sud et dont on extrait la cocaïne. — Les feuilles de coca sont employées en infusé à 5 p. 100 (gargarismes calmants), en extraits, en teinture.

cocaïne n. f. Alcaloïde de la coca.
Elle se présente sous la forme d'une poudre blanche, cristallisée, incolore, amère. Le chlorhydrate de cocaïne est utilisé comme anesthésique local, en ophtalmologie (collyre) et en oto-rhino-laryngologie (mélange de Bonain*). Il a par ailleurs un grand pouvoir vasoconstricteur.

L'intoxication accidentelle ou l'abus de la drogue (toxicomanie) est mortelle pour de faibles doses. Rapidement se manifestent une hypertonie (contraction des muscles), puis un coma avec collapsus*.

COCAÏNE

Le *traitement* doit être très rapide et associe des lavages d'estomac (ou des muqueuses) à une oxygénothérapie et aux tonicardiaques.

cocarboxylase n. f. Forme pyrophosphorée de la vitamine B1 (thiamine*). — On l'emploie dans le traitement des cétoses* (acétonémie, coma diabétique).

coccidie n. f. Sporozoaire provoquant une angiocholite* ou des kystes du foie.

coccidioïdomycose ou **coccidioïdose** n. f. Maladie provoquée par un champignon, parasite des rongeurs.
Atteignant surtout les populations agricoles, elle s'observe en Californie et en Amérique du Sud, rarement en Europe, où elle est importée lors des voyages aériens. Elle se traduit par un épisode pulmonaire fébrile, des localisations ostéo-articulaires, méningées et pleuro-pulmonaires.

coccus n. m. (plur. : *cocci*). Bactérie sphérique. — Les cocci sont isolés ou groupés en amas (staphylocoques) ou en chaînettes (streptocoques).

coccygodynie n. f. Douleur siégeant au niveau du coccyx, due à une lésion du coccyx* ou à une névralgie des branches postérieures des nerfs sacrés.

coccyx n. m. Pièce osseuse triangulaire à base supérieure articulée avec le sacrum, et formée par la réunion de 4 à 6 vertèbres atrophiées.
Les fractures du coccyx sont rares, mais les contusions fréquentes sont causes de coccygodynies*.

cochlée n. f. Autre nom du LIMAÇON de l'oreille*.

codéine n. f. Alcaloïde de l'opium, dont on l'extrait concurremment avec la morphine. (Syn. : MÉTHYLMORPHINE.)
L'indication principale de la codéine est la toux, en raison de son action sédative. On

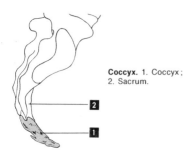

Coccyx. 1. Coccyx;
2. Sacrum.

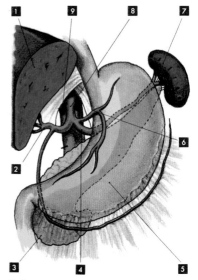

Cœliaque.
Distribution des artères du tronc cœliaque.
1. Foie;
2. Artère hépatique;
3. Pancréas; 4. Artère splénique; 5. Estomac;
6. Artère coronaire stomachique;
7. Rate; 8. Tronc cœliaque; 9. Aorte.

l'administre principalement sous forme de sirops, gouttes, comprimés dragéifiés, etc. (Tableau B, groupe 2.)

Toxicologie. L'intoxication se manifeste par des nausées et des vomissements, un myosis*, de l'agitation. Un coma* entrecoupé de convulsions apparaît ensuite. La mort survient par des troubles respiratoires (rythme de Cheyne*-Stokes). Il convient de pratiquer une évacuation gastrique rapide avant la survenue du coma. On peut utiliser la nalorphine, qui est un antidote cependant imparfait.

codéthyline n. f. Dérivé éthylé de la morphine. (Syn. : ÉTHYLMORPHINE.) — On l'emploie comme analgésique*, hypnotique* et calmant de la toux. (Tableau B, groupe 2.)

codex ou **codex medicamentarius gallicus** n. m. Livre officiel où se trouvent définis les médicaments d'usage courant. (Syn. : PHARMACOPÉE FRANÇAISE.)

cœliaque adj. Qui innerve, irrigue ou a trait aux organes abdominaux : *plexus cœliaque, tronc cœliaque*, etc.

cœur n. m. Muscle creux, situé dans le thorax, qui recueille le sang des veines et le propulse dans les artères.

Anatomie.
Pesant environ 270 g, le cœur a la forme d'une pyramide dont l'axe est oblique en avant, à gauche et légèrement en bas. Il est divisé en quatre cavités : deux oreillettes et deux ventricules ; chaque oreillette communique avec le ventricule correspondant par l'orifice auriculo-ventriculaire : ainsi sont délimités un cœur droit et un cœur gauche, le sang allant du premier au second en traversant le poumon.

Les *ventricules* sont en forme de pyramide triangulaire dont la base est occupée par deux orifices : l'orifice auriculo-ventriculaire et l'orifice artériel, qui fait communiquer le ventricule avec l'aorte à gauche et l'artère pulmonaire à droite. Les parois internes présentent des saillies musculaires, les piliers, du sommet desquels naissent des cordages tendineux qui vont s'insérer sur les valves auriculo-ventriculaires. Le ventricule gauche est le plus important, l'orifice auriculo-ventriculaire gauche étant fermé par la *valvule mitrale* (en forme de mitre), l'orifice aortique par trois *valvules sigmoïdes*. Le ventricule droit est moins volumineux ; l'orifice auriculo-ventriculaire est fermé par la *valvule tricuspide*, l'orifice pulmonaire par trois valvules sigmoïdes. Les oreillettes, plus petites que les ventricules, de forme grossièrement cubique, ont des parois minces et lisses ; dans l'oreillette droite débouchent les veines caves supérieure et inférieure ; dans l'oreillette gauche, les quatre veines pulmonaires (deux par poumon). La paroi du cœur est constituée de trois tuniques : une tunique musculaire épaisse, ou *myocarde*, une tunique interne ou *endocarde*, une membrane qui l'entoure, le *péricarde*. La vascularisation du cœur est assurée par les deux artères coronaires qui naissent de la partie initiale de la crosse aortique. La propagation de la contraction du myocarde est assurée par un système particulier de fibres musculaires, le *tissu nodal**, situé dans le muscle cardiaque lui-même, constitué par le *nœud de Keith et Flack* (situé dans l'oreillette droite), le *nœud d'Aschoff-Tawara* et par le *faisceau de His*, qui relie la musculature des oreillettes à celle des ventricules. Le faisceau de His longe la cloison interventriculaire et se divise en deux branches, droite et gauche. Le cœur reçoit en outre des rameaux des nerfs pneumogastriques et sympathiques.

Physiologie.
Le cœur se contracte de 60 à 70 fois par minute chez l'adulte, expulsant simultanément le sang du ventricule droit dans les poumons et le sang du ventricule gauche dans le reste de l'organisme. Cette *systole* ventriculaire, précédée d'une brève systole auriculaire qui remplit les ventricules, est suivie d'une phase de repos du cœur, ou *diastole*, pendant laquelle les oreillettes se remplissent, et le cycle recommence. Les valvules jouent un rôle fondamental, fonctionnant comme des soupapes aux orifices auriculo-ventriculaires et artériels (aorte et artère pulmonaire). Le cœur est doué d'automatisme : même séparé du reste de l'organisme, il continue de battre spontanément. En effet, le stimulus normal de la contraction cardiaque part du nœud de Keith et Flack, puis l'influx se propage au nœud d'Aschoff-Tawara et gagne les ventricules par le faisceau de His. Ainsi est assurée la contraction successive des oreillettes puis des ventricules selon le rythme normal dit *rythme sinusal*. Le cœur est soumis à l'action du système neurovégétatif : le parasympathique* ralentit le rythme cardiaque, le sympathique* exerce une action accélératrice.

Schéma général de la circulation. Le cœur envoie au poumon, par l'artère pulmonaire, le sang veineux contenu dans le ventricule droit ; après avoir traversé les capillaires du poumon, où il se libère de son gaz carbonique et se charge en oxygène, le sang est ramené par les veines pulmonaires dans l'oreillette gauche : c'est le cycle de la *petite circulation*. Passé de l'oreillette gauche dans le ventricule gauche, le sang est envoyé dans la grande circulation par l'aorte et ses branches, puis traverse les capillaires, où il cède aux tissus une partie de son oxygène, se charge en gaz carbonique puis est ramené par le système veineux jusqu'aux veines caves et à l'oreillette droite : c'est le cycle de la *grande circulation*. Passé de l'oreillette droite dans le ventricule droit, le sang est renvoyé aux poumons, et le cycle recommence.

Examen clinique du cœur.
L'*interrogatoire du patient* doit analyser de façon précise les troubles présents et rechercher les manifestations passées, parfois éphémères mais significatives, d'une cardiopathie*. C'est le premier temps de l'examen ; il est essentiel, parfois même décisif. Il permet, en outre, de connaître le mode de vie du patient et ses facteurs de risque éventuels (tabagisme, alcoolisme, excès alimentaires, diabète, hypertension artérielle, etc.).

L'*examen physique* vient ensuite, et doit comporter un temps d'inspection apportant souvent de précieux renseignements : choc exagéré d'un ventricule dilaté, turgescence des veines du cou de l'insuffisance cardiaque, présence d'œdèmes, cyanose, etc. Puis la palpation permet d'apprécier la qualité et la position du choc de pointe (soulèvement bref de la poitrine au moment de la systole ventriculaire) ; normalement, au niveau du cinquième espace intercostal gauche, il est dévié en cas d'hypertrophie ventriculaire, ou étalé, en «dôme», dans l'insuffisance aortique.

La palpation des pouls périphériques (poignets, chevilles) renseigne sur la qualité de l'éjection systolique et la souplesse des artères. On palpe enfin le foie, à la recherche d'une augmentation de volume traduisant la stase veineuse et d'un reflux hépato-jugulaire (gonflement des veines jugulaires par reflux sanguin à la pression forte du foie) signant l'insuffisance du ventricule droit.

L'auscultation* permet l'analyse des bruits du cœur (sourds, éclatants, dédoublés ou accompagnés d'un «bruit de galop») et objective la présence de bruits surajoutés (souffles, roulements, frottements), en précisant leur temps systolique ou diastolique.

La prise de la tension artérielle termine l'examen physique, au terme duquel un

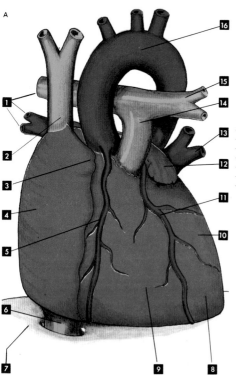

Cœur.
A. Vue antérieure.
1. Artère et veine pulmonaires droites ;
2. Veine cave supérieure ;
3. Auricule droite ;
4. Oreillette droite ;
5. Artère coronaire antérieure ;
6. Veine cave inférieure ;
7. Diaphragme ;
8. Pointe du cœur ;
9. Vertricule droit ;
10. Ventricule gauche ;
11. Artère coronaire postérieure ;
12. Auricule gauche ;
13. Veine pulmonaire gauche ;
14. Artère pulmonaire ;
15. Artère pulmonaire gauche ;
16. Crosse de l'aorte.

B. Vue intérieure et innervation.
1. Nerfs pneumogastriques ;
2. Crosse de l'aorte ;
3. Artère pulmonaire ;
4. Veine cave supérieure ;
5. Nœud de Keith et Flack ;
6. Nœud d'Aschoff et Tawara ;
7. Oreillette droite ;
8. Veine cave inférieure ;
9. Valvule tricuspide ;
10. Ventricule droit ;
11. Faisceau de His ;
12. Branches gauche et droite du faisceau de His ;
13. Ventricule gauche ;
14. Valvule mitrale ;
15. Oreillette gauche ;
16. Chaîne sympathique.

praticien entraîné peut déjà évoquer les diagnostics les plus fins.

Examens complémentaires.
Ils sont pratiqués en fonction de la symptomatologie clinique.

L'*électrocardiogramme** renseigne sur le rythme cardiaque, la conduction électrique depuis le nœud de Keith et Flack jusqu'aux ventricules, le fonctionnement et la qualité du myocarde.

L'*examen radiologique* comporte deux temps :
— la *radioscopie* (directe ou, mieux, sur écran de télévision) donne des renseignements cinétiques (force de contraction,

amplitude des battements, mouvements anormaux) ;
— la *radiographie* apprécie la forme du cœur et objective les anomalies de taille des différentes cavités cardiaques. Elle comporte quatre clichés :
— de face, projetant le cœur de trois quarts (le cœur est oblique dans le thorax, pointe en avant et non transversal) ;
— en oblique antérieure gauche (OAG), qui projette le cœur de face ;
— en oblique antérieure droite (OAD), qui projette le cœur de profil ;
— de profil enfin, situant le cœur, par rapport au sternum en avant et à la colonne vertébrale en arrière. L'opacification de

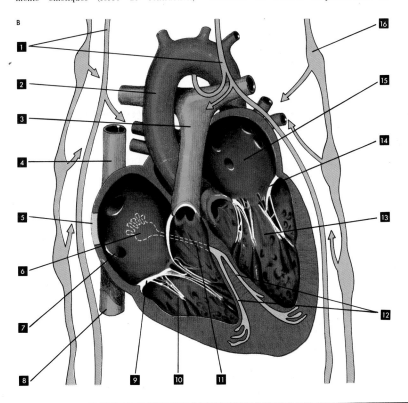

l'œsophage par de la baryte permet de voir un éventuel refoulement en arrière de celui-ci par une oreillette gauche dilatée.

Les *autres examens* ne sont pas systématiques :

— la *phonocardiographie** enregistre les bruits du cœur et permet, couplée à un électrocardiogramme, d'en préciser le temps, la durée, la forme, la fréquence vibratoire et l'intensité ;

— le *mécanogramme*, qui lui est habituellement associé, enregistre, grâce à des capteurs très sensibles posés sur la peau, les courbes mécaniques (et non de pression) des différents temps cardiaques ;

— le *cathétérisme* cardiaque* a pour objet l'enregistrement des pressions intracardiaques et intravasculaires ;

— l'*angiographie* et la *cinéangiographie* consistent à injecter au cours du cathétérisme un produit opaque aux rayons X et à en suivre le déplacement sur une série de clichés très rapprochés (3 par seconde) ou sur un film cinématographique. On voit ainsi le fonctionnement des valves, leur étanchéité, les trajets anormaux, la taille et la forme des cavités cardiaques.

Pathologie du cœur.

Il faut distinguer les lésions cardiaques et les anomalies de fonctionnement.

Les lésions cardiaques. Elles sont acquises ou congénitales et extrêmement variées (v. ANGOR, CARDIOPATHIES, INFARCTUS).

Les anomalies de fonctionnement. Elles témoignent d'une désorganisation de l'activité du cœur, aboutissant, comme les cardiopathies, à l'insuffisance cardiaque.

Les troubles du rythme. Ils sont dus à une désorganisation permanente ou transitoire de la séquence d'excitation normale du myocarde, du sinus vers les ventricules. Ils sont reconnus et analysés par l'électrocardiogramme. Les *tachycardies** sont des rythmes rapides, les *bradycardies**, des rythmes lents. On doit rapprocher des tachycardies le *flutter** et les *fibrillations** des oreillettes ou des ventricules. (V. RYTHME.)

Les *extrasystoles** sont des contractions inopinées, dues à un foyer d'excitation anormal et intermittent. Isolées et rares, elles sont normales ; en salves et fréquentes, elles traduisent une souffrance myocardique.

Les troubles de la conduction. Ils sont dus à une lésion des voies de conduction nerveuse intracardiaque, entraînant un défaut partiel ou total de transmission aux ventricules d'un influx normalement parti du sinus. On parle alors de « bloc* ».

Exceptionnellement, la conduction peut être accélérée, passant par des voies anormales et plus rapides, ou même rétrograde, des ventricules vers les oreillettes.

L'insuffisance cardiaque*. C'est l'incapacité absolue du cœur à fournir un débit suffisant aux besoins de l'organisme.

Elle est parfois aiguë, par exemple au cours d'une embolie pulmonaire. Bien plus souvent c'est l'aboutissement d'une longue lutte, durant laquelle tous les moyens d'adaptation ont été mis en jeu (accélération du rythme, dilatation et hypertrophie ventriculaires). [V. CARDIAQUE, *Insuffisance cardiaque*.]

Traitement des maladies de cœur.

Moyens médicamenteux. Ils s'adressent à la fonction cardiaque. Ils visent :

1. À diminuer le travail cardiaque en réduisant la masse circulante. C'est le rôle du régime sans sel (le sodium retient l'eau) et des *diurétiques**, éliminant eau et sel ;

2. À renforcer l'action du myocarde : ce sont les *cardiotoniques**, dont le principal est la digitaline*, qui ralentit, renforce et régularise la contraction ventriculaire ;

3. À régulariser le rythme cardiaque à l'aide de drogues ayant un impact différent selon l'origine du trouble du rythme. Les unes ralentissent (digitaline, amide procaïnique, propanolol), d'autres diminuent l'excitabilité (lignocaïne), d'autres, enfin, favorisent la conduction (isoprénaline) ;

4. À assurer enfin une bonne oxygénation du myocarde par les dilatateurs coronariens, essentiellement les dérivés nitrés.

Moyens physiques. Il peut être nécessaire soit d'employer le *choc électrique* (défibrillation*), permettant la réduction durable d'un trouble du rythme (fibrillation), soit de mettre en place un *stimulateur**.

Moyens chirurgicaux. V. ci-dessous *Chirurgie du cœur*.

Massage cardiaque externe. Ce n'est pas à proprement parler un traitement, mais un moyen d'urgence en cas d'arrêt cardiaque. Pour être efficace, il doit : 1. S'appliquer à un cœur sain ou peu lésé ; 2. Être entrepris moins de trois minutes après l'arrêt cardiaque ; 3. Être associé à une ventilation respiratoire efficace (bouche-à-bouche, oxygène) ; 4. Assurer un pouls carotidien et fémoral à chaque compression du thorax.

Dans ces conditions, il permet parfois rapidement la reprise de l'activité cardiaque.

Hôpital Saint-Michel. Phot. Larousse.

Cœur. Opération à cœur ouvert.
Fermeture de la communication
interauriculaire
par prothèse synthétique (Tergal).

Chirurgie du cœur.
Les progrès réalisés depuis quelques années
ont transformé le pronostic de nombreuses
affections cardio-vasculaires. La chirurgie
cardiaque dispose de deux méthodes.

Dans la *chirurgie à cœur fermé*, on opère
un cœur qui continue de fonctionner dans des
conditions normales : l'intervention doit être
rapide, l'incision minime ; la commissuroto-

mie*, de pratique courante, est le type même
de cette chirurgie, qui permet également de
sauver des blessés atteints de plaies du cœur
non immédiatement mortelles.

La *chirurgie à cœur ouvert* a permis
d'entreprendre des interventions plus complexes et plus longues : traitement des
malformations congénitales, réparation des
valvules orificielles, prothèses valvulaires,
obturation des communications anormales.
Les cavités cardiaques devant être vides de
sang pendant tout le temps de l'intervention
(souvent d'une durée de plusieurs heures), il
faut arrêter la circulation dans le cœur et le
poumon en clampant les veines caves et
l'aorte. Un « cœur-poumon artificiel » assure
temporairement le maintien de la vie : c'est
un circuit extracorporel dans lequel circule
du sang qui irrigue le corps du sujet : une
pompe remplace le cœur, un oxygénateur les
poumons ; le sang oxygéné pénètre dans
l'aorte par un cathéter introduit dans l'artère
fémorale, le sang veineux est récupéré dans
les veines caves. Une circulation extracorporelle supplémentaire perfuse directement les
artères coronaires.

La *transplantation* cardiaque,* ou *greffe du
cœur,* a été réalisée pour la première fois en
1967. Destinée à des maladies cardiaques
inguérissables, elle est techniquement au
point, mais pose encore des problèmes de
rejet*. Le premier *cœur artificiel,* implanté
en 1982 a permis une survie de 3 mois.

Les *stimulateurs* cardiaques (ou pace-
makers) permettent de remédier à certains
troubles du rythme. Les électrodes sont
introduites par une veine et poussées jusqu'à
l'intérieur des cavités cardiaques, le stimulateur étant implanté dans la paroi abdominale
ou thoracique à la suite d'une opération
chirurgicale minime. □

Maladie cœliaque, diarrhée profuse entraînée
par l'intolérance intestinale au gluten. Cette
maladie s'observe surtout chez les nourrissons. Elle exige l'instauration d'un régime
strictement dépourvu de gluten. (V. aussi
SPRUE.)

cœlioscopie n. f. Examen endoscopique
des organes du petit bassin, précieux en
gynécologie.

coing n. m. Fruit du cognassier, qui permet
de préparer un sirop efficace contre la
diarrhée.

coït n. m. Rapport sexuel (v. COPULATION).

col n. m. Partie rétrécie d'un organe : *col du
fémur*, col de l'utérus*.*

colchicine n. f. Alcaloïde principal du
colchique*.
Employée spécifiquement dans le traitement
de la goutte* à la dose de 0,5 à 1 mg par
24 heures, la colchicine empêche la pénétration des cristaux d'urates dans les articulations. Elle agit en 24 heures et s'élimine
lentement, d'où le risque d'accumulation, qui
provoque une diarrhée.
Toxicologie. Au-dessus de 10 mg, la colchicine bloque les divisions cellulaires, en

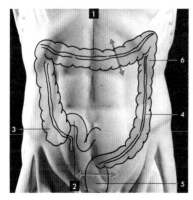

Colectomie gauche.
1. Côlon transverse ; 2. Intestin grêle ;
3. Côlon droit ;
4. Lésion ; 5. Rectum ; 6. Côlon gauche.

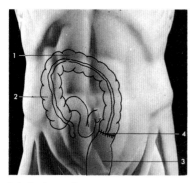

Colectomie gauche.
État après l'intervention :
1. Côlon transverse ; 2. Côlon droit ;
3. Rectum ;
4. Suture de l'anastomose.

particulier celles des cellules de la moelle osseuse et du tube digestif. L'intoxication provoque un syndrome digestif fait de douleurs, diarrhée, déshydratation. Le traitement se résume à l'évacuation urgente du toxique.

colchicoside n. m. Glucoside des semences de colchique*, anti-inflammatoire et antiallergique.

colchique n. m. Plante à bulbe, dont les fleurs violacées apparaissent en automne (syn. : RACINE D'AUTOMNE) et dont les semences sont employées dans le traitement de la crise de goutte* (v. COLCHICINE).

cold-cream n. m. Cérat constitué de blanc de baleine (spermaceti), de cire blanche et d'huile d'amande, parfumé au benjoin et à l'essence de rose. — Hypoallergique, on l'utilise en dermatologie et dans les produits de beauté.

colectomie n. f. Ablation totale ou partielle (droite ou gauche) du gros intestin, ou côlon.

colère n. f. Réaction d'agressivité violente d'un sujet contre ce qui l'entoure.
Colère pathologique. À un degré extrême, elle associe une baisse du niveau de conscience, une perte du contrôle des actes et une agressivité destructrice : c'est la colère clastique* ou la fureur. L'alcoolisme* est de loin la cause la plus fréquente des colères pathologiques.

colibacille n. m. Bacille mobile (*Escherichia coli*), court, s'adaptant aux conditions de culture, aérobie ou anaérobie.
Il compose normalement 80 p. 100 des microbes de l'intestin, où il ne provoque pas de maladies, sauf chez certains nourrissons (diarrhée).

colibacillose n. f. Infection provoquée par des colibacilles* pathogènes.
Elle se voit fréquemment en cas de terrain déficient, lors d'une contamination massive ou après certaines manœuvres (sondage, cathétérisme).
Ces infections touchent le plus souvent l'appareil digestif, mais également l'appareil urinaire et les voies biliaires.
Les diarrhées, ou «gastro-entérites», s'associent, chez le nourrisson, à de nombreux vomissements responsables d'une déshydratation rapidement grave. Le traitement, outre les antibiotiques, consiste à faire boire l'enfant ou à installer une perfusion.
À tout âge, et surtout chez la femme, l'infection urinaire (cystite*) et surtout l'atteinte rénale nécessitent un traitement antibiotique pour préserver la fonction rénale. Les autres localisations : génitales, biliaires (cholécystite*), hépatiques (ictère*) et même veineuses, sont plus rares. Les septicémies* à colibacilles se manifestent par une fièvre élevée, oscillante et par de violents frissons.
Le traitement fait appel aux sulfamides (sulfaméthisol), aux dérivés de la quinoléine,

à la nitrofurantoïne, à l'acide nalidixique et aux antibiotiques (colistine, thiamphénicol, etc.). L'action des cures (La Preste, Plombières, Vittel, etc.) n'est pas négligeable.

colique n. f. Douleur du côlon, généralement due à un spasme qui bloque l'intestin et provoque sa distension douloureuse en amont, et accélère le transit intestinal en aval (gaz, selles); par extension, toute douleur abdominale survenant par accès.

Colique hépatique, crise douloureuse paroxystique, due à un blocage soudain des voies biliaires*. Débutant parfois après un repas, la douleur est rapidement violente, évoluant par paroxysmes entrecoupés d'accalmie. Il s'agit d'une impression de torsion ou de broiement de l'hypocondre droit, avec irradiations dans le dos et l'épaule droite. Elle s'accompagne parfois de vomissements bilieux. La colique hépatique est due le plus souvent à la migration d'un calcul dans le cholédoque* au cours de la lithiase biliaire. Le traitement est à base d'antispasmodiques* et d'antalgiques*. Un examen radiographique des voies biliaires (v. CHOLANGIOGRAPHIE, CHOLÉCYSTOGRAPHIE) est indiqué après la crise, pour rechercher la cause.

Colique néphrétique, crise douloureuse paroxystique, due au blocage soudain des voies urinaires*. La douleur débute brutalement dans la région lombaire, du côté correspondant à la lésion. Elle est extrêmement violente, agitant considérablement le malade. Elle évolue par paroxysmes rapprochés, les accalmies étant de courte durée. L'irradiation basse, vers les organes génitaux, est d'une grande valeur diagnostique. La colique néphrétique s'accompagne d'une difficulté à uriner (*dysurie*). La cause la plus fréquente en est la lithiase* urinaire (calculs). La crise est souvent déclenchée par des secousses (voyage en automobile, par exemple). Il peut y avoir une discrète hématurie* (saignement urinaire) pendant la crise.

Le traitement comporte des antispasmodiques* et des antalgiques*, au besoin de la morphine. Les crises dues à un calcul enclavé dans l'uretère nécessitent l'intervention du spécialiste urologue (endoscopie, voire opération).

colistine n. f. Antibiotique actif contre les germes Gram* négatif, et notamment le colibacille, le pyocyanique, les klebsiella et salmonella.

colite n. f. Terme générique désignant toutes les maladies inflammatoires du côlon. (Lorsqu'elles sont associées à une inflammation de l'intestin grêle, on parle d'entérocolite*.)

Signes. Une colite peut se traduire par une diarrhée isolée, mais il existe parfois un véritable syndrome dysentérique avec diarrhée profuse, selles liquides, épreintes*, ténesmes*, douleurs abdominales diffuses. Il peut y avoir ou non de la fièvre. Devant ces symptômes, on recherchera dans les selles du pus, du sang, de l'albumine soluble, le mucus* pouvant être dû à une simple colopathie*. Le diagnostic de colite repose sur les examens cliniques, coprologiques (des selles), sur la rectoscopie* et la radiologie (lavement* baryté).

Causes. Les colites peuvent être d'origine bactérienne : dysenterie* bacillaire, salmonelloses* et autres toxi-infections alimentaires, dérèglement intestinal dû à la prise d'antibiotiques. Il peut s'agir d'une colite toxique (colite mercurielle) ou parasitaire (amibiase*, lambliase*) ou encore virale. Il existe aussi des colites d'origine vraisemblablement auto*-immune : rectocolite* hémorragique, colite granulomateuse ou maladie de Crohn. Les colites spasmodiques, les colites de fermentation* et de putréfaction* sont à classer plutôt dans les colopathies* que dans les colites vraies.

Traitement. Il dépend essentiellement de la cause, mais comporte toujours l'administration de bismuth*, d'antispasmodiques et d'un régime pauvre en résidus (cellulose).

collagène n. m. Élément important du tissu conjonctif*, le collagène est constitué par une scléroprotéine* complexe qui se polymérise en fibrilles.

Des fibroblastes* et certains éléments de la substance fondamentale (v. CONJONCTIF) prennent part à l'élaboration du collagène, ainsi que certaines hormones androgènes* et la vitamine C. (V. COLLAGÉNOSE.)

collagénose n. f. Terme générique désignant un certain nombre de maladies dont les caractéristiques sont de présenter des lésions diffuses dans de nombreux endroits du corps, des altérations biologiques de type inflammatoire et une modification de structure du tissu conjonctif* et du collagène* (d'où leur nom). Le tissu conjonctif perd son aspect normal en faveur d'une dégénérescence* fibrinoïde : il prend un aspect de fibrine. Il existe également des altérations de la substance fondamentale. Les principales collagénoses sont : le lupus* érythémateux disséminé, la sclérodermie*, la dermatomyosite* et la périartérite* noueuse. La polyarthrite* rhumatoïde a récemment été classée parmi les collagénoses.

On ne connaît pas l'origine de ces maladies ; cependant, les altérations immunologiques qui les accompagnent toujours font pencher vers une étiologie auto*-immune.

collapsus n. m. (mot lat. signifiant *chute*).
Collapsus cardio-vasculaire, effondrement de
la tension artérielle, avec pouls rapide et
imperceptible, refroidissement brutal des
extrémités, pâleur, cyanose*. Le collapsus
prolongé aboutit au choc*.
Collapsus pulmonaire, refoulement du parenchyme pulmonaire sous l'influence d'un
épanchement pleural, d'un pneumothorax*.

collatéral, e, aux adj. Qui est placé à
côté. — En anatomie, se dit de toute branche
issue d'un vaisseau ou d'un nerf, à l'exception de la dernière, qui est dite « terminale ».

collection n. f. Amas d'un liquide ou d'un
gaz dans une cavité du corps : *collection
sanguine*, ou hématome*, *collection de pus*,
ou abcès*, *collection d'air*, ou pneumothorax.

collier n. m. *Collier de Vénus*, éruption
cutanée rose pâle, située autour du cou dans
la syphilis* secondaire.

colloïde adj. et n. m. Se dit d'une solution
dans laquelle de fines particules solides
restent suspendues dans un liquide.

collutoire n. m. Liquide visqueux destiné à
être appliqué sur les muqueuses de la cavité
buccale, dans un but antiseptique, anti-
inflammatoire ou anesthésique local. — On
applique les collutoires au moyen d'un tampon de coton stérile ou par pulvérisation.

collyre n. m. Préparation liquide, le plus
souvent aqueuse, utilisée en ophtalmologie et
destinée à être instillée dans l'œil et absorbée
par la conjonctive.

colobome n. m. Malformation congénitale
de la face et de l'œil, réalisant une fissure
plus ou moins importante.

côlon n. m. Segment du tube digestif
compris entre l'intestin grêle et le rectum.
(Syn. : GROS INTESTIN.)
C'est un organe-réservoir où s'accumulent les
résidus du bol alimentaire.
Anatomie. Le *côlon droit* comprend le cæcum
et l'appendice, situés dans la fosse iliaque
droite, le côlon ascendant, l'angle hépatique
placé sous la face inférieure du foie.
Le *côlon transverse* lui fait suite, traversant
l'abdomen de droite à gauche, en avant de
l'estomac.
Le *côlon gauche* commence à l'angle splénique, sous la rate, se dirige vers le bas et se
continue par le côlon lombo-iliaque et le
côlon sigmoïde, qui aboutit au rectum.
Histologie. La paroi du côlon est faite de
quatre couches superposées : muqueuse,
sous-muqueuse, musculeuse et séreuse. On
trouve dans la sous-muqueuse et la musculeuse des filets d'innervation : les plexus de
Meissner et les plexus d'Auerbach. La

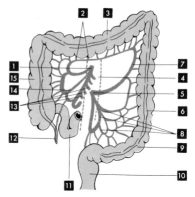

Côlon. Le côlon et les artères coliques.
1. Artère mésentérique supérieure ;
2. Arcade de Riolan ; 3. Côlon transverse ;
4. Aorte ;
5. Artère mésentérique inférieure ;
6. Côlon gauche ; 7. Artère colique gauche ;
8. Artères sigmoïdes ; 9. Côlon sigmoïde ;
10. Rectum ; 11. Iléon ; 12. Appendice ;
13. Artères de l'intestin grêle ;
14. Artère colique droite ; 15. Côlon droit.

Côlon normal. *Ci-dessous, à gauche,*
lavement opaque (remplissage).

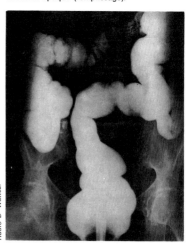

Radio Dr Wattez.

séreuse est formée par le feuillet viscéral du péritoine*.

Physiologie. Le côlon est le lieu où se termine la digestion*, grâce à l'intervention de l'importante flore microbienne qui s'y trouve normalement. C'est aussi l'endroit où de nombreuses substances sont *réabsorbées*, notamment l'eau, les glucides, certains médicaments (suppositoires).

Pathologie.
Maladies du côlon. V. COLITE, COLOPATHIE.
Tumeurs du côlon. Elles se manifestent par des hémorragies (melæna*), des crises de constipation, voire une occlusion* intestinale. Parmi les tumeurs bénignes, fréquents sont les polypes, les tumeurs villeuses, qui doivent être extirpées car susceptibles de dégénérescence cancéreuse. Le *cancer du côlon* est très fréquent, mais c'est un des cancers digestifs au pronostic le plus favorable, où l'intervention chirurgicale (colectomie*) amène la guérison dans la plupart des cas si le diagnostic n'a pas été trop tardif. Ce diagnostic est fait par l'examen radiologique (lavement baryté) et par l'endoscopie (coloscopie).

colonie n. f. **Colonie microbienne,** groupe microbien obtenu en culture* à partir d'une seule bactérie.
Colonie à caractère sanitaire, collectivité recevant des enfants entre 3 et 17 ans, sur certificat médical, pour permettre la surveillance et l'application d'un régime ou d'un traitement médical, ou pour suivre une cure thermale. Certaines de ces collectivités sont spécialisées (traitement de l'insuffisance rénale ou cardiaque, de l'asthme infantile), d'autres, non.
Colonie de vacances, institution de plein air permettant le séjour collectif d'enfants à la campagne, à la mer ou à la montagne. Les indications en sont médicales (enfants pâles, malingres, n'ayant pas l'habitude des exercices physiques) et sociales (enfants de familles modestes dont les parents absents toute la journée pour leur travail). Les contre-indications sont rares (énurésie, épilepsie, convalescence de primo-infection).

colonne n. f. **Colonne vertébrale,** squelette axial du tronc, qui soutient la tête et est rattaché aux membres par la ceinture scapulaire et le bassin. (Syn. : RACHIS.)
Anatomie. Les vertèbres qui composent la colonne vertébrale se répartissent en 7 vertèbres cervicales, 12 dorsales, 5 lombaires, auxquelles font suite les 5 vertèbres soudées du sacrum* et celles du coccyx*. Les vertèbres sont articulées entre elles par les disques* intervertébraux qui, par leur élasticité, permettent des mouvements de flexion, d'extension, d'inclinaison latérale et de rotation. L'équilibre de la colonne vertébrale est la résultante des actions combinées de l'élasticité des disques, de la puissance des muscles et des ligaments. Dans le plan frontal, le rachis est rectiligne ; dans le plan sagittal (de profil), il existe 3 courbures physiologiques : 1 courbure dorsale à convexité postérieure (cyphose dorsale) et 2 courbures à convexité antérieure (lordose cervicale et lordose lombaire).
Pathologie. Les déviations. Les déviations de la colonne vertébrale peuvent se faire dans le plan frontal : c'est la scoliose*, ou dans le plan antéro-postérieur : accentuations de la cyphose* ou des lordoses*.
Les traumatismes du rachis. Ils voient leur fréquence augmenter avec celle des accidents de la route. Le transport de ces blessés doit être assuré dans les meilleures conditions de sécurité. Les *fractures sans lésions de la moelle épinière* ne posent qu'un problème orthopédique ; les *fractures avec lésions de la moelle épinière* menacent immédiatement la vie du blessé et sont d'autant plus graves qu'elles siègent plus haut : quadriplégie* ou paraplégie* définitives s'il y a section de la moelle épinière, régressives s'il y a seulement contusion ou compression de celle-ci. Les tableaux les plus dramatiques s'observent dans les traumatismes du rachis cervical (quadriplégie avec, éventuellement, paralysie respiratoire). Ces atteintes médul-

Côlon normal. *Ci-dessous, à droite,* lavement opaque (après évacuation).

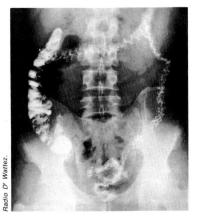

Radio Dʳ Wattez.

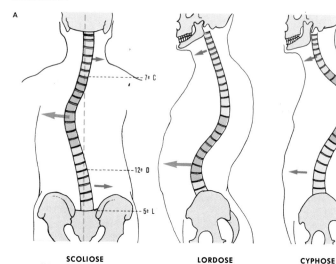

A

7e C

12e D

5e L

gibbosité

SCOLIOSE
déviation latérale (vue de dos)

LORDOSE
cambrure excessive (profil)

CYPHOSE
exagération de la courbure dorsale (profil)

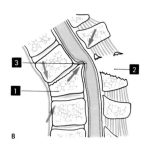

B

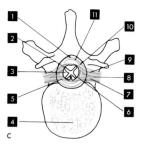

C

Colonne.
A. Les trois types de déviations
de la colonne vertébrale.
B. Fracture du rachis.
1. Tassement du corps de la vertèbre;
2. Fracture;
3. Moelle comprimée ou même sectionnée.
C. Coupe schématique de la colonne vertébrale
et départ des racines nerveuses.
1. Espace épidural; 2. Pie-mère;
3. Moelle épinière; 4. Corps vertébral;
5 et 7. Racines antérieures;
6. Espace sous-arachnoïdien;
8. Nerf rachidien; 9. Ganglion spinal;
10. Arachnoïde; 11. Dure-mère.

laires sont justiciables de soins prolongés
dans des centres spécialisés, car elles posent
des problèmes de rééducation motrice, des
soins vésicaux et cutanés.
*Tumeurs, malformations de la colonne verté-
brale.* V. CYPHOSE, SCOLIOSE, SPINA BIFIDA,
VERTÈBRE.

colonoscopie n. f. Examen endoscopique
(v. ENDOSCOPIE) du côlon*, effectué à l'aide
d'un fibroscope*.

colopathie n. f. 1. Toute maladie du
côlon*.

2. **Colopathie fonctionnelle,** affection du côlon, sans lésion organique, qui se manifeste par des spasmes ou par une diarrhée.

Dans la colopathie spasmodique, fréquente chez les sujets anxieux, on observe des « coliques » capricieuses, des selles irrégulières avec alternance de diarrhée et de constipation. La radiographie objective les spasmes du côlon.

Dans la colopathie muco-membraneuse, les selles sont enrobées d'une sécrétion muqueuse avec des dépôts membraneux.

Les tranquillisants, la psychothérapie, un régime sans résidus, les antispasmodiques et le bismuth sont les éléments du traitement.

colorant adj. et n. m. Les *colorants pharmaceutiques* sont utilisés soit pour améliorer la présentation des médicaments, soit pour leur activité thérapeutique. Ils doivent être choisis parmi une liste limitative du codex*.

Les *colorants alimentaires* sont destinés à améliorer l'apparence des aliments en conserve. Leur usage est rigoureusement réglementé.

coloration n. f. Technique de laboratoire destinée à rendre plus aisée la vision au microscope des cellules, des tissus ou des bactéries.

colostomie n. f. Syn. d'ANUS* ARTIFICIEL.

colostrum n. m. Liquide sécrété par les glandes mammaires, peu après l'accouchement, avant que s'installe la sécrétion lactée véritable.

colpocèle n. f. Affaissement des parois du vagin. (V. PROLAPSUS.)

colpocléisis n. m. Obturation plus ou moins complète de la cavité vaginale, pratiquée dans le traitement des prolapsus des femmes âgées.

colporraphie n. f. Intervention consistant à retendre les parois vaginales. — Pratiquée en cas de prolapsus, elle est souvent associée à une périnéorraphie.

colposcopie n. f. Examen du col de l'utérus au moyen d'un appareil optique grossissant et d'un éclairage puissant.

Il permet de découvrir des lésions minimes invisibles à l'œil nu, et c'est l'un des plus précieux moyens de dépistage du cancer du col utérin.

colpotomie n. f. Ouverture chirurgicale du cul-de-sac postérieur du vagin.

coma n. m. Perte des fonctions de relation (conscience, mouvements volontaires, etc.) alors que la vie végétative (circulation, respiration, métabolismes divers, etc.) est plus ou moins préservée, assurant au sujet une survie dans un état de « mort en sursis ». — Le coma survient de façon plus ou moins brutale, exprimant la souffrance du cerveau.

Classification. On reconnaît 4 stades à la profondeur du coma :

Stade I, ou coma vigil. L'abolition de la conscience est incomplète ; les stimulations douloureuses (pincements) ou les bruits intenses provoquent une réaction. Il n'existe pas de troubles végétatifs.

Stade II, ou coma de moyenne gravité. L'abolition de la conscience est totale et les fonctions végétatives sont peu perturbées : respiration ample mais calme, troubles du premier temps de la déglutition (labial), tension artérielle stable en dehors d'une cause cardio-vasculaire.

Stade III, ou coma carus. À l'absence totale de conscience s'associent des troubles végétatifs graves. La respiration est rapide, irrégulière, stertoreuse (ronflante). Il apparaît rapidement un encombrement bronchique entravant les échanges gazeux au niveau du poumon. La tension artérielle est instable, avec des variations importantes et rapides. La déglutition est totalement abolie ainsi que les réflexes ostéotendineux et, à l'extrême, le réflexe cornéen. Les sphincters sont relâchés. Les escarres* apparaissent rapidement.

Stade IV, ou coma dépassé. Il correspond à la mort cérébrale. L'électroencéphalogramme (E. E. G.) est rigoureusement plat. La circulation est souvent précaire, avec d'importantes variations tensionnelles, et la respiration cesse : l'assistance respiratoire s'impose.

Pronostic des comas. Indépendamment de sa cause, le coma est un état grave dont l'évolution, même bien traitée, est toujours aléatoire. Si le coma dépassé pose peu de questions quant à son issue fatale à brève échéance, en revanche il est hasardeux de prévoir une évolution pour les autres stades, car le coma est une situation dangereuse pour l'organisme, exposé à toutes les complications, en particulier infectieuses. À l'inverse, les possibilités de récupération sont étonnantes, surtout chez l'enfant, parfois *ad integrum*, parfois avec séquelles.

Coma et prélèvement d'organes. La législation prévoit que seuls les sujets en état de coma dépassé, contrôlés par plusieurs médecins et ayant présenté au moins 3 électroencéphalogrammes plats à plusieurs heures d'intervalle, peuvent être donneurs d'organes vitaux ou essentiels (yeux, cœur, rein, foie, etc.). En outre, plusieurs conditions médicales sont requises : coma récent, absence d'infection, de collapsus grave, de maladie générale, etc.

Causes des comas. On en distingue trois groupes :

Les comas traumatiques. Ils relèvent de plaies crânio-cérébrales, de contusions cérébrales, d'hématomes* intracérébraux, sous-duraux, ou extraduraux.

Les comas neurologiques. Ils sont principalement :

a) *postcritiques* (au décours d'une crise d'épilepsie), habituellement brefs ;

b) *infectieux*, apparaissant au cours d'encéphalites, de méningites, de thrombophlébites cérébrales ;

c) *vasculaires*, consécutifs à une hémorragie* cérébrale ou méningée. On rattache à ce groupe les comas dus à des tumeurs intracrâniennes, bénignes ou malignes, à des abcès du cerveau ou à des œdèmes aigus cérébroméningés.

Les comas toxiques. On les divise en intoxications endogènes, métaboliques et exogènes. Au premier rang des comas métaboliques se situent le diabète (coma acidocétosique) et l'hypoglycémie. Mais c'est aussi l'urémie, l'insuffisance hépatique grave, les comas endocriniens (myxœdème, maladie d'Addison) et les insuffisances respiratoires.

Les comas par intoxication exogène, accidentelle ou volontaire, sont principalement dus aux barbituriques, à l'oxyde de carbone et à l'alcool éthylique (v. ALCOOLISME).

comédon n. m. Amas de débris cellulaires et de sébum, concentré dans un follicule pilo-sébacé, qu'il oblitère.

Son extrémité libre est noire du fait de l'oxydation des matières grasses qui le composent, d'où sa dénomination commune de « point noir ». Les comédons s'observent au cours de l'acné juvénile et sur les peaux grasses. Des manœuvres de pression mal appliquées, sans nettoyage préalable, peuvent déterminer l'infection des follicules dont les orifices demeurent béants.

comitiale (crise), syn. de CRISE D'ÉPILEPSIE*.

commensal, e, aux adj. Se dit de microbes qui vivent habituellement à l'intérieur d'un organe ou d'un organisme sans lui causer aucun dommage.

comminutif, ive adj. Se dit d'une fracture en éclat qui présente de nombreux fragments.

commissure n. f. 1. Territoire où se réunissent deux parties : *commissures palpébrales* (des paupières), *commissures labiales* (des lèvres).
2. Angle de réunion que forment les deux valves de l'orifice mitral ou de l'orifice tricuspide. (V. CŒUR, *Anatomie*.)

3. Au niveau du système nerveux central, le terme de commissure se rapporte à des faisceaux de fibres réunissant les structures nerveuses droite et gauche du cerveau.

commissurotomie n. f. Section des valvules de l'orifice mitral. (V. CŒUR, *Chirurgie du cœur*, et MITRAL, *Rétrécissement mitral*.)

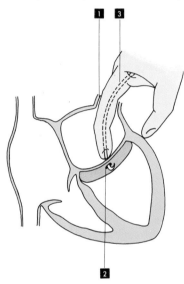

Commissurotomie.
Section de la commissure externe
de la valvule mitrale.
1. Auricule ; 2. Valvule mitrale rétrécie ;
3. Le doigt,
muni d'un bistouri à commissurotomie
(placé entre le doigt et le gant),
est introduit par l'auricule.

commotion n. f. Ébranlement d'un organe par un choc mécanique.

Commotion cérébrale, secousse imposée au cerveau par un choc violent sur la tête, entraînant une abolition des fonctions cérébrales, temporaire ou définitive. La commotion cérébrale provoque un coma plus ou moins profond ou un état stuporeux dont la récupération peut être totale ou laisser des séquelles (amnésie, troubles visuels).

communication n. f. **Communication interauriculaire (C.I.A.),** cardiopathie* congénitale assez fréquente, due à la persistance d'un orifice entre les oreillettes du cœur ; une partie du sang déjà oxygéné par les poumons retourne ainsi de l'oreillette gauche à l'oreillette droite. Elle est longtemps bien tolérée, mais les signes d'intolérance (fatigue, cyanose*, essoufflement) nécessitent l'intervention chirurgicale.

Communication interventriculaire (C. I. V.), cardiopathie* congénitale résultant de la persistance d'un orifice entre les deux ventricules du cœur. Le sang contenu dans chacun d'eux est ainsi mélangé à l'autre et, en particulier, le sang oxygéné du ventricule gauche (v. CŒUR) est éjecté dans la circulation générale mélangé à du sang veineux (non oxygéné) provenant du ventricule droit : les tissus sont ainsi moins bien oxygénés. Attestée par la découverte, à l'auscultation, d'un souffle intense et les résultats du cathétérisme*, cette cardiopathie nécessite la fermeture de la communication par la chirurgie.

compensation n. f. Mécanisme par lequel un tissu, un organe ou l'organisme tout entier pallie l'altération d'une fonction physiologique. — Ainsi une fuite dans une valvule du cœur* (insuffisance valvulaire) sera *compensée* par un travail accru du myocarde.

compère-loriot n. m. Syn. d'ORGELET*.

compétence n. f. Qualification reconnue à un médecin qui possède, dans une discipline considérée, un certificat d'études spéciales ou, lorsqu'un enseignement n'est pas institué en cette discipline, des connaissances particulières.
Certaines disciplines peuvent être considérées comme spécialité* ou compétence selon qu'elles sont exercées exclusivement ou non.

compétition n. f. Concurrence entre deux substances différentes pour un même récepteur* physiologique.
L'inhibition par compétition joue un grand rôle en biochimie et en thérapeutique : ainsi un composé pharmacologique entre en compétition avec une substance de l'organisme et bloque toutes les réactions chimiques prévues à partir de cette substance.

complément n. m. Mélange de facteurs présents dans le sérum sanguin et nécessaire à l'action de la plupart des anticorps*. — Non spécifique, le complément se fixe sur le complexe antigène*-anticorps et renforce l'action destructrice de l'anticorps.

complexe n. m. Ensemble de sentiments et de tendances inconscientes qui, de par leurs caractères contradictoires, sont à l'origine de conflits intérieurs.
Le complexe le plus connu est le complexe d'Œdipe : il associe un amour pour le parent

de sexe opposé à une haine pour le parent de même sexe.
Le développement affectif passe par une série de complexes normaux (complexe d'Œdipe, de castration, etc.) qui se manifestent au niveau du comportement par des réactions anxieuses ou agressives. Les complexes doivent se résoudre au cours de la maturation du caractère. Leur persistance à l'âge adulte est à l'origine de névroses.
La psychothérapie analytique doit permettre de surmonter les complexes mal résolus.

complication n. f. Manifestation morbide qui se surajoute à l'évolution normale d'une maladie et qui en aggrave le pronostic.
Les complications peuvent être liées à la maladie elle-même, au traitement institué (complication *iatrogène*) ou à la survenue d'une autre maladie ou d'une infection secondaire. En fait, la complication est très souvent liée au terrain particulier (âge, grossesse, débilité physique, tare préexistante) sur lequel la maladie se développe.
Complications opératoires. C'est l'ensemble des incidents ou accidents qui peuvent survenir au cours de toute intervention chirurgicale. Une surveillance rigoureuse de l'opéré avant, pendant et après l'intervention permet de les réduire au minimum.

comportement n. m. Manière d'être et de réagir d'un individu dans un milieu donné.
Troubles du comportement. Ils désignent en psychiatrie toutes les réactions plus ou moins pathologiques, visibles de l'extérieur, d'origine très diverse (fugue, tentative de suicide, agitation, etc.).

compresse n. f. Pièce de gaz hydrophile, pliée, stérilisée, utilisée pour les pansements.

compressif, ive adj. Pansement compressif, pansement serré suffisamment dans l'intention d'arrêter un saignement, même artériel. (V. COMPRESSION.)

compression n. f. Appui, pression exercés sur un organe ou une région du corps et qui peuvent être d'origine pathologique ou provoqués à des fins thérapeutiques.
Pathologie. Troubles de compression.
Aux membres, ils s'observent surtout après pose d'un garrot ou d'un plâtre, provoquant gonflement, cyanose*, fourmillements. Si la compression est levée trop tard, les troubles deviennent irréversibles et peuvent conduire à la gangrène.
La compression des organes du médiastin par une tumeur ou un épanchement intrathoracique entraîne dyspnée*, douleurs, toux, gonflement des veines du thorax.

La compression des organes abdominaux peut entraîner des douleurs, des troubles intestinaux, des troubles urinaires, des œdèmes* des membres inférieurs.

Les tumeurs et les épanchements intracrâniens ou *intrarachidiens* sont facteurs de troubles nerveux graves (hémiplégie, paraplégie, coma). [V. CRÂNE, COLONNE *vertébrale*, MOELLE *épinière*.]

Thérapeutique. La compression est un bon moyen pour arrêter les hémorragies : *compression manuelle* (directe ou avec une compresse) d'un gros vaisseau, qui, prolongée jusqu'au centre chirurgical, peut sauver la vie du blessé ; *garrot* (qu'il ne faut pas laisser plus d'une heure) ; *pansement compressif*, pour un hématome ou une hémorragie veineuse.

comprimé n. m. Médicament réalisant un petit cylindre de forme aplatie, destiné à être absorbé par voie orale, entier ou dissous dans de l'eau.
Certains comprimés sont enrobés de sucre pour en faciliter la prise (dragéification), ou de gluten, de kératine pour éviter leur désintégration dans l'estomac.

compte-gouttes n. m. Pipette de verre effilée à une extrémité, surmontée d'un capuchon de caoutchouc, et qui sert à verser avec précision un certain nombre de gouttes d'un médicament.

conception n. f. V. FÉCONDATION.

concombre n. m. Le concombre est peu nutritif (13 calories pour 100 g) ; il contient des vitamines A et C, et convient aux régimes amaigrissants. Le « lait de concombre » est un adoucissant de la peau.

concrétion n. f. Production pathologique de corps solides dans l'épaisseur des tissus.

condiment n. m. Substance aromatique que l'on ajoute aux aliments pour en relever la saveur.
Utiles à petites doses pour accroître l'appétit et pour faciliter la digestion en stimulant la sécrétion des sucs digestifs, les condiments deviennent nuisibles à dose trop élevée.

conduit n. m. *Conduit auditif externe*, canal allant du pavillon de l'oreille au tympan, où il dirige les sons.
Conduit auditif interne, canal creusé dans le rocher, à l'intérieur du crâne, et contenant le nerf auditif et son accessoire ainsi que le nerf facial. (V. AUDITIF et OREILLE.)

conduite n. f. En psychologie, ensemble organisé de réactions à des motivations, intégrant les composantes psychologiques, motrices et physiologiques de l'individu.

condyle n. m. Surface articulaire convexe, arrondie ou ovoïde : *condyle fémoral*.

Phot. X.

Condylomes acuminés (végétation vénérienne).

condylome n. m. Petite tumeur bénigne, arrondie, siégeant au niveau des muqueuses et plus particulièrement au pourtour des orifices naturels (vulve, anus).

conflit n. m. Opposition entre deux tendances affectives contradictoires.
Au cours de son développement, l'enfant est en proie à des conflits évolutifs « normaux », telle l'opposition de ses tendances instinctives propres avec des interdictions extérieures. Il doit pouvoir les dépasser. La non-résolution des conflits psychiques est à l'origine de névroses et de psychoses de l'adulte et de l'enfant.

confusion n. f. **Confusion mentale**, état psychiatrique aigu, caractérisé par une obnubilation de la conscience, un ralentissement de la pensée, une désorientation dans le temps et dans l'espace, des troubles de la mémoire.
C'est une affection dont le début est brusque, l'évolution souvent favorable, avec guérison complète et amnésie portant sur toute la durée de la maladie. L'état général est altéré : fièvre, déshydratation, amaigrissement. Les causes sont en majorité organiques. On distingue des causes infectieuses (grippe, paludisme, etc.), des causes toxiques (delirium tremens), des causes neurologiques (tumeur du cerveau, épilepsie, etc.), des causes émotionnelles (choc affectif au cours d'un accident grave, d'une catastrophe, d'une guerre). L'essentiel du traitement est la cure de la maladie causale.

congélation n. f. Ensemble des modifications fonctionnelles ou définitives, locales ou générales, provoquées par le froid.

Pathologie. La congélation des corps vivants produit un arrêt de l'irrigation sanguine, une induration et une insensibilité de la zone congelée. Trop longtemps prolongée, elle aboutit à une mortification, une nécrose tissulaire, puis à une ulcération, qui forment les lésions des gelures*.

Histologie. La congélation est une technique utilisée en anatomie pathologique pour étudier des fragments de tissu qui ont acquis une dureté leur permettant d'être directement coupés sans devoir être préalablement inclus dans la paraffine.

Hygiène. La congélation des aliments, en inhibant en même temps le développement des germes, les moisissures, et en bloquant les réactions enzymatiques, permet une conservation saine et prolongée.

congelé, e adj. Qui a subi une congélation.
Aliments congelés. Ils sont conservés à une température inférieure à 0 °C. Si la congélation se fait à moins de 5 °C, des moisissures peuvent se développer. Si elle est poussée à − 15 °C et − 20 °C (aliments surgelés), elle a lieu à cœur et permet une conservation indéfinie. En outre, elle tue les parasites (trichine en 20 jours, ténia en 10 jours). Les aliments surgelés doivent être mis à la température ambiante suffisamment de temps avant leur utilisation, pour qu'ils soient parfaitement dégelés.

congénital, e, aux adj. (littéralement : « né avec »). Se dit de maladies, d'anomalies ou de lésions présentes dès la naissance, soit de façon évidente (bec-de-lièvre), soit de façon potentielle, à révélation plus tardive (polycorie de surcharge).
Les affections congénitales peuvent être héréditaires ou non.

Affections congénitales héréditaires. Ce sont les moins fréquentes. Elles sont dues à des anomalies des gènes chromosomiques, transmises par l'ovule ou le spermatozoïde. Selon le mode de transmission (v. HÉRÉDITÉ), dominant ou récessif, la fréquence en est plus ou moins grande dans la fratrie. L'hémophilie, la surdi-mutité, l'achondroplasie sont des maladies congénitales héréditaires.

Affections congénitales non héréditaires. Ce sont les plus fréquentes. Elles sont la conséquence d'une agression infectieuse, virale (rubéole), parasitaire (toxoplasmose) ou médicamenteuse (thalidomide) au cours de la grossesse. Beaucoup restent de cause inconnue. Selon que cette agression agit au stade embryonnaire ou fœtal du développement, on parle d'embryopathies (anencéphalie*,

cécité*) ou de fœtopathies (hydrocéphalie*, exstrophie* vésicale).

congestion n. f. Accumulation de sang dans les vaisseaux d'un organe, responsable d'une augmentation de son volume et d'une altération de ses fonctions. (Syn. : HYPER-HÉMIE.)
Mécanismes. L'afflux de sang peut être dû à une augmentation du débit artériel (congestion active) ou au ralentissement du débit veineux (congestion passive).
La *congestion active* est la première réaction à une agression locale (infection, traumatisme) ; c'est le temps vasculaire de l'inflammation*.
La *congestion passive* est liée à un obstacle dans le territoire veineux ou à une vidange défectueuse de l'oreillette droite. Elle se traduit par une augmentation de volume de l'organe atteint, puis par une exsudation vers les tissus voisins du sérum que laissent échapper les veines ; ainsi l'insuffisance cardiaque* provoque l'engorgement des veines pulmonaires (congestion pulmonaire) et l'exsudation dans les alvéoles pulmonaires (œdème aigu du poumon).
Congestion hépatique. C'est l'augmentation de volume du foie, qui devient douloureux. C'est le plus souvent une congestion passive en rapport avec une insuffisance cardiaque droite, entraînant une stase veineuse en amont (veines caves et veines sus-hépatiques).
Congestion génitale. Ce terme est employé pour désigner la pesanteur pelvienne que ressent une femme avant ses règles ; elle correspond à une augmentation de volume de l'utérus et de ses annexes, due à la dilatation de ses vaisseaux par un afflux de sang.
Congestion pulmonaire. Qu'il s'agisse de congestion passive (par l'insuffisance cardiaque) ou active (par processus infectieux), la congestion pulmonaire se traduit par une matité à la percussion de la région atteinte et par l'auscultation de râles crépitants. Le terme de *congestion pulmonaire* est souvent employé pour désigner une pneumopathie* aiguë, une pneumonie*.
Congestion cérébrale. Terme courant pour désigner les accidents vasculaires du cerveau : en réalité, il s'agit d'hémorragie cérébrale ou de ramollissement par ischémie, et la congestion proprement dite n'est qu'un phénomène secondaire.

conjoint, e adj. Intimement uni.
Tendon conjoint, tendon commun d'insertion sur le pubis des muscles transverse et petit oblique de l'abdomen (il délimite, en haut et en dedans, l'orifice externe du canal inguinal).

Signes conjoints, en pathologie, signes ou symptômes associés à d'autres, mais dont l'importance peut n'être que secondaire.

conjonctif, ive adj. et n. m. Se dit du tissu de soutien de l'organisme qui unit les organes entre eux.

Il prend part à la constitution d'organes aussi divers que la peau, les tendons, les os, le cartilage, la cornée, etc. et forme également la substance intercellulaire. Capable de retenir l'eau et différents sels, le tissu conjonctif est un lieu d'échanges métaboliques du fait de ses connexions étroites avec les capillaires sanguins et lymphatiques.

Il est formé de trois éléments principaux : des cellules, une trame fibrillaire et une substance fondamentale.

1. Les *cellules*, ou *fibroblastes**, sont de grands éléments cellulaires à forme étoilée. Elles peuvent donner naissance à des histiocytes*, doués de phagocytose*, et à des mastocytes*.

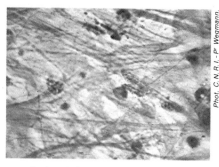

Phot. C. N. R. I. - Pᵉ Wegmann.

Conjonctif. Coupe de tissu conjonctif lâche.

2. La *trame fibrillaire* est composée de trois sortes de fibres : *a*) les *fibres réticulées*, extensibles et déformables, mais non élastiques ; *b*) les *fibres élastiques*, particulièrement abondantes au niveau de la paroi des vaisseaux artériels ; *c*) les *fibres du collagène**.

3. La *substance fondamentale conjonctive* occupe l'espace entre les fibres et les cellules ; elle constitue en fait le véritable « milieu intérieur ». Elle est formée de mucopolysaccharides*, liés à des protéines, d'eau et de sels minéraux.

conjonctivite n. f. Inflammation de la conjonctive (muqueuse recouvrant l'œil*), généralement d'origine infectieuse.

La conjonctivite se manifeste par une sensation de brûlure, de corps étranger sous les paupières. Le blanc de l'œil est rouge et sécrète du pus qui agglutine les cils (les paupières sont collées et empêchent d'ouvrir l'œil le matin au réveil). Les germes en cause peuvent être des streptocoques, des staphylocoques, des gonocoques, etc.

La plupart des virus peuvent également provoquer des conjonctivites, qui se manifestent par de petites élevures de la face interne des paupières. Enfin, certaines conjonctivites sont d'origine allergique (poussières, pollens, plumes). Les conjonctivites se traitent par des collyres antibiotiques (pénicilline, terramycine, chloramphénicol, etc.) instillés plusieurs fois par jour et continués plusieurs jours après la guérison.

conjugaison n. f. **En anatomie,** le *trou de conjugaison* est l'espace compris entre les pédicules de deux vertèbres, livrant passage aux racines des nerfs rachidiens.

Cartilage de conjugaison, cartilage fertile assurant la croissance en longueur des os longs ; il disparaît à la fin de la croissance.

En biochimie, combinaison chimique assurant la détoxication par l'organisme de nombreuses substances nuisibles, en les associant à un autre corps (*glycuro*conjugaison ; *sulfo*conjugaison).

connaissance n. f. Conscience* ; état de veille.

Perte de connaissance, suppression de la conscience et de la motricité volontaire, avec conservation des fonctions végétatives (circulation, respiration, etc.). [V. COMA, LIPOTHYMIE, SYNCOPE.]

consanguinité n. f. Lien unissant deux individus qui possèdent un ancêtre commun.

Le mariage de deux individus consanguins ne présente pas de danger sur un plan théorique si l'ancêtre commun possède un matériel chromosomique absolument normal. Comme cela est impossible à connaître, ces mariages restent à déconseiller sur le plan pratique car ils favorisent la manifestation des tares récessives*.

conscience n. f. Au sens psychologique, connaissance que chacun possède de son existence, de ses actes et du monde extérieur.

Degrés de la conscience. À l'état normal, le degré de lucidité ou de clarté de la conscience est très variable : c'est le niveau de vigilance. Du plus élevé au plus bas, on peut distinguer : la conscience claire et réfléchie, qui demande un effort de concentration ; la conscience spontanée ; celle de la rêverie, qui ne demande pas d'effort ; la subconscience,

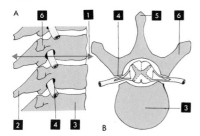

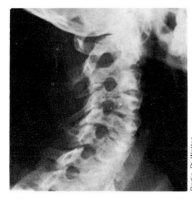

Conjugaison. Trou de conjugaison.
A. Vue latérale. — B. Vue en coupe.
1. Lieu de la section ; 2. Apophyse épineuse ;
3. Corps de la vertèbre ;
4. Trou de conjugaison ;
5. Apophyse épineuse ; 6. Apophyse transverse.

Radio Dr Wattez.

Conjugaison. Trou de conjugaison :
rachis cervico-dorsal.

qui permet les actes automatiques de la vie courante, et l'inconscience.

Anomalies de la conscience. À l'état pathologique, la perte de la conscience s'observe dans le coma*, la syncope*, les crises d'épilepsie*. À un degré moindre, se situent certains sommeils pathologiques, puis la confusion* mentale plus ou moins profonde, certains « états seconds ». Les psychoses délirantes entraînent des perturbations plus légères.

Par *conscience morbide*, on entend la conscience qu'un malade mental a de ses troubles.

Conscience morale. C'est le sentiment intérieur que l'homme a du bien et du mal. Ce sens du bien et du mal peut être complètement troublé dans les affections mentales. Il peut être soit aboli, soit exacerbé, ou bien encore totalement faussé par l'aveuglement d'une passion.

conserves n. f. pl. Les conserves se font le plus souvent dans des boîtes de fer-blanc, de dimension normalisée, plus rarement dans des bocaux de verre. La fermeture en est hermétique pour éviter toute contamination. La chaleur élimine les micro-organismes, les moisissures et certains germes ; la température de stérilisation varie avec le milieu et l'aliment envisagé (100 °C pour les produits acides, 118 °C pour les légumes, 120 °C pour les viandes).

Les conserves commerciales sont à l'abri d'une contamination quelconque et peuvent être gardées plusieurs années sans danger. Une lettre est affectée à chaque année et indiquée sur le couvercle. Les modifications du produit sont rares. Le bombement du couvercle doit faire écarter la boîte.

Les conserves familiales, si elles sont mal stérilisées, sont responsables d'intoxications redoutables (v. BOTULISME). La valeur nutritive des aliments ne varie pas avec la conservation ; seules certaines vitamines (C, D) sont partiellement détruites.

consolidation n. f. **Consolidation d'une fracture,** processus physiologique aboutissant à la soudure de deux fragments d'un os fracturé par constitution d'un cal conjonctif, puis osseux. De nombreux facteurs (alimentaires, endocriniens, thérapeutiques) interviennent dans la bonne marche de la consolidation. → Voir tableau page 244.

Consolidation des blessures, c'est le moment où les soins donnés à un blessé ne sont plus susceptibles d'améliorer son état et où il devient possible de déterminer l'importance de l'incapacité définitive (v. ACCIDENT, *Accident du travail*).

constante n. f. **Constantes biologiques,** ensemble des mesures et des dosages permettant d'apprécier le fonctionnement et l'état instantané d'un organe (foie, cœur, rein, poumon, etc.) ou d'un organisme par rapport à une valeur considérée statistiquement comme normale.

(Les constantes biologiques sont traitées à leur ordre alphabétique.)

constipation n. f. Rareté de l'évacuation des selles, due à une rétention anormalement prolongée des matières fécales dans l'intestin.

Causes. Elles sont multiples : *organiques* (tumeurs, brides, grossesse) ; des lésions

CONSOLIDATION DES FRACTURES

Le délai de consolidation des fractures, au sens médico-légal, comprend un temps d'*immobilisation* et un temps de *rééducation*. Seul le *temps d'immobilisation minimum* est donné ici, à titre indicatif. (Le temps de rééducation est variable : de quelques jours à plusieurs mois selon les cas.)

COLONNE VERTÉBRALE

— cervicale (cou)	90 j.
— dorsale sans lésion nerveuse	0 à 20 j.
— dorsale avec lésions nerveuses	60 à 120 j.
— lombaire sans lésion nerveuse	0 à 30 j.
— lombaire avec lésions nerveuses	60 à 120 j.
— côtes (sans volet costal)	21 à 45 j.
— côtes (avec volet costal)	40 à 90 j.

MEMBRE SUPÉRIEUR

— clavicule	15 à 30 j.
— humérus : extrémité supérieure	15 à 30 j.
— humérus : diaphyse	45 à 60 j.
— humérus : extrémité inférieure	30 à 45 j.
— radius : extrémité supérieure	15 j.
— radius : diaphyse	45 à 60 j.
— radius : extrémité inférieure	20 à 30 j.
— cubitus : olécrane	20 j.
— cubitus : diaphyse	45 à 60 j.
— radius et cubitus	60 à 90 j.
— os du carpe (scaphoïde)	90 j.
— métacarpiens	30 j.
— phalanges	30 j.

BASSIN

— une seule fracture de l'arc antérieur	0 à 15 j.
— double fracture de la ceinture pelvienne	60 à 90 j.

MEMBRE INFÉRIEUR

— fémur ; col	60 à 90 j.
— fémur : diaphyse	60 à 90 j.
— fémur : extrémité inférieure	90 j.
— rotule	10 à 30 j.
— tibia : extrémité supérieure (plateau tibial)	60 j.
— tibia : diaphyse	90 j.
— tibia : extrémité inférieure (malléole)	45 j.
— péroné : diaphyse	45 j.
— tibia et péroné : les deux diaphyses	90 à 120 j.
— tibia et péroné : les deux extrémités inférieures	60 j.
— calcanéum	90 à 120 j.
— métatarsiens	3 à 30 j.
— orteils	0 à 30 j.

Nota. — Les temps d'immobilisation peuvent être réduits de 30 à 50 p. 100 chez les enfants ou en cas de fractures incomplètes (fêlures).

anales (fissures, hémorroïdes) viennent gêner le transit ou la défécation, ainsi que des lésions nerveuses, le plus souvent au niveau de la moelle épinière. En fait, dans la grande majorité des cas, la constipation est d'origine *fonctionnelle*. L'acte de déféquer étant commandé par un réflexe à point de départ rectal, le trouble porte soit sur l'élément moteur (déficit musculaire), soit sur l'élément sensitif de l'arc réflexe, la présence des matières dans l'ampoule rectale ne déclenchant plus le besoin de les éliminer. Ces constipations fonctionnelles, très nombreuses, sont dues le plus souvent à un rythme de vie trop pressé, à l'insuffisance d'exercice physique et à des régimes inappropriés.

Traitement. En dehors des causes organiques dont la guérison résout le problème, il consiste essentiellement à prendre, tous les jours ou tous les deux jours, régulièrement, le temps nécessaire à la défécation. La détente est un élément important pour y parvenir. La marche, la gymnastique des muscles abdominaux, les accroupissements constituent de bons exercices. On évitera l'emploi prolongé des laxatifs* chimiques qui, à force de stimuler le réflexe de défécation, finissent par l'épuiser et aggravent encore la constipation. Ils entraînent le plus souvent une irritation colique permanente et une fuite fécale de potassium qui peut engendrer des troubles. On leur préférera les mucilages* (graines), qui, en augmentant le volume du bol fécal, réalisent une stimulation plus efficace. On veillera d'autre part à avoir une alimentation riche en légumes verts et en fruits, frais ou cuits. En cas de constipation passagère (après un accouchement, une opération chirurgicale), les suppositoires laxatifs, de petits lavements et des laxatifs stimulant les contractions intestinales sont utiles pendant quelque temps.

constitution n. f. Ensemble des caractères morphologiques, physiologiques et psychologiques de l'individu, pouvant prédisposer à tel ou tel genre d'affection.
La *constitution homéopathique :* carbonique*, phosphorique* ou fluorique*, permet au médecin homéopathe d'orienter son diagnostic et sa thérapeutique.

constricteur adj. et n. m. Se dit d'un muscle dont le rôle est de réduire le diamètre ou le volume d'une cavité : *constricteur de la vulve, du pharynx.*

constrictif, ive adj. **Douleur constrictive,** douleur reproduisant une sensation de serrement et de brûlure, donnant l'impression d'être serré dans un étau. — La douleur de l'angine* de poitrine représente le type de la douleur constrictive.

consultation n. f. 1. Examen que le médecin pratique à son cabinet et qui est destiné à diagnostiquer la maladie ainsi qu'à en prescrire le traitement.
2. Avis motivé rendu par plusieurs médecins (généralement le médecin traitant et un ou plusieurs spécialistes) se rencontrant auprès d'un malade lorsque les circonstances l'exigent (v. MÉDECIN, *Médecin consultant*).
Services de consultation, services organisés dans la plupart des hôpitaux pour traiter les malades venus du dehors ou décider de leur hospitalisation.

contact n. m. *Lentille de contact.* V. LENTILLE, *Lentille cornéenne.* — *Verre de contact.* V. VERRE.

contactothérapie n. f. Procédé de radiothérapie dans lequel le tube émetteur de rayons X est placé au contact de la lésion.

contage n. m. Cause matérielle de la contagion* : crachats, urines, selles, etc.

contagieux, euse adj. Se dit des maladies transmises par contagion, des malades atteints cliniquement ou de façon latente et des porteurs de germes non malades.
La prophylaxie collective des maladies contagieuses regroupe non seulement l'isolement* des malades — soit à domicile avec désinfection* du linge et de la vaisselle, soit à l'hôpital (qui est, de loin, préférable) —, la désinfection, la déclaration obligatoire de

certaines maladies, mais aussi l'évacuation des eaux usées, la réglementation des baignades, etc.
La déclaration de certaines maladies transmissibles est obligatoire. Celle-ci doit être faite par le médecin qui l'a diagnostiquée à l'inspecteur départemental d'hygiène ou au préfet, et par le chef de famille ou le responsable des locaux occupés par le malade au maire.
La liste de ces maladies comprend deux groupes :
I. Maladies justiciables de mesures exceptionnelles au niveau national ou international :
— choléra ;
— peste ;
— variole ;
— fièvre jaune ;
— rage ;
— typhus exanthématique ;
— fièvres hémorragiques africaines.
II. Maladies justiciables de mesures à l'échelon local :
— fièvres typhoïdes et paratyphoïdes ;
— tuberculose ;
— tétanos ;
— poliomyélite antérieure aiguë ;
— diphtérie ;
— méningites cérébro-spinales à méningocoques et méningococcémies ;
— toxi-infections alimentaires collectives ;
— botulisme ;
— paludisme autochtone (c'est-à-dire contracté sur place) ;
— S.I.D.A. ;
— brucelloses.
Indépendamment de ces déclarations obligatoires, les médecins sont invités à notifier aux Services départementaux d'action sanitaire et sociale (D.A.S.S.) :
— toute maladie transmissible sévissant sous forme de cas groupés (qu'elles soient à déclaration obligatoire ou non) ;
— les cas à expression clinique ou à évolution inhabituelles ;
— toute maladie transmissible pour laquelle le médecin juge nécessaire l'intervention des services de santé publique.

contagion n. f. Transmission d'une maladie d'un individu à l'autre (homme ou animal).
La contagion se fait directement, indirectement ou par l'intermédiaire d'un vecteur :
— *directement,* elle est interhumaine, par le sang, le pus, la salive, les rapports sexuels ;
— *indirectement,* elle se fait par les linges, les eaux, la vaisselle, les w. c., etc. ;
— *par un vecteur,* c'est-à-dire par piqûres de moustiques, morsures de rongeurs, de chiens, de chats, etc.

Cela explique l'importance des mesures prophylactiques (isolement, désinfection, vaccination) pour juguler l'extension des maladies contagieuses (v. CONTAGIEUX).

contamination n. f. Transmission d'une maladie par différents agents pathogènes, objets ou êtres vivants (il peut s'agir de microbes, mais aussi de produits radioactifs).

contenance n. f. Certaines contenances d'ustensiles usuels doivent être connues, aussi bien pour l'administration de médicaments que pour l'usage courant et la cuisine :

cuiller à café	5 ml
cuiller à dessert	10 ml
cuiller à soupe	15 ml
verre à liqueur	30 ml
verre à vin de liqueur (ou à madère)	50 ml
verre à vin de Bordeaux	70 ml
verre ordinaire	110 à 150 ml

contention n. f. Procédé utilisé pour immobiliser un os fracturé : par gouttière*, attelle*, plâtre* ou ostéosynthèse*.
En *psychiatrie*, moyen physique (camisole* de force, harnais, etc.) utilisé pour immobiliser un malade agité.

continence n. f. État de ceux qui s'abstiennent volontairement ou non de tout rapport sexuel.

contondant, e adj. Qui meurtrit par écrasement, sans couper.

contraception n. f. Ensemble des procédés visant à éviter de façon temporaire et réversible la fécondation.
Mettant en jeu des facteurs très divers, la contraception ne peut être réduite à la seule mise en œuvre d'une technique donnée. Elle doit être acceptée par le couple, respecter l'harmonie sexuelle et tenir compte des impératifs moraux, religieux et légaux.
Les méthodes d'abstinence périodique.
Méthode d'Ogino-Knaus. Fondée sur deux calculs à partir des dates des règles, cette méthode possède un taux d'échecs élevé et est tombée dans un discrédit total.
Méthode de la température. Sur une courbe thermique menstruelle (v. COURBE), l'ovulation se situe au dernier jour de la phase basse, avant le décalage thermique. Par rapport à cette ovulation, il existe donc une période féconde dont la durée classique (de 7 jours) est fondée sur la survie des spermatozoïdes (4 jours) et sur la survie de l'ovule (de 12 à 24 heures). Cette période s'étend donc du 5e jour avant le décalage jusqu'au 2e jour après elle. Elle sépare deux périodes

Contraception. Les différentes méthodes et leurs modes d'action.

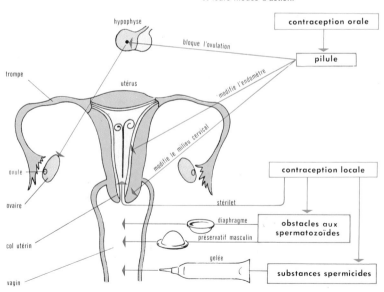

stériles : l'une *après* les règles et *avant* l'ovulation, où la stérilité n'est que relative ; l'autre *après* l'ovulation, où la stérilité est absolue et va du 2e jour de température haute, après le décalage, jusqu'aux règles suivantes. Si un couple veut donc exclure de façon totale le risque de grossesse, il ne doit avoir de rapports qu'à partir du 2e jour de plateau thermique confirmé. Chez les femmes dont le plateau thermique ne s'établit pas franchement mais en quelques jours, la période de stérilité absolue se voit limitée à 1 semaine ou moins. Cette méthode, dont l'exactitude reste très relative, exige donc discipline et maîtrise de soi.

Le préservatif masculin. C'est une méthode efficace sous réserve de son acceptabilité et de son utilisation correcte. Le préservatif doit être mis avant le début du rapport ; la verge doit être retirée du vagin dès la détumescence.

Les préservatifs féminins. Ils obturent le col de l'utérus et empêchent la pénétration des spermatozoïdes dans celui-ci. Ils consistent en diaphragmes ou en capes de caoutchouc. Ils doivent être posés par la femme elle-même, avant le rapport. Leur efficacité n'est pas toujours parfaite car ils peuvent être déplacés pendant le rapport.

Les spermicides chimiques. Ce sont des ovules, tablettes, crèmes et gelées contenant des produits qui détruisent les spermatozoïdes. Leur emploi isolé est très inefficace. Ils sont surtout utilisés en association avec le diaphragme.

Les contraceptifs intra-utérins ou stérilets. Il s'agit de dispositifs en plastique simple ou recouvert de cuivre, en formes d'anse, de spirale ou de boucles diverses, que le médecin introduit pour un certain temps dans la cavité utérine. Ils peuvent être gardés 1 ou 2 ans sous réserve d'un contrôle régulier. Ils ne peuvent être posés qu'en l'absence de contre-indications, notamment d'infection des trompes ou de fibrome. Leur efficacité n'est pas absolue et on peut observer des « grossesses sous stérilets ».

La contraception par voie buccale. Fondée sur le pouvoir qu'ont les hormones ovariennes d'inhiber l'ovulation lorsqu'elles sont prescrites à certaines périodes du cycle, c'est la méthode dite « de la pilule ». C'est la plus efficace des méthodes de contraception. Son innocuité apparaît de plus en plus vraisemblable dès lors que l'on a éliminé, par un examen gynécologique et certains examens de laboratoire, ses contre-indications (hyperlipémie, diabète, phlébites, embolies, cancer, etc.).

Législation. La loi du 4 décembre 1974 a libéralisé la contraception, qui répond cependant à la réglementation suivante :

Les produits, médicaments ou objets contraceptifs ne peuvent être vendus qu'après autorisation de mise sur le marché accordée par le ministre chargé de la Santé publique. L'insertion de contraceptifs utérins ne peut être pratiquée que par un médecin, et la délivrance des contraceptifs autorisée que sur prescription médicale. En principe, cette délivrance ne peut être faite que dans une pharmacie, mais les centres de planification ou d'éducation familiales agréés sont autorisés à délivrer des contraceptifs à titre gratuit aux mineures désirant le secret ainsi qu'aux personnes ne bénéficiant pas de prestations maladies.

Le remboursement par la Sécurité sociale des frais entraînés par la contraception (médicaments, produits, objets, frais d'analyse, etc.) est prévu par la loi. L'aide médicale gratuite peut être obtenue.

contraction n. f. **Contraction musculaire,** raccourcissement ou mise sous tension d'un muscle, permettant à celui-ci d'assurer son rôle mécanique ou statique.

Physiologie. Pour que la contraction musculaire se produise, il faut que le muscle reçoive un stimulus (l'influx nerveux transmis par un nerf). Les contractions musculaires peuvent se faire sans changement de longueur du muscle (*contraction isométrique*) : elles maintiennent une position, « fixent » une attitude ; ou avec raccourcissement (*contraction isotonique*) : elles produisent alors le mouvement. Dans les deux cas, le muscle se durcit et se tend toujours lors d'une contraction.

Les contractions peuvent être *involontaires* : celles de la musculature lisse des organes, par exemple ; ou *volontaires* : celles

Contraction musculaire. *À gauche,* schéma de l'image vue au microscope.
À droite, interprétation du mécanisme.

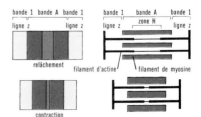

de la musculature striée de l'appareil locomoteur, des yeux, de la langue, etc.

Les contractions peuvent être enregistrées sur un diagramme nommé *myogramme* (v. MYOGRAPHIE). Les phénomènes électriques qui accompagnent la contraction au niveau des nerfs sont étudiés sur l'*électromyogramme**.

Mécanisme. Le mécanisme intime de la contraction musculaire est encore imparfaitement connu, mais il est généralement admis qu'à l'étirement la bande claire I (actine) s'allonge. À la contraction, elle se raccourcit et disparaît, puis la zone H disparaît et la bande A (myosine) se raccourcit. (V. MUSCLE. *Anatomie de la fibre musculaire striée.*) La contraction musculaire nécessite de l'énergie, qui serait fournie par l'hydrolyse de l'A.T.P. (v. ADÉNOSINE *triphosphate*). La contraction continue d'un muscle comprime les vaisseaux et gêne la circulation, entraînant une fatigue rapide.

contracture n. f. Contraction durable et involontaire d'un muscle ou d'un groupe de muscles. — La *contracture abdominale* est une réaction de défense réflexe de la paroi abdominale à une agression péritonéale, d'abord localisée, puis généralisée (ventre de bois). Cette contracture signe une péritonite* et impose l'intervention d'urgence.

contraste n. m. Les radiographies de certains organes (os, poumons) présentent un contraste naturel, dû à la différence de pénétration des rayonx X dans ces organes et dans les tissus voisins. Dans la plupart des autres cas, il faut employer des substances de contraste pour rendre opaque les cavités ou canaux qui ne sont pas visibles sans cet artifice.

Les principales substances de contraste sont le sulfate de baryum (tube digestif) et de nombreux dérivés iodés (voies biliaires, urinaires).

contrecoup n. m. Lésion d'un organe par répercussion d'un choc à distance : fracture vertébrale par chute sur les talons, rupture de la rate par contusion abdominale à distance.

contre-indication n. f. Circonstance au cours de laquelle un geste thérapeutique, quel qu'il soit (médicament, cure thermale, opération chirurgicale, etc.), ne peut être appliqué à une maladie, à cause de l'état du malade.

La contre-indication peut être relative ou absolue. La grossesse ainsi que le diabète sont des contre-indications à certaines thérapeutiques. Par extension, on dit qu'il y a contre-indication à un voyage, à un sport,

etc., lorsque l'état du sujet ne permet pas de supporter ceux-ci.

contrepoison n. m. Remède contre les effets d'un poison.

Les contrepoisons vraiment actifs sont peu nombreux. On les classe en *antidotes*, qui suppriment l'action du toxique, en *chélateurs*, qui s'unissent à lui pour former une combinaison moins dangereuse, et en *antagonistes*, qui s'opposent au toxique par un effet physiologique contraire.

Parmi les antidotes, citons la nalorphine pour la morphine ; parmi les chélateurs, les tétracémates ; parmi les antagonistes, le glucagon (intoxication par l'insuline).

Contrexéville, station hydrominérale des Vosges, à 5 km de Vittel, ouverte du 20 mai au 30 septembre.

L'eau froide (de 11 à 12 ^{0}C), sulfatée calcique et magnésienne, est diurétique et cholérétique. On l'emploie dans le traitement des affections des voies urinaires, dans les affections du foie et des voies biliaires ainsi que dans les affections métaboliques (goutte, hypercholestérolémie, obésité).

controlatéral, e, aux adj. Qui se situe ou se manifeste du côté opposé du corps, symétriquement par rapport à un élément anatomique donné.

contrôle n. m. **Contrôle médical,** service des caisses d'assurance maladie, constitué de médecins-conseils, dentistes-conseils et pharmaciens-conseils, chargés d'éviter et, éventuellement, de provoquer la répression des abus et des fraudes en matière d'assurance maladie et d'assurance contre les accidents du travail.

Contrôle sanitaire aux frontières, institution ayant pour objet l'application des mesures prévues par le règlement* sanitaire international et la réglementation nationale, en vue d'empêcher la propagation par voie terrestre, maritime ou aérienne des maladies quarantenaires (peste, choléra, variole et fièvre jaune) et, le cas échéant, de toute autre maladie transmissible.

contusion n. f. Lésion provoquée par la pression, le frottement ou le choc d'un corps contondant.

Le plus souvent simples hématomes* (*bleus*) régressant spontanément, les contusions sont parfois l'objet de lésions profondes étendues. Les *contusions abdominales* posent en particulier des problèmes diagnostiques et thérapeutiques difficiles (v. ABDOMEN).

convalescence n. f. Période transitoire entre la fin de la maladie et le retour à une parfaite santé.

La convalescence a une durée variable suivant la nature de l'affection en cause. Elle peut aller de quelques jours (grippe) à plusieurs mois (tuberculose). Pendant la convalescence des maladies infectieuses, le sujet reste plus exposé à d'autres affections ; l'affaiblissement et le manque d'entraînement justifient une reprise progressive de l'alimentation et de l'activité physique. Le médecin jugera, suivant les cas, d'un régime alimentaire particulier, d'une rééducation appropriée, d'un changement de climat, avec, éventuellement, un séjour dans une maison de repos.

convention n. f. *Convention nationale des médecins*, v. HONORAIRES.

convergence n. f. Modification oculaire lors de la vision rapprochée et qui comprend :
1. Une déviation simultanée des axes optiques des deux yeux, qui se rejoignent sur le point regardé ;
2. Une modification du cristallin, dont la puissance optique augmente sous l'effet du muscle ciliaire* et qui devient plus convergent (c'est l'accommodation à la distance). Simultanément à ces deux phénomènes, la pupille se contracte pour la vision rapprochée.

convulsion n. f. Phénomène d'excitation motrice pathologique survenant par crises, au cours desquelles le malade présente des mouvements saccadés des membres, du visage et des yeux (*mouvements tonicocloniques*).
La cause principale des convulsions est l'épilepsie*. En dehors de celle-ci, certains dérèglements métaboliques peuvent entraîner des convulsions et s'accompagner ou non de coma : hypoglycémie*, baisse de la calcémie (v. TÉTANIE), intoxications, etc.
Les *convulsions hyperpyrétiques* de l'enfant méritent une mention spéciale, dans la mesure où tout jeune enfant dont la température atteint ou dépasse 39 °C peut faire des crises convulsives. Celles-ci, habituellement sans conséquences, peuvent exceptionnellement être suivies de séquelles neurologiques (hémiplégie). C'est pourquoi il est utile d'associer un anticonvulsivant (phénobarbital) au traitement d'un enfant atteint d'une affection fébrile.

Coombs (test de), réaction permettant de mettre en évidence des anticorps* dans le sang d'un sujet.
Il est utile dans le diagnostic de certaines affections en rapport avec le facteur Rhésus et dans certaines maladies auto*-immunes.

coordination n. f. Fonction permettant de combiner de façon harmonieuse les contractions musculaires nécessaires à la réalisation d'un mouvement volontaire. — La coordination est contrôlée par le cervelet*.

coproculture n. f. Culture microbienne des matières fécales, complétée par la recherche de différents parasites ou bactéries.

coprologie n. f. Étude des matières fécales ou fèces*.

copromanie n. f. Tendance de certains malades mentaux à se souiller de leurs matières fécales.

copulation n. f. Accouplement et, plus précisément, pénétration de la verge dans le vagin, qui permet la réunion des gamètes et la fécondation. (Syn. : COÏT.) — Toute douleur ou toute perte de sang (en dehors des règles) lors d'une copulation doit amener la femme à consulter.

coqueluche n. f. Maladie infectieuse et contagieuse, due au bacille de Bordet et Gengou (*Bordetella pertussis*).
Elle peut survenir à tout âge, mais le plus souvent avant 5 ans et surtout chez les nourrissons, où elle peut atteindre une gravité extrême. La vaccination préventive en réduit les risques. Elle sévit de façon permanente dans les villes. Les malades constituent le seul réservoir de virus ; la coqueluche se transmet par contagion directe à la phase catarrhale* (toux).
Signes cliniques. Après une incubation silencieuse de 8 jours, la période catarrhale dure 1 ou 2 semaines et se caractérise par une fièvre (38 °C) et par une toux sèche, tenace, nocturne. Le diagnostic est difficile à cette période et jusqu'à l'apparition des quintes. À ce moment, la toux quinteuse rend le diagnostic évident. Précédée d'une période d'anxiété, la *quinte* débute par une série de secousses expiratoires de toux de plus en plus rapides, suivies d'une apnée* brève. Elle continue par une inspiration profonde ou « chant du coq ». Les quintes se succèdent en cycles de durée variable, terminées par une expectoration* peu abondante contenant des bacilles de Bordet-Gengou et du mucus bronchique.
Le nombre quotidien des quintes peut aller de quelques dizaines à plus de 100.
La période des quintes dure en moyenne 5 semaines, mais un tic coquelucho de peut persister 1 an : à l'occasion d'infections respiratoires banales, l'enfant recommence à tousser comme lorsqu'il avait la coqueluche.
Chez le nourrisson, la coqueluche est une maladie grave, avec altération importante de l'état général, vomissements, accès de cyanose. La gravité de la coqueluche est due à la

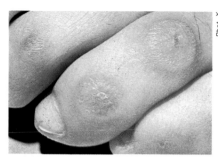

Cors.

Phot. X

cordons de la moelle* épinière, cordon ombilical, cordon spermatique.
Cordon ombilical, tige flexible (de 50 cm de long et 1,5 cm de diamètre) qui contient les vaisseaux reliant le fœtus au placenta. À la naissance, il faut le ligaturer à 1 cm de la peau et le couper 1 cm plus haut. Il peut être trop court (gênant la circulation) ou trop long

Formation d'un cor.
A. 1. Zone de frottement ;
2. Épaississement de la zone cornée
vers l'extérieur (durillon) ;
3. Bourse séreuse ; 4. Phalange.
B. Épaississement vers l'intérieur : cor.
C. Une sorte de clou pénètre en profondeur,
perfore la séreuse,
entraînant l'infection : cor infecté.

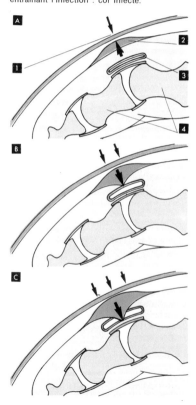

fréquence des complications. Les plus courantes touchent l'appareil respiratoire (broncho-pneumonies) et le système nerveux. Les convulsions simples, de bon pronostic, sont à différencier de l'encéphalopathie* aiguë, d'évolution souvent fatale.
Diagnostic. Le diagnostic repose sur la recherche et l'isolement du germe et l'augmentation importante des lymphocytes*.
Traitement. Le *traitement curatif* est simple, associant des sédatifs* de la toux aux antibiotiques. Les quintes asphyxiantes du nouveau-né nécessitent la mise en milieu hospitalier.

Le *traitement préventif* associe des mesures d'hygiène : déclaration obligatoire (n° 22), isolement, éviction scolaire pour les frères et sœurs, et la vaccination.

Celle-ci se pratique dès le 3ᵉ mois, le plus souvent en association avec la vaccination antidiphtérique-antitétanique.

coquille n. f. **Coquille plâtrée,** moitié postérieure d'un corset plâtré, utilisée pour traiter certaines affections de la colonne vertébrale.

cor n. m. Petit épaississement épidermique très dur du dos des orteils, très sensible à la pression et qui rend la marche inconfortable. Le traitement préventif est essentiellement le port de chaussures de taille correcte. L'application de lotions ou pommades émollientes permet d'ôter partiellement le bouchon corné par grattage prudent avec un instrument stérile (grattoir, bistouri), mais le recours à la chirurgie peut être nécessaire.

coracoïde n. f. et adj. Petite apophyse du bord supérieur de l'omoplate*.

corde n. f. Nom donné à certains organes : *corde du tympan,* branche du nerf facial ; *cordes vocales,* muscles et ligaments du larynx*.

cordon n. m. Nom donné, en médecine, à certains organes en raison de leur forme :

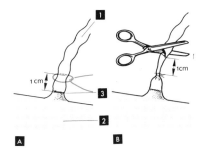

Section du cordon ombilical.
A. Nouer à 1 cm de la limite cordon-peau.
1. Cordon ombilical ; 2. Ventre du nouveau-né ;
3. Limite de la peau et du cordon.
B. Couper à 1 cm de la ligature.

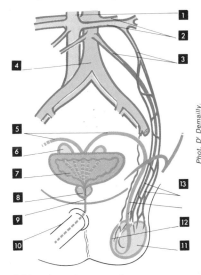

Schéma du cordon spermatique.
1. Veine cave inférieure ;
2. Artère et veine rénales gauches ;
3. Artère et veine spermatiques gauches ;
4. Aorte ;
5. Canaux déférents ; 6. Vésicule séminale ;
7. Vessie ; 8. Prostate ; 9. Urètre ;
10. Verge ; 11. Testicule ; 12. Épididyme ;
13. Cordon spermatique ;
a, veine et artère spermatiques ;
b, canal déférent.

(s'enroulant autour du cou du fœtus et pouvant l'asphyxier à la naissance [circulaire du cordon]).

Cordon spermatique, pédicule du testicule qui contient le canal déférent, les artères spermatiques et déférentielles, les plexus veineux, nerveux et lymphatiques. Le cordon spermatique sort de l'abdomen pour gagner les bourses en traversant le *canal inguinal.*

cordotomie n. f. Intervention neurochirurgicale portant sur les cordons de la moelle* épinière et pratiquée en cas de douleurs intolérables, résistant à tout autre traitement.

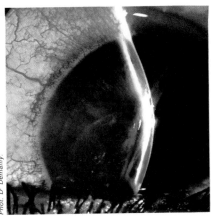

Phot. Dʳ Demailly.

Cornée. Coupe vue à la lampe à fente.

cornage n. m. Bruit particulier, sourd et grave, survenant à l'inspiration, et qui témoigne de la gêne, notamment au niveau de la trachée, au passage de l'air. — Le cornage est un symptôme de dyspnée* laryngée.

corne n. f. **Corne cutanée**, petite tumeur épithéliale bénigne, allongée, dure, siégeant sur le visage ou sur le cou. — Elle doit être détruite par curetage et électrocoagulation.

cornée n. f. Membrane fibreuse de l'œil, prolongement antérieur de la sclérotique* dont elle ne diffère que par sa transparence. La cornée est baignée en avant par les larmes, en arrière par l'humeur aqueuse. (V. ŒIL, *Anatomie.*) La cornée est à la fois une enveloppe résistante et un milieu transparent. Elle est richement innervée, mais dépourvue de vaisseaux, sauf dans des cas pathologiques (v. KÉRATITE).

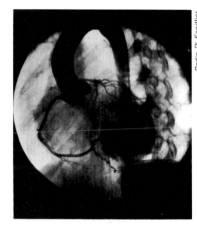

Radio D' Ecoiffier.

antérieur, pour se terminer après avoir contourné la pointe du cœur.

Veines coronaires. La grande veine coronaire, qui draine le sang des artères coronaires, s'élargit pour devenir le *sinus coronaire*, qui se jette dans l'oreillette droite.

Artère coronaire stomachique. C'est une branche du tronc cœliaque* qui irrigue la petite courbure de l'estomac*.

Maladies des artères coronaires. V. ANGINE DE POITRINE, ATHÉROSCLÉROSE, CORONARITE.

coronarite n. f. Artérite des artères coronaires, cause d'angine* de poitrine et d'infarctus du myocarde. — C'est une manifestation de l'athérosclérose.

coronarographie n. f. Radiographie des artères coronaires après injection d'un produit de contraste. — Elle permet de vérifier la perméabilité des coronaires et de localiser les lésions athéromateuses.

Corps étranger spontané du genou, formé à partir d'un éclat de cartilage.

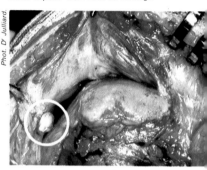

Phot. D' Julliard.

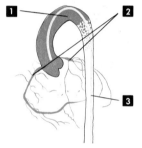

Coronarographie bilatérale (Nordenström).
1. Aorte ; 2. Artères coronaires ; 3. Cathéter.

cornet n. m. **Cornets du nez***, cartilages des fosses nasales, au nombre de 3 de chaque côté, dont le rôle est de canaliser et de filtrer l'air inspiré.

coronaire adj. et n. f. Se dit de certains organes en raison de leur disposition en couronne.

Artères coronaires. Ce sont deux branches issues de la naissance de l'aorte et qui constituent les artères nourricières du cœur*.

L'*artère coronaire droite*, postérieure, volumineuse, gagne le sillon auriculo-ventriculaire, puis le sillon interventriculaire postérieur et inférieur, où elle se termine.

L'*artère coronaire gauche*, antérieure, gagne rapidement le sillon interventriculaire

corps n. m. **Corps étranger,** substance étrangère à l'organisme, soit apportée du dehors (projectiles, objets déglutis ou inhalés), soit formée sur place (calculs*, fragments osseux ou cartilagineux). — Les corps étrangers venus du dehors doivent être extraits sans retard, notamment lorsqu'ils sont dans une plaie, dans les voies respiratoires, le tube digestif ou l'œil (v. EXTRACTION).

Corps jaune, structure ovarienne transitoire et périodique, qui sécrète la progestérone.

Le *corps jaune menstruel* se constitue, après l'ovulation, aux dépens du follicule vidé de l'ovule qu'il contenait. Le *corps jaune de grossesse* joue un rôle capital dans la nidation de l'œuf et les tout premiers temps de la grossesse ; son action hormonale est ensuite relayée par les prolans du placenta.

corpuscule n. m. Nom générique donné à de nombreuses structures du corps humain, visibles le plus souvent uniquement au microscope.
Corpuscule basal. V. BLÉPHAROPLASTE.
Corpuscule carotidien, petite masse arrondie située dans l'angle de bifurcation de l'artère carotide*. — Contenant des cellules nerveuses, il joue un rôle important dans la régulation de la tension artérielle et dans celle du débit sanguin cérébral. Il peut être le siège de tumeurs.

corricide n. m. Substance destinée à la destruction des cors* et durillons.

corset n. m. Sous-vêtement destiné à maintenir le tronc (buste, abdomen, rachis). Le corset en coutil baleiné n'est plus guère employé, et les modèles destinés à donner la taille fine, si usités au début du XXᵉ siècle, sont contraires à la physiologie (limitation de l'amplitude respiratoire, relâchement des muscles vertébraux et abdominaux).
Les *corsets orthopédiques,* en revanche, sont utilisés pour traiter les affections et déviations du rachis : *corsets de plâtre* de redressement confectionnés après moulage en position corrigée ; *corsets de maintien* en Celluloïd, matière plastique ou cuir et métal, qui ont l'avantage d'être amovibles et de permettre la kinésithérapie associée ; *lombostats* en coutil baleiné avec armature métallique. (V. CEINTURE.)

cortex n. m. Couche périphérique de certains organes, notamment du cerveau* (*cortex cérébral*) et de la glande surrénale* (*cortex surrénalien*, qui sécrète les hormones corticosurrénales).

Corti (organe de), ensemble sensoriel de l'appareil auditif, destiné à percevoir les sensations acoustiques (v. OREILLE, *Oreille interne*).

cortical, e, aux adj. Relatif au cortex (cérébral ou surrénalien).

corticoïde adj. et n. m. Se dit des corticostéroïdes* et de substances, telle l'A. C. T. H., qui ont une action analogue.

corticostéroïde adj. et n. m. Se dit des hormones stéroïdes sécrétées par la partie périphérique (cortex) des glandes surrénales et des produits de synthèse ayant une action analogue.
Corticostéroïdes naturels. Ces corps se divisent, suivant leur action, en :
— *glucocorticoïdes,* agissant surtout sur le métabolisme des glucides et représentés par la *cortisone** et l'hydrocortisone ou *cortisol* ;

— *minéralocorticoïdes,* agissant sur le métabolisme des sels minéraux (de sodium, de potassium) et représentés par l'*aldostérone* ; — *androgènes,* de structure voisine de celle de la testostérone.
Corticostéroïdes de synthèse. Ce sont : — la *désoxycorticostérone,* minéralocorticoïde employé dans le traitement de l'insuffisance surrénale (maladie d'Addison) ; — les *corticostéroïdes anti-inflammatoires,* représentés par la deltacortisone, ou *prednisone,* la deltahydrocortisone, ou *prednisolone.* des dérivés fluorés (fludrocortisone, triamcinolone, bétaméthazone) et des dérivés méthylés (méthyl-prednisolone). [V. CORTICOTHÉRAPIE.]

corticosurrénal, e, aux adj. Qui concerne la partie périphérique, corticale, des glandes surrénales*. (Syn. : CORTEX* SURRÉNALIEN.)

corticothérapie n. f. Traitement par les corticoïdes (corticostéroïdes et A. C. T. H.). Ce traitement, très actif, doit être l'objet d'une surveillance attentive, car il est responsable de nombreux accidents et peut aboutir, dans certains cas, à une véritable dépendance physiologique (*corticodépendance*).
Les indications sont de trois ordres :
1. *Action substitutive.* En pathologie endocrinienne, l'insuffisance surrénalienne, comme l'insuffisance hypophysaire et l'hypophysectomie, nécessite un traitement hormonal, substitutif à vie par la cortisone ou l'hydrocortisone associées aux hormones minéralocorticoïdes (désoxycorticostérone).
2. *Action anti-inflammatoire.* En rhumatologie et dans certaines collagénoses*, la corticothérapie permet aux malades de mener une vie pratiquement normale. Son action a également bouleversé le pronostic des glomérulonéphrites*, du rhumatisme* articulaire aigu, ainsi que celui de certaines hémopathies* (affections du sang). Dans les maladies allergiques, l'asthme en particulier, la corticothérapie trouve une indication, mais peut être à l'origine de corticodépendance qui oblige à poursuivre le traitement indéfiniment, avec tous ses risques. Dans de nombreuses maladies de peau, la corticothérapie locale est très efficace (crèmes, pommades).
Pour l'action anti-inflammatoire, on emploie les corticostéroïdes* de synthèse (prednisone, bétaméthazone, etc.) ou, si la surrénale peut réagir, l'A. C. T. H., qui stimule la sécrétion d'hormones naturelles. On alterne parfois les deux médications (corticostéroïdes et A. C. T. H.).
3. *Action immunodépressive.* Les corticoïdes sont également des immunodépresseurs*. A

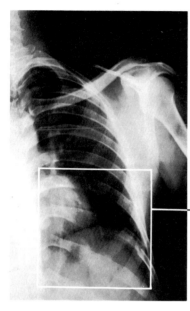

Radio D' Wattez.

Elle agit également sur le métabolisme du sodium (qu'elle retient), du potassium (qu'elle élimine).

La cortisone n'est plus employée en thérapeutique que dans le traitement des insuffisances surrénales, les traitements anti-inflammatoires faisant appel aux corticostéroïdes* de synthèse.

corvicide ou **corvifuge** n. m. Substance destinée à détruire ou à éloigner les corbeaux.

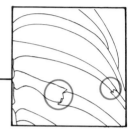

Fractures de côtes.

ce titre, ils sont employés notamment chez les sujets qui ont subi une greffe d'organe (rein), pour éviter le rejet, et chez les porteurs d'une maladie auto-immune*.

La conduite de ce traitement nécessite des précautions indispensables : régime sans sel (pour éviter la rétention hydrosodée et l'hypertension artérielle), ration alimentaire riche en protides. Une surveillance médicale est nécessaire.

Les accidents de la corticothérapie. Ils sont nombreux et doivent être diagnostiqués dès leur début. La rétention d'eau (œdèmes), la perte de potassium (crampes, troubles du rythme cardiaque), une fonte musculaire seront mis en évidence à l'examen clinique.

Les complications digestives sont à type de brûlures, de nausées ou de perforations d'ulcères gastriques, nécessitant une intervention chirurgicale immédiate.

cortisone n. f. L'une des hormones de la corticosurrénale, où elle est accompagnée par l'hydrocortisone ou cortisol.

Elle agit sur le métabolisme des glucides (provoquant l'hyperglycémie), des lipides et des protides (en augmentant leur synthèse).

En cas d'intoxication par un corvifuge, il importe de relever le nom du fabricant pour essayer de connaître la composition du produit.

coryza n. m. Affection virale des voies aériennes supérieures. (Syn. : RHUME DE CERVEAU.)

C'est une atteinte épidémique due à des virus divers, et se traduisant par une sécrétion muqueuse nasale abondante, responsable d'encombrement et d'obstruction nasale. Il convient d'éviter la surinfection (sinusite). Le traitement associe la pulvérisation de vasoconstricteurs* locaux et d'antibiotiques.

cosmétique adj. et n. m. Une loi du 10 juillet 1975 définit les cosmétiques et produits d'hygiène corporelle comme «toutes substances ou préparations autres que les médicaments, destinées à être mises en contact avec les différentes parties superficielles du corps humain ou avec les dents et les muqueuses, en vue de les nettoyer, de les protéger, de les maintenir en bon état, d'en modifier l'aspect, de les parfumer ou d'en corriger l'odeur». Cette définition est assortie d'impératifs concernant la fabrication, le conditionnement et la vente de ces produits, dont la formule intégrale doit être transmise au Centre de traitement des intoxications (sauf pour les parfums).

Enfin, sont considérés comme médicaments* les produits cosmétiques et les produits d'hygiène corporelle qui contiennent une substance ayant une action thérapeutique ou qui contiennent à une certaine dose des substances vénéneuses.

côte n. f. Chacun des os très allongés, en forme d'arc concave en dedans, qui, au nombre de douze de chaque côté, constituent avec les vertèbres dorsales et le sternum la *cage thoracique*.

Anatomie. On distingue, de haut en bas, 7 vraies côtes unies au sternum par les cartilages costaux, 3 « fausses » côtes, dont l'extrémité antérieure s'unit au cartilage costal sus-jacent, et les côtes flottantes (11e et 12e), dont l'extrémité reste libre.

Pathologie. *Côte cervicale.* C'est une anomalie de la 7e vertèbre cervicale, dont une apophyse transverse est anormalement développée, qui peut entraîner une compression des vaisseaux et des nerfs de la base du cou. *Fractures de côtes.* Elles sont très fréquentes chez l'adulte. Bénignes si elles n'intéressent qu'une ou quelques côtes (un simple bandage du thorax suffit à les maintenir), elles peuvent mettre en jeu la vie du blessé si elles sont multiples, réalisant un « volet thoracique » qui nécessite un traitement d'urgence en centre chirurgical.

coton n. m. Poils de la graine du cotonnier, utilisés sous forme de *coton cardé*, peu perméable à l'eau, ou de *coton hydrophile*, qui peut absorber 18 fois son poids d'eau.

cotyle n. m. Cavité articulaire d'un os : le cotyle de l'os iliaque s'articule avec la tête du fémur. (Syn. : CAVITÉ COTYLOÏDE.)

cou n. m. Partie du corps située entre la tête et le thorax.

Anatomie. Le cou contient des organes importants (thyroïde, parathyroïdes) et est traversé par le conduit laryngo-trachéal (appareil respiratoire), le conduit pharyngo-œsophagien (appareil digestif), les vaisseaux destinés à l'irrigation de la tête et de l'encéphale (carotides*, jugulaires*), la moelle* épinière dans le canal rachidien, les nerfs crâniens.

Pathologie. Les *plaies du cou* sont graves en raison de la situation superficielle de paquets vasculo-nerveux essentiels, et peuvent entraîner une hémorragie mortelle en quelques minutes. La blessure de l'axe aérodigestif peut occasionner un état d'asphyxie aiguë par projection de sang dans les bronches. La seule chance de survie de ces graves plaies

du cou est le transport d'extrême urgence dans un centre de réanimation chirurgicale.

coude n. m. Partie du membre supérieur située à la jonction du bras et de l'avant-bras.

Anatomie. L'*articulation du coude* permet les mouvements de flexion et d'extension de l'avant-bras sur le bras (articulation de l'humérus avec le cubitus et le radius) et les mouvements de pronation et de supination (articulations huméro-radiale et radio-cubitale).

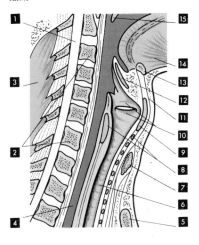

Coupe sagittale du cou : 1. Canal rachidien ; 2. Vertèbres cervicales ; 3. Muscles paravertébraux ; 4. Œsophage ; 5. Sternum ; 6. Trachée ; 7. Isthme du corps thyroïde ; 8. Cartilage cricoïde ; 9. Cartilage thyroïde ; 10. Cordes vocales ; 11. Aponévroses moyenne et superficielle unies ; 12. Épiglotte ; 13. Os hyoïde ; 14. Langue ; 15. Luette.

Le *pli du coude*, en avant de l'articulation, est une importante région de passage pour les vaisseaux (artère humérale) et les nerfs (médian et radial) destinés à l'avant-bras et à la main. Les veines superficielles, apparentes, servent aux prises de sang et injections intraveineuses.

La *région olécranienne*, en arrière, présente le relief de l'olécrane (pointe du cubitus) sur lequel s'insère le muscle triceps.

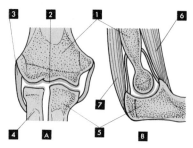

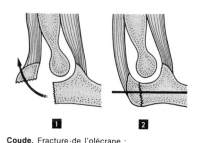

Coude.
A. Coupe frontale; B. Coupe sagittale.
1. Humérus; 2. Cartilage articulaire;
3. Capsule articulaire; 4. Radius;
5. Cubitus;
6. Muscle brachial antérieur; 7. Triceps.

Coude. Fracture de l'olécrane :
1. Le muscle triceps se rétracte
et entraîne la portion fracturée;
2. Une ostéosynthèse par broche ou cerclage
est nécessaire pour remettre en place
et maintenir les deux portions.

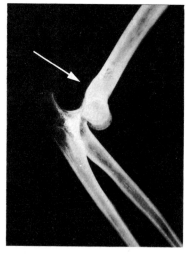

Radio Dr Wattez.

Luxation du coude.

Le nerf cubital passe dans la gouttière épitrochléo-olécranienne : superficiel, il est exposé aux traumatismes.
Pathologie. Les *luxations* du coude ne sont pas rares, en règle générale bénignes. La *fracture de l'olécrane* nécessite l'ostéosynthèse par cerclage ou broche. La *prona-*

tion douloureuse est une affection du jeune enfant (de 1 à 5 ans) : tiré par le poignet pour franchir un obstacle (trottoir par exemple), l'enfant pousse un cri et ne peut plus bouger le bras; de mécanisme discuté, cet accident cède facilement à la remise du coude en flexion et supination.

cou-de-pied n. m. Segment du membre inférieur qui répond à l'articulation tibio-tarsienne réunissant les deux os de la jambe à l'astragale.

couenne n. f. Membrane jaunâtre se formant à la partie supérieure d'un caillot, et faite de fibrine* coagulée.
Par analogie, dépôt inflammatoire qui tapisse la plèvre (pleurésies purulentes), le péricarde (péricardites) ou les amygdales (v. DIPHTÉRIE).

coumarine n. f. Substance odorante présente dans bon nombre de plantes sèches, notamment le mélilot.
La coumarine et ses dérivés s'opposent à l'élaboration de certains facteurs nécessaires à la coagulation du sang : ce sont des *antivitamines K.* (V. ANTICOAGULANT.) Antidotes : vitamine K, thrombine.

coup n. m. **Coup de chaleur.** V. CHALEUR.
Coup de fouet, douleur très vive ressentie lors d'un claquage* musculaire.
Coup de poignard, douleur extrêmement violente et soudaine qui apparaît dans le thorax ou l'abdomen lors d'accidents aigus comme une embolie pulmonaire grave, un infarctus du myocarde, une perforation d'ulcère gastrique ou une appendicite suppurée.
Coup de soleil. V. INSOLATION.

couperose n. f. Affection cutanée du visage, d'origine circulatoire, se manifestant par des rougeurs aux pommettes et au nez. La couperose est constituée par un réseau de vaisseaux sanguins dilatés et anastomosés. Elle s'observe surtout chez les femmes blondes et les sujets aux vaisseaux fragiles. La rougeur est accentuée par la prise d'un repas ou d'alcool, par l'exposition au froid ou à la chaleur. La couperose est aggravée par l'alcoolisme, mais elle peut exister chez des sujets parfaitement sobres.

Le traitement comporte l'électrocoagulation des capillaires, associée à des mesures d'hygiène générale. La couperose peut s'infecter : c'est l'acné* rosacée.

coupure n. f. Plaie provoquée par un instrument tranchant.

Devant toute coupure, il importe de savoir s'il existe des lésions profondes (sections tendineuses, vasculaires ou nerveuses) qui demandent une réparation d'urgence et s'il y a risque d'infection. (V. PLAIE.)

courbature n. f. Sensation d'endolorissement prédominant aux membres et aux lombes, et succédant à un effort musculaire inhabituel. — Des courbatures généralisées peuvent s'observer également à la phase initiale de nombreuses infections, notamment virales (grippe). On les traite alors par l'aspirine, la quinine, le paracétamol.

courbe n. f. Ligne formée par la réunion de points variables successifs, notés sur une feuille quadrillée, et qui permet de suivre l'évolution de différents états physiologiques.

Courbe de température ou courbe thermique. Elle est prise en général deux fois par jour. Dans certaines maladies infectieuses aiguës, elle peut être prise toutes les 3 heures.

Courbe thermique menstruelle. La température varie chez la femme sous l'influence des sécrétions hormonales de l'ovaire. Prise le matin au réveil, elle est inférieure à 37°C pendant la première partie du cycle menstruel. Une légère chute, suivie d'une remontée au-dessus de 37°C, caractérise l'ovulation. Elle se maintient alors «en plateau» (entre 37,2 et 37,5°C) durant 12 jours jusqu'à la veille des règles, souvent annoncées par une chute brusque de la courbe.

La courbe thermique permet de préciser l'existence et la date de l'ovulation. Il convient toutefois d'établir cette courbe avec une grande rigueur et avec certaines précautions :
1. Température rectale prise avec le même thermomètre ;
2. Température prise dès le réveil, à heure fixe ;
3. Transcription sur une feuille spéciale, graduée en dixièmes de degré ;

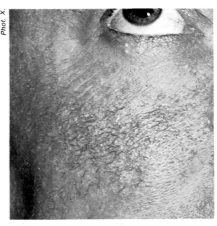

Phot. X

Couperose.

4. Température notée pendant 2 ou 3 cycles consécutifs et entiers ;
5. Faire figurer également la date et la durée des règles, ainsi que les incidences possibles d'une maladie fébrile, d'une émotion ou d'un traumatisme.

La feuille de température apporte des renseignements nombreux :
1. Pour la femme elle-même qui désire connaître ses périodes de fertilité et de stérilité (v. CONTRACEPTION) ; savoir si, devant un retard de règles, elle est enceinte ou non ;
2. Pour le gynécologue, afin de préciser le diagnostic des troubles gynécologiques.
→ V. illustration p. 258.

Courbe du pouls. Elle est notée en général comparativement à celle de la température (le pouls s'accélère quand la température monte) et permet parfois d'observer les dissociations entre le pouls et la température (pouls ralenti quand la température monte), de grande importance diagnostique.

Courbes du volume urinaire et du poids. Elles renseignent sur l'évolution des maladies des reins, l'insuffisance cardiaque, etc.

couronne n. f. Partie visible de la dent*. — Prothèse dentaire destinée à remplacer une couronne détruite.

cousin n. m. Moustique* (culicidés*).

coussin n. m. Sorte d'oreiller permettant de s'asseoir ou de s'appuyer.

Coussin de siège, coussin de caoutchouc souple, permettant de protéger le siège d'un

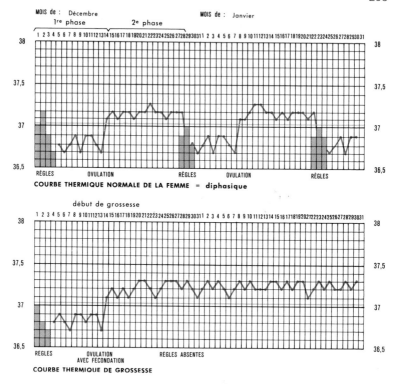

MOIS de : Décembre — 1re phase / 2e phase — MOIS de : Janvier

COURBE THERMIQUE NORMALE DE LA FEMME = diphasique

début de grossesse

COURBE THERMIQUE DE GROSSESSE

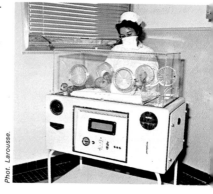

Couveuse pour prématuré.

malade longtemps alité afin d'éviter la formation d'escarres*.

Coussin de talon, anneau de caoutchouc souple où l'on pose le talon du malade longtemps alité. (On peut ainsi éviter la survenue d'escarres talonnières.)

coussinet n. m. Petit coussin.

Coussinets des phalanges, petites lésions indolores développées dans le derme du dos des articulations des doigts lors de rhumatismes* chroniques.

couveuse n. f. Appareil destiné à l'élevage des prématurés, des nouveau-nés fragiles ou de faible poids. (Syn. : INCUBATEUR, ISO-LETTE.)

Phot. Larousse.

Cowper (glandes de), petites glandes annexées à l'urètre de l'homme.

coxalgie n. f. Tuberculose de l'articulation de la hanche, atteignant surtout l'enfant. (V. TUBERCULOSE, *Tuberculose osseuse*.)

coxa-plana n. f. Maladie frappant le noyau de la tête du fémur en voie de croissance, chez l'enfant, et qui se trouve aplati. (Syn. : OSTÉOCHONDRITE JUVÉNILE.) — Il en résulte douleur à la marche et boiterie. Le traitement comporte l'immobilisation au lit.

coxarthrose n. f. Arthrose* de la hanche. — Elle peut être *primitive,* faisant partie des différents rhumatismes dégénératifs qui frappent l'adulte à partir de 40 ans, ou *secondaire,* venant compliquer une malformation congénitale de la hanche, une coxite* ou une déformation du membre inférieur.
Les signes de la coxarthrose sont la douleur à la marche et à la mobilisation de la hanche, qui est limitée.
Si le traitement médical à base d'anti-inflammatoires et d'antalgiques* n'arrive pas à bout de la douleur et de l'infirmité qui en résulte, on peut remplacer l'articulation malade par une prothèse* de hanche.

coxa-valga n. f. Ouverture de l'angle formé par le col du fémur et sa diaphyse, d'origine traumatique ou congénitale.

coxa-vara n. f. Fermeture de l'angle formé par le col du fémur et sa diaphyse, souvent consécutive à un traumatisme. — La *coxavara de l'adolescence* est due à un trouble de croissance du cartilage de conjugaison de l'extrémité supérieure du fémur.

coxite n. f. Arthrite de la hanche, d'origine inflammatoire (arthrite aiguë, coxalgie, etc.).

coxo-fémoral, e, aux adj. Qui se rapporte à l'articulation de la hanche, entre l'os iliaque et le fémur.

crachat n. m. V. EXPECTORATION.

crachoir n. m. Petit récipient muni d'un couvercle et destiné à recueillir l'expectoration* du malade, par mesure d'hygiène et en vue d'examens.

crampe n. f. Contraction involontaire et douloureuse d'un muscle.
La crampe peut atteindre un ou plusieurs muscles. Dans des conditions de fatigue musculaire (entraînement insuffisant à un effort), la crampe est normale, favorisée par une transpiration abondante ou par le froid (bains). Certains états peuvent provoquer l'apparition de crampes : grossesse, alcoolisme, diabète, diarrhée aiguë du choléra. Localement, les spasmes artériels, les névrites et polynévrites sont des causes de crampes, notamment des membres inférieurs.
Le traitement des crampes repose sur l'administration de sédatifs, d'antalgiques, de myorésolutifs, de vitamine B1. Au moment de la crampe, un massage léger, la chaleur permettent de relâcher le muscle contracté.

Crampe des écrivains, gêne, ressentie comme une douleur, déclenchée par le geste d'écrire, débutant dans la main pour diffuser à l'avant-bras. — Les doigts ne peuvent plus maintenir leur position d'écriture et le sujet doit suspendre son attitude. Un porte-plume ou un crayon muni d'une grosse boule pour la préhension permet de l'éviter.

crâne n. m. Cavité osseuse de la tête, qui contient les centres nerveux supérieurs (cerveau, cervelet, tronc* cérébral).

Anatomie. Le crâne est constitué par quatre os médians : le *frontal,* le *sphénoïde, l'ethmoïde* (qui séparent la boîte crânienne des cavités de la face) et l'*occipital,* et par deux paires d'os symétriques, les *temporaux* et les *pariétaux.*

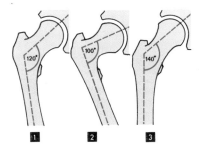

Coxa-vara et coxa-valga.
1. Angle d'inclinaison normal ;
2. Angle plus petit : coxa-vara ;
3. Angle plus grand : coxa-valga.

Ces os sont unis entre eux par des sutures dont le dessin irrégulier permet leur étroite imbrication ; à la naissance, ces sutures ne sont pas fermées, laissant entre elles des espaces importants, les *fontanelles*.* La boîte crânienne s'articule avec la colonne vertébrale à sa partie postéro-inférieure (charnière cervico-occipitale).
La base du crâne, divisée en trois étages (antérieur, moyen et postérieur), est creusée de trous livrant passage aux nerfs crâniens, à la moelle épinière et aux artères et veines

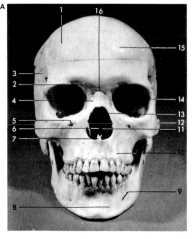

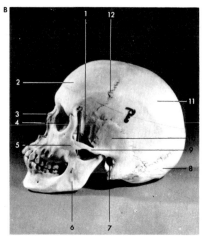

Crâne. A. Vue antérieure :
1. Os frontal ; 2. Arcade sourcilière ;
3. Fosse temporale ;
4. Os propre du nez ; 5. Trou sous-orbitaire ;
6. Fosses nasales ;
7. Épine nasale ; 8. Maxillaire inférieur ;
9. Trou mentonnier ;
10. Maxillaire supérieur ; 11. Vomer ;
12. Os malaire ;
13. Lame perpendiculaire de l'ethmoïde ;
14. Fosse orbitaire ;

15. Bosse frontale latérale ;
16. Suture métopique.
B. Vue de profil :
1. Fosse temporale ; 2. Os frontal ;
3. Os propre du nez ;
4. Fosse orbitaire ; 5. Os malaire ;
6. Maxillaire inférieur ;
7. Conduit auditif externe ; 8. Os occipital ;
9. Arcade zygomatique ; 10. Os temporal ;
11. Os pariétal ; 12. Suture fronto-pariétale.

Crâne.
Fracture « en étoile » de la voûte crânienne.

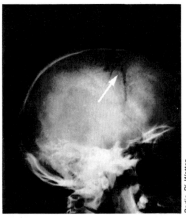

irriguant l'encéphale. C'est dans une partie de l'os temporal, le *rocher*, que sont creusées les cavités de l'oreille. *L'hypophyse* est logée dans une cavité médiane de la base du crâne, la *selle turcique*.
Pathologie. *Maladies des os.* Certaines affections peuvent comporter une localisation crânienne : myélome*, maladie de Paget*, métastases de certains cancers.
Hydrocéphalie*. Elle est due à un déséquilibre entre la boîte crânienne et les liquides qu'elle contient.
Fractures du crâne. Les fractures de la *voûte du crâne* isolées sont bénignes s'il n'y a pas enfoncement ou embarrure.
Les fractures de la *base du crâne* peuvent entraîner des lésions des nerfs optiques, des

sinus ou de l'oreille interne, qui se compliquent souvent d'infection méningée.

Quelle que soit la fracture, les *lésions encéphaliques* dominent la symptomatologie et le pronostic : œdème cérébral, hémorragie méningée, hématome intracérébral, se traduisant par un coma et divers signes neurologiques. Ces lésions cérébrales peuvent être incompatibles avec la vie. Les *hématomes extraduraux* (entre dure-mère et os) et *sous-duraux* (sous la dure-mère) présentent une symptomatologie bien particulière, l'existence d'un *intervalle libre* de quelques heures entre le traumatisme et l'apparition des signes neurologiques imposant la surveillance stricte des traumatisés crâniens et, éventuellement, l'intervention. Les *séquelles* ne sont pas rares : *épilepsie, syndrome subjectif* des traumatisés du crâne (qui peut survenir après tout traumatisme, quelle qu'ait été son importance) et consistant en maux de tête, vertiges, troubles du caractère, de l'intellect, asthénie physique, psychique ou sexuelle. Contrastant avec cette riche séméiologie subjective, l'examen physique est normal, ce qui pose des problèmes médico-légaux. (V. CERVEAU, *Traumatismes cérébraux.*)

crânien, enne adj. Qui se rapporte au crâne.

Nerfs crâniens. Au nombre de douze paires,

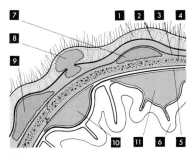

Crâne.
Hématomes intra- et extracrâniens :
1. Tissus cellulaires ;
2. Aponévrose épicrânienne ; 3. Périoste ;
4. Boîte crânienne ;
5. Dure-mère ; 6. Cerveau.
Hématomes extracrâniens :
sous-périosté (7) ;
sous-cutané (8) ; sous-aponévrotique (9).
Hématomes intracrâniens :
extra-dure-mérien ou extradural (10) ;
intra-dure-mérien ou sous-dural (11).

ils sortent par les trous de la base du crâne. (V. NERF, *Anatomie.*)

cranio-pharyngiome n. m. Tumeur intracrânienne développée à partir de reliquats embryonnaires de la région hypophysaire.

craniosténose n. f. Soudure prématurée d'une ou de plusieurs sutures crâniennes, avant ou après la naissance. (Syn. : CRANIO-SYNOSTOSE.) — Il en résulte une impossibilité de développement normal du cerveau. Des interventions chirurgicales décompressives sont possibles.

craniotabès n. m. Ramollissement des os du crâne, provoqué par une insuffisance de leur calcification. — Après l'âge de 5 mois, il traduit un rachitisme*. (Syn. : CRANIOMALACIE.)

crase n. f. **Crase sanguine,** ensemble des propriétés du sang relatives à la coagulation*.

crasse n. f. **Crasse sénile,** taches brunâtres apparaissant sur le dos des mains et le visage des personnes âgées. (Syn. : KÉRATOSE SÉNILE.)

cratægus n. m. Nom scientifique de l'*aubépine**.

crayon n. m. **Crayons dermographiques,** crayons à mine grasse et épaisse, permettant de dessiner sur la peau les repères d'un organe, d'une tumeur, d'une incision.
Crayon médicamenteux, préparation pharmaceutique, de forme cylindrique. (Certains crayons peuvent être introduits dans une cavité organique.)

Les *crayons de nitrate d'argent,* employés pour cautériser les tissus, sont très caustiques et ne doivent être utilisés que sous contrôle médical.

créatine n. f. Constituant du muscle, dont le rôle dans la contraction musculaire est fondamental. (La créatine est transformée en *créatinine*, éliminée par le rein*.)

crèche n. f. Établissement, public ou privé, chargé de la garde journalière des nourrissons.

Les crèches permettent aux mères de travailler et assurent à l'enfant une surveillance continuelle par un personnel spécialisé. Les enfants sont acceptés jusqu'à 3 ans, sur présentation d'un carnet de santé en règle (vaccinations contre la variole, la diphtérie, le tétanos, la coqueluche, la poliomyélite, le B. C. G.). Un médecin y effectue des visites bihebdomadaires pour contrôler l'état sanitaire et dépister les maladies contagieuses, en vue de l'isolement des enfants atteints.

crémaster n. m. Ensemble de petits faisceaux musculaires, sustenteurs du testicule*.

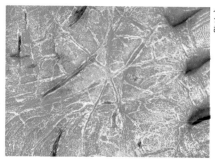

Crevasses de la paume.

crème n. f. **1. Aliments.**
Crème de lait. Elle est obtenue par centrifugation du lait, et constituée de lait fortement enrichi de matière grasse (de 20 à 50 p. 100). Elle doit être consommée fraîche car elle s'altère rapidement.
Crèmes cuites. Ces préparations culinaires servent comme entremets. Elles peuvent, surtout en été, être à l'origine d'intoxications alimentaires.
2. Pharmacie. Préparation dermatologique onctueuse comportant une forte proportion d'eau et peu ou pas de poudres.

crénothérapie n. f. Traitement par les eaux de source, à leur émergence même (aux griffons). (V. THERMALISME.)

créosote n. f. Liquide huileux obtenu par distillation du bois, antiseptique, employé en suppositoires dans les bronchites.

crépitation n. f. Bruit vif, sec et répété, comparable à une série de petites explosions.
Crépitation osseuse, bruit perçu à la mobilisation des deux fragments d'un os fracturé.
Crépitation neigeuse, sensation de crissement perçue à la pression d'une infiltration d'air sous la peau (*emphysème sous-cutané*), lors de plaies des voies respiratoires ou de gangrène* gazeuse (gaz de putréfaction).

cresson n. m. Le *cresson de fontaine* possède des teneurs élevées en fer, cuivre, arsenic, calcium et surtout en iode, ainsi qu'une grande valeur vitaminique (A, B, B2, C). Le *cresson sauvage* peut être contaminé par un mollusque, la limnée, qui transmet à l'homme la douve* du foie.
Le cresson est déconseillé aux sujets atteints d'infection urinaire (cystite, pyélonéphrite), car il aggrave les brûlures en urinant.

Crésyl n. m. (nom déposé). Mélange liquide obtenu par distillation du goudron de houille. (On l'emploie, dilué, comme désinfectant.)

crétinisme n. m. Variété d'idiotie, caractérisée par l'absence à peu près complète des facultés intellectuelles, associée à un nanisme avec infantilisme, et due à une insuffisance de la glande thyroïde (myxœdème*).

crevasse n. f. Fissure cutanée entamant profondément l'épiderme.
Les crevasses des *talons* et des *paumes* surviennent sur une peau épaissie, sous l'influence de frottements, du froid et de l'humidité. Il faut éviter tout contact avec l'eau, utiliser des désinfectants et des cicatrisants (pommade vitaminée). Les crevasses du *sein* apparaissent de 4 à 5 jours après l'accouchement, au début de l'allaitement. Des précautions simples permettent de les éviter : propreté lors des tétées, tétées courtes, mamelon bien introduit dans la bouche du nouveau-né, pansement sec protecteur.

cri n. m. **Cri du nouveau-né.** Dans les instants qui suivent la naissance, le nouveau-né pousse un ou plusieurs cris qui correspondent aux premiers mouvements respiratoires et constituent un des éléments de sa vitalité (v. APGAR) [*score d'*]).
Cri du nourrisson. À l'état normal, un nourrisson crie quand il a faim ou soif, et la tétée ou le biberon le calme. S'il n'en est pas ainsi, il faut craindre un état pathologique et le montrer à un médecin.
Cri du Douglas, expression médicale liée au fait que, chez une femme présentant une rupture de grossesse extra-utérine, le toucher vaginal détermine une douleur si vive qu'elle arrache un cri à la malade.
Maladie du cri du chat, maladie congénitale due à l'absence d'un bras court du chromosome* 5. — Elle se manifeste, chez le jeune enfant, par un cri comparable au miaulement d'un chat, en raison d'une malformation du larynx. Bien qu'associée à d'autres malformations et à une débilité mentale profonde, elle permet parfois une survie assez prolongée.

cricoïde adj. *Cartilage cricoïde,* cartilage situé à la partie inférieure du larynx*.

crise n. f. **1.** Manifestation pathologique soudaine, survenant en pleine santé apparente : crise d'appendicite, crise de goutte, crise d'épilepsie*, crise de colique néphrétique*, etc.
2. Modification brusque et intense qui apparaît au cours d'une maladie, souvent prémonitoire de sa guérison. — La *crise urinaire* marque souvent l'évolution terminale favo-

Age	Garçons	Filles	Age	Garçons	Filles
Naissance	3,3 kg	3,4 kg	2 ans	12,3 kg	11,7 kg
1 mois	4,7 kg	4,4 kg	2 ans ½	13,2 kg	12,6 kg
2 mois	5,4 kg	5,1 kg	3 ans	14,5 kg	13,5 kg
3 mois	6,2 kg	5,8 kg	3 ans ½	15,4 kg	14,5 kg
4 mois	6,8 kg	6,4 kg	4 ans	16,1 kg	15,4 kg
5 mois	7,2 kg	7,0 kg	5 ans	17,8 kg	17,2 kg
6 mois	7,8 kg	7,4 kg	6 ans	19,9 kg	19,0 kg
7 mois	8,2 kg	7,7 kg	7 ans	21,8 kg	21,4 kg
8 mois	8,5 kg	8,0 kg	8 ans	24,0 kg	23,6 kg
9 mois	8,8 kg	8,2 kg	9 ans	26,4 kg	26,0 kg
10 mois	9,0 kg	8,5 kg	10 ans	29,4 kg	28,8 kg
11 mois	9,4 kg	8,8 kg	11 ans	32,6 kg	32,8 kg
12 mois	9,7 kg	9,1 kg	12 ans	35,7 kg	36,6 kg
15 mois	10,4 kg	9,6 kg	13 ans	39,0 kg	40,8 kg
18 mois	11,3 kg	10,5 kg	14 ans	41,8 kg	46,0 kg
21 mois	11,9 kg	11,1 kg	15 ans	46,0 kg	48,8 kg

rable d'une maladie infectieuse : hépatite virale, pneumonie (crise pneumonique). Elle accompagne la chute de la fièvre et peut se compliquer d'une chute de tension.

Crise comitiale, syn. de CRISE D'ÉPILEPSIE*.

Crise génitale, ensemble de modifications passagères survenant chez le nouveau-né vers le 5ᵉ ou 6ᵉ jour et touchant surtout les organes génitaux, qui augmentent de volume.

Crise d'originalité juvénile, période de l'adolescence, pendant laquelle le besoin de s'affirmer se traduit par un comportement agressif et souvent antisocial.

Crise temporale, crise d'épilepsie* localisée au lobe temporal du cerveau*.

crispation n. f. 1. Contraction brève et involontaire d'un muscle.
2. État d'irritation et de nervosité excessive.

cristallin n. m. Lentille optique de l'œil*, située en arrière de l'iris et en avant de l'humeur vitrée.
Les rayons de courbure des faces du cristallin diminuent lors de l'accommodation, ce qui permet de voir les objets rapprochés. L'opacification du cristallin constitue la cataracte*.

critique adj. Relatif à une crise* (*phase critique* d'une maladie).
Âge critique, la ménopause*.

Crohn (maladie de), affection inflammatoire de l'intestin, de cause inconnue, souvent familiale, siégeant surtout à la partie terminale de l'iléon. (Syn. : ILÉITE TERMINALE.)
La maladie de Crohn se manifeste par des douleurs abdominales, souvent pseudo-appendiculaires, par des coliques et aussi par l'existence, à la palpation, d'une masse abdominale. La diarrhée, les lésions anales sont fréquentes, associées à des douleurs articulaires, à des lésions cutanées (érythème noueux) et oculaires (iritis) ainsi qu'à des fistules.
L'examen radiologique confirme le diagnostic.
Le traitement repose sur les mesures hygiéno-diététiques, le repos, la prescription d'antibiotiques en cas de pullulation microbienne.
La chirurgie d'exérèse permet d'éviter les complications aiguës.

croissance n. f. Ensemble des transformations aboutissant à la maturation définitive de l'individu.
La croissance s'étale entre la vie fœtale et l'âge de 20 ans environ, un peu plus longue chez l'homme que chez la femme. On

TAILLE MOYENNE DES ENFANTS ET ADOLESCENTS		
Age	Garçons cm	Filles cm
Naissance	50	50
6 mois	65	65
1 an.	75	74
2 ans	85	84
3 —	95	92
4 —	100	98
5 —	106	104
6 —	115	112
7 —	118	116
8 —	122	120
9 —	128	126
10 —	132	130
11 —	137	137
12 —	144	144
13 —	146	146
14 —	153	152
15 —	160	158
16 —	165	160
17 —	168	162
18 —	172	165

croûte n. f. Plaque constituée de leucocytes, d'une exsudation et de cellules épithéliales desséchées à la surface d'une plaie.
La croûte recouvre souvent un foyer infectieux ; en ce cas, elle est entourée d'une zone rouge dont la pression fait sourdre du pus. Les croûtes doivent être enlevées sans que la plaie saigne de nouveau, en appliquant des compresses humides avec de l'eau bouillie ou, mieux, de l'eau oxygénée. Il faut ensuite désinfecter la plaie avec une solution ou une pommade antiseptiques.
Croûtes de lait, placards gras, collant les cheveux, que l'on observe chez le nourrisson, dus à une infection bénigne du cuir chevelu. (V. ill. p. 226.) — Un traitement antibiotique léger en vient aisément à bout.

Croûte de lait.

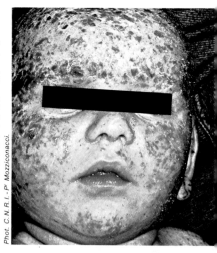

Phot. C. N. R. I. - P. Mozziconacci.

distingue ainsi la croissance fœtale, celle de la première enfance, de la deuxième enfance, de la puberté, de l'adolescence.
Elle s'exprime par une augmentation de la taille, du poids, du volume des viscères, un épanouissement des fonctions psychiques.
La croissance est plus ou moins rapide suivant les périodes. Ainsi la petite enfance (de 0 à 2 ans) et la puberté sont des périodes de développement important et rapide. L'harmonie de la croissance dépend de la conformation du sujet (les cardiopathies congénitales, l'achondroplasie la compromettent), de facteurs génétiques, du milieu dans lequel il se développe et surtout du fonctionnement des glandes endocrines (thyroïde, hypophyse, surrénales).

Croix-Rouge. V. SECOURISME.

croup n. m. Localisation de la diphtérie au larynx.
Le croup peut succéder à une angine diphtérique, mais il peut également apparaître d'emblée. Il évolue en trois phases :
— phase *dysphonique,* caractérisée par des modifications de la voix et de la toux, qui sont d'abord rauques puis éteintes, avec un état général bien conservé ;
— phase de *gêne respiratoire,* avec des accès de dyspnée laryngée avec cornage* ;
— phase *asphyxiante* irréversible.
Traitement. Il repose sur la sérothérapie, qui doit être aussi précoce que possible. On y associe des antibiotiques, un repos strict au lit, une corticothérapie*. En cas d'asphyxie, la trachéotomie s'impose. (V. DIPHTÉRIE.)

crural, e, aux adj. Qui appartient à la cuisse.

crustacés n. m. pl. Les crustacés doivent être consommés dans un état parfait de fraîcheur. Même ainsi, ils peuvent déclencher chez les sujets allergiques des réactions urticariennes (rougeurs) accompagnées de malaise, céphalée, hypertension artérielle. Ces troubles disparaissent en quelques heures. Les crustacés sont déconseillés en cas de goutte, d'hyperuricémie.

Cruveilhier-Baumgarten (syndrome de), cirrhose* du foie associée à une perméabilité de la veine ombilicale (normalement obturée à la naissance), et qui se caractérise par une énorme circulation* collatérale périombilicale, dite « en tête de méduse ».

cryesthésie n. f. Sensation localisée et exagérée de froid, qui peut être douloureuse et due à un trouble circulatoire local.

cryoglobulinémie n. f. Présence dans le sang d'une immunoglobuline* qui précipite au froid.
La cryoglobulinémie se rencontre dans le myélome de Kahler*, la leucémie* lymphoïde et dans le kala*-azar, mais aussi dans la cirrhose*, les collagénoses* et certaines infections.

cryoplexie n. f. Effets du froid (de 34 à 24 °C) sur l'organisme dans son ensemble, par opposition aux effets locaux (gelures).

cryothérapie n. f. Traitement utilisant le froid intense pour la destruction des tumeurs de la peau, des cicatrices disgracieuses (chéloïdes*), des lésions inflammatoires (lupus*).

cryptococcose n. f. Mycose cosmopolite grave, due à une levure sans spores, *Cryptococcus neoformans*. (Syn. : TORULOSE.)
La contamination se fait par voie respiratoire, mais la cryptococcose se manifeste surtout par une méningite et des lésions cérébrales. La peau, les reins, les os peuvent être également touchés.

cryptorchidie n. f. Forme la plus grave de l'ectopie* testiculaire, dans laquelle le ou les testicules demeurent dans l'abdomen.

cubital, e, aux adj. Relatif au coude.
Le *nerf cubital*, né du plexus brachial, descend à la face interne du bras, puis du coude, en arrière de l'épitrochlée, où on peut le sentir, et se termine à la main. Il commande plusieurs muscles de l'avant-bras et de la main, dont son atteinte, en particulier rhumatismale, entraîne la rétraction des doigts dite *griffe cubitale*.

cubitus n. m. Os long de l'avant-bras, articulé en haut avec l'humérus, en bas avec le carpe.
L'extrémité supérieure du cubitus est formée par l'olécrane et l'apophyse coronoïde, qui circonscrivent la grande cavité sigmoïde. L'extrémité inférieure est constituée par la tête du cubitus et l'apophyse styloïde.
Fractures du cubitus. Les fractures de l'extrémité supérieure atteignent surtout l'olécrane (v. COUDE, *Pathologie*).
Les fractures isolées de la diaphyse* sont rares, demandant souvent l'ostéosynthèse.

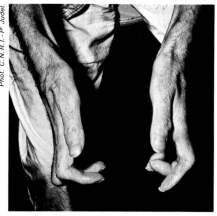

Phot. C.N.R.I.- P. Judet.

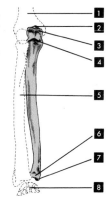

Griffe cubitale.

Cubitus.
1. Humérus ;
2. Olécrane ;
3. Cavité sigmoïde ;
4. Apophyse coronoïde ;
5. Radius ;
6. Tête du cubitus ;
7. Apophyse styloïde ;
8. Carpe.

(En général, le radius et le cubitus sont fracturés ensemble. V. AVANT-BRAS.)
L'association d'une fracture de la diaphyse cubitale et d'une luxation de la tête radiale réalise la *fracture de Monteggia*.

cuir n. m. Les cuirs récemment teints, s'ils sont sucés ou portés par des enfants, peuvent être à l'origine de méthémoglobinémies graves (v. MÉTHÉMOGLOBINE).
Le travail dans l'industrie du cuir est pénible et nocif. Les ouvriers sont exposés aux

dangers dus aux impuretés des peaux (transmissions de maladies infectieuses comme le charbon, la morve, la spirochétose, etc.), aux intoxications par les divers insecticides restant dans la fourrure ainsi que par divers produits toxiques.

Cuir chevelu. Tégument de la partie supérieure et postérieure de la tête et de la nuque, normalement recouvert de poils (cheveux). Le cuir chevelu est souple, il glisse facilement sur le crâne.

Affections médicales. Le cuir chevelu peut être altéré par la chute des cheveux au cours de diverses alopécies*, ou atteint d'infections (impétigo*) et d'états squameux (pityriasis*) qui se manifestent par des pellicules.

Lésions chirurgicales. TRAUMATISMES. Ils doivent toujours entraîner une radiographie, car ils peuvent masquer une fracture du crâne.

Les *contusions* provoquent des épanchements sanguins qui apparaissent sur une peau érodée mais non ouverte (heurts violents, matraquages). Elles provoquent des «bosses» (hématomes), à traiter par pansement compressif.

Les *plaies* sont particulièrement hémorragiques. Il y en a trois types :
1. *Coupures,* de très bon pronostic ;
2. *Plaies contuses,* qui entraînent des risques d'ostéite ;
3. *Scalp du cuir chevelu,* mise à nu des os du crâne avec risques infectieux graves. C'est une urgence chirurgicale.

BRÛLURES. Elles doivent être traitées avec grand soin, en raison du risque d'infection et de formation de cicatrices rétractiles.

TUMEURS. La plus fréquente est la *loupe,* kyste bénin développé aux dépens d'une glande sébacée. Le traitement chirurgical est simple, mais la récidive est fréquente.

cuisse n. f. Segment du membre inférieur compris entre la hanche et le genou.
Le squelette en est constitué par le fémur, sur lequel s'insèrent de nombreux muscles. La *région fémorale antérieure* donne passage aux vaisseaux fémoraux, qui se continuent au genou avec les vaisseaux poplités. La *région fémorale postérieure* comprend différents plans musculaires entre lesquels chemine le *nerf grand sciatique,* qui fournit des rameaux à tous les muscles de la région et se divise, en bas, en nerfs sciatiques poplités externe et interne. (V. FÉMUR.)

cuivre n. m. Métal de couleur rouge-brun.
Physiologie. L'organisme humain contient 150 mg de cuivre en moyenne. Son rôle physiologique est mal connu. L'excès de cuivre constitue le trouble métabolique principal de la maladie de Wilson*.

Pharmacie. Le sulfate de cuivre (SO_4Cu) est prescrit comme antiseptique pour les yeux (en collyre) et dans le traitement des staphylococcies* cutanées (impétigo*) sous forme d'eau ou de crème de Dalibour. Il est également utilisé en agriculture, dans la lutte contre les champignons végétaux.

Toxicologie. Le cuivre est peu dangereux. Cependant, une dose de 10 g de sels de cuivre est mortelle. Ses vapeurs et ses sels peuvent entraîner des nausées et des vomissements, une diarrhée et, ultérieurement, une atteinte du foie et des reins. Le contact répété des sels de cuivre peut produire une dermatose*. L'intoxication aiguë nécessite, après un lavage d'estomac, l'administration d'un chélateur*.

cul-de-sac n. m. Fond d'une cavité anatomique : *culs-de-sac du vagin*, cul-de-sac de Douglas*.

culdoscopie n. f. Exploration endoscopique de l'appareil génital féminin, l'introduction de l'optique se faisant par le vagin, ce qui la différencie de la cœlioscopie*, où l'optique est introduite par voie abdominale.

culicidé n. m. Famille d'insectes diptères comprenant les moustiques. — Ce sont les vecteurs de nombreuses parasitoses (paludisme, filariose, etc.).

culot n. m. **Culot urinaire,** résultat de la centrifugation d'un tube d'urine, sur lequel on fait les examens bactériologiques et cytologiques.
Culot sanguin, ensemble des éléments figurés du sang dépourvu de plasma*, obtenu par centrifugation et utilisé lors de certaines transfusions.

culpabilité n. f. En psychologie, le sentiment de culpabilité désigne le fait de se sentir coupable. Dans les cas pathologiques, comme la psychose mélancolique, le sentiment de culpabilité peut être extrême et à l'origine d'idées délirantes. Le malade s'accuse alors de toutes sortes de fautes qu'il n'a pas commises, et cela peut le mener au suicide.

culture n. f. **Culture physique,** ensemble d'exercices variés destiné à obtenir le développement corporel le plus parfait possible. Avant 7 ans, l'enfant sera laissé à ses jeux naturels ; jusque vers 16 ans, il convient d'employer essentiellement des exercices d'assouplissement et de corriger des attitudes vicieuses éventuelles. Après la puberté, la culture physique a pour but essentiel de développer la musculature, et les sports peuvent alors être abordés. À partir de la cinquantaine, les exercices de genre analytique (respiratoires, abdominaux, vertébraux,

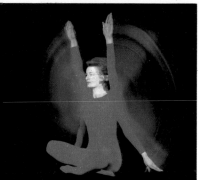

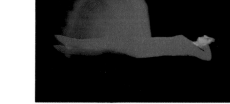

Culture physique.
1. Flexion simultanée
des membres inférieurs et du thorax
sur l'abdomen ;
2. Rotation latérale des bras,
jambes écartées ;
3. Élévation et abaissement
des membres supérieurs
en position « assis en tailleur » ;
4. Flexion et extension
des membres supérieurs,
les mains prenant appui sur un meuble ;
5. Couché sur le dos,
élévations et abaissements successifs
des deux membres inférieurs,
sans toucher le sol ;

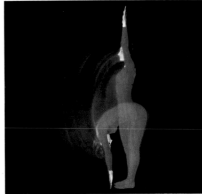

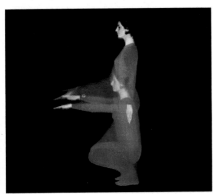

Culture physique.
6. Couché sur le ventre,
élévation simultanée du torse
et des membres inférieurs;
7. Flexions du tronc,
les mains venant toucher la pointe des pieds;
8. Accroupissements
accompagnés d'une élévation
des membres supérieurs;
9 et 10. Mouvements de détente au bureau :
flexions forcées de la tête
suivies d'extensions forcées.

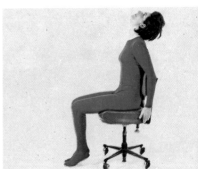

Phot. Lauro.

des membres) sont recommandés, sous réserve qu'un examen clinique complet ne décèle aucune contre-indication.

Les *exercices* de culture physique sont nombreux : exercices respiratoires, de dégourdissement, d'assouplissement, d'entraînement des muscles des membres, des abdominaux, des muscles vertébraux. De 12 à 15 minutes devraient y être consacrées chaque jour, de préférence le matin au réveil.
Cultures microbiennes, procédés de laboratoire permettant la multiplication et l'identification des bactéries.
Cultures de tissus, procédés de laboratoire qui permettent de faire vivre et se développer hors d'un organisme un tissu. (Ces tissus cultivés servent pour la recherche histologique et cytologique, la culture de virus [qui ne peuvent se développer que sur des cellules vivantes], les recherches sur le cancer, etc.)

cumulatif, ive adj. **Produits cumulatifs,** produits qui, introduits dans l'organisme, ne sont ni métabolisés ni excrétés et s'accumulent. — Le fer est un produit cumulatif, d'où les troubles qu'il provoque quand il se trouve en excès (v. HÉMOSIDÉROSE).

curage n. m. **Curage utérin,** évacuation, au doigt ou à la main, de fragments placentaires.
Curage chirurgical, se dit, en chirurgie, de certaines interventions qui cherchent à enlever en bloc et en totalité les ganglions lymphatiques d'une région.

curare n. m. Poison végétal, d'action paralysante.
Les dérivés synthétiques du curare, ou curarisants, sont très utilisés en anesthésie*, permettant l'obtention d'une résolution musculaire parfaite.

cure n. f. Traitement appliqué méthodiquement, suivant un protocole strictement établi : *cure chirurgicale, cure thermale.*
Cure de sommeil. V. SOMMEIL.

cure-dent n. m. Les cure-dents peuvent provoquer des lésions de la gencive. On peut les remplacer par un *fil de soie* floche à usage dentaire, qu'on glisse entre les dents et qui élimine les déchets par des mouvements de va-et-vient.

curetage n. m. Intervention qui consiste, grâce à une curette*, à retirer le contenu d'une cavité et spécialement de l'utérus (v. aussi CURAGE).
Le *curetage évacuateur* a pour but d'extraire les fragments placentaires restants, après avortement.
Le *curetage biopsique* est effectué dans une intention diagnostique, afin de soumettre à l'examen histologique des débris ramenés de la cavité utérine.

curette n. f. Instrument en forme de cuillère, servant à pratiquer un curetage.

curie n. m. Unité de dosage des corps radioactifs. — On utilise en pratique ses sous-multiples : *millicurie* (mCi) et *microcurie* (μCi).

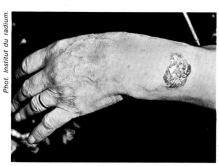

Phot. Institut du radium.

Curiethérapie.
Cancer cutané avant l'application de radium.

Curiethérapie.
Cancer cutané au quarantième jour après traitement au radium.

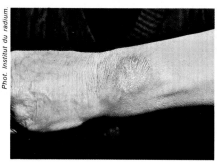

Phot. Institut du radium.

curiethérapie n. f. Traitement par les rayons du radium ou des autres corps radioactifs. (Syn. : GAMMATHÉRAPIE.)
Techniques de la curiethérapie.
Curiepuncture. On utilise des aiguilles creuses en platine contenant un sel de radium. Ces aiguilles sont enfoncées dans

l'épaisseur des tumeurs à détruire et laissées de 6 à 12 jours. On traite ainsi les tumeurs de la langue, des lèvres, de la peau.

Curiethérapie endocavitaire. Elle se fait par l'introduction dans les cavités naturelles (vagin, rectum) de tubes contenant du radium. On l'emploie surtout dans le traitement des tumeurs du col de l'utérus, complétée par la radiothérapie des ganglions.

Curiethérapie externe à petite distance. Le radium est contenu dans des appareils en cire ou en plastique moulés sur la région à traiter et laissés en place de 6 à 20 jours. On traite ainsi les tumeurs de la peau, les cancers des orifices naturels (vulve).

Télécuriethérapie. C'est la curiethérapie à grande distance. Une quantité importante de radioélément (radium ou maintenant cobalt 60, moins onéreux) est placée dans un récipient aux parois de plomb de 6 à 15 cm d'épaisseur, avec une fenêtre munie de filtres pour diriger les rayons γ. La cuve est dirigée sur la région à traiter, comme une ampoule de rayons X.

Cushing (syndrome de),
ensemble de troubles provoqués par un hyperfonctionnement de la corticosurrénale.

Causes. Les symptômes sont consécutifs à un excès dans le sang des hormones de la corticosurrénale, les corticostéroïdes*, dont la sécrétion est commandée par une hormone de l'hypophyse, l'A. C. T. H.

Syndrome de Cushing.
Vergetures pourpres, obésité androïde.

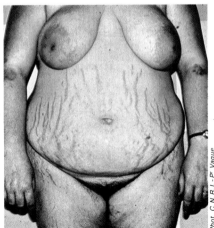

Phot. C. N. R. I. - Pr Vague

Le syndrome de Cushing peut être dû :
— soit à une tumeur bénigne ou maligne de la corticosurrénale*, qui en augmente la sécrétion ;
— soit à une stimulation excessive par l'A. C. T. H.*, provoquée par une tumeur de l'hypophyse* ou de l'hypothalamus (v. CERVEAU) et entraînant au niveau de la surrénale une hyperplasie* et une hypersécrétion ;
— ou encore à une stimulation anormale d'origine paranéoplasique*.

Signes cliniques. Le premier signe est l'obésité récente et progressive, qui attire l'attention chez une femme jeune (30-40 ans). Elle touche spécialement le visage, la nuque et le tronc, épargnant les membres (*obésité faciotronculaire*). La peau présente un aspect vieilli, dû à de nombreuses vergetures pourpres à la racine des membres. La malade est lasse et souvent dépressive ; elle se plaint de douleurs osseuses (ostéoporose*), d'une diminution de sa force musculaire et d'une disparition des règles (aménorrhée). On note à l'examen une hypertension artérielle, une hyperpilosité (poils, barbe). L'homme est plus rarement atteint.

Signes biologiques. Les examens mettent en évidence une augmentation du taux de cortisol plasmatique, des 17-hydroxy- et 17-cétocorticoïdes (métabolites urinaires). On découvre souvent un diabète latent.

Traitement. Le polymorphisme des moyens employés reflète la complexité des lésions et des étiologies. La chirurgie, la chimiothérapie et la radiothérapie sont souvent utilisées en cas de tumeur surrénalienne ou hypophysaire (hypophysectomie*). La surrénalectomie (en cas d'hyperplasie) donne de bons résultats quand le traitement substitutif (corticoïdes) est suivi.

cutiréaction
n. f. Test cutané consistant à mettre un produit soupçonné allergisant (allergène) au contact d'une scarification cutanée.

À l'aide d'une plume (vaccinostyle), on pratique sur la face externe du bras une égratignure légère afin de ne pas faire saigner (scarification « témoin »). Puis on recommence quelques centimètres plus bas, le vaccinostyle étant imprégné cette fois de l'allergène.

La lecture se fait dans des délais variables, en comparant la scarification « témoin » à celle où l'on a mis le produit. La cutiréaction est positive si l'on voit une rougeur et si l'on palpe une petite infiltration au niveau de la scarification la plus basse.

Cutiréaction tuberculinique. C'est une des plus employées. Elle se fait avec de la tuberculine brute. La lecture a lieu après 48 heures :

Phot. Dʳ J. Bourneuf.

Cutiréaction négative.
Aucune réaction à la scarification témoin
ni à la scarification avec tuberculine.

Phot. Dʳ J. Bourneuf.

Cutiréaction positive.
En haut, scarification témoin
(pas de réaction).
En bas, papule rouge (cuti positive).

positive, elle révèle que le sujet s'est trouvé en
contact avec le bacille de Koch (responsable
de la tuberculose), soit qu'il ait été vacciné
par le B. C. G., soit qu'il ait été atteint de
primo-infection tuberculeuse.

La cutiréaction est sans danger et doit être
répétée chaque année, même chez les sujets
vaccinés par le B. C. G. (pour vérifier qu'il
agit toujours).

Cutiréactions dans les maladies allergiques.
Le principe de la cutiréaction s'applique à la
détection du corps responsable d'une allergie*, qu'il s'agisse de pollen, de plumes
d'oreiller, d'albumine ou de médicaments
comme la pénicilline. Dans ces cas, la

quantité d'allergène employée doit être dosée
avec précision car la réaction allergique
provoquée peut être très importante. On agit
dans ces cas, avec une extrême prudence, en
augmentant très progressivement les doses
afin de dresser une échelle de sensibilité.
(V. DÉSENSIBILISATION.)

cutis laxa n. f. Affection de la peau, qui
pend de façon disgracieuse. (Syn. : DERMATO-
LYSIE.)

cyanhydrique adj. Se dit d'un acide de
formule $H—C\equiv N$.
Toxicologie. L'acide cyanhydrique, les cya-
nures, le nitroprussiate entraînent un blocage
enzymatique et une anoxie* cellulaire vite
mortelle si la dose ingérée est importante.
Les plantes qui contiennent ces produits sont
le haricot de Java, les noyaux de pêche et
d'abricot. Pour des enfants, une tasse de
noyaux décortiqués est dangereuse.
Signes de l'intoxication. Ils se manifestent
rapidement, en 10 à 20 minutes, parfois
moins. Des vertiges, une respiration ample et
rapide, des maux de tête et une somnolence
apparaissent. Si la dose est plus importante,
un coma et des convulsions surviennent,
précédant la mort.
Traitement. Il doit être entrepris rapidement
et nécessite l'évacuation du toxique par un
lavage d'estomac et une purge, ainsi que
l'administration d'antidotes : tétracémate
dicobaltique et nitrites. En cas d'arrêt respiratoire, le bouche-à-bouche* doit être pratiqué.

cyanocobalamine n. f. Dénomination
commune de la vitamine B12. (V. VITAMINE.)

cyanose n. f. Coloration bleutée de la peau
et des muqueuses, traduisant l'élévation au-
delà de 5 g par 100 ml de l'hémoglobine
réduite dans le sang.
La cyanose est d'abord visible sur les lèvres,
les ongles et, d'une façon générale, aux
extrémités. Les causes en sont nombreuses,
entre autres l'insuffisance respiratoire et les
cardiopathies* cyanogènes (enfants bleus).
(V. ACROCYANOSE.)

cyanure n. m. Sel de l'acide cyanhydrique*.

cyclarbamate n. m. Médicament de
synthèse utilisé comme décontracturant musculaire et tranquillisant.

cycle n. m. Série de phénomènes qui se
poursuivent dans un ordre déterminé.
Cycle menstruel, ensemble de manifestations
physiologiques survenant périodiquement
chez la femme.
Le cycle menstruel normal dure 28 jours ;
la menstruation (les règles) est son aboutissement. Le diencéphale* et l'hypophyse*

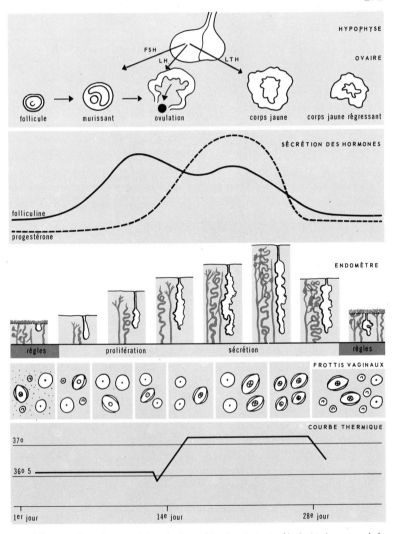

sont à l'origine du cycle, en agissant sur les ovaires* par des hormones stimulantes (gonadostimulines). Ces hormones stimulantes font croître dans l'ovaire un follicule qui libère un ovule, puis se transforme en corps* jaune.

L'ovaire ainsi stimulé sécrète à son tour de la folliculine* et de la progestérone*, qui vont agir sur les récepteurs génitaux (muqueuses utérine et vaginale, seins, etc.). Toutes ces actions sont destinées à favoriser la fécondation et à permettre à l'œuf fécondé de s'implanter dans la muqueuse utérine. Si l'ovule n'est pas fécondé, la muqueuse utérine préparée inutilement se décolle de la paroi musculaire de l'utérus et s'élimine avec un peu de sang pour réaliser les règles.

Cycle menstruel artificiel, modalité thérapeutique dont le but est de reproduire les conditions hormonales physiologiques d'un cycle menstruel. Il peut être prescrit dans une intention diagnostique ou thérapeutique.

cyclique adj. Qui obéit à une certaine périodicité, qui se renouvelle par cycles* plus ou moins réguliers.

cyclisme n. m. Le cyclisme peut être utile, sous contrôle médical, dans la réadaptation après certains accidents cardiaques.

cyclopentamine n. f. Molécule de synthèse ayant un effet sympathicomimétique*, utilisée dans le traitement de l'hypotension et comme vasoconstricteur local.

cycloplégie n. f. Paralysie de l'accommodation* de l'œil.

cyclopropane n. m. Gaz anesthésique peu toxique, mais d'usage restreint du fait de son danger d'explosion.

cyclops n. m. Crustacé d'eau douce, vecteur intermédiaire de nombreuses parasitoses : filariose*, distomatose*, etc.

cycloradiothérapie n. f. Radiothérapie* destinée à la destruction des tumeurs profondes et respectant l'intégrité des tissus superficiels. (Syn. : CYCLOTHÉRAPIE.) [Le sujet ou le tube émetteur de rayons X décrivent un mouvement de rotation continu.]

cyclosporine n. f. Médicament d'origine fongique qui freine les réactions immunitaires et s'oppose aux réactions de rejet.

cyclothymie n. f. Type de constitution psychologique caractérisé par une instabilité de l'humeur, où alternent une tendance à l'excitation euphorique (gaieté) et une tendance à la dépression (tristesse).

cylindre n. m. 1. Boîte métallique dans laquelle sont placés les linges chirurgicaux à stériliser.
2. **Cylindre urinaire,** petit amas de substances diverses qui ont traversé les tubes élémentaires du rein et en ont pris la forme.

cyphoscoliose n. f. Déformation de la colonne vertébrale associant une déviation dans le sens latéral (scoliose*) et une déviation à convexité postérieure (cyphose*).

cyphose n. f. Courbure de la colonne vertébrale à convexité postérieure.
La cyphose peut atteindre la région dorsale (et alors être l'exagération de la cyphose dorsale normale), la région lombaire (suppression, voire inversion de la lordose normale) ou totale (cyphose dorso-lombaire).

Causes. Elles sont multiples : malformations congénitales, traumatismes, tuberculose vertébrale (mal de Pott*), spondylarthrites. Mais la cause la plus fréquente chez le jeune est un trouble de l'ossification, dû au rachitisme* ou à une épiphysite des adolescents.

Traitement. Il est médical et orthopédique : soins de l'état général, mesures hygiéniques préventives et surtout *kinésithérapie,* qui a pour objet de réduire la cyphose, de renforcer la musculature et de combattre l'insuffisance respiratoire ; dans certains cas, la mise en coquille* plâtrée au coucher permet d'obtenir une action correctrice toute la nuit. Dans les formes irréductibles, il faut avoir recours au corset orthopédique de redressement, voire à une greffe osseuse.

Cyphose.
Cyphose avec lordose de compensation (profil).

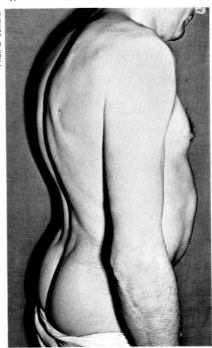

Phot. Dr Julliard.

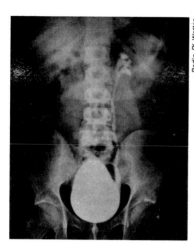

Radio Dr Wattez.

Cystographie rétrograde :
reflux pendant la miction
(à gauche du sujet, côté droit du cliché).

cystalgie n. f. Douleurs vésicales et brûlures à la miction, sans lésions vésicales organiques. (V. CYSTITE.)

cystéine n. f. Acide* aminé soufré entrant dans la composition du glutathion*. — Oxydé, il donne la *cystine*.

cysticercose n. f. Maladie parasitaire, liée au développement dans l'organisme de la forme larvaire du ténia du porc.
L'infestation se fait par l'absorption d'aliments infestés (porc) ou par auto-infestation (sujet ayant déjà un ténia). Les embryons libérés se fixent en différents endroits et entraînent des symptômes divers (oculaires, cérébraux, psychiques).
L'évolution habituelle est l'enkystement et la calcification du parasite. Le diagnostic est fondé sur l'augmentation de l'éosinophilie* et la recherche radiologique de calcifications.
Le traitement par le praziquantel est efficace par voie orale ; l'ablation chirurgicale des parasites est parfois nécessaire. La prophylaxie comporte une bonne hygiène alimentaire et le dépistage des porteurs de ténias.

cystinurie n. f. Affection héréditaire caractérisée par l'élimination urinaire excessive de *cystine* (v. CYSTÉINE) et autres acides aminés, pouvant conduire à la formation de calculs*.

cystique adj. Relatif à la vessie* ou à la vésicule biliaire. (V. BILIAIRE, *Voies biliaires.*)

cystite n. f. Inflammation aiguë ou chronique de la vessie, pouvant être isolée ou le témoin d'une maladie de l'appareil urogénital.
Elle se manifeste par des brûlures à la miction (cystalgie), de la pollakiurie (mictions très fréquentes), voire de la pyurie (pus dans les urines) ou une hémorragie.
Toute cystite rebelle à un traitement médical court doit faire pratiquer un examen complet de l'arbre urinaire : examen cytobactériologique des urines, urographie intraveineuse, cystoscopie*.

cystocèle n. m. Affaissement de la vessie et de la paroi antérieure du vagin, élément rarement isolé d'un *prolapsus* génital.

cystographie n. f. Radiographie de la vessie* après instillation d'un produit de contraste.

cystopexie n. f. Fixation chirurgicale de la vessie, pour traiter certaines incontinences d'urines.

cystoplastie n. f. Intervention pratiquée au niveau de la vessie, pour lui rendre un volume normal.

cystoscopie n. f. Examen endoscopique de la vessie.

cystostomie n. f. Abouchement de la vessie à la peau, pour dériver les urines lorsqu'il existe un obstacle sous-jacent (tumeur de la prostate, lésion de l'urètre).

cytise n. m. Les fleurs jaunes de cytise sont parfois avalées à la suite de confusion avec les fleurs d'acacia ou par des enfants. — Très toxiques, elles font apparaître les mêmes troubles que la nicotine*.

cytodiagnostic n. m. Méthode de diagnostic des maladies et des tumeurs, fondée sur l'examen microscopique des cellules isolées, recueillies par ponction, raclage ou frottis.

cytologie n. f. Étude morphologique et physiologique de la cellule. (V. CYTODIAGNOSTIC.)

cytolyse n. f. Destruction des cellules, spontanée ou provoquée.

cytomégalie n. f. Gigantisme cellulaire. — Il s'observe dans certaines cirrhoses* et au cours de maladies virales.
Maladie des inclusions cytomégaliques, maladie due au cytomégalovirus localisé dans les glandes. Elle provoque chez les nourrissons un ictère* avec des hémorragies et des troubles rénaux. Elle se révèle par la présence de grosses inclusions virales dans le noyau des cellules.

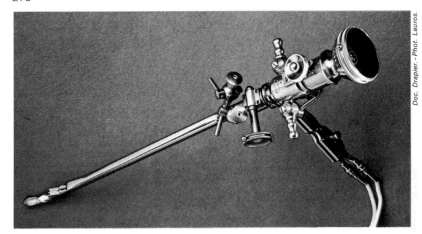

Doc. Drapier. - Phot. Lauros.

Cystoscope à cathétérisme bilatéral.

cytomégalovirus n. m. Virus voisin de celui de l'herpès qui, transmis par la mère, peut provoquer chez le nourrisson la maladie des inclusions cytomégaliques. (V. CYTOMÉGA-LIE.) Chez l'adulte, le cytomégalovirus est le plus souvent transmis au cours de transfusions multiples (chirurgie cardiaque, transplantations, etc.). Il peut persister toute la vie dans l'organisme sans provoquer le moindre trouble. Par contre, en cas d'immunodéficience (médicaments immunodépresseurs, transplantations, S. I. D. A., etc.), il est à l'origine d'infections telles que mononucléoses, pneumopathies, fièvres prolongées à évolution sévère.

cytophérèse n. f. Action de séparer les leucocytes et les plaquettes du sang d'un donneur et de lui restituer son plasma et ses hématies. (Syn. : LEUCOPHÉRÈSE.) Les éléments ainsi isolés sont utilisés pour faire des « transfusions blanches » aux sujets dont la moelle osseuse est déficiente (agranulocytoses, leucémies traitées par chimiothérapie).

cytoplasme n. m. Partie de la cellule*, constituée par un protoplasme* limité par la membrane cellulaire ou cytoplasmique.

cytostatique adj. et n. m. Se dit de certaines substances qui ont la propriété de bloquer la multiplication cellulaire.

cytostéatonécrose n. f. Nécrose du tissu adipeux sous-cutané, qu'on peut être amené à opérer. — La cytostéatonécrose est consécutive à des traumatismes répétés, dus à des injections de produits huileux. Au niveau du sein, elle peut simuler une tumeur maligne.

cytotoxique adj. et n. m. Toxique pour la cellule.

cytotropisme n. m. Affinité pour la cellule. — Les virus*, qui ne peuvent vivre qu'aux dépens d'une cellule, présentent un cytotropisme.

d

dacryoadénite n. f. Inflammation de la glande lacrymale.
Elle se manifeste par un gonflement de la partie externe de la paupière supérieure, qui devient rouge et douloureuse.

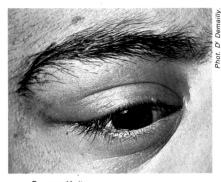

Phot. D' Demailly.

Dacryoadénite.

dacryocystite n. f. Inflammation du sac lacrymal.
Elle se manifeste par un gonflement rouge, douloureux, de l'angle interne de l'œil, et par un larmoiement. Une inflammation prolongée obstrue le canal lacrymo-nasal et provoque un larmoiement continuel. Le traitement comporte des antibiotiques par voies locale et générale, et des sondages du canal pour rétablir sa perméabilité. Une intervention chirurgicale est parfois nécessaire.

dactylogramme n. m. Empreinte laissée par un doigt enduit d'encre sur une feuille de papier.
Le dactylogramme (empreintes digitales) est employé en criminologie pour identifier les individus et dans certaines maternités pour les nouveau-nés.

Dakin (soluté de), solution diluée d'hypochlorite de soude, colorée en rose par le permanganate de potassium et utilisée pour la désinfection et l'irrigation des plaies.

daltonisme n. m. Trouble de la vision* des couleurs, dans lequel les sujets ne peuvent différencier le rouge du vert.

danse n. f. **Danse de Saint-Guy,** nom familier de la *chorée* de Sydenham.

Danysz (virus de), ou **virus Pasteur,** agent d'une salmonellose*, utilisé en zone rurale pour détruire les rats.

dartre n. f. Nom familier des desquamations ou des croûtes produites par diverses maladies de peau (acné*, eczéma*, impétigo*...).

datura n. m. Plante herbacée (*Datura stramonium,* solanacées) dont les feuilles contiennent de l'atropine* et de la scopolamine.
Les *cigarettes de datura* sont employées contre l'asthme.

davier n. m. Instrument de chirurgie orthopédique et dentaire, constitué par une forte pince et utilisé pour réduire les fractures et pour extraire les dents.

Dax, station thermale des Landes, à 49 km de Bayonne, ouverte toute l'année.

Dax thermal. Les eaux radioactives, très chaudes (de 49 à 62 °C), chlorurées et sulfatées calciques et sodiques, sont employées en bains, douches sous-marines et boisson, et servent à préparer les boues thermales. Celles-ci sont employées soit en bains généraux (un courant d'eau chaude arrive par le fond des baignoires), soit en applications locales (cataplasmes) sur les parties malades.
Les rhumatismes inflammatoires (arthrites aiguës, polyarthrite rhumatoïde) ne peuvent

être traités qu'après la fin des poussées aiguës. La goutte, les suites de traumatismes sont également traitées à Dax.

Dax salin. À Saint-Pandelon (7 km de Dax), des sources chlorurées sodiques fortes (292 g de sel par litre) sont employées seules ou mélangées aux eaux thermales dans le traitement des anémies, du lymphatisme, des affections gynécologiques.

D. D. T., sigle du *dichloro-diphényl-trichloréthane,* insecticide puissant.

Le D. D. T. est un poison nerveux pour les insectes ; il agit par contact et par ingestion. Il est très peu toxique pour l'homme et les animaux supérieurs. Il est employé en solutions à pulvériser, en émulsion ou dans des poudres en contenant 5 p. 100. Le D. D. T. agit sur les mouches, moustiques, poux, puces, etc.

Toxicologie. Le D. D. T. est le moins toxique des insecticides : la dose mortelle pour l'homme est de 10 à 20 g. L'ingestion est suivie de vomissements et de diarrhée, suivis de maux de tête, tremblements, convulsions, coma. Le traitement comprend un lavage d'estomac et des purgatifs salins (sulfate de sodium ou de magnésium). Les purgatifs huileux, le lait, les corps gras sont contre-indiqués car ils favorisent l'absorption du D. D. T.

débilité n. f. **Débilité physique,** diminution des forces physiques aboutissant à une extrême faiblesse. Chez le nourrisson, elle est souvent la conséquence d'une alimentation insuffisante ou mal conçue. Elle se rencontre fréquemment chez le vieillard, nécessitant des traitements particuliers, notamment hormonaux (androgènes*, corticoïdes*).

Débilité mentale, état d'insuffisance intellectuelle congénitale ou précoce. La débilité est un degré d'arriération* mentale moins prononcé que l'idiotie ou l'imbécillité. Ses limites sont difficiles à définir. On utilise en général des tests mentaux pour les préciser. On parle ainsi de débilité quand le quotient* intellectuel (Q. I.) est égal ou inférieur à 70.

La débilité mentale est associée à une arriération affective comportant instabilité, infantilisme, suggestivité, impulsivité... et, éventuellement, une débilité motrice : maladresse, syncinésies*. Le débile, selon son degré de déficience, rencontre des difficultés plus ou moins grandes d'adaptation socioprofessionnelles. Il est rarement capable d'une existence indépendante.

Chez l'enfant, le dépistage de la débilité se fait à l'occasion d'un retard scolaire. Mais on décèle parfois l'existence d'une fausse débilité mentale en rapport avec un déficit sensoriel ou avec des problèmes affectifs si

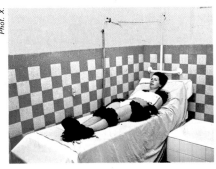

Phot. X.

Dax. Applications locales des boues végéto-minérales.

importants qu'ils bloquent l'épanouissement des fonctions intellectuelles. Les moyens thérapeutiques au sens propre sont encore modestes, car les causes qui perturbent la maturation cérébrale sont loin d'être connues. Les moyens les plus importants sont les mesures éducatives spéciales pratiquées dans les classes de perfectionnement, dans des établissements à petits effectifs, dans les centres médico-pédagogiques ou les centres de formation professionnelle spécialisés.

débit n. m. **Débit cardiaque,** volume de sang propulsé par les contractions (systoles) de chaque ventricule en une minute.

Chaque systole propulsant de 60 à 80 ml de sang, le débit-minute est de 5 à 6 litres (60 × 80 à 100 pulsations) ; il augmente à l'effort.

déboîtement n. m. Syn. de LUXATION.

débrider v. Rompre les brides, les adhérences qui cloisonnent une cavité infectée ou immobilisent un organe.

décalcification n. f. Diminution de la quantité de calcium contenue dans l'organisme, se manifestant essentiellement par une déminéralisation* du squelette, les os devenant plus « transparents » à la radiographie.

La décalcification peut être localisée ou diffuse.

Diffuse, ses causes sont multiples, notamment l'adénome* des glandes parathyroïdes*, les carences en vitamine D, entraînant le rachitisme chez l'enfant et l'ostéomalacie* chez l'adulte, divers troubles endocriniens générateurs d'ostéoporose. *Localisée,* elle est consécutive aux fractures ou aux processus dégénératifs (arthrose).

Le traitement de la décalcification doit être adapté à chacune de ses causes : administration de vitamine* D, de calcium, de phosphore, d'hormones anabolisantes.

décalotter v. intr. Action qui consiste à découvrir le gland de la verge en faisant glisser le prépuce (fourreau). — Décalotter est un geste d'hygiène qu'il faut effectuer quotidiennement dès la naissance, afin d'éviter la constitution d'un phimosis*.

décapant n. m. Produit qui nettoie un objet en attaquant sa surface.
Ce sont des acides pour les métaux (acide chlorhydrique, acide sulfurique, etc.), des bases ou des solvants organiques pour la peinture (soude, ammoniaque, acétone, trichloréthylène). Outre les risques qu'entraîne leur manipulation, les décapants peuvent occasionner, s'ils sont avalés, des brûlures graves du tube digestif et, en ce qui concerne les bases et les solvants, un coma et des convulsions.

décapsulation n. f. Ablation de la membrane, ou capsule, qui entoure un viscère. — On pratique une *décapsulation rénale* dans certaines néphrites.

décarboxylation n. f. Réaction chimique entraînant la perte d'un radical carboxyle (—CO$_2$H) qui libère une molécule d'anhydride carbonique (CO$_2$).
Dans l'organisme, la décarboxylation s'effectue grâce aux enzymes appelées *carboxylases* ou *décarboxylases*, en présence d'un coferment (cocarboxylase*).

décérébration n. f. Destruction du cerveau.
Rigidité de décérébration, syndrome neurologique caractérisé par une rigidité et une augmentation du tonus musculaire, qui s'observe lors des sections du tronc* cérébral. — Cette rigidité est liée à la suppression des influences inhibitrices de l'encéphale*.

décès n. m. Mort* (surtout en termes juridiques).
Acte de décès, acte de l'état civil rédigé au lieu où est survenu le décès d'un individu, sur déclaration d'un parent du défunt ou d'une personne aussi renseignée que possible sur son état civil. La déclaration doit intervenir en principe dans les 24 heures du décès. L'inhumation ou l'incinération du cadavre ne pourront être faites sans autorisation de l'officier d'état civil, qui ne pourra la délivrer que sur production d'un certificat établi par un médecin qu'il aura chargé de s'assurer du décès. L'inhumation ne peut avoir lieu que 24 heures après le décès. Un délai de 24 heures est également exigé entre la mort et une éventuelle autopsie* à but scientifique ou clinique. La vérification du décès supposant la représentation du cadavre, la loi a, pour certains cas particuliers, prévu la possibilité de demander la déclaration judiciaire de décès ou une déclaration d'absence.
Assurance décès, branche des assurances sociales qui garantit aux proches de l'assuré social décédé une allocation en capital. Dans le régime général comme dans le régime agricole, ce capital est égal à 3 mois de salaire plafonné. Il est versé aux personnes qui étaient au jour du décès à la charge effective de l'assuré et, en cas de concours d'ayants droit, dans l'ordre suivant : conjoint, enfants et ascendants.

déchaussé, e adj. *Dent déchaussée.* V. PARODONTOSE.

déchirure n. f. Division, section des tissus sous l'effet d'un effort violent : *déchirure musculaire.*

déchloruré, e adj. **Régime déchloruré,** régime* alimentaire dépourvu de chlorure de sodium, c'est-à-dire un *régime sans sel.* (Syn. : RÉGIME DÉSODÉ.) — Ce régime est destiné à débarrasser l'organisme d'un excès d'eau, car c'est le sel qui retient l'eau dans l'organisme (hypertension*, œdèmes*).

décibel n. m. Unité de niveau sonore utilisée en audiométrie. (V. BRUIT.)

décidual, e, aux adj. Relatif à la caduque (*decidua*) utérine.

déciduome n. m. Tumeur bénigne constituée de cellules déciduales. — On appelle *déciduome provoqué* la réaction qui se constitue autour d'un corps étranger placé dans l'endomètre, chez les animaux soumis par ailleurs à un traitement de progestérone. Ce test sert à évaluer l'action progestative de certains médicaments.

déclive adj. Incliné ; situé vers le bas. — Le *point déclive* est le point le plus bas d'une collection liquidienne : c'est le point où l'on fait la ponction évacuatrice ou le drainage.

décoction n. f. Action de faire bouillir un solide dans un liquide ; le liquide ainsi obtenu. — On a utilisé les décoctions farineuses pour accoutumer le nourrisson aux farines. Actuellement, l'emploi de farines « instantanées » tend à faire disparaître cette pratique. En pharmacie, on a recours aux décoctions pour certains produits difficiles à dissoudre.

décollement n. m. Action de détacher, de se détacher, ou état de ce qui est détaché.
Décollement cutané, séparation entre les

plans superficiels et le tissu conjonctif profond, d'origine traumatique ou infectieuse.

Décollement épiphysaire, lésion traumatique propre à l'enfance et à l'adolescence, caractérisée par la séparation entre l'épiphyse et la diaphyse au niveau du *cartilage de conjugaison**.

Décollement de rétine, dédoublement des membranes de l'œil, qui se produit entre la rétine visuelle et l'épithélium pigmentaire (choroïde). [V. ŒIL.] Il peut être primitif (idiopathique), ou secondaire à un traumatisme, à une maladie oculaire (myopie grave). Dans tous ces cas, l'évolution du processus est le même : déchirure, décollement partiel, décollement total, par passage progressif du liquide du corps vitré derrière la rétine, décollant celle-ci toujours un peu plus et entraînant un rétrécissement correspondant du champ visuel. Le traitement du décollement de rétine ne peut être que chirurgical.

décompensation n. f. Insuffisance ou arrêt des mécanismes de compensation* par lesquels l'organisme palliait une anomalie ou un trouble organique.
La décompensation se manifeste par l'insuffisance caractérisée de la fonction en cause. Ainsi une cardiopathie* est dite «décompensée» lorsqu'une lésion des valvules ne peut plus être compensée par un travail supplémentaire du muscle cardiaque, du fait de l'état de fatigue de celui-ci (v. CŒUR).

décompression n. f. Diminution d'une pression, généralement atmosphérique, précédemment exercée sur un sujet.
La décompression doit se faire progressivement, par paliers, tant pour les plongeurs sous-marins que pour les sujets travaillant dans les caissons. Le non-respect des paliers de décompression entraîne des lésions neurologiques sévères. (V. CAISSON, *Maladie des caissons.*)

décongestionner v. Réduire la congestion*.

déconnexion n. f. Action de rompre par des neuroleptiques* les liaisons entre les différentes fonctions du système neurovégétatif. (V. NERVEUX [*système*].)

décontamination n. f. Suppression de l'activité nocive des corps qui ont été souillés par des éléments radioactifs.
La décontamination radioactive porte sur les personnes et sur les déchets. En effet, tout sujet ou objet qui a séjourné dans une zone de retombées radioactives est non seulement un irradié, mais aussi un contaminé et un contaminant. Il est porteur de poussières ou de gouttelettes radioactives qui continuent à irradier. Il convient alors de «décontaminer», c'est-à-dire, en pratique, de soumettre

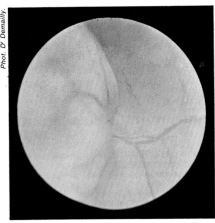

Phot. Dʳ Demailly.

Décollement. Soulèvement de la rétine.

ces organismes ou ces objets à un lavage intensif destiné à éliminer mécaniquement cette radioactivité, puisqu'il n'existe pas de neutralisant véritable.

décontraction n. f. Relâchement de la contraction* musculaire qui suit toujours celle-ci, à l'état normal.

décortication n. f. Intervention chirurgicale destinée à libérer un poumon de la couenne fibreuse pathologique qui l'entoure (après une pleurésie purulente, par exemple).

décubitus n. m. Attitude du sujet en position couchée. — Le *décubitus dorsal* correspond le plus souvent à la position de détente musculaire et de repos. Les enfants lui préfèrent souvent le *décubitus latéral*, droit ou gauche.
Les *accidents du décubitus* prolongé sont redoutables chez le vieillard : possibilité d'escarres*, d'ankylose rapide, de thrombophlébites*, d'où la nécessité absolue de toujours lever rapidement un vieillard après une intervention chirurgicale ou un infarctus* du myocarde (*lever précoce*).

dédifférenciation n. f. En pathologie, transformation d'une cellule spécialisée dans une certaine fonction en une cellule indifférenciée, de structure souvent embryonnaire, non fonctionnelle. — Ce phénomène se produit souvent dans la transformation cancéreuse. (V. CANCER.)

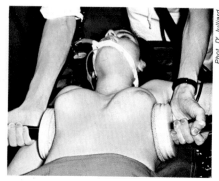

Phot. Dr Julliard.

Défibrillation.
Sujet subissant une défibrillation
électrique.

dédoublement n. m. **Dédoublement de la personnalité,** syn. de DÉPERSONNALISATION*.

défaillance n. f. État de faiblesse momentanée et passagère, souvent due à une diminution locale de la circulation, notamment au niveau du cerveau. (V. LIPOTHYMIE, SYNCOPE.)

défécation n. f. **En chimie,** précipitation des protéines d'un liquide organique.
En physiologie, expulsion des matières fécales à l'issue d'un réflexe qui se fait dès l'arrivée de celles-ci dans le rectum. — Lorsqu'il existe un trouble de la défécation, il y a *dyschésie* (défécation difficile).

défenestration n. f. Chute volontaire, accidentelle ou criminelle par une fenêtre.
La défenestration provoque des lésions importantes, dont la caractéristique est de prédominer sur les organes internes (os et viscères), alors que la peau, résistante au traumatisme, ne présente que peu de lésions.

défense n. f. **Défense abdominale,** contraction involontaire des muscles de la paroi abdominale, se produisant lors d'une palpation douce, et qui traduit une atteinte péritonéale. — Elle impose toujours une surveillance rigoureuse, souvent l'intervention chirurgicale. (V. CONTRACTURE.)

déférent, e adj. Qui conduit, qui porte au-dehors.
Canal déférent, voie d'excrétion du sperme, qui relie l'épididyme* à l'urètre* postérieur. — Avec les autres éléments du cordon* spermatique, il chemine dans la racine des bourses, où il est aisément palpable. (V. TESTICULE.)

défervescence n. f. Décroissance de la fièvre au cours des maladies aiguës. (V. FIÈVRE.)

défibrillation n. f. **Défibrillation cardiaque,** interruption des influx nerveux anarchiques et inefficaces du cœur.
La défibrillation électrique (ou choc électrique) est indiquée dans les fibrillations ventriculaires, associée à un massage cardiaque externe ou directement au cours des opérations de chirurgie cardiaque. Elle se pratique avec un appareil dit « défibrillateur », muni de deux grosses électrodes qu'on applique sur le thorax et qui donnent des impulsions d'un vingtième de seconde pendant lesquelles le cœur est traversé par un courant de 1 à 2 ampères, sous une tension de 100 à 200 volts.

déficience n. f. Diminution ou disparition passagère du fonctionnement d'un tissu, d'un organe, d'un appareil ou de l'organisme dans son ensemble. (Quand la déficience persiste, elle devient une *insuffisance*.)

défloration n. f. Rupture de l'hymen réalisée lors du premier rapport sexuel complet ayant comporté la pénétration de la verge dans le vagin.
L'hymen rompu est alors réduit à quelques lambeaux qui se rétractent et prennent le nom de « caroncules myrtiformes ». La défloration peut être suivie de petits ennuis sans conséquence, en rapport avec la cicatrisation des plaies hyménéales (cystite des jeunes mariées, vaginite, dyspareunie*). Les hémorragies sont exceptionnelles et restent l'apanage du viol, surtout chez les fillettes, ou de troubles de la coagulation sanguine.

défoulement n. m. Action pour un sujet de ramener à la conscience, en les exprimant, des idées ou des tendances demeurées inconscientes parce que refoulées. (V. REFOULEMENT.)

dégagement n. m. Dernière phase de l'accouchement. — C'est le franchissement, par la « présentation » (l'extrémité qui se présente) du fœtus (tête ou siège), du détroit inférieur du bassin et du périné.

dégénérescence n. f. **1. Transformation destructive d'un tissu ou d'un appareil** entraînant l'altération de son fonctionnement, mais pas toujours de façon définitive.
Dégénérescence amyloïde, transformation de la substance fondamentale de certains organes, due à une surcharge en substance amyloïde*.
Dégénérescence caséeuse, mortification des tissus, qui prennent un aspect de fromage

blanc, observée dans les lésions de la tuberculose*.

Dégénérescence fibrinoïde, dépôts, ressemblant à de la fibrine*, se faisant le long de la paroi des vaisseaux, dans la substance fondamentale de certains organes et parfois dans les tendons.

Dégénérescence graisseuse, transformation d'un tissu par surcharge de ses cellules nobles en corps gras. (V. STÉATOSE.)

Dégénérescence hyaline, altération particulière des fibres conjonctives, qui s'épaississent et prennent au microscope un aspect réfringent et translucide. — C'est souvent un phénomène de sénescence.

Dégénérescence maligne, transformation d'une lésion bénigne en tissu cancéreux.

Dégénérescence musculaire. Les maladies du muscle, primitives ou secondaires, entraînent des altérations dégénératives des fibres, connues sous le nom de *dégénérescence granuleuse, cireuse, vitreuse.*

2. Dégénérescence électrique des nerfs. C'est l'inexcitabilité du nerf aux courants faradique et galvanique, alors même que le muscle répond aux courants galvaniques. Elle peut être totale ou partielle. Ce terme est à remplacer par celui de *ralentissement global* ou *partiel,* car le nerf peut ne pas présenter de lésions dégénératives au sens anatomique.

3. Dégénérescence mentale, état mental en régression par rapport à celui des procréateurs. (V. ARRIÉRATION, DÉBILITÉ *mentale.*)

déglobulisation n. f. Chute brutale du nombre des globules rouges.

déglutition n. f. Ensemble de phénomènes qui assurent le passage du bol alimentaire de la bouche à l'estomac, en passant par le pharynx et l'œsophage.

Physiologie. La déglutition comporte quatre temps :

1. Le *temps buccal,* où, mâchoire fermée, la langue appliquée contre la voûte palatine pousse le bol alimentaire vers le pharynx ;

2. Le *temps pharyngien,* où se produit la fermeture des voies respiratoires (vers les voies nasales d'une part, le larynx, la trachée et les poumons d'autre part) ; pendant ce temps, les muscles constricteurs du pharynx poussent le bol vers l'œsophage ;

3. Le *temps œsophagien,* où le péristaltisme* fait progresser le bol jusqu'au cardia* ;

4. Le *temps cardial,* où le cardia, largement ouvert, laisse passer les aliments dans l'estomac.

Les trois derniers temps sont réflexes ; le temps buccal nécessite la participation volontaire du sujet. Plusieurs nerfs et centres nerveux président à l'élaboration de la déglutition.

Pathologie. Les troubles de la déglutition font intervenir des causes neurologiques, infectieuses ou tumorales. Ils se manifestent par une gêne, voire une impossibilité à avaler.

Ces troubles peuvent entraîner une « fausse route » ou passage des aliments par le nez ou dans la trachée. Dans ce dernier cas, les conséquences respiratoires sont dramatiques car l'encombrement bronchopulmonaire, immédiat, provoque une asphyxie ou, en tout cas, un danger grave de surinfection.

Des troubles de la déglutition s'observent dans toute atteinte de l'encéphale (bulbe) qui lèse les centres assurant la déglutition : il faut citer surtout la poliomyélite*, la sclérose* latérale amyotrophique, la myasthénie*. De même, les comas* profonds, toxiques ou traumatiques, atteignent ces centres de commande bulbaires.

Traitement. La prévention des complications est indispensable chaque fois qu'il existe des

Déglutition.
Schéma du passage du bol alimentaire
dans le pharynx.
Coupe sagittale du carrefour
bucco-pharyngien :
I. La langue se colle au palais ;
II. La luette bloque le passage
des fosses nasales ;
III. L'épiglotte se rabat
et interdit le passage vers la trachée.
1. Fosses nasales ;
2. Voile du palais ; 3. Langue ; 4. Épiglotte ;
5. Trachée ; 6. Œsophage ;
7. Bol alimentaire ; 8. Luette.

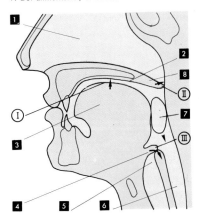

troubles de la déglutition : toute alimentation par la bouche sera proscrite et remplacée par une alimentation par sonde gastrique. Le traitement des fausses routes est très urgent ; il faut pratiquer un drainage déclive (tête basse), une aspiration bronchique par la sonde d'intubation trachéale et prescrire des doses importantes de corticostéroïdes*.

Déjerine-Sottas (maladie de), maladie neurologique débutant dans l'adolescence, à caractère familial, et comportant une augmentation du volume des troncs nerveux périphériques.
Cette affection est responsable d'un déficit moteur des extrémités, associé à une amyotrophie*, à une abolition des réflexes et des troubles de la sensibilité. Des troubles pupillaires sont fréquents. La rééducation et la corticothérapie donnent des améliorations.

délétion n. f. Terme de génétique définissant la perte d'un fragment de chromosome*.
— Les délétions se manifestent par des malformations congénitales.

délinquance n. f. Ensemble des infractions aux règlements sociaux, prévues et punies par la loi.
Délinquance des adultes, ensemble des infractions commises par les personnes de plus de 18 ans. Les études statistiques récentes font ressortir l'accroissement sensible de la criminalité. Les infractions qui font l'objet du plus grand nombre de poursuites sont le vol, l'émission de chèques sans provision, les infractions aux règles de la circulation et la conduite en état d'ivresse, les coups et blessures volontaires, l'abandon de famille. La majorité des condamnés est issue de catégories sociales défavorisées ou inactives. En réaction contre les conceptions de la Révolution française et de l'Empire, qui ne prenaient pas en considération la personnalité du délinquant, le législateur moderne a voulu individualiser la peine et a introduit cette individualisation dans son estimation, ses modalités et son exécution. Les tribunaux ont consacré cette évolution et tendu vers la recherche de la réinsertion sociale des délinquants.
Délinquance juvénile. Elle se définit par la limite d'âge (18 ans) et la non-responsabilité du mineur. Pénalement irresponsable, le délinquant juvénile représente une des formes sociales de l'inadaptation* de l'enfant et relève davantage du psychiatre et de l'éducation que du système pénitentiaire.
Les délits. Ce sont, par ordre de fréquence :
Les *vols,* surtout commis chez le garçon autour de la puberté ;
Le *vagabondage,* où les fugues peuvent être liées au désir de quitter un milieu

familial perturbateur. D'autres fugues, injustifiées en apparence, sont le fait d'enfants déséquilibrés (v. DÉSÉQUILIBRE) ;
La *prostitution,* qui est presque toujours la première conséquence du vagabondage chez la fille ;
Les *coups et blessures,* plus fréquents chez le mineur plus âgé (bataille entre mineurs, coups échangés au cours d'une dispute familiale...) ;
L'*homicide* est un crime plus rare ; il est le plus souvent involontaire, associé au vol ou à l'issue de disputes familiales ;
L'*incendie,* volontaire ou involontaire, et le *vandalisme* (destruction d'édifices publics, de véhicules, de biens divers) sont plus rares.
Causes. Les causes de la délinquance juvénile sont multiples :
1. *Conditions sociales et familiales.* La guerre, les révolutions, les bouleversements économiques, la misère, le chômage, les mauvaises conditions matérielles favorisent la délinquance. Le milieu familial est, dans la majorité des cas, déficient (carence d'autorité, mésentente des parents). On retrouve dans 65 à 85 p. 100 des cas des parents séparés ou divorcés, ou des conflits conjugaux à expression violente. Les carences d'autorité tiennent, avec les carences éducatives et affectives, une place prépondérante.
2. *Conditions personnelles. a)* La débilité mentale est fréquente chez le délinquant ; *b)* On peut retrouver des antécédents d'encéphalite, de traumatisme crânien ou d'épilepsie ; *c)* Ailleurs, il peut s'agir des signes de début d'une maladie mentale qui se confirmera à l'âge adulte ; *d)* Il peut s'agir aussi de troubles du caractère* : mythomanie, impulsivité, instabilité émotionnelle.

délire n. m. Désordre de la pensée qui fait prendre pour réels des faits imaginaires.

Manifestations des délires. Le délire traduit toujours une altération très profonde de la personnalité. Il repose sur une perturbation radicale des rapports du malade avec la réalité. Il représente une solution pathologique à une angoisse et à une insatisfaction très vives.
Les idées délirantes sont infiniment variées, mais peuvent se regrouper en plusieurs thèmes :
— les idées de *persécution,* qui donnent au malade la conviction que l'on essaie de nuire à sa personne ;
— les idées de *grandeur,* où les malades se sentent appelés aux plus hautes destinées (mégalomanie) ;
— les idées d'*influence,* où les malades ont le sentiment d'être commandés par une force extérieure à eux-mêmes ;

— les idées *mystiques,* qui peuvent se grouper en délire prophétique organisé ;
— les idées *hypocondriaques,* qui comprennent des idées de préjudice ou de transformation corporelle ;
— les idées *mélancoliques* d'autoaccusation et de culpabilité.

Toutes ces idées naissent à partir d'hallucinations, d'interprétations erronées, d'intuitions ou de fausses perceptions, enfin de constructions imaginatives.

Formes des délires. On distingue parmi les délires des formes aiguës et des formes chroniques.

FORMES AIGUËS. Ce sont des états délirants transitoires, appelés « psychoses délirantes aiguës » ou « bouffées délirantes ». Ils durent de quelques semaines à quelques mois. Les médicaments neuroleptiques y sont particulièrement efficaces.

DÉLIRES CHRONIQUES. Ce sont des états délirants prolongés, évoluant sur plusieurs années avec des moments plus aigus. Malgré leur trouble, certains délirants chroniques peuvent avoir une vie familiale et professionnelle presque normale.

En dehors des formes délirantes de la schizophrénie*, nous citerons quatre grandes formes de délire chronique :

le *délire d'imagination,* ou *paraphrénie,* qui est une sorte de fabulation fantastique ;

le *délire d'interprétation,* ou *délire paranoïaque,* cohérent, bien construit (le thème en est généralement la persécution) ;

la *psychose hallucinatoire chronique,* dans laquelle le délire repose sur des hallucinations très vives avec un sentiment d'influence et d'emprise. Il est généralement moins clair et moins cohérent que le précédent ;

les *délires passionnels,* dans lesquels une idée polarise toute la vie du malade. Les aspects les plus fréquents sont les délires de jalousie, de revendication, le délire érotomaniaque, le délire hypocondriaque.

Traitement. Les médicaments neuroleptiques, les efforts sociothérapiques et psychothérapiques améliorent ou stabilisent les délires chroniques. Les délirants chroniques peuvent être traités dans les services psychiatriques ouverts ou en consultation, sans qu'un internement soit nécessaire. Ils peuvent reprendre une vie normale à condition de suivre un traitement continu par les neuroleptiques et de se plier à la discipline des consultations.

delirium tremens n. m. Complication nerveuse aiguë de l'alcoolisme* chronique. Le *delirium tremens* (D. T.) est une manifestation dramatique, déclenchée le plus souvent par un sevrage partiel ou total chez un buveur imbibé de longue date, à l'occasion

Phot. Giraudon.

Délire.
De tout temps, les délires ont frappé
l'imagination populaire
et suscité des œuvres d'art
telle cette « Nef des fous » de Jérôme Bosch.

d'une maladie infectieuse, d'une intervention chirurgicale, d'un traumatisme ou dans toute circonstance qui amène le malade à réduire son apport habituel d'alcool. Le delirium tremens n'a donc rien à voir avec l'ivresse. Dans le cerveau de l'alcoolique, il semble en effet s'établir à la longue un équilibre précaire et anormal, adapté aux quantités quotidiennes de vin ou d'alcool absorbées. Tout se passe comme si le sevrage entraînait une rupture brutale de cet équilibre pathologique et une souffrance aiguë des cellules et des centres nerveux. Le début de la crise de delirium tremens est brusque, après quelques signes annonciateurs tels que l'insomnie, le tremblement, des cauchemars. Le malade, hagard, confus, est baigné de sueurs profuses et agité de tremblements intenses. Dans les formes très graves, il est la proie d'hallucinations épouvantables, à type de persécution, et il se débat dans une angoisse qui peut le rendre dangereux, car il cherche à se défendre. Totalement insomniaque, il perd toute notion de temps ou de lieu et ne reconnaît plus ses proches. Des convulsions peuvent survenir. La mort est possible, dans le coma ou le collapsus par déshydratation.

Traitement. Les deux points les plus importants en sont la réhydratation massive et la sédation avec des neuroleptiques bien tolérés par le foie (méprobamate). Cela parvient habituellement à ramener le sujet dans un état où les seules mesures à prendre résident dans le traitement même de son alcoolisme*.

délivrance n. f. Expulsion du placenta et des membranes fœtales (arrière-faix ou délivre), succédant à celle du fœtus.
Après une phase de repos d'une dizaine de minutes succédant à l'accouchement, le placenta se décolle de la paroi utérine sous

Délivrance.
Les trois étapes de la délivrance.
A. *Première étape* :
décollement progressif du placenta.
1. Utérus ;
2. Placenta décollé ; 3. Cordon ombilical ;
4. Membrane de l'œuf.
B. *Deuxième étape* : expulsion du placenta.
C. *Troisième étape* : rétraction de l'utérus.

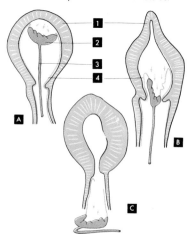

l'action de nouvelles contractions et de l'hématome qui s'est formé derrière lui. Lorsque le placenta est décollé — et seulement alors —, on aide à sa sortie en agissant sur le fond utérin à la façon d'un piston dans un cylindre. Il ne faut jamais tirer sur le cordon. Après la délivrance, l'hémostase est réalisée par la rétraction utérine normale, qui transforme l'utérus en un « globe de sécurité » dur (perçu à la palpation de l'abdomen), ce qui veut dire qu'une hémorragie n'est plus à craindre.

L'hémorragie est, en effet, la plus redoutée des complications de la délivrance. Elle s'observe lorsque le placenta ne s'est décollé que partiellement, qu'il en reste un fragment, que l'utérus n'assure pas sa rétraction ou qu'existent des troubles de la coagulation. Le traitement est une urgence obstétricale.

L'inversion utérine, ou retournement en doigt de gant de l'utérus, est une autre complication de la délivrance, exceptionnelle aujourd'hui mais redoutable.

La meilleure prophylaxie des complications de la délivrance consiste à respecter la physiologie normale de la délivrance, à s'abstenir de toute manœuvre de force et à surveiller l'accouchée pendant au moins une heure après l'accouchement, en suivant son pouls et sa tension.

delta-cortisone n. f. Dérivé de la cortisone*, obtenu par déshydrogénation. (Syn. : PREDNISONE.) — Elle est utilisée pour ses puissantes propriétés anti-inflammatoires et antiallergiques. (V. CORTICOTHÉRAPIE.)

deltoïde n. m. et adj. Muscle large qui recouvre l'épaule*. — Abducteur du bras, il est innervé par le nerf circonflexe.

deltoïdien, enne adj. Relatif au deltoïde.

démangeaison n. f. Sensation cutanée désagréable qui provoque le grattage. (V. PRURIT.)

démence n. f. Affaiblissement psychique profond, en général lent et progressif, frappant surtout les facultés intellectuelles.
Le malade perd progressivement la mémoire, le raisonnement, le sens critique. Les activités automatiques sont moins touchées, mais le dément devient incapable d'assurer son travail, et son comportement social est perturbé. Des troubles affectifs apparaissent aussi. L'indifférence, le puérilisme, l'incohérence des actes, l'apathie s'ajoutent à l'affaiblissement intellectuel.

Comme trouble acquis de l'intelligence, la démence s'oppose à l'arriération* : « L'arriéré est un pauvre d'esprit, le dément est un riche devenu pauvre. » La démence débute le plus souvent chez des sujets d'âge moyen ou avancé.

Selon les causes, on distingue des démences dégénératives séniles et préséniles, des démences traumatiques, des démences toxiques, des démences infectieuses (paralysie générale au cours de la syphilis), des démences artériopathiques (artériosclérose). À côté de ces démences où l'atrophie du cerveau est nette, il y a des démences, dites « vésaniques », qui marquent le stade ultime de certaines psychoses évoluant depuis longtemps. Le pronostic des démences est grave, mais certaines formes évoluent lentement avec des stabilisations.

Les médicaments peuvent freiner la détérioration mentale. Le placement en hôpital psychiatrique doit être réservé aux cas où la déchéance est totale.

démence précoce. On a longtemps qualifié ainsi la schizophrénie*, car elle commence effectivement dans l'adolescence, mais il ne s'agit pas d'une démence à proprement parler.

déminéralisation n. f. Diminution du taux des éléments minéraux du squelette : calcium et phosphore. (V. DÉCALCIFICATION.)

Demons-Meigs (syndrome de), affection caractérisée par des épanchements péritonéaux (ascite), pleuraux (hydrothorax) et une tumeur bénigne de l'ovaire, dont l'ablation amène la guérison.

démyélinisation n. f. Lésion des nerfs qui consiste en la destruction de leur gaine de myéline*.

dénaturation n. f. 1. Altération irréversible de la structure des protéines, aboutissant à leur précipitation.
2. Action d'ajouter à l'alcool une substance qui le rend impropre à la boisson (*alcool dénaturé*), tout en lui conservant ses autres propriétés.

dendrite n. m. Prolongement du cytoplasme du neurone* (cellule nerveuse) qui reçoit l'influx nerveux du neurone précédent.

dengue n. f. Maladie infectieuse épidémique des régions subtropicales, due à un virus et transmise par la piqûre d'un moustique.
Après une incubation silencieuse (5 jours), la maladie associe à une fièvre élevée un syndrome algique et une éruption variable (comme l'urticaire ou la rougeole). La fièvre dure quelques jours, puis la rémission survient, laissant le malade très fatigué.

Le traitement repose sur l'association d'antipyrétiques et d'analgésiques. La lutte contre les moustiques permet de limiter ces épidémies.

dent n. f. Élément dur, organique et minéral, implanté dans le maxillaire et dont l'ensemble, ou *denture*, joue un rôle important dans la mastication, la production des sons et l'esthétique.

Anatomie de la dent.
Chaque dent comporte une partie visible, la *couronne*, et une partie située dans l'os maxillaire, la *racine*, séparées par le *collet*. Suivant leurs formes, on distingue 4 sortes de dents :
— les *incisives*, aplaties et à 1 seule racine, qui retiennent et coupent les aliments ;
— les *canines*, lancéolées (pointues) et également à 1 seule racine, qui lacèrent les aliments ;
— les *prémolaires*, à couronne tronconique comportant 2 cuspides et 1 ou 2 racines ;
— les *molaires*, à couronne renflée comptant 4 à 5 cuspides et 2 racines (molaires du bas) ou 3 racines (molaires du haut). Les prémolaires et molaires broient et triturent les aliments.

Chaque racine est percée d'un *canal* où pénètrent des vaisseaux et un nerf allant à la *chambre pulpaire*, cavité de la dent contenant un tissu vivant, la *pulpe*, qui nourrit l'*ivoire* ou dentine, tissu très dur, constituant de la couronne et de la racine. La couronne est recouverte d'une couche dure et brillante, l'*émail*, la racine est recouverte du *cément*. Chaque dent est unie à l'alvéole qui contient sa racine par le *ligament alvéolodentaire*.
Les dentitions. Les dents se forment à partir des *bourgeons dentaires*, qui apparaissent dans les maxillaires vers la 12e semaine de la grossesse à partir d'une lame épithéliale, la lame dentaire. Chaque bourgeon prend la forme d'une cloche, présentant, de la surface vers la profondeur, une couche d'*adamantoblastes* (pour l'émail), une couche d'*odontoblastes* (pour l'ivoire) et une couche de cellules pulpaires. Les bourgeons dentaires, en évoluant, sortent du maxillaire : c'est l'éruption dentaire.

Dentition temporaire : dents de lait. De 6 mois à 3 ans, l'enfant « perce » ses dents les unes après les autres dans les délais moyens suivants :

6 mois	: incisives centrales inférieures ;
10 —	: incisives centrales supérieures ;
16 —	: incisives latérales inférieures ;
20 —	: incisives latérales supérieures ;
24 —	: premières molaires inférieures ;
26 —	: premières molaires supérieures ;

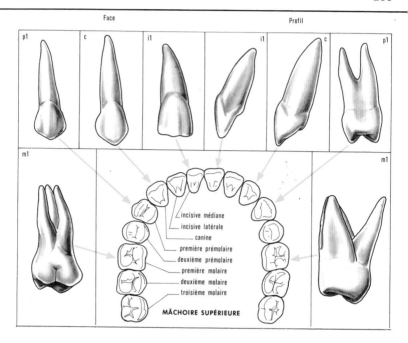

Face   Profil

p1   c   i1   i1   c   p1

m1   m1

incisive médiane
incisive latérale
canine
première prémolaire
deuxième prémolaire
première molaire
deuxième molaire
troisième molaire

MÂCHOIRE SUPÉRIEURE

À gauche : vue des dents par leurs faces vestibulaires (extérieure).

28 — : canines inférieures ;
30 — : canines supérieures ;
32 — : deuxièmes molaires inférieures ;
34 — : deuxièmes molaires supérieures.

Des écarts de plusieurs mois, en plus ou en moins, ne sont pas rares et généralement sans inconvénients. De 3 à 5 ans, il n'y a pas de modification de la denture. Celle-ci comporte 8 incisives, 4 canines et 8 molaires (réparties par moitié sur chaque maxillaire).

Dentition permanente. La deuxième dentition, définitive, commence vers 6 ans et se poursuit jusqu'à l'âge adulte. La première molaire permanente pousse à 6 ans (dent de 6 ans), derrière la 2ᵉ molaire de lait. La deuxième molaire permanente perce de 11 à 14 ans, la troisième, ou dent de sagesse, de

16 à 30 ans. Vers 7 ans, les dents de lait tombent, en commençant par les incisives. Ces dents temporaires sont remplacées par des dents analogues, sauf les molaires de lait, qui sont remplacées par les 8 prémolaires. La dentition permanente apparaît dans les délais suivants :

De 5 à 6 ans : premières molaires ;
De 6 à 8 ans : incisives centrales ;
De 8 à 9 ans : incisives latérales ;
De 9 à 10 ans : premières prémolaires ;
De 10 à 11 ans : canines ;
De 11 à 12 ans : deuxièmes prémolaires ;
De 12 à 14 ans : deuxièmes molaires ;
De 16 à 30 ans : troisièmes molaires ou dents de sagesse.

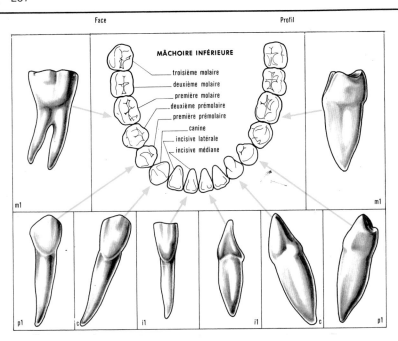

Face   Profil

MÂCHOIRE INFÉRIEURE

- troisième molaire
- deuxième molaire
- première molaire
- deuxième prémolaire
- première prémolaire
- canine
- incisive latérale
- incisive médiane

À droite : vue des dents par leurs faces latérales (de contact entre elles).

La denture définitive comporte ainsi 8 incisives, 4 canines, 8 prémolaires et 12 molaires.

Physiologie de la mastication.

Les dents du maxillaire supérieur (arcade dentaire supérieure) entrent en contact avec les dents correspondantes du maxillaire inférieur (arcade dentaire inférieure) suivant une ligne appelée *articulé* dentaire.*

La mobilité du maxillaire inférieur par rapport au maxillaire supérieur se fait au niveau des articulations temporo-maxillaires. Les muscles masticateurs sont au nombre de 4 de chaque côté : ce sont les muscles temporal, masséter, ptérygoïdien externe et ptérygoïdien interne. Ces muscles impriment au maxillaire inférieur : des mouvements d'abaissement et d'élévation ; des mouvements de propulsion et de rétropulsion ; des mouvements de latéralité et des mouvements de circumduction associant l'ensemble des mouvements précédents.

L'action mécanique des dents est complétée, dans la mastication, par celles des joues, des lèvres et surtout de la langue, qui ramènent les aliments entre les arcades dentaires. L'action de la salive à ce niveau constitue le début de la digestion.

Toutes les perturbations apportées à la présence et à la position des dents, à l'articulé dentaire, aux mouvements du maxillaire inférieur contrarient la mastication et ont un retentissement sur le tube digestif et sur l'état général.

Maladies des dents.
Accidents d'évolution ou d'éruption. L'érup-

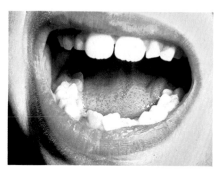

Dent. Malpositions dentaires
au cours de l'éruption des dents définitives.

tion des dents de lait, qui commence vers le 6ᵉ mois de la vie, débute par une rougeur et un gonflement de la gencive, de la salivation, de la rougeur de la joue, de la fièvre. L'enfant pleure, dort mal, refuse le biberon. Tout rentre dans l'ordre dès que le capuchon muqueux qui recouvre la dent est ouvert, que la dent a « percé ». Le traitement consiste en calmants légers (sirop de prométhazine, suppositoires d'aspirine et de paracétamol) et en massages de la gencive. Parfois la fièvre est élevée (39⁰C), il y a un écoulement nasal, de la toux, de la diarrhée. L'examen médical est

Phot. Dʳ Julliard.

nécessaire pour diagnostiquer une rhino-pharyngite, une otite, une bronchite, une infection intestinale, et appliquer un traitement approprié.

L'*éruption des dents permanentes* (2ᵉ dentition) peut entraîner quelques troubles analogues à ceux qu'occasionne l'éruption des dents de lait, mais parfois des accidents plus sérieux sont observés. La dent de sagesse inférieure est le plus souvent en cause, mais aussi des canines ou autres dents « incluses » dans le maxillaire.

On peut observer des accidents infectieux : infection du sac muqueux entourant la couronne et constituant la péricoronarite, pouvant entraîner l'infection de la gencive (gingivite) ou de la muqueuse buccale (stomatite), des lésions osseuses.

Les névralgies dentaires irradiées aux dents voisines et les troubles moteurs (contractions des muscles masticateurs provoquant du trismus*) ne sont pas rares.

Enfin, si la dent n'a pas la place d'évoluer, des complications mécaniques surviennent : déplacement et érosion des dents voisines, malpositions dentaires.

Le traitement des accidents d'éruption des dents comporte les bains de bouche antiseptiques, la cautérisation de la muqueuse et l'ouverture du capuchon muqueux ; parfois l'extraction de la dent est nécessaire (dent de sagesse).

Anomalies de la denture et des maxillaires. Les anomalies de développement des maxillaires gênent l'évolution des dents. Celles-ci peuvent présenter des anomalies de *nombre*

dentelé, e adj. Se dit de certains organes dont les contours sont déchiquetés (pôle inférieur de la rate*).
Muscles dentelés. Ils sont au nombre de 3 de chaque côté du thorax (petits dentelés supérieur et inférieur, grand dentelé). Leur rôle est de contribuer aux mouvements inspiratoires et de fixer l'omoplate.

dentifrice n. m. Produit d'hygiène buccodentaire, destiné à compléter l'action mécanique de la brosse à dents. — Les dentifrices se présentent sous forme de savons, de poudres, de pâtes, d'élixirs ; ils sont parfumés à la menthe, à la badiane, à l'anis, au benjoin, etc. Les dentifrices médicamenteux peuvent contenir du fluor (pour lutter contre la carie), de la formaldéhyde (pour lutter contre l'hypersensibilité du collet). Certains

dentifrices peuvent être employés au massage des gencives dans le traitement des parodontolyses*.

Les dentifrices ne sont pas toxiques et il n'est pas dangereux d'en avaler un peu accidentellement.

dentition n. f. Évolution physiologique du système dentaire. — C'est l'*éruption* des dents, à ne pas confondre avec la *denture,* qui constitue l'ensemble des dents. (V. DENT.)

dentome n. m. Tumeur bénigne formée par les tissus durs de la dent (émail, ivoire, cément). [Syn. : ODONTOME.] — Les dentomes peuvent se former à l'extérieur d'une dent (couronne, racine) ou à l'intérieur de la dent (dans la chambre dentaire).

denture n. f. Ensemble des dents. (Ne pas confondre avec *dentition**.)

(germes dentaires atrophiés ou, au contraire, dents surnuméraires), des anomalies de *forme* (intéressant la couronne), des anomalies de *position* (dents trop écartées, trop serrées, obliques, chevauchées, etc.). Toutes ces anomalies peuvent être corrigées par l'orthodontie* et l'orthopédie dento-faciale. Les actions thérapeutiques doivent être commencées dès l'apparition des dents permanentes, c'est-à-dire entre 7 et 8 ans.

Dystrophies. Ce sont des troubles de la nutrition de la dent, survenant surtout au moment de la formation du germe dentaire et entraînant des modifications de sa dimension, de sa forme, de sa structure. Les dysplasies* dentaires peuvent se manifester par une taille trop petite (ou trop grande), par des anomalies des cuspides, par des érosions du collet.

Dent. Dent de sagesse enclavée à extraire, en conservant la deuxième molaire.

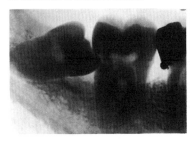

Doc. C.N.R.I.

Plusieurs lésions peuvent toucher les dents et s'accompagner de lésions d'autres organes. (V. Hutchinson [*dent de*] et [*triade de*].)

Des dystrophies* peuvent se manifester pendant la première ou la deuxième dentition, telles la mélanodontie* (dents noires), l'abrasion des incisives, les hypoplasies brunes de l'émail.

Lésions traumatiques des dents. Les *contusions* sont des atteintes légères du ligament alvéolodentaire par un choc isolé ou répété sur une dent.

Les *déplacements* de dents consécutifs à un accident ou à une extraction dentaire relèvent de l'orthodontie ou de la prothèse*.

Les *abrasions* et les *pressions anormales* proviennent d'anomalies de l'articulé dentaire ou de prothèses.

Les *luxations, enfoncements, fêlures* et *fractures* dentaires consécutifs à de violents traumatismes conduisent à divers traitements visant à soulager la douleur, à reconstituer la dent après dévitalisation ou, éventuellement, à l'extraire.

Carie dentaire. Lésion destructrice des tissus durs de la dent, la carie est un processus infectieux de causes multiples (v. CARIE). L'infection de la pulpe de la dent constitue la *pulpite*. Les kystes* sont une autre complication de l'infection dentaire, nécessitant souvent l'extraction de la dent.

Parodontopathies, parodontolyse. Ce sont les affections des tissus de soutien de la dent ou parodonte* très fréquentes et de causes variées. (V. PARODONTOLYSE.)

□

dénudation n. f. Mise à nu d'une veine superficielle pour y introduire à demeure une aiguille ou un cathéter*.
Cette méthode est utilisée chez les sujets dont les veines sont invisibles sous la peau (enfants, obèses, veines plates du sujet en collapsus*).

dénutrition n. f. Résultat de l'insuffisance quantitative et qualitative d'apports nutritifs aux cellules de l'organisme.
La dénutrition entraîne des conséquences fâcheuses sur le plan métabolique. Elle est fréquente pendant la vieillesse, mais peut

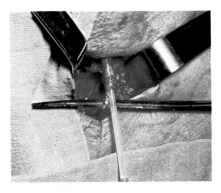

Dénudation.
Dénudation veineuse pour perfusion.
On voit le cathéter introduit dans la veine.

survenir pendant la croissance. Ses causes en sont nombreuses : alimentation insuffisante, lésions de l'appareil masticateur, lésions digestives ou nerveuses. Lors des brûlures étendues et dans certaines atteintes intestinales (sprue*), la dénutrition menace la vie.

déontologie n. f. **Déontologie médicale,** ensemble des règles de morale professionnelle qui régissent la conduite du praticien et qui indiquent la voie à suivre dans une circonstance donnée. Le *Code de déontologie* français institué en 1955 a été refondu en 1979 (décret du 28 juin) pour accorder ses articles avec les nouvelles dispositions légales (loi sur l'avortement, exercice de la médecine en groupes, sociétés civiles professionnelles de praticiens, etc.) et en tenant compte de l'importance croissante que prennent les facteurs économiques dans tous les domaines de la santé (prévention, coût des soins, de l'hospitalisation, équilibre financier de la Sécurité sociale). Ses principaux chapitres traitent des devoirs généraux des médecins, de leurs devoirs envers les malades, des rapports des médecins entre eux et avec les autres professions de santé, des règles particulières aux divers modes d'exercice (libéral, salarié, exécution d'expertises).

dépendance n. f. État de besoin qui s'installe lors de la prise de drogue ou de certains médicaments (pharmacodépendance).
L'arrêt des prises entraîne des troubles physiques ou psychiques selon la substance en cause. L'arrêt d'un traitement corticoïde prolongé entraîne dans ce cas une recrudescence des symptômes (phénomène de rebond de la *corticodépendance*) ; l'arrêt des prises de drogues (héroïne, cocaïne, etc.) chez les toxicomanes provoque un « syndrome de manque » avec angoisses, excitation, douleurs multiples.

dépersonnalisation n. f. État caractérisé par des sentiments d'étrangeté, de transformation, affectant partiellement ou globalement l'image mentale qu'a l'individu de son corps, de son psychisme et du monde extérieur. (Syn. : DÉDOUBLEMENT DE LA PERSONNALITÉ.) Les causes en sont très diverses : maladies organiques du système nerveux central, intoxications par des drogues, processus névrotiques ou psychotiques.

dépilation n. f. Chute des poils ou des cheveux, spontanée (v. ALOPÉCIE et PELADE) ou provoquée (v. DÉPILATOIRE et ÉPILATION).

dépilatoire n. m. et adj. Procédé ou préparation utilisés dans l'intention de supprimer les poils.
Seules l'électrocoagulation* des bulbes pileux (méthode longue et coûteuse) et la radiothé-

rapie (dangereuse) permettent d'obtenir une épilation définitive. Les dépilatoires chimiques (les plus employés) détruisent les protéines des poils et en facilitent l'arrachement, mais ceux-ci repoussent toujours.

dépistage n. m. Méthode de médecine préventive visant à déterminer la morbidité* d'une maladie et en la diagnostiquant très tôt, c'est-à-dire en la recherchant systématiquement.
Le dépistage implique de la part de sujets bien portants de se soumettre à des examens médicaux réguliers, et nécessite par ailleurs l'installation d'une infrastructure sanitaire qui permette ces contrôles (dispensaires, méthode de travail, etc.).

déplacement n. m. **Déplacement osseux,** modification de la position normale des fragments d'un os fracturé.
Déplacement corporel, mouvement faisant partie d'une technique de *gymnastique*.*

déplétion n. f. Baisse de la quantité de liquide ou d'une substance en solution contenue dans un territoire ou dans l'organisme tout entier.

dépression n. f. Perturbation de la vie psychique, affectant essentiellement l'humeur* dans le sens de la mélancolie et de la tristesse.
Les manifestations subjectives vont de la simple morosité, du « cafard » ou de l'ennui à la véritable douleur morale des mélancoliques. Elles s'accompagnent d'une anxiété plus ou moins importante. Des sentiments d'incapacité, d'inutilité et de culpabilité peuvent engendrer des idées de suicide avec un danger plus ou moins grand de passage à l'acte selon l'ampleur et la nature de la dépression. Il s'associe aux états dépressifs une diminution du tonus musculaire et de l'énergie. Le sujet souffre d'un épuisement à la fois psychologique (difficulté d'attention et de mémoire) et physique (sensation de fatigue). Le ralentissement de l'activité peut aboutir parfois à une inertie totale.
La multiplicité des causes et des personnalités perturbées par la dépression explique la variété des tableaux cliniques observés.
Schématiquement, on distingue les états dépressifs *névrotiques* et les états dépressifs plus graves, de nature *psychotique*, comme la dépression mélancolique, avec des formes intermédiaires entre les deux genres. Il peut s'agir aussi de dépressions « réactionnelles », c'est-à-dire consécutives aux difficultés de la vie (deuil, solitude, surmenage, régime alimentaire...), ou encore de dépressions symptomatiques d'affections organiques.
Le traitement doit tenir compte de la

structure psychologique du sujet aussi bien que des causes extérieures.

La chimiothérapie* permet d'étendre le champ d'action thérapeutique, notamment en renforçant l'efficacité de la psychothérapie, ne serait-ce qu'en la rendant possible dans les formes psychotiques.

dépuratif, ive n. et adj. Nom sous lequel on groupait autrefois un grand nombre de médications visant à « épurer le sang et les humeurs » : diurétiques*, cholagogues*, purgatifs*, sudorifiques*, vomitifs*, etc.

dératisation n. f. Destruction des rats. La dératisation doit être pratiquée avant que n'apparaissent les premiers cas de maladies transmises par ces mammifères : leptospiroses*, peste*, typhus*, etc. (V. RAT.) En plus de la transmission des maladies infectieuses, les rats sont responsables de la destruction des aliments laissés à leur portée, de fuites de gaz et d'eau ou d'incendies à la suite de courts-circuits, lorsqu'ils rongent les canalisations.

Lutte défensive. Elle consiste avant tout à ne pas laisser d'aliments à la portée des rats, qui sont très voraces : privés de nourriture, ils meurent rapidement d'inanition. Il convient donc d'éviter les stockages d'aliments dans les caves ou les locaux qui leur sont accessibles ; de ne pas laisser de déchets sur les trottoirs (les poubelles doivent être fermées par un couvercle). Il faut également empêcher les rats de pénétrer à l'intérieur des locaux : pose de grilles sur les tuyaux de raccordement aux égouts, sur les tuyaux d'évacuation des gouttières, sur les soupiraux des caves, etc.

Lutte offensive. On dispose, pour la lutte offensive, d'animaux, de pièges, d'aliments et de gaz toxiques. Les chats et les chiens sont de bons ratiers. Les pièges doivent être flambés pour ne pas susciter la méfiance des rats par l'odeur humaine dont ils sont encore imprégnés. Les poisons sont nombreux ; leur choix est orienté par deux critères : le premier est le danger qu'ils font courir aux rats, mais aussi à l'homme ; le second est le devenir du cadavre du rat : les *anticoagulants*, par exemple, font sortir le rat de son trou pour mourir, ce qui oblige alors à le toucher et entraîne des risques de contamination microbienne. Par contre, la *scille* évite la putréfaction du cadavre, mais elle perd vite son efficacité. Cependant, les toxiques les plus employés sont à base d'anticoagulants.

On emploie aussi la *pâte phosphorée* étalée sur du pain, efficace mais dangereuse pour les enfants ; la *strychnine* et le *fluoroacétate*. L'Institut Pasteur prépare le *virus de Danysz**, dont l'effet s'amenuise rapidement

(il immunise le rat). Les gaz toxiques sont réservés aux entrepôts et aux navires, en raison des risques qu'ils font courir.

Dercum (maladie de), affection touchant habituellement la femme après la ménopause, et caractérisée par la formation de masses adipeuses douloureuses sur le tronc et les membres.

dérivation n. f. Intervention qui consiste à dévier de leur trajet normal les urines, le contenu intestinal, la bile.
Les dérivations peuvent être *externes* (mise à la peau, tels l'anus artificiel, la cystotomie) ou *internes* (entre deux viscères, obtenues par anastomoses).

dermanysse n. m. Acarien* parasite d'oiseaux ou de rongeurs et qui peut, occasionnellement, attaquer l'homme.
Le parasite des poules détermine une dermatite* papuloérythémateuse chez l'homme. Le parasite du rat, dans les régions tropicales, véhicule la rickettsie du typhus murin.

dermatite n. f. Affection cutanée atteignant le derme et l'épiderme.
Dermatologie. Ce terme désigne certaines maladies de peau. Citons :
— la *dermatite bulleuse mucosynéchiante*, de nature inconnue, très rare, se traduisant par des bulles sur les muqueuses et laissant des cicatrices rétractiles ;
— la *dermatite lichénoïde et purpurique*, où la peau des jambes est le siège de papules, de purpura* et de télangiectasies ;
— la *dermatite polymorphe douloureuse*, ou maladie de Duhring-Brocq ;
— la *dermatite des prés d'Oppenheim*, se traduisant par une rougeur de la peau des baigneurs qui se sont étendus au soleil à même les herbes.
Parasitologie. La *dermatite des nageurs*, ou *dermatite cercarienne*, est une affection cutanée parasitaire, provoquée lors d'une baignade par la pénétration chez l'homme de cercaires*, de bilharzies*. Le sujet ressent rapidement une démangeaison, suivie d'une éruption maculeuse qui s'efface en quelques heures. Le traitement n'existe pas ; seule la réglementation des baignades permet d'éviter cette affection.

dermatobia ou **dermatobie** n. f. Mouche du groupe des œstres.
La dermatobia est responsable d'une myiase* cutanée furonculeuse, chez l'homme et divers animaux domestiques.

dermatofibrosarcome n. m. Tumeur fibreuse d'origine conjonctive, de malignité faible, apparaissant le plus souvent au niveau des aines.

dermatoglyphe n. m. Ensemble du graphisme qui représente l'empreinte de la main.

Le dermatoglyphe comprend les empreintes digitales des dernières phalanges des doigts et les lignes de la main et des doigts. Le dermatoglyphe, visible dès la naissance et immuable au cours de la vie, peut être analysé très soigneusement. Ainsi, dans certaines anomalies chromosomiques (mongolisme), le pli palmaire est unique et transverse. Il n'existe pas deux dermatoglyphes superposables chez le sujet normal, mais certaines caractéristiques générales sont constamment retrouvées.

dermatologie n. f. Spécialité médicale consacrée aux maladies de peau et à leurs traitements.

dermatologiste n. Médecin spécialiste des maladies de la peau et de leur traitement. (Syn. : DERMATOLOGUE.)

dermatome n. m. Appareil permettant de découper des lambeaux de peau très minces pour les appliquer sur les zones à greffer.

dermatomycose n. f. Affection cutanée, due à des champignons microscopiques.

dermatomyosite n. f. Affection de cause inconnue, touchant électivement la peau et les muscles striés.

La dermatomyosite se manifeste par un érythème du visage, des mains, du décolleté, respectant le tronc et les membres. Un œdème est sous-jacent à ces lésions, souvent révélateur autour des paupières (« halo mauve »). Les douleurs et l'atrophie musculaires surviennent au niveau du tronc et des membres tandis que l'état général s'altère gravement.

La survenue d'une dermatomyosite doit faire suspecter un cancer viscéral ; les formes aiguës font redouter une grave complication. Elles peuvent passer à la chronicité. Le traitement a recours à la corticothérapie*.

dermatophyte n. m. Champignon microscopique qui a une affinité pour la peau, les poils, les ongles, les cheveux.

Les dermatophytes sont responsables de dermatomycoses* (herpès* circiné, eczéma* marginé de Hebra), d'onychomycose*, de dermatophyties du cuir chevelu (les teignes).

dermatose n. f. Nom général des affections de la peau.

On distingue diverses classes de dermatoses : érythémateuses (coup de soleil), érythémato-squameuses (psoriasis), papuleuses (lichen plan), vésiculeuses (eczéma), bulleuses (pemphigus), pustuleuses (impétigo), végétantes (*Acanthosis nigricans*). Le terme de « dermatose » entre dans la dénomination de nombreuses affections cutanées. La *derma-*

tose médiothoracique de Brocq représente l'eczéma séborréique. On trouve dans les régions présternales des figures circinées et des papules acuminées suscitant le prurit*.

Dermatoses professionnelles. Elles constituent plus de 70 p. 100 des maladies professionnelles et s'observent dans plus d'une centaine de métiers. On les classe en *dermatoses orthoergiques,* frappant tous les sujets soumis à la même cause nocive de la même lésion cutanée, et *dermatoses allergiques,* ne frappant que quelques sujets présentant une sensibilité particulière à la cause nocive.

Dans ce cas, les lésions débordent rapidement le point de contact.

Parmi les dermatoses professionnelles, on reconnaît :

1. Les *dermatoses infectieuses,* touchant surtout les vétérinaires par inoculation animale. Les surinfections par les pyogènes sont surtout fréquentes (pyodermite des métallurgistes, des confiseurs) ;

2. Les *dermatoses parasitaires,* d'origine animale comme la gale des épiciers, des bûcherons, ou d'origine mycosique, comme les dermatophyties* et les épidermomycoses* superficielles des blanchisseurs, des plongeurs et des laveuses ;

3. Les *dermatoses par agents physiques,* qu'il s'agisse de projections métalliques, de frottements ou du froid, de la chaleur ;

4. Les *dermatoses par agents chimiques,* comprenant l'acné et la kératose folliculaire, dus aux chloronaphtalines, à l'élaïokoniose ou « boutons d'huile », due à l'huile de graissage, et surtout la dermite vésiculo-bulleuse.

Ainsi peuvent être atteints les coiffeurs, les ménagères, les cimentiers, les peintres, les mineurs, etc. On conçoit l'importance d'une bonne prévention et de l'information des travailleurs, qui doivent connaître les mesures de protection à prendre.

derme n. m. Couche de tissu conjonctif de la peau, située entre son revêtement épithélial ou épiderme* en surface et l'hypoderme* en profondeur, assurant à la peau sa nutrition et sa solidité.

Le derme est très vascularisé ; il est traversé par de nombreux nerfs.

On distingue trois couches :

1. Le *derme superficiel,* qui est formé de tissu conjonctif et qui s'insinue entre les crêtes de l'épiderme. On y trouve de nombreux capillaires, des terminaisons nerveuses, des cellules fabriquant la mélanine* ;

2. Le *derme moyen,* qui est formé essentiellement de fibres élastiques ;

3. Le *derme profond,* qui est constitué de fibres élastiques s'entrecroisant avec des fibres conjonctives. On y trouve les glandes

sébacées et la racine des poils, les canaux des glandes sudoripares.

Pathologie du derme. Bon nombre d'affections cutanées sont dues à une lésion du derme. Avec l'âge, le collagène et le réseau élastique perdent leurs qualités de souplesse, provoquant l'apparition des rides.

dermite n. f. Nom générique désignant les affections inflammatoires du derme. Citons la dermite des prés, la dermite de contact, la dermite ocre (pigmentation des jambes due à des troubles circulatoires) et l'érysipèle*.

dermographisme n. m. Propriété que possède la peau de certains individus de se tuméfier après frottement par un instrument mousse, d'où la possibilité de faire des inscriptions durables sur leur peau. (Le traitement en est difficile.)

dermohypodermite n. f. Affection du derme et de l'hypoderme.

dermoïde adj. Dont la structure rappelle celle de la peau. — Le *kyste dermoïde de l'ovaire* est un tératome* bénin contenant souvent d'autres vestiges embryonnaires.

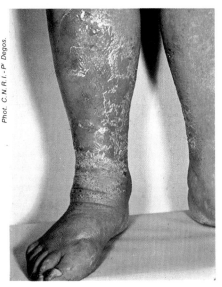

Phot. C. N. R. I. - Pʳ Degos.

Dermite ocre.

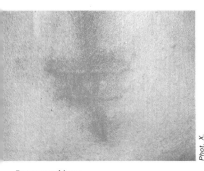

Phot. X.

Dermographisme.

dérotation n. f. Intervention qui consiste à sectionner un os long, à faire tourner un des segments sur son axe longitudinal et à fixer le membre dans cette nouvelle position. (Elle est surtout pratiquée dans certaines malformations de la hanche.)

désadaptation n. f. Perte de caractères acquis par l'organisme par adaptation à un milieu donné. (Par exemple, la polyglobulie* d'altitude se corrige lorsque le sujet revient au niveau de la mer.)

désamination n. f. Réaction chimique par laquelle un acide aminé perd son radical amine (NH_2).

désarticulation n. f. Ablation d'un segment de membre (amputation) au niveau d'une articulation, sans section osseuse, en réséquant tous les muscles et ligaments qui maintiennent cette articulation.

descente n. f. *Descente d'organe.* V. PROLAPSUS.

désensibilisation n. f. Méthode de traitement qui s'efforce de faire disparaître l'allergie de certains individus à l'égard de diverses substances.

DÉSENSIBILISATION SPÉCIFIQUE. C'est le traitement idéal des maladies allergiques lorsque l'allergène* est connu. Celui-ci est mis en évidence par cuti- ou intradermoréaction (v. ALLERGIE). On entreprend alors une désensibilisation, c'est-à-dire une accoutumance à l'allergène, en injectant celui-ci (en voie sous-cutanée) à des doses d'abord infimes, puis progressivement croissantes. Cette désensibilisation doit toujours être faite sous contrôle médical, car elle n'est pas toujours exempte de réactions parfois dangereuses.

DÉSENSIBILISATION NON SPÉCIFIQUE. Quand l'allergène n'est pas connu, la désensibilisation est globale, obtenue par injection de protéines (globulines), d'hyposulfite de sodium, de vaccins. Les résultats sont inconstants.

Emplois de la désensibilisation. Cette méthode s'adresse aux diverses manifestations de l'allergie : asthme, rhume des foins, urticaire, eczéma, etc. On a le plus souvent recours, simultanément, à des médications symptomatiques : *antihistaminiques** de synthèse, *corticothérapie**, etc.

déséquilibre n. m. Forme de personnalité morbide entraînant l'inadaptation sociale.

Sur le plan du caractère, le déséquilibré se distingue essentiellement par l'instabilité, l'impulsivité, une émotivité excessive et des sautes d'humeur. Ces facteurs de fragilité rendent les relations du sujet avec son entourage très difficiles, et créent en lui des perturbations à retentissement social et moral. La suggestibilité, le besoin de satisfaction immédiate et la faiblesse de leurs instances morales prédisposent ces sujets à des troubles du comportement divers, qui jalonnent leur histoire depuis l'enfance.

Notons, dans les manifestations habituelles du déséquilibre, les crises névropathiques, dont le tableau le plus typique est celui de la colère clastique (qui casse tout), et les troubles médico-légaux : la délinquance sous toutes ses formes (fugue, vol, prostitution...), les perversions, les toxicomanies.

Les déséquilibrés sont également susceptibles de réaliser des troubles psychiatriques, comme les bouffées* délirantes par exemple.

On a longtemps pensé que le déséquilibre était constitutionnel. Actuellement, on accorde une importance déterminante aux influences éducatives (carence d'autorité parentale, dissociation familiale...).

Traitement. Il nécessite des structures d'encadrement éducatif spécialisé pour l'enfant et surtout pour l'adolescent, notamment des centres de formation préparant à une insertion professionnelle. D'autre part, les psychothérapies individuelles ou de groupe peuvent se révéler utiles.

désherbant n. m. V. HERBICIDE.

déshydratation n. f. État pathologique grave, qui peut être dû à une diminution importante ou à une modification de la répartition des secteurs hydriques, dont l'un est déshydraté au profit d'un autre hyperhydraté sans diminution de l'eau totale.

On distingue :

La *déshydratation extracellulaire* par perte d'eau du secteur interstitiel et plasmatique, observée au cours des diarrhées ou vomissements abondants, brûlures étendues, ou établissement d'un secteur peu échangeable, dit « troisième secteur », que constituent des œdèmes* importants ou une ascite*. Le signe essentiel en est la chute de la tension artérielle.

La *déshydratation cellulaire*, rarement isolée, de causes complexes, observée presque toujours à la suite d'une déshydratation extracellulaire, donnant alors une déshydratation globale. Le signe essentiel en est la soif intense.

La déshydratation est particulièrement grave chez l'enfant et le nourrisson (fièvres prolongées, diarrhées, vomissements), qui peut en quelques heures perdre 30 p. 100 de son poids ; elle se traite par perfusions de solutions salines ou glucosées, selon les cas.

désinfectant, e adj. et n. m. Se dit des produits destinés à la destruction des germes pathogènes des locaux, vêtements, livres ou autres objets contaminés.

Les désinfectants les plus employés sont le *formol*, pulvérisé sous forme d'aldéhyde formique ou volatilisé à partir du trioxyméthylène; l'*eau de Javel*, le *lait de chaux* à badigeonner sur les murs, la *lessive de soude*, le *crésol*, le *sublimé*, les *ammoniums quaternaires*.

désinfection n. f. Destruction des germes pathogènes.

En dehors de l'usage des désinfectants*, divers procédés sont utilisés : *chaleur sèche* par flambage ou dans un four Poupinel, *chaleur humide*. (V. ÉBULLITION et ÉTUVE.) Les rayons ultraviolets sont utilisés dans les hôpitaux pour la désinfection des locaux.

En cas de maladie contagieuse, la *désinfection du nez* est faite par pulvérisation ou instillation de gouttes dans les narines (sulfamides, antibiotiques, etc.); la *désinfection de la gorge* se fait avec les mêmes produits, ou bien avec de l'iode, des borates, des colorants, etc.

Les urines et les selles, les crachats, les vomissements doivent être traités au crésol, à la lessive, au formol, à l'eau de Javel pendant la maladie (désinfection « en cours »). Pour certaines maladies, une désinfection est obligatoire à la fin de l'affection (désinfection « terminale »); elle concerne le local, la literie, les objets divers avec lesquels le malade a eu un contact. Les frais de désinfection après une affection contagieuse ne sont pas pris en charge par l'assurance maladie.

désinsectisation n. f. Destruction des insectes nuisibles à l'homme par leur action directe (piqûre) et surtout par leur action indirecte, c'est-à-dire la transmission de maladies infectieuses ou parasitaires (paludisme, typhus, trypanosomiases, etc.). — Les procédés sont très variés.

Phot. D' Julliard.

Desquamation au niveau des doigts.

Procédés physiques. Le pétrolage des eaux stagnantes (mares, étangs) permet de détruire les larves de moustiques en les asphyxiant. La chaleur sèche (étuves à 70 °C) est employée pour l'épouillage des vêtements et de la literie.

Procédés chimiques. Le *vert de Paris* peut être pulvérisé par avion sur de grandes surfaces contre les larves d'anophèle.

Le *pyrèthre* agit rapidement contre les mouches et les moustiques, mais il se décompose vite.

Les *insecticides de synthèse :* les dérivés chlorés les plus employés sont le D. D. T.* et l'H. C. H. ; le lindane et le chlordane ont une action prolongée ; les organophosphorés (malathion, chlorthion) sont d'action rapide et disparaissent par hydrolyse dans la nature.

La résistance aux insecticides oblige à changer de produit lorsque des souches résistantes apparaissent.

Procédés biologiques. Ils sont fondés sur l'emploi des ennemis naturels des insectes (élevage de poissons mangeurs de larves, tels les *gambusia* dans les eaux où pullulent les larves de moustiques) ; sur les modifications écologiques (déboisement, débroussaillement) ; sur la destruction des gîtes larvaires (assainissement des bords des étangs et cours d'eau, assèchement des marais, etc.).

désinsertion n. f. Section d'un tendon, d'un ligament au ras de son insertion osseuse.

désintoxication n. f. Traitement destiné à guérir les sujets atteints d'une intoxication chronique, la *détoxication** étant l'ensemble des procédés employés pour faire éliminer les poisons responsables d'une intoxication aiguë. (Aux différentes modalités de sevrage, on associe des cures de dégoût ou de déconditionnement dites de *désintoxication*.)

désodé, e adj. Dont on a enlevé le sodium et, par extension, le sel ou chlorure de sodium.

Le régime désodé est utilisé dans les affections cardiaques, rénales, hépatiques, et dans les hypertensions artérielles. La réalisation de ce régime « sans sel » est relativement facile en proscrivant le sel de cuisine, les conserves, le pain et la charcuterie.

Les sels de régime (sans sodium) peuvent être employés en remplacement.

désoxycorticostérone n. f. Hormone de la glande corticosurrénale*. (V. CORTICO-STÉROÏDE.)

désoxyribonucléique adj. Se dit d'un acide nucléique* constituant les chromosomes*. (Sigle : A. D. N.*.)

desquamation n. f. Élimination des cellules de la couche cornée de la peau.

La desquamation normale, superficielle, est invisible. Pathologique, elle apparaît sous forme de squames* sur la peau, de « pellicules » sur le cuir chevelu. Elle succède souvent à une maladie éruptive (scarlatine, rougeole). La desquamation saisonnière est due à des mycoses* ou à une perturbation neurovégétative. La desquamation est provoquée volontairement au cours du *peeling**.

dessin n. m. Le dessin représente un élément de connaissance de l'individu dans la mesure où il exprime la personnalité du dessinateur.

Fonction du dessin. Chez l'enfant, le dessin spontané est tout à la fois un jeu, un moyen de communication, un moyen de réaliser des désirs non satisfaits, une activité sociale lui permettant d'imiter ce qu'il voit.

Stades évolutifs du dessin chez l'enfant. Au début, l'enfant ne fait que gribouiller, puis son trait s'affermit et s'oriente : c'est la *pseudoécriture* vers 2 ans.

Il essaie ensuite de représenter un objet réel : c'est la période artistique où il dessine les choses telles qu'il se les représente et non telles qu'elles existent.

Tests utilisant le dessin. Il en existe beaucoup : tests de niveau intellectuel (le bonhomme de Goodenough, les tests de Fay, de Rey), tests de personnalité (dessin de l'arbre, de la famille...). Le dessin est couramment utilisé dans les psychothérapies d'enfant, comme moyen d'abord plus facile que le langage. Chez l'adulte, l'étude du dessin est d'un grand intérêt dans les maladies mentales.

désunion n. f. Réouverture d'une plaie suturée, due à une infection ou à une traction excessive imposée aux lèvres de la plaie.

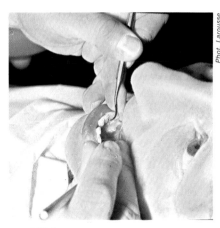

Phot. Larousse.

Détartrage.

détartrage n. m. Intervention qui vise à éliminer le tartre dentaire de la couronne et de la racine.
Chaque personne doit connaître sa propre vitesse d'entartrage pour pouvoir faire renouveler à temps l'opération de détartrage.

détergent, e adj. et n. m. Se dit de corps préparés par l'industrie (savons, lessives...), doués de propriétés tensioactives et émulsifiantes, et dont l'emploi se répand en pharmacie, notamment pour la préparation de certains excipients. (Syn. : DÉTERSIF, MOUILLANT, SURFACTIF.) — Ces corps sont classés en anioniques, cationiques ou non ionisables.
DÉTERGENTS ANIONIQUES. Ce sont les plus anciens détergents : savons alcalins, savon d'éthanolamine, certains dérivés sulfatés ou sulfonés.
SURFACTIFS CATIONIQUES. Ils sont constitués par les sels d'ammonium quaternaire.
SURFACTIFS NON IONISABLES. Ce sont les plus récents. Dérivés du sorbitol, ils sont employés dans certaines préparations médicamenteuses pour en faciliter la dispersion et surtout la pénétration dans les divers tissus organiques.
Toxicologie. La plupart des détergents ménagers sont des *produits anioniques.* Ils causent tout au plus une légère diarrhée s'ils sont avalés accidentellement. Il ne faut en aucun cas faire vomir le sujet, ni lui faire avaler de l'eau, ce qui ferait buller les produits.
Les *détergents cationiques* sont les seuls dangereux. Certains médicaments pour usage externe ainsi que les shampooings en contiennent. Leur absorption peut provoquer des convulsions ou un collapsus* mortel.

déterger v. Nettoyer et purifier une plaie ou une lésion cutanée. (V. DÉTERSION.)

détersion n. f. Action de déterger*.
La détersion d'une plaie, d'une caverne, d'un abcès aboutit à l'élimination des produits nécrosés ou suppurés qui en recouvrent la surface. Elle est la condition première a une bonne cicatrisation. Elle peut être aidée par des détersifs : eau oxygénée, nitrate d'argent, collargol.

détoxication n. f. Processus par lequel l'organisme transforme des corps toxiques en corps inactifs. — Les moyens sont très variés (hydroxylation, glycuroconjugaison, etc.) et se réalisent presque exclusivement dans le foie.

détrusor n. m. Couche musculaire de la vessie, qui, en se contractant, permet la miction.

déviation n. f. *Déviation conjuguée de la tête et des yeux,* état caractérisé par une rotation axiale de la tête vers la droite ou vers la gauche, avec déviation dans le même sens des deux globes oculaires, qui s'observe dans les hémiplégies avec coma.
Déviation de la colonne vertébrale. V. CYPHOSE, LORDOSE, SCOLIOSE.

dévitalisation n. f. Destruction chimique des tissus vivants de la dent*.

dextran n. m. Polysaccharide administré en perfusions dans les chocs* et les grandes hémorragies, pour corriger la chute de tension.

dextrocardie n. f. Situation anormale du cœur dans la partie droite du thorax.
Elle peut être *congénitale (situs inversus)* ou *acquise* (tumeur ou épanchement pleural situés à gauche, *attraction* du cœur à droite par une atélectasie* pulmonaire, une symphyse* pleurale).

dextromoramide n. m. Analgésique synthétique puissant, utilisé à la place de la morphine. (Tableau B.)

diabète n. m. Terme générique recouvrant plusieurs maladies qui ont en commun l'augmentation du volume des urines, avec fuite urinaire d'une substance chimique organique, généralement le sucre.
I. Le diabète sucré pancréatique. Il regroupe deux atteintes différentes selon que l'insuline* n'agit pas normalement (diabète gras) ou qu'elle est absente (diabète maigre).
A. Le diabète gras. Il se caractérise par la diminution de la tolérance de l'organisme vis-à-vis des sucres ou hydrates de carbone.

Cette anomalie touche 3 à 4 p. 100 de la population et est responsable de nombreuses complications. Le diabète gras survient en règle générale après 45 ans et souvent chez des obèses, des sédentaires, des sujets ayant une hérédité diabétique.

SIGNES CLINIQUES. Le diabète se manifeste par l'émission d'urines abondantes (polyurie), entraînant une soif intense (polydipsie) par déshydratation, et des signes cutanés (diabé-tides*). Cette symptomatologie est souvent discrète, et la découverte de la maladie se fera sur des examens biologiques systéma-tiques ou lors de la survenue d'une complica-tion (v. plus loin).

SIGNES BIOLOGIQUES. Le diagnostic de diabète se fait sur la vue de 3 examens : le dosage du sucre dans le sang (glycémie*), dans les urines (glycosurie*) et l'épreuve d'hyper-glycémie* provoquée.

La *glycosurie*, ou présence de sucre dans les urines, se recherche avec la liqueur de Fehling, qui vire au bleu au rouge en présence de sucre, le tube étant porté à ébullition. Actuellement, la recherche de sucre se fait au moyen de bandelettes réactives qui, trempées dans les urines, changent de couleur en fonction de la teneur des urines en glucose.

La *glycémie*, ou taux de sucre dans le sang, est mesurée sur un prélèvement de sang veineux : elle varie à l'état normal entre 0,70 et 1,10 g par litre, à jeun. Au-dessus de 1,30 g, il y a diabète.

L'*hyperglycémie* *provoquée* est une épreuve qui consiste à doser la glycémie à jeun, puis toutes les demi-heures pendant 2 heures après l'ingestion d'une dose de charge de glucose (sucre) de 50 à 100 g selon le poids du patient. Normalement, la « flèche » d'hyperglycémie qui suit l'ingestion du sucre est inférieure à 1,70 g et se situe vers la 1re demi-heure. La glycémie redes-cend vers la normale (2e heure) après un pic d'hypoglycémie (0,60 g par litre). La courbe de type diabétique voit la glycémie monter à 1,80 g au moins (le plus souvent de 2 à 3 g par litre) à la 1re demi-heure et revenir à la normale en beaucoup plus de temps (de 3 à 4 heures) ; à la 2e heure, la glycémie reste autour de 2 g par litre.

Les différentes variations de ces examens capitaux permettent de différencier :
— le diabète « latent », où l'hyperglycémie provoquée a été, lors de circonstances parti-culières (grossesse, corticothérapie*), pertur-bée mais est revenue ensuite à la normale ;
— le diabète « chimique », où coexistent une glycémie à jeun normale et une épreuve d'hyperglycémie provoquée anormale ;
— le diabète « clinique », où sont associés les signes cliniques et biologiques de la maladie ;
— le diabète « potentiel », variété où les examens sanguins et urinaires sont normaux

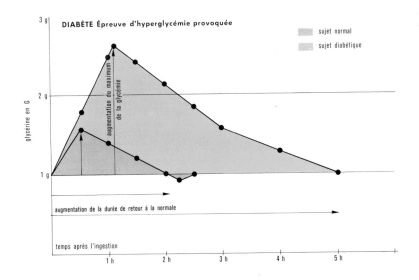

(tolérance normale aux hydrates de carbone), mais où les sujets présentent un risque diabétique important, ce risque étant décelé par l'hérédité (parents diabétiques) ou, pour la femme, à l'occasion de l'accouchement d'un enfant pesant plus de 4 kg à la naissance (*états paradiabétiques*).

On recherchera également dans le bilan d'un diabétique la présence d'une hyperlipidémie (augmentation des lipides dans le sang) et d'une hypercholestérolémie. Le taux de l'urée sanguine doit être mesuré pour permettre l'établissement d'un régime (trop d'urée interdit de manger beaucoup de viande).

TRAITEMENT. Chez la majorité des diabétiques « gras », l'institution du régime restrictif en hydrates de carbone suffira à restaurer leur équilibre glucidique. Ce régime devra poursuivre différents buts, en respectant une alimentation régulière (horaires, quantité, qualité), en assurant un apport calorique suffisant et en maintenant un équilibre entre les divers constituants. Le régime comportera une réduction des glucides à 140-180 g par 24 heures, variable selon le poids du sujet. Les lipides sont consommés répartis dans la journée (de l'ordre de 100 g par jour). La ration protidique (de 150 à 180 g par jour) sera répartie entre la viande, le poisson et le fromage. Il est recommandé également de renoncer au tabac et à l'alcool. Si les troubles persistent (sucre dans les urines), on emploie des hypoglycémiants oraux (biguanides ou sulfamides hypoglycémiants). Les biguanides sont peu toxiques et agissent sur les cellules périphériques. Elles freinent la fixation des graisses par l'organisme. Les sulfamides hypoglycémiants agissent en stimulant la sécrétion pancréatique (insuline*). Les rares inconvénients observés sont l'hypoglycémie, des incidents cutanés, sanguins (anémie) et hépatiques. Leur emploi est contre-indiqué chez la femme enceinte et chez le sujet jeune.

COMPLICATIONS. L'évolution du diabète gras est le plus souvent simple, surtout si le malade est scrupuleux dans son régime et dans son mode de vie. Toutefois, même dans ces conditions, le diabétique n'est pas à l'abri des complications redoutables dont la fréquence augmente avec l'âge. Les atteintes secondaires du diabète sont liées aux altérations des vaisseaux et frappent de nombreux organes : système nerveux, œil, rein, peau. L'artérite* diabétique, souvent localisée aux membres inférieurs, bénéficie du traitement anticoagulant et de la sympathectomie* lombaire. L'infarctus* du myocarde, l'athérome* cérébral, l'hypertension* artérielle sont des risques importants chez ces malades. La

principale complication oculaire du diabète est la rétinopathie, ou rétinite, qui touche 50 p. 100 des malades. L'atteinte de la rétine lèse la vue de façon progressive et irrémédiable, aboutissant finalement à la cécité. Cette dernière peut également être due à la cataracte*, à l'iritis*. Les complications rénales consistent en infections des voies urinaires (pyélonéphrites, favorisées par la glycosurie) ; elles aboutissent à l'insuffisance rénale.

Les complications cutanées sont fréquentes et souvent révélatrices : furoncles, pyodermites*, diabétides*, eczéma*, intertrigo*, etc.

L'atteinte nerveuse regroupe les radiculites*, les polynévrites* (douleurs et troubles de la sensibilité), les paralysies oculaires. Elles régressent souvent sans séquelles. Il existe également une atteinte du système neurovégétatif, associant des troubles digestifs et une atonie vésicale. Le coma est rare chez ce type de diabétique (v. plus loin).

B. Le diabète maigre. Encore appelée *insulinoprive* (par absence d'insuline), cette forme de diabète frappe le sujet jeune et les enfants. C'est une maladie héréditaire autosomique* récessive, qui est provoquée par une insuffisance de la sécrétion d'insuline par le pancréas.

Cliniquement, la survenue chez un sujet jeune d'un amaigrissement brutal, accompagné d'un syndrome de polyurie et de polydipsie (soif accrue, urines abondantes), d'installation rapide, orientent le diagnostic, surtout dans un contexte familial diabétique. Biologiquement, la glycosurie est massive quel que soit le régime suivi. Très rapidement apparaissent dans les urines des corps cétoniques (acétone), décelés par la réaction de Gerhardt et par les papiers réactifs du commerce.

L'évolution de cette forme de diabète est dominée par l'atteinte rénale et le risque de décompensation avec coma diabétique (v. plus loin).

Le traitement repose sur l'administration d'insuline et le régime. Les injections sous-cutanées doivent être faites par le malade lui-même en variant au maximum les points d'injection pour éviter la formation, à la longue, d'une fibrose sous-cutanée. Le malade surveille ses urines au moyen du papier réactif et pourra, avec l'habitude, adapter lui-même les doses de ses injections.

Le régime doit être soigneusement équilibré en majorant la dose des protides pendant la croissance.

C. Le coma diabétique. C'est la complication majeure du diabète maigre, parfois celle du diabète gras ; il est le plus souvent secondaire à une agression (traumatisme, infection, grossesse) ou à une erreur thérapeutique (non-respect du régime, erreur de dosage de l'insuline et non-surveillance des urines). C'est une urgence médicale que l'entourage de tout diabétique doit être à même de déceler dès les premières minutes afin d'assurer l'hospitalisation.

Le coma est précédé d'une phase prodromique où s'associent asthénie*, essoufflement, troubles digestifs divers (douleurs, vomissements). Devant la moindre alerte, le malade doit rechercher l'acétone* dans les urines ainsi que la glycosurie. À ce stade, l'augmentation des doses d'insuline permet au diabétique d'éviter la phase de coma confirmé.

Celui-ci s'installe assez rapidement, sans aucun signe neurologique. Le malade est déshydraté et présente une respiration ample et bruyante (respiration de Kussmaul). L'haleine a une odeur caractéristique d'acétone (vernis à ongles). Les examens biologiques mettent en évidence une hyperglycémie, une baisse importante de la réserve alcaline (acidose*) dans le sang ; la présence massive de glucose et de cétones dans les urines (d'où le nom de « coma acidocétosique »). Le traitement du coma diabétique nécessite l'hospitalisation d'urgence. On associe une insulinothérapie et une réhydratation massives. Progressivement, le malade reprend conscience, les constantes biologiques reviennent à la normale, mais certaines complications peuvent surgir : le collapsus* cardio-vasculaire (chute de tension) et la survenue d'infections graves sur ce terrain déficient.

Le pronostic dépend de l'état cardio-vasculaire du malade, des possibilités d'équilibration de son diabète et surtout du terrain. Le diabétique est également menacé par le *coma hypoglycémique*, qui survient au moindre excès d'insuline ou si le malade n'a pas absorbé sa ration de glucides. C'est un coma avec contractures musculaires, voire convulsions, d'installation progressive, accompagné de sueurs profuses. Il régresse sans séquelles avec l'administration de sucre, pourvu qu'il n'ait pas duré trop longtemps.

II. Le diabète rénal. Sans rapport avec le diabète pancréatique, il est défini par la présence de sucres dans les urines (glycosurie) sans augmentation du sucre sanguin (glycémie) et avec des épreuves d'hyperglycémie provoquée normales. Il s'agit d'une atteinte génétique familiale qui entraîne l'impossibilité pour le rein de réabsorber normalement le glucose.

Le diabète rénal est parfois associé à des lésions du rein et peut être d'origine toxique.

III. Le diabète insipide. Sans rapport avec les diabètes pancréatique et rénal, c'est une maladie métabolique due à un déficit en hormone antidiurétique* d'origine hypophysaire, ce qui entraîne une augmentation impressionnante du volume de la diurèse, réalisant une véritable fuite liquidienne par le rein (de 10 à 15 litres par jour), occasionnant une soif intense, permanente, insatiable. Les urines sont claires, diluées, peu denses. À ces deux troubles majeurs s'associent un amaigrissement, une asthénie, des céphalées. L'arrêt des boissons ne stoppe pas la polyurie et entraîne rapidement une déshydratation grave. L'administration de sérum salé hypertonique (visant à retenir l'eau au moyen du sel) ne modifie pas le tableau. Seule l'injection d'extrait de posthypophyse est concluante. Le traitement est difficile ; il dépend surtout de la cause : tumeurs hypothalamiques, traumatismes crâniens, parfois suites d'une intervention neurochirurgicale. Certaines atteintes sont secondaires à des maladies de système : sarcoïdose*, réticulohistiocytose, leucémies. Le plus souvent, on retrouve une origine primitive héréditaire sans lésions organiques. Le traitement est substitutif, à base de posthypophyse.

IV. Le diabète bronzé. V. HÉMOCHROMATOSE.

diabétides n. f. pl. Lésions de la peau ou des muqueuses qui apparaissent chez les diabétiques.
Ce sont des plaques ou des vésicules prurigineuses, infectées, souvent localisées aux organes génitaux ou dans les zones de transpiration (aisselles, thorax).

diacétylmorphine n. f. Analgésique dérivé de la morphine. (Syn. : HÉROÏNE.) — L'héroïne est euphorisante et conduit rapidement à la toxicomanie.

diagnostic n. m. Détermination de la nature d'une maladie. — Les temps successifs d'un diagnostic comportent : le diagnostic positif, le diagnostic différentiel, le diagnostic étiologique.

Le *diagnostic positif* groupe les renseignements fournis par l'histoire de la maladie actuelle, par le récit des antécédents pathologiques du malade (qui peuvent avoir une valeur d'orientation) et par l'examen clinique*. On peut parfois observer des signes pathognomoniques*, c'est-à-dire qui se voient exclusivement dans une maladie : le diagnostic est alors établi. Plus souvent, des examens complémentaires, radiologiques ou de laboratoire sont nécessaires pour identifier la maladie de façon précise.

Le groupement des éléments ainsi obtenus permettra de diagnostiquer la nature de la maladie et d'éliminer, dans le *diagnostic différentiel*, les autres maladies pouvant pré-

DIAGNOSTIC

senter des symptômes analogues, sources d'incertitude.

Le *diagnostic étiologique*, enfin, vise à reconnaître la ou les causes de la maladie, et permet ainsi de diriger le traitement contre la source du mal.

dialyse n. f. Méthode de purification ou d'analyse fondée sur la propriété qu'ont certaines substances à traverser des membranes poreuses.

On pratique la dialyse en mettant en contact deux solutions séparées par une membrane perméable à l'eau, aux électrolytes* (sels minéraux) et aux petites molécules.

Thérapeutique. La dialyse est utilisée afin d'éliminer des déchets toxiques (urée, par exemple) dont le rein malade ne peut débarrasser le sang. L'*hémodialyse péritonéale* consiste à faire entrer par un drain placé dans la paroi abdominale une solution appropriée d'ions, qui s'échangent avec ceux du sang à travers le péritoine (qui sert de membrane). On évacue ensuite le liquide renfermant les déchets du sang.

Le *rein* *artificiel* est une méthode plus puissante, où la machine épuratrice est reliée au malade par un tuyau directement branché sur les vaisseaux de l'avant-bras.

diapason n. m. La façon de percevoir les vibrations sonores produites par le diapason permet d'apprécier l'acuité auditive lorsqu'il est appliqué sur la mastoïde ou le front, et la sensibilité profonde lorsqu'il est appliqué sur des os des membres (genoux, hanches, coudes).

diapédèse n. f. Propriété qu'ont les éléments figurés du sang (globules) de traverser la paroi des vaisseaux capillaires.

Les globules blancs traversent les vaisseaux lorsque ceux-ci sont distendus par l'inflammation. Ils peuvent ainsi phagocyter les microbes.

diaphanoscopie n. f. Exploration des sinus de la face, fondée sur leur transparence à la lumière.

Les sinus sont éclairés par une petite lampe (diaphanoscope) placée soit dans la bouche (sinus maxillaires), soit à l'angle supéro-interne de l'orbite (sinus frontaux).

diaphorétique adj. et n. m. Syn. : SUDORIFIQUE.

diaphragmatique adj. Relatif au diaphragme*.

diaphragme n. m. Muscle qui sépare le thorax de l'abdomen et qui joue un rôle fondamental dans les mouvements respiratoires.

Anatomie. Le diaphragme a la forme d'une coupole à concavité inférieure dont le som-

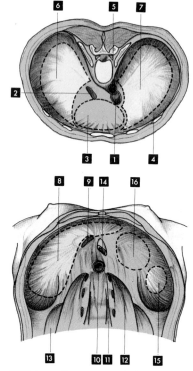

Diaphragme. Vues en coupe de l'abdomen.
En haut, vue supérieure :
1. Œsophage ; 2. Veine cave inférieure ;
3. Emplacement du cœur ;
4. Fibres musculaires ; 5. Aorte descendante ;
6. Empreinte de la base des poumons ;
7. Centre phrénique.
En bas, vue inférieure : 8. Empreinte du foie ;
9. Veine cave inférieure ;
10. Aorte descendante ;
11. Piliers du diaphragme ;
12. Muscle psoas ;
13. Carré des lombes ; 14. Œsophage (cardia) ;
15. Empreinte de la rate ;
16. Empreinte de la grosse tubérosité de l'estomac.

met répond environ au 4ᵉ espace intercostal, la cavité abdominale montant haut dans la cage thoracique. Le diaphragme présente une partie centrale tendineuse ou *centre phrénique*, une partie périphérique charnue dont les fibres s'insèrent sur le pourtour de

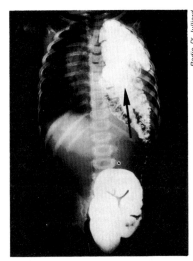

Radio Dr Julliard.

Diaphragme.
Hernie de l'intestin dans le thorax
à travers le diaphragme (enfant).

l'orifice inférieur du thorax (côtes et sternum)
et sur le rachis (piliers du diaphragme). Le
muscle présente 3 grands orifices : l'un pour
la veine cave inférieure, l'autre pour l'aorte et
le canal thoracique, le troisième pour l'œsophage. Très richement vascularisé, innervé
par les nerfs phréniques, le diaphragme est le
muscle inspiratoire principal, dont la contraction, en repoussant les viscères abdominaux,
augmente la dimension verticale de la cage
thoracique, ce qui provoque l'expansion des
poumons et l'inspiration de l'air.

Pathologie. L'ÉVENTRATION DIAPHRAGMATIQUE.
C'est un amincissement d'une partie de la
coupole diaphragmatique, sans solution de
continuité, d'origine congénitale ou traumatique.

LES HERNIES* DIAPHRAGMATIQUES. Elles peuvent être d'origine traumatique, mais sont le
plus souvent congénitales, par aplasie musculaire, ou acquises, par faiblesse musculaire.
Le type le plus fréquent en est la *hernie
hiatale*, avec ascension de la grosse tubérosité gastrique dans le thorax à travers l'*hiatus
œsophagien*. Elle peut occasionner des douleurs et des brûlures épigastriques, se compliquer d'ulcérations qui saignent, pouvant

entraîner une anémie, et d'œsophagite par
régurgitation du liquide gastrique acide dans
l'œsophage. Le diagnostic se fait par la
radiographie de l'estomac en position de
Tredelenburg (tête en bas). Le traitement,
d'abord médical, à base de pansements
gastriques, peut nécessiter une intervention
chirurgicale en cas de complications.

diaphragme de contraception, dôme
de caoutchouc fin, fixé à un anneau rigide et
également recouvert de caoutchouc, que l'on
place au fond du vagin, sur le col de l'utérus,
avant un rapport sexuel, dans un but de
contraception*.

L'efficacité de ce mode de contraception
est inférieure à celle des pilules ou des
stérilets. Il ne peut être conseillé que chez
des femmes très motivées (ne voulant ou ne
pouvant utiliser la pilule ou le stérilet) et en
association avec une gelée spermicide.

diaphyse n. f. Corps d'un os long compris
entre les deux extrémités ou *épiphyses*.

diarrhée n. f. Émission trop fréquente de
selles liquides ou pâteuses, due à un défaut
de réabsorption de l'eau par l'intestin. La
diarrhée n'est qu'un *symptôme* dont il faut
toujours rechercher la cause.

Diarrhées aiguës. Elles sont le plus souvent
infectieuses : dues à des *salmonelles*, à des
shigelles, à *Entamœba histolytica* (dysenterie
amibienne [v. AMIBIASE]), au *staphylocoque*...,
apparaissant brutalement de 28 à 72 heures
après le repas infestant. Elles sont, ou non,
accompagnées de coliques, parfois de fièvre
avec hyperleucocytose (augmentation des globules blancs), rarement de vomissements.
Les toxi-infections alimentaires durent en
général de 2 à 3 jours, et cèdent facilement
au régime et au traitement symptomatique :
abstention de lait, d'alcool et de toute boisson
glacée, soupe de carottes pour le nourrisson,
riz pour l'adulte, pansements intestinaux
(bismuth*, aluminium), diphénoxylate*, antispasmodiques (belladone, atropine), antiseptiques et reconstituants de la flore intestinale. Le danger de la diarrhée aiguë est la
déperdition d'eau. Si elle est abondante, une
réhydratation en milieu hospitalier peut se
révéler nécessaire (notamment pour le
nourrisson) ; il faut en tout cas beaucoup
boire. Toute diarrhée aiguë peut, par ailleurs,
être le premier signe d'une maladie générale,
parfois d'une maladie chronique de l'intestin
(iléite régionale de Crohn*, rectocolite*
hémorragique). La diarrhée est alors généralement accompagnée d'une altération de
l'état général et de fièvre.

Diarrhées chroniques.
*Diarrhées par lésions organiques de l'intes-
tin.* Les maladies inflammatoires, comme la

maladie de Crohn*, la rectocolite hémorragique, la tuberculose iléo-cæcale, la sarcoïdose intestinale, donnent des diarrhées liquides, parfois hémorragiques, survenant par poussées coïncidant avec une altération de l'état général.

Les tumeurs du côlon* et du sigmoïde provoquent des diarrhées sanglantes et glaireuses, dysentériformes et souvent douloureuses. Les tumeurs carcinoïdes* de l'intestin grêle augmentent le péristaltisme* intestinal, provoquant une diarrhée motrice par leur sécrétion excessive de sérotonine*.

Les interventions chirurgicales mutilantes, qui enlèvent de larges portions de l'intestin, lors de tumeurs ou de maladies ulcérantes, entraînent une diarrhée par raccourcissement du tube digestif, la portion restante étant insuffisante à réabsorber les liquides alimentaires et les sécrétions.

Diarrhées par malabsorption ou maldigestion. La gastrectomie (ablation chirurgicale de l'estomac) peut entraîner une diarrhée postprandiale, à cause de l'arrivée trop rapide du bol alimentaire dans l'intestin. Les insuffisances pancréatiques sont une cause très importante de diarrhée, les selles étant alors graisseuses, pâteuses et fétides, de même que dans toutes les diarrhées de malabsorption : intolérance au gluten de l'enfant (maladie cœliaque), sprue, mucoviscidose*, etc. L'hyperthyroïdie et la maladie de Basedow* entraînent également une diarrhée chronique par augmentation du péristaltisme.

Le danger de la diarrhée chronique est dans la *malnutrition* qui s'ensuit. Le degré d'amaigrissement permet d'évaluer la gravité de l'atteinte.

Le traitement des diarrhées chroniques est essentiellement celui de leur cause, assorti à un apport alimentaire protidique et calorifique soigneusement étudié.

Dans le cadre des diarrhées chroniques, il ne faut pas oublier le syndrome dit « du côlon irritable », simple hyperactivité des fonctions normales du côlon chez les sujets anxieux. (V. COLOPATHIE.)

diastase n. f. Amylase végétale. (La diastase étant la première enzyme connue, son nom est resté longtemps synonyme d'*enzyme**.)

diastasis n. m. Écartement anormal entre deux éléments anatomiques.

Diastasis tibio-péronier, écartement des extrémités inférieures du tibia et du péroné au cours des entorses et des fractures.

Diastasis des droits, écartement anormal des muscles grands droits de l'abdomen, parfois congénital, le plus souvent secondaire à la grossesse et à l'accouchement.

diastole n. f. Phase de relâchement des ventricules du cœur, qui suit leur contraction (systole). — La diastole correspond au remplissage des ventricules par le sang affluant des oreillettes.

diathermie n. f. Traitement par les courants de haute fréquence.

Ces courants alternatifs (plus de 100 000 cycles par seconde) traversent les tissus sans provoquer ni effet sensitif ni effet moteur, mais seulement en dégageant de la chaleur.

Les courants sont appliqués à la partie du corps à traiter au moyen d'électrodes en forme de plaques, reliées par des fils au générateur. Les ondes courtes (30 millions de cycles par seconde) ne nécessitent pas le contact des plaques pour le passage du courant.

La *diathermie* est efficace dans le traitement des douleurs, arthrites, névralgies, adhérences abdominales. Les courants de haute fréquence employés à faible intensité et très haute tension permettent l'*étincelage* ou l'*effluvation*, utilisés dans le traitement des douleurs, des prurits et de certaines dermatoses. Les courants de haute fréquence sont également employés par le bistouri* électrique et pour la diathermocoagulation*.

diathermocoagulation n. f. Coagulation des tissus par des courants de haute fréquence.

diathèse n. f. Ensemble de symptômes différents atteignant simultanément ou successivement le même sujet et supposés relever de la même cause. (Vx.)

diazépam n. m. Tranquillisant du groupe des benzodiazépines, employé contre l'angoisse, l'anxiété, l'agitation, l'insomnie.

dicoumarol n. m. Substance chimique qui empêche la synthèse de la prothrombine* par le foie. (Le dicoumarol et ses dérivés sont utilisés comme anticoagulants*.)

dicrotisme n. m. Modification de l'onde sanguine au niveau des artères, qui fait percevoir deux pulsations pour une seule éjection ventriculaire. (On dit alors que le pouls est *dicrote*.)

didronel n. m. Médicament de la maladie osseuse de Paget. (Il s'oppose à l'action des ostéoclastes.)

diélectrolyse n. f. Syn. d'IONISATION* THÉRAPEUTIQUE.

diencéphale n. m. Partie intermédiaire du cerveau*.

Le diencéphale comprend le 3e ventricule, dont les parois latérales sont constituées par le *thalamus* (centres sensitifs), au-dessous duquel est situé l'*hypothalamus** (centre principal du cerveau végétatif). La paroi supérieure présente l'épiphyse, et la paroi inférieure rejoint l'hypophyse par la tige pituitaire.

diète n. f. Suppression totale ou partielle de l'alimentation.
La *diète partielle* est la diminution de la ration normale, avec l'exclusion de certains aliments. Elle est souvent recommandée.
La *diète totale*, ou absolue, ne repose que sur une alimentation liquide (diète hydrique) ; elle n'est possible que pendant quelques jours et est surtout appliquée dans les tableaux aigus d'urgences abdominales. L'équilibre hydroélectrique* doit être préservé par l'apport d'eau et d'électrolytes* (sels minéraux) administrés par voie orale ou par voie veineuse (perfusions), de façon à compenser toutes les pertes (urines, vomissements, sueurs, selles).

diététique n. f. Branche de la médecine qui étudie les régimes alimentaires.
La diététique a fait de nombreux progrès dans l'étude des maladies dites « de civilisation » (obésité), en contact étroit avec la biochimie. Elle détermine la ration* alimentaire qui assure le meilleur équilibre pour chacun (v. RÉGIME). Le plus souvent, un personnel spécialisé de diététiciens est attaché aux hôpitaux ou aux collectivités (d'enfants, de sports, etc.) et, sous les directives d'un médecin, il compose la ration la mieux équilibrée pour le malade, l'enfant ou le sportif. La ration doit respecter les proportions de glucides, lipides et protides nécessaires en fonction des besoins et comporter un apport vitaminique suffisant.
L'obésité est une affection où la diététique est souvent le seul traitement. Celui-ci consiste, après un interrogatoire détaillé, à établir une ration hypocalorique (de 1 200 à 1 500 calories) où les glucides et les lipides sont fortement diminués par rapport aux protides. Les efforts sportifs nécessitent une adaptation de la ration aux importantes dépenses physiques subies pendant l'entraînement ou la compétition. L'entraînement nécessite un apport calorique d'environ 3 500 calories, avec plus de la moitié en glucides (55 p. 100). La compétition commande l'absorption d'un repas complet 4 heures avant, avec la prise de boissons abondantes (1 litre). Pendant l'effort, le sucre, les fruits secs sont conseillés, de même que le thé. Le lendemain, d'abondantes boissons sont nécessaires pour éliminer les déchets (acide lactique).
En pédiatrie, la diététique s'attache à permettre la guérison de certaines atteintes

digestives (maladie cœliaque*) ou métaboliques (phénylcétonurie*) par l'exclusion des composants responsables de la maladie.

diéthylèneglycol n. m. Liquide visqueux employé comme excipient de pommade et de solutés injectables.

différenciation n. f. Orientation de la cellule vers des fonctions spécialisées.
La maturation normale des cellules, et en particulier de l'œuf embryonnaire, aboutit à la différenciation du tissu embryonnaire en de nouveaux tissus spécialisés pour des fonctions particulières et à la transformation de l'œuf en embryon puis en fœtus.
En anatomie pathologique, la différenciation représente le degré plus ou moins poussé de la spécialisation des cellules tumorales, opposant aux tumeurs différenciées, de bon pronostic, les tumeurs anaplasiques ou indifférenciées, redoutables. (V. CANCER.)

diffusion n. f. Phénomène par lequel deux fluides en contact acquièrent une répartition et des propriétés homogènes. — Par extension, propagation dans les différents secteurs du corps d'un gaz ou d'une substance médicamenteuse ou toxique.
Diffusion alvéolocapillaire. C'est la diffusion des gaz du sang dans l'alvéole pulmonaire, et *vice versa.* (V. POUMON, *Explorations fonctionnelles pulmonaires.*)

digastrique adj. et n. m. Se dit d'un muscle dont le corps est divisé en deux parties charnues par un tendon intermédiaire.

digestibilité n. f. Aptitude d'un aliment à être digéré.
Dans la digestibilité interviennent la composition des aliments (la cellulose est très mal absorbée), leur préparation culinaire et la susceptibilité individuelle (mastication et valeur des sucs digestifs).

digestif, ive adj. Tube digestif, ensemble formé de la bouche*, l'œsophage, l'estomac* et l'intestin*.
Troubles digestifs, anomalies ou malaises ressentis à l'occasion de la digestion*. De causes multiples, allant de l'aliment avarié à une alimentation trop hâtive, en passant par les déficiences de chaque étage du tube digestif, les troubles digestifs les plus courants sont la nausée*, les vomissements, la dyspepsie*, la diarrhée*, la constipation*, l'aérophagie*, les ballonnements*.

digestif n. m. Eau-de-vie ou liqueur qui, prise après le repas, a la réputation fallacieuse de favoriser la digestion.
Cette réputation est uniquement due à l'effet tonique de l'alcool, lequel, mélangé aux sucs digestifs, a l'effet exactement inverse. Il

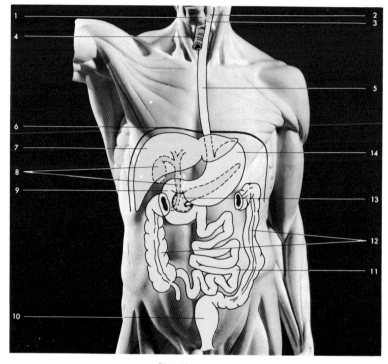

Digestif.
Appareil digestif (vue en projection).
1. Bouche; 2. Pharynx; 3. Larynx;
4. Trachée artère;
5. Œsophage; 6. Diaphragme;
7. Foie; 8. Vésicule et voies biliaires;
9. Duodénum; 10. Rectum;
11. Intestin grêle; 12. Gros intestin (côlon);
13. Pancréas; 14. Estomac.

existe, par contre, des médications et des plantes digestives, telles les infusions chaudes de fleurs de camomille, de menthe, de badiane, d'anis vert, de verveine, etc.

digestion n. f. Transformation des aliments en substances chimiques simples, capables de passer dans la circulation.
La digestion a lieu dans le tube digestif. Elle met en jeu des phénomènes mécaniques, chimiques et d'absorption. Les phénomènes *mécaniques* sont destinés à fragmenter les aliments de façon à faciliter leur transformation chimique. Les phénomènes *chimiques* consistent en une hydrolyse* des molécules organiques complexes en molécules plus simples, qui pourront être absorbées dans le sang et dans la lymphe. Cette hydrolyse se fait au moyen de catalyseurs biologiques : les *enzymes**. Les phénomènes d'*absorption* consistent en la pénétration dans le milieu intérieur des molécules organiques simples libérées avec l'eau et des substances minérales non modifiées au cours de la digestion. La digestion commence dans la bouche, où les aliments subissent la mastication et l'action de la salive, dont l'amylase attaque l'amidon. Elle se poursuit dans l'estomac, dont la musculature importante entraîne des mouvements de brassage énergiques qui homogénéisent le bol alimentaire. L'action de l'acide chlorhydrique stérilise les aliments.

Les glandes gastriques sécrètent la pepsine*, enzyme destinée à la digestion des protéines. Dans l'intestin grêle, trois sécrétions continuent leurs effets : la sécrétion de la muqueuse intestinale elle-même, la bile et le suc pancréatique.

Digestion des protéines. Elles sont attaquées par la pepsine de l'estomac, puis leur digestion s'achève dans l'intestin, sous l'effet de la trypsine* pancréatique et des enzymes intestinales, qui les transforment en acides aminés* directement assimilables.

Digestion des lipides. Ils ne sont pas attaqués au niveau de l'estomac. Dans l'intestin, émulsionnés par la bile, ils subissent l'attaque de la lipase pancréatique, complétée, au moment de l'absorption, par les enzymes intracellulaires des villosités intestinales.

Digestion des glucides. Ils sont attaqués dès la bouche par l'amylase salivaire. Leur digestion reprend ensuite dans l'intestin grêle. Les sucres simples sont ensuite absorbés.

digitale n. f. Plante qui tire son nom de la ressemblance de ses fleurs avec des doigts.

Digitale pourprée (*Digitalis purpurea*, scrofulariacées), plante indigène des feuilles de laquelle on tire des glucosides toniques pour le cœur (digitaline). — C'est une plante toxique et d'élimination très lente : elle impose des indications thérapeutiques et une posologie très précises. (Toxique, tableau A.)

Digitale laineuse (*Digitalis lanata*, scrofulariacées), plante qui ressemble à la digitale pourprée, mais dont les feuilles sont oblongues et lancéolées. — On en extrait des hétérosides* plus toxiques, mais d'élimination plus rapide, réservés à des traitements brefs. (Toxique, tableau A.)

Toxicologie. La digitale pourprée et, à un moindre degré, la digitale laineuse peuvent provoquer une intoxication si elles sont administrées à des doses excessives ou de façon trop prolongée, entraînant une accumulation* de la substance dans l'organisme. (V. DIGITALIQUE, *Traitement, Intoxication.*)

digitaline n. f. Hétéroside de la digitale*. La digitaline est un cardiotonique presque toujours administré par voie orale. Elle exerce quatre actions fondamentales.
1. Elle *ralentit* le rythme cardiaque en allongeant la diastole* : le cœur se remplit mieux ;
2. Elle *renforce* la contraction ventriculaire : le cœur se vide mieux ;
3. Elle *rallonge* le temps de la conduction nerveuse auriculo-ventriculaire (des oreillettes aux ventricules) ;
4. Elle *diminue* l'excitabilité de la fibre myocardique. Mais ce dernier effet s'inverse si les doses sont excessives.

Son action est lente : l'effet s'obtient en 4 à 6 heures, mais il est prolongé.

Ces quatre actions conjuguées en font le traitement électif de l'insuffisance cardiaque*, des congestions passives avec œdèmes, des troubles du rythme (tachycardie*, flutter*, arythmie complète).

La digitaline est contre-indiquée dans les états de choc* ou de collapsus*, de tachycardie* ventriculaire ou de bloc* auriculo-ventriculaire.

Sa fixation sur le myocarde peut entraîner des phénomènes d'accumulation si les doses sont excessives : on assiste alors à des troubles relevant de l'intoxication digitalique*.

digitalique adj. Relatif à la digitale. — Classe de médicaments cardiotoniques* importants.

Traitement digitalique. Le choix du médicament digitalique est commandé par la rapidité d'action recherchée. Dans les situations qui ne présentent aucun caractère d'urgence, on choisit des produits d'action lente et prolongée : digitaline*, digitoxine*. Dans les cas où l'on désire une action plus rapide, on choisit le lanatoside* C ou la digoxine*.

Le traitement comprend une dose d'attaque plus ou moins importante, à laquelle succède, lorsque l'effet désiré est obtenu (ralentissement du cœur, disparition des signes d'insuffisance cardiaque*), un traitement d'entretien de 2 ou 3 prises par semaine.

Intoxication digitalique. Le traitement digitalique doit toujours être surveillé de près, de peur de voir apparaître des signes d'intoxication en cas de surdosage. Cette intoxication peut aussi apparaître lorsqu'on administre de la digitaline à un malade qui en a déjà reçu et ne l'a pas encore éliminée.

La toxicité de la digitale se manifeste par :
— des *troubles digestifs :* nausées et vomissements ;
— des *troubles nerveux :* maux de tête et troubles de la vue avec vision colorée ;
— des *troubles du rythme cardiaque :* le plus souvent, il s'agit d'*extrasystoles*.

Il faut alors suspendre le traitement.

digitalisation n. f. Administration de digitale* ou de digitaline*. (V. DIGITALIQUE.)

digitonoside n. m. L'un des hétérosides* de la digitale. (Dénué d'action thérapeutique, il est employé dans le dosage du cholestérol.)

digitoplastie n. f. Réfection chirurgicale d'un doigt, faisant appel à des transpositions cutanées.

digoxine n. f. Hétéroside de la digitale laineuse, dont l'action puissante et l'élimination rapide la font utiliser dans les traitements d'urgence. (Toxique, tableau A.)

dihydralazine n. f. Médicament vasodilatateur et sympathicolytique employé dans le traitement de l'hypertension* artérielle grave.

dihydroergotamine n. f. Alcaloïde de l'ergot de seigle, sympathicolytique*, employé contre les migraines, l'hypotension* orthostatique, le zona*, etc.

dilacération n. f. Déchirure irrégulière d'un tissu (par un agent contondant, par exemple).

dilatateur n. m. Instrument chirurgical servant à dilater un canal ou un orifice.

dilatation n. f. 1. Augmentation, congénitale ou acquise, du calibre de certains organes : bronches, estomac, artères, veines, etc.
2. Méthode thérapeutique pour élargir un conduit, un orifice, la pupille, etc.
Pathologie. Le terme « dilatation » désigne surtout la *dilatation d'estomac*. Pour les dilatations des bronches, on parle de bronchectasie* ; pour celles des artères, d'ectasie* ; pour les veines, de varices*.
Dilatation aiguë de l'estomac. C'est la distension brutale et accidentelle de l'estomac, observée soit spontanément chez un sujet ne présentant aucun antécédent pathologique particulier, soit, plus fréquemment, dans des suites opératoires immédiates. Le tableau clinique est dominé par trois éléments : l'altération profonde de l'état général, les vomissements abondants, un ballonnement important et asymétrique du creux épigastrique. Le traitement consiste essentiellement à poser une sonde d'aspiration gastrique et à corriger les troubles hydroélectrolytiques par perfusion.
Dilatation des bronches. V. BRONCHECTASIE.
Thérapeutique. En thérapeutique, la dilatation est la manœuvre qui consiste à élargir un canal ou un orifice en introduisant dans sa lumière un instrument qui force son diamètre : *dilatation du col de l'utérus* par laminaires* ou par bougies* ; *dilatation de l'œsophage* par sondes spéciales en cas de rétrécissement par brûlures ; *dilatation du canal anal* au doigt ou avec un dilatateur ; *dilatation urétrale* chez l'homme, avec des bougies*, en cas de rétrécissement rendant la miction difficile.

dimercaprol n. m. Antidote des gaz de combat, actuellement employé dans le traitement des intoxications par les métaux lourds : arsenic, mercure, or.

diphémanil n. m. Médicament parasympathicolytique* employé contre les ulcères*

de l'estomac, les tremblements et l'excès de sudation.

dinitrophénol n. m. Dérivé nitré du phénol, employé dans les herbicides, les fongicides, les explosifs et les colorants.
Toxicologie. L'absorption de dinitrophénol provoque de la fièvre, de la dyspnée, des douleurs abdominales, de la cyanose, une atteinte du foie. La dose est mortelle au-delà de 1 g. En agriculture, le contact répété provoque des éruptions, de l'anémie, la cataracte. Il n'y a pas d'antidote. Il faut éliminer le toxique par lavage d'estomac, purge, lavage de la peau ; faire boire abondamment ; refroidir avec des vessies de glace.

diphénoxylate n. m. Médicament antidiarrhéique, agissant en réduisant les sécrétions intestinales.

diphtérie n. f. Maladie contagieuse sévère, à déclaration obligatoire (n° 6), due au bacille de Klebs-Löffler et caractérisée par une angine blanche et des complications cardiaques et neurologiques.
Bactériologie. Le bacille diphtérique prend la coloration de Gram* (Gram +) et se cultive sur le sérum de bœuf coagulé. Le bacille est responsable des signes locaux (angine), mais il est surtout pathogène par sa toxine, responsable des complications neurologiques. La toxine fait apparaître une antitoxine (anticorps) qui immunise contre une nouvelle infection. La transmission est avant tout directe (parole, éternuements, etc.) par les malades et surtout les porteurs de germes non malades.
Clinique.
Atteinte du pharynx ou du larynx. L'*angine diphtérique commune* commence lentement par une fièvre modérée, des ganglions discrets au cou, un malaise peu prononcé. Il faut rechercher les *fausses membranes*, jaunâtres, lisses, sur les amygdales, sur la luette, sur les piliers du voile du palais. Le prélèvement de gorge est nécessaire pour confirmer le diagnostic. La guérison est habituelle, mais parfois l'affection évolue vers l'angine maligne.
L'*angine maligne* s'oppose point par point à la précédente, bien qu'elle puisse lui succéder après un traitement tardif ou inadapté. Le début est brutal, avec une fièvre et une faiblesse importantes. Les fausses membranes sont impressionnantes, « couenneuses », envahissant le pharynx. Les ganglions sous-maxillaires sont volumineux et douloureux. L'évolution en est redoutable, souvent mortelle par asphyxie.
Le *croup*, ou localisation laryngée de la diphtérie, met directement en jeu le pronos-

tic vital, surtout chez le jeune enfant. Il s'installe progressivement en associant toux et voix rauque, puis les dissociant en toux rauque-voix éteinte. Ensuite une dyspnée* laryngée s'installe, intermittente puis continue, aboutissant à l'asphyxie.

Complications. Lorsque le cap de la première vague (angine ou laryngite) est franchi, les deux manifestations viscérales qui conditionnent le pronostic sont l'atteinte du cœur (myocarde) et celle du système nerveux.
La *myocardite* apparaît au cours de la deuxième semaine d'une angine maligne ; son pronostic est redoutable encore à l'heure actuelle ; le traitement laisse peu de chances de survie au malade.
Les *paralysies* se manifestent plus tardivement (de 5 à 7 semaines). Elles sont localisées au voile du palais, découvertes par un reflux nasal des liquides ; aux muscles de l'œil, responsables de troubles oculaires. Les atteintes des membres inférieurs sont fréquentes mais discrètes. Toutes ces paralysies régressent complètement.

Diagnostic. Il repose sur la notion de contage et sur la clinique (membranes). Mais la mise en évidence du bacille de Klebs-Löffler au niveau du foyer infectieux est indispensable. Le prélèvement de gorge pour examen bactériologique doit avoir lieu avant toute antibiothérapie.

Traitement. Le *traitement curatif* associe la sérothérapie, l'antibiothérapie et le repos. La sérothérapie d'urgence reste le geste principal. On emploie des doses de sérum antidiphtérique en fonction non de l'âge, mais de la gravité (de 30 000 à 100 000 unités). L'antibiothérapie (érythromycine) accélère la guérison et supprime rapidement la contagiosité.
Le repos absolu est le troisième élément du traitement. L'isolement est conseillé. La déclaration est obligatoire.
Le croup pose un problème d'urgence, celui de l'indication de la trachéotomie* pour conjurer l'asphyxie. Les corticoïdes seront utilisés. L'éviction scolaire est de 30 jours, mais deux prélèvements bactériologiques de contrôle permettent de la réduire.
Le *traitement préventif* doit rechercher les porteurs sains et les traiter par l'érythromycine. La vaccination par l'anatoxine* est en général bien tolérée, active dans 98 p. 100 des cas (v. VACCINATION). Elle a permis de voir diminuer la fréquence des cas graves de la diphtérie (v. D. T., D. T. T. A. B.).

diplacousie n. f. Trouble de la perception de la hauteur d'un son. (Pour une même fréquence, le malade ne perçoit pas la même sensation de hauteur par une oreille que par l'autre.)

diplégie n. f. Paralysie des parties correspondantes des deux moitiés du corps.

diplocoque n. m. Bactéries en forme de sphères (*coccus*), disposées par deux (méningocoques*, gonocoques*, pneumocoques*).

diploïdie n. f. Caractère des cellules possédant des chromosomes par paires. (La diploïdie existe normalement dans toutes les cellules, à l'exception des cellules sexuelles.)

diplopie n. f. Perception de deux images pour un seul objet.
Elle est due soit à une atteinte des muscles moteurs de l'œil ou de leur commande nerveuse, soit à une lésion du cristallin.

diprophylline n. f. Dérivé de la théophylline, employé dans le traitement de l'asthme comme analeptique et comme diurétique.

dipropyline n. f. Antispasmodique de synthèse agissant comme la papavérine, mais non toxique.

dipsomanie n. f. Tendance à boire sans arrêt, quelle que soit la nature du liquide ingurgité (qui n'est pas nécessairement alcoolique).

dipyge adj. et n. m. Se dit des monstres doubles ayant une tête et un thorax uniques, mais qui, dédoublés au-dessous de l'ombilic, présentent deux sièges et quatre membres inférieurs.

dipylidium caninum n. m. Ténia parasite du chien et du chat, pouvant infester l'homme.
Ce parasite est trouvé surtout chez l'enfant, isolé ou en grand nombre, pouvant provoquer des accidents tels qu'appendicite et troubles nerveux. Le traitement emploie l'acridine, le dichlorophène, le niclosamide.

discal, e, aux adj. Qui se rapporte au *disque* intervertébral.
Hernie discale. V. HERNIE.

discarthrose n. f. Arthrose* siégeant au niveau d'un disque vertébral, et pouvant être située à n'importe quel étage (cervical, dorsal, lombaire) de la colonne vertébrale.
La discarthrose se manifeste par des douleurs localisées ou irradiées, un raidissement progressif et, à la radiographie, par un pincement de l'interligne correspondant, avec condensation des vertèbres au niveau de leur corps et parfois formation d'ostéophytes*. (Voir ill. p. 308.)

discomycète n. m. Champignon microscopique, responsable de la discomycose, maladie caractérisée par des abcès chroniques.

discordance n. f. Trouble mental typique de la schizophrénie, caractérisé par une inadéquation, un manque d'harmonie entre la

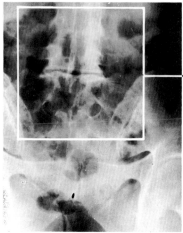
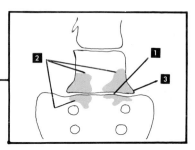

Radio Dʳ Wattez.

Discarthrose.
Notez : 1. Le pincement de l'interligne ;
2. La condensation osseuse ;
3. Les ostéophytes.

pensée, les sentiments et leur expression dans le langage ou les actes.

disjonction n. f. Désunion, séparation d'éléments anatomiques qui doivent normalement être contigus : *disjonction épiphysaire, disjonction symphysaire.*

dislocation n. f. **Dislocation articulaire,** destruction des éléments constituant une articulation, due à une paralysie des muscles périarticulaires ou à une perte de substance osseuse.

dispensaire n. m. Centre de soins médicaux, infirmiers ou dentaires, créé sur l'initiative de l'État, d'une œuvre privée ou mutualiste, et dont les soins sont gratuits ou peu onéreux.

Les *dispensaires antituberculeux* sont des centres de prophylaxie individuelle ou collective ; la prévention est assurée par la vaccination (B. C. G.). Les médecins qui travaillent dans un centre, qu'il s'agisse d'un établissement ou d'un camion mobile, assurent le dépistage mais non le traitement.

Les *dispensaires antivénériens* sont chargés de la déclaration numérique (selon un code), donc anonyme, d'affections telles que la syphilis*, la blennorragie* et la lymphogranulomatose* vénérienne.

Les *dispensaires d'hygiène mentale* suivent les malades mentaux qui ne sont pas hospitalisés, afin de prévenir les poussées et les rechutes de leur maladie. Ils facilitent leur réinsertion sociale.

Les *dispensaires de protection maternelle et infantile* (P. M. I.) suivent les enfants régulièrement et notent sur le carnet de santé de l'enfant tous les soins donnés. Les mères bénéficient de conseils de diététique et d'hygiène infantile, et reçoivent des soins personnels.

disque n. m. **Disque intervertébral,** formation interosseuse unissant deux vertèbres, et dont la forme est celle d'une lentille biconvexe. Le disque répond aux faces inférieure et supérieure de deux corps vertébraux. Chaque disque est constitué par un segment périphérique fibreux et par une zone centrale gélatineuse, qui durcit avec l'âge, et au sein de laquelle se trouve un noyau plus dense, le *nucleus pulposus.*
Pathologie. Le disque peut être le siège d'altérations mécaniques (hernie* discale), inflammatoires (discite) ou dégénératives (discarthrose*).
Les discites. Ce sont des atteintes infectieuses des disques intervertébraux. Elles sont rarement isolées et accompagnent habituellement une atteinte des corps vertébraux sus- et sous-jacents (*spondylodiscite*).
La discarthrose. V. ce mot.

dissection n. f. Dissociation des éléments anatomiques d'une région, par un acte chirurgical ou par un processus pathologique.
Dissection aortique, clivage des tuniques de

l'aorte, consécutif à des lésions dégénératives aboutissant à la nécrose de la tunique fibreuse (média).

disséquer v. Action de séparer et de dégager les éléments anatomiques d'une région. (C'est un acte essentiel de toute intervention chirurgicale.)

dissimulation n. f. Attitude pathologique mais consciente, voire intéressée, déployée soit par un malade, soit par son entourage à l'égard de troubles anciens ou actuels dont ils cherchent à cacher l'existence.

dissociation n. f. En psychiatrie, dislocation de la personnalité, caractéristique de la schizophrénie. (Nombre de signes l'attestent, notamment l'attitude, qui ne correspond pas aux sentiments éprouvés.)

distomatose n. f. Infestation parasitaire, due aux distomes*, ou douves (vers plats).
Cycle des douves. Les douves peuvent parasiter l'homme comme les mammifères, mais ont des hôtes préférentiels. Ce qui les caractérise, c'est la variabilité de la localisation selon l'espèce : foie et voies biliaires, intestin ou poumon. Le cycle du parasite se fait obligatoirement aux dépens d'un hôte intermédiaire peu spécifique : un mollusque. De l'œuf expulsé (soit par les selles, soit par les crachats) sort une larve qui pénètre dans le mollusque et se transforme (cercaire). Puis elle s'enkyste (métacercaire), pénétrant dans un poisson qui sera absorbé par l'homme. Ainsi l'infestation aura toujours un point de départ alimentaire.
Distomatose hépatique (douves du foie). Elle s'observe sous nos climats mais également en Asie. Elle est surtout due à *Fasciola hepatica*. L'homme s'infeste par la consommation de végétaux aquatiques (cresson) ou de poisson cru en Chine. La phase d'invasion traduit le passage du métacercaire dans le parenchyme* hépatique. Elle comporte des crises douloureuses abdominales, une asthénie* et un amaigrissement importants. Une fièvre et des sueurs peuvent faire penser à une brucellose*. À l'examen de sang, on note une augmentation des globules blancs, en particulier des éosinophiles*. À cette phase aiguë, qui dure 3 mois, fait suite celle de l'envahissement biliaire par les douves adultes. L'anorexie, l'asthénie, les crises douloureuses persistent, avec des coliques hépatiques, un gros foie douloureux et, parfois, un ictère. Souvent tout peut se résumer à un gros foie douloureux.
Diagnostic. Il n'est envisagé au début que sur l'association d'un repas infestant (cresson ou poisson) et d'une éosinophilie sanguine. Des tests sérologiques et cutanés ne donnent un résultat positif qu'au bout de 3 semaines,

mais ils restent longtemps positifs. On utilise également une méthode d'immunofluorescence* et d'immunodiffusion plus rapide. Au bout de 3 mois, des œufs sont excrétés dans les selles.
Traitement. Il est surtout efficace au début dans les formes jeunes. On utilise la 2-3 déhydroémétine et plus récemment le praziquantel, efficace et bien toléré. Les dérivés quinoniques et l'émétine sont également employés, mais avec de moins bons résultats. Parfois la chirurgie est nécessaire pour drainer les voies biliaires.
Distomatoses intestinales. Plusieurs douves peuvent parasiter l'intestin. La plus fréquente est *Fasciolopsis buski* (Chine, Viêt-nam, Malaisie), qui se loge dans un mollusque.
Le parasitisme peut être inapparent. Dans les infestations massives, il se manifeste surtout par une diarrhée (nombreuses selles fétides et sanglantes), des coliques abdominales. On peut voir des œdèmes généralisés, une ascite* et des signes pulmonaires. L'anémie et l'éosinophilie sont importantes.

Phot. P< Gentilini.

Distomatose.
Grande douve (*Fasciola hepatica*) extraite d'un canal cholédoque après un ictère par rétention.

Le *diagnostic* se fait, dans ces pays d'endémie, sur la constatation des œufs dans les selles. Le *traitement* repose sur le tétrachloréthylène et le thymol, qui sont très actifs.
Distomatose pulmonaire. Elle est due aux trématodes *Paragonimus* et sévit en Extrême-Orient, en Amérique tropicale et en Afrique. L'homme se contamine en mangeant du crabe cru. Les premiers signes sont des hémoptysies* et de la toux, surtout au réveil. Ce sont des quintes terminées par une expectoration rouillée. On doit y penser, dans

ces pays endémiques, en recherchant les œufs dans l'expectoration et sur la constatation d'une anémie avec éosinophilie.

La radiographie montre des nodules* et des calcifications. On utilise comme traitement le 2-2 thiobis, très efficace (de 5 à 15 mg par kilo en 3 prises).

distome n. m. Ver plat trématode qui possède deux ventouses. (V. DISTOMATOSE.)

disulfirame n. m. Produit de synthèse utilisé pour provoquer le dégoût de l'alcool chez les alcooliques.

diurèse n. f. Excrétion de l'urine. — La *diurèse quotidienne* est le volume d'urines émis par 24 heures. La *cure de diurèse* consiste à boire une grande quantité d'eau.

diurétique n. m. et adj. Substance capable d'augmenter le débit urinaire.

En dehors de tout traitement, un rein* sain filtre 130 ml de plasma par minute au niveau du glomérule*. Cet ultrafiltrat, contenant eau et électrolytes*, sera réabsorbé à 90 p. 100 au niveau des différents segments du tubule rénal, le reliquat constituant l'urine* (v. NÉPHRON, REIN).

Un diurétique peut donc agir par deux mécanismes : soit en augmentant la fraction de filtration, soit en diminuant la réabsorption de l'eau. Or l'eau est réabsorbée, soit seule (sous l'action de l'hormone antidiurétique*), soit avec le sodium*, car les mouvements du sodium (sel), excrétion ou réabsorption, sont obligatoirement suivis par l'excrétion ou la réabsorption simultanées d'un volume d'eau proportionnel à la quantité de sodium. D'autre part, les mouvements du sodium ne sont possibles que s'il est *échangé* avec un autre ion : potassium (K^+) ou hydrogène (H^+). Pour un ion sodium excrété, le rein réabsorbe un ion potassium ou un ion hydrogène, et *vice versa*.

L'action rénale des diurétiques peut donc être : soit de s'opposer à la réabsorption de l'eau libre, soit de s'opposer à la réabsorption du sodium* (qui entraîne nécessairement de l'eau), cela en bloquant l'aldostérone* ou bien en diminuant les ions échangeables avec lui (K^+ et H^+).

Principaux diurétiques. INHIBITEURS DE L'ANHYDRASE CARBONIQUE. Ils sont représentés par l'acétazolamide et la dichlorphénamide. Ils bloquent la formation d'ions H^+ échangeables avec le sodium, lequel ne peut donc plus être éliminé.

BENZOTHIADIAZINES. Ils sont représentés principalement par le chorothiazide*.

DIURÉTIQUES MERCURIELS. Les composés utilisés aujourd'hui sont des organomercuriels

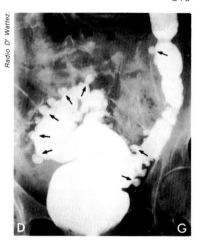

Diverticulose. Diverticulose du sigmoïde (les flèches indiquent les diverticules).

actifs par voie parentérale. Bien que très efficaces, leur toxicité limite leur emploi.

FUROSÉMIDE ET ACIDE ÉTHACRYNIQUE. Ce sont des diurétiques extrêmement puissants. Ils sont actifs *per os* et provoquent une élimination du sodium très importante.

DIURÉTIQUES AGISSANT SUR LE TUBULE DISTAL. Les *inhibiteurs compétitifs de l'aldostérone*, représentés par la spironolactone, bloquent les échanges sodium-potassium.

Le *triamtérène* et l'*amilorid* bloquent également les échanges sodium-potassium, mais ne sont pas inhibiteurs de l'aldostérone.

Les *xanthines* (caféine, théophylline, théobromine) provoquent l'élimination de l'eau, du sodium, du potassium, du chlore, du calcium et de l'urée.

D'autres médicaments sont des diurétiques indirects, tels les tonicardiaques*, qui améliorent le flux sanguin rénal.

Conduite du traitement. Les diurétiques ne doivent être utilisés que sous contrôle strict de l'ionogramme* sanguin, en raison des pertes de sodium et de potassium qu'ils entraînent. L'apport de potassium permet de rétablir l'équilibre hydroélectrolytique. Ce sont de puissants médicaments dont les indications et contre-indications propres à chaque groupe sont strictes et impératives. Mal utilisés, ils peuvent être extrêmement nocifs. En particulier, ils ne constituent pas un traitement de l'obésité, car ils provoquent une perte de masse maigre (muscles) et non de l'excès de masse grasse.

diverticule n. m. Cavité en cul-de-sac communiquant avec un organe creux. (Certains diverticules sont congénitaux [diverticule de Meckel* sur l'iléon, diverticules du côlon], d'autres semblent acquis.)

diverticulite n. f. Inflammation d'un diverticule*.

diverticulose n. f. Présence de nombreux diverticules*.

La *diverticulose colique* est particulièrement fréquente, très longtemps latente, mais pouvant se compliquer d'infection (diverticulite), de perforation (péritonite), d'hémorragie. Le traitement médical comporte les antiseptiques intestinaux et les antispasmodiques. Le traitement chirurgical n'est nécessaire qu'en cas de complications.

division n. f. Division cellulaire. V. MITOSE et MÉIOSE.

Division palatine, malformation congénitale caractérisée par l'absence plus ou moins complète du voile du palais. Cette malformation est habituellement associée à un bec-de-lièvre* uni- ou bilatéral. Le traitement est chirurgical et doit être entrepris chez le nourrisson dès le 6e mois. Après rééducation de la parole, les séquelles de cette malformation doivent être peu importantes.

Division des urines, manœuvre permettant de recueillir les urines de chaque rein sépa-

Division. Division palatine.
Enfant avec bec-de-lièvre
et division palatine.

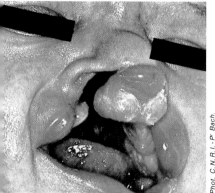

Phot. C. N. R. I. - P. Bach.

rément par cathétérisme d'un uretère à la fois.

Divonne-les-Bains, station hydrominérale de l'Ain, à 16 km de Genève, ouverte toute l'année.

L'eau froide (7 °C), peu minéralisée, est employée, plus ou moins réchauffée, en douches et en bains dans le traitement des surmenages, des états prénévrotiques et des névroses.

divulsion n. f. Manœuvre de dilatation forcée ou d'arrachement au doigt.

docimasie n. f. Recherche des causes de la mort par l'examen des organes après autopsie.

La *docimasie pulmonaire* permet de voir si le poumon était rempli d'air par la respiration ; dans ce cas, il surnage quand on le plonge dans l'eau. On la pratique dans les cas de noyade, pour s'assurer que le sujet n'était pas mort avant de tomber à l'eau.

doigt n. m. Partie mobile de l'extrémité de la main.

Chacun des cinq doigts est constitué par trois phalanges : la première, la phalangine et la phalangette, sauf le pouce qui n'en a que deux. La face postérieure de la dernière phalange est occupée par l'ongle et sa matrice. Les doigts, articulés avec les métacarpiens, sont doués d'une grande mobilité, et le pouce, opposable aux autres doigts, forme une « pince de préhension ».

Les *plaies* des doigts doivent toujours faire l'objet d'une exploration rigoureuse pour ne pas méconnaître une section tendineuse, de pronostic toujours réservé, surtout pour les tendons fléchisseurs. Les *infections* digitales sont fréquentes, par piqûre ou plaie septique ; le traitement antibiotique peut les empêcher d'évoluer vers l'abcédation, qui, aux doigts, prend le nom de *panaris**. Entorses, luxations, fractures des doigts ne sont pas rares ; elles sont en général bénignes. Le syndrome du « doigt mort », avec fourmillements, engourdissement pénible d'un doigt, est lié à un trouble vasomoteur et se voit dans la maladie de Raynaud* et dans l'hypertension.

doigtier n. m. Fourreau en caoutchouc ou en matière plastique, permettant de revêtir 1 ou 2 doigts pour protéger ceux-ci ainsi que le malade lors de certains examens.

dolichocéphale adj. et n. m. Se dit d'un sujet dont le crâne, vu du dessus, est très allongé d'avant en arrière.

dolichocôlon n. m. Côlon* d'une longueur excessive et décrivant des coudes multiples. Très fréquent, le dolichocôlon se complique souvent de colite* et de constipation*. Chez

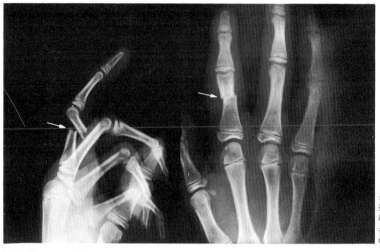

Radio Dr Wattez.

Doigt. Fracture (profil et face).

le vieillard, il peut faciliter les volvulus*, seul inconvénient grave de cette malformation. (V. MÉGADOLICHOCÔLON.)

dominant, e adj. **Caractère dominant,** se dit d'un caractère héréditaire qui apparaît chez tout sujet portant l'un seulement des deux gènes allèles* correspondants. (V. HÉRÉDITÉ.)

donneur n. m. et adj. Personne ayant une carte de donneur de sang.
Pour être donneur, certaines exigences sont requises quant à la qualité du sang, dont les réactions sérologiques de la syphilis doivent être négatives et qui ne doit pas contenir d'antigène* Australia.
Donneur universel. C'est un sujet appartenant au groupe O Rh −, dont le sang peut, théoriquement, être transfusé à des personnes de tous les groupes*.

dopage ou **doping** n. m. Moyen destiné à augmenter le rendement physique ou intellectuel d'un sujet.
Le dopage est surtout utilisé en vue d'une compétition, et sa pratique est dangereuse car elle peut provoquer des accidents graves. L'athlète qui se dope augmente ses performances, aux dépens de la morale sportive, de son intégrité physique et psychique. Certains médicaments sont très utilisés pour le doping, telles les amphétamines, mais

d'autres substances ont aussi des propriétés dopantes : le camphre et ses dérivés, l'acide nicotinique, l'heptaminol, etc. Le dopage lors des compétitions sportives est puni par la loi.

dopamine n. f. Catécholamine* employée dans le traitement de la maladie de Parkinson* sous forme de L.-dopa, son précurseur immédiat.

Doppler (effet), modification de la fréquence d'une vibration lorsque celle-ci est émise ou réfléchie par une structure mobile. L'effet Doppler est mis à profit pour la mesure de la vitesse de circulation du sang dans les vaisseaux. C'est la *vélocimétrie Doppler,* examen inoffensif pratiqué avec un crayon comportant des quartz émetteur et récepteur d'ultrasons, qu'on applique sur la peau au voisinage des vaisseaux. La variation de fréquence due à la réflexion sur les globules rouges en mouvement fait apparaître un son audible, qui est amplifié et enregistré. On mesure ainsi la vitesse circulatoire dans les artères carotides et vertébrales (qui irriguent le cerveau), dans les artères ophtalmiques, dans toutes les artères des membres et dans les veines. Cet examen, dont il reste un document graphique, permet le diagnostic et la surveillance des artérites, des thromboses, des compressions vasculaires, etc.
La vélocimétrie Doppler, sans aucun inconvénient pour le patient, s'ajoute aux autres examens mis en œuvre dans l'étude des

affections vasculaires (mesures des pressions et des oscillations, thermométrie et thermographie) et elle permet souvent (mais non toujours) d'éviter de pratiquer une artériographie.

dorsal, e, aux adj. Relatif au dos. — Le *muscle grand dorsal* recouvre toute la partie inférieure du dos ; il est adducteur et rotateur du bras en dedans.

dorsalgie n. f. Douleur du dos, et plus précisément de la colonne vertébrale.
De multiples causes peuvent entraîner des dorsalgies : arthroses*, scolioses*, tassements* vertébraux, maladie de Scheuermann*, etc.

dos n. m. Partie postérieure du thorax et de l'abdomen, comprise entre les épaules et la nuque, en haut, et le bassin en bas. (Le dos est divisé en deux parties symétriques par le sillon médian et vertical de la colonne vertébrale.)
Dos plat, absence de la courbure normale du dos (cyphose* dorsale normale), qui peut s'accompagner de cyphose* lombaire. Cette inversion des courbures peut être corrigée ou atténuée par la kinésithérapie.

dosimètre n. m. Appareil permettant d'évaluer la quantité de rayons X appliquée à un sujet.

dosimétrie n. f. Détermination des doses de rayons X (v. DOSIMÈTRE) appliquées à un malade donné.

dossier n. m. **Dossier médical,** ensemble des pièces (fiche signalétique, fiches d'observation du médecin, radiographies, ordonnances, résultats d'analyses, etc.) relatives à un malade. — L'hôpital communique les pièces du dossier médical au médecin traitant lors de la sortie du malade de l'hôpital.
Dossier de personnalité, ensemble des pièces relatives à l'observation d'un délinquant soumis à un procès pénal, dans le but de fournir de façon objective des éléments d'appréciation sur le mode de vie de l'inculpé.
Pour constituer ce dossier, le juge fait procéder à une enquête sur la situation matérielle, familiale ou sociale de l'inculpé ; à un examen médical, à un examen médicopsychologique à l'issue duquel un expert s'efforce de révéler les aspects de la personnalité et de fournir des données utiles pour la compréhension des mobiles et pour le traitement. Le magistrat peut également demander un examen psychiatrique pour savoir si le sujet présente des anomalies mentales, si l'infraction est en relation avec ces anomalies, si le sujet est accessible à une sanction, s'il est réadaptable.

douche n. f. Traitement par projection d'eau sous pression sur le corps.
La température de l'eau, le diamètre, le nombre et la force des jets sont variables suivant les cas à traiter. On fait des douches en nappe avec des pommes d'arrosage, des douches en jet unique, sous forte pression, à la lance, des douches locales, etc. La douche sous-marine consiste en un jet d'eau appliqué dans l'eau de la baignoire ou de la piscine.

Douglas (cul-de-sac de), fond de la cavité péritonéale, situé entre la vessie et le rectum chez l'homme, entre le vagin et le rectum chez la femme. (V. PÉRITOINE.)

douleur n. f. Souffrance perçue dans une partie quelconque du corps et ressentie de façon pénible. — «Phénomène psychologique qui met en jeu le fonctionnement du système nerveux dans son ensemble», la douleur reste difficile à définir.
Physiologie. La douleur met d'abord en jeu les *terminaisons nerveuses sensitives* libres au niveau de l'épiderme, dont certaines semblent spécifiques des stimulations douloureuses. (Toutefois, la stimulation excessive de n'importe quel récepteur sensitif finit par produire une sensation douloureuse.) Puis une *voie nerveuse,* qui transporte cette sensation jusqu'à l'encéphale : le faisceau spino-thalamique.
Dans l'encéphale, les stimulations douloureuses sont reçues par le *thalamus*,* qui les envoie au cortex cérébral, où elles sont intégrées en tant que perception consciente.
Pathologie. L'interprétation de la douleur en médecine reste soumise à sa nature *subjective.* En effet, l'impact affectif et psychologique des phénomènes douloureux est très important, et la variété des douleurs décrites par les malades est très grande. Quoi qu'il en soit, la douleur reste un symptôme, un signe d'alarme de grande valeur localisatrice et séméiologique. Souvent insuffisante à faire poser un diagnostic, elle oriente les recherches à entreprendre.
Traitement. Les *analgésiques* locaux* ont une activité suppressive de la douleur pendant la durée de leur action. Les *analgésiques* centraux* agissent en modifiant la perception douloureuse de la sensation. Des interventions neurochirurgicales sont pratiquées lorsque les douleurs sont insupportables et rebelles à tout traitement médical : cordotomie*, lobotomie*, etc.

douloureux, euse adj. **Point douloureux,** douleur siégeant en un point précis, soit spontanée, soit retrouvée à l'examen clinique par la palpation ou la percussion.
Les points douloureux ont une valeur localisatrice pour les affections de l'abdomen, du

squelette, les blessures — et notamment les
fractures. Cependant cette valeur reste relative, les organes étant proches les uns des
autres et parfois superposés, et la douleur
pouvant être « projetée » en un point éloigné
de son origine véritable, du fait du trajet des
nerfs sensitifs.

doute n. m. Trait caractéristique de la
personnalité psychasthénique (v. PSYCHASTHÉ-
NIE), susceptible de s'ériger en obsession.
Le *doute obsédant* peut s'appliquer à toutes
idées et à tous actes, et contraint le sujet à
des vérifications incessantes, rendant, à la
limite, toute décision impossible.

douve n. f. Ver parasite distome. (V. DISTO-
MATOSE.)

doxycycline n. f. Antibiotique à large
spectre, du groupe des tétracyclines.

dracunculose n. f. Filariose* cutanée due
à la filaire* de Médine.

drain n. m. Tube de caoutchouc ou de
plastique à bout droit ou biseauté, percé de
trous près de son extrémité et employé pour
le drainage*.

drainage n. m. Évacuation au-dehors de
collections liquidiennes pathologiques ou
nocives pour l'organisme.
Le drainage peut se faire au moyen d'un
drain, d'une lame de caoutchouc, de mèches,
d'un faisceau de crins. Le *drainage aspiratif*
(drain branché sur un appareil d'aspiration)
de Redon est particulièrement efficace.

drainer v. En *médecine homéopathique*,
assurer par l'emploi de médicaments peu
dilués l'élimination des toxines.

Drainage. Drainage de Redon avec aspiration
par un bocal
dans lequel le vide a été fait.

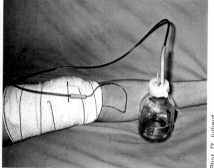

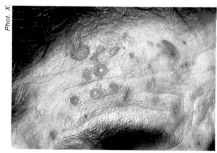

Phot. X

Duhring. Maladie de Duhring-Brocq.

drastique adj. et n. m. Se dit d'un purgatif
très violent qui provoque l'émission de selles
abondantes et liquides.

drépanocytose n. f. Anémie hémolytique
due à une malformation congénitale des globules rouges, qui ont une forme de faucille.
(Syn. : ANÉMIE FALCIFORME.)

drogue n. f. Substance, de quelque nature
qu'elle soit, susceptible d'entrer dans la
composition d'un produit médicamenteux
(dans ce sens, le mot drogue n'a aucune
signification péjorative).
Spécialement, tous les produits susceptibles
d'engendrer une toxicomanie* (opium, héroïne, haschisch, amphétamines, etc.).
En pharmacie est une *drogue simple* toute
substance — le plus souvent végétale, parfois
animale ou minérale — utilisée telle que la
nature la fournit.

droit n. m. **Droit médical**, ensemble de
dispositions législatives et réglementaires,
d'appréciations de doctrine, de décisions des
tribunaux, de règles coutumières et de principes généraux qui président à l'exercice de
la médecine.

drosera n. m. Plante des marais douée de
propriétés calmantes. (La teinture de drosera
est employée dans les sirops contre la toux.)

drosophile n. f. Petite mouche de l'ordre
des diptères, très répandue (fruits et vin).
Elle est couramment utilisée dans l'expérimentation en génétique, car elle possède des
chromosomes géants et peu nombreux.

D. T., sigle de *diphtérie-tétanos* servant à
désigner le vaccin contenant les deux anatoxines* diphtérique et tétanique. (V. VACCI-
NATION.)

D. T. T. A. B., sigle de *diphtérie-tétanos-
typhoïde-paratyphoïdes A et B*, désignant le

Phot. Dr Julliard.

vaccin associé contre ces affections. (V. VAC-CINATION.)

Ducrey (bacille de), agent du chancre* mou.

Duhring (maladie de), affection cutanée bulleuse, atteignant les téguments et respectant habituellement les muqueuses. (Syn. : DERMATITE POLYMORPHE DOULOUREUSE DE DUHRING-BROCQ.)
L'éruption est symétrique, prédominant aux avant-bras, aux cuisses, à la région lombo-sacrée. Elle est faite de plaques érythémateuses (rouges) en bordure desquelles siègent des bulles* de toutes tailles, tendues, groupées en bouquet. L'état général est souvent bien conservé, la démangeaison est violente. La maladie survient plutôt chez l'enfant et le sujet âgé, avec une prédominance pour le sexe féminin. On distingue la forme herpétiforme, curable, et la forme pemphigoïde (v. PEMPHIGUS), de pronostic sévère et comportant un désordre immunologique.
Le traitement implique la prescription de sulfamides. Dans les formes rebelles ou sévères, les corticoïdes associés aux soins locaux améliorent le pronostic.

Dukes-Filatow (maladie de), nom donné à la *quatrième maladie éruptive**.

dum-dum (fièvre), leishmaniose viscérale qui sévit particulièrement à Dum Dum, ville du Bengale. (V. LEISHMANIOSE.)

dumping syndrome n. m. (mots anglais). Ensemble de troubles qui apparaissent parfois après une *gastrectomie**, lorsque l'estomac a été abouché au jéjunum, et qui se traduit par des pertes de connaissance, des nausées, des vertiges.

duodénite n. f. Inflammation du duodénum, se traduisant par des pesanteurs, des brûlures épigastriques après les repas.
La duodénite relève de causes diverses : défauts hygiéno-diététiques, infection alimentaire, parasitose. La prise de repas d'abondance modérée, la suppression des aliments irritants, de l'alcool, du tabac, l'administration de pansements de la muqueuse digestive (bismuth), d'antispasmodiques* constituent les bases du traitement.

duodéno-pancréatectomie n. f. Intervention majeure qui consiste en l'exérèse en bloc du duodénum* et du pancréas*.

duodénum n. m. Partie initiale de l'intestin grêle qui fait suite à l'estomac et se continue par le jéjunum*.
Anatomie. Le duodénum, long de 25 cm, est enroulé autour de la tête et du col du pancréas*, en avant de la colonne vertébrale et des gros vaisseaux. Sa partie initiale est

renflée (*bulbe*). Le cholédoque* et les canaux pancréatiques s'abouchent à la paroi interne de sa partie verticale : canal de Santorini au niveau de la petite caroncule, canal de Wirsung et cholédoque au niveau de l'*ampoule de Vater**.
Physiologie. Outre sa fonction de passage pour les aliments et de déversion des sécrétions biliaires et pancréatiques, le duodénum est le siège de plusieurs sécrétions hormonales : *sécrétine**, qui déclenche la sécrétion d'eau et de bicarbonate par le pancréas, *pancréozymine,* qui provoque la sécrétion des enzymes pancréatiques, *cholécystokinine,* qui

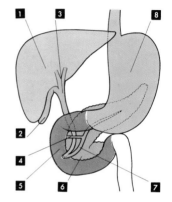

Duodénum.
1. Foie ; 2. Vésicule biliaire ; 3. Cholédoque ;
4. Canal du pancréas dorsal
(canal de Santorini) ;
5. Duodénum ; 6. Pancréas ;
7. Canal du pancréas ventral
(canal de Wirsung) ; 8. Estomac.

déclenche la contraction de la vésicule, et *entérogastrone,* qui inhibe la motilité gastrique.
Pathologie. Rares sont les tumeurs du duodénum ; les diverticules sont en général sans conséquences pathologiques. Particulièrement fréquentes sont les *inflammations du duodénum* (v. DUODÉNITE) et les *ulcères du duodénum.* (V. ULCÈRE, *Ulcères gastro-duodénaux.*)

duplication n. f. Anomalie d'une structure ou d'un organe qui se trouvent être doubles. (Syn. : DUPLICITÉ.)
Génétique. La duplication est une variété d'anomalie chromosomique caractérisée par

la présence de deux chromosomes* identiques au lieu d'un seul. Elle peut affecter tout le chromosome ou seulement un de ses bras, et elle entraîne des malformations génétiques.

Anatomie pathologique. Les duplications digestives sont des malformations congénitales comportant à côté de l'estomac, du duodénum ou de l'intestin, un autre organe plus ou moins rudimentaire, communiquant ou non avec le tube digestif normal. Source de troubles digestifs, ces duplications nécessitent l'exérèse chirurgicale. La présence de deux uretères pour un seul rein est, par contre, mieux tolérée.

duplicité n. f. Syn. de DUPLICATION.

Dupuytren (fracture de), fracture de la cheville associant une fracture de la malléole interne du tibia à une fracture de l'extrémité inférieure du péroné.

Dupuytren (maladie de), rétraction de l'aponévrose palmaire, provoquant une flexion progressive et irréductible des 5ᵉ, 4ᵉ et parfois 3ᵉ doigts.
Favorisée par certains travaux manuels nécessitant des pressions sur la paume de la main, la maladie de Dupuytren peut être corrigée chirurgicalement.

Phot. Dʳ Julliard.

Dupuytren (maladie de).
Rétraction de l'aponévrose palmaire
(maladie de Dupuytren bilatérale).

dure-mère n. f. La plus superficielle des trois couches des méninges*.

durillon n. m. Épaississement de la couche cornée de la peau, située à la main ou au pied, au niveau des zones de frottement.

Habituellement indolore, le durillon peut s'infecter ou devenir gênant pour la marche. Le traitement comporte le port de chaussures bien adaptées, l'évitement des outils ou des instruments en cause si le durillon siège à la main. En outre, on emploie des pommades salicylées à 10 ou 15 p. 100; l'exérèse se pratique avec un bistouri stérile.

dynamiser v. En *médecine homéopathique,* accroître l'homogénéité et le pouvoir thérapeutique d'un médicament par dilution et succussion (secousses) ou trituration.

dynamomètre n. m. Appareil destiné à mesurer la force musculaire.

dysarthrie n. f. Trouble de l'articulation des mots, d'origine neurologique. (Elle bénéficie du traitement d'un orthophoniste*.)

dyschondroplasie n. f. Anomalie congénitale du tissu cartilagineux. (V. CHONDRODYSTROPHIE.)

dyschromatopsie n. f. Trouble de la vision des couleurs par atteinte des cellules de l'œil spécialisées dans cette fonction (cônes).

dyschromie n. f. Coloration anormale de l'épiderme.

dyscrasie n. f. Altération des humeurs, responsable d'affections diverses : rhumatismes, asthme, eczéma, etc. (Vx.)

dysectasie n. f. Anomalie d'ouverture d'un canal, d'un sphincter : *dysectasie du col vésical.* (Syn. : MALADIE DU COL.)

dysembryome n. m. Tumeur d'origine embryonnaire, constituée par des tissus, tantôt matures (peau, os, etc.), tantôt immatures (blastème), disposés sans ordre.
Leur siège d'élection est l'axe médian du corps et les glandes génitales. Ils peuvent être soit bénins, soit malins.

dysembryoplasie n. f. Trouble du développement d'un tissu ou d'un organe au cours de sa formation, durant la vie intra-utérine.
— Elle se différencie de la dysplasie* par l'importance des anomalies qu'elle entraîne.

dysenterie n. f. Lésion du côlon (gros intestin) associée à des diarrhées muco-sanglantes et à des douleurs abdominales. (Les dysenteries relèvent de causes parasitaires ou bactériennes.)
La dysenterie amibienne. C'est une parasitose due aux amibes. (V. AMIBIASE.)
Les dysenteries bacillaires. Ce sont des maladies contagieuses graves, dues à l'infection d'aliments à partir de porteurs de bactéries, les *shigelles,* dont on décrit plusieurs variétés. La toxicité de ces germes est majorée par l'action d'une toxine responsable de signes neurologiques et intestinaux. Les

317

dysenteries bacillaires sévissent dans les régions tempérées. La contagion est le plus souvent directe (contage par matières fécales, eau, aliments, etc.), mais peut être également réalisée par les porteurs sains. La survenue d'épidémies s'explique par de mauvaises conditions d'hygiène.

Après une incubation rapide (de 4 à 5 jours), la maladie est marquée par un début brutal associant diarrhées abondantes et douleurs abdominales. Puis s'installe un véritable état d'intoxication avec altération de l'état général, fièvre, tuphos*, amaigrissement important. L'association à des signes intestinaux majeurs : ténesme*, épreinte* avec émission de selles très abondantes (de 50 à 60 selles par jour), liquides et glaireuses, doit faire évoquer ce diagnostic.

L'évolution spontanée peut se faire vers la guérison, souvent retardée par des complications, mais également, en l'absence de traitement, vers la mort par cachexie*. Des complications nerveuses (paralysies), articulaires (rhumatisme) ou hémorragiques peuvent se rencontrer.

Diagnostic. Il repose sur l'isolement des *shigelles* dans l'examen des selles et la coproculture*. L'intradermoréaction à la toxine de Shiga ne permet qu'un diagnostic rétrospectif (elle est négative chez les sujets immunisés). Le sérodiagnostic est peu utilisé, car sa positivité est tardive (12ᵉ-15ᵉ jour) ; sa négativité ne permet pas d'éliminer le diagnostic.

Traitement. Depuis l'apparition des sulfamides, et surtout des antibiotiques (colistine), ceux-ci sont utilisés dès les premiers symptômes en association avec des perfusions salines (contre la déshydratation) et des antispasmodiques.

Prophylaxie. Elle est nécessaire pour faire régresser la maladie ; elle associe l'isolement du malade, la désinfection des matières fécales et surtout le dépistage des porteurs sains.

Autres dysenteries. Elles peuvent être dues à des protozoaires autres que les amibes (*lambia*) ; on en voit également au cours de la bilharziose*. De nombreuses toxi-infections débutent par un syndrome dysentérique.

dysgénésie n. f. Malformation.
Dysgénésie épiphysaire, anomalie de développement des noyaux d'ossification épiphysaires, qui apparaissent tardivement et sont fragmentés en multiples parcelles.
Dysgénésie gonadique, anomalie de développement des glandes génitales, aboutissant à un état intersexué. — Certaines dysgénésies résultent d'une *aberration chromosomique,* due généralement à la non-disjonction chromosomique lors de la méiose chez un des parents. Le syndrome de Turner, observé chez la fille, se définit par l'existence d'un seul chromosome X. Le syndrome de Klinefelter, qui est observé chez l'homme jeune, est défini par l'existence de trois chromosomes sexuels XXY. Certaines autres semblent résulter d'une mutation génique ; c'est le cas d'une forme extrême de pseudohermaphrodisme mâle, appelée « testicule féminisant ».

L'hermaphrodisme vrai, caractérisé par la coexistence chez un même individu d'un testicule et d'un ovaire, est exceptionnel dans l'espèce humaine.

dysglobulinémie n. f. V. DYSPROTÉINÉMIE.

dysidrose ou **dyshidrose** n. f. Éruption de vésicules ou de bulles, survenant sur la face palmaire des mains et les faces latérales des doigts, surtout en été, et qui correspond à une anomalie de sécrétion de la sueur.
Elle se complique fréquemment de lésions de mycose*. Des bains de permanganate de potassium au 1/10 000, renouvelés plusieurs

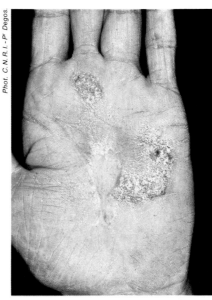
Phot. C. N. R. I.-P. Degos.
Dysidrose. Dysidrose siégeant aux mains.

fois par jour, sont souvent utiles à la guérison. Cependant la dyshidrose récidive facilement.

dyskératose n. f. Nom donné à différentes anomalies de la kératine, constituant de la couche cornée de la peau.
La dyskératose s'observe dans certaines affections dermatologiques, qu'elles soient congénitales (maladie de Darier) ou acquises (infection, mycose*, maladie de Paget* du sein).

dyskinésie n. f. Difficulté à exécuter le mouvement, quelle qu'en soit la cause.
Dyskinésie des mouvements volontaires. Ces mouvements paraissent parasités par de brusques contractions, détournant la main de son but, rendant plus difficile l'exécution des gestes automatiques. C'est la conséquence d'une lésion des voies nerveuses extrapyramidales*.
Dyskinésie biliaire, trouble de l'évacuation de la vésicule. — La dyskinésie biliaire entraîne des troubles digestifs à type de nausées, vomissements, migraines. On administre des cholérétiques* et des antispasmodiques. Les cures thermales sont utiles.

dyslexie n. f. Difficulté dans l'apprentissage de la lecture, caractérisée par la confusion et l'inversion de certaines lettres (l'enfant lit « ra » pour « ar », « asumer » pour « amuser », manzer pour manger, etc.).
Cette difficulté se rencontre normalement chez l'enfant au début de l'apprentissage de la lecture. C'est sa persistance qui fait parler de dyslexie. La difficulté à écrire (dysorthographie*) apparaît simultanément. L'enfant dyslexique est normalement doué ; il ne présente pas de déficit sensoriel ni moteur.
Dans les causes, encore mal connues, on retrouve des difficultés de latéralisation (v. LATÉRALITÉ), des troubles de l'orientation dans l'espace et, dans le temps, parfois une absence de curiosité intellectuelle et des problèmes affectifs divers.
Conséquences. *Scolaires :* le retard scolaire est la règle malgré les efforts de l'enfant. *Caractérielles :* le caractère* et le comportement se modifient, certains écoliers se révoltent, deviennent anxieux, d'autres indifférents ou déprimés. *Familiales :* on observe deux types de réaction de la famille. Une attitude excessivement protectrice ou, au contraire, des réactions d'opposition (punition).
Traitement. Le dépistage précoce permet de réduire ce trouble. La rééducation orthophonique et, dans certains cas, la psychothérapie s'avèrent nécessaires.

dyslipoïdose n. f. Maladie héréditaire aboutissant, par un déficit enzymatique

probable, à une surcharge de l'organisme, et particulièrement du système réticulo-endothélial*, par une forme de graisse différente pour chaque maladie.
Les trois dyslipoïdoses les plus connues sont la maladie de Gaucher*, la maladie de Nieman-Pick* et la maladie de Tay-Sachs (déchéance intellectuelle familiale profonde avec xanthomatose*).

dysménorrhée n. f. Règles douloureuses.
C'est un symptôme qui peut avoir des causes diverses. Ses aspects cliniques sont nombreux et varient selon la date d'apparition, la chronologie par rapport à l'arrivée du flux menstruel, le type de la douleur et les signes d'accompagnement.
L'hypercontractilité utérine semble être le facteur pathologique le plus souvent retrouvé à son origine. Cette hypercontractilité peut être entretenue ou exagérée par quatre sortes de troubles principaux : obstacles mécaniques à l'issue des règles, dérèglements hormonaux, troubles nerveux et psychiques, états congestifs du petit bassin. Le traitement s'attaque autant que possible à la cause. Le traitement symptomatique de la crise elle-même comporte la prescription d'analgésiques, d'antispasmodiques et de curarisants de synthèse.

dysmétrie n. f. Trouble de l'exécution du mouvement, perturbé dans son amplitude.
La dysmétrie traduit l'incapacité de contrôler la durée et l'intensité d'une activation musculaire en fonction du but à atteindre. Elle se manifeste dans les atteintes du cervelet ou des voies qui le relient à la moelle épinière.

dysorthographie n. f. Trouble de l'apprentissage de l'orthographe.
La dysorthographie est le plus souvent associée à une dyslexie*. Elle peut être en rapport avec une mauvaise latéralisation, avec l'existence de difficultés affectives.

dysostose n. f. Maladie osseuse constitutionnelle, déterminant une malfaçon portant sur le squelette des membres, de la face ou du crâne.
La plus connue est la *dysostose cranio-faciale* de Crouzon, qui réalise une déformation du crâne en chapeau de clown, avec saillie du nez et des yeux, prognathisme et arriération mentale.
Parmi les autres dysostoses, il faut citer la *dysostose cléido-crânienne, mandibulo-faciale, métaphysaire,* et la *dysostose acro-céphalo-syndactylique d'Apert,* qui associe une hypoplasie du front et du crâne, une exophtalmie, une division* palatine et des malformations des doigts.

dyspareunie n. f. Difficulté ou douleur à accomplir un rapport sexuel chez la femme.

Elle se distingue de l'*anaphrodisie,* qui est l'absence de désir sexuel, et de la *frigidité,* qui est l'absence de jouissance.

Elle peut avoir des raisons *organiques* traumatiques (ulcération de la vulve), *infectieuses* (vaginite et vulvite), *hormonales* (atrophie de la muqueuse après la ménopause) ou *anatomiques* (rétroversion utérine, malformation vaginale).

Le plus souvent elle est d'origine *psychosomatique,* et se traduit par une constriction des releveurs de l'anus, qui réalise un vaginisme. Il s'agit essentiellement alors d'un trouble de la relation à l'autre et d'une incapacité de la communication affective.

L'attitude thérapeutique consiste à éliminer ou à guérir une éventuelle lésion organique, puis à adresser la femme à un psychothérapeute.

dyspepsie n. f. Trouble de la digestion.
La dyspepsie survient habituellement après les repas ; elle se manifeste par des pesanteurs et des ballonnements épigastriques, des sensations de brûlures et des nausées. (V. DIGESTIF, *Troubles digestifs* et ESTOMAC.)

dysphagie n. f. Gêne à la déglutition.
Elle traduit l'existence d'un obstacle organique (tumeur, sténose* inflammatoire) ou fonctionnel (perturbation neuro-musculaire, sclérodermie*, neuropathie amyloïde*) du pharynx ou de l'œsophage.

dysphonie n. f. Toute modification de la voix qui gêne l'émission de la parole ou qui présente seulement un caractère anormal ou pathologique quelconque (voix cassée, voix éteinte, voix rauque).

La dysphonie est due à une atteinte du larynx : laryngite banale, aiguë, ou laryngite chronique des fumeurs, tumeur du larynx ou des cordes vocales, atteintes neurologiques du larynx (paralysies, myasthénie*, chorée*).

La *voix bitonale* est une forme de dysphonie. Elle se manifeste normalement à la puberté (mue), ou de façon pathologique, lors de la paralysie d'un des nerfs du larynx (nerfs récurrents).

dysplasie n. f. Trouble portant sur le développement d'un tissu ou d'un organe au cours de sa croissance, et aboutissant à une malfaçon de forme, de volume ou de fonctionnement.
Lorsque ce trouble survient au cours de la période embryonnaire, on lui réserve le nom de *dysembryoplasie.*

dyspnée n. f. Difficulté à respirer, essoufflement.
On rencontre plusieurs types de dyspnée : la *bradypnée,* lorsque le rythme de la respiration est plus lent que la normale (16 resp./mn) ; la *tachypnée,* lorsque le rythme est plus rapide. Lorsque la dyspnée est soulagée par la position assise, on parle d'*orthopnée.* L'*apnée* est l'arrêt complet de la respiration.

La dyspnée peut porter sur l'inspiration : le sujet *tire* sur ses muscles respirateurs accessoires (muscles du cou), et l'on note un battement des ailes du nez : cela se produit notamment dans la crise d'asthme ou lors d'un obstacle à l'inspiration (corps étranger dans la trachée ou dans une grosse bronche). La dyspnée peut aussi porter sur le temps expiratoire, comme dans l'emphysème*. On appelle *dyspnée de Küssmaul* le type de respiration rencontré dans le coma diabétique ou tout coma d'acidose, et qui consiste en une inspiration profonde suivie d'une pause, puis d'une expiration profonde suivie d'une nouvelle pause, et le cycle recommence. La *dyspnée de Cheyne-Stokes* consiste en une série de respirations d'amplitude croissante, puis décroissante, entrecoupées de pauses importantes. Elle signe l'atteinte du centre de la respiration situé dans le bulbe rachidien. (V. NERVEUX, *Système nerveux cérébro-spinal.*)
Toute dyspnée est le signe d'une insuffisance respiratoire aiguë, source d'oxygénation insuffisante des tissus, donc d'anoxie*. Son traitement sera celui de sa cause.

Dyspnée laryngée, dyspnée fréquemment rencontrée chez les enfants, et due à l'obstruction brutale du larynx par un spasme (laryngospasme), par un œdème (faux croup), par des fausses membranes (croup) ou par un

Dysostose.
Dysostose cranio-faciale de Crouzon.

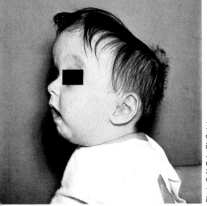

Phot. C. N. R. I. - D' Guiot.

corps étranger. — Elle est stridente et dramatique, et représente une urgence médicale sous peine d'asphyxie.

dysprotéinémie n. f. Anomalie quantitative ou qualitative des protéines du plasma sanguin. (Syn. : DYSGLOBULINÉMIE.)

La dysprotéinémie peut porter sur une anomalie en excès ou en manque d'une des fractions normales de l'électrophorèse*; elle peut aussi porter sur l'existence d'une fraction anormale (v. PARAPROTÉINE). Une des dysprotéinémies le plus fréquemment rencontrées est l'augmentation des alpha-2-globulines lors des syndromes inflammatoires et l'augmentation des gammaglobulines lors des infections. (V. MACROGLOBULINÉMIE.)

dystocie n. f. Anomalie d'origine maternelle ou fœtale, conduisant à un accouchement difficile. (S'oppose à EUTOCIE, accouchement normal.)

Dystocies maternelles. Ce sont les plus importantes. On en distingue plusieurs types :

Les dystocies dynamiques. Liées à une anomalie des contractions utérines, elles sont divisées en :

— *anomalies par défaut,* caractérisées par une insuffisance d'amplitude ou de fréquence des contractions, pouvant conduire à une inertie ou une atonie de l'utérus;

— *anomalies par excès,* caractérisées par une exagération de l'intensité et de la fréquence des contractions et une élévation du tonus de base de l'utérus;

— *anomalies par dysharmonie,* caractérisées par une incoordination des différentes fibres musculaires utérines (absence de simultanéité dans l'activité des moitiés droite et gauche de l'utérus; absence de hiérarchie des gradients de pression entre la partie basse et la partie haute de l'utérus). La perfusion d'extraits posthypophysaires permet souvent de rétablir l'harmonie contractile des différents niveaux de l'utérus.

La dystocie osseuse. Autrefois souci majeur des accoucheurs, elle est devenue plus rare de nos jours. Elle est liée à des rétrécissements ou à des déformations des parois osseuses du bassin. Elle peut être la conséquence du rachitisme*, de l'ostéomalacie*, de l'achondroplasie*, de la poliomyélite*, de la coxalgie* et des déviations vertébrales. Se reconnaît, dès les premiers mois de la grossesse, par l'examen clinique des dimensions du bassin et, le cas échéant, par la radiopelvimétrie*. Dans certains cas, le rétrécissement est plus modéré et aux confins des possibilités de passage. Pour ces bassins « limites », le pronostic de l'accouchement ne peut être porté pendant la grossesse. Il faut attendre la pierre de touche qu'est le travail

de l'accouchement. On décide alors de la conduite à tenir au terme d'une courte période d'observation appelée « épreuve du travail ». Si celle-ci n'aboutit pas, on pratique une césarienne.

La dystocie cervicale. Elle est liée à un obstacle au niveau du col utérin. La conduite est la même que pour la dystocie osseuse.

La dystocie par obstacle « prævia ». Elle est liée à la présence, au-devant de la présentation, d'une tumeur (kyste de l'ovaire, fibrome) qui fait obstacle à la descente par les voies naturelles. La césarienne est le plus souvent nécessaire.

La dystocie des parties molles. Liée à un obstacle au niveau du vagin ou du périné, elle est généralement surmontée en recourant à une épisiotomie*.

Dystocies fœtales. C'est dans ce cas le fœtus qui est cause des difficultés de l'accouchement.

Certaines *variétés de présentations* réalisent des dystocies par elles-mêmes. Elles peuvent être relatives, comme les présentations céphaliques mal fléchies en variétés postérieures ou en face, et comme les présentations du siège. Elles peuvent être absolues (front, épaule).

L'*excès de volume* de l'ensemble ou d'une partie du fœtus est une cause évidente de dystocie.

Les *procidences** des membres et du cordon provoquent une gêne à l'accouchement ou mettent en danger le fœtus.

Dans nombre de ces cas, la césarienne permet de sauver l'enfant.

dystonie n. f. **Dystonie neurovégétative,** trouble du fonctionnement des systèmes sympathique* et parasympathique*. — L'*amphotonie* désigne le fonctionnement excessif de l'ensemble de ces systèmes, par opposition à l'*hypoamphotonie,* diminution du fonctionnement. La *sympathicotonie* désigne la prédominance du système sympathique, tandis que la *parasympathicotonie* (ou vagotonie) concerne la supériorité du système parasympathique (nerf vague).

La dystonie neurovégétative, acquise ou constitutionnelle, frappe les grandes fonctions : digestive (troubles coliques), vasomotrice (rougeur, pâleur, sueurs), cardiaque (palpitation), génito-urinaire (impuissance, dyspareunie*), respiratoire (étouffement). Les dystonies, témoins d'une hyperémotivité, sont prédominantes dans la pathologie psychosomatique* des sujets à tendance névrotique. (V. NÉVROSE.)

Dystonie musculaire, anomalie du tonus musculaire, due à une atteinte du système nerveux central, se traduisant par des mouvements toniques (contractures), intermittents et involontaires, d'un segment du corps.

Les *dystonies d'attitude* intéressent les muscles du tronc.

Le *torticolis spasmodique* est localisé aux muscles du cou.

Les *dystonies de la face* sont variées : crises oculogyres*, spasme médian de la face (crispation prolongée des paupières); les *crampes fonctionnelles*, comme la crampe* des écrivains, sont encore des dystonies musculaires.

dystrophie n. f. Trouble de la nutrition d'un tissu, d'une glande ou d'un organe, aboutissant à une modification de sa forme et de sa fonction. (L'atrophie* et l'hypertrophie* sont des variétés particulières de dystrophie.)

Dystrophie ovarienne. Ce terme réunit des lésions anatomiques de la zone corticale de l'ovaire, ce qui provoque des troubles du cycle menstruel et de la fertilité. Elle peut être congénitale ou apparaître sans cause décelable. On distingue :

— la *dystrophie polykystique des ovaires*, se traduisant par un allongement de l'intervalle entre les règles, des douleurs, une leucorrhée glaireuse (pertes) de la seconde moitié du cycle ;

— le *syndrome de Stein-Leventhal*, se traduisant par un espacement net des règles, de gros ovaires durs et lisses, et un hirsutisme* ;

— les *fibroses du cortex ovarien*, consécutives à une infection et dont l'expression clinique est voisine des précédents.

Dystrophie du poumon. D'origine congénitale, cette affection se manifeste à l'examen radiologique : raréfaction de la trame pulmonaire avec transparence d'une partie du poumon. L'évolution s'étale sur de nombreuses années sans traduction clinique propre.

dysurie n. f. Difficulté ou douleur à uriner. Ce symptôme fréquent impose une recherche de la cause, extrêmement variable. (V. PROSTATE, URÈTRE, VESSIE.)

eau n. f. Corps incolore, inodore, insipide, liquide à la température ordinaire, composé d'hydrogène et d'oxygène (H₂O).

Biochimie et physiologie. L'eau est un élément constitutif important de l'organisme. L'*eau totale* représente de 60 à 70 p. 100 du poids du corps; l'*eau plasmatique,* 4,5 p. 100; l'*eau extracellulaire,* 16 p. 100. Le *bilan hydrique quotidien* comporte la comparaison entre les pertes cutanées, pulmonaires, urinaires et fécales, et les entrées alimentaires. Les sécrétions digestives (environ 10 litres) sont, quant à elles, réabsorbées par le côlon et l'intestin grêle. Chaque fois que le bilan est négatif, c'est-à-dire que le sujet perd plus d'eau qu'il en reçoit, il y a *déshydratation.* Au contraire, lorsqu'il est positif, c'est-à-dire que le sujet reçoit plus d'eau qu'il en élimine, il y a *hyperhydratation,* provoquant des œdèmes*.

Hygiène. L'hygiène s'attache à assurer une distribution d'eau potable et une évacuation correcte des eaux souillées dans les égouts ou dans les fosses.

Pour la distribution, il est nécessaire de corriger les propriétés des eaux de source, de rivière, de lac ou de pluie après différentes études.

On s'assure d'abord de la sécurité de la provenance de l'eau. Puis de nombreuses techniques étudient sa température, sa faible turbidité (degré de trouble), son absence de saveur et d'odeur. La résistivité électrique de l'eau, liée à la minéralisation, et son acidité sont soigneusement évaluées.

L'étude *chimique* de l'eau potable porte sur les sels minéraux et les matières organiques qu'elle contient. L'*hydrotimétrie* mesure le calcium et le magnésium : l'eau trop calcaire est impropre au savonnage et à la cuisson. Le dosage du plomb (pouvant provenir des tuyaux) est important car l'intoxication qu'il provoque est redoutable. La présence d'ammoniaque reflète la putréfaction, celle de phosphates et de sulfates reflète une pollution par les urines ou les fèces*. Le dosage du chlore est important, car celui-ci donne un goût très désagréable à l'eau.

L'analyse *bactériologique* est capitale dans l'étude d'une eau, et la technique du prélèvement doit être parfaite. Une eau est considérée pure quand elle ne contient pas plus de 1 000 germes par millilitre. Le pouvoir pathogène des germes est cependant plus important que leur nombre. On recherche les germes, fréquents dans les fèces, pour juger d'une pollution : *colibacille*, bacille perfringens*, streptocoque*.* Il ne doit pas y avoir de parasites.

Origines de l'eau. On utilise de préférence les eaux de source, à condition de vérifier que leur infiltration dans les sous-sols ne risque pas de les polluer.

Les eaux de rivière sont souvent polluées par les déchets des usines, des égouts et des alluvions environnants. Leur épuration, très méthodique, doit pouvoir aboutir à une eau potable. Les eaux de pluie sont recueillies, puis filtrées.

Purification de l'eau. L'eau, pour être consommable, doit être purifiée. Sa fraîcheur est maintenue par sa circulation dans des conduits souterrains. Les eaux dures sont adoucies par la précipitation du calcaire (adoucisseurs d'eau). Le fer en excès, les chlorures sont éliminés. L'épuration bactériologique est possible par l'action des rayons ultraviolets et l'ébullition. La filtration minutieuse retient les microbes, englobés dans un sulfate d'alumine. L'épuration par l'eau de Javel complète l'épuration chimique, dont l'excès est ensuite neutralisé par de l'hyposulfite. L'ozonisation est une excellente méthode d'épuration chimique, mais plus onéreuse.

La surveillance des eaux par les pouvoirs publics est rigoureuse et valable aussi pour les piscines et les eaux des baignades. Elle

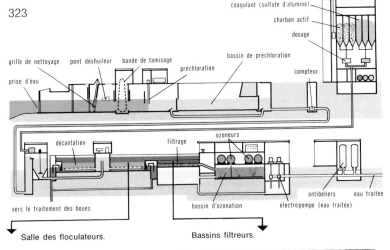

coagulant (sulfate d'alumine)

charbon actif

dosage

grille de nettoyage   pont déshuileur   bande de tamisage   bassin de préchloration

prise d'eau   préchloration   compteur

décantation   filtrage   ozoneurs

vers le traitement des boues   bassin d'ozonation   électropompe (eau traitée)   antibeliers   eau traitée

Salle des floculateurs.   Bassins filtreurs.

Eau.
Épuration et traitement des eaux de rivière.
Schéma synoptique de l'usine d'Orly.
La prise d'eau en rivière comporte :
a) un prétraitement mécanique
constitué de grilles à barreaux fixes
et à nettoyage automatique,
d'un dispositif de déshuilage
précédant un tapis métallique à mailles fines ;
b) un prétraitement chimique :
l'eau brute subit une première désinfection
par injection de chlore gazeux
(préchloration, 7 g/m³)
avant d'être stockée en bassins.
Refoulée ensuite dans des décanteurs

où s'amorce une clarification
après adjonction d'un coagulant chimique,
l'eau est répartie
à la base des bassins de décantation ;
les boues se déposent,
tandis que l'eau partiellement clarifiée
est dirigée
sur les bassins de filtration à sable.
À la sortie, l'eau,
bien que parfaitement limpide,
n'est pas encore potable ;
il faudra la stériliser
par un barbotage d'ozone
libéré à la base des cuves de stérilisation.

est exercée par le bureau municipal d'hygiène ou la direction départementale de la santé.

L'eau destinée à l'alimentation humaine telle qu'elle se présente dans les circuits de distribution urbains est potable et peut être consommée sans inquiétude, sauf accidents exceptionnels.

Pharmacie.

Eau purifiée. C'est l'eau potable débarrassée de la majorité de ses impuretés par la distillation ou l'électro-osmose, ou par la permutation qui élimine ses impuretés (calcium) en la mettant en contact avec des résines échangeuses d'ions.

Eau distillée. Préparée à partir de l'eau potable, elle doit répondre aux exigences du codex.

Eau pour préparations injectables. Certaines traces de substances résultant de la pyrogénation de matières organiques de la matière première peuvent être toxiques et provoquer de la fièvre après leur injection. Aussi, afin que l'eau soit « apyrogène », elle doit être bidistillée et utilisée dans les 3 heures qui suivent sa préparation, ou encore placée en ampoules de verre apyrogène.

Eau chaude. Par *voie interne*, l'ingestion d'eau chaude est sédative de malaises gastriques ; le lavement soulage des douleurs pelviennes ; en injection vaginale, elle est calmante. Par *voie externe*, l'application de compresses d'eau chaude calme les douleurs ressenties au point d'application.

Eau oxygénée. C'est un soluté de peroxyde d'hydrogène H_2O_2. Antiseptique et hémostatique (qui arrête le saignement), l'eau oxygénée doit être conservée à l'abri de la lumière. On l'utilise à des concentrations variées.

Eau gazeuse. C'est une eau chargée de plusieurs fois son volume en anhydride carbonique (CO_2). Des appareils portatifs permettent son utilisation ménagère, mais son abus est responsable de ballonnements et d'atonie digestive.

Eau de Javel. Solution à base d'hypochlorite de soude, l'eau de Javel est un caustique puissant. Sa toxicité varie avec sa concentration. L'intoxication se déroule en 3 temps : d'emblée existe une douleur de la bouche et de l'œsophage qui témoigne de la brûlure, puis l'infection et les perforations digestives surviennent après quelques jours, enfin une sténose* cicatricielle de l'œsophage apparaît les mois suivants. Il faut proscrire le lavage d'estomac et le vomissement, qui obligent le caustique à repasser par où il a déjà brûlé la muqueuse. Il faut, par contre, faire boire beaucoup afin de diluer le produit et faire ingérer rapidement une solution d'hyposulfite

de soude diluée, qu'on trouve chez le pharmacien. Puis le médecin prescrira les antibiotiques. L'hospitalisation s'impose en cas de collapsus* et de choc*.

La **projection d'eau de Javel dans les yeux** impose un *lavage immédiat à grande eau* (du robinet). Un autre danger de l'eau de Javel réside dans son mélange intempestif avec un acide dans une intention de nettoyage ; peuvent survenir alors, par inhalation de chlore, de la toux et, parfois, un œdème aigu du poumon.

Eaux minérales et thermales.

Ce sont des eaux de source douées de propriétés thérapeutiques.

Caractères physiques. Outre les caractères banals (saveur, odeur, couleur), on détermine pour chaque eau minérale la pression osmotique, la résistivité, la conductivité, mais surtout la radioactivité et la température, extrêmement variables de l'une à l'autre.

Caractères chimiques. La minéralisation totale est particulièrement variable : de 0,4 g à 258 g par litre. On rencontre le plus souvent le sodium, le calcium, le potassium, le magnésium, le chlore, les bicarbonates, le phosphore, le fer, le manganèse.

Législation des eaux minérales. Le contrôle des sources hydrominérales est assuré par des lois qui se résument ainsi : toute source, pour être exploitée, doit être agréée par le ministère de la Santé publique après différents contrôles ; toute source exploitée est l'objet d'une surveillance administrative ; les sources importantes sont déclarées d'intérêt public.

Classification des eaux minérales.

EAUX À FAIBLE MINÉRALISATION. Ce sont les eaux froides, riches en bicarbonate de calcium et de magnésium (Évian, Thonon-les-Bains, Aix-les-Bains) ; puis les eaux mésothermales (tièdes), servant en bains prolongés (Bagnoles-de-l'Orne) ; enfin les eaux hyperthermales, de radioactivité importante, utilisées pour les douches et les bains (Bourbon-Lancy, Plombières, Chaudes-Aigues).

EAUX À FORTE MINÉRALISATION. Elles sont réparties en quatre groupes :

a) les eaux chlorurées sodiques, soit fortes (Dax), soit faibles (Bourbonne-les-Bains), ou encore carbogazeuses (Bourbon-l'Archambault) ;

b) les eaux bicarbonatées, soit sodiques (Vichy), soit calciques (Pougues), ou encore mixtes (Royat, Châtelguyon) ;

c) les eaux sulfatées, soit calciques, diurétiques et cholagogues (Vittel, Contrexéville) ou thermales sédatives (Bagnères-de-Bigorre), soit mixtes (chlorurées et bicarbona-

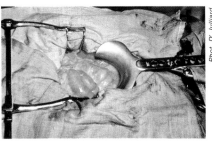

Écarteur.
Écarteurs de Gosset (à gauche)
et de Finochietto
au cours d'une intervention abdominale.

Phot. Dr Julliard.

tées comme à Saint-Gervais), ou encore sodico-magnésiennes, hypertoniques et purgatives (Miers-Alvignac);
d) les eaux sulfurées, soit sodiques (Luchon, Cauterets, Barèges, Amélie-les-Bains), soit calciques (Enghien).
EAUX À MINÉRALISATION SPÉCIALE. Elles possèdent un élément capital, qui régit leur action thérapeutique :
— eaux ferrugineuses (Orezza, Forges-les-Eaux);
— eaux cuivreuses (Saint-Christau);
— eaux arsenicales (La Bourboule);
— eaux siliceuses (Sail-les-Bains).
V. THERMALISME.

Eaux-Bonnes, station thermale des Pyrénées-Atlantiques, à 40 km de Pau, ouverte du 1er juin au 1er octobre.
Les eaux sulfurées sont employées en boisson, humages, aérosols dans le traitement des affections des voies respiratoires supérieures (rhinites, laryngites, bronchites et asthme). On traite également les affections gynécologiques et celles de la peau.

Eaux-Chaudes, station thermale des Pyrénées-Atlantiques, à 42 km de Pau, ouverte du 15 juin au 30 septembre.
Les eaux, très voisines de celles d'Eaux-Bonnes, sont employées dans les affections gynécologiques, dans les affections respiratoires et les rhumatismes.

Eberth (bacille d'), bacille de la typhoïde*.

éblouissement n. m. Trouble visuel brutal et passager, caractérisé par la perception d'une lumière vive et aveuglante qui rend la vision impossible.
L'éblouissement peut être le signe d'affec-

tions oculaires ou d'un trouble cérébral d'origine circulatoire.

ébullition n. f. L'ébullition est souvent employée comme méthode de désinfection, car elle détruit les bactéries pathogènes. Néanmoins, elle comporte des inconvénients en diététique : certaines vitamines sont en effet détruites par la chaleur, telle la vitamine C.

éburnéation n. f. Densification pathologique de l'os, qui lui donne la dureté et la densité de l'ivoire. — Cet état survient dans de multiples circonstances : infection, tumeur, cal* vicieux après fracture.

écarteur n. m. Instrument chirurgical qui permet d'écarter les lèvres d'une plaie opératoire.

ecchymose n. f. Tache de couleur variable, résultant d'une infiltration de sang dans un tissu conjonctif ou graisseux. (Syn. : BLEU.)
L'ecchymose, provoquée ou spontanée, se traduit par une coloration rouge livide des tissus, qui devient successivement bleue, verdâtre et jaune pâle, pour disparaître en trois semaines.
Habituellement, l'ecchymose apparaît sur la peau après un traumatisme ; celui-ci peut être minime dans certaines maladies qui fragilisent les vaisseaux (scorbut) ou qui altèrent les éléments figurés du sang (purpura*).
Des ecchymoses profondes peuvent avoir des conséquences sévères ; elles sont utiles à déterminer en médecine légale. Le traitement

Ecchymose.
Grosse ecchymose par fracture de l'humérus (notez l'angulation du bras).

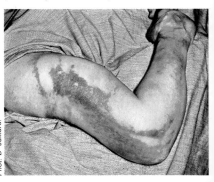

Phot. Dr Julliard.

des ecchymoses utilise des pommades à base de chymotrypsine ou d'arnica.

E. C. G., sigle d'ÉLECTROCARDIOGRAMME*.

échangeur n. m. **Échangeurs d'ions ou résines échangeuses d'ions,** macromolécules naturelles ou synthétiques, insolubles dans l'eau, capables de fixer sélectivement certains ions d'une solution saline.

Les échangeurs d'ions ont de nombreuses applications, dont, principalement, en médecine, la fixation du potassium dans les hyperkaliémies (v. KALIÉMIE), la neutralisation de l'excès d'acide de l'estomac, et, en hygiène, les adoucisseurs d'eau.

écharde n. f. Éclat de bois, de métal ou de verre, inclus plus ou moins profondément sous l'épiderme.

Un grand nombre d'échardes peuvent être retirées facilement au moyen d'une pince à écharde ou, à défaut, une pince à épiler stérilisée par flambage à l'alcool. En cas d'échec, il faut pratiquer une ablation chirurgicale sous anesthésie locale. Pour guider celle-ci, le repérage radiologique peut être nécessaire. Dans tous les cas de piqûre par écharde, il est indispensable de pratiquer une injection de *sérum antitétanique* ou une injection de *rappel de vaccination antitétanique* si le sujet est correctement vacciné.

écharpe n. f. Bandage qui sert à soutenir une main ou un bras blessés, et qu'on passe autour du cou.

échauffement n. m. Terme populaire désignant un état inflammatoire léger, quels que soient son origine et son siège.

échec n. m. **Sentiment d'échec,** sentiment ressenti quand un but fixé n'est pas atteint.

L'échec, par sa répétition ou son importance, favorise les sentiments de frustration et d'autodépréciation.

Névrose d'échec, névrose qui se traduit par un besoin d'expiation et un comportement d'autopunition. — Le sujet accumule les échecs dans des domaines divers : social, professionnel, sentimental. Il le fait de façon involontaire, en réponse à un sentiment de culpabilité inconscient.

échinococcose n. f. Maladie parasitaire due au ténia échinocoque.

C'est une affection cosmopolite sévissant là où le chien, le mouton et l'homme sont réunis (Landes, Afrique du Nord, Argentine).

Cycle du ténia échinocoque. Petit ver plat formé de quelques anneaux avec un scolex (tête), il vit à l'état adulte dans l'intestin du chien. Ses œufs sont éliminés dans les selles du chien et contaminent le mouton ou l'homme, où ils se développent dans le parenchyme hépatique. Ils donnent des

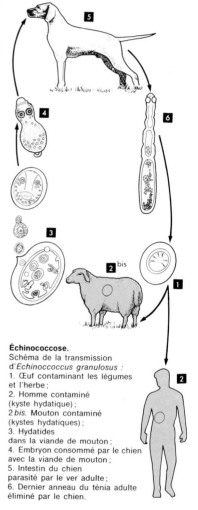

Échinococcose.
Schéma de la transmission d'*Echinoccoccus granulosus* :
1. Œuf contaminant les légumes et l'herbe ;
2. Homme contaminé (kyste hydatique) ;
2 *bis.* Mouton contaminé (kystes hydatiques) ;
3. Hydatides dans la viande de mouton ;
4. Embryon consommé par le chien avec la viande de mouton ;
5. Intestin du chien parasité par le ver adulte ;
6. Dernier anneau du ténia adulte éliminé par le chien.

larves, les hydatides, qui s'entourent d'une coque constituant le kyste* hydatique. L'absorption de viande de mouton par le chien permet de nouveau la contamination de cet animal et la perpétuation de l'affection.

Échinococcose humaine. L'homme se contamine au contact du chien (caresses, cohabitation) et fait comme le mouton un kyste* hydatique qui pourra siéger au foie, mais aussi au poumon ou au cerveau. Les signes cliniques de l'échinococcose humaine sont bâtards, souvent réduits à un gros foie indolore. La radiographie peut montrer de fines calcifications « en coquille d'œuf ». Le diagnostic se guide sur l'identification du chien (berger ou chien vagabond), et il s'établit par l'intradermoréaction de Casoni*. L'immunofluorescence* donne la certitude du diagnostic.

échoencéphalogramme n. m. Tracé obtenu par l'examen du cerveau avec l'échographie.

échographie n. f. Technique d'exploration des organes basée sur la réflexion des ultrasons. L'échographie permet la localisation précise des structures internes des organes, sans préparation et sans danger. On explore ainsi le cerveau, l'œil, l'utérus gravide, etc.

éclampsie n. f. État caractérisé par la survenue d'accès convulsifs au cours de la grossesse, associés à des signes de toxémie* gravidique (albuminurie, hypertension et œdèmes). Elle se voit surtout chez la primipare* et dans les derniers mois de grossesse, mais sa fréquence a beaucoup diminué depuis que la surveillance des femmes enceintes s'est améliorée. Précédée de prodromes (céphalées, troubles de la vue, douleur épigastrique), elle se traduit par des convulsions pouvant aboutir à un coma.

éclisse n. f. Plaque métallique permettant de solidariser les deux fragments d'une fracture au cours de l'ostéosynthèse*.

école n. f. L'architecture des locaux, le matériel et le mobilier des classes doivent être adaptés à l'âge des enfants et à leur nombre.
  La surveillance médicale est assurée par différents bilans de santé, le premier avant l'entrée en maternelle, puis tout au long de la scolarité. Ce dépistage a pour but de regrouper les différentes catégories d'enfants en fonction de leurs possibilités physiques et psychiques et d'en diriger éventuellement certains vers des instituts médico-pédagogiques. L'examen médical recherche une éventuelle anomalie (cœur, reins...) dans le développement ainsi qu'un trouble sensoriel (vue, audition...). L'examen de la dentition et les premiers soins (caries) sont également faits. Les maladies contagieuses et parasitaires (poux, gale) sont recherchées systématiquement, en particulier avant les départs pour les colonies de vacances et aux retours en classe après une maladie.

  La prévention de l'inadaptation sociale est possible grâce à la collaboration des enseignants avec le médecin. Cette collaboration doit permettre d'orienter rapidement les inadaptés neuropsychiques vers les centres médico-pédagogiques (dyslexiques) ou des classes de perfectionnement (inadaptés sensoriels). Les inadaptés moteurs et les enfants atteints de maladies chroniques (hémophiles, diabétiques) doivent être maintenus le plus possible dans des classes normales.

écologie n. f. Étude des conditions d'existence des êtres vivants et des interactions de toute nature qui existent entre eux et leur milieu. (V. ENVIRONNEMENT.)

écorchure n. f. Plaie superficielle de la peau, respectant les couches profondes du derme.
  Même superficielle, toute plaie peut s'infecter, et les écorchures doivent être nettoyées avec une solution antiseptique : alcool, hexamidine, colorants, etc.
  Il ne faut pas oublier que toute écorchure peut être la porte d'entrée de bacilles tétaniques, d'où l'utilité de pratiquer une injection de sérum antitétanique ou de faire un rappel de vaccination antitétanique.

écoulement n. m. Issue anormale d'un liquide hors d'une cavité naturelle.
Écoulement d'oreille. V. OREILLE.
Écoulement urétral. Ces écoulements apparaissent spontanément au méat de la verge, en dehors des mictions et de l'éjaculation. Ils peuvent être sanglants (urétrorragies*) ou purulents (urétrites*). [V. aussi BLENNORRAGIE.]
Écoulement vaginal. V. LEUCORRHÉE.

écouvillon n. m. Tige métallique à l'extrémité de laquelle se fixe une boule de coton.

écrasement n. m. Broiement des tissus par un choc, une compression.
  La gravité de l'écrasement dépend de la dimension de la région atteinte et de son importance physiologique.

écrouelle n. f. Mot ancien désignant l'atteinte tuberculeuse d'un ganglion du cou.

ectasie n. f. Dilatation. — Ce terme est utilisé en pathologie pour désigner les dilatations, régulières ou non, de canaux glandulaires, de vaisseaux, de bronches, etc.

ecthyma n. m. Lésion du derme superficiel, due au staphylocoque doré.
  L'ecthyma débute par une bulle ou une pustule de taille variable, qui s'ouvre puis forme une lésion croûteuse. L'évolution se fait par l'élimination de la croûte, qui laisse après elle une ulcération suintante, lente à cicatriser. L'ecthyma survient surtout aux

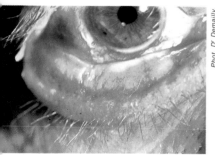

Phot. D' Demailly

Ectropion.

jambes et atteint les sujets dénutris ou dont les défenses sont diminuées, les diabétiques.

ectoderme n. m. Un des trois feuillets constitutifs de l'embryon. (Syn. : ECTOBLASTE.) Il sert à l'élaboration du système nerveux, de l'épiderme et de ses annexes, des organes sensoriels, de l'hypophyse et de l'émail des dents.

ectodermose n. f. Affection qui touche les organes qui dérivent de l'ectoderme. — Citons : la poliomyélite*, l'herpès*, la variole*, le zona*.
Ectodermose pluriorificielle érosive. V. ÉRYTHÈME *polymorphe.*

ectopie n. f. Situation topographique anormale d'un organe ou d'un tissu.
L'ectopie testiculaire ou cryptorchidie. C'est la plus habituelle des *ectopies d'organe*. Elle est due au fait que le testicule n'a pas effectué sa migration normale, qui l'amène naturellement de l'abdomen au canal inguinal et aux bourses. Elle peut être la conséquence d'un obstacle mécanique (brièveté du cordon) ou d'une malformation du testicule. La position anormale du testicule entraîne, à la puberté, un défaut de formation des spermatozoïdes (stérilité) et expose à des complications (torsion, dégénérescence). Les testicules ectopiques doivent donc être opérés précocement (avant 10 ans).
L'ectopie du col utérin. C'est la plus habituelle des *ectopies de tissu*. Elle se caractérise par la présence de tissu glandulaire cylindrique à l'extérieur du col. Cette ectopie, souvent surinfectée, réalise une cervicite, ou métrite du col. Elle doit être traitée par électrocoagulation*.

ectromélie n. f. Malformation congénitale

caractérisée par l'absence totale ou partielle d'un membre supérieur ou inférieur.

ectropion n. m. Bascule en dehors de la paupière inférieure.
Il s'observe chez le vieillard par relâchement des tissus, à tout âge après plaie ou brûlure. Le traitement est chirurgical.

eczéma n. m. Dermatose* la plus fréquente, qui représente un cinquième des affections cutanées. — L'eczéma est une affection érythématovésiculeuse (rougeurs et petites vésicules).
Il évolue par poussées, avec œdème cutané à sa phase aiguë qui s'accompagne de douleurs (prurit, brûlure). Un épaississement marqué d'un quadrillage (lichénification) de la peau caractérise sa phase chronique.
Variétés d'eczémas.
Eczéma constitutionnel. Très souvent, l'eczéma est dit «constitutionnel», il est associé à l'asthme*, au coryza* spasmodique, aux migraines. Ici, la nature allergique du terrain est essentielle et l'hérédité importante. L'affection apparaît, chez le nourrisson, au visage et aux grands plis. L'enfant gratte la peau, qui devient le siège de petites vésicules qui crèvent spontanément ou sous l'influence du grattage et laissent échapper une sérosité qui a tendance à se surinfecter. Les vaccinations, et surtout la vaccination antivariolique, sont contre-indiquées. Malgré le traitement, le sujet reste sensible à des poussées occasionnées par la fatigue, l'émotion et les facteurs allergisants.

Eczéma. Eczéma marginé de Hébra.

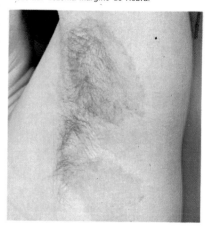

Eczéma de contact. Cet eczéma est souvent dû à une allergie survenant dans l'exercice d'une profession. Mais sont également fréquents les eczémas médicamenteux : crèmes antihistaminiques, antibiotiques, ammoniums quaternaires, poudres de sulfamides*.

Les données topographiques dominent l'eczéma de contact. Ainsi, celui des mains évoque certaines professions : la ménagère qui utilise des lessives, des détersifs nombreux. La main est le siège d'un érythème œdémateux avec de nombreuses vésicules. Le cimentier est souvent touché par l'action directe du ciment sur la main.

Quand le visage est atteint, on distingue la dermite des paupières, d'origine thérapeutique (collyres) ou cosmétique (fards), la dermite des lèvres, due au dentifrice ou au rouge à lèvres, et la dermite du front, des oreilles, des joues, des narines.

Eczéma marginé de Hébra. Il dessine un orbe érythémateux (rouge) à la face interne des cuisses ou aux aisselles.

Eczéma microbien. On retrouve à l'origine une infection streptococcique ; ainsi en est-il de l'eczéma des jambes, du cuir chevelu.

Eczéma mycosique. Dû à des champignons, il se développe essentiellement sur les membres inférieurs, au pied notamment.

Eczéma séborrhéique. Il se manifeste sur le tronc, sur la face, par de l'érythème desquamatif. Il est souvent associé à des migraines et à des troubles digestifs.

Eczéma du nourrisson. L'eczéma apparaît vers 3 mois et siège surtout au visage, respectant le centre de la face. Souvent, on ne retrouve qu'un placard au niveau des pommettes. L'eczéma disparaît souvent vers l'âge de 2 ans.

Traitement des eczémas. On évitera tout excès alimentaire. Le traitement local comprend les pulvérisations d'eau de source (Évian), suivies, après la phase suintante, d'applications de solutions aqueuses de violet de gentiane. À la phase d'érythème, la crème à base d'huile d'amandes douces est efficace. Le traitement général comprend l'administration de vitamine PP, en cas de photosensibilisation, et la corticothérapie* générale à petites doses, pour lutter contre l'élément inflammatoire.

L'antibiothérapie* locale expose à des allergies importantes. De même, les antibiotiques par voie générale ainsi que les corticoïdes ne seront jamais prescrits chez les eczémateux avant une liquidation définitive et minutieuse de la surinfection.

Ces sujets doivent en outre éviter les excès alimentaires, et le médecin s'attache à corriger les désordres digestifs et neurovégétatifs.

Phot. D.ʳ Julliard

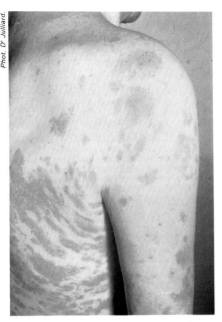

Eczéma. Eczéma en cours de généralisation.

Eczéma. Eczéma croûteux du visage.

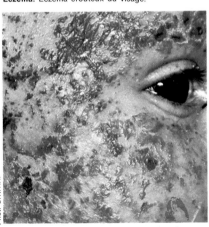

Phot. C.N.R.I.

Une règle fondamentale de l'eczéma est qu'à chaque stade résolutif correspond une adaptation du traitement local et général, ce qui amène le médecin à revoir son malade tous les 4 à 10 jours. Enfin, une pommade qui a provoqué une grosse amélioration perd peu à peu son efficacité et peut même devenir irritante par la suite.

eczématides n. f. pl. Lésions cutanées variées entrant dans le cadre de l'eczéma.
On connaît les *eczématides pityriasiformes* (ressemblant au pityriasis*), taches érythémateuses, squameuses et annulaires. Les *eczématides psoriasiformes* (ressemblant au psoriasis*), sont plus squameuses. Toutes deux régressent en quelques semaines : on les attribue à des foyers infectieux cutanés. Les *eczématides séborrhéiques* (rougeurs et squames sur peau grasse), siégeant au visage, au thorax, sont au contraire persistantes, comme la séborrhée.

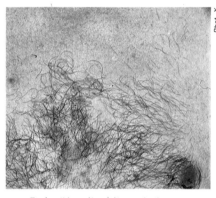

Phot. X.

Eczématides séborrhéiques du thorax.

E. D. T. A., sigle de l'*acide éthylène-diamino-tétra-acétique*. (V. CHÉLATEUR.)

E. E. G., sigle d'ÉLECTROENCÉPHALOGRAMME*.

efférent, e adj. Se dit des vaisseaux issus ou situés en aval d'un organe, c'est-à-dire qui drainent cet organe.

effleurage n. m. Massage* léger agissant sur les tissus par voie réflexe.

effluvation n. f. Traitement par des effluves (fines étincelles obtenues avec des courants de haute fréquence). — L'effluva-tion calme la douleur et les spasmes et décongestionne les tissus.

effort n. m. Mise en jeu volontaire des muscles, par des phénomènes physiologiques et psychologiques, tendant à provoquer une activité supérieure à la normale d'un groupe musculaire ou de l'organisme entier.
L'effort nécessite l'augmentation du débit cardiaque, du rythme respiratoire afin d'accroître l'oxygénation des cellules. Il est suivi d'une fatigue et, s'il est excessif, il peut mener au surmenage. Un effort chez un cardiaque peut provoquer un infarctus du myocarde ; chez un sujet non entraîné ou non échauffé, une rupture tendineuse ou musculaire.
Épreuve d'effort. On étudie le comportement respiratoire (spirométrie) ou cardiaque (prise du pouls, de la tension artérielle, électrocardiogramme) avant, pendant et après un effort mesurable (par exemple : bicyclette ergométrique). On apprécie ainsi les possibilités d'adaptation à l'effort.
Dyspnée d'effort. C'est l'essoufflement consécutif à tout effort violent, mais qui survient chez un malade cardiaque pour un effort minime, telle la montée d'un étage.

égocentrisme n. m. Tendance à faire de soi le centre de l'univers.
Cette disposition d'esprit est normale chez l'enfant. Elle se retrouve chez le débile ou chez des individus névrosés.

égout n. m. La largeur des égouts est standardisée (de 1 à 2 m), sauf pour les petites canalisations ; beaucoup peuvent être visités, les eaux passant dans une rigole du fond appelée « cuvette ». La circulation des eaux usées se fait par déclivité, pompage ou création d'un vide intermittent. L'entretien est assuré par les chasses, du fait des orages, ou par un système de vide dont l'action est complétée par un nettoyage manuel. L'aération doit assurer l'élimination des gaz de fermentation. Une fois collectées, les eaux doivent passer dans une station d'épuration biologique, avant d'être rejetées à la mer ou dans un cours d'eau.
Les *égoutiers* peuvent être intoxiqués par les gaz de fermentation (hydrogène sulfuré, ammoniac) ou blessés par une explosion. Ils peuvent aussi contracter des maladies contagieuses par morsure de rat, ou des affections pulmonaires après une chute dans les eaux polluées. Aucun produit toxique ou inflammable ne doit être déversé dans les égouts.

Ehlers-Danlos (syndrome d'), maladie héréditaire dominante qui associe une hyperlaxité ligamentaire, une hyperélasticité et une fragilité de la peau avec des troubles de la cicatrisation. (Le développement physique et mental est normal, mais on voit fréquemment des anévrismes*.)

Einhorn (sonde d'), sonde fine en caoutchouc, terminée par une olive métallique, utilisée pour les tubages* gastriques et duodénaux, l'olive permettant le repérage radiologique.

éjaculation n. f. Expulsion violente et saccadée, par la verge en érection, du sperme accumulé dans l'urètre postérieur.
L'éjaculation survient au paroxysme des sensations voluptueuses, habituellement lors du coït ; elle est sous la dépendance de réflexes nerveux contrôlés par la conscience.

L'éjaculation précoce (avant l'intromission ou dès celle-ci) est un trouble fréquent chez les jeunes ; elle se traite par les tranquillisants (thioridazine), la psychothérapie et surtout une meilleure compréhension du couple.

élaïokoniose n. f. Folliculite* professionnelle contractée par les ouvriers manipulant des huiles minérales. (Syn. : BOUTON* D'HUILE.)

élancement n. m. Douleur intermittente et très vive, se répétant à chaque pulsation du cœur ou à un rythme plus lent.

élastéidose n. f. Affection dégénérative de la peau, constituée par l'apparition de pustules et de comédons* sur les tempes et autour des orbites, atteignant les hommes de plus de 50 ans.

élastique adj. **Fibre élastique,** fibre allongée, résistante, qui reprend sa forme primitive après allongement, présente dans le tissu conjonctif* des artères, des cartilages, des ligaments.

élastorrhexie n. f. Rupture des fibres élastiques*, due à leur dégénérescence.
Les fibres se rompent spontanément ou à la suite d'efforts minimes. L'élastorrhexie est favorisée par l'athérome*. La rupture spontanée du tendon d'Achille en est un exemple.

L'élastorrhexie systématisée est une affection congénitale où la rupture spontanée des fibres élastiques s'associe à des xanthomes*. (Syn. : PSEUDOXANTHOME ÉLASTIQUE.)

électif, ive adj. **Milieu électif,** en bactériologie, milieu de culture utilisé pour mettre en évidence un germe donné, qui ne pousse que dans celui-ci.

électrobiologie n. f. Étude des phénomènes électriques observés chez les êtres vivants (électrobiogenèse) et de l'action des courants électriques sur les organismes. (V. ÉLECTRODIAGNOSTIC, ÉLECTROLYSE, ÉLECTROTHÉRAPIE, IONISATION.)

électrocardiogramme n. m. (sigle : E. C. G.). Tracé obtenu par l'enregistrement de l'activité électrique du cœur.
Le muscle cardiaque (myocarde) se contracte suivant un cycle induit par la propagation de l'influx nerveux le long des voies de conduction de la contraction cardiaque. (V. CŒUR et NODAL [tissu].) Le passage de l'influx nerveux le long de ces voies entraîne une onde électrique de dépolarisation qui est transmise à la surface du corps par les différents tissus, qui sont conducteurs d'électricité.

L'électrocardiogramme est l'enregistrement de cette onde, recueillie au moyen d'électrodes placées sur le corps à des endroits appropriés, les circuits électriques établis entre ces points étant les dérivations.

Les dérivations utilisées sont de deux ordres.

LES DÉRIVATIONS PÉRIPHÉRIQUES. Les électrodes y sont placées loin du cœur : a) les dérivations standard, obtenues en plaçant les électrodes sur les poignets et les chevilles. On mesure ainsi les différences de potentiel entre le bras gauche et le bras droit (D1), la jambe gauche et le bras droit (D2), la jambe gauche et le bras gauche (D3) ; b) les dérivations unipolaires des membres traduisent les variations de potentiel de chaque membre

Électrocardiogramme.
À gauche, dérivations classiques :
D1. Poignet droit-poignet gauche ;
D2. Poignet droit-pied gauche ;
D3. Poignet gauche-pied gauche.
Dérivations précordiales : de V1 à V6.
À droite, dérivations unipolaires :
AVR. Main droite (R)
et toutes les autres réunies ;
AVL et AVF sont faites de la même manière
sur le bras gauche et sur le pied.

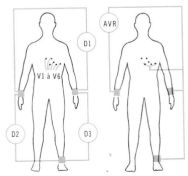

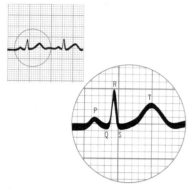

Électrocardiogramme.
À gauche, électrocardiogramme normal.
P. Contraction de l'oreillette ;
QRS. Complexe ventriculaire ;
T. Onde de repolarisation.
À droite, électrocardiogramme
d'infarctus du myocarde récent
(onde de Pardee).
1. Onde Q ; 2. Onde en dôme de Pardee.

Ci-dessous, à gauche, enregistrement.

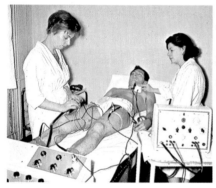

Phot. Fotogram-Corson.

séparément (VR : bras droit ; VL : bras gauche ; VF : jambe gauche). Toutes ces dérivations sont situées sur un plan frontal. LES DÉRIVATIONS PRÉCORDIALES. Elles sont placées sur le thorax en 6 points différents, et explorent la dépolarisation cardiaque dans les différents points du pourtour cardiaque. Ce sont V1, V2, V3 (dérivations droites) et V4, V5, V6 (dérivations gauches).

Le tracé électrocardiographique normal est composé d'une série d'accidents désignés par les lettres P, Q, R, S, T, et parfois U.

L'*onde P* correspond à la contraction des oreillettes.

L'*espace P-R* va de la fin de l'onde P au début du complexe QRS, et indique le temps que met l'influx à parvenir des oreillettes aux ventricules. Il ne doit pas dépasser 0,16 seconde en moyenne.

Le *complexe QRS* résulte de l'activité des deux ventricules (complexe ventriculaire).

Le *segment S-T* correspond à la période pendant laquelle les ventricules sont excités de façon uniforme.

L'*onde T* correspond à la repolarisation.

L'*intervalle Q-T* mesure la durée de l'éjection ventriculaire.

Ce tracé a une morphologie bien définie dans chaque dérivation. Toutes altérations de la forme des ondes électrocardiographiques ont une signification bien précise dans le diagnostic cardiologique.

électrochoc n. m. Méthode thérapeutique utilisant les propriétés convulsivantes des courants électriques. (Syn. : SISMOTHÉRAPIE.) L'électrochoc consiste à provoquer une crise convulsive chez le malade par application brève d'une tension de 100 à 150 volts sur les centres nerveux. Grâce à l'anesthésie, on supprime l'anxiété et les risques de fractures pendant la crise. On utilise cette méthode en psychiatrie, en particulier dans les épisodes dépressifs mélancoliques, quand l'anxiété augmente les risques de suicide ou quand la dépression revient périodiquement.

électrocoagulation n. f. Coagulation des tissus vivants par application d'un courant de haute fréquence.

Le générateur de courant est analogue à celui qui est employé pour la diathermie*, mais l'électrode active est de dimension plus réduite, ce qui fait passer un courant électrique beaucoup plus dense au point de contact.

L'*électrode unipolaire* est une pointe mousse ou une petite boule métallique reliée à une des sorties du générateur, l'autre étant reliée à une large électrode de plomb appliquée en un autre endroit du corps.

L'*électrode bipolaire* comporte deux fils isolés jusqu'à proximité de leur extrémité et reliés aux deux sorties du générateur.

L'électrocoagulation est employée pour détruire les petites tumeurs de la peau (verrues, oignons, etc.) et pour faire l'hémostase* des vaisseaux sanguins au cours des opérations. Dans la chirurgie des cancers, elle permet d'éviter la dissémination des cellules tumorales au cours de l'intervention.

électrocution n. f. État de mort apparente provoqué par le passage du courant électrique dans le corps.

L'électrocution entraîne la mort si une réanimation immédiate n'est pas entreprise.

C'est l'intensité du courant qui est déterminante des accidents. Pour le courant alternatif à 50 périodes (le « secteur » le plus répandu), une intensité de 60 à 80 milliampères peut être mortelle. Il en faut 4 fois plus avec le courant continu et beaucoup plus pour les courants de haute fréquence, qui ne sont dangereux que par la chaleur dégagée.

L'intensité du courant dépend de la tension, mais aussi de la résistance électrique des corps. Celle-ci diminue considérablement (donc le courant augmente) si la peau est humide ou en cas de transpiration. C'est pourquoi les risques d'électrocution sont beaucoup plus grands dans les salles d'eau, et qu'il faut éviter de toucher tout appareil électrique mal isolé dans celles-ci (radiateurs, rasoirs, téléphone, etc.). Le risque d'électrocution existe aussi en touchant un seul conducteur lorsque les pieds ne sont pas isolés du sol (semelles en caoutchouc, tapis isolant, parquet sec).

Le mécanisme d'action des courants électriques dépend de la partie du corps où passe le courant. Les centres nerveux sont paralysés, entraînant l'arrêt respiratoire, les muscles entrent en contracture. Si le courant traverse le cœur, il y provoque une fibrillation* fatale si la défibrillation* ne peut être pratiquée immédiatement. En présence d'un sujet électrocuté, il faut tout d'abord couper le courant, puis commencer immédiatement la respiration artificielle (au plus tard dans les 5 minutes suivant l'accident) par le bouche-à-bouche, associée à un massage cardiaque si le pouls n'est plus perçu. La réanimation doit être poursuivie pendant 2 à 3 heures.

Électrisation. C'est l'ensemble des blessures non mortelles, autres que l'électrocution, provoquées par le courant électrique. La tétanisation (contraction) des muscles « colle » le sujet au conducteur (d'où la nécessité de couper le courant en premier lieu). L'arc électrique (au moment du contact) détermine sur la peau des brûlures profondes, indolores, lentes à cicatriser. On peut observer un œdème cérébral, une anurie*, une myoglobinurie, des troubles du rythme cardiaque ou de la vue.

Tous ces risques justifient des précautions dans l'emploi de l'électricité : éviter les conducteurs non isolés, les installations provisoires, les baladeuses (particulièrement dangereuses) ; mettre les prises de courant hors d'atteinte des enfants (il existe des capuchons ou fiches protectrices) ; ne jamais faire de réparation sans couper le courant au compteur ; ne pas toucher les fils électriques tombés dans la rue ; redoubler de précautions dans les salles d'eau, les cuisines, les pièces humides, les sous-sols et les caves.

électrodiagnostic n. m. Diagnostic de certaines maladies au moyen des courants électriques.

Électrodiagnostic de détection, enregistrement graphique des courants électriques produits par les organes et préalablement amplifiés. — On étudie ainsi les courants produits par le cœur (électrocardiogramme*), le cerveau (électroencéphalogramme*), les muscles (électromyogramme*), etc.

Électrodiagnostic de stimulation, procédé d'investigation des nerfs et des muscles, consistant à les exciter par des courants électriques de caractéristiques précises. — Il existe pour chaque nerf et pour chaque muscle des *points moteurs*, au niveau desquels on applique le courant avec une électrode. On peut ainsi déterminer pour chaque nerf ou muscle un *seuil d'excitabilité* qui correspond à l'intensité de courant nécessaire pour provoquer une contraction musculaire.

Le groupement des résultats permet de déterminer s'il existe une *réaction de dégénérescence* du nerf, qui peut être partielle ou totale (inexcitabilité complète). La mesure de la *chronaxie** est un autre élément essentiel de l'électrodiagnostic de stimulation.

électroencéphalogramme n. m. (sigle E. E. G.). Enregistrement des phénomènes électriques du cerveau*.

Phot. Larousse.

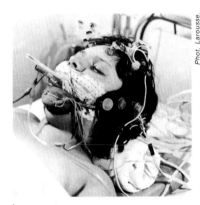

Électroencéphalogramme.
Malade muni du casque pour l'enregistrement
d'un électroencéphalogramme.

Les électrodes d'enregistrement sont placées
au contact du cuir chevelu. On enregistre
ainsi les différences de potentiel entre plusieurs séries de deux électrodes actives.
L'E. E. G. humain doit être réalisé dans des
conditions optimales : le sujet doit être au
repos physique et mental, allongé, les muscles relâchés, au calme émotionnel. Il faut le
protéger des stimulations extérieures, sus-

ceptibles d'attirer son attention ou de provoquer un effet de surprise (paupières closes,
obscurité, silence). Le psychisme doit être
réduit à une activité facile et monotone
(compter, par exemple). Mais le sujet ne doit
pas s'endormir. Les potentiels enregistrés au
niveau du cerveau, très faibles, sont amplifiés et actionnent un système de stylets qui
en permettent l'inscription sur papier.

Un tracé électroencéphalographique normal est fait de trois types d'ondes dont
l'aspect varie en fonction de l'état de vigilance.

Le *rythme de base alpha* (α) est observé
lorsque le sujet est éveillé mais au repos,
dans les conditions basales décrites ci-
dessus. Ce sont des ondes régulières, groupées en *fuseaux*. En cas de stimulation
sensorielle ou d'opération mentale, ce tracé
est brusquement remplacé par des ondes
rapides (*réaction d'arrêt*), traduisant l'éveil de
l'*attention* du sujet. Le *rythme bêta* (β) est de
moindre amplitude et souvent totalement
masqué par le rythme alpha. Il semble qu'il
soit en rapport avec la préparation et l'exécution d'actes moteurs. Le *rythme thêta* (θ)
apparaît en bouffées d'ondes lentes, fusi-
formes, lors des émotions. Le sommeil* a un
tracé électroencéphalographique très complexe. La souffrance du cerveau se traduit
généralement par l'apparition d'ondes lentes,
ondes delta (δ), qui ne sont pas spécifiques

Électroencéphalogramme.
Électroencéphalogramme normal.

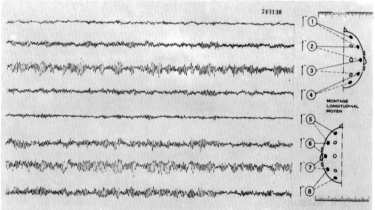

Doc. Chrismar.

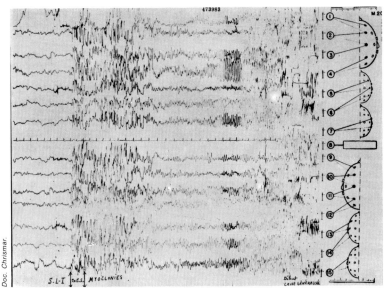

S.L-I [1sec.] MYOCLONIES.

Début
CRISE GÉNÉRALISÉE

Électroencéphalogramme.
« Grand mal » (épilepsie).

d'une affection donnée, mais qui permettent la localisation d'une lésion (tumeur, cicatrice, etc.). L'épilepsie comporte des anomalies électriques très caractéristiques — les *pointes-ondes* — qui suffisent à affirmer le diagnostic.

électrolyse n. f. Décomposition chimique produite par un courant électrique.
Emploi thérapeutique. On électrolyse les tissus en y enfonçant une pointe métallique (électrode) reliée au *pôle négatif* d'un générateur (le pôle positif étant relié à une électrode de grande surface est sans action). On détruit ainsi de petites tumeurs de la peau et les cicatrices rétractiles. On utilise également l'électrolyse en intercalant une solution de sel minéral entre une électrode et la peau. (V. IONISATION.)

électrolyte n. m. Corps chimique (acide, base ou sel) se dissociant en ions* lorsqu'il est mis en solution.
Il apparaît autant d'ions positifs (cations) que d'ions négatifs (anions), et cet équilibre joue un rôle considérable dans l'organisme. (V. ÉLECTROLYTIQUE.)

électrolytique adj. Relatif aux électrolytes.

Équilibre hydroélectrolytique, constance des concentrations des différents électrolytes présents dans les liquides de l'organisme, pour la plus grande part sous forme ionisée.

La concentration des électrolytes conditionne la répartition de l'eau de l'organisme en plusieurs secteurs (intracellulaire et extracellulaire, comportant lui-même les secteurs plasmatique et interstitiel, ainsi que le liquide céphalo*-rachidien et les sécrétions) et la régulation de l'équilibre acido*-basique.

La constance de ces concentrations, en dépit d'apports et d'éliminations incessants, suppose un bilan équilibré, où les apports d'eau et d'électrolytes (alimentaires et métaboliques) sont exactement équilibrés pour les pertes qui sont pour une part obligatoires (sudation, respiration, selles) et pour une part ajustables (urines), sous la dépendance de nombreux facteurs, principalement d'origine hypophysaire (hormone antidiurétique*) et surrénalienne (aldostérone*).

Le dosage des différents électrolytes du plasma constitue l'ionogramme* plasmatique.
Troubles de l'équilibre hydroélectrolytique, troubles dus à une perturbation du bilan

Doc. Chrismar.

Électrophorèse.
Dispositif de l'appareillage
d'électrophorèse.

Phot. Larousse.

Graphique de l'électrophorèse
des protéines plasmatiques.

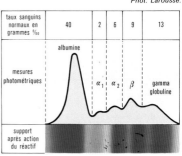

taux sanguins normaux en grammes ‰	40	2	6	9	13

ionique ou hydrique dans le sens positif ou négatif. — Il s'agit parfois de facteurs extérieurs (défaut de boisson, erreur diététique prolongée, erreur thérapeutique), mais bien plus souvent soit d'une perte accrue (diarrhée, vomissements, insuffisance rénale avec perte de sel, par exemple), soit d'un défaut d'élimination, principalement au cours de l'insuffisance rénale, ou bien enfin d'un excès de production métabolique (acido*-cétose).

Les troubles hydroélectrolytiques sont rarement spécifiques d'un secteur ou d'un ion. En effet, l'eau est en perpétuel échange d'un secteur à l'autre selon les forces osmotiques, qui dépendent elles-mêmes des ions présents. L'eau et le sodium sont intimement dépendants dans leur répartition, et le dosage du sodium plasmatique est un reflet de l'hydratation. Enfin la régulation de l'élimination du potassium au niveau du rein dépend en partie du sodium et des ions H⁺ (acides). De sorte que hydratation, équilibre acidobasique et ionogramme sanguin sont tous rapidement perturbés par la variation importante de l'un d'eux.

L'état pathologique est défini par la prédominance d'un trouble : déshydratation*, hyperhydratation cellulaire ou extracellulaire, acidose, alcalose, etc.

Traitement. Il est urgent, car des désordres graves peuvent apparaître : troubles du rythme cardiaque, arrêt cardiaque (hyperkaliémie), convulsions (hyperhydratation), collapsus (déshydratation).

Il est d'abord symptomatique, visant à corriger le trouble ; puis si possible curatif, en traitant la maladie causale.

électromyogramme n. m. Enregistrement graphique des courants électriques qui apparaissent dans le muscle au moment de ses contractions (courants d'action).

L'électromyogramme permet de préciser l'existence ou l'absence d'interruption nerveuse lors d'impotences fonctionnelles après les traumatismes. En neurologie, il facilite le diagnostic des paralysies. C'est également un moyen de diagnostic essentiel de la spasmophilie* et des crises de tétanie*.

électrophorèse n. f. Méthode d'analyse qui permet de séparer les composants ionisés d'un mélange, en les plaçant dans un champ électrique.

Le mélange à analyser est déposé sur un support (bande de papier, plaque de gel d'amidon, etc.) imprégné d'une solution conductrice et dont les extrémités sont reliées aux électrodes d'un générateur. La vitesse de migration d'un composant dépend de sa charge électrique, de sa masse, de la nature du milieu et de la tension appliquée. Après un certain temps de migration, un réactif approprié met en évidence les produits séparés.

On pratique ainsi l'électrophorèse des protéines (albumine, globuline α, β et γ) et celle des acides aminés dans le plasma sanguin ainsi que dans les urines.

L'*immunoélectrophorèse* permet d'identifier les protéines sériques capables de précipiter des anticorps* spécifiques.

électropuncture n. f. Application de courants électriques dans les tissus à l'aide d'une aiguille reliée à un générateur de courant. (En acupuncture, l'utilisation de courant remplace les mouvements imprimés à l'aiguille.)

électroradiologie n. f. Spécialité qui concerne les applications médicales de l'électricité (électrologie) et des radiations (radiologie). [V. ÉLECTRODIAGNOSTIC, ÉLECTROTHÉRAPIE, RADIODIAGNOSTIC, RADIOTHÉRAPIE.]

électrorétinographie n. f. Enregistrement des potentiels électriques de la rétine lors de la réponse à un stimulus lumineux.

électrothérapie n. f. Traitement par les courants électriques.

EFFETS EXCITOMOTEURS. L'application de courants électriques sur les nerfs et sur les muscles provoque la contraction de ces derniers. On emploie des courants continus, des impulsions, des courants alternatifs ou « en dents de scie » pour stimuler les muscles paralysés. L'*électrochoc** consiste à faire passer un courant alternatif à travers le crâne.

EFFETS SÉDATIFS. Le courant continu diminue l'excitabilité nerveuse au pôle positif ; on l'emploie dans les névralgies, les douleurs articulaires, de même que l'ionisation*. Les courants de haute fréquence employés en effluves sont également sédatifs.

EFFETS THERMIQUES. La chaleur peut être produite dans les tissus par la diathermie* dans le traitement des douleurs (arthroses), des troubles circulatoires, des séquelles de paralysie.

EFFETS DESTRUCTEURS. La destruction de lésions tumorales peut être obtenue par les courants continus (électrolyse) ou par les courants de haute fréquence (électrocoagulation et bistouri électrique).

éléphantiasis n. m. Augmentation de volume du derme et de l'hypoderme, siégeant le plus souvent à la racine d'un membre, mais également au scrotum ou au sein.

Il est dû à un œdème chronique qui perturbe la circulation veineuse ou lymphatique. Dans les pays chauds, la plupart des éléphantiasis sont provoqués par les filaires* (de Bancroft et de Médine). Ils peuvent être aussi secondaires à une infection.

Les œdèmes lymphatiques, ou lymphœdèmes, peuvent être également congénitaux avec malformation du réseau lymphatique et veineux. Certains sont post-traumatiques, post-phlébitiques. Au membre supérieur, ils sont plus fréquents après les curages ganglionnaires (ablation d'un cancer du sein).

Clinique. L'éléphantiasis le plus typique est celui des pays tropicaux (filarioses*). Sié-

Phot. Pr Gentilini.

Éléphantiasis.
Éléphantiasis du membre inférieur gauche, d'origine filarienne. Lésions surinfectées.

geant souvent au membre inférieur, il débute au dos du pied par des poussées d'œdèmes mous et blancs, qui récidivent, laissant à chaque fois la peau plus épaissie. Puis l'œdème envahit le membre inférieur jusqu'à la cuisse ; il durcit, et la peau devient grenue, tendue, glabre. La jambe devient énorme, indolore ; elle ne dégonfle ni au repos ni en décubitus. Le scrotum est distendu.

L'évolution est longue et parfois aggravée et accélérée par des poussées de surinfection (streptococcie).

Traitement. Il dépend de la cause. La filariose* sera mise en évidence et traitée surtout en prévenant les surinfections.

Pour les malformations, certaines interventions chirurgicales ont été proposées.

Le traitement médical n'a qu'un effet passager et s'épuise rapidement. Il est à base de diurétiques*, de corticoïdes* et de modificateurs de la paroi capillaire.

La physiothérapie, et surtout la compression (bas, bandes), possède une action qui n'est pas négligeable.

élimination n. f. Mécanisme physiologique qui aboutit au rejet par l'organisme des substances inutiles ou toxiques. L'élimination se fait par voie cutanée, pulmonaire, rénale, digestive.

élixir n. m. Produit contenant 20 p. 100 d'alcool et 20 p. 100 de sucre ou de glycérine.

ellébore n. m. Ressemblant à la gentiane, l'ellébore est responsable d'une intoxication marquée par un syndrome digestif et un collapsus* quand la dose dépasse 1 g.

élongation n. f. Augmentation accidentelle ou thérapeutique de la longueur d'un membre, d'un muscle, d'un nerf ou de la colonne vertébrale.

émaciation n. f. État pathologique d'amaigrissement extrême, de cachexie*, avec pâleur de la peau et des muqueuses.

émail n. m. Couche de tissu très dur, blanc brillant, qui recouvre les dents*.

embarrure n. f. Fracture de la voûte du crâne avec déplacement d'un fragment osseux.

embaumement n. m. Conservation artificielle des cadavres, réalisée par injection dans les artères et les cavités naturelles d'un liquide à base de formol, de phénol et d'alcool.

L'embaumement n'est permis que sur autorisation du maire, après examen d'un médecin assermenté et vérification que la mort soit naturelle.

embolie n. f. Oblitération d'un conduit naturel (habituellement un vaisseau sanguin) par un corps étranger en migration, ou *embol*. La nature des embols est variable. Il s'agit le plus souvent d'un caillot* sanguin (*embolie sanguine*), mais il peut s'agir de microbes (*embolie microbienne*), de cellules cancéreuses (*embolie néoplasique*), de corps gras (*embolie graisseuse*), de bulles de gaz (*embolie gazeuse*), d'un corps étranger.

Partis de veines thrombosées ou du ventricule droit, les embols peuvent s'arrêter dans l'artère pulmonaire ou ses branches de division : c'est l'*embolie pulmonaire,* qui entraîne l'arrêt des échanges gazeux dans le territoire pulmonaire correspondant. Partis du ventricule gauche, de la circulation artérielle ou d'un anévrisme*, ils peuvent s'arrêter dans le cerveau, dans une autre artère ou dans un membre, bloquant la circulation sanguine

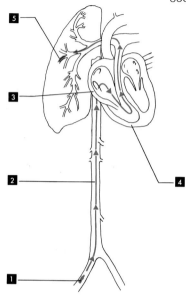

Embolie pulmonaire.
Migration du caillot de sang.
1. Caillot ;
2. Trajet du caillot dans la veine cave ;
3. Oreillette droite ;
4. Ventricule droit ; 5. Embolie pulmonaire.

du territoire dépendant de l'artère qu'ils bouchent, entraînant alors, suivant les cas, la mort subite, un infarctus*, une gangrène*, un ramollissement*.

Embolie artérielle des membres, oblitération d'une artère des membres par un caillot. — Elle se traduit par une douleur vive et l'anoxie* du segment de membre correspondant, privé d'apport sanguin, et qui devient pâle, puis froid et bleu. Le traitement consiste à extraire le caillot responsable par des méthodes chirurgicales. C'est une urgence, car on risque la gangrène* du segment anoxié.

Embolie cérébrale. V. CERVEAU, *Affections vasculaires.*

Embolie pulmonaire. Les embolies pulmonaires ont pour origine la plus fréquente une phlébite*, le plus souvent des membres inférieurs, qui survient après une intervention chirurgicale, un accouchement ou toute immobilisation prolongée. Lorsqu'elles sont minimes, elles peuvent passer tout à fait inaperçues. Mais il arrive que l'embol obstrue un gros tronc de l'artère pulmonaire, et par conséquent supprime le fonctionnement d'une partie importante du poumon. Les signes sont alors dramatiques. Le sujet ressent une vive douleur en coup de poignard localisée d'un côté du thorax, il est essoufflé, angoissé et le rythme cardiaque s'accélère, avec des manifestations d'insuffisance cardiaque* droite : gros foie douloureux, turgescence des veines jugulaires, etc. C'est une urgence médicale, et le traitement doit être mis en route immédiatement. Il est à base d'oxygène pour aider le malade à respirer, de traitement anticoagulant* (héparine*), de diurétiques* et de sédatifs puissants.

Embolie amniotique, accident très rare, survenant au cours d'un accouchement. — Elle consiste en l'irruption de liquide amniotique dans la circulation sanguine maternelle, entraînant une embolie pulmonaire.

Embolie gazeuse, pénétration anormale de gaz dans la circulation sanguine, où il migre sous la forme de petites bulles qui sont arrêtées dans les capillaires, bloquant la circulation. (Les embolies gazeuses peuvent aussi bien être pulmonaires que cérébrales.)

Embolie graisseuse, accident survenant parfois lors de la fracture du col du fémur : c'est la migration d'un fragment de graisse qui, s'arrêtant souvent dans le poumon, provoque une symptomatologie de choc* grave.

embrocation n. f. Préparation huileuse, émulsionnée, destinée à faire des frictions.

embryologie n. f. Étude des transformations successives qui affectent l'œuf à partir de la fécondation jusqu'à la constitution d'un organisme semblable à celui des parents. (V. EMBRYON.)

embryome n. m. Tumeur d'origine embryonnaire.

embryon n. m. Appellation du futur être humain, depuis le stade de l'œuf jusqu'au stade de fœtus.
L'embryon prend naissance aux dépens du *bouton embryonnaire* de l'œuf dès le 8e jour après la fécondation. Les cellules de ce bouton se différencient en deux couches (*endoblaste* et *ectoblaste*) qui constituent un *disque embryonnaire* didermique. Dès la 15e journée, des cellules ectoblastiques s'invaginent le long d'une « ligne primitive », s'insèrent entre les deux feuillets et vont constituer un 3e feuillet, le *chordomésoblaste* ou *mésoderme*. Le disque, primitivement circulaire, s'ovalise et s'allonge, et le corps de l'*embryon* se dessine vers la 4e semaine.

Vers le début de la 5e semaine, les membres apparaissent sous l'aspect de bourgeons, puis de palettes. À la fin de la 8e semaine, l'embryon mesure 30 mm et il a déjà son apparence humaine.
Cette mise en place des différentes ébauches est une période critique pour l'em-

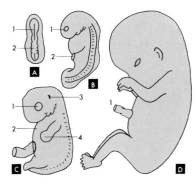

Embryon. Schémas des différents stades.
A. Embryon de 20 jours :
1. Gouttière neurale ; 2. Somites.
B. Embryon de 28 jours :
1. Ébauche optique ; 2. Cordon ombilical.
C. Embryon de 6 semaines :
1. Œil ; 2. Renflement cardio-hépatique ;
3. Conduit auditif externe ; 4. Main.
D. Embryon de 8 semaines :
1. Cordon ombilical.

bryon. Des influences nocives, et notamment les rayons X, peuvent le perturber et déterminer des malformations. Les dérivés de l'endoderme* et du mésoderme* semblent relativement insensibles ; en revanche, ceux de l'*ectoderme** (système nerveux et sensoriel, parois du corps) sont très sensibles, et les ébauches sont d'autant plus fragiles qu'elles sont à leur maximum d'activité prolifératrice. (V. illustration p. 340-341.)

embryopathie n. f. Maladie contractée dans l'utérus par l'embryon.
Se manifestant au cours de la période d'embryogenèse et d'organogenèse, elle se traduit souvent par des malformations à la naissance. Elle s'oppose à la fœtopathie (maladie du fœtus), affectant un être déjà entièrement formé, dont les éventuelles séquelles ne peuvent plus être des malformations au sens strict.

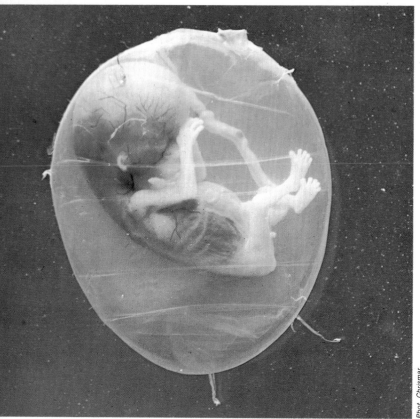

Embryon.
Embryon humain de 10 semaines environ, enveloppé dans la poche amniotique intacte.

On peut distinguer :
1. Des embryopathies *traumatiques* par
manœuvres abortives ; 2. Des embryopathies
par *agents physiques* (radiations ionisantes,
explosions atomiques, certaines explorations
radiologiques) ; 3. Des embryopathies par
agents infectieux, comme le virus de la
rubéole, qui peut être responsable d'anomalies de l'œil, de l'oreille ou du cœur, ou
comme le toxoplasme ; 4. Des embryopathies
par *agents chimiques*, comme celles qui sont
dues à la thalidomide ; 5. Enfin, des embryopathies d'origine *carentielle* ou *hormonale*.

embryotomie n. f. Opération qui consiste
à morceler un fœtus mort pour en faciliter
l'extraction par voie vaginale.

émétine n. f. Alcaloïde de l'ipéca, utilisé en
injections sous-cutanées dans le traitement
de l'amibiase*. (On lui préfère actuellement
la *déhydro-émétine*, moins toxique.)

émétisant, e adj. Qui fait vomir. *Toux
émétisante*, toux dont la violence entraîne des
vomissements.

emménagogue adj. Se dit d'un traitement
qui provoque ou régularise la menstruation.

emmétrope adj. et n. Se dit d'un œil dont
la vision est normale, d'une personne qui a
une vision normale.

émollient, e adj. et n. m. Médication
adoucissante et amollissante, appliquée par

ÂGE DE L'EMBRYON	RUBÉOLE	THALIDOMIDE	EXPLOSION ATOMIQUE
1e semaine			
2e semaine			
3e semaine			
4e semaine			hypotrophie
5e semaine	malformations oculaires		malformations rénales malformations nerveuses
6e semaine	malformations du cœur	malformations des membres	
7e semaine			
8e semaine	malformations de l'oreille		
9e semaine			
10e semaine	malformations nerveuses		
11e semaine			
12e semaine			

Embryopathies. Dates d'apparition.

voie externe (cataplasmes, compresses, irrigations) ou par voie interne (lavements, gargarismes, tisanes, etc.).

émonctoire n. m. Organe servant à évacuer les déchets. — Les principaux émonctoires sont l'anus, les reins, la peau (sueur).

émotion n. f. Réponse affective, agréable ou désagréable, à une stimulation psychique. L'émotion s'accompagne généralement de manifestations physiques comme la rougeur, l'accentuation du rythme cardiaque, etc.

L'émotion est une réaction élémentaire intense et brève. On réserve le terme de *sentiment* à des réactions plus durables, diffuses et élaborées.

L'*émotivité* est la capacité à réagir à des événements en éprouvant des émotions.

L'*hyperémotivité* correspond à une tendance à réagir trop fortement et trop facilement. La *diminution pathologique de l'émotion* est un des éléments de la schizophrénie*.

empâtement n. m. Sensation de gonflement imprécis des tissus perçu à la palpation et dû à un afflux de sang ou de lymphe lors d'une inflammation, ou provoqué par une infiltration pathologique (myxœdème).

emphysème n. m. **Emphysème cellulaire,** infiltration de gaz dans un tissu cellulaire (sous-cutané par exemple). — Il a pour cause une brèche dans les voies aériennes, par où l'air a pénétré. L'emphysème sous-cutané se

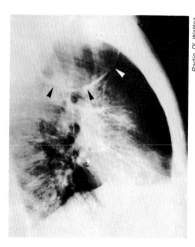

Radio Dʳ Wattez.

Emphysème. Bulle d'emphysème.

manifeste par une tuméfaction donnant à la palpation la crépitation « neigeuse », comme le bruit des pas dans la neige.

Emphysème pulmonaire, augmentation de volume des alvéoles pulmonaires, avec destruction de la paroi alvéolaire, qui entraîne l'impossibilité pour les alvéoles de se vider complètement de l'air qu'ils contiennent, à l'expiration.

Emphysème localisé. Il entoure des lésions cicatricielles de tuberculose et peut parfois entraîner un pneumothorax*.

Emphysème pulmonaire diffus. C'est une affection fréquente, atteignant surtout l'homme de la cinquantaine.

CAUSES. On penche actuellement vers une origine dégénérative entraînant une perte de l'élasticité du poumon avec rupture des parois alvéolaires.

La bronchite* chronique, l'asthme* et les fibroses* pulmonaires se compliquent souvent d'emphysème.

SIGNES. Le seul signe fonctionnel est la dyspnée* d'effort. La tolérance de cet essoufflement à l'effort est longue avant de devenir invalidante. La toux est rare ; il n'y a ni expectoration* ni cyanose*, sauf très tardivement. La pâleur et la fatigue sont associées à une distension du thorax, qui est globuleux, « en tonneau ». La radiographie montre une hyperclarté des deux champs pulmonaires, parfois une cavité arrondie ou « bulle » d'em-physème. Les épreuves fonctionnelles respiratoires montrent une augmentation du volume résiduel et une diminution de la capacité* vitale.

ÉVOLUTION. Souvent très lente, elle aboutit à une insuffisance respiratoire progressive. Des complications peuvent apparaître : pneumothorax* spontané, infection, greffe secondaire d'une bronchite chronique.

TRAITEMENT. Il consiste à éviter les facteurs d'irritation bronchique (fumées, tabac), à traiter les surinfections par les antibiotiques, à apprendre au sujet à utiliser au mieux ses réserves ventilatoires grâce à la kinésithérapie. Quand l'insuffisance respiratoire survient, on associe le repos strict à la corticothérapie* et à l'oxygénothérapie*.

emplâtre n. m. Médicament de la consistance d'une pommade dure, qui a une action anti-inflammatoire.

empoisonnement n. m. V. INTOXICATION.

empreinte n. f. **Empreintes dentaires.** En chirurgie dentaire, on prend des *empreintes* des dents, des arcades dentaires, des crêtes alvéolaires (maxillaire dépourvu de dents) pour faire le diagnostic des anomalies de la denture et établir des appareils de prothèse. **Médecine légale.** Les empreintes sont des marques, sur le corps humain, de forme et d'aspect divers. Sur un cadavre, elles peuvent rendre compte de la façon dont la mort est survenue (pendaison, coup de revolver, strangulation). Elles peuvent aussi orienter vers l'objet responsable de la mort.

Empreinte. Empreinte à l'alginate de l'arcade du maxillaire inférieur.

Phot. Larousse.

On recherche également sur les objets les empreintes des doigts (dactylogramme), et, sur le sol, celles des pieds.

empyème n. m. Collection purulente située dans une cavité naturelle : l'empyème de la plèvre est la pleurésie purulente.

émulsion n. f. Préparation liquide constituée par le mélange de deux liquides non miscibles.
Le plus souvent, l'un des liquides est de l'eau et l'autre une huile. En médecine, les émulsions servent d'excipient* à diverses préparations pour la peau.

énanthème n. m. Éruption localisée aux muqueuses (à la face interne des joues, par exemple).

encéphale n. m. Ensemble des organes contenus dans la boîte crânienne : cerveau*, cervelet*, tronc* cérébral.

encéphalite n. f. Maladie inflammatoire de l'encéphale, d'origine le plus souvent virale.
À l'atteinte purement encéphalique s'associent parfois des atteintes de méninges (*méningo-encéphalite*), de la moelle* (*myélo-encéphalite*) ou des deux (*méningo-myélo-encéphalite*). En cas d'atteinte limitée à la substance blanche, on parle de *leuco-encéphalite*.
Causes. Les encéphalites les plus fréquentes sont celles qui viennent compliquer une maladie virale générale dans le cadre des maladies infectieuses de l'enfance : rougeole, varicelle, etc. D'autres virus n'atteignent que les centres nerveux : virus de la poliomyélite, de la rage, etc. Pour certaines encéphalites aiguës, le virus responsable reste inconnu : c'est le cas de l'encéphalite léthargique de von Economo.
Clinique. Les encéphalites ont toujours les mêmes signes, quelle que soit leur étiologie. Elles associent des troubles de la conscience, des convulsions, des paralysies de membres et des muscles des yeux. Leur traitement, difficile, est fondé sur des mesures symptomatiques : réanimation*, anticonvulsivants, kinésithérapie pour mobiliser les membres paralysés et prévenir la formation d'attitudes* vicieuses. Le pronostic des encéphalites est variable, fonction de la profondeur de l'atteinte.

encéphalocèle n. f. Hernie du cerveau, du cervelet ou des méninges à travers la boîte crânienne.
L'encéphalocèle peut être congénitale, se présentant comme une tumeur molle, liquidienne, recouverte de peau normale ou d'une membrane fragile, gonflant lors des cris et de la toux, et pulsatile.

Elle peut être acquise, à la suite d'une blessure du crâne avec perte de substance osseuse.
L'intervention consiste à réséquer le sac méningé et à recouvrir avec une greffe osseuse ou périostée.

encéphalographie n. f. **Encéphalographie gazeuse,** radiographie de l'encéphale après introduction d'air dans le canal rachidien et dans les ventricules cérébraux, succédant à une ponction enlevant du liquide céphalorachidien.
Cette technique permet, par le contraste obtenu grâce à l'air, de visualiser la forme du cerveau et celle des ventricules cérébraux. (Voir illustration p. 344.)

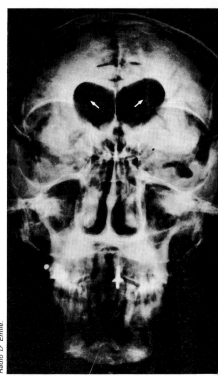

Encéphalographie gazeuse :
les ventricules sont dilatés.

Radio Dr Émile.

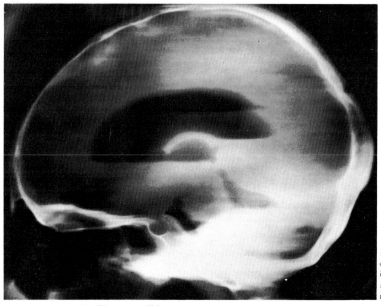

Encéphalographie gazeuse (profil).
Dilatation ventriculaire modérée.
La tomographie (coupe médiane)
permet de voir les 3ᵉ et 4ᵉ ventricules
et les citernes de la base du crâne.

encéphaloïde adj. Se dit de certaines tumeurs qui ont l'aspect et la consistance de la matière cérébrale. (Syn : CÉRÉBROÏDE.)

encéphalopathie n. f. Terme générique désignant toutes les souffrances de l'encéphale autres que les maladies inflammatoires (encéphalites*).

On distingue les *encéphalopathies infantiles,* d'une part, correspondant à une altération précoce de développement du système nerveux, avant la naissance ou durant la première enfance, et les *encéphalopathies de l'adulte,* d'autre part, qui ont des causes multiples : métaboliques, toxiques, carentielles, respiratoires, etc.

Encéphalopathies infantiles. Leurs causes ne sont pas toutes élucidées. On distingue schématiquement : les traumatismes qui surviennent au moment de la naissance de l'enfant (prématurité, accouchement long et difficile, forceps, toutes les causes entraînant une anoxie du fœtus pouvant provoquer une *infirmité motrice cérébrale*) ; les maladies de la mère qui frappent le cerveau fœtal pendant la grossesse (rubéole*, toxoplasmose*) ; les carences alimentaires ; les intoxications professionnelles ou médicamenteuses (thalidomide) ; les maladies génétiques ; enfin, de nombreuses maladies infectieuses de l'enfance (encéphalites et méningo-encéphalites de la rougeole, de la varicelle, des oreillons).

Les *encéphalopathies infantiles* sont responsables d'un déficit intellectuel qui va de l'idiotie complète à la simple débilité. Elles s'accompagnent également de troubles neurologiques importants : hémiplégies*, paraplégies*, diplégies*, mouvements anormaux, troubles cérébelleux, crises d'épilepsie. Il peut également exister des anomalies morphologiques du crâne ou de la face : hydrocéphalie*, développement dysharmonieux des membres. L'association fréquente de troubles du caractère avec agitation, agressivité, opposition, assombrit encore le tableau clinique.

Les encéphalopathies infantiles laissent des séquelles très diverses : troubles moteurs et sensitifs, raideur, rétractions tendineuses (sources de déformations), tremblements, incoordination des mouvements et existence de mouvements involontaires.

Traitement. La plupart des enfants qui présentent des encéphalopathies devraient être placés dans des établissements spécialisés en vue de leur rééducation. Deux écueils sont à éviter en effet devant ces cas : d'une part, s'acharner à maintenir en famille un encéphalopathe profond dont la présence compromet l'harmonie du foyer ; d'autre part, rejeter complètement l'enfant en le plaçant dans n'importe quelles conditions.

Le traitement de ces malades consiste essentiellement en rééducation et en kinésithérapie pour lutter contre les raideurs et les rétractions, rééduquer le maintien, apprendre à tenir assis, debout, à marcher, à coordonner les mouvements et à se servir de ses mains afin d'atteindre une indépendance aussi grande que possible dans les activités de la vie quotidienne.

Autres encéphalopathies. Chez l'adulte, les encéphalopathies sont souvent causées par des *désordres métaboliques*. Ainsi, une *hypoglycémie** importante entraîne rapidement un coma qui impose un traitement d'urgence par injection de sérum glucosé.

L'*encéphalopathie respiratoire* est l'ensemble des troubles observés au cours des grandes insuffisances respiratoires, en rapport avec la diminution du taux d'oxygène dans le sang (*anoxie*) et avec l'élévation du taux de gaz carbonique (*hypercapnie*). On constate des troubles psychiques à type d'euphorie, de confusion ou d'agressivité, et des troubles de la conscience, obnubilation, coma.

Les *encéphalopathies hépatiques* sont causées le plus souvent par l'alcoolisme*. Lorsqu'elles sont aiguës, il s'agit du *delirium* *tremens*. Chroniques, elles réalisent les *encéphalopathies dégénératives* de l'alcoolisme.

L'absorption prolongée de sels de bismuth peut être à l'origine d'*encéphalopathies toxiques* qui se manifestent notamment par des myoclonies*.

enclouage n. m. Fixation solide d'une

fracture par une prothèse métallique en forme de clou.

enclume n. f. L'un des osselets de l'oreille* moyenne, entre le marteau et l'étrier.

encombrement n. m. **Encombrement trachéo-bronchique,** obstruction plus ou moins complète des voies respiratoires (trachée et bronches) par des sécrétions.

encoprésie n. f. Émission non contrôlable des selles après l'âge de 2 ans 1/2.

Le plus souvent exclusivement diurne, l'encoprésie survient après une période de propreté complète. Elle est fréquemment accompagnée de troubles psychologiques (naissance d'un autre enfant, décès d'un parent, entrée à l'école…) et parfois de troubles graves du comportement (autisme*).

Le traitement est médical, à base de neuroleptiques* faibles, et nécessite parfois l'isolement complet.

encre n. f. **Toxicologie.** La partie la plus toxique de l'encre est le colorant, capable, dans certains cas, de faire apparaître une méthémoglobinémie* qui se manifeste par une cyanose* des lèvres et des ongles, et une légère gêne respiratoire. Le traitement consiste en prescription de vitamine C.

endartère n. f. Paroi interne des artères, formée d'un endothélium*. (Syn. : INTIMA.)

endartérite n. f. Lésion portant sur l'endartère.

endémie n. f. Maladie sévissant en permanence dans une région donnée, par exemple le paludisme dans certains pays tropicaux.

Sur un fond d'endémie peuvent éclater des épidémies, pendant lesquelles le nombre de cas augmente beaucoup.

endocarde n. m. Tunique interne du cœur*.

endocardite n. f. Inflammation de l'endocarde, due dans l'immense majorité des cas à une agression microbienne.

Endocardite maligne lente ou endocardite d'Osler. C'est une septicémie avec greffe bactérienne cardiaque chez des malades déjà porteurs d'une cardiopathie* valvulaire (rétrécissement mitral, insuffisance aortique, cardiopathie congénitale). Le germe responsable est habituellement le *streptocoque alphahémolytique*, mais d'autres germes peuvent être en cause. La porte d'entrée du germe doit être soigneusement recherchée ; elle est souvent rhino-pharyngée ou dentaire, mais elle peut être aussi cutanée ou utérine.

Signes. Toute fièvre chez un cardiaque doit faire suspecter d'emblée le diagnostic de maladie d'Osler, à plus forte raison si cette fièvre est prolongée et tenace, et même si elle n'est pas très élevée. L'auscultation cardiaque révèle un souffle dont l'allure, variable d'un point à l'autre, est de faible valeur diagnostique. La fièvre et le souffle sont parfois accompagnés d'une pâleur caractéristique du visage, dite « café au lait », d'une grosse rate, de signes cutanés (purpura*, nodosités de la pulpe des doigts ou « faux panaris » d'Osler), mais bien souvent la fièvre est isolée, et le diagnostic repose alors sur des hémocultures* répétées. L'endocardite d'Osler, jadis mortelle, est maintenant guérie par une antibiothérapie* massive et prolongée à base de pénicilline, mais l'évolution reste soumise au pronostic de la cardiopathie, qui évolue pour son propre compte.

Endocardite aiguë. C'est une endocardite survenant sur un cœur sain, chez des sujets âgés ou débilités, et provoquée par des germes grandement virulents (staphylocoques, bactéries Gram* négatif). Son diagnostic repose sur la fièvre, l'apparition d'un souffle et la positivité des hémocultures. Si le pronostic est plus sombre que celui de l'endocardite d'Osler, le traitement repose sur les mêmes critères.

Endocardite rhumatismale. V. RHUMATISME, *Rhumatisme articulaire aigu.*

endocol n. m. Partie intérieure du col utérin.

endocrine adj. Se dit de toute glande dont le produit de sécrétion se déverse directement dans le sang.
On connaît ainsi : la thyroïde, les parathyroïdes, les surrénales*, les glandes génitales (testicules* et ovaires*) et l'hypophyse*, qui commande les précédentes. De plus, on connaît des formations particulières qui peuvent être considérées comme des glandes endocrines : ainsi en est-il des îlots de Langerhans* du pancréas, des formations nerveuses comme l'épiphyse* et du corps jaune ovarien ou du placenta* de la femme enceinte. Tous ces amas glandulaires ont pour fonction de sécréter des hormones* qui, répandues dans le sang, agissent sur d'autres organes dits « récepteurs » ou *cibles.*

endocrinien, enne adj. Relatif aux glandes endocrines.
Troubles endocriniens. Les hormones* interviennent dans toutes les activités métaboliques afin de préserver l'équilibre physiologique. Une modification de la sécrétion hormonale provoque une perturbation de cet équilibre. L'obésité, la maigreur, le diabète, les troubles de la calcification des os sont des manifestations de ces perturbations.

endocrinologie n. f. Spécialité médicale qui étudie les sécrétions internes, les hormones, les glandes endocrines qui les produisent et les maladies de celles-ci.

endoderme n. m. Feuillet intérieur du disque embryonnaire, constitué de petites cellules plates. (Syn. : ENDOBLASTE.)
Il forme les appareils respiratoire et digestif, les voies urinaires, le thymus et la thyroïde.

endogène adj. Qui est engendré par l'organisme. Un toxique est dit *endogène* quand il provient d'une substance fabriquée par l'organisme (l'ammoniaque, l'urée, etc., dans le sang sont toxiques). Une dépression nerveuse est dite *endogène* lorsque aucun facteur extérieur n'en est responsable.

endomètre n. m. Muqueuse tapissant l'intérieur de la cavité utérine.

endométriose n. f. Affection gynécologique caractérisée par la présence de muqueuse utérine normale en dehors de la cavité utérine.
Les sièges les plus fréquents sont la surface du muscle utérin, la trompe, l'ovaire, mais également le péritoine, la vessie, le tube digestif et les cicatrices cutanées. Elle est la cause de douleurs, lors des règles, et de stérilité. Le traitement repose sur le blocage de l'ovulation par les progestatifs de synthèse et sur la chirurgie dans les cas rebelles.

endométrite n. f. Inflammation de la muqueuse utérine.
Elle peut être *aiguë*, à la suite d'un accouchement, d'un avortement ou d'une blennorragie. Elle peut être *chronique*, et souvent alors d'origine tuberculeuse.

endormissement n. m. Période de passage entre l'état de veille et l'état de sommeil, pendant laquelle peuvent s'observer une forme d'hallucinations rapides, dites *images hypnagogiques,* et de brusques contractions musculaires.

endorphine n. f. Substance naturelle (polypeptide) sécrétée par le tissu nerveux et par l'hypophyse, dont l'action est analgésique et analogue à celle de la morphine.

endoscope n. m. Appareil optique destiné à être introduit dans les cavités naturelles de l'organisme pour les examiner.
Les endoscopes sont constitués par un tube métallique de 6 à 8 mm de diamètre, muni d'un objectif avec éclairage à une extrémité, et d'un oculaire permettant à l'œil de l'observateur, à l'autre extrémité. (V. BRONCHOSCOPE, CYSTOSCOPE, etc.)
Certains appareils sont flexibles (fibroscopes*), permettant de donner au tube des courbures de très petit rayon, et de voir ainsi, dans l'estomac ou dans les bronches, des régions jusqu'alors inaccessibles. D'autres comportent des dispositifs associés facilitant l'ablation des corps étrangers, l'introduction

347

de sondes, des lavages, de petites interventions telles les biopsies, et même des résections (prostate) par voie endoscopique.

endoscopie n. f. Ensemble des méthodes d'examen qui consistent à introduire un tube optique muni d'un système d'éclairage (endoscope*) dans les cavités naturelles, pour les examiner. (On pratique ainsi des bronchoscopies*, cystoscopies*, cœlioscopies*, rectoscopies*, gastroscopies*, colonoscopies*, etc.)
Ces examens sont pratiqués sous anesthésie locale ou générale, suivant la sensibilité des sujets. Ils ne sont pas dangereux et les désagréments qui peuvent s'ensuivre sont passagers (irritation de l'organe en cause).

endothélium n. m. Tissu cellulaire qui tapisse la paroi interne des vaisseaux et de certaines cavités naturelles.

endotoxine n. f. Toxine contenue à l'intérieur du corps d'une bactérie, et qui ne se répand dans l'organisme que lorsque celle-ci est détruite. L'endotoxine typhique, libérée au niveau du sympathique* abdominal, est responsable des troubles de la typhoïde*.

énéma n. m. Poire utilisée en oto-rhino-laryngologie pour le lavage du conduit auditif externe (pour enlever les bouchons de cérumen).

énervation n. f. Suppression de l'innervation d'un organe, qui peut être soit chirurgicale, soit médicale, par injection locale d'alcool (en cas de douleurs insupportables).

enfance n. f. Période de la vie qui se situe entre la naissance et la puberté.
Elle comprend plusieurs phases : l'enfant est d'abord un nouveau-né (pendant les 3 premières semaines de vie), puis un nourrisson (jusqu'à 18 mois), un petit enfant (jusqu'à 7 ans), enfin un grand enfant (jusqu'à 15 ans).
Développement physique. Le développement physique de l'enfant présente deux périodes d'accélération : les 8 premiers mois et la puberté.
La croissance est due à deux phénomènes : la multiplication cellulaire et l'augmentation de volume des cellules, cela pour tous les tissus sauf le cerveau. Le rythme de croissance est différent selon les organes et selon les périodes.
La *taille* s'accroît sous l'action d'hormones (hormones gonadotropes et thyroïdiennes) et grâce au rôle que joue le cartilage* de conjugaison au niveau de l'os. La tête voit son périmètre changer, les membres inférieurs s'allongent aux dépens du tronc et des membres supérieurs.
La *dentition* suit une évolution particulière.

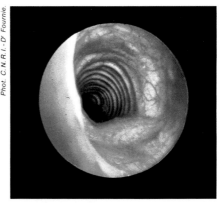

Phot. C.N.R.I. - Dʳ Fournié.

Endoscopie. Bronchoscopie.
Sous-glotte et trachée normale.

L'augmentation de *poids* suit celle de la taille, variable selon les âges et les individus. Vers la fin de la première enfance, l'enfant perd son pannicule adipeux et commence à prendre un aspect longiligne.
La croissance des viscères suit ses propres constantes, différentes pour chacun : très importante pour le foie et le cerveau, faible pour les organes génitaux jusqu'au début de la puberté.
Une bonne hygiène de vie, des besoins énergétiques satisfaits sont aussi nécessaires qu'un climat psychique favorable pour le développement harmonieux de l'individu.
Alimentation. L'alimentation de l'enfant doit lui permettre d'effectuer sa croissance de la façon la plus complète. Il est nécessaire que l'apport nutritif soit différent selon les âges de l'enfance, suffisant mais non surabondant, varié, comportant des vitamines, des glucides, des lipides et des protides en quantités adéquates.
La nourriture de l'enfant doit être calquée sur sa vie, c'est-à-dire comporter un apport nutritif suffisant, en rapport avec les différentes activités de la journée : le matin, laitages, céréales, confitures, et, à midi, viande, œuf, poisson. Le repas du soir doit être délibérément allégé : les légumes et les fruits frais doivent être abondants.
L'alcool, les excitants (notamment le thé, le café) sont à proscrire, car ils ont une action néfaste sur la croissance.
Longtemps, un gros enfant a été synonyme d'enfant bien portant. C'est là une erreur, car

l'obésité et les troubles digestifs (dus à l'abus de farineux) sont fréquemment observés en pathologie infantile. Le manque de vitamines, de légumes verts et de fruits frais est souvent la cause d'une sous-alimentation élective.

Particularités de l'enfant. À chaque âge, l'enfant a des problèmes particuliers qui conditionnent sa vie future.

Avant tout, l'immaturité du nourrisson, qui a besoin constamment de la présence et de l'affection de sa mère. Son corps est morphologiquement différent de celui de l'adulte (sa tête est proportionnellement très importante) ainsi que physiologiquement (fonctionnement génital nul). La croissance se poursuit, nécessitant une attention continuelle ; elle peut être entravée par des maladies graves. Autre particularité, l'importance des besoins quotidiens de l'enfant : en effet, il n'a aucune réserve lipidique et vitaminique, et son équilibre résulte d'un apport convenable et régulier. Une carence même partielle (vitamine D) détermine des lésions irréversibles (rachitisme*).

Les traitements médicaux de l'enfance. Les thérapeutiques doivent être appropriées à cet organisme en pleine évolution. Il faut savoir que les médicaments les plus courants (aspirine) peuvent être à l'origine d'intoxications si on ne respecte pas les doses infantiles. Des dosages adaptés de la plupart des médicaments sont commercialisés pour les enfants et pour les nourrissons. L'action d'un produit peut entraîner des anomalies de croissance, des troubles endocriniens, hépatiques, rénaux, d'où la nécessité de ne donner aux enfants que des médicaments prescrits par le médecin.

À côté des traitements prescrits (ou administrés sous avis médical), il faut faire attention aux intoxications accidentelles, qui peuvent provoquer des troubles graves, neurologiques ou digestifs, pouvant aller jusqu'à la mort. Devant toute anomalie susceptible d'être le signe d'une intoxication (vomissements, torpeur, céphalées...), il faut prendre contact avec un service spécialisé.

Soulignons qu'actuellement, grâce à la vaccination*, de redoutables maladies ont disparu de nos régions (diphtérie, variole, poliomyélite). Les incidents des vaccinations sont très rares et négligeables par rapport aux risques que font courir les maladies. Le B. C. G., effectué à la naissance ou assez tard avant 1 an, a fait disparaître les primo-infections tuberculeuses de l'enfant. Les autres vaccinations obligatoires (diphtérie, tétanos, poliomyélite), exécutées avant 18 mois et renouvelées par des rappels, peuvent être associées à la vaccination contre la coqueluche. D'autres vaccinations sont

parfois justifiées : contre la rougeole chez les enfants fragiles, contre la rubéole chez les petites filles, contre la typhoïde avant les colonies de vacances.

Développement psychique et langage de l'enfant. Jusqu'à 18 mois, le développement psychique de l'enfant dépend de son développement moteur. À 18 mois, la marche est généralement acquise ainsi que la propreté, du moins partielle.

Le développement psychique ultérieur de l'enfant reste sous l'étroite dépendance de son état physique et de l'atmosphère affective qui l'entoure. Ce développement se fait en plusieurs étapes, dont la plus importante est l'acquisition du langage. Celle-ci s'effectue (jusqu'à l'âge de 5 ans) en commençant par la prononciation de phonèmes, puis de mots, et se poursuit par l'apparition de «pseudophrases» («bébé bobo») et du «non». Le vocabulaire s'enrichit en même temps qu'apparaît l'emploi du «je», qui signe la prise de conscience par l'enfant de son autonomie et de sa personnalité propre. L'évolution du langage se poursuit par une maîtrise grandissante de la syntaxe.

Sur le plan intellectuel et affectif, l'enfant se caractérise à cette période d'acquisition par son égocentrisme, c'est-à-dire par sa tendance à tout penser et sentir en fonction de sa seule personne. Il vit en même temps, sur le plan inconscient, des conflits très importants liés au complexe d'Œdipe*. L'enfant éprouve un attachement particulier pour le parent du sexe opposé et des sentiments hostiles pour le parent du même sexe.

Il se heurte alors à la «notion d'interdit» avec les frustrations qui en découlent. Sa capacité à les *dépasser* et à détourner vers des buts «acceptables» ses désirs œdipiens est un gage de bonne évolution ultérieure de sa personnalité.

C'est ainsi qu'au-delà de 5 ans la scolarité — qui nécessite des capacités d'intellectualisation — sera d'autant mieux acceptée et réussie que l'enfant se sera dégagé, du moins temporairement, des problèmes affectifs antérieurs.

Après une période de relative stabilité, la puberté* va faire resurgir les conflits infantiles et la personnalité sera fortement remaniée.

Législation. LA PROTECTION DES ENFANTS. La protection infantile a fait depuis quelques années de gros progrès. Un système de protection (v. PROTECTION *maternelle et infantile* [P. M. I.]) a été mis en place pour effectuer une surveillance médicale obligatoire jusqu'à 6 ans. Lors de la scolarité, puis à l'université, des examens médicaux sont prévus.

Un réseau d'assistantes sociales visite les familles pour surveiller l'absentéisme scolaire, les conditions de logement et de nourriture, l'environnement familial (alcoolisme, épilepsie, etc.). Le mineur (moins de 18 ans) est protégé par une réglementation spéciale lorsqu'il travaille.

Sur le plan judiciaire, l'enfant et l'adolescent sont moralement et physiquement protégés. Les sévices à enfants, l'infanticide, les privations de nourriture sont sévèrement punis (art. 312 du Code pénal) et peuvent entraîner une déchéance parentale. L'attentat à la pudeur, le viol ou l'incitation au vice ont fait l'objet de récents amendements concernant les peines encourues, qui sont plus importantes si la victime est mineure. De la même façon sont sanctionnés le défaut de déclaration de naissance, les fausses déclarations (enfant trouvé).

Les mineurs, du fait de leur jeunesse, sont défendus par le droit civil (autorité parentale, tutelle de l'État). En cas de milieu social préjudiciable pour l'enfant (alcoolisme, violences...), celui-ci peut être placé momentanément dans des centres d'accueil ou, plus rarement, dans des familles.

La délinquance juvénile, qui a pris un essor considérable dans la vie urbaine, a vu sa juridiction évoluer vers l'application de peines qui visent à ramener le jeune vers une vie plus adaptée.

enflure n. f. V. ŒDÈME.

enfoncement n. m. Rupture et pénétration en profondeur de la surface d'un os.
La gravité des enfoncements de la boîte crânienne dépend des lésions produites dans le cerveau par les fragments osseux. (V. CRÂNE, *Pathologie*.)

enfouissement n. m. **1. Enfouissement chirurgical**, manœuvre qui consiste à protéger une suture en la recouvrant d'un deuxième plan, obtenu par plicature des zones avoisinantes.
2. Enfouissement accidentel. Il s'observe lors des éboulements, des bombardements, des tremblements de terre. Une compression prolongée par des matériaux solides entraîne un choc* traumatique souvent mortel.

engagement n. m. Lors de l'accouchement, c'est le franchissement du détroit supérieur (entrée dans le bassin) par le plus grand diamètre de la tête fœtale.

engelure n. f. Induration rouge ou violacée, lancinante, recouverte de phlyctènes* ou crevassée, siégeant en particulier au niveau des doigts ou des orteils, et due au froid.
Le traitement des engelures comprend, outre les précautions vestimentaires, l'administra-

tion de médicaments améliorant les conditions circulatoires et la nutrition générale des tissus (vitamines A, D, C, P) et, localement, l'application de pommades protectrices et cicatrisantes. Les préparations à base d'huile de foie de morue ont une efficacité relative.

Enghien-les-Bains, station thermale sulfureuse, à 11 km au nord de Paris, ouverte du 1er juin au 1er octobre.
Les eaux sulfurées calciques et sulfhydriquées sont employées pour traiter par soins locaux (pulvérisations, gargarismes, etc.) les affections des voies respiratoires supérieures : rhinites, rhino-pharyngites, pharyngites, laryngites. Les rhumatismes chroniques sont traités par bains, douches, massages. L'acné, la séborrhée, la couperose bénéficient de la cure.

engorgement n. m. Accumulation, dans un tissu ou dans un organe, d'un exsudat ou d'une sécrétion.

engouement n. m. **Engouement herniaire,** premier degré de l'étranglement* herniaire, qui impose l'intervention chirurgicale.

engourdissement n. m. État caractérisé par la lourdeur, l'insensibilité, l'impotence et des fourmillements localisés à un membre, et dû la plupart du temps à une circulation insuffisante, provoquée par une attitude* vicieuse ou une compression.
Les frictions, les mouvements passifs exécutés avec l'autre membre en viennent généralement à bout.

engrais n. m. pl. **Toxicologie.** Les engrais sont très rarement à l'origine d'intoxications, car ils sont rarement absorbés, et d'autre part leurs composants sont dilués. On peut citer les *nitrates*, responsables d'une vasodilatation des vaisseaux s'accompagnant d'un collapsus et d'une méthémoglobinémie*, à l'apparition de laquelle il faut administrer de la vitamine C ; l'*ammoniaque liquide*, qui provoque des brûlures et un œdème pulmonaire. Le *cyanamide calcique* interdit l'absorption d'alcool après sa manipulation et entraîne, pour une prise de 30 à 40 g, une intoxication cyanhydrique. Le *fer* peut causer un état de choc, le *bore* des convulsions et des atteintes des reins et du foie lorsqu'ils sont ingérés à une dose supérieure à 5 g.

engrènement n. m. Processus par lequel les deux fragments d'un os fracturé se maintiennent en contact avec une certaine stabilité, par accrochage précaire de leurs aspérités ou par pénétration de l'un dans l'autre.
(V. illustration p. 350.)

enkystement n. m. Ensemble des phénomènes qui aboutissent à la constitution d'une

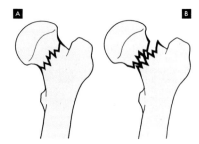

Engrènement. Engrènement chirurgical après fracture du col du fémur.
A. Sans déplacement ;
B. Avec décalage ou incongruence.

coque fibreuse plus ou moins épaisse autour d'une lésion pathologique, l'isolant du reste de l'organisme : un corps étranger (éclat d'obus par exemple), un abcès, un caillot, une tumeur peuvent s'enkyster.
L'enkystement ne supprime pas le foyer causal, c'est pourquoi un acte chirurgical est souvent nécessaire.

enlisement n. m. Conséquence d'une chute dans des substances visqueuses ou solides à particules très fines sur lesquelles le sujet ne peut prendre appui pour se relever et où il disparaît en profondeur.
Ces accidents se produisent dans les sables mouvants ou, plus souvent, dans les silos à grains. La mort survient : par pénétration de particules solides dans les bronches, à la suite des mouvements respiratoires ; par le poids du sable ou des grains qui pèse sur le thorax, bloquant la respiration ; par l'inhalation des gaz toxiques produits par la fermentation dans les silos ; enfin, par la suppression de l'air à la suite de l'enfouissement. L'accidenté doit être sorti le plus rapidement possible, mais l'anoxie* peut être irréversible.

énophtalmie n. f. Enfoncement trop important du globe oculaire dans l'orbite.
L'énophtalmie se rencontre dans le syndrome de Claude* Bernard-Horner, au cours de fractures du plancher de l'orbite, et dans les déshydratations importantes.

enrouement n. m. Altération de la voix, qui devient sourde et voilée. (Syn. : DYSPHONIE.)

ensellure n. f. Qui a la forme d'une selle.
Ensellure lombaire, courbure physiologique, à concavité postérieure, de la colonne vertébrale au niveau des lombes ; elle peut être exagérée ou atténuée au cours de certains états pathologiques. (V. LORDOSE.)

entamœba n. m. Nom des amibes* parasites de l'homme.

entente n. f. **Demande d'entente préalable,** demande aux caisses d'assurance maladie de prendre en charge, sur avis du contrôle médical, certains actes* médicaux qui, autrement, ne donneraient pas lieu à participation de leur part (actes ne figurant pas à la nomenclature générale des actes professionnels médicaux ou y figurant avec une mention spéciale).
Pour obtenir l'accord des caisses d'assurance maladie, le malade adresse au contrôle médical une demande d'entente préalable signée par le praticien. L'absence de réponse de la Caisse à l'expiration d'un délai de 10 jours équivaut à un accord (sauf en matière de fourniture de prothèse dentaire, où le défaut de réponse dans les 21 jours équivaut à un rejet).

entérique adj. Qui a un rapport avec l'intestin.

entérite n. f. Inflammation de l'intestin grêle, parfois associée à celle de l'estomac (gastro-entérite) ou du côlon (entérocolite).
Fréquente chez le nourrisson et l'enfant, l'entérite est responsable d'une diarrhée aiguë ; elle est due le plus souvent à une infection, et les germes retrouvés sont *Escherichia coli, Salmonella, Shigella* et le *staphylocoque.* Le traitement consiste en la suppression de l'alimentation lactée et l'administration de carottes dans les formes bénignes. Dans les formes graves, les antiseptiques et antibiotiques à action intestinale sont nécessaires.

entérobactérie n. f. Bactérie du tube digestif de l'homme et des animaux (*Escherichia* coli* [ou colibacille], *salmonelles*, klebsielles, proteus*,* etc.).

entérocolite n. f. Inflammation touchant simultanément l'intestin grêle et le côlon.
Les entérocolites de nature infectieuse ou parasitaire se traduisent le plus souvent par une diarrhée et un syndrome douloureux abdominal. (V. COLITE.)

entérocoque n. m. Bactérie du type cocci, prenant la coloration de Gram* positif.
Il se trouve surtout dans le tube digestif, les voies urinaires, les méninges et l'endocarde, où il est redoutable.

entérokinase n. f. Enzyme* sécrétée par la muqueuse intestinale, qui active les précurseurs de la chymotrypsine et de la trypsine contenus dans le suc pancréatique.

entérorénal, e, aux adj. Relatif à l'intestin et au rein simultanément.
Le *syndrome entérorénal* désigne l'association d'une infection intestinale et d'une infection rénale ou urinaire consécutive, par suite de la réabsorption des germes par l'intestin et leur excrétion dans le rein (*cycle entérorénal*).

entérostomie n. f. Abouchement à la peau d'une anse de l'intestin grêle, pour y créer un orifice d'ingestion ou d'évacuation.

entolome n. m. Genre de champignons basidiomycètes à lames roses, dont certaines espèces, responsables de graves troubles digestifs, sont dangereuses.

entorse n. f. Lésion traumatique d'une articulation, provoquée par un mouvement brutal entraînant une élongation ou un arrachement des ligaments, sans déplacement des surfaces articulaires.
Les *entorses bénignes* (foulures) sans mouvements anormaux, sans arrachement ligamentaire, guérissent en 2 à 3 semaines, sans séquelles, grâce à un bandage compressif et élastique. Les *entorses graves*, avec arrachement ligamentaire, sont difficiles à traiter, et les séquelles fonctionnelles sont fréquentes. L'immobilisation plâtrée doit être maintenue plusieurs semaines ; dans certains cas, l'indication opératoire doit être posée, d'emblée ou secondairement : reposition du ligament arraché, transplantations musculaires ou ligamentaires pour corriger l'instabilité articulaire.

entraînement n. m. Préparation qui permet à l'athlète d'améliorer au maximum sa technique dans le sport choisi.
Une hygiène stricte, une préparation psychique appropriée sont parties intégrantes de l'entraînement sportif. Mais il faut éviter le *surentraînement* (entraînement excessif), qui doit être reconnu à l'apparition des signes de fatigue et qui impose un repos plus ou moins prolongé.

entropion n. m. Bascule en dedans du bord libre de la paupière.
L'entropion met en contact les cils avec la cornée, provoquant une gêne et une irritation de l'œil. L'entropion peut être dû à un traumatisme (cicatrice) ou à un spasme (entropion spontané du vieillard). Le traitement est chirurgical.

énucléation n. f. Extirpation d'un organe circonscrit ou d'une tumeur enkystée : *énucléation d'un os du carpe, énucléation de l'œil.*

énurésie n. f. Émission nocturne d'urines après l'âge de 3 ans.

Il s'agit d'un acte involontaire, généralement inconscient. Souvent la maîtrise de la propreté nocturne n'a jamais été atteinte (énurésie primaire) ; parfois l'énurésie s'installe après une période de propreté. L'énurésie est différente de l'« incontinence », où l'enfant n'est propre ni le jour ni la nuit.
Causes. Il faut avant tout penser à une cause organique, la plus souvent une lésion urinaire ou neurologique. La recherche d'une infection urinaire, très fréquente, doit être faite avec soin. Mais la cause la plus habituellement retrouvée est d'ordre affectif : naissance d'un frère ou d'une sœur, décès d'un parent, enfant « rejeté » du milieu familial... qui refuse ainsi d'acquérir l'émancipation normale. La notion d'énurésie familiale ne doit pas être négligée.
Traitement. Il est variable selon la cause retenue. Une anomalie morphologique des voies urinaires, une infection seront traitées. Sinon, des règles d'hygiène seront conseillées : diminution des boissons le soir, réveil et lever de l'enfant pendant son sommeil. On essaie de lutter selon les cas par des médicaments contre un sommeil trop profond ou, au contraire, contre un sommeil agité. L'acupuncture* peut donner des guérisons définitives. Une aide psychologique est parfois nécessaire, mais il faut que l'enfant sache que lui seul peut contrôler l'émission de ses urines.

enveloppement n. m. Méthode qui consiste à entourer d'un linge mouillé le thorax ou le corps entier d'un malade.
Froid, il lutte contre la fièvre lors d'une infection sévère ; tiède, sinapisé, il produit une révulsion. On l'utilise surtout chez l'enfant, où il sera un traitement d'appoint des pneumopathies aiguës.

envenimation n. f. ou **envenimement** n. m. Introduction de venin dans l'organisme à la suite d'une morsure de serpent, d'une piqûre de scorpion, de guêpe, etc.

envie n. f. **Envie des femmes enceintes,** sentiment de convoitise survenant pendant la grossesse et auquel on attribuait l'apparition de diverses lésions de la peau (taches rouges « de vin », qui sont des angiomes*) de l'enfant. Il ne faut accorder aucun crédit à ces croyances populaires.
Envies autour des ongles, petits lambeaux de peau qui se détachent autour des ongles. — Il ne faut ni les mordiller ni les gratter, mais les couper avec des ciseaux fins stérilisés à l'alcool et désinfecter la peau.

environnement n. m. Ensemble de toutes les conditions extérieures agissant sur un organisme.
Elles sont extrêmement variées et leur impor-

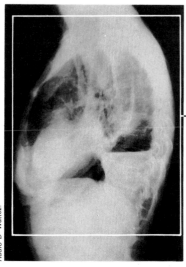

Radio Dr Wattez.

Épanchement.
Épanchement après ponction :
image hydroaérique (hydropneumothorax).
1. Air ; 2. Liquide.

tance vis-à-vis d'une espèce vivante est d'autant plus grande que l'organisme est plus évolué.

Facteurs physiques. Ce sont d'abord les éléments que subit l'individu : nature du sol, quantité et qualité de l'eau, atmosphère, lumière, rayonnements divers, et enfin les conditions climatiques.

Ce sont aussi les éléments créés ou adaptés : qualité et confort de l'habitat, présence ou non de « nuisances » sous toutes leurs formes.

Facteurs biologiques. Ce sont avant tout les ressources alimentaires, qui doivent être en quantité suffisante. Ce sont ensuite les conditions de santé (présence ou non d'épidémies) ainsi que les facteurs psychiques et affectifs qui règlent la vie d'un sujet.

enzyme n. f. Protéine* agissant comme catalyseur au niveau des réactions biochimiques qu'elles rendent possibles.

Comme toutes les protéines, les enzymes sont synthétisées selon un modèle transmis par les acides nucléiques. Elles sont identiques à l'intérieur d'une espèce pour une fonction déterminée. On les désigne habituellement par le nom de la réaction qu'elles catalysent, suivi du suffixe -ase : transaminase, peroxydase, etc.

Certaines enzymes ne comportent qu'une molécule protéique. La plupart résultent de l'association de deux molécules : l'une protéique, détruite par la chaleur, appelée *apoenzyme;* l'autre non protéique, intervenant directement dans la réaction, appelée *coenzyme.*

Fonction enzymatique. Comparée à une clef ne pouvant ouvrir qu'une seule serrure, l'enzyme possède une double spécificité :
— *spécificité de substrat :* elle ne peut agir que sur une seule substance (l'apoenzyme en est responsable);
— *spécificité d'action :* la coenzyme ne permet qu'un type de réaction sur ce substrat.

Le système enzymatique permet des réactions réversibles en n'engageant qu'une faible quantité d'énergie (donc de chaleur) compatible avec la thermorégulation.

Enzymes médicamenteuses. Certaines enzymes (ou ferments) sont extraites de végétaux ou surtout d'organes animaux, à des fins thérapeutiques.

Principales enzymes employées :

Ferments digestifs. Ce sont la *papaïne,* extraite du latex ; la *maltine* (ou diastase), extraite du malt ; la *pepsine,* extraite du suc gastrique de porc ; la *pancréatine,* comportant en fait plusieurs principes actifs extraits du pancréas de porc, pour ne citer que les principales.

Anti-inflammatoires ou facteurs de pénétration. Telles sont l'*hyaluronidase*, présente dans les pommades pour faciliter le passage dans les tissus, et surtout l'*alphachymotrypsine*, utilisée en rhumatologie et en ophtalmologie.

Fibrinolytiques (pour dissoudre un caillot). D'un maniement très délicat, on les emploie dans les thromboses artérielles récentes : ce sont la *streptokinase* et la *streptodornase*.

éosine n. f. Colorant rouge, acide, qui met en évidence les éléments d'une cellule, d'un tissu fixant les acides (v. ÉOSINOPHILE). [L'éosine est employée comme antiseptique.]

éosinophile adj. Qui se colore par l'éosine. Les *leucocytes polynucléaires éosinophiles* contiennent de grosses granulations rondes ; ils représentent 1 à 3 p. 100 des leucocytes du sang. (V. ÉOSINOPHILIE.)

éosinophilie n. f. Augmentation du nombre des leucocytes polynucléaires éosinophiles au-dessus de la normale, qui est de 3 p. 100.
C'est le signe d'une affection allergique (asthme, urticaire) ou d'une parasitose (oxyures, ankylostomes, etc.). Elle peut également être observée dans la périartérite*

Épaule. Articulation de l'épaule :
1. Cartilages articulaires ; 2. Omoplate ;
3. Cavité glénoïde ;
4. Synoviale, partie fibreuse ;
5. Tête de l'humérus ;
6. Réflexion de la capsule ;
7. Tendon de la longue portion du biceps ;
8. Capsule articulaire.

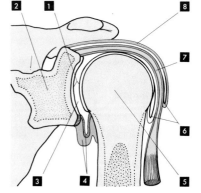

noueuse, la maladie de Hodgkin*, le pemphigus*, certains cancers et intoxications.

épanchement n. m. Collection pathologique dans une cavité naturelle. — L'épanchement peut être gazeux (pneumothorax), sanglant (hématocèle), séreux (hydrothorax, ascite) ou purulent (pleurésies, péricardites).

épargne n. f. **Aliments d'épargne**, substances stimulantes qui permettent à l'organisme de poursuivre un effort en faisant appel à ses réserves : thé, café, cola. — Ces substances ne remplacent pas les aliments énergétiques (glucides, lipides).

épaule n. f. Partie du corps qui unit le bras au thorax.
L'armature squelettique de l'épaule, ou *ceinture scapulaire* (clavicule et omoplate), s'unit

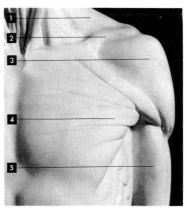

Épaule. Face antérieure :
1. Trapèze ; 2. Clavicule ; 3. Deltoïde ;
4. Grand pectoral ; 5. Biceps.

avec l'humérus* pour former l'articulation scapulo-humérale. Autour de son axe ostéo-articulaire, l'épaule est divisée en trois régions : la *région axillaire*, ou *aisselle*, traversée par les vaisseaux et nerfs du membre supérieur (artère et veine axillaires, branches du plexus brachial) ; la *région scapulaire*, qui comprend les parties molles placées en arrière de l'omoplate et de la région axillaire ; la *région deltoïdienne**, formant le moignon de l'épaule.
Les *fractures* de la clavicule* sont fréquentes, généralement bénignes ; les frac-

tures de l'extrémité supérieure de l'humérus sont surtout le fait du sujet âgé. La luxation* de l'épaule est la plus fréquente des luxations, se reproduisant parfois avec une facilité extrême (luxation récidivante). Le pronostic des lésions traumatiques de l'épaule est toujours réservé, surtout chez les sujets âgés. La *périarthrite scapulo-humérale* est très fréquente. (V. PÉRIARTHRITE.)

épendyme n. m. Fine membrane qui tapisse les parois des ventricules cérébraux et du canal central de la moelle épinière.

éphédrine n. f. Alcaloïde de l'éphédra.
L'éphédrine est un sympathicomimétique*. On l'emploie en comprimés et en sirops pour le traitement de l'asthme*, des bronchites*, du rhume des foins. Le chlorhydrate d'éphédrine sert à faire des collyres et des solutions pour pulvérisations nasales décongestionnantes. (Dangereux, tableau C.)

éphélide n. f. Petite tache brune observée surtout sur les parties découvertes du corps. (Syn. : TACHE DE ROUSSEUR.)
L'éphélide, due à une surcharge en pigment de la couche basale de l'épiderme, s'accentue sous l'ensoleillement. Parfois jugée inesthétique, elle ne doit pas être traitée par des moyens agressifs, car elle peut parfois avoir la nature histologique d'un nævus*. Les crèmes de protection solaire et la mise de la peau à l'abri des rayons du soleil permettent d'éviter l'accentuation des taches.

Phot. Dr Demailly.

Épicanthus.

épicanthus n. m. Repli cutané, semi-lunaire, siégeant à l'angle interne de l'œil, fréquent chez les enfants atteints de mongolisme.

épice n. f. La plupart des épices (poivre, piment, clou de girofle) excitent la sécrétion gastrique et facilitent la digestion, mais elles sont irritantes pour les muqueuses et, donc, contre-indiquées en cas de maladie d'estomac (gastrite, ulcère). [V. CONDIMENT.]

épicondyle n. m. Apophyse externe de l'extrémité inférieure de l'humérus*.

épicondylite n. f. Inflammation des tendons qui s'insèrent sur l'épicondyle*. (Syn. : TENNIS-ELBOW.)

Fréquemment observée chez les joueurs de tennis, l'épicondylite se traduit par une douleur siégeant à la partie externe du coude et déclenchée par les mouvements de l'avant-bras. Le traitement est à base de repos de l'articulation et d'injections locales d'anti-inflammatoires. Les agents physiques (ultrasons, diathermie, rayons X) et les cures thermales donnent de bons résultats.

épidémie n. f. Atteinte d'un grand nombre de personnes par une maladie contagieuse qui s'étend rapidement, revêtant des caractères particuliers selon la cause (rougeole, variole, choléra...).
La maladie peut avoir eu comme point de départ un foyer d'endémie* (migration, guerre, etc.) ou la multiplication du germe en cause sous des influences climatiques.
La vaccination et l'hygiène ont permis de raréfier des épidémies comme celles de la rougeole, de la variole, de la fièvre jaune, de la peste. Diverses mesures (isolement des malades, hospitalisation d'office, désinfection, désinsectisation, etc.) sont prises par les autorités sanitaires pour empêcher l'extension des épidémies.

épiderme n. m. Couche superficielle de la peau, recouvrant le derme*.
L'épiderme se compose d'une couche basale qui assure la reproduction des cellules. Celles-ci se transforment ensuite pour former la couche de Malpighi, où elles sont maintenues solidement entre elles par des ponts (ou épines) intercellulaires. Plus en surface se trouvent la couche granuleuse, puis la couche cornée, riche en kératine. La sécrétion sébacée rend l'épiderme lisse et légèrement lubrifié. Certains sujets ont ainsi un épiderme à tendance grasse, d'autre à tendance sèche. L'entretien de l'épiderme conditionne sa beauté et l'empêche de vieillir prématurément. Aussi, faut-il limiter toutes les agressions extérieures (le soleil, le froid, certains savons détersifs), traiter l'épiderme selon son état (sec ou gras) au moyen de crèmes adaptées à sa tendance.

épidermomycose n. f. Affection de l'épiderme, due à un champignon, tels le *pityriasis* versicolor et les *trichophyties**.

épidermophytie n. f. Lésion siégeant entre les orteils, due à un champignon, le plus souvent l'*épidermophyton*.

épididyme n. m. Organe allongé, coiffant le testicule, constitué par le canal de l'épididyme pelotonné sur lui-même.
Sa partie antérieure, aisément palpable, est la « tête » ; sa partie postérieure, ou « queue », se continue avec l'anse épididymodéférentielle, à laquelle fait suite le canal déférent*.

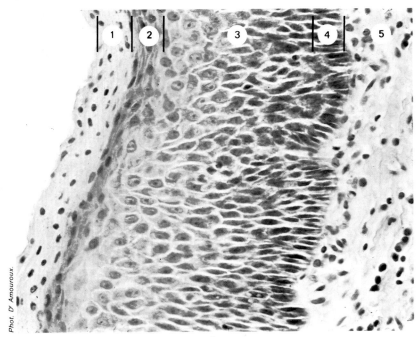

Phot. Dʳ Amouroux.

Épiderme. Coupe de peau :
1. Couche cornée ; 2. Couche granuleuse ;
3. Corps de Malpighi ; 4. Couche basale ;
5. Derme.

Les kystes de l'épididyme sont aisément curables chirurgicalement.

épididymite n. f. Inflammation de l'épididyme.
Les *épididymites aiguës* sont, en règle, associées à une inflammation du testicule (v. OR-CHITE). Les *épididymites* chroniques sont soit la séquelle d'une épididymite aiguë, soit une localisation de la tuberculose* urogénitale.

épidural, e, aux adj. Désigne la partie du canal rachidien comprise entre le fourreau de la dure-mère (méninge*) et la paroi osseuse (v. SYSTÈME NERVEUX*, *Anatomie*).
L'*injection épidurale* d'anti-inflammatoires est pratiquée dans les lumbagos*, sciatiques* et algies coccygiennes.

épigastre n. m. Région de l'abdomen limitée en haut par les côtes et le sternum, la région ombilicale en bas et les flancs de chaque côté.

épigastrique adj. Relatif à l'épigastre.

épiglotte n. f. Cartilage du larynx* qui obstrue celui-ci pendant la déglutition du bol alimentaire.

épilation n. f. Ablation des poils superflus, pratiquée soit par diélectrolyse* par le dermatologue (épilation électrique), soit à la cire ou avec des préparations dépilatoires*.
Le premier procédé donne des résultats définitifs, mais d'application prolongée ; il n'est valable que pour des régions limitées du corps et, de plus, ne convient pas à toutes les peaux (risques d'irritation). Les autres procédés ont l'inconvénient d'arracher aussi bien les duvets que les gros poils, et les poils de repousse sont souvent plus gros. On ne doit pas arracher les poils qui prennent naissance dans les grains de beauté, mais seulement les couper.

épileptiforme adj. Qui ressemble à l'épilepsie*, sans en être.
Crise épileptiforme, crise convulsive simulant une épilepsie.

épilepsie n. f. État caractérisé par la survenue de crises convulsives paroxystiques, correspondant à l'excitation simultanée d'un groupe ou de la totalité des cellules cérébrales.

Signes cliniques. Suivant la fonction des neurones concernés par la crise d'épilepsie, ou crise comitiale, ses manifestations seront motrices, sensitives, visuelles ou autres.
La crise généralisée. Encore appelée *grand mal* ou *haut mal,* elle est de survenue brutale : le malade pousse un cri et tombe, et la crise se déroule en trois phases successives. Dans un premier temps (phase tonique), le malade se raidit, bloque tous ses muscles et sa respiration, a les yeux révulsés. Cela dure de 1 à 2 minutes. Puis surviennent des secousses généralisées de tout le corps (phase clonique), qui durent quelques minutes et pendant lesquelles le malade se mord généralement la langue. Après quoi s'installe la phase résolutive : le relâchement musculaire est complet, les sphincters se relâchent également, et le malade perd ses urines, la respiration est bruyante et de la mousse apparaît aux lèvres. Pendant toute la crise l'abolition de la conscience est totale, et le coma peut se prolonger pendant 1 à 2 heures (coma postcritique). Dans certains cas, la crise est précédée par quelques manifestations cliniques, toujours identiques pour un même malade, l'*aura,* qui annonce la crise.
Le petit mal. Propre à l'enfance, le petit mal se traduit par de très brèves suspensions de la conscience, pendant lesquelles l'enfant a une « absence », cesse soudain ses jeux pendant quelques secondes et les reprend normalement aussitôt après. L'association à une ou deux secousses des membres définit le *petit mal myoclonique.*
La crise bravais-jacksonienne ou épilepsie localisée. Elle est remarquable par le fait qu'elle se déroule en pleine conscience, caractérisée par la survenue de convulsions au niveau d'une moitié du corps ou de la face, ou au niveau d'un membre. Débutant, par exemple, à la main gauche, les convulsions gagnent de proche en proche la racine du membre, auquel elles peuvent rester localisées, ou s'étendre au membre inférieur ou à l'hémiface correspondante. Dans certains cas, la crise se généralise secondairement.
Autres crises localisées. Non motrices, ce sont des *crises sensitives* qui se traduisent par

la survenue, dans tout ou partie d'une moitié du corps, de fourmillements et de picotements ; des *crises visuelles,* avec apparition brutale dans la moitié du champ visuel d'hallucinations imagées ou non ; des *crises temporales,* avec de fausses reconnaissances précédées d'hallucinations olfactives : le malade sent des odeurs nauséabondes. D'autres crises sont à manifestations uniquement végétatives : *épilepsie abdominale,* qui entraîne des crises douloureuses abdominales. Les *crises psychomotrices* sont des épisodes pendant lesquels le malade, dans un véritable état second, fait des gestes plus ou moins élaborés, allant parfois jusqu'à un comportement organisé (promenade, fugue, actes délictueux) dont il ne garde, la crise finie, aucun souvenir.
État de mal épileptique. La succession à court terme de plusieurs crises comitiales (généralisées ou même localisées) constitue l'*état de mal épileptique,* ou comitial, toujours très grave.

Diagnostic de l'épilepsie. L'*électroencéphalogramme** est un examen particulièrement précieux dans l'épilepsie, car celle-ci se caractérise toujours par des potentiels particuliers sur le tracé : les *pointes-ondes.* Celles-ci se retrouvent toujours lors d'une crise, parfois même entre les crises, mais, dans ce cas, leur absence ne permet pas d'éliminer le diagnostic. Certaines épreuves permettent de les susciter : stimulations lumineuses intermittentes, respiration forcée (hyperpnée).

Causes. L'épilepsie peut être essentielle (sans cause connue), ce qui est souvent le cas de l'épilepsie généralisée. Dans ces cas-là, elle est fréquemment familiale et apparaît dès le jeune âge. Toutefois, les causes d'épilepsie sont nombreuses. Tout phénomène cérébral anormal susceptible d'entraîner une hyperexcitation des neurones peut être générateur d'épilepsie : encéphalites, méningites, tumeurs cérébrales bénignes ou malignes, affections vasculaires cérébrales ou maladies inflammatoires ou dégénératives, fièvre au-dessus de 38,5 °C chez les jeunes enfants. C'est pourquoi la survenue d'une épilepsie chez un sujet en pleine santé doit toujours entraîner des investigations neurologiques approfondies. Citons également l'épilepsie post-traumatique, survenant à la suite d'un traumatisme cérébral, qui laisse une « cicatrice » sur le cerveau, foyer d'hyperactivité.

Traitement. *Traitement de la crise.* La crise d'épilepsie non compliquée a, en général, un déroulement stéréotypé et ne nécessite pas d'intervention particulière, la vie du malade n'étant pas, le plus souvent, en danger. On peut simplement veiller à ce qu'il ne se

blesse pas lors de sa chute et des secousses cloniques ; on peut aussi essayer d'éviter qu'il se morde la langue, en glissant un mouchoir ou un tampon entre ses dents. Cependant, si la crise se prolonge, ou en cas d'état de mal épileptique, on peut administrer du phéno-barbital, du diazépam et surtout du clonazé-pam à hautes doses.
Traitement de fond. Il est nécessaire pour diminuer le seuil d'excitabilité du système nerveux et assurer ainsi la prévention des crises. L'élément de base de ce traitement est le *phénobarbital*, qui peut être associé ou non à d'autres neuroleptiques, notamment les *hydantoïnes.* Ce traitement est généralement efficace, à la condition *impérative* que le malade le suive absolument tous les jours, la moindre interruption étant génératrice de crises. Au prix de l'observation rigoureuse de ce traitement, tout épileptique devrait pouvoir mener une vie normale. Des interventions neurochirurgicales sont pratiquées lorsque l'épilepsie a une origine organique comme une tumeur cérébrale.

épiloïa n. f. Syn. de SCLÉROSE TUBÉREUSE ou MALADIE DE BOURNEVILLE*.

épinard n. m. Peu nourrissant (22 calories pour 100 g), l'épinard est intéressant par sa teneur en vitamine A (carotène), en fer, en potassium et en magnésium. Il est laxatif. Riche en acide oxalique*, il est déconseillé en cas de calculs rénaux.

épine n. f. **Épine irritative**, phénomène qui entretient un processus pathologique : ainsi une infection chronique du rhino-pharynx est une épine irritative responsable d'asthme.

épiphora n. m. Écoulement de larmes sur les joues, dans les cas où elles ne peuvent pas passer par les points lacrymaux (paralysie faciale, dacryocystites*).

épiphyse n. f. 1. Chacune des deux extré-mités renflées d'un os long. — 2. Petite formation nerveuse du cerveau, dite aussi *glande pinéale*, située en haut et en arrière du troisième ventricule du cerveau*. (Son rôle physiologique est mal élucidé.)

épiphysite n. f. Maladie des extrémités des os, frappant l'enfant et l'adolescent, localisée sur le noyau épiphysaire de certains os.
L'épiphyse fémorale supérieure est le plus souvent touchée (v. COXA-PLANA). D'autres localisations constituent des affections par-ticulières. (V. MALADIE DE SCHEUERMANN*, OSTÉOCHONDRITE.)

épiploïte n. f. Inflammation aiguë ou chro-nique d'un épiploon*.

épiploon n. m. Nom de deux replis du péritoine*.

Le *grand épiploon,* qui relie l'estomac au côlon transverse, flotte sur la surface des intestins. Le *petit épiploon* relie le foie à l'estomac.

épisclérite n. f. Inflammation superficielle de la sclérotique, se manifestant par une rougeur du blanc de l'œil, limitée, légèrement saillante.
Souvent allergique, elle peut accompagner des affections rhumatismales, des collagé-noses*, des infections de voisinage. Les collyres à base de corticoïdes entraînent généralement la guérison.

épisiotomie n. f. Section du périnée, que l'on pratique, lors d'un accouchement, à la période d'expulsion de la tête.
Elle facilite la sortie de l'enfant et prévient les déchirures. Quelques points de suture permettent une cicatrisation rapide.

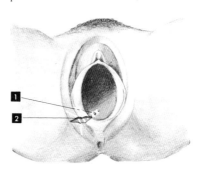

Épisiotomie.
1. Section vaginale déjà suturée ;
2. Section cutanéo-musculaire.

épispadias n. m. Malformation très rare, dans laquelle le méat urinaire s'ouvre à la face dorsale de la verge. (Le traitement est chirurgical.)

épistaxis n. f. Saignement provenant des fosses nasales. (Syn. : SAIGNEMENT DE NEZ, RHINORRAGIE.)
Les deux grandes causes générales d'épis-taxis sont : l'*hypertension artérielle* chez l'homme mûr, l'*épistaxis essentielle* de l'ado-lescent, remarquable par ses récidives fré-quentes, et qui se résout spontanément avec le temps. Les autres causes sont locales : varices, angiomes des vaisseaux de la cloison nasale.
Le *traitement local* utilise soit la compres-sion au doigt pendant 8 à 10 minutes, en

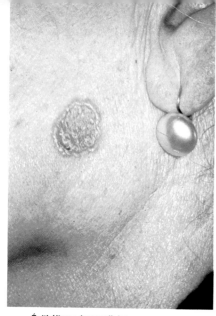

Épithélioma basocellulaire.

Épithélioma spinocellulaire végétant.

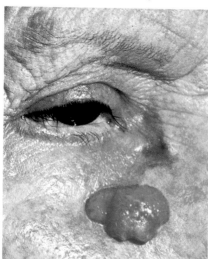

Phot. Dr Leclercq.

position assise, la tête un peu penchée en avant; soit le tamponnement à l'aide d'une mèche stérile introduite dans les fosses nasales et imbibée d'un hémostatique*. Dans les hémorragies graves, il faut avoir recours aux tamponnements antérieur ou postérieur, pratiqués par le spécialiste.

épithélialisation n. f. Formation d'un épithélium au-dessus d'un tissu après une lésion destructive (plaie, ulcère, brûlure). [C'est le terme normal de la cicatrisation.]

épithélioïde adj. Se dit de cellules qui ressemblent aux cellules des épithéliums.

épithélioma n. m. Tumeur maligne développée à partir d'un épithélium*. (Syn. : CARCINOME, ÉPITHÉLIOME.)
L'épithélioma est constitué d'une prolifération cellulaire anarchique envahissant les tissus voisins. Il peut diffuser dans l'organisme, formant des métastases, et récidiver après ablation.

On distingue différentes formes d'épithéliomas selon les cellules intéressées. Parmi les atteintes cutanées, on différencie les épithéliomas *spinocellulaires* (intéressant les cellules pourvues de pointes [ou épines] d'union, cellule du corps de Malpighi) et les épithéliomas *basocellulaires*, formés à partir des cellules basales. Les épithéliomas des muqueuses surviennent à partir des cellules malpighiennes ou du revêtement cylindrique. On différencie ensuite l'épithélioma selon la morphologie de la cellule maligne : indifférenciée si celle-ci ne ressemble à aucun tissu normal, différenciée ou mature si celle-ci reproduit la structure de son tissu d'origine. (V. CANCER.)

Épithéliomas cutanés. Ils surviennent le plus souvent sur des régions découvertes, saines, exposées à la lumière. D'aspect différent selon leur variété, ils apparaissent souvent sans signes avoisinants, et ils évoluent à bas bruit. Parfois ils se forment sur des lésions préexistantes comme des cicatrices de brûlures ou des nævi pigmentaires. Certaines dermatoses, comme les radiodermites, les kératoses séniles, sont ainsi considérées comme des états précancéreux.

LES ÉPITHÉLIOMAS BASOCELLULAIRES. Ils siègent pratiquement tous au visage. Ils débutent généralement sur une kératose sénile, soit sous la forme d'une petite élevure rosée, globoïde ou allongée, soit par une érosion. Puis la lésion primaire devient une plaque recouverte de squames brunes, bordée par un bourrelet.

La nature basocellulaire ne peut être affirmée qu'à l'examen histologique. Les épithéliomas basocellulaires sont d'un bon pronostic, car ils sont peu envahissants et ne

Phot. X.

donnent pas de métastases. Le taux de récidives est très faible (moins de 10 p. 100). LES ÉPITHÉLIOMAS SPINOCELLULAIRES. Ils apparaissent le plus souvent après la quarantaine sur des lésions préexistantes. Ils se présentent sous la forme d'une tumeur ulcérée, irrégulière, saillante, dure, souvent limitée par un bourrelet dur. L'évolution se fait rapidement vers l'envahissement ganglionnaire, puis l'essaimage à distance (métastases). La nature spinocellulaire est affirmée par l'examen microscopique. Le pronostic est plus réservé que pour le type précédent.

Traitement. Avant tout traitement, il faut préciser le type histologique de la tumeur et dépister d'éventuelles métastases. Le traitement choisit, d'après le type de tumeur, entre les moyens physiques, la chirurgie, la chimiothérapie*.
LES MOYENS PHYSIQUES. L'*électrocoagulation* sous anesthésie locale, avec curetage, est largement utilisée. On effectue ainsi une exérèse* passant au large de la lésion et permettant d'analyser le tissu ; l'électrocoagulation détruit et stoppe l'envahissement.
La *cryothérapie* par l'azote liquide s'utilise pour les petits épithéliomas basocellulaires limités.
La *radiothérapie* est très employée et donne de bons résultats.
LA CHIRURGIE. Elle va de la simple exérèse à la grande intervention avec plastie* ; elle a beaucoup d'adeptes, surtout lorsque les lésions sont étendues (curage ganglionnaire) : c'est le cas des épithéliomas spinocellulaires, notamment ceux du cuir chevelu.
LA CHIMIOTHÉRAPIE. Elle prend un essor avec les nouvelles associations antimitotiques, mais la durée du traitement est longue.
Le *traitement préventif* est double. Il vise à surveiller tous les états cicatriciels de la peau et à protéger celle des sujets exposés au soleil (marins, agriculteurs, montagnards).

épithélium n. m. Tissu de revêtement formé par la juxtaposition de cellules sur une ou plusieurs couches.
L'épiderme est un épithélium pluristratifié (plusieurs couches) ; le revêtement du tube digestif, qui possède aussi une fonction glandulaire (de sécrétion), ne dispose que d'une seule couche de cellules.

épitrochlée n. m. Apophyse interne de l'extrémité inférieure de l'humérus*.

épreinte n. f. Faux besoin d'aller à la selle, douloureux.

épreuve n. f. **Traitement d'épreuve,** traitement spécifique d'une maladie, que l'on met en œuvre lorsque le diagnostic est incertain. — Le succès ou l'échec du trai-

tement, conduit dans des conditions strictement définies, constitue alors un argument pour affirmer ou infirmer le diagnostic.
Épreuve fonctionnelle, examen complémentaire, parfaitement codifié et reproductible, visant à apprécier la valeur fonctionnelle de l'organe auquel il s'adresse. Les résultats sont comparés à des valeurs considérées comme normales dans les mêmes conditions.
Les épreuves fonctionnelles sont extrêmement variées. Elles s'adressent :
— *aux grandes fonctions métaboliques,* et en particulier à la glycorégulation*, épreuve d'hyperglycémie provoquée (v. DIABÈTE) ;
— *au système cardio-vasculaire,* où l'on va de la simple épreuve d'effort, avec enregistrement électrocardiographique, aux examens hémodynamiques les plus sophistiqués, enregistrant pressions, bruits et activité électrique intracardiaques ;
— *au système respiratoire,* permettant d'apprécier les volumes (ou capacités), la ventilation et la diffusion des gaz* (v. RESPIRATION).

épuisement n. m. État d'un organisme ayant utilisé toutes ses réserves nutritives, ce qui entraîne un effondrement de la résistance à l'effort et aux maladies.

épulie n. f. Tumeur inflammatoire des gencives, congénitale ou consécutive à une affection dentaire.

épuration n. f. Élimination d'un déchet, d'un toxique contenu dans l'organisme.
À l'état normal, le *poumon* élimine le gaz carbonique ; le *foie* élimine un grand nombre d'hormones, filtre certains lipides, capte et transforme les toxiques, notamment l'alcool ; le *rein* élimine les déchets azotés (urée, acide urique, créatinine, etc.) et les toxiques solubles dans l'eau.
Épuration extrarénale. Lorsque les fonctions du rein sont perturbées (insuffisance rénale), on peut éliminer artificiellement les déchets et toxiques par hémodialyse : c'est le *rein* artificiel ou l'*hémodialyse péritonéale.* L'*exsanguinotransfusion** est une autre forme d'épuration extrarénale, permettant, en renouvelant le sang, d'éliminer les substances nocives qu'il contient. (V. illustration p. 360.)

équilibration n. f. Ensemble des mécanismes qui concourent au maintien de l'équilibre*.

équilibre n. m. Fonction permettant de faire face aux forces de la pesanteur en maintenant une attitude (réaction d'adaptation statique) ou au cours d'un déplacement (réaction vraie d'équilibration).
L'équilibre est assuré par des synergies musculaires automatiques, rapidement ac-

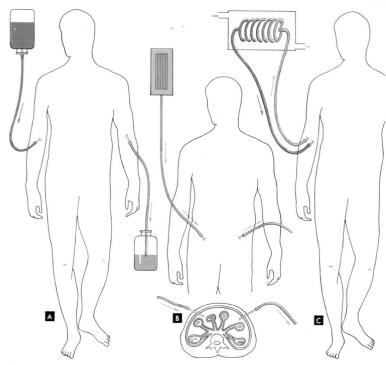

Épuration extra-rénale.
A. Exsanguinotransfusion ;
B. Dialyse péritonéale ;
C. Rein artificiel (ou hémodialyse).

quises après la naissance. Cette motricité dépend du système nerveux extrapyramidal ; elle est le complément de la motricité volontaire.

Il est nécessaire, pour assurer l'équilibre, que l'individu soit constamment informé sur sa position et celle de ses membres et segments de membres les uns par rapport aux autres.

Cette information est assurée par un triple système :
— la *vision*, qui permet de se situer dans les trois plans ;
— la *sensibilité* profonde, qui contrôle la tension des tendons et des muscles ;

— enfin, l'*oreille interne*, dans sa partie non auditive, dite « vestibulaire » ou « labyrinthique » (v. OREILLE), dont les *canaux semi-circulaires*, disposés dans trois plans perpendiculaires, sont sensibles aux accélérations subies par l'organisme, en particulier celles de la pesanteur.

équin adj. m. 1. *Pied équin* ou *pied bot équin*, attitude vicieuse irréductible du pied, fixé en extension. (V. ÉQUINISME.)
2. *Sérum équin*, sérum de cheval employé en sérothérapie.

équinisme n. m. Position anormale, en extension, du pied par rapport à la jambe.
Il se voit dans le pied bot*, dans certaines paralysies, dans les rétractions du tendon d'Achille, dans les séquelles de fracture. La correction par chaussure orthopédique peut être suffisante, sinon il faut avoir recours à la chirurgie.

équivalent n. m. 1. Symptôme apparaissant à la place des manifestations habituelles d'une maladie. (L'urticaire, le rhume des foins sont des équivalents de l'asthme ; les absences, les impulsions sont des équivalents de l'épilepsie.) 2. Poids moléculaire ou atomique d'un ion, divisé par le nombre de valences. (Syn. : ÉQUIVALENT-GRAMME.)

éradication n. f. 1. Suppression chirurgicale complète d'une lésion. 2. Action menée pour supprimer une maladie endémique (*éradication du paludisme*) ou une espèce animale nuisible (anophèle).

érectile adj. Qui se relève.
Tissu érectile, tissu vasculaire que l'on trouve au niveau de l'urètre spongieux, des corps caverneux de la verge chez l'homme, au niveau du méat urétral, du clitoris chez la femme. — Pouvant se remplir de sang qu'il garde emprisonné, le tissu érectile provoque ainsi une induration et une rigidité des organes qu'il compose. Il est formé de fibres élastiques et musculaires et d'un lacis capillaire*. L'action des systèmes sympathique* et parasympathique* déclenchée par le désir sexuel provoque un remplissage massif du tissu érectile par le sang.
Angiome érectile, tumeur sous-cutanée dont la structure est identique à celle du tissu érectile.

érection n. f. État de la verge qui, de l'état flaccide où elle était, devient raide, dure et gonflée par l'afflux de sang dans le tissu érectile*.
La copulation devient alors possible. La perte de la possibilité d'érection est un des éléments de l'impuissance*.

éréthisme n. m. État d'excitation anormale d'un organe, d'origine nerveuse. — L'*éréthisme cardio-vasculaire* se traduit par une accélération du rythme cardiaque, des accès de palpitations, une augmentation de l'amplitude du pouls.

éreuthophobie n. f. Peur de rougir en public.
C'est un signe d'hyperémotivité que l'on rencontre dans la névrose phobique, mais qui est normal chez l'enfant et l'adolescent.

ergostérol n. m. V. ERGOT.

ergot n. m. **Ergot de seigle**, champignon parasite du seigle et d'autres graminées, toxique en raison de la présence de nombreux alcaloïdes, dont certains sont utilisés en thérapeutique. Tous ces alcaloïdes ont un noyau chimique commun : l'acide lysergique.
L'*ergotamine* est employée en gouttes, dragées ou injections sous-cutanées contre les hémorragies utérines et contre les migraines. La *dihydroergotamine* est surtout employée dans les migraines. L'*ergométrine* est utilisée pour faire contracter l'utérus lors de la délivrance et arrêter l'hémorragie. Un mélange de trois alcaloïdes, la *dihydroergocromine*, la *dihydroergocristine* et la *dihydroergocryptine*, est employé dans les troubles vasculaires cérébraux. Le *méthysergide*, antagoniste de la sérotonine, se justifie dans le traitement de fond des migraines. Citons enfin le *lysergide*, ou L. S. D. 25, médicament hallucinogène*.
Outre ses alcaloïdes, l'ergot de seigle contient un alcool, l'*ergostérol*, qui sert à préparer la vitamine D2.
Toxicologie. L'ingestion d'ergot de seigle (seigle ergoté) provoque une diarrhée, des modifications variables de la tension artérielle, des convulsions et une ischémie (arrêt circulatoire) des membres occasionnant des gangrènes. Le traitement comporte l'emploi de sédatifs et d'antispasmodiques à fortes doses. Le lavage d'estomac n'est effectué qu'en l'absence de convulsions.

ergotamine n. f. V. ERGOT.

ergothérapie n. f. Mode de traitement et de réadaptation au moyen de travaux manuels. — Les activités les plus choisies sont le tissage, la vannerie, la poterie, le modelage, le travail du bois, du cuir, le jardinage...
L'ergothérapie est adaptée à deux sortes de patients : 1. Les handicapés physiques, à qui elle permet de compenser en partie les déficiences sensorielles ou motrices ; 2. Les malades mentaux, à qui elle facilite une

Équinisme. Pied équin.

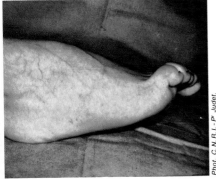

Phot. C. N. R. I.- P. Judet.

reprise de contact avec la réalité et avec la société à travers un travail en groupe.

érosion n. f. 1. Plaie superficielle des tissus de recouvrement (peau, muqueuses) qui ne détruit pas leur couche basale. 2. Destruction lente et progressive d'un tissu par une lésion infectieuse ou tumorale (tumeur maligne).

érotomanie n. f. « Illusion délirante d'être aimé » (Clérambault).

L'érotomanie réalise un type de délire passionnel qui évolue en trois phases : espoir, dépit, rancune. L'évolution peut aboutir à de véritables agressions de « l'objet » (dont le malade croit, à tort, être aimé).

erratique adj. Qui varie dans l'espace (*douleurs erratiques*) ou dans le temps (*fièvre erratique*).

éructation n. f. Renvoi de gaz par la bouche. (Syn. fam. : ROT.)

éruptif, ive adj. 1. Relatif à une éruption. 2. Comportant des éruptions. (V. FIÈVRE, *Fièvre éruptive*.)

éruption n. f. Modification soudaine de la peau et des muqueuses.

Le plus souvent sous forme d'érythème* (rougeur), de vésicules, papules ou bulles, les éruptions sont le signe d'une maladie infectieuse (fièvre* éruptive), d'une allergie ou d'une intoxication.

érysipèle n. m. Infection du derme, provoquée par le streptocoque et caractérisée par une inflammation aiguë de la peau, accompagnée de signes d'altération de l'état général et de fièvre.

L'érysipèle est peu contagieux, souvent localisé au visage. Le plus souvent, il est précédé par une infection streptococcique locale (ulcère de jambe, plaie, infection d'un orifice de la face, de l'ombilic chez le nourrisson) qui sert de point de départ.

Clinique. Après une courte incubation, on observe une élévation rapide de la température, pouvant atteindre 40 °C avec des frissons. Une plaque cutanée, chaude, rouge, indurée et douloureuse s'installe et s'étend par sa périphérie à partir de l'orifice de la plaie initiale. L'origine de la plaque se situe souvent à l'angle de l'aile du nez, sur la joue ou sur le front.

Les signes (douleur, cuisson) sont à leur maximum à la périphérie, constituant un bourrelet caractéristique. On note toujours une adénopathie satellite (ganglion). L'extension se fait pendant 4 à 6 jours avec fièvre, puis la guérison survient du centre vers la périphérie, avec une normalisation de la température. La récidive n'est pas rare (au moment des règles). Chez les sujets diabétiques, alcooliques, dénutris, l'évolution est beaucoup plus grave.

Le diagnostic différenciel se fait entre la staphylococcie* maligne de la face (et l'état infectieux est alors gravissime), le zona ophtalmique et l'eczéma aigu de la face (mais dans ce cas il n'y a pas d'état fébrile).

Les complications se trouvent surtout chez les sujets âgés et les nourrissons. Ce sont des suppurations locales ou des septicémies, avec la dissémination possible du streptocoque.

Traitement. Il associe des soins locaux (pansements humides à l'alcool à 30°), une surveillance oculaire dans la forme faciale et surtout un traitement par voie générale : *pénicilline, érythromycine* ou *sulfamides* en cas d'allergie. Un traitement prophylactique et des soins précis doivent permettre une diminution des causes locales (ombilic, excoriations du visage).

érythème n. m. Rougeur de la peau ou des muqueuses qui s'efface à la pression. (Cela le distingue des purpuras*.)

L'érythème est dû à la dilatation des capillaires ; c'est le symptôme d'une dermatose ou d'une maladie infectieuse.

Érythèmes des dermatoses. L'érythème se voit fréquemment en dermatologie, caractéristique de certaines dermatoses : la roséole, les coups de soleil... Mais il prend parfois un aspect différent, associé à de nombreux autres symptômes.

L'ÉRYTHÈME NOUEUX. C'est une affection nodu-

Érysipèle.

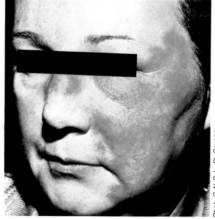

Phot. C. N. R. I. - Dr Grupper.

laire prédominant aux membres inférieurs, se rencontrant principalement dans la primo-infection tuberculeuse, les infections strepto-cocciques et l'intoxication par les sulfamides. Il se présente sous la forme de nodules enchâssés dans le derme et l'hypoderme ; ces nodules sont peu douloureux et passent par les couleurs de la biligenèse (rouge, bleu, vert, jaune). Lorsque l'origine tuberculeuse est écartée par la pratique d'un bilan (cutiréaction, radiographies, recherche de bacilles), on suspecte une origine streptococcique qui nécessite un traitement antibiotique (pénicilline).

L'ÉRYTHÈME FESSIER DU NOURRISSON. Ce peut être une simple rougeur passagère, mais il peut aussi s'étendre sous forme d'intertrigo*. Il disparaît avec un changement fréquent des couches et une hygiène rigoureuse (bains de permanganate).

LA DERMITE FESSIÈRE SYPHILOÏDE OU DERMITE DES COUCHES. C'est un érythème se compliquant de papules suintantes, localisé uniquement aux fesses.

L'ÉRYTHÈME POLYMORPHE. C'est un érythème papulo-œdémateux avec des bulles*, disposé le plus souvent en cocarde. Il siège aux coudes, aux genoux, à la muqueuse buccale et aux lèvres. Il peut être associé à une angine, à du prurit, à des douleurs articulaires.

L'ÉRYTHÈME INDURÉ DE BAZIN. C'est une hypo-dermite subaiguë, évoluant par poussées, qui siège la plupart du temps aux membres inférieurs. Son origine peut être tuberculeuse, streptococcique ; bien souvent on ne trouve pas de cause.

L'ÉRYTHÈME ANNULAIRE OU GRANULOME ANNULAIRE. C'est un érythème avec papules et nodules qui siège au dos des mains et aux doigts. L'histologie met en évidence une dégénérescence des fibres collagènes*. L'évolution est lente.

LES ÉRYTHÈMES ALLERGIQUES. Ils sont très nombreux, d'aspect polymorphe. Il peut s'agir d'allergies aux pénicillines, aux sulfamides, à l'aspirine, à certains cosmétiques, à certains aliments (poissons, mollusques, fraises, etc.).

Érythèmes des maladies infectieuses. La majorité des fièvres éruptives (rougeole, scarlatine, etc.) se manifestent par l'existence d'un érythème de la peau, ou *exanthème**, et des muqueuses, ou *énanthème**.

Certains érythèmes non infectieux affectent la topographie et l'aspect de ceux que l'on observe dans les maladies infectieuses (on les dit *scarlatiniformes* [analogues à la scarlatine] ou *morbilliformes* [analogues à la rougeole]) ; leurs origines sont variées, le plus souvent d'ordre allergique.

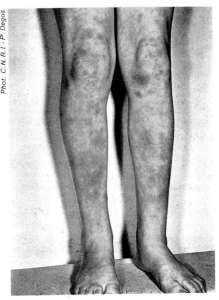

Phot. C. N. R. I. - Pr Degos

Érythème noueux.

érythrasma n. m. Dermatose* inguinale bilatérale très fréquente, caractérisée par une plaque rouge-brun, homogène, de contour arrondi, située au pli de l'aine.
Il peut exister du prurit. D'origine myco-sique, l'affection se traite par les solutions et pommades antifongiques.

érythroblaste n. m. Cellule jeune de la moelle osseuse, qui donne le globule rouge ou érythrocyte*. (V. SANG.)

érythroblastose n. f. Augmentation du nombre des érythroblastes* dans la moelle osseuse.

érythrocyte n. m. Syn. de GLOBULE ROUGE, HÉMATIE.

érythrodermie n. f. Dermatose* érythé-matosquameuse (rougeurs et desquamation) généralisée, ne laissant aucun espace de peau saine.
La *dermatite exfoliative de Wilson-Brocq* provoque en quelques jours un érythème profus qui desquame abondamment et long-temps. L'infection streptococcique en est parfois responsable, mais le plus souvent il

s'agit d'une intolérance médicamenteuse aux sulfamides ou aux antibiotiques.

Tout autre est l'érythrodermie décrite sous le nom de *pityriasis rubra* de Hebra-Jadassohn. L'érythème est discret au début, accompagné de démangeaison ; puis la peau s'infiltre, devient dure et recouverte de squames. Les poils et les ongles tombent. L'évolution est redoutable.

Il existe des érythrodermies secondaires à une dermatose persistante, tels le psoriasis* et le pemphigus*, et dont la cause est le plus souvent une intolérance médicamenteuse. De même, une maladie du sang peut se révéler par une érythrodermie.

Le nourrisson peut présenter l'exceptionnelle *érythrodermie ichtyosiforme* congénitale et héréditaire, soit bulleuse, soit sèche, qui perturbe, malgré le traitement, la croissance de l'enfant. La maladie de *Leiner-Moussus,* très fréquente, provoque chez le nourrisson un érythème et des desquamations généralisées. L'évolution est favorable, à condition que le traitement antibiotique, associé à des soins locaux, évite les surinfections.

érythromélalgie n. f. Affection caractérisée par des crises douloureuses des extrémités, et en particulier des pieds, accompagnées de gonflement et de rougeur, à rapprocher de la maladie de Raynaud*.

érythromycine n. f. Antibiotique actif contre les cocci Gram positif, ainsi que contre les *brucella* et le *bacille diphtérique.*

érythropoïèse n. f. Formation des globules rouges. (V. HÉMATOPOÏÈSE.)

érythropoïétine n. f. Glycoprotéide produit par le rein et le foie, qui concourt à la maturation des érythrocytes (globules rouges).

érythrose n. f. Rougeur permanente de la peau, habituellement au visage. (Elle s'accentue lors des émotions et des changements de température.)

escargot n. m. Les escargots constituent un aliment riche, mais souvent indigeste. Pour éviter un empoisonnement, on ne doit manger les escargots qu'après les avoir laissés jeûner (dégorger) un certain temps, car ils peuvent avoir mangé des plantes toxiques pour l'homme. Il est préférable d'utiliser uniquement ceux qui sont operculés (qui ont clos leur coquille pour hiberner).

escarre ou **escharre** n. f. Croûte noirâtre et dure résultant de la nécrose d'un revêtement cutané ou muqueux.
Très sensible à l'infection, de cicatrisation très longue, l'escarre peut survenir à la suite d'une brûlure, d'un traumatisme, mais aussi, en apparence spontanément, aux points d'appui, lorsque des causes locales s'ajoutent à une altération de l'état général. Cela est particulièrement fréquent chez les sujets âgés contraints à un alitement prolongé. La prévention de ces escarres, dites de *décubitus,* doit être systématique : massage des zones de pression, toilette soignée, changements de position fréquents, utilisation de *matelas* alternants. Le lever précoce, ou tout au moins la mise dans un fauteuil le plus rapidement possible, est un facteur essentiel de prévention. Le pronostic des escarres des sujets âgés alités est sombre, la chirurgie en est difficile.

Escherichia coli n. m. V. COLIBACILLE.

ésérine n. f. Alcaloïde principal de la *fève de Calabar,* antagoniste de l'atropine*.
Les dérivés de l'ésérine sont utilisés dans le glaucome*, comme stimulant du péristaltisme intestinal, ainsi que dans la myasthénie*.

espèces n. f. pl. Mélange de plusieurs plantes ou parties de plantes séchées.
Les espèces servent à préparer des infusés : espèces pectorales (contre la toux), diurétiques, purgatives, etc.

esquille n. f. Petit fragment osseux détaché lors de fractures comminutives (à plusieurs fragments).

essence n. f. **Essence végétale,** produit complexe constitué par les principes volatils des végétaux. — Les essences végétales sont utilisées en parfumerie et dans certaines préparations pharmaceutiques.
Essence minérale, produit de distillation du pétrole, toxique pour l'hémoglobine et le système nerveux, dont l'ingestion provoque une méthémoglobinémie (v. MÉTHÉMOGLOBINE) et une vasodilatation avec céphalées, vertiges et collapsus. — L'intoxication peut être mortelle.
Les purges alcooliques, le lait et les huiles sont formellement contre-indiqués en cas d'ingestion, car ils favorisent l'absorption du produit et aggravent l'intoxication.

essentiel, elle adj. Se dit d'une maladie dont la cause est inconnue. (Syn. : IDIOPATHIQUE.)

essoufflement n. m. Nom familier de la *dyspnée* (gêne respiratoire).

ester n. m. Substance chimique résultant de la combinaison d'un acide et d'un alcool. (Syn. : ÉTHER-SEL.)

esthiomène n. m. Maladie de la vulve, caractérisée par l'association d'œdème, d'ulcérations, de brides et de fistules.

établissement n. m. **Établissement de soins,** établissement public ou privé dans lequel sont dispensés des soins médicaux.

estomac n. m. Portion du tube digestif, intermédiaire entre l'œsophage et le duodénum.

Anatomie.
L'estomac a la forme d'un J majuscule dont les deux portions, verticale et horizontale, sont raccordées à angle plus ou moins aigu. Le pôle supérieur, *grosse tubérosité* ou *fundus*, est occupé par la poche à air ; le corps, vertical, lui fait suite et reçoit à sa partie supérieure et droite l'œsophage : l'orifice œso-gastrique se nomme le *cardia*.

l'estomac, ou *petite courbure*, est uni au foie par le petit épiploon* ; le bord gauche, ou *grande courbure*, est uni à la rate et au côlon transverse par des ligaments.

Physiologie.
L'estomac a une fonction mécanique et une fonction de digestion chimique.

Fonction mécanique. L'estomac sert de réservoir aux aliments, où leur brassage, commencé dans la bouche, se poursuit jusqu'à l'évacuation gastrique, qui, progres-

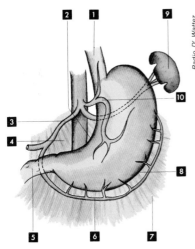

Radio Dr Wattez.

Estomac normal. Radiographie en décubitus.

Estomac. L'estomac et ses artères :
1. Œsophage ;
2. Petite courbure ; 3. Artère hépatique ;
4. Petit épiploon ; 5. Duodénum ;
6. Artère gastro-épiploïque ;
7. Grand épiploon ; 8. Grande courbure ;
9. Rate ; 10. Artère coronaire stomachique.

L'*antre*, horizontale, fait suite au fundus ; la jonction gastro-duodénale, ou *pylore*, présente un sphincter qui, par sa contraction ou son relâchement, ferme ou ouvre la communication gastro-duodénale. L'estomac est situé en avant du pancréas* ; les deux tiers supérieurs de sa face antérieure sont cachés par le rebord thoracique. Le bord droit de

sive, débute lorsque la pression intragastrique dépasse la pression intraduodénale.
Fonction de digestion chimique. La sécrétion gastrique est un élément capital de la digestion*. Elle comporte trois phases.
La sécrétion *céphalique* est déclenchée par la vue des aliments et leur mastication. Elle dépend des nerfs pneumogastriques.
La *phase gastrique* suit le contact des aliments avec la muqueuse antrale ; ce contact induit la sécrétion par l'antre d'une hormone, la gastrine, qui passe dans le sang et stimule les glandes fundiques.
L'*acidité gastrique* permet la stérilisation du contenu gastrique, l'ionisation et la réduction du fer alimentaire, et surtout l'activation de la pepsine. La muqueuse gastrique con-

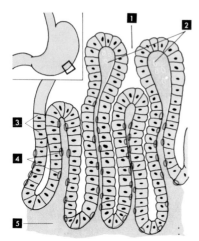

Estomac. Glandes gastriques.
Les glandes fundiques : 1. Crypte ; 2. Chorion ;
3. Cellules épithéliales principales
(sécrétant les enzymes) ;
4. Cellules bordantes
(sécrétant l'acide chlorhydrique) ;
5. Tunique sous-muqueuse.

tient également le *facteur intrinsèque* nécessaire à l'absorption de la vitamine B12.

Affections de l'estomac.
Plaies de l'estomac. Toute plaie de l'abdomen peut entraîner une lésion gastrique ; le
tableau clinique est celui de la perforation
d'un viscère creux : contracture, présence
d'air dans la cavité péritonéale à la radiographie (pneumopéritoine). L'intervention d'urgence s'impose.

Corps étrangers. L'ingestion de corps étrangers (pièces de monnaie, clous, épingles,
etc.) est un accident fréquent à tout âge, et
plus particulièrement chez le nourrisson et le
jeune enfant. Il faut procéder d'abord à son
repérage radiologique par une radiographie
standard de l'abdomen.

De nombreux corps étrangers sont éliminés
facilement par les voies naturelles. Certains
d'entre eux peuvent être de taille importante.
Il faut surveiller le sujet jusqu'à l'élimination,
parfois tardive, du corps étranger.

Si le transit de l'objet par les voies
naturelles est impossible, le chirurgien doit
intervenir.

Hémorragies gastriques. Mis à part les
hémorragies des ulcères et des cancers de
l'estomac, les causes d'hémorragie gastrique
sont nombreuses. Parmi celles-ci, la gastrite
hémorragique paraît la plus fréquente. L'hémorragie de l'estomac se traduit par un
vomissement sanglant, l'*hématémèse*, ou par
une selle noirâtre, le *melæna*. Le diagnostic
repose sur deux examens : la *radiographie*
digestive (transit gastro-duodénal) et l'*endoscopie** digestive.

Inflammation de l'estomac. V. GASTRITE.

Ulcère de l'estomac. V. ULCÈRE.

Tumeurs de l'estomac. TUMEURS BÉNIGNES.
Rares, il s'agit le plus souvent de schwan-
nomes (tumeurs développées aux dépens de
la gaine de Schwann des filets nerveux
gastriques), plus rarement de fibromes, de
lipomes, d'angiomes. La symptomatologie est

La loi du 31 décembre 1970 portant réforme
hospitalière, qui est destinée à planifier
la protection sanitaire du pays, à coordonner les secteurs publics et privés, et à
améliorer la gestion des hôpitaux publics, a
créé un service public hospitalier (S. P. H.).
Les établissements privés peuvent y participer en acceptant les conditions qui leur sont
imposées et en passant convention avec le
S. P. H. Cette même loi instaure une carte
sanitaire de la France, destinée à assurer une
juste répartition territoriale et une bonne
adaptation des équipements sanitaires aux
besoins des populations ; cette carte détermine les autorisations de création ou d'expansion d'établissements publics ou privés.

étain n. m. Métal blanc argenté, plus dur et
moins dense que le plomb.
Toxicologie. Les effets nocifs imputés à
l'étain et à ses dérivés sont très variables
suivant la nature du produit.

Le *chlorure d'étain* est corrosif : sous
forme de vapeurs, il peut produire une
irritation bronchique, un œdème pulmonaire ;
ingéré à la dose de 1 g, il peut entraîner la
mort. Les *dérivés organiques de l'étain* sont
toxiques pour le système nerveux ; ils provoquent une excitation cérébrale et peuvent

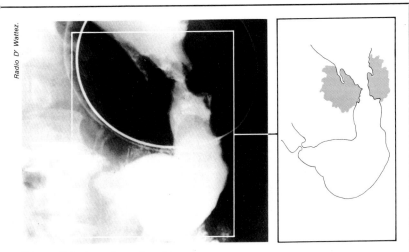

Estomac. Volumineuse image lacunaire de l'estomac (cancer).

polymorphe, et seul l'examen histologique précise la nature exacte de la lésion.

CANCER DE L'ESTOMAC. C'est le plus fréquent des cancers digestifs. Son début clinique est souvent insidieux : vagues douleurs à type de crampe, de pesanteur, parfois vomissements noirâtres. Souvent, seule l'altération de l'état général (perte d'appétit, anémie, amaigrissement rapide) attire l'attention et fait pratiquer l'examen radiologique. Trois types d'images peuvent se présenter : lacunes, raideurs localisées, images d'amputation. Dans les cas douteux, il faut refaire l'examen à quelques semaines d'intervalle. La *fibroscopie* permet la vision directe de la tumeur et la confirmation histologique par biopsie. Certains cancers gastriques sont secondaires à une tumeur bénigne ou à un ulcère gastrique : il faut distinguer la dégénérescence d'un ulcère gastrique vrai avec un cancer primitif à forme pseudo-ulcéreuse. Le traitement du cancer de l'estomac est uniquement chirurgical : gastrectomie* partielle ou totale. □

faire apparaître une hypertension* intracrânienne avec coma, qui peut laisser des paralysies.

état n. m. **État de mal,** série de crises qui se succèdent de manière continue, sans que l'intervalle entre deux accès soit perceptible. *État de mal épileptique, état de mal asthmatique.* Ce sont de graves urgences médicales. (V. ASTHME, ÉPILEPSIE.)

Période d'état, expression qui désigne la phase d'une maladie qui succède à la phase initiale d'installation (d'invasion), et pendant laquelle les symptômes sont relativement stables dans leur ensemble. — Pour les maladies fébriles, la période d'état est normalement suivie par la défervescence.

État second, état entraîné par une altération de la conscience, dont le champ se trouve en quelque sorte «rétréci» (P. Janet) et sous l'effet duquel le sujet peut avoir un comportement qui lui est inhabituel (somnambulisme, fugue).

éternuement n. m. Mouvement respiratoire brutal, involontaire suivant une irritation de la muqueuse nasale. — Il se caractérise par une inspiration brusque, suivie d'une expiration explosive avec rejet de particules par la bouche et par le nez.

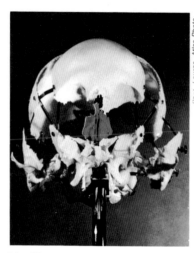

Prof. Lauros - Atlas-Photo

Ethmoïde.

éthacrinique adj. *Acide éthacrinique,* diurétique* puissant, actif par voie buccale.

éthambutol n. m. Antibiotique de synthèse, utilisé, en association avec d'autres antituberculeux, à tous les stades de la tuberculose.

éther n. m. Oxyde d'éthyle, liquide très volatil, d'odeur caractéristique, dont les vapeurs provoquent une explosion au contact d'une flamme.
Bon antiseptique et excellent solvant des graisses, l'éther est employé pour le nettoyage des plaies. C'est un anesthésique* général.
Toxicologie. L'intoxication par l'éther peut se produire dans diverses usines en raison de son emploi comme solvant. A faibles doses, l'ouvrier ressent des vertiges, une obnubilation et une somnolence. A des doses fortes, le sujet est victime d'un coma, et les risques de mort sont importants par dépression des centres nerveux. Une broncho-pneumonie peut survenir, due à l'évaporation de l'éther par les poumons. Le traitement d'urgence s'impose (réanimation respiratoire).

éther-sel n. m. V. ESTER.

éthinylœstradiol n. m. Œstrogène* de synthèse, actif au centième de milligramme.

éthionamide n. m. Dérivé de l'acide isonicotinique, utilisé comme antibiotique antituberculeux.

ethmoïde n. m. Os situé à la partie médiane et antérieure de la base du crâne, qui contribue à former le squelette des fosses nasales (cloison médiane, cornets supérieurs et moyens) et livre passage aux terminaisons du nerf olfactif.

ethmoïdite n. f. Sinusite des sinus de l'ethmoïde.

éthosuximide n. m. Antiépileptique utilisé dans le traitement du «petit mal». (V. ÉPILEPSIE.)

éthylène n. m. Hydrocarbure gazeux dont de nombreux dérivés chlorés, employés dans l'industrie, sont toxiques.
Le *dichlorure d'éthyle,* ou *dichloréthane,* est un solvant des plastiques et du caoutchouc entrant dans la composition de certaines colles. Il provoque, par ingestion, inhalation ou contamination cutanée, un coma avec chute de la tension artérielle, lésions du foie et des reins. Le lavage d'estomac, un régime riche en sucre sont la base du traitement.
Le *trichloréthane* et le *tétrachlorétane* sont des solvants encore plus dangereux. L'intoxication commence par une irritation nasale et oculaire, puis c'est le coma avec lésions du foie et des reins.
Le *chlorobromoéthane* et le *dibromoéthane,* solvants et vermicides, ont une toxicité similaire.
Le *dichloréthylène,* le *trichloréthylène* et le *tétrachloréthylène* ou *perchloréthylène* sont des solvants de l'industrie employés comme détachants et dans la préparation des cirages. Ils sont narcotiques et provoquent, après une brève phase d'excitation, un coma et des troubles cardiaques. La mort est possible avec 10 à 20 ml de trichloréthylène. On peut aussi observer une intoxication chronique avec amaigrissement, troubles visuels, douleurs articulaires, lésions de la peau.

éthylène-glycol n. m. Alcool dérivé de l'éthylène, dont les stéarates et palmitates sont employés comme excipients de pommades.

éthylisme n. m. V. ALCOOLISME.

étincelage n. m. Application thérapeutique d'étincelles obtenues avec des courants de haute fréquence.

étiologie n. f. Étude des causes ou conditions d'apparition d'une maladie. (Le *traitement étiologique* s'attaque à la cause de la maladie.)

étouffement n. m. Nom familier de l'*asphyxie**.

étourdissement n. m. État voisin du vertige, qui prélude parfois à la perte de connaissance.

L'étourdissement est le plus souvent lié à un mauvais fonctionnement des organes sensoriels de l'équilibre (canaux semi-circulaires de l'oreille interne et voies nerveuses correspondantes), par suite de troubles circulatoires, traumatisme, intoxication, etc.

étranglement n. m. Constriction plus ou moins intense d'une partie du corps. (V. STRANGULATION.)

L'*étranglement herniaire* est la complication majeure des hernies*; accident brutal et imprévisible, il impose l'intervention d'urgence.

étrier n. m. Dernier osselet de l'oreille* moyenne.

Diverses opérations (mobilisation, prothèse) sont pratiquées sur l'étrier dans la chirurgie de la surdité.

étuve n. f. 1. Appareil de désinfection par la chaleur ou les vapeurs désinfectantes. (On y stérilise les instruments de chirurgie et l'appareillage médical.) 2. Appareil dans lequel on entretient une température constante et bien déterminée, pour la culture des microbes. 3. Salle où l'on entretient une atmosphère très chaude et très humide, pour obtenir un « bain de vapeur ».

eucalyptol n. m. Liquide incolore, d'odeur forte, extrait de divers arbres (*eucalyptus*) et antiseptique des voies respiratoires.

eucalyptus n. m. Grand arbre des pays tropicaux, dont certaines feuilles contiennent une huile essentielle.

On utilise ces feuilles en infusions, décoctions et fumigations dans les affections des voies respiratoires supérieures et comme désodorisant.

eunuchisme n. m. État des individus qui ont été privés des sécrétions de leurs glandes sexuelles dès avant la puberté, soit par maladie (orchite), soit par castration (*eunuques*).

Les manifestations de l'eunuchisme sont caractérisées par une taille anormalement élevée, une morphologie de type féminin et un comportement infantile. Les caractères sexuels secondaires (morphologie, pilosité) n'apparaissent pas, de même que les fonctions sexuelles.

euphorie n. f. Orientation particulièrement agréable de l'humeur dans le sens de la sérénité, du plaisir, de l'insouciance.

euthanasie n. f. Méthode, quelle qu'elle soit, qui consiste à procurer la mort sans souffrance à des sujets frappés d'un mal incurable et torturés par des douleurs que rien ne peut soulager.

L'euthanasie est condamnée par l'Église, la déontologie médicale et par la loi dans la plupart des pays.

eutocie n. f. Évolution spontanément normale d'un accouchement. (S'oppose à DYSTOCIE*.)

évagination n. f. Sortie d'un organe hors de son enveloppe ou de sa gaine ; retournement d'un organe creux en doigt de gant.

évanouissement n. m. Perte de connaissance avec ou sans arrêt des fonctions cardiaques.

Le début est parfois progressif, avec une sensation de malaise, de vertige, de bourdonnements d'oreilles et de troubles visuels dont l'ensemble est désigné sous le terme de *lipothymie**. En cas d'évanouissement, il est bon d'allonger le sujet à plat, la tête basse, de desserrer les vêtements, de frictionner la face, le cou, le thorax à l'alcool, et de pratiquer la respiration assistée si le sujet ne reprend pas conscience avant 3 minutes.

éveinage n. m. Ablation chirurgicale des varices des membres inférieurs. (Syn. : STRIPPING.)

L'éveinage ne nécessite que deux petites incisions, l'une en haut, l'autre en bas de la veine dilatée, celle-ci étant ensuite enlevée grâce à un câble métallique (tire-veine) qu'on passe dedans et qui permet de la tirer de l'intérieur par une de ses extrémités, grâce à une fixation sur le câble.

éventration n. f. Hernie de la paroi abdominale, spontanée (par déficience musculaire) ou secondaire à une plaie pariétale ou à la désunion d'une cicatrice (éventration cicatricielle). — La cure chirurgicale en est le seul traitement.

Évian-les-Bains, station hydrominérale de la Haute-Savoie, sur le lac Léman, à 42 km de Genève, ouverte du 15 mai au 15 octobre.

Les eaux contiennent de faibles quantités de bicarbonate de calcium et de magnésium et d'infimes quantités de chlore et de sodium. On les emploie pour les cures de diurèse (boire et uriner abondamment), dans les affections des reins, des voies urinaires, dans les atteintes cardio-rénales, dans les maladies de la nutrition (désintoxication).

éviction n. f. Éviction scolaire, interdiction pour un élève atteint d'une maladie contagieuse de fréquenter un local ou un groupe scolaire (arrêté du 14 mars 1970), pour éviter la propagation de la maladie dans les collectivités scolaires. Cette mesure s'étend également au personnel. (V. tableau, p. 370-371.)

évidement n. m. Ablation complète d'une région anatomique : *évidement ganglionnaire.*

	externes et demi-pensionnaires	
maladie	**malade**	**enfant vivant au foyer infecté**
COQUELUCHE	30 jours après le début des premières quintes	pas d'éviction
DIPHTÉRIE	30 jours à compter de la guérison clinique ou deux prélèvements négatifs à 8 jours d'intervalle	7 jours, sauf certificat médical attestant que l'enfant a été vacciné et a reçu l'injection de rappel depuis moins d'un an.
MÉNINGITE CÉRÉBRO-SPINALE À MÉNINGOCOQUES	15 jours après la guérison clinique	10 jours après avoir été isolé du malade, 7 jours sur certificat attestant que le sujet a été soumis à chimiothérapie préventive
POLIOMYÉLITE	30 jours après le début de la maladie	15 jours après avoir été isolé du malade, sauf certificat attestant que l'enfant a été vacciné et a reçu l'injection de rappel depuis moins d'un an. Il y a lieu à vaccination ou revaccination systématique dans toute l'école
ROUGEOLE	jusqu'à la guérison clinique	pas d'éviction
STREPTOCOCCIES HÉMOLYTIQUES du groupe A a) scarlatine	- 15 jours si l'enfant a reçu un traitement par antibiotiques ; - s'il n'a pas été traité, au moins 15 jours : l'enfant ne sera réadmis que s'il présente un certificat attestant qu'il n'a plus de streptocoques hémolytiques du groupe A dans la gorge	7 jours, sauf présentation d'un certificat attestant que le sujet est soumis à prévention médicamenteuse efficace
b) autres streptococcies hémolytiques du groupe A rhumatismes articulaires aigus, néphrites aiguës	réadmission subordonnée à la présentation d'un certificat médical attestant qu'il a été soumis à une thérapeutique appropriée	mêmes mesures que pour la scarlatine
TEIGNES	jusqu'à présentation d'un certificat attestant la disparition de l'agent pathogène	pas d'éviction
TRACHOME	jusqu'à présentation d'un certificat attestant que l'enfant est en traitement	pas d'éviction
FIÈVRE TYPHOÏDE PARATYPHOÏDE	20 jours après la guérison clinique. Le délai peut être abrégé sur certificat médical attestant qu'ont été pratiquées deux coprocultures négatives à 8 jours d'intervalle	pas d'éviction
VARIOLE	40 jours après le début de la maladie, à condition qu'il ne reste pas de croûtes	qu'il ait été vacciné ou non, éviction de 15 jours après isolement rigoureux d'avec le malade
GRIPPE ÉPIDÉMIQUE, OREILLONS, RUBÉOLE, VARICELLE, GALES, IMPÉTIGOS, PYODERMITE, HÉPATITE VIRALE, BRUCELLOSE, DYSENTERIE, TYPHUS EXANTHÉMATIQUE	jusqu'à guérison clinique	pas d'éviction

En outre, un certain nombre de mesures touchent les professeurs et autres personnels : après une absence pour maladie ils doivent présenter un certificat de non-contagion ; s'ils sont atteints d'une maladie contagieuse, ils doivent respect

malade	sujet au contact
30 jours après le début des premières quintes	pas d'éviction
isolement immédiat et hospitalisation. Eviction de 30 jours à compter de la guérison clinique ou deux prélèvements négatifs à 8 jours d'intervalle	pas d'éviction systématique. Rappel de vaccin, vaccination ou renvoi dans les familles
isolement et hospitalisation. Eviction de 15 jours après la guérison clinique	pas d'éviction. Chimiothérapie préventive
isolement immédiat et hospitalisation. Eviction d'au moins 30 jours après le début de la maladie	vaccination et revaccination systématiques de tous les élèves, professeurs et autres personnels
isolement jusqu'à guérison clinique	pas d'éviction. Vaccination recommandée
isolement à l'infirmerie, hospitalisation ou renvoi dans la famille	pas d'éviction systématique. Prévention médicamenteuse pendant 10 jours

ÉVICTIONS SCOLAIRES

malade	sujet au contact
isolement, hospitalisation ou renvoi dans la famille. Eviction jusqu'à guérison clinique	pas d'éviction
pas d'éviction systématique. Traitement à l'infirmerie	pas d'éviction
hospitalisation ou renvoi dans la famille. Eviction 20 jours après la guérison clinique. Le délai peut être abrégé sur certificat médical attestant qu'ont été pratiquées deux coprocultures négatives à 8 jours d'intervalle	pas d'éviction systématique
hospitalisation immédiate. Eviction de 40 jours après le début de la maladie, à condition qu'il ne reste pas de croûtes	revaccination systématique de tous les élèves, professeurs et autres personnels, sans préjudice des mesures spéciales qui peuvent être prescrites dans le cadre de la prophylaxie des maladies quarantenaires
isolement à l'infirmerie, hospitalisation ou renvoi dans la famille. Eviction jusqu'à guérison clinique	pas d'éviction

les mesures prévues ci-dessus pour les élèves ; si un membre de leur famille est atteint d'une maladie contagieuse, ils sont soumis à délais d'éviction (arrêté du 14 mars 1970).

éviscération n. f. Sortie des viscères hors de l'abdomen. (L'intervention s'impose.)

évolution n. f. Suite des phases d'un processus physiologique ou pathologique.
Par exemple, l'*évolution dentaire* est la formation et la percée des dents. Une *lésion évolutive* désigne une lésion qui se transforme (généralement en s'aggravant).

Ewing (sarcome d'), réticulosarcome* ou affection de la moelle osseuse, atteignant surtout l'enfant entre 10 et 14 ans.

exanthème n. m. Éruption localisée à l'épiderme sous forme de macules* ou de papules*.

excipient n. m. Substance introduite dans une préparation pharmaceutique, destinée à amener le produit actif à une dilution convenable ou à en faciliter la confection. (Ainsi les graisses dans les pommades, dans les suppositoires, le sucre dans certaines poudres ou pilules.)

excision n. f. Action de couper autour d'un tissu pathologique pour l'enlever en totalité.

excitabilité n. f. Faculté que possèdent les cellules, les organes ou l'organisme entier de réagir à une stimulation.
L'excitabilité électrique d'un nerf se mesure par l'étude de la chronaxie*. Sur le plan psychique, le terme d'*excitabilité* a un sens très général. (V. EXCITATION.)

excitant, e adj. et n. m. Se dit de substances alimentaires ou médicamenteuses

Exophtalmie.

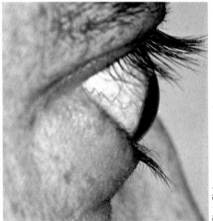

Phot. Chrismar.

capables de produire une excitation psychique (café, thé, chocolat, épices, amphétamines*, etc.).
L'usage des excitants est à proscrire dans la plupart des affections nerveuses ou mentales, dans les troubles digestifs et cardiaques.

excitation n. f. Exaltation des activités psychomotrices.
Elle entraîne des perturbations de la vie affective (euphorie, état passionnel) et cognitive (fuite des idées). Elle peut aussi avoir un retentissement au niveau de la motricité (agitation, cris) et des fonctions neurovégétatives (insomnie). Elle est d'origine exogène (intoxication), émotionnelle (choc affectif) ou psychiatrique (névrose*, psychose).

excoriation n. f. Lésion superficielle de la peau, traumatique ou due au grattage.

excrément n. m. Déchet rejeté par l'organisme, en particulier les matières fécales*, les urines*.

excréteur, trice adj. Qui sert aux excrétions : *canaux excréteurs* des glandes à sécrétion externe.

excrétion n. f. Expulsion, hors de l'organisme ou des lieux où ils étaient accumulés, des sécrétions et des déchets.
Tel est le cas des glandes chassant des substances qu'elles ont fabriquées hors de leur réservoir. De même l'urine est chassée de la vessie, la bile de la vésicule biliaire.

excroissance n. f. Terme familier désignant une prolifération de peau (verrue, papillome), de tissu conjonctif ou d'os.

exercice n. m. **Exercice musculaire,** acte moteur exécuté dans une intention donnée : les exercices peuvent être passifs ou actifs, segmentaires ou globaux, symétriques ou asymétriques ; ils constituent un élément de base de la gymnastique* et de la kinésithérapie*.

exérèse n. f. Ablation d'une partie de l'organisme, d'un organe, d'une partie d'organe. — Si la fonction se trouve supprimée, on dit *amputation*; s'il y a rétablissement de la fonction, c'est une *résection*.

exhibitionnisme n. m. Perversion sexuelle essentiellement masculine, où l'action du sujet se résume à l'exhibition de ses parties génitales dans un lieu public.

exocrine adj. Se dit de la sécrétion des glandes qui déversent leur produit à l'extérieur des cellules glandulaires (glande sudoripare, sébacée...).

exonération n. f. Terme parfois employé pour désigner la miction* et la défécation*.

exophtalmie n. f. Protrusion du globe oculaire hors de l'orbite.

L'exophtalmie se constate à l'inspection du sujet et se mesure grâce à l'ophtalmomètre de Hertel. Normalement, la saillie du globe oculaire varie entre 12 et 15 mm. Les causes des exophtalmies sont multiples : infectieuses (sinusite), tumorales (métastases secondaires à une tumeur du sein, de la thyroïde, ou primitives), et surtout endocriniennes (maladie de Basedow*).

Exostose. Volumineuse exostose de l'extrémité inférieure du radius. 1. Extrémité inférieure du radius ; 2. Exostose ; 3. Carpe.

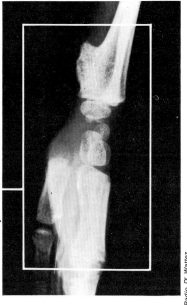

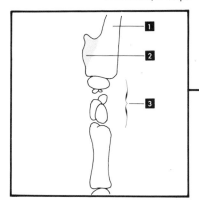

Radio Dr Wattez.

Lorsque l'exophtalmie est importante et empêche la fermeture totale des paupières, la cornée peut s'ulcérer.

exotoxine n. f. Toxine* libérée par la bactérie au cours de sa vie.
Son action pathogène est directe : c'est le cas de la toxine du botulisme*, de la diphtérie*, du tétanos*.

exostose n. f. Tumeur osseuse bénigne qui se développe à la surface des os, le plus souvent secondaire à un traumatisme ou d'origine rhumatismale.
Certaines exostoses apparaissent au moment de la croissance et diffusent à tout le squelette : c'est la *maladie ostéogénique* (v. OSTÉOGENÈSE).

expectorant, e adj. et n. m. Produit facilitant l'expulsion par la bouche des sécrétions des bronches et de la trachée.
Le benzoate de sodium, la terpine, l'ipéca à faible dose sont les plus usités.

expectoration n. f. Expulsion par la bouche de substances provenant de l'arbre respiratoire (trachée, bronches).
L'étude de l'expectoration est cytologique et bactériologique.

expérimentation n. f. *Expérimentation sur l'homme.* V. RECHERCHE, *Recherche biomédicale.*

expertise n. f. **Expertise médicale,** acte par lequel un médecin, désigné par un magistrat ou une autorité, prête son concours technique afin de fixer et d'évaluer l'état physique ou mental d'une personne.
On distingue : les *expertises médicales en matière criminelle* (assassinat, coups et blessures, viol, état mental, etc.), les expertises médicales *en matière civile* (accidents de travail agricole, accidents de droit commun, blessures involontaires, les expertises *amiables* ou *arbitrages.* En matière pénale, on désigne en principe au moins deux experts ; en matière civile, un seul, à moins que le tribunal n'estime nécessaire d'en désigner trois.
Le médecin désigné comme expert doit informer de sa mission la personne à examiner. Il rédige un rapport d'expertise qui ne

doit révéler que les éléments de nature à fournir les réponses aux questions posées dans la décision qui l'a nommé : hors de ces limites, il est tenu au secret professionnel. Les experts en matière pénale exposent à l'audience, s'il y a lieu, le résultat de leurs opérations techniques après avoir prêté serment.

expiration n. f. Action de rejeter de l'air par les voies aériennes (bronches, trachée, nez ou bouche). [V. RESPIRATION.]

explorateur, trice adj. Se dit d'un procédé, d'une manœuvre ayant pour but de renseigner sur l'état d'un organe, le contenu d'une cavité ou d'un canal : *laparotomie* exploratrice, ponction* exploratrice.*

exploration n. f. **Explorations fonctionnelles,** ensemble des épreuves* qui mesurent l'état de fonctionnement d'un organe ou d'un appareil. (Les explorations fonctionnelles les plus importantes sont celles du foie*, des reins*, des poumons*.)

explosion n. f. Les explosions provoquent dans l'organisme des lésions dues aux projectiles eux-mêmes, au souffle de l'explosion (lésions vasculaires, pleuro-pulmonaires), à la libération de gaz toxiques (lésions nerveuses et broncho-pulmonaires). Les *explosions atomiques* provoquent en outre des lésions dues aux effets thermiques (brûlures) et aux effets des radiations nucléaires (irradiations aiguës).

expressoémotif, ive adj. **Crises expressoémotives,** manifestations pathologiques de l'émotion, que le malade traduit par les mouvements, les gestes, la mimique.

expulsion n. f. Période terminale de l'accouchement*.

exquise adj. f. **Douleur exquise,** se dit d'une douleur aiguë provoquée par la palpation d'un point très précis du corps.

exsangue adj. Littéralement, privé de sang ; en fait, qualifie un sujet dont la pâleur indique qu'il a perdu beaucoup de sang.

exsanguinotransfusion n. f. Intervention consistant à soustraire la plus grande partie du sang d'un malade et à le remplacer par le sang d'un donneur sain.
Chez l'adulte ou le grand enfant, l'exsanguinotransfusion est pratiquée pour lutter contre certaines intoxications.
Exsanguinotransfusion du nouveau-né, méthode de traitement de la maladie hémolytique du nouveau-né par incompatibilité sanguine fœtomaternelle. — Elle permet de remplacer les hématies (globules rouges) de l'enfant, porteuses d'anticorps, par des hématies indemnes, d'éliminer les déchets d'hémolyse (bilirubine) nocifs pour le cerveau. Le sang utilisé est celui d'un donneur

de même groupe et Rhésus négatif non immunisé, introduit par la veine ombilicale.

exsudat n. m. Épanchement inflammatoire des épithéliums* ou des séreuses*, caractérisé par une richesse en protéines supérieure à 20 g par litre. (S'oppose à TRANSSUDAT.)

exsudation n. f. Formation d'un exsudat*.

extemporané, e adj. et n. f. Se dit d'un médicament qu'on doit préparer au moment de l'emploi, ou d'un examen histopathologique pratiqué au cours d'une intervention chirurgicale.

extenseur adj. et n. m. Se dit d'un muscle ou d'un groupe de muscles dont l'action provoque l'extension d'un segment de membre.

extension n. f. Action d'étendre, d'allonger un segment du corps sur le ou les segments adjacents.
Extension continue, méthode orthopédique de réduction d'une fracture par traction à l'aide de poids, de poulies et de câbles.

externe adj. En anatomie, le mot « externe » désigne les parties du corps les plus éloignées du plan sagittal médian du corps.

extéroceptif, ive adj. Se dit de la sensibilité qui reçoit ses stimulations de l'extérieur du corps.

extincteur n. m. Les extincteurs à gaz carbonique (CO_2) ainsi que ceux qui dégagent de la mousse (bicarbonates alcalins) et de la neige carbonique sont peu dangereux. Le tétrachlorure de carbone et le bromure de méthyle, trop dangereux, sont interdits et ont été remplacés par le bromure d'éthyle, le bromofluor (Fréon), nettement moins nocifs. Le tribromofluor est irritant pour les muqueuses. Les extincteurs doivent être régulièrement surveillés pour déceler les fuites.

extinction n. f. *Extinction de voix,* perte de la voix. (Syn. : APHONIE.)

extirpation n. f. Action de retirer complètement une lésion, une tumeur.

extraction n. f. Action d'extraire, d'enlever.
Extraction de corps étrangers.
Corps étrangers introduits par plaie ou piqûre. Les corps étrangers des plaies superficielles et accessibles à la vue (terre, sable, débris de bois, épingles, etc.) peuvent être enlevés suivant les cas avec une compresse stérile ou une pince à écharde (à défaut, une pince à épiler) désinfectée. Il faut surtout veiller à ne pas les enfoncer plus profondément par une mauvaise prise.
Les corps étrangers opaques aux rayons X (éclats métalliques, plombs, balles, aiguilles,

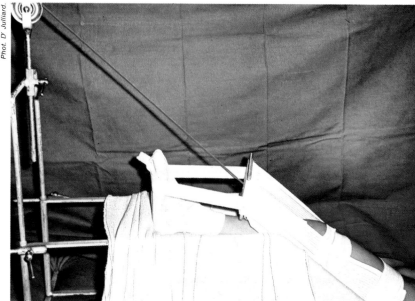

Extension.
Extension continue par bandes adhésives.

etc.) sont facilement localisés par la radiographie. Ils sont parfois déplacés loin de leur porte d'entrée. Seule une intervention chirurgicale pourra les enlever; cependant, lorsqu'ils sont très bien tolérés, il est plus simple de les laisser en place (cas des plombs de chasse et même parfois des balles) s'ils ne font courir aucun risque.

Les corps étrangers transparents aux rayons X (éclats de verre, cailloux, bois, tissu) risquent de passer inaperçus, faisant courir un risque de suppuration prolongée, d'où la nécessité d'une exploration chirurgicale de toute plaie anfractueuse ou pouvant être profonde. Certains corps étrangers qui ne provoquent pas de suppuration peuvent être entourés de tissu fibreux (ils s'enkystent), ce qui peut nécessiter l'ablation chirurgicale.

Objets déglutis. Ils sont surtout le fait d'enfants ou de nourrissons. Seuls les objets pointus (épingles de nourrice ouvertes) ou de plus de 6 cm doivent être enlevés chirurgicalement de l'estomac. Les petits objets non coupants peuvent être laissés dans le tube digestif : on surveillera leur évacuation dans les selles les jours suivants.

Corps étrangers des voies respiratoires. Faisant tousser et étouffer, ils font courir un risque immédiat d'asphyxie. Il faut mettre le sujet tête en bas (suspendu par les pieds, si possible, si c'est un enfant), ouvrir la bouche et tirer sur la langue en tapotant légèrement le thorax, ce qui peut aider à faire sortir l'objet. Si la manœuvre échoue, il faut d'urgence confier l'enfant à un spécialiste pour faire l'extraction par laryngoscopie directe ou par bronchoscopie, parfois par trachéotomie*.

Corps étrangers de l'œil. Peu importants et superficiels, ils sont faciles à extraire sous anesthésie locale. Les corps étrangers ayant pénétré dans le globe oculaire sont beaucoup plus dangereux. Leur extraction se fait avec un électroaimant s'ils sont aimantables ; elle est très difficile dans le cas contraire.

Extraction dentaire. L'extraction d'une dent, encore dite *avulsion**, est nécessaire lorsque les traitements conservateurs sont insuffisants (carie trop importante, dent fractionnée, etc.), ou lorsqu'une dent a une position anormale (dent incluse, déviée, etc.). Elle peut également être exigée par la pose d'une prothèse, par un traitement orthodontique ou par un traitement aux rayons X.

Les infections graves, le diabète, les troubles de la coagulation du sang, les maladies du cœur et des vaisseaux constituent des contre-indications aux extractions.

Précautions avant les extractions. Il faut s'assurer qu'il n'existe pas de risque d'hémorragie. Les sujets qui saignent facilement connaissent généralement leur état, mais il est plus prudent de pratiquer l'examen de la crase* sanguine (temps de saignement, de coagulation, etc.). Les traitements anticoagulants doivent être suspendus. Des calmants ou tranquillisants légers peuvent être pris avant l'intervention, à l'exception de l'aspirine, qui fait saigner.

Extractions simples et extractions chirurgicales. Les *extractions simples* se font sous anesthésie locale : les ligaments alvéolodentaires sont tranchés par des lancettes fines, puis la dent est déplacée par un levier dit « élévateur », puis prise dans une pince, le davier, qui permet de finir de l'extraire. L'hémostase est faite par compression : un tampon ou une compresse roulée, placée sur l'alvéole qui saigne, est pressée par la dent opposée en serrant les mâchoires.

Les *extractions chirurgicales* se font à l'hôpital ou en clinique, et généralement sous anesthésie générale. Elles s'adressent aux cas difficiles : racines fracturées, dent de sagesse ou canine incluses, etc.

Soins après les extractions. Le praticien pose dans certains cas une mèche. Des bains de bouche sont prescrits avec des solutions antiseptiques et analgésiques. Des médicaments antihémorragiques peuvent être nécessaires en cas de saignements, des antibiotiques en cas d'infection.

Complications des extractions dentaires. Elles sont rares si toutes les précautions ont été prises.

Chez le *sujet sain,* ce sont les malaises (lipothymies, syncopes), qui disparaissent en mettant la tête basse, des réactions allergiques à l'anesthésique, des hémorragies pendant ou après l'intervention, des fractures de l'alvéole dentaire ou l'ouverture du sinus maxillaire, des ostéites.

Chez les *sujets malades,* on peut observer des infections des valvules du cœur (sujets atteints de cardiopathie valvulaire), des infections générales (diabétiques) ; les hémophiles et autres sujets atteints de syndromes hémorragiques risquent des accidents hémorragiques graves et ne doivent être opérés qu'en milieu hospitalier.

extradural, e, aux adj. Qui est situé en dehors de la dure-mère, le feuillet le plus externe des méninges.

Hématome extradural, épanchement sanguin constitué entre l'os et la dure-mère, dû à la déchirure traumatique d'une artère.

L'hématome extradural se manifeste précocement par une perte de connaissance suivie d'une amélioration. Il doit être opéré dans les heures qui suivent le traumatisme, sinon il entraînera la mort.

extrait n. m. Médicament obtenu à partir de drogues végétales ou animales sèches, par dissolution au moyen de solvants et par des méthodes déterminées, puis par évaporation de la solution obtenue, jusqu'à une concentration ou une consistance adaptées.

extrapyramidal, e, aux adj. **Faisceau extrapyramidal,** voie motrice située dans la moelle* épinière et qui contrôle les mouvements semi-automatiques et involontaires. (V. SYSTÈME NERVEUX*, *Anatomie.*)

Syndrome extrapyramidal, ensemble de signes neurologiques qui apparaissent lors de lésions des *noyaux gris* centraux (v. CERVEAU) qui contrôlent le tonus et les mouvements automatiques élémentaires. Le syndrome extrapyramidal le plus fréquent se rencontre dans la maladie de Parkinson*, qui associe une *akinésie** (réduction considérable de la motricité), une *rigidité,* un *tremblement.* On observe aussi des perturbations de la marche, de la parole et de l'écriture liées à la disparition des automatismes. D'autres manifestations de lésions des noyaux gris centraux sont les *mouvements anormaux,* l'*athétose* (oscillations lentes), les *dystonies* (contractions intermittentes entraînant de brusques mouvements des membres), la *chorée**, l'*hémiballisme* (mouvements extrêmement brusques, de grande amplitude).

extrasystole n. f. Contraction cardiaque supplémentaire, naissant en dehors des contractions normales et perturbant la régularité du rythme* cardiaque.

extra-utérin, e adj. En dehors de l'utérus.

Grossesse extra-utérine, grossesse dont l'œuf et l'embryon se développent en dehors de la cavité utérine. Le plus souvent, l'œuf s'implante dans la trompe, réalisant une grossesse tubaire, mais il peut également s'implanter sur l'ovaire ou sur le péritoine. Les causes de cette anomalie sont toutes celles qui peuvent gêner la migration de l'œuf vers l'utérus, notamment celles qui sont liées à une malformation ou à une infection de la trompe. Les conséquences de l'implantation anormale de l'œuf sont graves. La distension progressive de la trompe et sa dilacération sous l'action des villosités de l'œuf entraînent la fissuration, puis l'éclatement. La trompe ainsi dilacérée saigne dans la cavité péritonéale, soit de façon brutale (inondation cataclysmique), soit de façon progressive (hématocèle ou hématosalpynx).

Le diagnostic est l'un des plus difficiles de la gynécologie. Les signes fonctionnels consistent en douleurs pelviennes, en pertes de sang noirâtres et en malaises syncopaux, que la malade se sache ou non enceinte. En cas de suspicion de grossesse extra-utérine, l'hospitalisation en milieu chirurgical s'impose d'urgence. Elle permet de recourir à des examens complémentaires, et en particulier à la cœlioscopie.

Toute grossesse extra-utérine diagnostiquée doit être opérée d'urgence, car les complications hémorragiques, qui mettent en jeu la vie de la femme, sont inéluctables. Le plus souvent, les lésions de la trompe sont telles qu'elles imposent son ablation (salpingectomie).

extrapériosté, e adj. Désigne l'abord ou la façon de dénuder un os de ses attaches musculaires en laissant le périoste en place.

extrophie ou **exstrophie** n. f. **Extrophie vésicale,** malformation rare des voies urinaires, dans laquelle la vessie s'ouvre directement à la peau de l'abdomen. Elle nécessite une délicate intervention chirurgicale.

exulcération n. f. Ulcération en relief, qui s'observe notamment au niveau du chancre* syphilitique.

fabulation n. f. Production de l'imagination, plus ou moins cohérente et adaptée, qui se substitue au réel dans l'esprit du sujet.
La fabulation est normale chez l'enfant jeune. Par contre, son caractère persistant la rend pathologique, et elle devient le symptôme central de la mythomanie*.

face n. f. Région de la tête située en avant et au-dessous du crâne.

Anatomie. Le squelette de la face est composé de 14 os soudés entre eux, à l'exception du maxillaire inférieur, et creusé de 7 cavités principales : la cavité buccale, les fosses nasales, les deux cavités orbitaires et les deux fosses ptérygo-maxillaires. Ces cavités renferment des organes essentiels à la respiration, à l'odorat, à la vision, à la digestion, au goût et à l'expression.

Traumatisme de la face. Les *plaies de la face* sont particulièrement fréquentes ; elles posent avant tout un problème esthétique : en l'absence ou, même, en dépit d'un traitement immédiat et correct, des interventions de chirurgie plastique sont souvent nécessaires dans les cas graves.

Les *fractures de la face* atteignent essentiellement les os propres du nez (qui, non réduites immédiatement, entraînent une déformation difficile à corriger par la suite), les maxillaires supérieurs (avec risque d'infection des sinus). Les fractures du maxillaire inférieur nécessitent une immobilisation d'urgence.

La *luxation du maxillaire inférieur* est assez fréquente, facilement réductible. (V. MAXILLO-FACIAL.)

facial, e, aux adj. Qui se rapporte à la face, à la figure.

Anatomie. *Massif facial*, ensemble osseux qui sert de support à la peau et aux différents constituants anatomiques du visage. (V. FRONTAL, MAXILLAIRE.)

Nerf facial (ou VIIe paire des nerfs crâniens), nerf moteur des muscles peauciers de la face. Le nerf facial sort du crâne par le trou dit « stylo-mastoïdien », et traverse la glande parotide*, où il se divise en ses branches terminales, dont les ramifications vont innerver les muscles de la face.

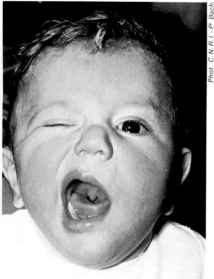

Phot. C.N.R.I.-P. Bach.

Facial. Paralysie faciale.
Le bébé est incapable de faire la grimace du côté paralysé :
son œil gauche reste ouvert
et sa bouche ne se contracte pas.

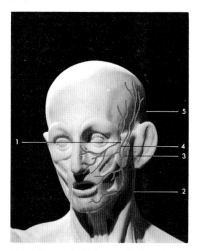

Facial. Le nerf facial à sa sortie du rocher
et sa répartition sur la face.
1. Glande parotide ;
2. Branche cervico-faciale ;
3. Nerf facial (sortant du rocher) ;
4. Branche temporo-faciale ;
5. Branche auriculo-temporale.

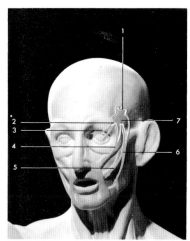

Facial. Névralgies faciales.
Schéma du nerf trijumeau.
1. Nerf trijumeau ; 2. Branche ophtalmique ;
3. Nerf lacrymal ;
4. Nerf maxillaire supérieur ; 5. Nerf lingual ;
6. Nerf maxillaire inférieur ;
7. Ganglion de Gasser.

Pathologie du nerf facial. *Paralysie faciale.*
L'atteinte d'un nerf facial le long de son
trajet se traduit par la paralysie de la moitié
correspondante du visage. C'est une paralysie dite *périphérique*, par opposition à la
paralysie *centrale* par atteinte de l'origine du
nerf dans le tronc cérébral. La paralysie
faciale entraîne une asymétrie du visage : les
traits du côté paralysé sont effacés, le coin de
la bouche est tombant, la face paralysée
semble attirée du côté sain, l'asymétrie
s'accusant encore dans la mimique. Les
causes de paralysie du nerf facial sont
multiples : tumeurs intracrâniennes, fractures du rocher, otites, lésions parotidiennes,
etc., jusqu'à la classique paralysie faciale
dite *a frigore*, consécutive à une exposition
au froid.
Hémispasme facial. C'est un syndrome
caractérisé par des crises de contractures
sporadiques, d'abord localisées, puis s'éten-
dant à toute la moitié du visage.

Névralgie faciale. C'est la conséquence d'une
atteinte du *nerf trijumeau* (Vᵉ paire des nerfs
crâniens), nerf qui assure la sensibilité de la
face. La névralgie faciale se manifeste par
une douleur atroce, en éclair, dans le territoire d'une des trois branches du nerf
(orbites, nez, maxillaires). Les douleurs
peuvent être spontanées ou déclenchées par
une stimulation quelconque. Rebelles aux
calmants habituels, elles peuvent céder à
certains dérivés de l'aconit*, aux hydantoïnes*, à certains anticonvulsivants. Parfois,
il faut recourir à des infiltrations anesthésiques de la région du nerf, voire à la
neurochirurgie (section de la racine du nerf).

faciès n. m. Expression du visage,
notamment au cours de certaines maladies.

facilitation n. f. Phénomène grâce auquel
la réponse à une stimulation nerveuse est
accrue ou accélérée par un stimulus associé.
(Syn. : ACTIVATION, SOMMATION.)

facteur n. m. Terme servant à désigner une
substance que l'on peut mettre en évidence
par son action physiologique, mais dont on ne
connaît pas encore la composition chimique
exacte.

Facteur intrinsèque, protéine du suc gastrique
qui assure l'absorption de la vitamine B12.

faiblesse n. f. Manque de forces.
La faiblesse peut être *passagère ;* elle est due alors à une baisse de tension (v. HYPOTENSION) ou à une perturbation du cerveau (v. LIPOTHYMIE), ou, encore, elle marque le début d'une maladie. La faiblesse *localisée* à un groupe de muscles ou à un membre est une parésie*. La faiblesse *permanente* peut être constitutionnelle (v. ASTHÉNIE, PSYCHASTHÉNIE) ou due à un manque d'entraînement.

faim n. f. Sensation du besoin de s'alimenter. — La faim peut entraîner des dérèglements psychophysiologiques perturbant les comportements visant à la satisfaire.
En pathologie, une faim insatiable est appelée *boulimie*. L'absence totale de faim est l'*anorexie*.

falciforme adj. Qui a la forme d'une faux ou d'un croissant.
Se dit des hématies dans la drépanocytose, ou anémie* à hématies falciformes.

Fallot (tétralogie de). V. TÉTRALOGIE.

famine n. f. Manque de produits alimentaires, dû en particulier à des conditions atmosphériques catastrophiques (sécheresse, inondations) ou à des bouleversements socioéconomiques (guerre, révolution).
Les famines provoquent des états de cachexie*, des syndromes de Kwashiorkor*, des avitaminoses*.

Fanconi (maladie de), anémie de type familial, s'accompagnant d'une diminution du nombre des globules blancs et des plaquettes, ainsi que de diverses malformations.

fangothérapie n. f. Traitement par bains ou applications de boues* thermales.

fantôme adj. **Membre fantôme,** se dit de la perception d'un membre ou d'un segment de membre amputé.
Le sujet, parfaitement conscient de son amputation, continue à avoir l'impression que son membre est là en totalité ou en partie.

faradique adj. Se dit d'un courant électrique de haute tension et de faible intensité, utilisé en électrothérapie* (*faradisation*).

fard n. m. Les fards peuvent provoquer des accidents cutanés : acné, pyodermites ; les fards à paupières, des même blépharites*, contagieuses lorsqu'un même fard est utilisé par plusieurs femmes. L'absorption accidentelle par la bouche est peu dangereuse.

farine n. f. Poudre obtenue par la mouture des céréales, en particulier du froment, après séparation de son enveloppe.

Diététique. Fournies par les céréales et les légumineuses, les farines sont un élément important de l'alimentation humaine. Elles sont constituées d'eau, de glucides, de protides, de lipides, de substances minérales, d'enzymes et de vitamines.
Farines pour nourrissons. Pour l'alimentation du nourrisson, on dispose de trois types de farines :
— celles du premier âge, contenant plus de 80 p. 100 de substances amylacées et peu d'albumine (1 p. 100);
— celles qui sont employées lors du sevrage, comme les farines de céréales, plus riches en protéines (albumines);
— les farines de légumineuses, riches en azote.
Les *farines diastasées* sont des farines dont les grains ont subi un début de germination.
Les *farines lactées* proviennent soit d'un mélange avec de la poudre de lait, soit d'une imprégnation profonde avec du lait entier.
La *décoction farineuse* est utilisée pour remplacer l'eau de coupage des biberons, à partir des 2ᵉ et 3ᵉ mois, pour habituer le nourrisson à digérer les farines.
Pharmacie. En pharmacie, on désigne sous l'appellation impropre de «farines» des poudres de végétaux obtenues par écrasement. Citons : la *farine de lin*, qui sert à préparer les cataplasmes ; la *farine de moutarde*, qui possède des propriétés révulsives, servant à la préparation des sinapismes. (Elle doit être conservée à l'abri de l'humidité.)

fasciculation n. f. Contraction isolée, involontaire et anarchique de groupes de fibres musculaires, n'aboutissant cependant jamais à un mouvement, et que l'on peut voir saillir sous la peau.
Les fasciculations s'observent au cours de diverses atteintes du système nerveux.

fasciculé, e adj. Se dit d'une tumeur organisée en faisceaux, parallèles ou entrecroisés (fibrome, sarcome, névrome, neurinome).

fatigabilité n. f. État des sujets qui se fatiguent facilement. (V. FATIGUE.)

fatigue n. f. Diminution des capacités de performance d'un organe ou de l'organisme entier devant l'exercice, rendant celui-ci pénible, voire douloureux. (On constate alors, parallèlement à la diminution des possibilités d'action, un ralentissement des réactions pouvant aboutir à une totale incapacité d'agir.) [Syn. : ASTHÉNIE.]
La fatigue physique. On peut mettre en évidence la fatigue musculaire par l'enregistrement graphique des contractions musculaires et de leur amplitude au moyen d'un ergographe.
La fatigue musculaire se manifeste par l'épuisement plus ou moins rapide, suivant le degré d'entraînement, de l'efficacité des

contractions, lesquelles finissent par disparaître. Les cellules nerveuses, que la fatigue n'altère pas directement, sont touchées, comme l'ensemble de l'organisme, par les conséquences métaboliques de la fatigue. Notamment, alors qu'une fatigue d'importance moyenne se répare par le sommeil qu'elle entraine, une fatigue intense peut provoquer l'insomnie.

Devant une fatigabilité anormale, il faut se méfier d'une maladie non déclarée (tuberculose, cancer) ou d'une insuffisance glandulaire, notamment surrénale. Si, malgré la fatigue, l'effort se poursuit au-delà des possibilités de résistance de l'organisme, le sujet parvient à un état irréversible qu'on appelle l'*épuisement.*

La fatigue nerveuse. Encore appelée *asthénie neuropsychique,* c'est un symptôme fréquent. Elle est ressentie comme un épuisement ou une faiblesse anormale et durable, qui apparaît dès le matin. Elle se distingue de la fatigue normale par le fait qu'il s'agit d'une manifestation subjective, moralement pénible et qui ne dépend pas d'un effort réel. Elle n'a pas de cause organique et ne disparait pas avec le repos. Son origine est psychologique. Elle se manifeste dans un grand nombre d'états névrotiques plus ou moins francs, entrant dans le cadre de l'hystérie, de l'hypocondrie ou de la psychasthénie. Un choc affectif ou une tension psychique due à des conflits familiaux ou professionnels peuvent entrainer un épuisement qui s'installera dans un contexte de dépression.

Prévention de la fatigue. Une hygiène de vie où le repos alterne avec l'effort de façon régulière, au rythme de chacun, est la meilleure prévention contre la fatigue, notamment un sommeil quotidien suffisant et autant que possible d'une seule traite.

La fatigue musculaire sera efficacement réparée par un massage après l'effort.

Sur le plan de l'hygiène alimentaire, une ration équilibrée et adaptée aux besoins de l'organisme est une condition essentielle pour retarder l'apparition de la fatigue. Elle devra contenir tous les éléments nutritifs, en particulier les vitamines B3 (ou PP), B6 et C.

Aucun médicament ne peut supprimer la fatigue. On se méfiera, entre autres, des diverses substances qui permettent de prolonger l'effort : amphétamines, et, à un moindre degré, café et thé. Retardant la phase de récupération, l'emploi abusif de ces substances peut être néfaste.

Dans les fatigues en rapport avec une maladie, c'est évidemment le traitement de la maladie qui constitue le premier geste thérapeutique.

Certaines thérapeutiques médicamenteuses, du type antidépresseurs, tranquillisants, amènent une amélioration de la fatigue nerveuse. Enfin, dans les cas plus complexes, la psychothérapie permet de résoudre les problèmes du malade.

faux n. f. Repli courbe d'une membrane. La faux du cerveau, la faux du cervelet sont des replis de la dure-mère.

faux, fausse adj. **Faux croup,** gêne respiratoire grave (dyspnée), due à une laryngite* striduleuse ou à une laryngite sous-glottique. **Fausse côte.** V. CÔTE, *Anatomie.* **Fausse couche.** V. AVORTEMENT. **Fausse route.** 1. *Fausse route alimentaire,* accident grave dû au passage dans les voies respiratoires (la trachée et les bronches) des aliments ou liquides lors de la déglutition. Les fausses routes alimentaires peuvent provoquer des syncopes ou être la cause d'infections pulmonaires (broncho-pneumonies dites «de déglutition»).

Pour éviter les fausses routes, il faut ne pas faire boire trop vite le nourrisson, bien lui faire faire ses «rots», et coucher les bébés vomisseurs sur le côté.

favisme ou **fabisme** n. m. Maladie déclenchée, *chez des individus prédisposés,* par l'ingestion de certaines fèves ou par l'inhalation de fleurs de fèves, et consistant en une anémie hémolytique grave, accompagnée de fièvre et de troubles digestifs.

Favre et Racouchot (maladie de), maladie de l'homme après la cinquantaine, dépourvue de tout caractère de gravité, et constituée par la présence, à l'angle externe des yeux et sur les tempes, de nombreux comédons et petits nodules blancs.

favus n. m. Dermatose parasitaire due à un champignon parasite de l'homme et des animaux, *Trichophyton schoenleini.* Le favus entraine une chute des cheveux diffuse, le cuir chevelu étant parsemé de croûtes jaunâtres, malodorantes et déprimées en godet.

fébrifuge adj. et n. m. Se dit d'un médicament qui combat la fièvre. (V. ANTIPYRÉTIQUE.)

fécal, e, aux adj. Relatif aux résidus de la digestion, les fèces, plus couramment appelées *matières fécales* ou *selles.* (V. FÈCES.)

fécaloïde adj. Qui ressemble aux matières fécales. Les *vomissements fécaloïdes* sont le rejet par la bouche du contenu intestinal.

fécalome n. m. Volumineuse masse de matières fécales durcies, qui, stagnant dans le rectum ou même dans le côlon d'un malade constipé, peut simuler une tumeur abdominale.

Son évacuation nécessite parfois la fragmentation digitale ou instrumentale.

fèces n. f. pl. Résidus de la digestion. (Syn. : MATIÈRES FÉCALES, SELLES.)

Les matières fécales, ou fèces, sont composées d'eau (75 p. 100), de résidus alimentaires, surtout cellulosiques, de cellules intestinales desquamées et de bactéries. Leur pH* est neutre.

L'examen des selles, ou *examen coprologique,* est d'une grande utilité en pathologie digestive. Il permet une étude chimique de la fonction digestive, ainsi que la détection de bactéries, de parasites ou de leurs œufs, ou de kystes.

fécondation n. f. Pénétration d'un spermatozoïde dans un ovule mûr.

Après avoir été libéré par le follicule de De Graaf, au niveau de l'ovaire (v. OVULATION), l'ovule est capté par les franges du pavillon de la trompe utérine et arrive ainsi dans le tiers externe de cette trompe, où il se trouve en présence des spermatozoïdes qui ont remonté la cavité utérine et les deux tiers internes de la trompe, en quelques heures.

Fécondation. 1. Ovaire ; 2. Trompe ;
3. Ovule fécondé au cours de sa migration :
a. Le spermatozoïde a pénétré dans l'ovule, il perd son flagelle ;
b. Noyau de l'ovule ; *c.* Cytoplasme de l'ovule.
4. Trajet de l'ovule fécondé ;
5. Spermatozoïdes ;
6. Trajet des spermatozoïdes.

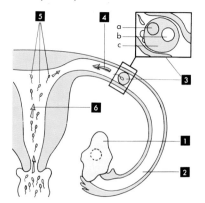

Un seul spermatozoïde, le premier arrivé, pénètre l'ovule, car, dès que la pénétration est effectuée, l'ovule devient imperméable aux autres. Immédiatement après commence la fusion des éléments des deux gamètes. La tête du spermatozoïde, le pronucleus mâle, vient s'accoler au noyau de l'ovule, pronucleus femelle. La chromatine de chacun se condense en 23 chromosomes (dans l'espèce humaine) et la fusion aboutit à deux fois 23 chromosomes (soit 46). La première cellule ainsi formée, l'œuf, ou zygote, se divise très vite en deux, puis quatre et ainsi de suite, devenant peu à peu l'embryon. La fécondation ainsi réalisée est suivie de la migration de l'œuf dans la lumière de la trompe, jusqu'à la cavité utérine.

Chez la femme présentant un cycle normal de 28 jours, la fécondation se fait vers le 14e jour.

Fécondation «in vitro», traitement de la stérilité par prélèvement d'un ovule, mise au contact de celui-ci avec les spermatozoïdes en laboratoire, puis implantation de l'œuf dans l'utérus maternel (FIVETTE*). L'enfant ainsi obtenu est dit «bébé-éprouvette».

fécondité n. f. Possibilité de se reproduire et, chez la femme en particulier, possibilité de fécondation* à la suite d'un coït.

La période de fécondité ne dure que de 3 à 4 jours à chaque cycle menstruel. Elle commence 2 jours avant l'ovulation et se termine de 2 à 3 jours après elle.

féculent n. m. Aliment riche en amidon.

Les féculents doivent être pesés dans le régime des diabétiques, et ils sont déconseillés en cas de troubles digestifs (flatulence).

feed-back n. m. (mots angl. signif. *contrôle en retour*). Expression servant à désigner le mécanisme par lequel la réponse d'un système est influencée par le produit de son fonctionnement.

On se sert de cette expression en physiologie pour désigner le mécanisme de rétrocontrôle par lequel les variations du taux sanguin d'une hormone entraînent, au niveau de l'hypophyse, une inhibition des sécrétions de la glande qui la produit, s'il est élevé, ou, au contraire, une stimulation de ces sécrétions, s'il est affaissé. (V. HYPOPHYSE.)

fêlure n. f. Fracture incomplète, ou sans déplacement des fragments osseux.

féminisation n. f. Régression des caractères sexuels secondaires masculins, chez un homme, et apparition de caractères féminins. Cette régression peut survenir après castration ou après traitement par les œstrogènes (hormones féminines) chez un homme.

féminisme n. m. État d'un individu masculin présentant des caractères propres à la femme.

Parmi ces caractères, il faut noter, en particulier, le développement des seins et des hanches, l'absence de barbe, la finesse de la peau, etc. Le féminisme peut créer une tendance à l'homosexualité et une disposition pour les occupations et les goûts féminins.

femme n. f. La femme se définit par un certain nombre de critères qui déterminent son appartenance sexuelle féminine.

Son sexe *génétique* est caractérisé par la présence dans sa formule chromosomique de deux chromosomes sexuels X, soit XX.

Son sexe *gonadique* (v. GONADE) est défini par la présence de deux ovaires. De ces ovaires dépend le sexe hormonal, c'est-à-dire la sécrétion d'hormones folliculiniques et progestatives, ainsi que le sexe *gamétique* (v. GAMÈTE), c'est-à-dire la production d'ovules.

Son sexe *morphologique* est caractérisé par la présence d'organes génitaux externes (vulve, clitoris) qui lui sont propres.

Outre ses organes génitaux, la femme se différencie de l'homme par des caractères anatomiques particuliers : os plus petits et plus fragiles, masses musculaires moins importantes, peau plus fine, glandes sudoripares moins développées, pilosité pubienne triangulaire, masses graisseuses disposées électivement au niveau des hanches, du bassin et des cuisses, cheveux plus longs et plus fins, s'implantant bas. La morphologie générale (mensurations) montre un diamètre des épaules plus petit, mais un diamètre des hanches plus large que chez l'homme.

Sur le plan *physiologique*, la femme est caractérisée par la périodicité de son cycle menstruel et par des constantes biologiques légèrement différentes de celles de l'homme.

Sur le plan *psychologique* enfin, la femme se distingue par son émotivité, son instinct maternel et protecteur.

fémoral, e, aux adj. Qui a rapport avec le fémur.

Artère fémorale. Elle fait suite à l'artère iliaque externe au niveau de l'arcade crurale, descend dans le canal fémoral, à la partie antéro-interne de la cuisse, jusqu'à l'anneau du troisième adducteur où elle devient artère poplitée.

fémorocutané, e adj. et n. m. Relatif à la peau de la cuisse.

Le *nerf fémorocutané* est un nerf sensitif se distribuant aux téguments de la face externe de la cuisse.

La *névralgie du fémorocutané* se traduit par des douleurs et une perte de sensibilité dans le territoire du nerf, surtout à la marche et à la station debout.

fémur n. m. Os qui forme le squelette de la cuisse.

Anatomie. Le fémur s'articule en haut avec l'os iliaque, en bas avec le tibia. L'extrémité

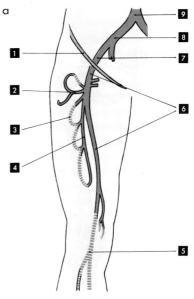

Fémorale.
a. L'artère fémorale et ses branches.
1. Arcade fémorale ; 2. Artère circonflexe ;
3. Artère perforante ;
4. Artère fémorale profonde ;
5. Artère poplitée ; 6. Artère fémorale ;
7. Artère iliaque externe ;
8. Artère iliaque primitive ; 9. Aorte.

supérieure comprend la *tête*, articulaire, unie au *corps* de l'os par le *col* et les *trochanters*. L'extrémité inférieure est divisée en deux éminences latérales, les *condyles*.

Fractures du fémur. *Les fractures du col du fémur.* Elles atteignent électivement les sujets âgés, surtout la femme ; la fragilité de la trame osseuse du col du fémur chez le vieillard explique qu'un traumatisme minime puisse en être la cause. Le diagnostic est facilement évoqué devant l'impotence, la douleur, l'attitude anormale (pied en dehors) du membre inférieur et son raccourcissement. La radiographie confirme le diagnostic et en précise la variété : fracture cervicale ou cervico-trochantérienne.

Le trait de la *fracture cervicale vraie* détache la tête du fémur en laissant un grand

Fémur. 1. Grand trochanter ; 2. Tête du fémur ;
3. Col du fémur ; 4. Petit trochanter ;
5. Diaphyse ;
6. Trochlée fémorale ; 7. Condyles fémoraux.

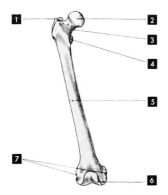

Radio D' Julliard.

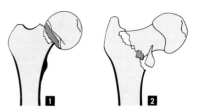

Fémur. Fracture traitée par clou-plaque.

fragment de col solidaire du trochanter. Cette fracture consolide souvent mal, évoluant vers la nécrose de la tête fémorale.

Dans les *fractures cervico-trochantériennes,* le col est fracturé à sa base et vient s'engréner dans le massif trochantérien. Même imparfaitement réduites, ces fractures consolident toujours.

Le *pronostic des fractures du col du fémur* est sombre chez le sujet âgé, du fait des complications qu'entraîne l'alitement prolongé : phlébites, escarres, infection urinaire. Le seul remède est la mobilisation précoce : mise au fauteuil immédiate, appui sur le membre fracturé le plus rapidement possible. Cela n'est possible que par le traitement opératoire : ostéosynthèse des fractures cervico-trochantériennes, remplacement de la tête fracturée par une prothèse métallique dans les fractures cervicales.

Les fractures de la diaphyse* fémorale. Elles succèdent à un traumatisme violent et entraînent un état de choc important, d'au-

Fémur. Fractures du col du fémur.
1. Sous-capitale ;
2. Cervico-trochantérienne avec engrènement.

tant qu'elles sont souvent associées à d'autres lésions (polytraumatisés). Leur traitement d'urgence comporte la réanimation du blessé, le parage* de la plaie en cas de fracture ouverte et la mise en extension continue pour soulager la douleur ; cette technique peut parfois être poursuivie jusqu'à la consolidation, mais, le plus souvent, il faut avoir recours à l'ostéosynthèse*.

Les fractures de l'extrémité inférieure du fémur. Elles sont fréquentes (accidents de la route). Leur traitement est difficile, et des séquelles ne sont pas rares (raideurs du genou).

fenestration n. f. Opération contre la surdité, qui consiste à ménager une « fenêtre » dans la paroi entre oreille moyenne et interne. (V. SURDITÉ.)

fenêtre n. f. **Fenêtre ovale, fenêtre ronde,** orifices faisant communiquer l'oreille moyenne avec l'oreille interne.

fente n. f. **Fente palpébrale,** intervalle qui sépare les paupières supérieure et inférieure. **Fente sphénoïdale,** fente osseuse située dans l'orbite et faisant communiquer celle-ci avec l'étage moyen de la base du crâne.

fer n. m. Métal très répandu dans la nature et dont le corps humain contient de 4 à 5 g. Le fer est apporté par l'alimentation : de 10 à 15 mg par jour, quantité qui dépasse largement les besoins de l'organisme, lequel n'en absorbe que 1 mg environ par voie intestinale. L'élimination est négligeable. Le fer étant un constituant de l'hémoglobine, donc du sang, les besoins de l'organisme en sont accrus en cas de saignement quel qu'il soit.

En clinique, on dose le fer sérique, dont le taux se situe normalement à 130 γ (gammas) pour 100 ml de sang. Ce taux peut être abaissé, notamment dans certaines anémies dites *hypochromes*. Il peut être augmenté dans les syndromes de surcharge en fer (v. HÉMOCHROMATOSE).

ferment n. m. Substance capable de provoquer une transformation chimique dans la matière vivante. (Syn. : ENZYME.) **Ferments lactiques,** ferments agissant sur le lait et produisant de l'acide lactique. Les ferments lactiques sont employés en ampoules ou gélules pour rétablir une flore intestinale normale dans certaines diarrhées et au cours des traitements antibiotiques.

fermentation n. f. Ensemble de modifications chimiques subies par un milieu organique sous l'influence de ferments provenant de bactéries ou de levures (fermentation alcoolique, lactique, etc.).

ferrugineux, euse adj. Qui renferme du fer. (Syn. : MARTIAL.)

fesse n. f. Région située en bas du tronc, en arrière de la hanche. **Anatomie.** La forme convexe de la fesse est due aux muscles fessiers : en profondeur,

petit et moyen fessiers, abducteurs* et rotateurs de la cuisse ; en surface, le muscle *grand fessier.* La région fessière est traversée par les vaisseaux et nerfs fessiers, vaisseaux ischiatiques et honteux internes, et surtout *nerfs grand et petit sciatiques.*

Injections dans la fesse. Les injections intramusculaires, pour ne pas léser d'élément vasculo-nerveux ni surtout le nerf sciatique, doivent se faire dans le quadrant supéro-

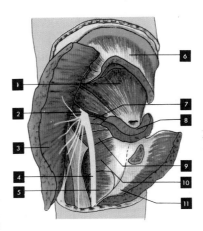

Fesse. 1. Petit fessier ;
2. Nerf petit sciatique ; 3. Grand fessier ;
4. Nerf grand sciatique ;
5. Grand adducteur ; 6. Moyen fessier ;
7. Jumeau supérieur ;
8. Moyen fessier ; 9. Jumeau inférieur ;
10. Carré crural ; 11. Grand fessier.

externe de la fesse, c'est-à-dire au-dessous et en arrière de la crête iliaque.

fétichisme n. m. Perversion sexuelle, le plus souvent masculine, où l'excitation sexuelle est provoquée par un objet inanimé ou une partie du corps humain.

feu n. m. **Feu de dent,** rougeur et augmentation de la chaleur de la joue, précédant, chez un nourrisson, la percée d'une dent de lait. **Feu sacré** (ou *de saint Antoine*), le zona*.

feuillet n. m. **Feuillet embryonnaire,** ébauche primitive née des cellules du bouton embryonnaire.

Les deux premiers feuillets, l'*ectoblaste* et l'*endoblaste*, sont mis en place dès le 8ᵉ jour après la fécondation. Le dernier, appelé *chordomésoblaste*, situé entre les deux précédents, se constitue vers la 3ᵉ semaine. (V. EMBRYON.)

fibre n. f. Terme général désignant une structure tissulaire élémentaire, cellulaire, multicellulaire ou intercellulaire, ayant une forme allongée.
Il existe des fibres musculaires, des fibres nerveuses, des fibres collagènes (substance intercellulaire).

fibreux, euse adj. **Tissu fibreux,** variété de tissu conjonctif formé de fibres collagènes, parallèles ou entrecroisées, mais gardant une direction prédominante, et baignant dans une substance fondamentale résistante.
Normalement constitutif des tendons, aponévroses et ligaments articulaires, le tissu fibreux peut se former en pathologie dans des tissus où il n'a pas sa place, notamment à la suite d'une inflammation : fibrose pulmonaire, hépatique, etc. Peu perméable aux échanges, le tissu fibreux entraîne la sclérose (durcissement) de l'organe qu'il envahit (v. FIBROSE).

fibrillation n. f. **Fibrillation auriculaire (F. A.),** activité anarchique des fibres musculaires des oreillettes cardiaques, n'entraînant pas de contraction efficace de celles-ci, pendant que les ventricules se contractent en arythmie complète, c'est-à-dire de manière tout à fait irrégulière.
La F. A. se traduit à l'électrocardiogramme par de nombreuses petites ondulations, irrégulières en nombre et en valeur, ou ondes f (de fibrillation), à la place de l'onde P de contraction normale.
Fibrillation musculaire. V. FASCICULATION.
Fibrillation ventriculaire, activation anarchique et désordonnée des ventricules cardiaques, sous l'effet d'une stimulation anormale du myocarde ventriculaire, lequel ne se contracte plus de manière efficace. — La fibrillation ventriculaire se traduit à l'électrocardiogramme par un tracé d'ondulations se succédant à un rythme compris entre 250 et 500 par minute. Survenant généralement au cours d'une cardiopathie préexistante, la fibrillation peut aussi apparaître lors d'une électrocution. Si elle n'est pas immédiatement réduite (v. DÉFIBRILLATION), la fibrillation ventriculaire entraîne la mort.

fibrille n. f. Élément essentiel des fibres musculaires, lisses ou striées.

fibrine n. f. Protéine formée à partir du fibrinogène, sous l'action de la thrombine. (C'est le caillot de fibrine qui, en emprisonnant les éléments figurés du sang, est l'agent essentiel de l'arrêt du saignement [v. COAGULATION].)
Le taux sanguin de fibrine, ou fibrinémie, est évalué à partir de la quantité de fibrinogène contenue dans un échantillon de plasma qu'on fait coaguler. Normalement de 4 à 5 g par litre de plasma, il varie dans divers états pathologiques (v. FIBRINOGÈNE).

fibrinogène n. m. Protéine soluble, de forme très allongée, présente dans le plasma sanguin.
La transformation du fibrinogène en fibrine insoluble par action de la thrombine forme le caillot (v. FIBRINE).

fibrinolyse n. f. Phénomène de dégradation de la fibrine*.
Survenant normalement à partir de la 24ᵉ heure de la coagulation, le processus de fibrinolyse assure l'élimination des restes du caillot, une fois l'hémostase (ou arrêt du saignement) terminée.
Dans certaines circonstances pathologiques, comme un accouchement compliqué, un avortement, un cancer, ou en période postopératoire, la fibrinolyse peut se produire trop rapidement, empêchant toute coagulation et entraînant les hémorragies cataclysmiques de ces états dits « de fibrinolyse aiguë ».

fibroblaste n. m. Cellule conjonctive jeune qui aboutit, par maturation, au fibrocyte, cellule du tissu conjonctif fibreux.

fibroélastose n. f. Prolifération pathologique dans le tissu conjonctif des éléments fibreux et élastiques.
Fibroélastose de l'endocarde, maladie caractérisée par un envahissement de l'endocarde par des fibres élastiques. — Elle aboutit rapidement à la défaillance cardiaque.

fibromatose n. f. Affection caractérisée par la présence de plusieurs fibromes.

fibrome n. m. Terme désignant une tumeur formée de tissu fibreux pur, mais également les fibromyomes de l'utérus, formés à la fois de tissus fibreux et musculaire.
On observe des fibromes au niveau de tous les organes. Si le tissu fibreux est associé à d'autres tissus (cartilage, graisse, muqueuse, etc.), on utilise le nom composé correspondant (fibrochondrome, fibrolipome, fibromyome, etc.). Si le fibrome est de nature maligne, on parle de fibrosarcome.
Fibrome du derme, petite lésion bénigne, de la taille d'une lentille, développée dans le derme de l'avant-bras ou de la jambe.
Fibrome de l'utérus, expression utilisée couramment pour désigner un fibromyome, tumeur bénigne formée aux dépens de l'utérus.

C'est une affection fréquente après la trentaine, qui touche surtout les femmes n'ayant pas eu d'enfants. Le fibrome peut se développer sur le col, l'isthme ou le corps de l'utérus. Il peut rester cantonné dans le sein du muscle utérin (fibrome interstitiel), évoluer vers la cavité utérine, en soulevant la muqueuse (fibrome sous-muqueux), ou se développer vers l'extérieur en soulevant le péritoine (fibrome sous-séreux).

Les signes révélateurs sont le plus souvent des modifications des règles, qui augmentent peu à peu en durée et en abondance, et s'accompagnent de caillots. Accessoirement peuvent exister des pesanteurs et une leucorrhée (pertes blanches). Le toucher vaginal révèle un utérus augmenté de volume, dur et irrégulier. L'hystérographie est indispensable pour le confirmer ou le révéler dans les cas où il serait inaccessible à l'examen gynécologique. Beaucoup de fibromes sont parfaitement supportés ; d'autres peuvent entraîner des complications :

1. Les règles hémorragiques peuvent devenir sérieuses du fait de leur abondance, de leur répétition et de leur résistance aux traitements habituels. Elles sont alors susceptibles d'entraîner un état d'anémie avec asthénie ;

2. Une infection (non pas du fibrome lui-même, mais des trompes) peut survenir ;

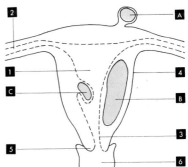

Fibrome. Fibrome de l'utérus.
A. Fibrome sous-péritonéal ;
B. Fibrome interstitiel ;
C. Fibrome sous-muqueux.
1. Cavité de l'utérus ; 2. Trompe ;
3. Muqueuse ;
4. Péritoine ; 5. Col utérin ; 6. Vagin.

Fibrome. Volumineux fibrome utérin, avec augmentation importante des dimensions de la cavité utérine.

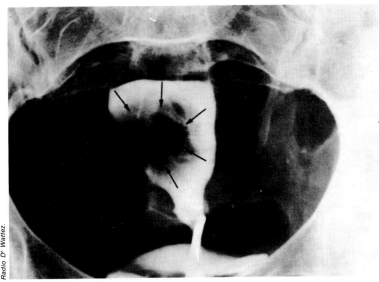

Radio Dʳ Wattez.

3. Certains fibromes, notamment ceux de l'isthme et du col, tendent à comprimer les organes voisins (vessie, rectum, uretères et veines) contre les parois osseuses inextensibles du bassin ;

4. Enfin, beaucoup plus rarement, on peut observer la torsion d'un fibrome sur son pédicule ou une nécrobiose (mortification locale) aseptique. La dégénérescence maligne (cancérisation) est exceptionnelle. La survenue d'une grossesse chez une femme porteuse d'un fibrome est possible.

Traitement. Le traitement médical utilise les hémostatiques et les hormones progestatives. L'intervention chirurgicale peut n'enlever que le fibrome (myomectomie) ou retirer l'utérus lui-même (hystérectomie).

fibromyome n. m. Vrai nom du « fibrome* » de l'utérus.

fibroscope n. m. Variété d'endoscope* dans lequel les rayons lumineux sont conduits par un faisceau de fibres de verre synthétique très souples, donnant à l'appareil une remarquable flexibilité.

fibrose n. f. Transformation fibreuse d'un tissu.

Fibrose cardiaque du nourrisson. V. FIBRO-ÉLASTOSE.

Fibrose pulmonaire, épaississement fibreux de la paroi des alvéoles pulmonaires, entravant la diffusion de l'oxygène et provoquant de ce fait une insuffisance respiratoire progressive.
— Un grand nombre d'affections peuvent être à l'origine de cette transformation : la tuberculose, le cancer, la sarcoïdose de Besnier*-Bœck-Schaumann (B. B. S.), les inhalations de toxiques, etc.

Autres fibroses. La fibrose peut aussi envahir le foie (fibrose hépatique), le pancréas (fibrose pancréatique), etc.

Fiessinger-Leroy-Reiter (syndrome de), affection due à une bactérie du genre *chlamydia*, observée presque uniquement chez l'homme après une infection intestinale à type de dysenterie bacillaire.
Ce syndrome se révèle de 2 à 3 semaines après l'atteinte intestinale, par des manifestations *urogénitales :* urétrite non gonococcique ; *oculaires :* conjonctivite bilatérale, et *articulaires :* polyarthrite inflammatoire.

fièvre n. f. Élévation de la température du corps au-dessus de la normale (hyperthermie), accompagnée d'un malaise général et de divers symptômes.
Mesurée dans l'anus ou dans la bouche, la température* ne doit pas dépasser 37 °C le matin et 37,5 °C le soir, vers 17 heures, au repos.
Certains états physiologiques tels que l'exercice musculaire, la période prémens-truelle*, la grossesse font monter la température de quelques dixièmes de degré : il ne s'agit pas ici de fièvre. En dehors de ces états, l'augmentation de température est une réaction de l'organisme à une agression, le plus souvent infectieuse.

Mécanismes et signification de la fièvre. Chez l'homme et les animaux supérieurs, la température du corps est maintenue constante quelle que soit la température extérieure par des mécanismes dits *de thermorégulation** qui conditionnent la production et la déperdition de chaleur. Ces mécanismes sont commandés par les glandes endocrines (hypophyse, thyroïde) et par des centres nerveux situés dans le diencéphale*, les centres thermorégulateurs.
La fièvre peut résulter d'une anomalie au niveau des centres thermorégulateurs. Il s'agit alors soit d'un dérèglement de ces centres par des substances dites « pyrogènes » (des toxines microbiennes sont invoquées dans le cas le plus fréquent constitué par les maladies infectieuses), soit d'une lésion de ces centres (hémorragie cérébrale, hypertension intracrânienne), ou encore de leur immaturité (prématurés, nouveau-nés).
La fièvre peut résulter également d'une impossibilité d'évacuation de la chaleur (déshydratation supprimant la transpiration) ou d'un excès de production de chaleur (hyperthyroïdie augmentant les métabolismes).
La fièvre, souvent considérée comme une réaction de défense de l'organisme, n'est en réalité qu'un symptôme accompagnant les réactions de défense, qui sont représentées, dans le cas des maladies infectieuses, par les mécanismes d'immunité.
Le *degré de la fièvre* ne correspond pas toujours à l'importance des réactions de défense proprement dites, et, surtout, il n'est pas proportionnel à la gravité de la maladie. S'il est vrai que des infections très graves s'accompagnent d'une fièvre très élevée, atteignant 41 °C (typhoïde, typhus), on voit souvent, surtout chez l'enfant, des poussées de fièvre de 39 à 40 °C qui ne correspondent qu'à des infections banales. Inversement, différentes infections graves peuvent se manifester avec une fièvre très faible (moins de 38 °C), telles certaines diphtéries ou certaines appendicites, dites « asthéniques », où les défenses de l'organisme ne fonctionnent pas.
La fièvre en elle-même n'est pas inquiétante jusqu'aux environs de 40 °C, mais ce sont les symptômes qui l'accompagnent qui font la gravité de la maladie (par exemple déshydratation, vomissements, signes méningés, etc.). En revanche, les fièvres très

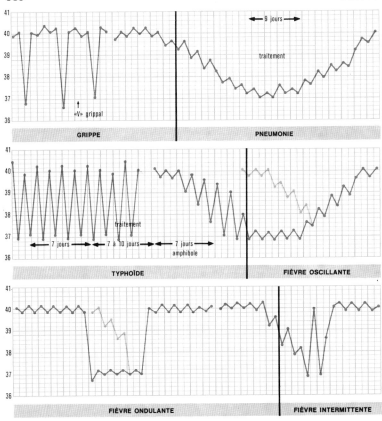

Différents types de fièvre.

élevées sont dangereuses en soi, surtout au-dessus de 41 °C, où des troubles cérébraux sont presque constants (convulsions chez l'enfant, délire et agitation ou, au contraire, prostration chez l'adulte).

Étude clinique. Les manifestations qui accompagnent la fièvre sont variables. Une augmentation brutale de la température (à 39 ou à 40 °C) s'accompagne très souvent de frissons, de malaise, de maux de tête chez l'adulte, et de convulsions chez le nourrisson (convulsions hyperthermiques, sans rapport avec l'épilepsie). Parfois, l'ascension thermique est plus modérée (38, 38,5 °C), provoquant des malaises discrets, des sueurs nocturnes. D'autres fois, seule la prise systématique de la température chez un sujet se plaignant de troubles divers montrera que sa température est anormalement élevée.

La courbe de température. Pour traiter correctement une fièvre, il faut en connaître la cause, et le diagnostic du médecin sera facilité par l'établissement d'une courbe indiquant la température prise régulièrement le matin et le soir dès le début de la maladie.

On distingue, selon la courbe obtenue, différents aspects :

— *fièvre en plateau,* où la température monte brusquement, se maintient plusieurs jours élevée, puis tombe brusquement au bout de quelques jours ; c'est le type observé dans la pneumonie ;

— *fièvre ascendante, augmentant chaque jour* de quelques degrés avec accroissement des symptômes, observée dans la première semaine des fièvres typhoïde et paratyphoïdes ;

— *fièvre intermittente,* formée d'accès de fièvre élevée ne durant que quelques heures, mais se reproduisant tous les 2 à 3 jours comme dans le paludisme ;

— *fièvre inverse,* c'est-à-dire plus élevée le matin que le soir, dans les suppurations pulmonaires ;

— *fièvre rémittente,* où la température reste constamment un peu au-dessus de la normale, avec des accès plus marqués ;

— *fièvre ondulante,* où les températures maximales montent progressivement puis descendent, puis remontent, comme dans les endocardites*, les brucelloses*.

Le retour de la température à la normale marque généralement le début de la convalescence ; il peut être brutal ou progressif, et on observe souvent une chute de la température au-dessous de la normale (36 °C, parfois 35,5 °C) après les fortes fièvres. Dans certains cas, une chute brutale de la température au cours de la maladie peut être le signe d'une complication (cas de la typhoïde).

Traitement de la fièvre. Ce qu'il faut faire. Le repos au lit est nécessaire dans tous les cas. L'alimentation doit être légère jusqu'à l'établissement du diagnostic ; les boissons doivent être abondantes, non alcoolisées (le « grog » aggrave souvent l'état des malades, contrairement à des croyances persistantes) ; on donnera des eaux minérales, des jus de fruits, des tisanes, des bouillons. On prendra soin des lèvres et de la bouche (qu'il faut nettoyer et humidifier), du siège (qui doit toujours être propre). On utilisera les antipyrétiques ou fébrifuges (aspirine, amidopyrine, quinine) avec modération jusqu'à l'avis médical. Il est utile de rafraîchir le front, les tempes, la nuque avec des linges humides. Ceux-ci pourront être appliqués sur les membres si la température dépasse 40 °C, afin d'éviter les troubles nerveux. Les bains dans de l'eau de 37 à 37,5 °C peuvent diminuer une température élevée, mais il est préférable de ne les faire que sur avis médical. Une vessie de glace peut être placée sur la tête, réduisant la température et calmant le mal de tête.

Ce qu'il ne faut pas faire. On comprend qu'il ne faille jamais commencer un traitement antibiotique ou anti-inflammatoire avant qu'un diagnostic précis n'ait été établi. Malgré le désir de voir le malade guérir le plus vite possible, il ne faut pas risquer, en appliquant un traitement « à l'aveugle », de modifier l'aspect de la maladie et de rendre le diagnostic encore plus difficile. Même en ce qui concerne les antipyrétiques, il ne faut pas en donner dans les heures précédant la prise de la température (elle paraîtrait plus basse qu'elle ne l'est en réalité).

Le traitement de la cause. Lorsque le diagnostic est établi, le médecin est seul juge de l'opportunité du traitement : les infections bactériennes appellent des antibiotiques* adéquats. Par contre, les infections virales (grippe, rougeole, etc.), n'étant pas influencées par les antibiotiques, ne nécessitent le recours à ceux-ci qu'en cas de complications (surinfection). Les affections rhumatismales relèvent des anti-inflammatoires et des corticoïdes*. Les parasitoses ont, pour la plupart, des médicaments spécifiques.

fièvre éruptive, maladie infectieuse, caractérisée par l'association d'une fièvre et d'une éruption de caractère particulier, touchant la peau et les muqueuses. (V. ÉRUPTIF. IVE.)

fièvre jaune. V. JAUNE.

fièvre de Malte, syn. de BRUCELLOSE*, MÉLITOCOCCIE, FIÈVRE ONDULANTE.

fièvres récurrentes, maladies se manifestant par plusieurs clochers fébriles successifs. (V. BORRÉLIOSE.)

fièvre scarlatine. V. SCARLATINE.

fièvre typhoïde. V. TYPHOÏDE.

figuré, e adj. Se dit d'un élément qui a une forme propre, visible au microscope, par opposition aux éléments *amorphes.* (Les hématies, les leucocytes et les plaquettes sont les éléments figurés du sang.)

filaire n. f. Ver parasite rond (nématode), au corps long et fin et à la bouche sans crochets, siégeant soit dans les tissus sous-cutanés, soit dans le sang.
Certaines filaires sont pathogènes pour l'homme comme *Loa-loa, Wuchereria bancrofti, Onchocerca volvulus,* causant les filarioses*.

filariose n. f. Affection parasitaire due à une filaire.
Les filarioses prédominent dans les régions tropicales et subtropicales, mais le brassage des populations actuel permet de constater des cas importés en France. La transmission se fait par l'intermédiaire d'un hôte vecteur (transporteur). On distingue quatre filarioses pathogènes : la loase, la dracunculose (ou

filaire de Médine), l'onchocercose et la filariose lymphatique.

La loase. C'est une atteinte de la peau (cutanéodermique) par la localisation des vers et sanguine par celle des embryons. Elle est due à la filaire *Loa-loa*. Rencontrée exclusivement en Afrique dans une région précise, elle est secondaire à la piqûre d'un taon, le *chrysops* (diptère hématophage). Les symptômes les plus fréquents sont oculaires, à type de photophobie, œdème périorbitaire. On observe également un prurit localisé, des œdèmes fugaces (œdèmes de Calabar), parfois des complications cardiaques et rénales.

Le diagnostic se fait sur l'observation des microfilaires dans le sang et d'une augmentation du nombre des éosinophiles* sanguins.

Le traitement par la diéthylcarbamazine à

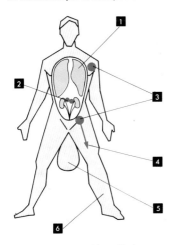

Filaire. Schéma des accidents filariens.
1. Symptômes broncho-pulmonaires ;
2. Varices lymphatiques profondes, chylurie ;
3. Adénite, adénolymphocèle ;
4. Lymphangite rétrograde ;
5. Éléphantiasis du scrotum ;
6. Éléphantiasis du membre inférieur.

doses croissantes doit être conduit par un spécialiste, en débutant par une posologie minime, pour éviter les accidents de destruction brutale des parasites avec dissémination de leurs toxines.

La filariose lymphatique. C'est une parasitose grave, largement répandue dans la zone interet subtropicale du globe, due à deux variétés

de filaires : *Wuchereria bancrofti* et *Brugia malayi*. Le ver adulte (de 5 à 10 cm) vit dans les vaisseaux sanguins et lymphatiques, et les embryons dans la lymphe. La contamination se fait par piqûre de moustiques (culex, aèdes, anophèles, etc.). L'atteinte du système lymphatique se traduit par des manifestations aiguës et chroniques. Les plus précoces se caractérisent par des lymphangites (scrotum, membres) et des adénites. Les symptômes chroniques, signe de blocage lymphatique, réalisent des tableaux divers : éléphantiasis*, varices, chylolymphurie (émission d'urines laiteuses avec microfilaires).

Le diagnostic se fait sur la mise en évidence du parasite à l'état adulte ou embryonnaire, l'existence d'une hyperéosinophilie sanguine et des réactions d'immunité.

Le *traitement* des lésions précoces repose sur la diéthylcarbamazine, celui des lésions tardives est le plus souvent chirurgical.

La *prophylaxie* est complexe : lutte contre les insectes et diminution du réservoir de parasites par le traitement des malades.

La dracunculose ou filaire de Médine. V. DRACUNCULOSE.

L'onchocercose. V. ONCHOCERCOSE.

Filatow (maladie de), quatrième maladie éruptive*, dont les manifestations se rapprochent de celles de la rubéole. (Syn. : MALADIE DE DUKES-FILATOW.)

filet n. m. **Filet nerveux,** fine ramification d'un nerf.

Filet de la langue, filets des lèvres, replis médians de la muqueuse buccale qui limitent les mouvements de ces organes. (Le filet, ou frein de la langue, doit être sectionné chirurgicalement lorsqu'il gêne l'allaitement du nouveau-né ou, plus tard, s'il gêne l'élocution.)

filiforme adj. Se dit d'une dimension comparable à celle d'un fil ou, au figuré, d'une sensation très ténue : un *pouls filiforme* est un pouls très faible.

fissure n. f. Fente étroite et peu profonde d'un tissu ou d'un organe (par exemple fracture longitudinale incomplète, sans déplacement, d'un os).

Fissure anale. C'est une ulcération superficielle siégeant au fond d'un des plis radiés de l'anus et caractérisée cliniquement par une contracture douloureuse du sphincter* anal. La douleur, élément caractéristique du syndrome fissuraire, commence au passage du bol fécal, puis, après une pause de quelques minutes, reparaît et devient intolérable ; après un temps variable (un quart d'heure, une demi-heure), elle s'atténue jusqu'à la prochaine défécation. L'examen montre une petite ulcération très douloureuse au toucher, le plus souvent associée à une hémorroïde.

Le traitement chirurgical consiste soit en une simple dilatation anale sous anesthésie générale, soit en l'excision de la fissure, mettant à plat les décollements voisins et enlevant hémorroïdes ou polypes associés.

fistule n. f. Communication pathologique entre la lumière (l'intérieur) d'un élément anatomique ou pathologique et celle d'un autre élément ou l'extérieur.

Une fistule peut être congénitale ou acquise à la suite d'une affection pathologique ou d'un geste thérapeutique ; il en existe une infinie variété : selon le contenu, on décrit des fistules purulentes, urinaires, stercorales (fèces*), biliaires, etc. ; selon les organes, on rencontre des fistules broncho-pleurales, gastro-coliques, biliaires externes ou internes, œsophago-trachéales, artério-veineuses, etc.

Fistule anale. C'est un trajet étroit, irrégulier, allant de la muqueuse du canal anal à la peau de la marge de l'anus, presque toujours consécutif à un abcès du pourtour de l'anus, même parfois correctement traité. Le malade se plaint de démangeaisons anales tenaces avec écoulement muco-purulent, souillant le linge ; l'examen permet de localiser facilement l'orifice cutané plus ou moins proche de la marge anale ; l'exploration douce au stylet, associée au toucher rectal, précise la situation du trajet fistuleux. La radiographie permet de reconnaître le trajet.

Le *traitement* de la fistule anale est chirurgical : simple mise à plat ou excision en masse du trajet fistuleux, respectant ou reconstituant les fibres du sphincter.

FIVETTE, sigle de *Fécondation* In Vitro *ET Transfert de l'Embryon.*

fixation n. f. **En chirurgie :** 1. Action de fixer les fragments osseux d'une fracture. (Syn. : OSTÉOSYNTHÈSE.) — 2. Action de fixer un organe trop mobile. (Syn. : PEXIE [ex. : *néphropexie,* fixation d'un rein ptôsé].)

En histologie, opération effectuée après prélèvement d'un tissu ou de cellules, en vue de leur conservation, et consistant à les plonger dans du formol.

En sérologie, *fixation du complément.* V. COMPLÉMENT.

En psychologie, attachement exclusif et exagéré, centré sur une personne ou un objet. Les diverses fixations sont souvent en rapport avec une privation trop brutale ou, au contraire, avec un excès de satisfaction survenus dans la petite enfance.

flaccidité n. f. Caractère mou des muscles et des membres que l'on observe dans certaines paralysies dites « flasques ».

flagellé n. m. Protozoaire pourvu d'un noyau simple et d'un ou de plusieurs flagelles, c'est-à-dire de longs cils locomoteurs implantés sur des corpuscules appelés *blépharoplastes.*

Parasites de l'homme, certains flagellés sont sanguicoles (vivent dans le sang), comme la *leishmania* (v. LEISHMANIOSE), les trypanosomes (v. TRYPANOSOMIASE) ; d'autres se localisent dans le tube digestif (*lamblia* [v. LAMBLIASE], *chilomastix*) ou dans le vagin (*Trichomonas vaginalis*).

flanc n. m. Nom usuel de la partie du corps située entre les côtes et l'aile iliaque du bassin.

flatulence n. f. Accumulation de gaz dans le tube digestif, provoquant un ballonnement abdominal, des troubles digestifs et l'émission de ces gaz par la bouche (éructation) ou par l'anus.

fléchisseur adj. et n. m. Se dit d'un muscle ou d'un groupe de muscles dont l'action provoque la flexion.

flétan n. m. Poisson de l'Atlantique Nord, dont le foie est riche en vitamines A et D.

fleur n. f. Certaines fleurs sont toxiques (muguet, aconit, digitale, etc.). — En cas d'ingestion accidentelle (enfants), il faut provoquer un vomissement, faire un lavage d'estomac*, parfois hospitaliser.

flexion n. f. Action de plier un segment du corps sur le segment voisin.

floculation n. f. Précipitation en flocons d'un corps dissous dans un liquide. (Cette précipitation provoque un trouble plus ou moins important.)

(V. tableau page suivante.)

Floculation par agents chimiques. La floculation des protéines du plasma sanguin peut être provoquée par l'addition de diverses substances (sels minéraux, colloïde, thymol, formol, etc.). Elle se produit d'une façon différente dans le plasma normal et dans le plasma de sujets atteints de diverses maladies, notamment de maladies du foie.

Ces tests sont positifs en cas d'hépatite ou de cirrhose, mais ils peuvent l'être aussi en cas d'inflammation ou d'anomalies des protéines.

Floculations par réactions immunologiques. Une floculation peut aussi être observée par la mise en présence d'antigènes et d'anticorps. Diverses réactions de floculation sont ainsi utilisées dans le diagnostic de la syphilis (réactions de Meinicke, de Kline, de Kahn).

flore n. f. **Flore bactérienne,** ensemble des microbes vivant en équilibre dans un milieu donné.

On mesure soit la quantité de réactif nécessaire, soit l'importance du trouble, approximativement (0, +, ++, +++), ou avec un photomètre (en unités Vernes, U. V.).

réaction	réactif	normal	positif
Gros	mercure	supérieur à 2 ml	inférieur à 2 ml
Hanger	céphaline-cholestérol	0	+, ++ ou +++
Mac Lagan	thymol	inférieur à 15 U. V.	supérieur à 15 U. V.
Kunkel	zinc	inférieur à 25 U. V.	supérieur à 25 U. V.
Kunkel	phénol	inférieur à 40 U. V.	supérieur à 40 U. V.

Flore intestinale, ensemble des germes présents dans l'intestin. — À l'état normal, on observe une flore dite *de fermentation,* faite de colibacilles, d'entérocoques, de levures ; cette flore est indispensable au bon fonctionnement de l'intestin. L'importance de la *flore iodophile* (germes colorés par l'iode) témoigne de la vitesse du transit dans le gros intestin. À l'état pathologique, on observe une flore de *putréfaction* (staphylocoques, levures pathogènes, etc.), cause de diarrhée. Certains traitements antibiotiques détruisent la flore intestinale normale ; on la rétablit par absorption de ferments lactiques.

flot n. m. **Signe du flot,** transmission du choc d'une chiquenaude d'un côté de la paroi abdominale à l'autre, signe de la présence dans l'abdomen d'un épanchement de liquide (ascite* libre).

fluctuation n. f. Sensation d'ondulation perçue par les doigts qui palpent ou dépriment une tumeur à contenu liquide (kyste ou abcès).

fluidifiant, e adj. et n. m. Se dit des produits qui rendent moins épaisses les sécrétions normales et pathologiques.
Les fluidifiants bronchiques (benzoate de sodium, chlorure d'ammonium et dérivés) rendent plus facile l'expectoration.

fluor n. m. Corps simple existant sous forme de sels de calcium (fluorure) dans les os, les dents, les cartilages.
Fluor et carie dentaire. L'insuffisance de fluor dans l'alimentation rend les dents plus vulnérables à la carie. On emploie donc les fluorures, en petite quantité, dans la lutte contre la carie.
Toxicologie. Le fluor, gaz halogène, est toxique ainsi que l'acide fluorhydrique. Ce

sont des caustiques provoquant des ulcérations des yeux, du nez, et un œdème du poumon. Les sels ingérés en quantité provoquent des troubles digestifs (douleurs, vomissements), une chute de la tension artérielle et une chute du calcium sanguin. Les insecticides, raticides et produits antirouille contenant des fluorures sont très toxiques. En cas d'intoxication, il faut, avant même l'hospitalisation, faire boire des sels de calcium et du lait (c'est la seule intoxication où celui-ci soit utile).

fluorescence n. f. Propriété que possèdent certains corps de transformer les rayons X ou ultraviolets en rayons visibles.
La fluorescence est mise à profit pour détecter les rayons X (v. RADIOSCOPIE) et elle a de nombreuses applications de laboratoire (v. IMMUNOFLUORESCENCE).

fluorique adj. En médecine homéopathique, la *constitution fluorique* caractérise des individus de forme asymétrique (tête, corps, colonne vertébrale, dents), dont la physiologie est irrégulière, les réactions désordonnées, le psychisme instable.

flutter n. m. Trouble du rythme cardiaque, touchant électivement les oreillettes, qui se contractent de manière régulière et coordonnée à une fréquence de 300 par minute.
Les ventricules ne répondent pas à chacune des contractions auriculaires ; ils ne se contractent qu'une fois sur deux, sur trois ou même sur quatre : on parle de flutter 2 sur 1, 3 sur 1, 4 sur 1.

flux n. m. Écoulement d'un liquide organique (flux menstruel [les règles], flux biliaire [la bile]).

fluxion n. f. Terme commun désignant le stade aigu d'une inflammation : *fluxion dentaire, fluxion articulaire.*

F.O., sigle de FOND* D'ŒIL.

fœtopathie n. f. Maladie affectant le fœtus pendant la vie intra-utérine.

Il peut s'agir de fœtopathie *infectieuse,* soit virale (rubéole, herpès, grippe), soit micro-bienne (listériose), ou encore parasitaire (paludisme, toxoplasmose, etc.). Il peut s'agir aussi de fœtopathie *toxique,* liée à l'adminis-tration à la mère de certains médicaments (antithyroïdiens, antivitamine K, radiations ionisantes, etc.) ou de fœtopathie *carentielle* (avitaminoses).

fœtus n. m. Nom que prend le futur être humain, depuis le 3ᵉ mois de la grossesse jusqu'à la fin de sa vie intra-utérine.

Le stade de fœtus fait suite à celui de l'embryon* des trois premiers mois. Dès le 3ᵉ mois, la face prend un aspect plus humain, les membres deviennent proportionnels à la longueur du corps et les organes génitaux se différencient.

Développement du fœtus.
Schéma montrant la taille de la tête
par rapport au reste du corps
à différents stades du développement :
A. Fœtus de 3 mois ; B. de 5 mois ;
C. de 9 mois.

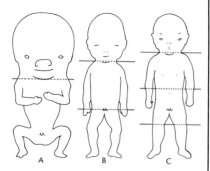

Le fœtus à terme mesure 50 cm et pèse environ 3,250 kg. Sa peau est recouverte d'un enduit blanchâtre, le *vernix caseosa ;* ses cheveux sont longs et ses ongles bien for-més. La circulation sanguine est tributaire du placenta, où s'effectuent les échanges gazeux. L'appareil digestif est au repos. L'appareil urinaire fonctionne, et l'urine est émise dans le liquide amniotique. Le système nerveux reste immature. L'intestin est rempli d'une substance verte, le méconium.

foie n. m. Glande annexe du tube digestif, qui sécrète la bile et remplit de multiples fonctions métaboliques. (C'est donc à la fois une glande à sécrétion externe [la bile] et une glande à sécrétion interne [modifications chimiques du sang].)

Anatomie.
Le foie est situé sous la coupole droite du diaphragme (loge sous-phrénique droite) ; il déborde largement à gauche vers la région cœliaque (v. AORTE) et, même, la loge sous-phrénique gauche.

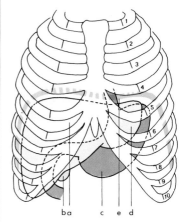

Projection du foie sur le gril costal.
a. Foie ; *b.* Vésicule biliaire ; *c.* Estomac ;
d. Lobe gauche du foie ;
e. Projection du dôme diaphragmatique.

Le foie pèse de 1,5 à 2 kg chez l'adulte. D'aspect rouge-brun, friable et fragile, sa surface est lisse, recouverte d'une capsule propre. Il présente quatre lobes, qui ne sont tous visibles à la fois que sur sa face inférieure.

Cette face inférieure est parcourue par trois sillons, dont l'un est le *hile du foie.* Ce sillon est occupé par les organes qui vont au foie ou qui en partent : veine porte*, canaux hépatiques, artère hépatique.

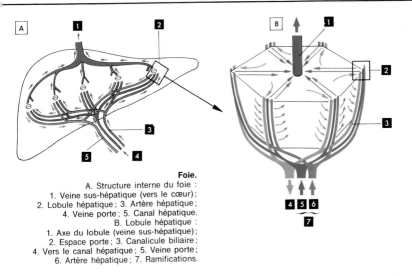

Foie.
A. Structure interne du foie :
1. Veine sus-hépatique (vers le cœur) ;
2. Lobule hépatique ; 3. Artère hépatique ;
4. Veine porte ; 5. Canal hépatique.
B. Lobule hépatique :
1. Axe du lobule (veine sus-hépatique) ;
2. Espace porte ; 3. Canalicule biliaire ;
4. Vers le canal hépatique ; 5. Veine porte ;
6. Artère hépatique ; 7. Ramifications.

La face supérieure, convexe, est divisée par le ligament supérieur en lobe droit et lobe gauche. La face postérieure, verticale, présente deux sillons contenant, le droit, la veine cave inférieure, le gauche, un cordon fibreux.

Le foie est solidement maintenu en place par la veine cave inférieure et par des replis péritonéaux, les ligaments coronaire, triangulaire et falciforme. Le petit épiploon* (repli du péritoine) unit le foie à l'estomac et à la première portion du duodénum ; il contient le *pédicule hépatique.*

Le foie reçoit tout le sang du tube digestif par la veine porte*. À l'intérieur du foie, celle-ci se divise en 8 branches, destinées aux 8 segments du foie (répartis dans les 4 lobes). Chaque branche se divise en un réseau capillaire qui amène le sang au contact des cellules hépatiques ; de là, un nouveau système veineux capillaire draine le sang vers les 8 branches correspondantes des *veines sus-hépatiques,* qui se jettent dans la veine cave, sous le diaphragme. Le foie reçoit en outre du sang artériel oxygéné par l'*artère hépatique,* qui, née du tronc cœliaque, rejoint le pédicule hépatique, où elle chemine en avant de la veine porte, à gauche des canaux cholédoque et hépatique, jusqu'au hile.

Histologie.
Le foie est constitué par un labyrinthe de lames formées de cellules, les *hépatocytes ;* il est traversé par les branches de la veine porte, de l'artère hépatique et des canaux biliaires, groupés dans les *espaces portes,* et par les branches d'origine de la veine sus-hépatique. La petite masse de tissu hépatique centrée par une veinule sus-hépatique (ou veine centrolobulaire) constitue le *lobule hépatique,* lequel est entouré de plusieurs espaces portes. Le sang coule des espaces portes vers les veines centrolobulaires dans des espaces, ou *sinusoïdes,* tapissés de cellules endothéliales, entre les lames d'hépatocytes. Entre ces hépatocytes naissent des canalicules biliaires, qui s'anastomosent entre eux pour se jeter dans les canaux biliaires qui aboutissent au canal hépatique. (V. BILIAIRE, *Voies biliaires.*)
Physiologie.
Le foie participe à presque tous les métabolismes, et sa destruction complète est incompatible avec la vie. Recevant par la veine porte le sang veineux du tube digestif qui contient les produits de la digestion, et, par l'artère hépatique, du sang oxygéné nécessaire à la vie de ses cellules, le foie draine

environ 1,5 litre de sang par minute, qu'il renvoie au cœur par les veines sus-hépatiques et la veine cave.

Entre la veine porte et les veines sus-hépatiques, le foie se comporte comme un laboratoire qui *retient* certains produits de la digestion, *charge* le sang de nombreuses substances nécessaires aux différents métabolismes* et l'*épure* de ses déchets. Une partie de ceux-ci passe dans la bile.

Le foie remplit ainsi deux grandes fonctions : détoxication et épuration, d'une part ; synthèse et mise en réserve, de l'autre.

A. Détoxication et épuration. C'est dans la bile, produit de sécrétion externe, que le foie concentre et élimine la plupart des substances à excréter dont il a purifié le sang qui l'a traversé. Le foie sécrète environ 1 litre de bile par jour. Élément important de la digestion, celle-ci est déversée par les voies biliaires dans le tube digestif. La bile contient, notamment : la *bilirubine*, les *sels biliaires*, du *cholestérol*, les produits du catabolisme des *hormones* (*thyroïdiennes* surtout) qui ne sont pas éliminées par le rein, des *protéines*, des *sels minéraux*.

La *détoxication de l'ammoniac* est le second aspect de la fonction épuratrice du foie. L'ammoniac, qu'il soit *endogène*, c'est-à-dire provenant de la dégradation des acides aminés dans le foie même, ou *exogène*, c'est-à-dire issu de la décomposition des protéines alimentaires, est un corps toxique. Le foie le transforme en *urée*, substance soluble, qui passe dans le sang et, de là, est éliminée par le rein dans les urines.

B. Synthèse et mise en réserve.

1. GLUCIDES (SUCRES). Le foie joue un rôle important dans la régulation de la glycémie*. D'une part, il stocke le glucose excédentaire qui lui vient du sang du tube digestif après les repas, en le transformant en glycogène*. Le glucose ainsi conservé est déversé secondairement dans la circulation générale, par les veines sus-hépatiques, entre les repas et lors des périodes de jeûne, selon les besoins. Par ailleurs, le foie assure la synthèse du glycogène, lorsque le glucose vient à manquer, soit à partir d'un autre sucre (galactose), soit à partir des lipides ou des protides (néoglycogenèse).

2. LIPIDES (GRAISSES). Le foie dégrade les acides gras alimentaires en *corps cétoniques*, produits de haute valeur énergétique, qui sont soit consommés sur place, soit repris par la circulation générale et dirigés vers des organes qui, comme le rein et le cœur, les utilisent préférentiellement au glucose comme source d'énergie.

Le foie assure, d'autre part, la synthèse du cholestérol*, ainsi que sa dégradation.

3. PROTIDES. Filtre des apports alimentaires, le foie capte les acides aminés, constituants des protéines. Il peut alors, en fonction des besoins de l'organisme, soit stocker ces acides, soit les laisser passer tels quels dans la circulation générale, ou bien les utiliser pour la synthèse de protéines, ou encore transformer un acide aminé en un autre, ou, enfin, les utiliser comme combustible. Le foie est le siège de la synthèse d'une grande partie des *protéines plasmatiques*. Il en déverse tous les jours 40 g dans le sang. À l'exception des *immunoglobulines*, il les synthétise toutes, et notamment la *sérumalbumine*, les *facteurs de la coagulation sanguine* (notamment la prothrombine*) et l'*héparine*. Le foie synthétise également les *enzymes** qui interviennent dans les différents métabolismes. Par ailleurs, le foie est le lieu de stockage des *facteurs antianémiques*, du *fer*, des *vitamines* A, D, K et B.

Foie. Coupe histologique normale.

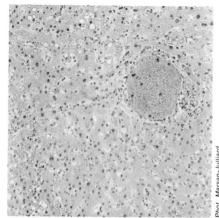

Phot. Marsan-Julliard.

Examen du foie.

L'examen clinique permet, grâce à la palpation et à la percussion de l'abdomen, de

TESTS FONCTIONNELS DU FOIE

Examens courants de l'exploration fonctionnelle hépatique	Limites des valeurs normales dans le sang
bilirubine conjuguée	$0 \rightarrow$ indosable normalement
cholestérol total cholestérol estérifié	de 1,5 à 2,5 g/l (grammes par litre) de 1 g à 1,5 g/l
phosphatases alcalines	de 0,5 à 6 unités Bodansky de 3 à 15 unités King Armstrong de 0,5 à 3 unités Bassey
sérum-albumine	de 35 à 45 g/l
gammaglobulines	de 10 à 18 g/l
prothrombine	de 80 à 100 p. 100
floculation* (Mac Lagan) [test au thymol]	de 0 à 10 unités Vernes
transaminases { S. G. O. T. S. G. P. T.	de 10 à 60 unités de 5 à 50 unités
rétention de la B. S. P.	normalement, doit être inférieure à 5 p. 100 de la dose injectée à la 45ᵉ minute

dépister des modifications importantes de volume et de consistance du foie, et surtout de déceler les signes associés d'une atteinte hépatique (v. plus loin). Il sera complété par l'examen radiographique avec opacification des voies biliaires (cholangiographie*, artériographie* sélective de l'artère hépatique, splénoportographie*). La scintigraphie*, à l'aide d'isotopes radioactifs, donne une véritable carte de la glande. La laparoscopie* détecte des anomalies de couleur, de forme, de consistance de l'organe.

Enfin, la ponction-biopsie, réservée à des cas très précis, peut permettre un diagnostic exact de l'état histologique du parenchyme hépatique.

Exploration fonctionnelle.

L'exploration fonctionnelle hépatique dispose d'une batterie d'examens de laboratoire qu'il est illusoire de vouloir tous énumérer· ici. Nous nous bornerons à décrire ceux qui, sous le nom de complet hépatique, sont prescrits pour les bilans de pratique courante. L'atteinte du foie est d'autant plus importante que plusieurs de ces tests se révèlent perturbés.

1. Exploration de la fonction excrétrice du foie : test à la brome-sulfone-phtaléine (B. S. P.). La B. S. P. est une substance chimique colorante qui, une fois injectée dans la circulation sanguine, en est éliminée exclusivement par le foie. On admet que la mesure de la vitesse d'élimination de la B. S. P., injectée par voie intraveineuse dans des conditions définies, permet une appréciation de la capacité du foie à éliminer la bilirubine, donc une appréciation de la fonction excrétrice du foie.

Normalement, 30 minutes après l'injection, il reste 10 p. 100 de B. S. P. dans le sang, et 5 p. 100 au bout de 45 minutes. Il existe une rétention de la B. S. P. dans la circulation en cas d'obstacle à l'évacuation de la bile par le foie et en cas d'insuffisance cellulaire hépatique. En dehors de ces deux circonstances pathologiques, la mesure de la vitesse d'élimination de la B. S. P. permet d'explorer le débit sanguin hépatique.

2. Tests d'insuffisance cellulaire hépatique.

TESTS FONCTIONNELS DU FOIE

Groupement des examens hépatiques dans les différents syndromes		*Variation des valeurs sanguines dans les affections en cause*		
		Hépatites	Cirrhoses	Rétention biliaire par obstacle
Rétention biliaire	bilirubine conjuguée	avec ictère : présence sans ictère : absence	présence	présence
	cholestérol estérifié	↘	↘	= ou ↘
	phosphatases alcalines	↗	↗	↗
	rétention de la B.S.P.	avec ictère : ↗ sans ictère : normal	↗	↗
Insuffisance cellulaire hépatique	cholestérol estérifié	↘	↘	↘
	sérum albumine	parfois ↘	↘	insignifiant
	bilirubine conjuguée	avec ictère : présence sans ictère : absence	présence	présence
	rétention de la B.S.P.	avec ictère : ↗ sans ictère : normal	↗	↗
	prothrombine	↗	↘↘	insignifiant
Inflammation	gammaglobulines	↗↗	↗	=
	floculation (Mac Lagan : test au thymol)	↗↗	↗↗	0
Cytolyse destruction cellulaire hépatique	trans-aminases { S.G.O.T.	↗↗	↗	=
	trans-aminases { S.G.P.T.	↗↗↗	↗ ou ↗↗	=

↗, ↗↗, ↗↗↗	augmentation	=	taux normal ou sans changement
↘, ↘↘	diminution	0	test négatif

L'atteinte fonctionnelle de l'hépatocyte se traduit sur le plan biologique par : 1° la diminution des fonctions de synthèse et, donc, la baisse de la concentration sanguine des substances synthétisées par le foie ; c'est ainsi qu'on observe alors une chute du taux du *cholestérol* estérifié, des *protéines* plasmatiques et des facteurs de la coagulation (prothrombine principalement) ; 2° la diminution des fonctions d'épuration : la *bilirubine conjuguée,* non éliminée, est anormalement élevée dans le sang. Par ailleurs, il existe une rétention de la B. S. P.

3. *Tests de rétention biliaire.* Les anomalies de ces tests traduisent un obstacle à l'évacuation de la bile par le foie. On constate alors : 1° un reflux dans le sang des substances normalement éliminées par la bile ; c'est ainsi que le taux sanguin de la bilirubine conjuguée et du cholestérol estérifié va augmenter ; 2° une synthèse accrue de certaines substances par l'hépatocyte sous l'effet de la stase biliaire : augmentation des phosphatases alcalines dans le sang ; 3° l'absence de sels biliaires dans le tube digestif, d'où l'impossibilité de digestion des graisses.

4. *Tests d'inflammation.* Certaines affections hépatiques : cirrhoses, hépatites virales, entraînent un syndrome biologique d'inflammation, marqué par une élévation des gammaglobulines plasmatiques et par la positivité des réactions de floculation, dont la plus fidèle est celle de Mac Lagan, ou test au thymol (v. FLOCULATION).

5. *Tests de cytolyse (destruction cellulaire) hépatique.* On assiste, lors de la destruction des cellules hépatiques, à la libération dans le sang de toutes les substances normalement stockées dans l'hépatocyte et, en particulier, de certaines enzymes : la *transaminase glutamo-oxalo-acétique,* ou *S. G. O. T.,* et, surtout, la *transaminase glutamo-pyruvique,* ou *S. G. P. T.,* dont le taux sanguin s'élève de façon proportionnelle à l'intensité de la destruction cellulaire.

Pathologie.

Symptômes des maladies du foie. Malgré la grande diversité des affections qui peuvent atteindre le foie, les signes de l'atteinte de cet organe sont presque toujours les mêmes, avec une prédominance en faveur de l'un ou de l'autre, suivant la maladie en cause.

Toutefois, aucun de ces signes ne peut à lui seul permettre d'affirmer qu'il existe une atteinte hépatique. C'est l'étude de leur association à des signes généraux et à des manifestations éventuellement observées au niveau d'autres organes, ainsi que les résultats des examens d'exploration fonctionnelle, qui permettent de porter un diagnostic.

Les signes de l'atteinte du foie sont :
— le *gros foie* (hépatomégalie*), perceptible par la palpation de l'abdomen ;
— une *douleur sourde* de la région du foie (hépatalgie*), souvent réduite à une pesanteur (et très différente de la colique* hépatique, qui n'est pas une douleur du foie, mais des voies biliaires) ;
— l'*ictère*, ou *jaunisse,* qui indique la présence de sels biliaires dans la circulation générale et peut être léger (subictère*) ou accentué (ictère franc) ;
— l'*augmentation de volume de la rate* (splénomégalie*) et la dilatation des veines superficielles de l'abdomen, indiquant une hypertension* de la veine porte.

À ces symptômes peuvent s'ajouter des signes indirects affectant les vaisseaux (dilatation des vaisseaux de la peau, angiomes* stellaires, télangiectasies*, rougeur des paumes ou érythrose* palmaire), le tube digestif (manque d'appétit, nausées, vomissements), le système nerveux (flapping tremor [v. TREMBLEMENT], agitation ou, au contraire, prostration préludant au coma* hépatique).

Maladies du foie.

L'HÉPATITE*. C'est l'inflammation diffuse du tissu hépatique. Elle relève de deux causes distinctes : infectieuse ou toxique.

Les *hépatites infectieuses* sont contractées par contamination, due à deux virus spécifiques A et B (hépatites virales), mais peuvent, plus rarement, être provoquées par d'autres virus (ceux de la mononucléose* infectieuse et de la fièvre jaune*, notamment) ou par des bactéries (leptospirose* ictérohémorragique). Les *hépatites toxiques* sont consécutives à des intoxications par l'amanite* phalloïde, le tétrachlorure de carbone*, le phosphore*, trouvé dans certains raticides, et par certains dérivés du benzène.

LES CIRRHOSES*. Ce sont des affections dégénératives complexes du tissu hépatique. Si 80 p. 100 d'entre elles sont dues à l'alcoolisme, beaucoup d'autres affections peuvent en être la cause. En particulier les hépatites*, l'hémochromatose* (cirrhose bronzée), la maladie de Wilson, certaines obstructions des voies biliaires (cirrhose biliaire).

Les cirrhoses sont souvent accompagnées de dégénérescence graisseuse, ou stéatose*.

LES AFFECTIONS PARASITAIRES. Certains parasites se localisent volontiers dans le foie, et en tête de ceux-ci la *douve* du foie, ou *distomatose* hépatique,* souvent contractée en mangeant du cresson sauvage. Le *kyste hydatique,* ou *échinococcose* hépatique,* se transmet à l'homme par l'intermédiaire du mouton, du bœuf ou du chien. Citons également la *schistosomiase* hépatique* et l'*amibiase*,* provoquant des abcès du foie.

LES ABCÈS DU FOIE. Ce sont des infections suppurées localisées à une partie du foie. Il peut s'agir d'une atteinte parasitaire ou bactérienne. Les abcès parasitaires sont essentiellement représentés par l'*abcès* amibien.* C'est le plus fréquent des abcès du foie. Il se développe par la dissémination d'une amibiase intestinale (dysenterie), et peut être prévenu par le dépistage et le traitement précoce de celle-ci. On observe exceptionnellement des abcès hépatiques dus à l'*ascaris*.* Les *abcès bactériens* se développent à la faveur de la localisation hépatique d'une septicémie*, ou de la propagation d'une infection abdominale de voisinage (appendicite, cholécystite).

LE CANCER PRIMITIF DU FOIE. C'est un cancer qui se développe sur place à partir des cellules hépatiques (hépatome).

Le cancer du foie se présente comme une cirrhose d'évolution rapide et compliquée par un ou plusieurs des signes suivants : fièvre, ictère foncé, douleurs, ascite* hémorragique (tous signes qui peuvent d'ailleurs compliquer une cirrhose, indépendamment du cancer). Les phosphatases alcalines sont précocement élevées. Le diagnostic est porté sur les données de la laparoscopie* ou de la ponction-biopsie.

À côté des *hépatomes* malins développés à partir des calculs hépatiques, il existe des *cholangiomes** malins, développés à partir des canalicules biliaires, et des sarcomes* développés à partir des éléments conjonctifs.

Les cancers primitifs du foie sont maintenant accessibles à la chirurgie (hépatectomie), lorsqu'ils sont diagnostiqués dès leur début et qu'ils sont localisés à un seul lobe. Toutefois, leur pronostic reste sévère, surtout s'ils s'accompagnent d'une cirrhose.

TUMEURS BÉNIGNES DU FOIE. Les tumeurs du foie sont rarement bénignes. Toutefois sont bénins le *cholangiome,* d'exceptionnels *fibromes** et de rares *hémangiomes**. Le diagnostic entre tumeur bénigne et tumeur maligne ne peut être assuré que par l'examen histologique (biopsie*).

Atteintes du foie au cours des affections cardio-vasculaires. *Le foie cardiaque.* On désigne ainsi le retentissement hépatique

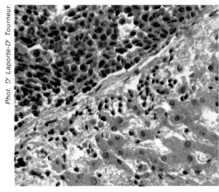

Phot. Dr Laporte-Dr Tourneur.

Foie. Envahissement du tissu hépatique par des cellules cancéreuses à noyau monstrueux.

d'une surcharge de la circulation veineuse, telle qu'on l'observe dans les insuffisances cardiaques* droites et les péricardites* constrictives. Le foie se gorge alors de sang, et, à l'examen, on trouve une hépatomégalie molle, douloureuse, dont la pression provoque le gonflement des veines jugulaires par reflux de sang (*reflux hépato-jugulaire*).

Autres affections vasculaires pouvant retentir sur le foie. Une embolie artérielle ou une périartérite* noueuse peuvent donner un infarctus hépatique. Une thrombose des veines sus-hépatiques, extra- ou intrahépatiques (syndrome de Budd-Chiari) entraîne, si elle est aiguë, une douleur, des vomissements, un état de choc, un gros foie douloureux, un coma, la mort. Moins aiguë, l'obstruction de ces veines provoque à la longue un syndrome d'hypertension portale progressif.

Localisations au foie de diverses maladies générales. De nombreuses granulomatoses* atteignent le foie : maladie de Besnier*-Bœck-Schaumann, histiocytose*, leucémies*, amylose*. Les thésaurismoses* : maladies de Gaucher*, de Hurler (v. GARGOYLISME), de Niemann*-Pick, et les glycogénoses* entraînent une hépatomégalie importante. Certaines affections hépatiques sont dues à une surcharge métallique (v. HÉMOCHROMATOSE et WILSON [*maladie de*]).

Le *cancer secondaire du foie* est la prolifération dans celui-ci de cellules cancéreuses provenant d'un autre organe, et transportées par voie sanguine (métastase). Les cancers secondaires du foie sont beaucoup plus fréquents que les cancers primitifs. Ils proviennent de cancers de l'estomac, de l'intestin, du sein, du poumon, etc.

Au cours de l'évolution d'un cancer connu, parfois chez un sujet jusque-là en bonne santé, apparaissent des douleurs de l'hypochondre droit, parfois un ictère, ou encore une augmentation du volume de l'abdomen, accompagnée d'un amaigrissement rapide. La palpation de l'abdomen découvre un gros foie irrégulier, dur, douloureux. L'exploration fonctionnelle montre des signes de rétention biliaire, dont le plus caractéristique est l'élévation des phosphatases alcalines. Le diagnostic précoce de ces tumeurs est difficile et requiert la laparoscopie*, la scintigraphie* et l'artériographie*.

Bien que les cancers secondaires du foie aient un pronostic très sombre, certains d'entre eux relèvent de la chimiothérapie ou de la radiothérapie, selon la nature du cancer primitif dont ils sont issus.

Foie et grossesse. Au cours de la grossesse, on peut observer certains accidents hépatiques : dégénérescence graisseuse ou stéatose* aiguë grave, cholestase (rétention de bile intrahépatique) récidivante et foie éclampsique (v. ÉCLAMPSIE).

Maladies diverses attribuées au foie. Le foie est souvent rendu responsable de bien des affections, troubles, malaises et même maladies de différents organes. Cela se comprend en raison du nombre et de l'importance des fonctions hépatiques ; toutefois, les croyances populaires très persistantes dépassent largement la réalité et, s'il est exact que le foie défaillant ait des responsabilités multiples, encore ne faut-il pas exagérer celles-ci ou en imaginer là où il n'en existe pas.

La « **crise de foie** ». Nous avons vu plus haut que les crises douloureuses très violentes du côté droit, les coliques hépatiques, ne sont pas dues au foie, mais à des contractions spasmodiques des voies biliaires (par exemple, pour expulser un calcul). D'autres troubles tels que vomissements, diarrhée, malaises divers sont souvent baptisés « crise de foie » : le foie est ici rarement en cause, même si les vomissements contiennent de la bile. Ces troubles sont généralement le reflet de réactions du système neurovégétatif (sympathique et parasympathique) à une agression, dont l'origine peut être aussi bien un aliment mal digéré, un médicament mal toléré par la muqueuse de

l'estomac ou une appendicite, etc., qu'une réelle atteinte du foie.

Les troubles digestifs. Des manifestations moins alarmantes, mais persistantes, telles que perte d'appétit, digestion difficile, constipation opiniâtre, sont couramment mises sur le compte du foie : là aussi, il est souvent difficile d'affirmer ou d'infirmer cette origine, quoique les voies biliaires soient plus souvent en cause que le foie lui-même.

Les maladies de peau. Nombre d'affections de la peau, notamment l'eczéma et l'urticaire, sont considérées comme l'expression d'une atteinte du foie, et les dermatologistes recherchent toujours des dérèglements de divers organes, et spécialement du foie.

Les troubles nerveux. Les maux de tête, les migraines, une fatigue persistante et, au maximum, le coma peuvent être consécutifs à une maladie de foie. Cependant, il est très difficile, même s'il existe un des signes de l'atteinte hépatique (ictère, par exemple), d'affirmer l'origine hépatique, et elle seule.

Les troubles génitaux. Le syndrome prémenstruel*, très fréquent chez la femme vers 40 ans, est une conséquence possible des perturbations du foie. Il en est de même de divers autres troubles endocriniens. Chez l'homme, l'atteinte hépatique s'accompagne souvent d'impuissance.

Tous ces troubles, extrêmement fréquents et qu'on attribue facilement au foie, ne sont, dans de nombreux cas, que la conséquence d'erreurs hygiéniques ou alimentaires. Le surmenage, l'excès de fatigue ou, au contraire, l'insuffisance d'exercice, la sédentarité et, surtout, un régime nuisible, dans lequel l'alcool (apéritifs, vins, liqueurs, etc.) joue le rôle principal, sont souvent les vrais responsables.

Traitement des maladies de foie.
Nous n'indiquerons ici que les éléments qui permettent d'agir sur les maladies de foie, des indications plus précises étant données à CIRRHOSE, HÉPATITE, etc.

Les régimes. Une alimentation rationnelle est toujours souhaitable, mais particulièrement en cas de maladie de foie, même s'il s'agit d'une atteinte légère. Les corps gras, surtout ceux d'origine animale, seront réduits, aussi bien en nature (beurre, crème, fromages gras) que dans les mets (sauces, ragoûts, viandes grasses, etc.). Les protides sont à maintenir à une bonne proportion (viandes rouges, grillées ou rôties), mais leur dosage devient critique chez les grands insuffisants hépatiques (cirrhoses), et surtout après certaines interventions faites en cas d'hypertension portale (anastomoses porto-caves), où les règles diététiques doivent être appliquées avec une grande rigueur, et donc établies en milieu hospitalier. Les glucides ne sont pas rationnés dans les maladies de foie, sauf en cas de diabète associé.

Les médicaments. Nombre de substances sont proposées : ce sont les cholérétiques*, qui augmentent la quantité de bile, mais non toujours sa concentration (ils sont néanmoins souvent utiles), les protecteurs de la cellule hépatique, certaines enzymes, certains acides aminés, enfin les anti-inflammatoires (corticoïdes), dans certains cas bien précis, que seul le médecin peut juger. Les antiparasitaires et antibiotiques ne sont employés qu'en cas de diagnostic précis.

Les cures thermales. Elles constituent un appoint important dans le traitement des affections chroniques et même parfois après les hépatites. Le séjour en station thermale est souvent le meilleur moyen de s'adapter et de s'habituer à un régime convenable pour le foie, et à une hygiène de vie adéquate. Les cures ont un effet favorable sur les affections hépatiques ; Vichy, Vittel, Le Boulou, Capvern, Châtelguyon ont toutes leurs indications particulières.

La chirurgie du foie.
Longtemps cantonnée au traitement des abcès et kystes hydatiques du foie, cette chirurgie a bénéficié des progrès de l'anesthésie et de la réanimation, de l'immunologie et des nouvelles méthodes d'exploration. Les tumeurs peuvent être traitées par l'ablation d'un lobe (hépatectomie) ; les atrésies des voies biliaires (chez l'enfant) et les cirrhoses biliaires (chez l'adulte) sont justiciables de la transplantation (ou greffe) du foie ; l'hypertension portale des cirrhoses peut être palliée par l'anastomose portocave.

□

foin n. m. **Rhume des foins,** catarrhe nasal et oculaire aigu, survenant régulièrement chez certains malades, au printemps. (Syn. : CORYZA SPASMODIQUE PÉRIODIQUE.) — Il s'agit d'une rhinite allergique en rapport avec la floraison des graminées. Il se traite par les antihistaminiques et par désensibilisation*.

folie n. f. Manifestation des troubles mentaux. (V. NÉVROSE et PSYCHOSE.)

folique adj. **Acide folique,** substance anti-anémique présente dans le foie des mammifères.

follicule n. m. Petite formation anatomique en forme de sac, délimitant une cavité sécrétrice ou excrétrice, ou encore englobant un organe.

Follicule.
À gauche : 1. Ovaire ; 2. Follicule.
Ci-dessus, follicule proche de la maturité.

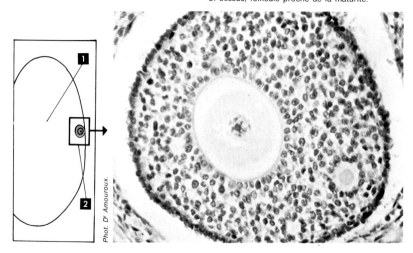

Phot. Dᵣ Amouroux.

Follicule pileux, sac contenant la racine du poil.

Follicule dentaire, siège du germe de la dent.

Follicule clos, petite formation lymphoïde de la muqueuse de l'intestin.

Follicule de De Graaf, élément situé à la surface de l'ovaire et contenant un ovule en formation (v. OVULATION).

Par extension, le terme de « follicule » désigne une formation pathologique, le *follicule tuberculeux,* lésion élémentaire de la tuberculose*.

folliculine n. f. Hormone de l'ovaire, sécrétée par les follicules de De Graaf. (V. ŒSTROGÈNE.)

folliculite n. f. Inflammation d'un follicule pileux par le staphylocoque.

fomentation n. f. Application externe d'une médication chaude, sèche ou humide, pour lutter contre une inflammation (serviettes chaudes, boues, etc.).

fonction n. f. Activité exercée par une cellule, un organe ou un groupe d'organes.

On distingue classiquement des fonctions de nutrition, de relation, de reproduction. Une fonction peut être exercée par un seul organe, par un groupe d'organes reliés entre eux et qu'on appelle *appareil* (appareil digestif, appareil respiratoire), ou par des éléments disséminés dans tout l'organisme, qu'on englobe sous le nom de *système* (système nerveux, système réticulo-endothélial).

fonctionnel, elle adj. Relatif à une fonction.

Les *troubles fonctionnels* témoignent du fonctionnement anormal d'un organe : diarrhée, constipation, toux, etc. Ils peuvent exister alors qu'aucune anomalie des organes concernés n'est révélée à l'examen. Ils s'opposent alors aux *troubles organiques,* où l'examen permet de déceler des lésions.

fond n. m. **Fond d'œil (F. O.),** partie de la rétine visible à l'ophtalmoscope.

Le fond d'œil s'étend du pôle postérieur du globe oculaire jusqu'au-delà de l'équateur : l'*ora serrata,* ou limite de la rétine sensible.

L'examen du fond d'œil permet d'observer : le pôle postérieur du globe avec la *macula,* endroit le plus sensible de la rétine ; la *papille,* disque où se groupent les fibres du nerf optique ; le réseau vasculaire de la *choroïde.*

L'examen du fond d'œil permet le diagnostic des affections de la rétine et de la choroïde, de l'hypertension* intracrânienne et des tumeurs du cerveau.

Fond mental, ensemble des disponibilités psychiques d'un individu (Guiraud), constitutives de sa personnalité.

fongicide adj. et n. m. Se dit d'un produit employé pour détruire les champignons parasites.

Les fongicides utilisés pour la protection des plantes et des arbres, des graines et des bois

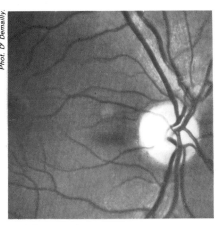

Phot. Dr Demailly.

Fond d'œil normal.

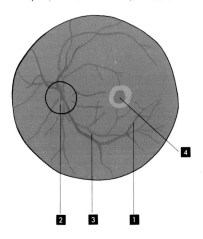

Fond d'œil normal. 1. Veine rétinienne ; 2. Papille ; 3. Artère rétinienne ; 4. Macula.

de construction sont toxiques ou néfastes pour l'homme. En thérapeutique humaine, on emploie des médicaments antifongiques*, non toxiques.

Toxicologie. Les signes d'intoxication due aux fongicides absorbés accidentellement varient selon les substances, allant des nécroses et perforations digestives, états de choc*, anuries*, hépatites* du *permanganate de potassium,* aux encéphalopathies graves des *organomercuriels,* en passant par les atteintes multiples : reins, foie, sang (avec ou sans coma), des dérivés du *nitrobenzène.* Ces intoxications non traitées aboutissent souvent à la mort. Il convient d'ajouter que, dans les préparations industrielles, les différents fongicides sont associés entre eux et que leur mélange accroît la gravité des intoxications.

fongique adj. Relatif aux champignons.

fongosité n. f. Masse molle, friable, très vascularisée, apparaissant parfois à la surface d'une plaie, sur une muqueuse ou dans une cavité naturelle.
Les fongosités peuvent être gommeuses (syphilis), tuberculeuses ou cancéreuses.

fongueux, euse adj. Qui a l'aspect d'un champignon ou d'une éponge.

fontanelle n. f. Espace membraneux compris entre les bords internes des os du crâne du nouveau-né.
On distingue : la *fontanelle antérieure,* ou grande fontanelle, losangique, et la *fontanelle postérieure,* ou petite fontanelle, triangulaire. Normalement, la grande fontanelle se ferme entre 12 et 18 mois. La postérieure se ferme beaucoup plus vite, en 2 à 3 semaines.

forceps n. m. Instrument destiné à saisir la tête de l'enfant, lors d'un accouchement difficile, pour l'extraire des voies génitales de la mère.

forcipressure n. f. Action d'écraser un vaisseau pour obtenir l'arrêt d'une hémorragie.

formation n. f. Syn. de PUBERTÉ*.

formol n. m. Gaz antiseptique puissant, d'odeur suffocante. (Syn. : ALDÉHYDE FORMIQUE ou FORMALDÉHYDE.) [Le formol du commerce est une solution aqueuse à 40 p. 100 de ce gaz.]

formule n. f. **Formule leucocytaire,** proportion des différentes variétés de leucocytes présents dans le sang. (V. HÉMOGRAMME.)

fortifiant adj. et n. m. Terme imprécis, couramment employé pour désigner toute substance, alimentaire ou médicamenteuse, capable de lutter contre la faiblesse*.
Un fortifiant peut être un analeptique* cardio-vasculaire, un stimulant du système nerveux, un médicament contre l'anémie, une

vitamine dont l'organisme manque, un régulateur du métabolisme, etc. Il n'y a pas de fortifiant efficace dans tous les cas, et un diagnostic médical est nécessaire avant la prescription de tout médicament de ce genre.

fosse n. f. **Fosse iliaque,** région de l'abdomen située en dehors de la région ombilicale et sous l'hypocondre.

Fosse lombaire, région située en dehors de la colonne vertébrale (ou rachis*) lombaire.

Fosses nasales, cavités du nez* qui constituent le segment supérieur des voies respiratoires.

Fosse d'aisances, récipient en maçonnerie ou en métal, destiné à recevoir les excréments. — L'installation des fosses d'aisances est réglementée ; un permis de construction est obligatoire et la surveillance par les services d'hygiène est préconisée.

foudre n. f. L'atteinte par la foudre entraîne une variété particulière d'électrocution, aboutissant à des brûlures et à des marques arborescentes sur le corps de la victime. La transmission à distance de la décharge est possible, par exemple par une ligne électrique même mise hors tension. Le traitement est celui de l'électrocution.

fouet n. m. **Coup de fouet,** douleur subite et violente du mollet, à la suite d'une contraction musculaire. (Il correspond à une rupture ou à une élongation musculaire.)

fougère n. f. **Fougère mâle,** drogue qui était employée contre certains vers intestinaux (ténias, bothriocéphale).

foulure n. f. Syn. d'ENTORSE*.

fourmillement n. m. Sensation anormale d'avoir des fourmis dans une partie du corps (v. PARESTHÉSIE).

foyer n. m. Siège d'un processus pathologique, localisé ou extensif.

Foyer infectieux, région d'un organe ou d'un tissu où siège une infection qui peut contaminer la région avoisinante, une région éloignée (par voie sanguine) ou même l'organisme entier (septicémie).

Foyer de fracture, siège d'une fracture pouvant entraîner, suivant les cas, des lésions des organes voisins (vaisseaux, nerfs, viscères) par déchirure ou par compression (hématome, cal vicieux).

Foyer pulmonaire, zone de congestion d'un poumon, perçue à l'auscultation (râles crépitants).

fracture n. f. Rupture brutale d'un os, survenant après un traumatisme d'une certaine violence, chez l'adulte sain, mais parfois après un traumatisme insignifiant chez le sujet âgé ou atteint de certaines maladies touchant les os.

Une fracture peut être directe, au niveau du point d'application de la force, ou indirecte à la suite d'un mouvement de traction, de flexion, de torsion. Le trait peut être transversal, oblique, en spirale (spiroïde). En cas de fragments multiples, la fracture est dite *comminutive*. Chez l'enfant, fréquents sont les fractures incomplètes (en bois vert) et les décollements* épiphysaires.

Cliniquement, la douleur, l'impotence fonctionnelle, une déformation plus ou moins évidente sont les signes essentiels. La radio-

Radio D' Wattez.

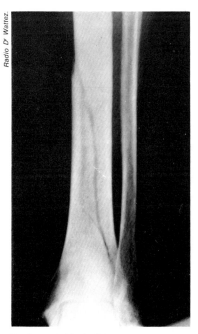

Fracture spiroïde du tibia.

Fractures par : 1. Choc direct ; 2. Choc indirect ; 3. Torsion ; 4. Enfoncement.

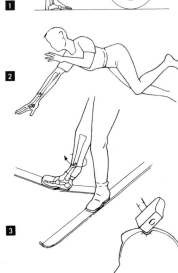

graphie précise le type et l'importance du déplacement.

Normalement, une fracture évolue vers la soudure des extrémités osseuses par la formation d'un *cal* fibreux qui s'ossifie peu à peu ; mais des anomalies de réparation peuvent se présenter : retard de consolidation, *cal vicieux* en mauvaise position et, surtout, *pseudarthrose**, c'est-à-dire absence complète de consolidation osseuse. Les lésions associées jouent un rôle capital dans le pronostic, en particulier les lésions cutanées : dans les *fractures ouvertes,* où une plaie fait communiquer le foyer de fracture avec l'extérieur, le risque d'infection est considérable et la consolidation toujours longue.

Le *traitement* des fractures a pour objectif essentiel de rétablir l'anatomie de l'os en corrigeant le déplacement (réduction) et de l'immobiliser (contention) jusqu'à obtention d'un cal solide (consolidation*) ; il peut être orthopédique (sans ouverture du foyer) ou chirurgical. Les fractures ouvertes imposent l'intervention d'urgence : nettoyage chirurgical de la plaie, immobilisation du foyer de fracture par ostéosynthèse ou appareil plâtré, reconstitution du revêtement cutané, au besoin par greffe. (V. à chaque os.)

fragilité n. f. Fragilité capillaire, diminution de résistance de la paroi des capillaires sanguins, observée dans de nombreuses maladies générales et dans l'hémogénie* et le purpura*.

Fragilité osseuse héréditaire, syn. d'OSTÉO-PSATHYROSE*.

fraise n. f. 1. Fruit du fraisier. — La fraise est riche en vitamine C et en fer, mais elle entraîne assez fréquemment des accidents allergiques (eczéma, urticaire, asthme). La racine du fraisier est employée en décoction comme diurétique et astringent.
2. Outil rotatif de coupe. — *Fraises dentaires*, instruments employés en chirurgie dentaire, pour traiter les dents ou pour ajuster les prothèses. (Syn. : ROULETTE.)

framboise n. f. Fruit du framboisier.
La framboise contient des vitamines A, B et C, de l'acide citrique et de l'acide formique ; elle est diurétique et laxative. Le décocté de feuilles est employé en gargarisme pour son pouvoir astringent.

Frei (réaction de), réaction employée dans le diagnostic de la maladie de Nicolas* et Favre.

frein n. m. Nom de certains ligaments ou replis muqueux : *frein de la langue, frein du prépuce*.

frelon n. m. Grosse guêpe dont le venin peut être dangereux, notamment chez les individus allergiques. — Le traitement est le même que celui des piqûres d'abeille*.

frémissement n. m. Sensation de tremblement léger, localisé, perçu à la palpation. (Syn. : THRILL.)
On trouve un frémissement dans le rétrécissement mitral : *frémissement cataire* (du chat qui ronronne), perçu à la pointe du cœur, et dans le kyste hydatique : *frémissement hydatique*, perçu dans la région du foie.

frénateur, trice adj. Se dit d'un nerf ou d'une substance capable de réduire l'activité d'un organe. (V. FEED-BACK.)

frêne n. m. La feuille du frêne est employée en infusion et en applications locales contre la goutte et les rhumatismes. Elle sert à préparer une boisson dépurative, la *frénette*.

fréquence n. f. Nombre de périodes ou de cycles par unité de temps.
Courant de haute fréquence. V. DIATHERMIE et ÉLECTROCOAGULATION.

friction n. f. Frottements répétés sur une partie du corps, en vue d'une action révulsive ou de la pénétration locale d'une médication sédative, anti-inflammatoire ou révulsive.

Friedländer (bacille de), nom courant de *Klebsiella pneumoniæ*.
Il est la cause de septicémies, de pneumonies, de méningites.

Friedreich (maladie de), maladie nerveuse familiale transmise selon le mode récessif et classée parmi les *hérédodégénérescences spino-cérébelleuses*.
Cette maladie, qui se révèle au cours de l'enfance, présente trois ordres de symptômes : 1. des *troubles de la motricité* (affaiblissement de la contractilité musculaire ; incoordination des mouvements volontaires ; baisse du tonus musculaire, cause de cyphoscoliose) ; 2. des *troubles cérébelleux* (troubles de l'équilibre, de la parole, nystagmus*) ; 3. des *troubles trophiques*, consistant le plus souvent en une déformation des pieds (*pieds bots de Friedreich*). Il s'y joint une abolition des réflexes tendineux* et un signe de Babinski* bilatéral. Le psychisme reste intact. L'évolution se fait vers une aggravation lentement progressive.

frigidité n. f. Impossibilité pour la femme d'éprouver une jouissance normale au cours des rapports sexuels.
La *frigidité totale*, ou anaphrodisie, s'accompagne aussi d'absence de désir. Dans cette catégorie, on distingue les indifférentes, qui subissent les rapports sans y participer, et les opposantes, qui éprouvent une répugnance totale vis-à-vis des rapports.
Dans la *frigidité partielle*, le plaisir sexuel existe, mais il est incomplet et il ne s'accompagne notamment pas d'orgasme. Cette forme de frigidité peut s'observer chez les femmes dites « clitoridiennes », sans jouissance complète par la pénétration vaginale, ou chez des femmes qui éprouvent un intense désir sexuel, mais ne parviennent pas à la détente finale, ce qui provoque souvent chez elles un sentiment d'angoisse.
Les causes de la frigidité sont diverses. Elle peut n'être qu'un signe accessoire au cours d'une maladie générale ou d'un surmenage. Les causes proprement gynécologiques, par affection vulvaire, vaginale ou péritonéale, sont exceptionnelles. Les causes psychiques sont en fait les plus fréquentes. Dans quelques cas, il peut s'agir de troubles mentaux caractérisés, mais dans la majorité des cas il s'agit de femmes normales, présentant seulement quelques traits névrotiques de la personnalité. On retrouve souvent chez elles les conséquences de chocs affectifs de l'enfance, de l'adolescence ou de la déflora-

tion, un sentiment de culpabilité, la crainte d'une grossesse, une hostilité envers le partenaire et parfois des conflits conjugaux. Le mécanisme commun à la plupart de ces frigidités est une véritable inhibition psychique du plaisir sexuel. Il s'y ajoute souvent la peur de perdre le contrôle de soi. Le traitement est exceptionnellement médicamenteux (tranquillisants et hormones). La seule façon d'aborder le problème est la psychothérapie, qui, seule, peut supprimer l'état névrotique responsable et permettre à la femme d'accéder à une vie normale.

frigothérapie n. f. V. CRYOTHÉRAPIE.

frisson n. m. Accès de tremblement fin, irrégulier, saccadé, involontaire, généralisé, accompagné de claquements de dents et d'une sensation de froid.
Momentané, le frisson constitue une réaction de lutte contre le refroidissement.
Plus prolongé, il s'observe à la phase initiale de certains états infectieux aigus, notamment les pneumopathies, les septicémies, et témoigne alors de l'atteinte des centres thermorégulateurs.

froid n. m. **Hygiène.** Les effets du froid dépendent de l'action conjuguée de plusieurs facteurs : l'*humidité* augmente la nocivité du froid sur l'appareil respiratoire et les articulations ; la *brutalité des variations de température* et le *vent* en aggravent les conséquences.
Le froid agit par deux types de mécanismes. Dans certains cas, il diminue les possibilités de défense de l'organisme et ne constitue qu'une cause déclenchante de maladies latentes : pneumonies, néphrites, certains rhumatismes. Le froid peut aussi agir directement. Dans un premier stade, on a constaté chez des travailleurs un retentissement sur le rendement, qui diminue pendant qu'augmentent les accidents du travail. À un degré plus élevé, le froid cause des troubles locaux : engelures*, nécroses. À un stade extrême, il entraîne un coma hypothermique, qui se voit surtout chez les sujets dénutris, âgés ou alcooliques, de résistance amoindrie. Le réchauffement d'un sujet en coma hypothermique doit toujours être progressif.
Thérapeutique. *Traitements par le froid.* V. CRYOTHÉRAPIE.

froidure n. f. Lésions de la peau déterminées par le froid, telles les *engelures*.

fromage n. m. Produit de fermentation du lait.
LES FROMAGES FRAIS. Ils contiennent tous les éléments du lait, sauf le lactose ; ils sont digestes et apportent des protéines (caséine). Additionnés de crème, ils constituent les petits-suisses, doubles-crèmes, etc. Ils ont alors les avantages et les inconvénients des corps gras (lipides).
LES FROMAGES À PÂTE MOLLE OU FERMENTÉE. Ils sont lavés (pont-l'évêque, livarot) ou ensemencés de moisissures à l'extérieur (camembert, brie) ou à l'intérieur (roquefort, bleu d'Auvergne). Ils sont déconseillés en cas de dyspepsie ou de troubles intestinaux, surtout s'ils sont «faits» (ayant subi un début de putréfaction).
LES FROMAGES À PÂTE FERME. Ils sont obtenus à partir de lait pasteurisé, égouttés sous presse et salés. Les uns sont à pâte cuite (hollande, gruyère), les autres à pâte non cuite (cantal, saint-paulin). Ils sont très digestes et très nutritifs.
La valeur nutritive des fromages dépend de leur teneur en lipides (selon que le lait a été écrémé ou non), qui est généralement indiquée (0 p. 100, 10 p. 100, 40 p. 100). Tous les fromages salés sont contre-indiqués dans les régimes sans sel (cardiaques, rénaux) ; les fromages gras sont interdits dans les hypercholestérolémies et dans l'obésité.

fronde n. f. Bandage à 4 chefs (lacets) pour le menton ou le nez.

front n. m. Région antérieure du crâne*.

frontal, e, aux adj. et n. m. Relatif ou qui appartient au front.
Os frontal, os plat situé à la partie antérieure du crâne, au-dessus des os de la face. Il comprend une partie supérieure, verticale, qui correspond au front, et une partie inférieure orbitonasale, dont les parties latérales forment le plafond de l'orbite.
Sinus frontal. V. SINUS.
Lobe frontal du cerveau, partie antérieure de chacun des hémisphères cérébraux. — Le rôle physiologique d'une grande partie de ce lobe (aire préfrontale) est important dans l'humeur, les fonctions intellectuelles.

frotte n. f. Traitement de la gale, qui consistait à frictionner le corps avec une pommade soufrée ; par extension, la gale elle-même.

frottement n. m. Se dit du bruit de deux surfaces rugueuses qui se frottent l'une contre l'autre.
On perçoit un frottement à l'auscultation lors de l'inflammation des tuniques de la plèvre : *frottement pleural*, et du péricarde : *frottement péricardique*.

frottis n. m. Étalement en couche mince, sur une lame de verre, d'une humeur ou d'un produit pathologique destiné à l'observation microscopique.
Les *frottis vaginaux* consistent à recueillir les cellules desquamées des parois vaginales.

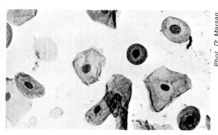

Phot. Dr Marsan.

Frottis vaginaux. Cellules normales.

La muqueuse vaginale, en effet, subit des modifications cycliques liées au fonctionnement de l'ovaire, et desquame continuellement.

L'étude des frottis vaginaux permet, dans une certaine mesure, de se faire une idée de l'état hormonal des malades. Elle facilite surtout le dépistage de certains cancers génitaux dès leur début (cancer *in situ*).

Des *frottis de cellules de la muqueuse des bronches* peuvent également être faits au cours de la bronchoscopie.

fruit n. m. De nombreux fruits sont comestibles et consommés comme dessert ; d'autres sont toxiques.

Fruits comestibles. *Fruits à pépins.* La pomme, riche en pectine, est indiquée (râpée) en cas de diarrhée. La poire est laxative. Les agrumes (orange, citron, pamplemousse, mandarine) sont riches en vitamines C. Le raisin est riche en glucose, en vitamines et en potassium ; il est diurétique et laxatif.

Fruits à noyaux. Les pêches, prunes, abricots, cerises sont riches en vitamine A ; ils sont moins digestes.

Fruits charnus. Ce sont la fraise* et la framboise*.

Fruits à graines. Les amandes, noix, noisettes, arachides (cacahuètes) sont riches en corps gras (de 50 à 60 p. 100 et très nutritives.

Fruits exotiques. La banane est très nutritive, riche en vitamines A, B et C, mais peu digeste, sauf très mûre. Le caroube est antidiarrhéique. Les dattes et figues sont riches en sucres (glucides).

Valeur nutritive des fruits. Les fruits sont riches en glucides et en vitamines ainsi qu'en sels minéraux (calcium, potassium, magnésium, fer, cuivre). Ils sont plus digestes lorsqu'ils sont mûrs, et la cuisson améliore davantage leur digestibilité, mais supprime les vitamines. La consommation régulière de fruits est nécessaire à la santé.

Fruits et baies toxiques. Certains fruits toxiques sont absorbés par les enfants, qui les confondent avec des fruits comestibles, mais de telles confusions peuvent arriver aux adultes. Ainsi le cumin peut être confondu avec le veratrum (toxique), le datura avec le pavot (soporifique), la noix d'arec avec la noix, les gesses (toxiques) peuvent être prises pour des pois. Il faut donc toujours penser à une intoxication par des fruits ou baies toxiques, notamment à la campagne, en vacances. Il faut autant que possible rechercher quel est le végétal en cause, et hospitaliser le sujet si des signes d'intoxication (coliques, vomissements, troubles nerveux, coma, etc.) surviennent.

fruste adj. À peine perceptible. (Se dit d'une maladie dont la symptomatologie n'est que partielle ou très atténuée.)

frustration n. f. Sentiment ressenti à la suite d'une privation dans le domaine affectif. La maturation psychologique d'un individu passe par une succession de frustrations qu'il doit pouvoir compenser par de nouvelles satisfactions. Les frustrations sont plus douloureusement ressenties par les sujets au psychisme fragile, chez qui elles sont souvent source de conflits.

F.S.H., sigle de *Folliculo-Stimuling-Hormone,* nom anglais de la GONADOSTIMU-LINE* A.

fucus n. m. Nom commun des algues marines.
Les fucus sont riches en iode et en mucilages. L'iode est extrait des cendres de l'algue. Certains mucilages sont employés comme vermifuges et laxatifs.

fugue n. f. Abandon subit et temporaire du milieu habituel, résultant de troubles pathologiques ou en réaction à un milieu social perturbé.
Fugues de l'enfance et de l'adolescence. Elles sont fréquentes et revêtent la signification d'une réaction affective à une situation insoutenable pour un enfant à caractère fragile. Ces fugues sont inspirées par la peur de la sanction, par le besoin d'évasion ; on observe des fugues avec délits chez l'enfant ayant une éducation défectueuse.
Dans certains cas, ce comportement est plus grave, car il peut être le premier symptôme d'une maladie mentale ou d'une série ultérieure de délits.
L'enfant fugueur sera pris en charge et traité selon la nature de son trouble.
Fugue chez l'adulte. Elle s'inscrit le plus souvent dans le cadre d'une maladie mentale définie : fugues plus ou moins conscientes des épileptiques, des déments, des confus ou

encore des débiles, fugues absurdes des schizophrènes, fugue consciente du déprimé, du maniaque, mais aussi du déséquilibré avec risques de passages à l'acte spectaculaire (agressions). Le traitement sera celui de la maladie en cause.

fulgurant, e adj. Se dit d'une douleur rapide comme l'éclair.

fuligineux, euse adj. Se dit d'un enduit muqueux, de couleur brun noirâtre *(fuligo, -ginis,* suie), souvent sec et croûteux, que l'on peut observer sur les lèvres, les gencives et la langue au cours de certaines infections graves (typhoïde).

fumarate n. m. Sel de l'acide butènedioïque. — Le *fumarate ferreux* est administré dans les anémies par carence en fer.

fumée n. f. Suspension de particules solides dans l'atmosphère.
Les fumées sont l'un des éléments de la pollution* atmosphérique. Émises par des foyers domestiques ou industriels, elles sont le plus souvent accompagnées de gaz toxiques (oxyde de soufre SO_2, oxyde de carbone CO, etc.) et peuvent contenir des hydrocarbures cancérigènes. Les fumées rencontrées dans l'atmosphère des grandes villes sont la cause de diverses maladies des voies respiratoires, et la gêne qu'elles provoquent (notamment en réduisant la visibilité) a conduit à diverses réglementations destinées à en réduire l'importance.

fumigation n. f. Émission de gaz ou de vapeur dans une enceinte close.
En thérapeutique, on fait des fumigations dans le traitement des affections des voies respiratoires supérieures avec un inhalateur (récipient contenant de l'eau bouillante additionnée de produits balsamiques, et surmonté d'un cornet permettant de diriger les vapeurs émises sur le nez et la bouche). [V. INHALATION.]
En hygiène, on pratique des fumigations avec des produits désinfectants, pour désodoriser et désinfecter les locaux (on emploie des vapeurs de formol, obtenues en chauffant des comprimés de trioxyméthylène).

fundus n. m. Région de l'estomac comprenant la plus grande partie des portions verticale et horizontale du corps de cet organe.

funiculite n. f. Inflammation du cordon spermatique.

furazolidone n. f. Bactéricide intestinal et gynécologique (vaginites à *trichomonas*).

fureur n. f. État d'extrême colère et d'agressivité aveugle, forcenée, rendant le sujet dangereux et nécessitant son internement.

furfuracé, e adj. Se dit d'une *desquamation fine,* par opposition à la desquamation *lamelleuse* ou *en lambeaux.*

furoncle n. m. Infection d'un follicule pileux par le staphylocoque doré.
Le furoncle se manifeste au début par une petite tuméfaction rouge, douloureuse (le « clou »), centrée par un poil ; puis se forme une gouttelette de pus qui s'écoule pour laisser apparaître un *bourbillon,* petite escarre qui s'élimine en laissant un cratère, lequel se comblera en laissant une cicatrice.
Les furoncles peuvent être graves chez des sujets fragiles, en particulier chez les *diabétiques.* Au niveau de la face (surtout à la lèvre supérieure), ils font courir le risque d'une staphylococcie* maligne, d'une thrombose des vaisseaux cérébraux. Fréquentes sont les extensions locales (anthrax*) ou générales (furonculose*).
Traitement. Il faut s'assurer avant tout de l'absence de diabète, qu'il faudrait traiter d'urgence. Le traitement local comporte des applications d'antiseptiques ou d'antibiotiques (solutions, pommades) et des applications chaudes et humides répétées (compresses imprégnées d'eau chaude avec un antiseptique) ou, mieux, pulvérisations chaudes (nécessitant un appareil spécial). Le furoncle ne doit jamais être pressé ni manipulé pour faire sourdre le pus (risque de dissémination du microbe).
Le traitement antibiotique par voie générale est nécessaire lorsque le sujet est déficient ou s'il existe un ganglion de voisinage, et pour tout furoncle ayant tendance à grossir. Institué précocement avec des antibiotiques adaptés, il permet souvent d'éviter la suppuration. Le traitement chirurgical est nécessaire si un bourbillon se forme.

furonculose n. f. Survenue successive ou simultanée de plusieurs furoncles.
La furonculose impose la recherche d'un terrain prédisposant (diabète) et oblige à un traitement local (désinfection), général (antibiotiques, vitamines, vaccins antistaphylococciques) et diététique (restriction des glucides).

furosémide n. m. Diurétique* de synthèse ayant une action rapide et brève.

fusée n. f. Trajet parcouru par le pus depuis son point de formation (abcès) jusqu'à son émergence.

fusospirille n. m. Association d'un bacille fusiforme anaérobie et d'un spirochète.
Les fusospirilles existent à l'état normal dans les muqueuses ; ils sont à l'origine de stomatites, d'angines dites de Vincent, de pneumopathies.

gaïacol n. m. Constituant de la créosote, utilisé en suppositoires dans le traitement des affections respiratoires.

gaine n. f. Enveloppe qui entoure un organe, un muscle, un tendon : *gaine aponévrotique, vasculaire, fibreuse.*

galactogène adj. et n. m. Se dit d'une substance qui provoque ou stimule la sécrétion lactée (extrait de galéga*, vitamines E et B2, extraits thyroïdiens, progestérone).

galactophore adj. Se dit des petits canaux excréteurs du sein, qui s'ouvrent au mamelon et qui conduisent le lait à l'extérieur.

galactophorite n. f. Inflammation des canaux galactophores, qui s'observe souvent au moment de l'allaitement.

galactorrhée n. f. Écoulement de lait par le mamelon en dehors des périodes normales d'allaitement.
Normale chez le nouveau-né, la galactorrhée témoigne chez la femme adulte de troubles endocriniens. Elle s'observe dans les deux sexes en cas de lésion ou d'irritation du diencéphale ou après ingestion de certains médicaments (sulpiride).

galactose n. m. Sucre isomère du glucose.

galactosémie n. f. Présence de galactose dans le sang.
C'est une maladie héréditaire, congénitale, caractérisée par l'absence d'une enzyme permettant la transformation du galactose en glucose. Le nourrisson galactosémique, trop petit pour son âge, est atteint d'un ictère* ; son foie et sa rate sont augmentés de volume. Puis surviennent une cataracte et une encéphalopathie* sévère. La découverte du galactose dans les urines permet de faire le diagnostic et de supprimer tous les produits lactés de l'alimentation.

galactosurie n. f. Présence de galactose dans les urines.

Galactosurie provoquée, test d'exploration de la fonction hépatique, qui consiste à administrer au sujet à jeun une quantité fixée de galactose, puis à en doser l'élimination urinaire par 24 heures. Les chiffres obtenus sont plus élevés en cas d'insuffisance hépatique.

gale n. f. Affection de la peau, due à un parasite acarien : *Sarcoptes scabiei.*
La *gale humaine* est très contagieuse ; sa transmission est interhumaine, mais peut se faire par la literie et les vêtements.
La femelle du parasite pond ses œufs dans des galeries sous-cutanées qui sont à l'origine d'un prurit* (démangeaison) très important.
C'est après une huitaine de jours d'incuba-

Gale due aux sarcoptes.

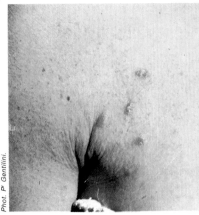

Phot. Pr Gentilini.

tion silencieuse que le prurit se manifeste. Il s'agit de démangeaisons intenses à recrudescence nocturne, bien localisées et s'accompagnant de lésions cutanées au même endroit. Les régions touchées sont les espaces interdigitaux, les coudes, les aisselles, la face interne des cuisses, la verge chez l'homme, les sillons sous-mammaires et les plis de l'abdomen chez la femme.

Les lésions parasitaires sont de deux types : les sillons scabieux, dus aux galeries de ponte, minces traînées linéaires grisâtres, et les grains perlés (vésicules) situés au bout de ces sillons. Parfois, des lésions de grattage (griffures d'ongles) se surajoutent aux atteintes typiques.

Il existe quelques formes particulières : chez les gens propres (où les sillons sont inapparents), chez le nourrisson (où la gale est souvent localisée aux organes génitaux et surinfectée). La « gale norvégienne », croûteuse, est très rare mais très contagieuse.

Le *traitement* sera tout d'abord celui des surinfections (antibiotiques en cas d'impétigo*), puis, après un bain et un savonnage soigneux, on applique sur les lésions des solutions à base de D.D.T. ou de benzoate de benzyle. Le lendemain, un bain soigneux termine ce traitement. Toute la famille sera traitée. Cette thérapeutique énergique peut être à l'origine d'un certain prurit, qui ne doit pas être considéré comme une rechute. Une hygiène ultérieure scrupuleuse sera recommandée, tant corporelle que pour le linge.

Il existe certaines gales animales (du chat, du cheval) qui peuvent atteindre l'homme. De la même façon, certaines professions peuvent être touchées par des gales d'origine végétale ou minérale (blé, thé, coprah, pétrole, etc.). La « gale du ciment » n'est pas une parasitose. (V. CIMENT.)

galéga n. m. Plante indigène à laquelle on attribue des propriétés galactogènes.

galénique adj. **Médicament galénique,** médicament prêt à l'emploi, préparé en pharmacie à partir d'une plante (simple) ou d'une substance chimique.

galop n. m. **Bruit de galop,** rythme cardiaque à trois temps, dû à l'adjonction d'un troisième bruit pathologique à distance des deux bruits normaux. — Il s'observe dans l'insuffisance cardiaque*.

galvanique adj. (du nom du physicien ital. *Galvani*). Se dit d'un courant continu de faible intensité utilisé en électrodiagnostic* et en électrothérapie.

galvanocautère n. m. Cautère constitué par un fil de platine porté à l'incandescence par un courant électrique.

gambusia ou **gambusie** n. m. Petit poisson vivipare très vorace, originaire d'Amérique du Sud, qui se nourrit de larves de moustiques et contribue ainsi à la prophylaxie du paludisme.

gamète n. m. Cellule sexuelle, mâle ou femelle, ayant subi la méiose* et apte à la fécondation. (Spermatozoïde* pour le mâle, ovule* pour la femelle.)

gaméticide adj. Se dit de médicaments employés contre le paludisme, dont l'activité se traduit par la destruction des gamètes produits par le parasite. (V. PALUDISME.)

gamma n. m. Troisième lettre de l'alphabet grec (γ), désignant : 1° le millième de milligramme ou microgramme (γ ou μg) ; 2° les rayons électromagnétiques de longueur d'onde inférieure à celle des rayons X (rayons gamma ou γ) ; 3° les globulines de poids le plus élevé (*gammaglobulines**).

gammaencéphalographie n. f. Gammagraphie du cerveau.

gammaglobuline n. f. Globuline* du sérum sanguin qui supporte la majorité des anticorps* responsables de l'immunité.

Les gammaglobulines sont utilisées en prophylaxie et en thérapeutique anti-infectieuses.

On distingue deux types de préparations :
— les *gammaglobulines standard,* préparées à partir de sérums humains ou équins normaux ;
— les *gammaglobulines spécifiques,* provenant de sérums de convalescents d'une affection précise ou de sujets hyperimmunisés contre cette affection.

Administrées par voie intramusculaire, elles confèrent une immunité* passive immédiate mais brève (3 semaines). Elles sont indiquées en période d'épidémie chez des sujets dont le système immunitaire est déficient, ainsi que pour la prophylaxie d'une maladie infectieuse lorsqu'il y a eu un contage dangereux (femme enceinte ayant été en contact avec une rubéole, par exemple).

gamma-glutamyl-transférase n. f. Enzyme dont le taux sanguin s'élève d'une façon significative chez 85 p. 100 des buveurs excessifs d'alcool. (Syn. GAMMA-GLUTAMYL-TRANSPEPTIDASE.) [Abrév. GAMMA-G.-T.]

gammagraphie n. f. Examen d'un organe grâce à l'accumulation à son niveau de radio-isotopes* (émetteurs de rayons gamma). [Syn. : SCINTIGRAPHIE.]

Technique. On utilise soit l'isotope d'une substance qui se dépose normalement dans un organe donné (iode radioactif pour la thyroïde, par exemple), soit un isotope radioactif fixé sur une protéine. Les rayons gamma émis par l'organe qui a capté le corps radioactif sont détectés par un détecteur de rayons (compteur de particules) qui se déplace en « balayant » la surface à étudier. On obtient une image de l'organe où la densité radioactive indique la proportion de substance fixée.

Organes étudiés. La *thyroïde** a été le premier organe étudié en gammagraphie avec l'iode 131. On détecte ainsi les goitres et tumeurs de la glande ainsi que des métastases d'éventuels cancers sur le reste du corps.

Le *foie* est exploré après injection d'or colloïdal 198 ou de sulfate de technétium. On peut ainsi mettre en évidence des kystes, abcès, tumeurs ou métastases non décelables autrement. Le *rein* est exploré avec du chlorure de mercure marqué au mercure 203. On compare la symétrie des images des deux reins et la gammagraphie avec l'urographie. Le *cerveau* est exploré (gammaencéphalographie) avec le technétium. On peut également faire des gammagraphies du poumon, du squelette, des espaces méningés, etc.

gamma-G.-T. V. GAMMA-GLUTAMYL-TRANS-FÉRASE.

gammathérapie n. f. Traitement par les rayons gamma. (V. COBALTOTHÉRAPIE et CURIETHÉRAPIE.)

ganglion n. m. Renflement situé le long des vaisseaux lymphatiques* ou sur les nerfs.

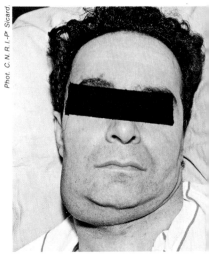

Ganglion. Volumineux ganglion du cou.

Ganglion. Ganglions médiastinaux.

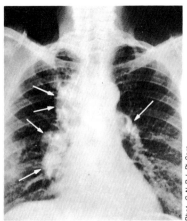

Ganglions lymphatiques. *Histologie.* Le ganglion lymphatique comprend une capsule, une zone périphérique occupée par des follicules* lymphoïdes et une zone centrale formée surtout de cellules réticulaires*.

Physiologie. Le ganglion lymphatique produit des lymphocytes capables de se transformer en plasmocytes*. Il produit ainsi toutes les variétés de cellules participant à l'immunité* cellulaire.

Le ganglion agit aussi comme un filtre d'arrêt pour les particules étrangères véhiculées dans la lymphe.

Pathologie. Cette fonction d'arrêt explique qu'il se forme une adénopathie* (ganglion augmenté de volume) dans le territoire lymphatique qui draine une région atteinte d'infection ou de cancer (adénopathie satellite). Il existe des adénopathies tumorales qui accompagnent les hémopathies malignes (leucémies*, lymphosarcome*, maladie de Hodgkin*).

Ganglions nerveux. Ils sont situés au point où se réunissent de nombreux filets nerveux, et renferment des neurones* qui transmettent l'influx au relais nerveux suivant.

Les *ganglions sympathiques** sont situés le long de la colonne vertébrale. Les *ganglions rachidiens*, situés sur les nerfs sensitifs allant à la moelle*, contiennent les neurones de ces nerfs.

Le *ganglion ciliaire*, ou *ganglion ophtalmique*, est un élément essentiel de l'innervation du globe oculaire. Il est situé dans la cavité orbitaire, en arrière du globe oculaire.

ganglioplégique adj. et n. m. Se dit de médicaments capables de couper ou, tout au moins, de réduire la conduction de l'influx dans les ganglions du système nerveux autonome (sympathique ou parasympathique) [nicotine, procaïne, chlorpromazine, etc.].

Leur effet pharmacologique principal consiste en une brusque relâchement du tonus des vaisseaux, qui entraîne une chute de la tension artérielle. Il est recommandé aux malades qui prennent ces médicaments de rester quelque temps allongés après la prise. Quelques-uns de ces produits ont également une action antispasmodique.

gangrène n. f. Processus de mortification locale qui aboutit à la nécrose (ou sphacèle) d'une région du corps, avec tendance à l'extension de proche en proche.

Gangrène ischémique (par arrêt circulatoire). Tout tissu dépourvu d'irrigation sanguine, donc d'oxygène, meurt. Quand ce processus survient dans un viscère, on parle d'*infarctus** ; dans un os, d'*ostéonécrose ;* le terme de « gangrène » n'est pratiquement utilisé que lorsqu'il y a atteinte cutanée. L'ischémie (arrêt circulatoire) peut être d'origine veineuse (phlébite), artérielle (traumatisme, embolie, artérite) ou capillaire (gelures, escarres de décubitus, mal perforant). La

Gangrène.
Gangrène sèche de deux orteils par artérite.

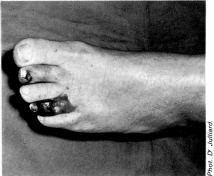

Phot. Dʳ Julliard.

gangrène siège essentiellement au niveau des extrémités et surtout à celles des membres inférieurs. La gangrène d'origine artérielle peut être massive à la suite de l'oblitération brutale d'un gros tronc artériel ; l'évolution est alors très grave si une intervention d'urgence n'est pas pratiquée (désobstruction du vaisseau, ou pire amputation). Les gangrènes parcellaires des extrémités surviennent progressivement, après des mois ou des années de douleurs, à l'effort, puis au repos. Seules les thérapeutiques restaurant un débit circulatoire local peuvent éviter l'amputation (v. ARTÉRITE).

Gangrène septique. C'est une infection par germes anaérobies* : gangrène pulmonaire (abcès putride), cholécystite* gangreneuse, gangrène septique des membres, etc.

La *gangrène gazeuse* due à des anaérobies telluriques (vivant dans la terre) se voit surtout en temps de guerre, sur des plaies souillées de terre. Les lésions sont rapidement extensives, détruisant les tissus, y formant des bulles de gaz de putréfaction, s'accompagnant d'un syndrome toxique le plus souvent mortel malgré la sérothérapie et le débridement des plaies. Le meilleur moyen de lutter contre cette affection est en fait prophylactique : parage* soigné de toutes plaies contuses, avec excision des tissus mortifiés, large drainage, antibiothérapie.

gant n. m. Gants de ménage, ne provoquant pas d'allergie (hypallergiques), servent à protéger les peaux sensibles dans les travaux quotidiens.

garde-malade n. f. ou m. Personne attachée à un malade dont l'état de santé nécessite une surveillance diurne et nocturne.

Le garde-malade a surtout un rôle domestique et de réconfort. Le remboursement peut en être assuré par l'organisme d'assurance maladie, avisé par l'envoi d'une formule d'entente préalable.

gargarisme n. m. Solution aqueuse, destinée au rinçage de la bouche et de la gorge et qu'on ne doit pas avaler.

Les principaux médicaments utilisés en gargarisme sont des *émollients,* des *astringents,* des *antiseptiques* et des *antibiotiques.* Le gargarisme est utilisé essentiellement dans les infections de la gorge (angine) et les maladies de la muqueuse buccale. L'efficacité est meilleure quand on contracte la glotte en prononçant la voyelle A et en expirant l'air venu par le larynx, ce qui permet le barbotage du liquide médicamenteux dans le pharynx. L'ingestion accidentelle d'une gorgée du liquide est inoffensive.

gargouillement n. m. Bruit que fait le

conflit de liquides et de gaz dans une cavité, en particulier dans l'estomac ou l'intestin. (Syn. : BORBORYGME*.)

gargoylisme n. m. Maladie héréditaire, due à un trouble enzymatique. (Syn. : MALADIE DE HURLER.)

L'atteinte porte sur les os, les articulations, le foie et la rate. Il s'y associe un faciès de gargouille, un retard psychomoteur et une surdité. La mort survient avant l'âge adulte par infection ou complication cardiaque.

garrot n. m. Lien serré autour d'un membre, en amont d'une plaie (entre celle-ci et le cœur), qui peut être réalisé par un moyen de fortune sur les lieux de l'accident, pour arrêter une hémorragie artérielle (sang rouge jaillissant par saccades).

Il doit être desserré toutes les heures et ne doit jamais rester plus de 6 heures. En cas d'hémorragie veineuse (sang foncé coulant régulièrement), le garrot est inutile.

gastralgie n. f. Douleur localisée à l'épigastre, s'accompagnant ou non de troubles digestifs.

Les gastralgies sont évocatrices d'une atteinte de l'estomac* (gastrite*, ulcère*, cancer), mais l'épigastre est aussi le lieu d'élection des douleurs des affections du pancréas, du côlon transverse et des douleurs des gens nerveux (« crampes d'estomac »).

Le *traitement* des gastralgies comporte les pansements gastriques (bismuth, trisilicate, etc.), les antispasmodiques et le traitement de la cause.

gastrectomie n. f. Ablation de l'estomac, qui peut être totale ou partielle.

gastrectomisé, e adj. et n. Se dit d'un malade qui a subi une gastrectomie*.

L'amputation de l'estomac peut entraîner divers troubles, d'autant plus importants que l'exérèse a été plus large (pesanteur après les repas, vomissements, diarrhée). Des règles de régime strictes sont indispensables dans les deux premières années.

gastrine n. f. Hormone sécrétée par la muqueuse de l'estomac et du duodénum au niveau de l'antre pylorique (v. ESTOMAC, *Anatomie*), et qui facilite la digestion en

Gastrectomie totale.
a. L'estomac est complètement retiré.
1. Œsophage ; 2. Diaphragme ;
3. Lieu de section sur l'œsophage ;
4. Estomac ; 5. Tumeur ;
6. Lieu de section sur le duodénum ;
7. Bile et suc pancréatique ;
8. Section pratiquée sur l'intestin grêle.
b. Montage en y.
1° La portion A de l'anse grêle est « montée » jusqu'au contact de l'œsophage.
2° La portion B
est réabouchée dans l'anse « montée »
(permettant l'écoulement de la bile
et du suc pancréatique).
1. Abouchement de l'œsophage
dans l'anse de l'intestin grêle
qui a été « montée » ;
2. Anse grêle fermée ; 3. Duodénum fermé ;
4. Portion de l'intestin
réabouchée dans l'anse « montée ».

a
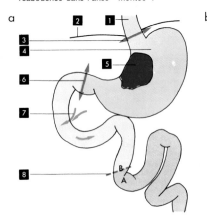

b
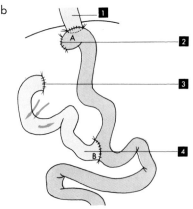

stimulant la sécrétion gastrique d'acide chlorhydrique et de pepsine*.

gastrite n. f. Inflammation de la muqueuse de l'estomac.

Gastrites chroniques. Favorisées par l'abus de l'alcool, du tabac, des épices, ces irritations chroniques de la muqueuse gastrique se manifestent par des troubles digestifs à type de dyspepsie*, de brûlures d'estomac survenant tout de suite après les repas, parfois par des hémorragies. L'examen radiologique de l'estomac met en évidence de gros plis et parfois des spicules (pointes) révélant des érosions superficielles.

Sur le plan biologique, la gastrite entraîne une baisse des sécrétions d'acide chlorhydrique et de pepsine par la muqueuse gastrique, ainsi qu'une altération du taux de protéines du suc gastrique. Certaines gastrites très localisées (gastrites zonales) sont secondaires à une lésion gastrique de voisinage (ulcère notamment). La gastrite chronique est une affection peu grave, d'évolution souvent latente. Le traitement de ses troubles fonctionnels comprend les pansements gastriques, les sirops de prométhazine ou de collargol, des potions anesthésiques locales, des parasympatholytiques ainsi que des médicaments de suppléance (enzymes) en cas de tarissement sécrétoire.

Gastrites aiguës. Rarement isolées, elles s'accompagnent presque toujours d'une atteinte intestinale (gastro-entérite*). Leurs causes sont infectieuses ou alimentaires (indigestion). Elles se manifestent par des douleurs épigastriques et des vomissements. Le traitement consiste essentiellement, chez l'adulte ou le grand enfant, en une diète hydrique (eau de Vichy, bouillon de légumes) pendant 24 heures, en l'administration de sécrétions salines (de Bourget*), parfois d'antispasmodiques (atropine, prométhazine).

gastro-entérite n. f. Inflammation des muqueuses de l'estomac et de l'intestin.

La gastro-entérite, souvent d'origine infectieuse, se traduit par des douleurs, des vomissements, des nausées et de la diarrhée. Elle est très fréquente chez le nourrisson. (V. ENTÉRITE.)

gastro-entérologie n. f. Spécialité médicale des maladies du tube digestif, du foie et du pancréas.

gastro-entérostomie n. f. Abouchement chirurgical de l'estomac dans l'intestin.

gastrorragie n. f. Syn. d'HÉMORRAGIE GASTRIQUE. (V. ESTOMAC, *Hémorragies gastriques,* et HÉMORRAGIE, *Hémorragies digestives.*)

gastroscopie n. f. Exploration visuelle,

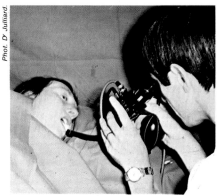

Phot. Dr Julliard.

Gastroscopie avec gastroscope flexible.

Gastroscopie. Antre prépylorique normal.

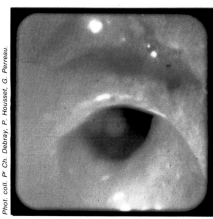

Phot. coll. D^r Ch. Debray, P. Housset, G. Perreau.

endoscopique, de la cavité gastrique. (V. ENDOSCOPE et ENDOSCOPIE.)

On introduit par la bouche, sous anesthésie locale (exceptionnellement générale), un endoscope semi-flexible. On explore ainsi l'intérieur de l'estomac et l'on peut même y diriger une sonde à biopsie.

Cet examen est indiqué dans toute affection gastrique où la radiologie n'a pas permis un diagnostic de certitude, ou pour confirmer une image radiologique suspecte. La gastroscopie est très utile pour le diagnostic des hémorragies* digestives et des gastrites*.

gastrostomie n. f. Abouchement de l'estomac à la peau, pour alimenter un sujet présentant un obstacle au niveau de l'œsophage.

gastrotomie n. f. Incision de l'estomac pour rechercher une lésion ou extraire un corps étranger.

gastrula n. f. Stade de l'embryogenèse qui s'étend du 15e au 18e jour après la fécondation, et caractérisé par la mise en place d'un troisième feuillet au sein du disque embryonnaire, jusque-là didermique (constitué de deux feuillets).

gâtisme n. m. État des sujets qui expulsent involontairement matières fécales et urines. Le gâtisme est lié à l'abolition de la commande nerveuse des sphincters du fait de la baisse de la vigilance et de l'autonomie. Il est observé dans la vieillesse, mais aussi dans certains syndromes neurologiques, l'idiotie, les démences.

Gaucher (maladie de), maladie héréditaire secondaire au dépôt de lipides dans les cellules du système réticulo*-endothélial (dyslipoïdose).
Elle se traduit dès la petite enfance par un gros foie (hépatomégalie), une grosse rate (splénomégalie*) et une augmentation de volume des ganglions, due à la présence et au dépôt de cérébroside (graisse anormale) dans ces tissus. On met en évidence, sur des frottis de moelle osseuse, de grandes cellules, dites «de Gaucher», où le cytoplasme est occupé par le dépôt graisseux.

gaucherie n. f. Tendance à utiliser de préférence la moitié gauche du corps pour accomplir les gestes automatiques et volontaires.
Types de gaucherie. On distingue le gaucher franc homogène, qui se sert de préférence de tout son côté gauche (œil, main, pied), et le gaucher dysharmonieux, qui se sert par exemple de son œil droit (pour viser) et de sa main gauche pour écrire. La gaucherie contrariée peut être à l'origine de troubles divers (maladresse, tics*, dyslexie*...). [V. LATÉRALISATION.]

gavage n. m. Alimentation par introduction des aliments dans l'estomac au moyen d'une sonde.
Le gavage est effectué dans les aliénations mentales rendant l'alimentation impossible, dans les anorexies graves ou les lésions bucco-faciales étendues.

gaz n. m. Fluide aériforme.

Les gaz dans l'organisme existent sous forme dissoute ou combinée (gaz du sang), ou sous forme libre (gaz intestinaux). De nombreux gaz industriels ou naturels sont toxiques pour l'organisme.
Physiologie. Gaz du sang. Leur étude se fait sur le sang artériel prélevé par ponction des artères radiale ou fémorale.
L'*oxygène* existe sous deux formes :
— oxygène dissous dans le plasma en quantité minime (0,3 ml pour 100) ;
— oxygène combiné à l'hémoglobine, formant l'oxyhémoglobine (HbO_2).
Le *gaz carbonique* (CO_2) existe également sous deux formes :
— le CO_2 dissous, qui ne représente que 1/20 du total, mais c'est l'intermédiaire obligatoire des échanges respiratoires : $CO_2 + H_2O \rightarrow CO_3H_2$;
— le CO_2 combiné aux bases plasmatiques, qui représente la plus grande partie du CO_2 total. Il forme les bicarbonates*, dont l'ensemble constitue la réserve alcaline, système tampon principal du plasma. (V. ACIDO-BASIQUE [*équilibre*].)
Les variations des gaz du sang peuvent se faire soit dans le sens d'une augmentation : hypercapnie (augmentation du CO_2) ou hyperoxie (augmentation de l'O_2), qui est exceptionnelle ; soit dans celui d'une diminution : hypocapnie ou hypoxie. On étudie habituellement les variations relatives de l'oxygène et du CO_2, qui réalisent trois grands types d'associations :
— *hypoxie-hypocapnie,* qui suppose une accélération du rythme respiratoire faisant baisser la pression partielle de CO_2 et un défaut d'oxygénation par épaississement de la membrane alvéolaire ou non-ventilation d'une zone pulmonaire ;
— *hypoxie-normocapnie,* que l'on trouve au début de l'insuffisance respiratoire chronique ;
— *hypoxie-hypercapnie,* réalisée dans la majorité des insuffisances respiratoires chroniques.
Gaz intestinaux. Ils proviennent de l'air dégluti, du gaz carbonique produit par les fermentations bactériennes des sucres et de la cellulose et, à un bien moindre degré, de la putréfaction des protéines.

Toxicologie. La toxicité des gaz peut schématiquement répondre à trois mécanismes.
Causticité avec irritation ou lésion pulmonaire aboutissant à l'œdème pulmonaire précoce ou retardé : dérivés de l'azote (ammoniac, peroxyde d'azote ; gaz halogènes (fluor, chlore, brome...), etc.
Toxicité propre du gaz vis-à-vis d'un organe ou d'un tissu où le gaz se fixe. C'est le cas de l'oxyde de carbone (CO) se fixant sur l'hémo-

globine, qu'il rend inapte au transfert d'oxygène. D'une autre façon, certains gaz sont toxiques pour le système nerveux (dérivés métalloïdes, hydrocarbures aromatiques ou halogénés...) ; d'autres le sont pour le foie, le rein, parfois le cœur (tétrachlorure de carbone, trichloréthylène, chloroforme...).

Asphyxie, enfin, lorsqu'un gaz non toxique prend la place de l'oxygène en atmosphère confinée : gaz carbonique, butane, propane, gaz de Lacq (et non gaz de ville, qui contient du CO toxique), l'intoxication se faisant par anoxie*.

Les intoxications sont habituellement accidentelles, fortuites ou lors d'un travail exposé (cuves), ou volontaires (crimes, suicides).

L'attitude est en premier lieu d'éviter les explosions s'il s'agit d'un gaz combustible (ne rien allumer), et d'éviter la confination en ventilant le local.

gaze n. f. Étoffe légère et transparente, le plus souvent en coton, dont on fait les compresses*.

géant, e adj. et n. V. GIGANTISME.

Geiger-Müller (compteur de), appareil de détection et de mesure de la radioactivité. (V. ISOTOPES.)

gel n. m. Masse semi-liquide, transparente, obtenue à partir d'une solution colloïdale par formation d'un fin réseau.

Gelure des orteils avec gangrène.

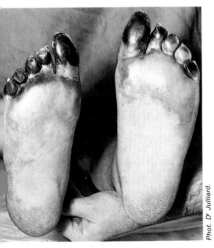

Phot. Dʳ Julliard.

gélatine n. f. Protéine habituellement extraite des os d'animaux, par hydrolyse de l'osséine*.

La gélatine est utilisée : comme excipient pour ovules et suppositoires ; sous forme de soluté dans le traitement des hémorragies ; en applications locales sous forme d'éponges qu'on introduit au niveau d'une hémorragie (plaie, gencives).

gelée n. f. **Gelée royale,** substance fluide et blanchâtre déposée par les abeilles nourricières à l'intention des larves. (La gelée royale est riche en glucides, protides et oligoéléments minéraux.)

gélose n. f. Matière gélatineuse provenant de différentes algues. (Syn. : AGAR-AGAR*.)

La gélose est utilisée dans l'industrie alimentaire (confitures, conserves ...) et en bactériologie (milieu de culture).

gélule n. f. Capsule de gélatine contenant des médicaments destinés à être absorbés par la bouche. — Une fois parvenue dans le tube digestif, la gélatine se dissout, libérant la substance active.

gelure n. f. Lésion irréversible de nécrose, provoquée par le froid intense.

Les lésions des gelures ont une grande analogie avec celles des brûlures*. Au niveau des extrémités, elles nécessitent souvent l'amputation.

gémellaire adj. Relatif aux jumeaux*.

génalcaloïde n. m. Alcaloïde dont la fonction aminée est bloquée par l'oxygène, et qui se régénère dans l'organisme au contact d'une enzyme réductrice.

Les génalcaloïdes (d'atropine, d'ésérine, etc.) sont moins toxiques que les alcaloïdes correspondants, et leur action est prolongée.

gencive n. f. Partie de la muqueuse buccale qui recouvre les os maxillaires près des dents.

Entre deux dents voisines, une languette interdentaire de la gencive comble l'espace entre les dents. Si l'espace est important (dents extraites), les languettes se rejoignent et recouvrent le bord alvéolaire du maxillaire. **Maladies des gencives.** Les inflammations des gencives sont les gingivites*. Les «dents déchaussées» correspondent à une atrophie de la gencive, qui laisse voir la racine des dents (v. PARODONTOSE). Les hémorragies des gencives, ou gingivorragies, peuvent être dues à une lésion locale (gingivite, parodontose) ou être le symptôme d'une maladie générale : carence vitaminique (scorbut*), infection (scarlatine, typhoïde, etc.), maladie du sang (purpura*, hémophilie*, leucémie*, aplasie* médullaire, etc.).

L'abcès d'origine dentaire (parulie), qui

soulève la gencive, peut être soulagé par une incision, mais il ne guérit qu'avec le traitement ou l'extraction de la dent. Il existe des tumeurs bénignes et malignes des gencives, qu'on traite par ablation large au bistouri électrique.

Les épulides, ou épulies*, sont des tumeurs formées de fibroblastes et de cellules génératrices de l'émail. L'ablation chirurgicale en assure la guérison.

gène n. m. Particule élémentaire d'acide désoxyribonucléique (A. D. N.*), support de l'hérédité.

Les chromosomes* sont constitués par un ensemble de gènes. Chaque gène est porteur d'un caractère héréditaire. Sur les chromosomes, chaque gène occupe un lieu précis, dit *locus*. Sur chaque paire de chromosomes, il existe des paires correspondantes de gènes, dits *allèles**. Si la présence de deux gènes allèles identiques est nécessaire à l'expression d'un caractère, on dit que celui-ci est *récessif*. Si, au contraire, il suffit que le caractère porté par un seul gène allèle pour être exprimé, on dit que celui-ci est *dominant*.

généraliste adj. et n. Se dit d'un médecin qui traite toutes les maladies en considérant l'organisme dans sa totalité.

genêt n. m. Plante commune des campagnes, le « genêt à balais » contient de la spartéine*.

génétique n. f. Science de l'hérédité*.

génie n. m. **Génie épidémique,** ensemble des caractères propres à une épidémie considérée en particulier. (Il dépend de la contagiosité et de la virulence des germes, des conditions climatiques [température, humidité] et de l'état des populations [famines, sujets non vaccinés, etc.].)

génioplastie n. f. Réparation chirurgicale du menton ou du plancher de la bouche.

génital, e, aux adj. Relatif à la reproduction.

L'*appareil génital masculin* comprend les testicules*, les épididymes*, les canaux déférents*, la prostate*, les vésicules* séminales et la verge*.

L'*appareil génital féminin* est constitué par les ovaires*, les trompes*, l'utérus*, le vagin* et la vulve*.

génito-urinaire adj. Relatif à l'appareil génital et aux voies urinaires : *tuberculose génito-urinaire*.

génotype n. m. Ensemble des caractères héréditaires d'un individu, liés aux gènes qu'il porte et qui constituent son patrimoine héréditaire immuable. (Ce terme s'oppose à celui de PHÉNOTYPE*.)

genou n. m. Région qui unit la jambe à la cuisse.

Anatomie. L'articulation du genou met en présence les deux condyles de l'extrémité

Genou.
Articulation du genou.
A. Radiographies profil et face.
B. Schémas correspondants :
1. Fémur ;
2. Condyle interne ; 3. Rotule ;
4. Cavité glénoïde ;
5. Plateau du tibia ;
6. Espace interglénoïdien ;
7. Tubérosité antérieure ; 8. Tibia ;
9. Péroné.

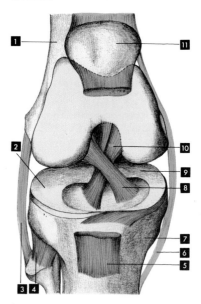

Genou. Articulation.
1. Fémur ; 2. Ménisque externe ;
3. Ligament latéral externe ;
4. Ligament de la tête du péroné ;
5. Ligament rotulien ;
6. Ligament latéral interne ; 7. Tibia ;
8. Ligament croisé antérieur ;
9. Ménisque interne ;
10. Ligament croisé postérieur ;
11. Rotule
(le ligament rotulien a été sectionné et l'articulation ouverte).

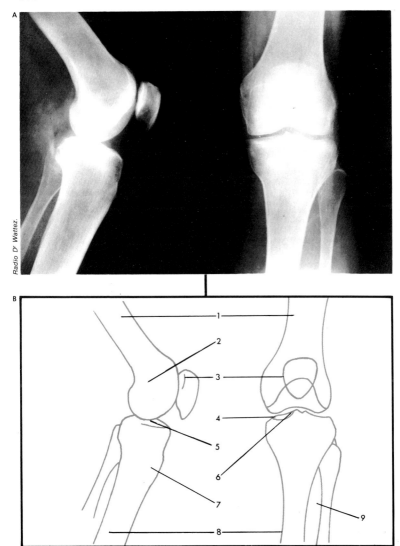

Radio Dr Wattez.

inférieure du fémur et les deux cavités glénoïdes du plateau tibial ; la concordance des surfaces articulaires est assurée par deux fibrocartilages, les *ménisques**. En avant des condyles, s'articulant avec eux par sa face postérieure, se trouve la *rotule**. Les surfaces articulaires sont unies par une capsule renforcée par de puissants moyens d'union, les ligaments latéraux et croisés, et l'appareil d'extension du genou, formé par le tendon du quadriceps, la rotule et le tendon rotulien. En arrière de l'articulation du genou se trouve le *creux poplité** (le jarret), traversé par les vaisseaux et nerfs qui vont de la cuisse à la jambe : vaisseaux poplités, nerf sciatique.

Pathologie. Les *lésions traumatiques* du genou sont fréquentes : fractures de l'extrémité inférieure du fémur, de l'extrémité supérieure du tibia, de la rotule, luxations. Les lésions des ligaments du genou sont rassemblées sous le nom général d'*entorses**, mais tous les cas intermédiaires se rencontrent entre la simple distorsion ligamentaire et l'entorse grave qui correspond à la rupture des ligaments latéraux ou croisés. Les lésions traumatiques des *ménisques** sont particulièrement fréquentes chez l'homme jeune. L'*hydarthrose**, ou « épanchement de synovie », a des causes multiples (traumatisme, arthrite...). L'*hémarthrose** est habituellement d'origine traumatique.

Le genou peut être le siège de toutes les maladies habituelles des articulations* : arthrites aiguës infectieuses, arthrites chroniques, arthroses. La localisation au genou de la tuberculose ostéo-articulaire prend le nom de *tumeur blanche*. Le creux poplité peut être le siège de kystes parfois volumineux ou d'anévrismes de l'artère poplitée.

genouillère n. f. Moyen de contention du genou, qui peut être *élastique* pour obtenir une compression soutenue et prolongée, ou *plâtrée*, pour empêcher les mouvements de flexion et d'extension.

gentamycine n. f. Antibiotique de structure glucidique, administré par voie parentérale et actif sur les germes Gram positifs et Gram négatifs. (Il faut surveiller les nerfs auditifs, pour lesquels cet antibiotique présente une toxicité certaine à doses élevées.)

gentiane n. f. Plante des montagnes, à fleurs jaunes. — La gentiane est un tonique amer, excitant les fonctions digestives (teinture de gentiane).

genu pectorale adj. f. Se dit de l'attitude où la tête et le tronc viennent au contact des genoux.
Elle est habituellement prise les genoux posés sur le sol et le sujet penché en avant se

soutenant sur les coudes. C'est la position élective de l'examen de l'anus et du rectum.

genu recurvatum n. m. Déformation du genou, permettant à la jambe de faire avec la cuisse un angle ouvert en avant. (Elle peut être familiale, congénitale ou traumatique.)

genu valgum n. m. Déformation qui dévie le genou en dedans et la jambe en dehors (genou « cagneux »).

Genu valgum. Sujet atteint d'un *genu valgum.*

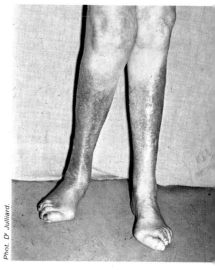

Phot. Dr Julliard.

genu varum n. m. Désaxation en dedans de la jambe par rapport à la cuisse (jambes arquées), normale chez le nourrisson jusqu'à 18 mois.

géode n. f. Cavité pathologique creusée dans un organe (poumon, rein, os).

géotrichose n. f. Parasitose due à des champignons du genre *geotrichum*, dont le plus courant est *G. candidum*.
Saprophytes de l'homme, ces champignons sont très répandus dans le sol, les produits laitiers et ne deviennent qu'exceptionnellement pathogènes.
Leurs localisations sont alors multiples : buccale, simulant un muguet* ; bronchique, fréquente, associant toux et expectoration ; pulmonaire, simulant une tuberculose ; intestinale, sous forme de diarrhée.

Les antibiotiques antifongiques* sont la base du traitement.

Gérardmer, station climatique des Vosges, indiquée dans les anémies, convalescences, troubles de la nutrition.

gerçure n. f. Petite fissure de l'épiderme, telle qu'on l'observe aux lèvres et sur le dos des mains, l'hiver, ou après un abus de travaux ménagers. (On traite les gerçures par l'application de crèmes hydratantes.)

gériatrie n. f. Partie de la médecine qui s'intéresse aux gens âgés.
La gériatrie comprend l'étude biologique des phénomènes responsables du vieillissement et s'attache à en atténuer les effets.
Biologie. Sans que les causes en soient connues, on sait que, dès la troisième décennie de la vie, la majorité des organes du corps humain subissent une involution morphologique et fonctionnelle. Cette involution est marquée par une augmentation des lipides de réserve et du tissu interstitiel, d'où le risque croissant d'athérosclérose par dépôt de cholestérol dans la paroi des vaisseaux sanguins. De plus, l'augmentation du tissu interstitiel s'accompagne d'une modification de la structure du collagène*, tissu de soutien de l'organisme. Les appareils locomoteur, respiratoire, circulatoire voient leurs performances diminuer progressivement.
La production des hormones stéroïdes diminue nettement avec l'âge ; en particulier, on sait que chez la femme les œstrogènes diminuent entre 20 ans et la ménopause, et se maintiennent à un chiffre très bas après cette date.
Les cellules du cerveau (neurones) diminuent très nettement en nombre avec l'âge.
Hygiène et mode de vie des gens âgés. Les soins corporels doivent être attentifs, afin d'éviter toute infection : les plaies, notamment, doivent être soigneusement désinfectées. Le régime alimentaire doit éviter les graisses animales, être riche en vitamines. L'exercice physique est nécessaire, bien adapté aux capacités personnelles du sujet ; la marche reste un exercice salutaire pour tous. Les vaccinations contre la grippe et le tétanos doivent être effectuées, car les sujets âgés sont souvent touchés par ces affections. Enfin, sur le plan psychologique, il est bon que les vieillards bénéficient d'un entourage chaleureux afin de limiter l'emprise sur eux des inconvénients physiques et moraux qui peuvent les toucher.

germe n. m. Syn. de MICROBE.
Porteurs de germes, sujets qui portent un germe (dans leur bouche, leur intestin, etc.), étant ainsi responsables de sa dissémination. Certains porteurs de germes n'ont jamais présenté de symptômes ; d'autres restent contagieux bien que guéris.
Les porteurs sains peuvent ainsi transmettre la méningite, la fièvre typhoïde, l'hépatite virale, etc. On les traite par les antibiotiques ou on les isole.

germicide n. m. Produit qui détruit les germes.
On utilise des agents physiques (radiations, froid...), des antibiotiques, des antiseptiques, des bactéries antagonistes, etc.

germinal, e, aux adj. **Cellules germinales,** cellules du testicule ou de l'ovaire dont la maturation aboutit aux gamètes* ; par extension, les gamètes eux-mêmes.
Lignée germinale, ensemble des cellules germinales d'un individu.

gérodermie n. f. Affection habituellement familiale, frappant surtout le jeune garçon, et associant une absence de développement des organes génitaux et des caractères sexuels secondaires, une cyphose*, avec hypertrophie des extrémités, et un aspect particulier des téguments, analogues à ceux du vieillard, qui a donné son nom à la maladie (peau sénile, sèche et flasque, calvitie).

gérontologie n. f. Étude des modifications du corps humain dues à la sénescence, et, conjointement, des problèmes socio-économiques que pose le nombre croissant des personnes âgées.
L'allongement de la durée de vie tient aux progrès de la médecine et à l'amélioration des conditions de vie. Les problèmes médicaux de la gérontologie constituent le sujet de la gériatrie*, mais bien d'autres domaines sont concernés : touchant à la démographie, à l'économie, à la psychologie et à la sociologie, tous problèmes qui ne peuvent être résolus que par les pouvoirs publics : âge de la retraite, aides financières, construction d'établissements pour gens âgés, organisation des loisirs, etc.

gérontoxon n. m. Infiltration graisseuse de la cornée au voisinage du limbe. (Syn. ARC SÉNILE.)
Le gérontoxon s'observe surtout chez le sujet âgé artérioscléreux et atteint d'hypercholestérolémie. (V. ill. p. 422.)

gestation n. f. Syn. de GROSSESSE*.

giarda n. f. Syn. de LAMBLIA. (V. LAMBLIASE.)

gibbosité n. f. Courbure anormale de la colonne vertébrale, se manifestant par une saillie du thorax en arrière. (Syn. : BOSSE.)
La gibbosité peut avoir des conséquences sur la fonction respiratoire. (V. CYPHOSE, SCOLIOSE.)

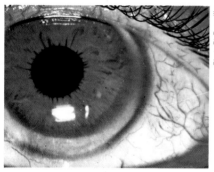

Gérontoxon.

gibier n. m. Le gibier à poil est riche en substances solubles, qui sont plus toxiques que dans les viandes de boucherie, à plus forte raison lorsqu'on l'a laissé longtemps faisander pour le rendre plus tendre et plus sapide. Le gibier est contre-indiqué dans la plupart des affections digestives, ainsi que dans les affections métaboliques qui entraînent une augmentation de l'urée et de l'acide urique (goutte, rhumatismes...).

gigantisme n. m. Croissance anormalement importante d'un individu, qui devient un géant.

C'est un état pathologique qui est lié, comme l'acromégalie*, à l'hypersécrétion de l'hormone somatotrope de l'hypophyse*. Le gigantisme survient quand cette anomalie glandulaire concerne avant la puberté, c'est-à-dire avant l'ossification des cartilages de conjugaison. Les géants, contrairement à la légende, ont souvent une force musculaire diminuée, des capacités intellectuelles faibles, des fonctions génitales atténuées ou abolies. Ce sont, malgré leur apparence, des sujets fragiles.

Gilchrist (maladie de), affection mycosique due à *Blastomyces dermatiditis.* (Syn. : BLASTOMYCOSE NORD-AMÉRICAINE.)

La *forme cutanée* est la plus fréquente, siégeant sur les parties découvertes. Elle se traduit par une pustule qui s'étend en périphérie et dont le centre se rétracte progressivement. La pustule est recouverte de papules disséminées.

La *forme viscérale* (poumon) est responsable de lésions disséquantes aboutissant à la mort.

Le diagnostic se fait sur l'isolement et la culture du champignon.

Le traitement est à base d'amphotéricine*.

gingembre n. m. Plante d'Extrême-Orient dont le rhizome est doué de propriétés apéritives, stomachiques, excitantes. On l'emploie sous forme de décoction, en gargarismes, dans l'aphonie.

gingivite n. f. Inflammation de la muqueuse buccale, localisée aux gencives (lorsque toute la muqueuse est atteinte, il y a stomatite).

Signes cliniques. Les gingivites se traduisent par des douleurs au contact des aliments, une salivation abondante, une haleine fétide, une difficulté à manger et à avaler (dysphagie).

Les gingivites catarrhales se manifestent seulement par une rougeur (congestion) de la muqueuse. Dans les gingivites érythémato-pultacées, un dépôt blanchâtre (pus) s'ajoute à la congestion et au gonflement.

Il existe également des gingivites *ulcéreuses* (ulcérations près des collets des dents),

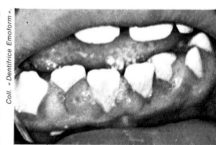

Gingivite. Gingivite végétante et nodulaire due au dihydantoïnate de sodium (sujet de 13 ans).

hypertrophiques (épaississement de la gencive), *gangreneuses* (avec atteinte de l'état général).

Causes des gingivites. Les *dépôts de tartre* en sont une cause fréquente, un détartrage devant toujours être pratiqué régulièrement.

Les anomalies d'évolution des dents (dent de sagesse en particulier), l'infection des racines dentaires, l'intolérance à certaines prothèses sont les causes les plus courantes.

Les intoxications par le mercure, le bismuth (d'origine médicamenteuse) avec liséré bleuté au bord de la gencive ne sont plus observées depuis l'abandon de ces traitements.

Les avitaminoses, le scorbut s'accompagnent de gingivorragie de la gencive et de gingivite.

Les affections du sang (agranulocytoses et leucémies) provoquent des gingivites graves avec tuméfaction, ulcération et parfois gangrène.

Traitement. On évitera les gingivites par une hygiène* bucco-dentaire correcte, un détartrage régulier des dents et le traitement systématique des affections dentaires, autant que possible avant l'atteinte des gencives. Le traitement local comporte des bains de bouche avec des solutions antiseptiques ou antibiotiques et des applications de topique (acide trichloracétique). Le traitement général doit assurer une amélioration du terrain (recherche d'un diabète éventuel, administration de vitamines B, C, PP); en cas de gingivite aiguë ou de retentissement sur l'état général, les antibiotiques sont nécessaires.

glace n. f. L'emploi de la glace en thérapeutique fait partie de la frigothérapie ou cryothérapie.

L'emploi local de la glace par contact dans des vessies spéciales, dont on veillera à éliminer l'air en totalité, permet d'apporter un effet décongestif, calmant et hypothermisant dans les fièvres élevées. On veillera avec soin à protéger la peau contre les gelures en la talquant et en interposant une flanelle. Au point de vue de l'hygiène, la congélation ne détruit les microbes que contient l'eau. Il faut donc choisir avec précaution l'eau destinée à devenir de la glace alimentaire.

glacière n. f. **Glacière de ménage,** petit meuble refroidi intérieurement par des pains de glace de préparation industrielle. — La glace industrielle contenant des impuretés, il ne faut pas boire l'eau qui résulte de sa fonte.

glafénine n. f. Antalgique* et anti-inflammatoire non toxique, employé en comprimés et en suppositoires.

glaire n. f. Liquide clair qui a l'aspect filant du blanc d'œuf et une consistance plus ferme que le mucus.

Des glaires sont sécrétées par certaines muqueuses (respiratoire, génitale, digestive) dans certains cas pathologiques.

La *glaire cervicale* est une sécrétion normale produite par le col de l'utérus.

gland n. m. Extrémité de la verge*, séparée du corps de celle-ci par le sillon balano-préputial.

glande n. f. Organe dont les cellules produisent une sécrétion*. (On désigne parfois, abusivement, sous ce nom, les ganglions lymphatiques.)
On distingue deux sortes de glandes selon la façon dont leur sécrétion est libérée.

Les glandes exocrines. Elles libèrent leur sécrétion par l'intermédiaire d'un canal ou dans une cavité. C'est le cas des glandes salivaires, des glandes intestinales. Leur fonctionnement est simple et se fait sous le contrôle du système neurovégétatif.

Les glandes endocrines. Elles rejettent leur sécrétion, les hormones*, directement dans le sang; leur fonctionnement est complexe, sous la dépendance de l'hypophyse* et, par son intermédiaire, de l'hypothalamus*. Elles sont nombreuses et jouent un rôle important dans la croissance, la digestion, le système nerveux, les fonctions sexuelles, etc.

L'ensemble formé par l'hypothalamus et l'hypophyse (axe hypothalamo-hypophysaire) semble, à l'heure actuelle, être le siège du contrôle de toutes les sécrétions.

La *thyroïde** sécrète une hormone qui agit sur la croissance et les différents métabolismes (lipides, glucides, protides). Les *parathyroïdes** sont de petites glandes qui contrôlent la répartition du calcium dans l'organisme.

Les *surrénales** sont également des glandes endocrines sécrétant, notamment, l'adrénaline* et le cortisol.

Les *gonades* (testicules* et ovaires*), glandes mixtes, sont sous la dépendance de l'hypophyse; leur sécrétion débute à la puberté et est responsable des modifications corporelles qui l'accompagnent.

Le *rein* comme le *pancréas* sont également des glandes endo- et exocrines.

Glaucome aigu.

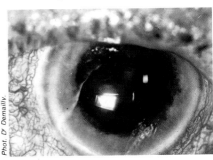

Phot. Dr Demailly.

Les sécrétions de l'*hypophyse* qui commandent les différentes glandes endocrines sont elles-mêmes commandées par des substances sécrétées par l'hypothalamus et appelées *realeasing factors* (R. F.).

glaucome n. m. Affection de l'œil caractérisée par une augmentation de sa pression interne, et conférant une dureté anormale à la palpation du globe à travers la paupière.

Glaucome chronique. Il atteint 2 p. 100 des individus à partir de 40 ans, et l'hérédité y joue un rôle certain. Au début, le glaucome ne se traduit que par des picotements et larmoiements, et seule la mesure de la pression oculaire (tonométrie) par l'ophtalmologiste permet de le dépister. La pression varie avec les heures de la journée et avec l'absorption de liquides. Des examens successifs sont nécessaires pour surveiller l'évolution à ce stade (dit «tonométrique»), qui peut durer plusieurs dizaines d'années. Le stade suivant est caractérisé par des altérations du champ visuel (stade campimétrique). L'atteinte commence près du centre optique de l'œil*, puis se propage vers celui-ci, et subitement l'acuité visuelle baisse considérablement (à 1/10 ou 2/10).

L'examen ophtalmologique montre, outre l'augmentation de la pression (au-delà de 30 mm de mercure), une excavation de la pupille avec écartement des vaisseaux à l'examen de fond d'œil.

Au stade terminal (glaucome absolu), l'activité visuelle est nulle, la pression très élevée, l'œil douloureux.

Traitement du glaucome chronique. Au début de l'évolution, des collyres (de pilocarpine, d'ésérine, etc.) sont employés, malgré les quelques troubles de la vision qu'ils entraînent. On y ajoute, par voie générale, un inhibiteur de l'anhydrase carbonique, qui diminue la sécrétion aqueuse. La tension artérielle doit être surveillée, et il faut éviter les variations brutales de celle-ci.

Lorsque les altérations du champ visuel progressent, une intervention chirurgicale est nécessaire. Elle consiste à pratiquer un trou ou une fente au niveau de l'angle irido-cornéen, afin de permettre à l'humeur aqueuse de passer librement du globe oculaire dans les espaces sous-conjonctivaux.

Glaucome aigu. C'est une augmentation brutale et grave de la tension oculaire qui, non traitée, fait courir un risque de cécité en quelques jours.

Parfois précédée de maux de tête, la crise est caractérisée par une violente douleur à l'œil, irradiant dans toute la tête, et par une baisse de la vision. L'œil est rouge, la cornée trouble, la pupille en mydriase (ouverte). Le globe oculaire est dur comme une bille.

Le glaucome aigu survient surtout chez la femme et vers la cinquantaine. Son apparition est favorisée par une émotion, une opération et par une étroitesse de l'angle irido-cornéen (la racine de l'iris pouvant fermer les pores d'évacuation de l'humeur aqueuse).

Traitement. Il comporte des injections rétrobulbaires de procaïne, des instillations très fréquentes de pilocarpine (tous les quarts d'heure) et l'administration d'acétazolamide. Le soulagement est généralement rapide, mais des récidives sont possibles. Si la crise ne cède pas en trois jours, l'intervention chirurgicale est nécessaire. Dans tous les cas, la surveillance de l'autre œil s'impose.

Glaucome congénital. Encore appelé *buphtalmie,* il survient dès les premiers mois de l'enfance. Il se manifeste par une augmentation de volume des yeux et notamment des cornées (aspect trompeur de « beaux yeux »). Puis la vue diminue, la cornée se trouble et s'ulcère. Dû à une membrane (dite « de Barkan ») formée dans l'angle irido-cornéen, qui empêche l'humeur aqueuse de traverser le trabéculum* scléral, le glaucome congénital évolue vers la cécité en l'absence de traitement. L'intervention (indispensable) comporte la section de la membrane de Barkan. Cette intervention délicate et qui nécessite une instrumentation spéciale doit parfois être recommencée plusieurs fois.

Glaucome secondaire. C'est une poussée d'hypertension oculaire, consécutive à diverses affections de l'œil : décollement de rétine, thrombose de la veine centrale de la rétine, tumeurs, traumatismes.

glénoïde adj. **Cavité glénoïde,** surface articulaire concave, plus ou moins profonde.

gliome n. m. Tumeur maligne du système nerveux, constituée par des cellules nerveuses de soutien (névroglie).

Le *gliome de la rétine,* ou *rétinoblastome,* est une tumeur de l'enfant, souvent héréditaire, cause de cécité, mais pouvant guérir après énucléation complète de l'œil.

globe n. m. **Globe oculaire,** l'œil*.

Globe vésical, saillie sus-pubienne, en forme de dôme, qui traduit en clinique une réplétion complète de la vessie. (V. RÉTENTION d'urines.)

globule n. m. Cellule du sang : *globule rouge* (v. HÉMATIE), *globule blanc* (v. LEUCOCYTE).

globuline n. f. Un des deux types de protéines contenues dans le plasma humain, avec l'*albumine.*

Les globulines ont un poids moléculaire plus élevé que celui de l'albumine et on les divise, par électrophorèse, en différentes fractions : alpha-1- ; alpha-2- ; bêta- et gammaglobulines*.

glomérule n. m. Partie de l'unité fonctionnelle du rein* (*néphron*) qui est chargée de filtrer le plasma sanguin en ne laissant passer que les petites molécules (eau, urée, sels minéraux) pour former l'urine.

glomérulonéphrite n. f. Affection rénale caractérisée par l'atteinte prédominante des glomérules.
Elle est aiguë ou chronique, mise en évidence par une protéinurie*, du sang retrouvé dans les urines, l'existence éventuelle d'œdèmes* et d'hypertension* artérielle. La glomérulonéphrite est souvent due à un foyer microbien (angine, scarlatine), et son pronostic est le plus souvent favorable, grâce au traitement anti-infectieux associé au repos complet.

glomus n. m. Petit amas de tissu vasculaire ou nerveux : *glomus carotidien, glomus jugulaire.*

glossine n. f. Mouche d'Afrique équatoriale qui transmet la maladie du sommeil. (Syn. : MOUCHE TSÉ-TSÉ.)

glossite n. f. État inflammatoire de la langue.
Glossites aiguës. Elles participent en général à un état inflammatoire diffus de la muqueuse buccale (v. STOMATITE).
Glossites chroniques. Elles sont de divers types. La *glossite losangique médiane*, desquamation du milieu de la langue, et la

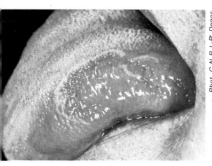

Glossite exfoliatrice marginée.

Phot. C. N. R. I.-P. Degos.

glossite exfoliatrice marginée, qui marque la langue de cernes blancs entourant des aires rouges et lisses, sont sans gravité et n'entraînent aucune gêne. On cite aussi les plaques fauchées de la syphilis* secondaire et la *glossite scléreuse superficielle,* observée au cours du lichen* plan.

glossodynie n. f. Sensation douloureuse ou seulement agaçante survenant sur la pointe ou les bords de la langue, chez les sujets névropathes.
Le traitement local donne peu de résultats.

Le mieux est de prescrire des tranquillisants ou de recourir à la psychothérapie.

glosso-pharyngien, enne adj. Relatif à la langue et au pharynx.
Le *nerf glosso-pharyngien* constitue la 9e paire de nerfs crâniens. Sa paralysie entraîne des troubles de la déglutition ; sa névralgie peut être essentielle (sans cause visible) ou symptomatique d'une tumeur cranio-encéphalique.

glossoplégie n. f. Paralysie complète de la langue, généralement associée à une paralysie faciale* ou à une maladie musculaire générale (myopathie*, myasthénie*).

glossoptôse n. f. Chute de la langue en arrière, bloquant le passage de l'air.
C'est une cause importante d'asphyxie chez les malades inconscients (anesthésie). Il faut la prévenir par la pose d'une canule de Mayo ou par la luxation de la mâchoire en avant.

glotte n. f. Espace compris entre les deux cordes vocales, et partie la plus étroite du larynx*.

glucagon n. m. Hormone sécrétée par les cellules α des îlots de Langerhans du pancréas* et qui possède une action hyperglycémiante. (On l'emploie dans le traitement des hypoglycémies.)

glucide n. m. Terme général désignant les sucres, et qui englobe les oses (sucres simples) et les osides (sucres complexes).
Biochimie. *Les oses.* Ce sont des molécules à 5 ou 6 carbones (pentoses ou hexoses), pour les plus courants, liés à plusieurs fonctions alcool et à une fonction réductrice (aldéhyde ou cétone).
Certains sont fournisseurs d'énergie (glucose*, galactose, fructose) [hexoses], d'autres interviennent dans des molécules importantes, telles celles des acides nucléiques responsables de la transmission génétique (ribose, désoxyribose) [pentoses].
Les osides. Ils comportent deux types de corps : les holosides et les hétérosides.
LES HOLOSIDES. Ce sont des polymères d'oses dont l'hydrolyse ne donne que des oses. La longueur de la chaîne varie de deux à plusieurs milliers de molécules. Certains d'entre eux (amidon, glycogène, cellulose, dextrine) ne contiennent que du glucose.
L'amidon est la principale réserve glucidique des végétaux et constitue la principale source de glucides de l'alimentation.
Le glycogène*, forme de stockage du glucose chez l'animal, est présent dans le muscle et surtout dans le foie.
LES HÉTÉROSIDES. Leur hydrolyse fournit des oses et des composés non glucidiques. Ils sont très répandus dans les végétaux et

certains ont un rôle thérapeutique (digitale, antibiotiques divers, etc.).

Les glucides de l'organisme. Ils proviennent essentiellement de l'alimentation : amidon (féculents); saccharose (sucre de canne, betterave et fruits), composé de glucose et de fructose ; lactose (sucre de lait), composé de glucose et galactose. Ils sont scindés en oses absorbables grâce aux enzymes et aux sucs digestifs. Une part des glucides de l'organisme provient de synthèse à partir des lipides et protides (néoglycogenèse).

MÉTABOLISME. Absorbés par l'intestin grêle, les oses sont amenés au foie par la veine porte. Ils y sont polymérisés en glycogène. En fonction des besoins, le glycogène est scindé en glucose, qui constitue l'aliment principal ou même exclusif (cerveau) des cellules. (V. GLUCOSE et GLYCOLYSE.)

glucose n. m. Sucre simple à 6 atomes de carbone (hexose).

Le glucose est une des principales sources d'énergie de l'organisme. Cette énergie est libérée tout au long d'une chaîne de réactions de dégradation faisant intervenir de nombreux corps intermédiaires, dont l'adénosine* triphosphate (A. T. P.). Le terme ultime de cette dégradation est l'acide lactique.

Physiologie. Le glucose apparaît dans l'intestin comme le résultat de la digestion des glucides* alimentaires. Il est absorbé par l'intestin grêle et drainé par la veine porte* vers le foie, où il est mis en réserve sous forme de glycogène*. Le glycogène est ensuite détruit à la demande pour assurer un taux sanguin (glycémie*) fixe de 1 gramme par litre.

Le glucose du sang sert d'aliment aux différents tissus de l'organisme. Le cerveau est le seul organe ne pouvant utiliser que le glucose comme source d'énergie. Cela explique le coma précoce et les séquelles neurologiques possibles de l'hypoglycémie*.

Pharmacie. Le glucose est une poudre microcristalline blanche, soluble dans l'eau, légèrement sucrée. Les préparations utilisées sont soit des solutions pour perfusions isotoniques (5 g pour 100 ml) ou hypertoniques (10 g p. 100 ml, 15 g p. 100 ml, 30 g p. 100 ml), soit des sirops.

glutamique adj. **Acide glutamique,** aminoacide présent dans les tissus nerveux. L'acide glutamique est utilisé dans de nombreuses préparations censées stimuler les fonctions intellectuelles et comme détoxicant de l'ammoniac dans les affections hépatiques graves.

glutathion n. m. Transporteur d'oxygène présent dans tous les tissus, il résulte de la combinaison de trois acides aminés (tripep-

tide) : acide glutamique, glycocolle et cystéine.

gluten n. m. Résidu protéique obtenu à partir de la farine, après élimination des glucides.

Le gluten est employé pour enrober les comprimés destinés à n'être absorbés que par l'intestin (il ne se dissout pas dans le suc gastrique, qui est acide). La malabsorption* du gluten contenu dans la farine entraîne une affection grave, la *maladie cœliaque*, ou *intolérance au gluten.*

glycémie n. f. Quantité de glucose présente dans le sang.

Normalement de 0,80 à 1 g par litre, à jeun, la glycémie augmente après les repas. Les chiffres de la glycémie normale augmentent aussi avec l'âge. (V. DIABÈTE, HYPERGLYCÉMIE, HYPOGLYCÉMIE.)

glycérine n. f. Substance liquide visqueuse entrant dans la constitution de graisses organiques. (Syn. : GLYCÉROL.)

La glycérine est obtenue comme sous-produit de l'industrie des savons ou par fermentation alcoolique. Elle est utilisée comme excipient dans de nombreux médicaments (suppositoires, ovules, pâtes chimiques). Par voie interne, on l'utilise comme laxatif et pour les lavements évacuateurs (de 1 à 2 cuillerées à soupe par litre d'eau).

glycérolé ou **glycéré** n. m. Préparation semi-liquide employée à la façon d'une pommade et dont la glycérine est le principal excipient.

glycérophosphate n. m. Sel de l'acide glycérophosphorique.

On utilise les glycérophosphates de calcium, de sodium, de magnésium et de fer comme reconstituants et toniques nerveux et musculaires.

glycocolle n. m. Dénomination commune de l'*acide aminoacétique,* le plus simple des acides aminés.

glycogène n. m. Oside, de poids moléculaire élevé, qui constitue la forme de réserve des sucres dans le règne animal. (V. GLUCIDE.)

glycogénose n. f. Maladie héréditaire liée à l'absence des enzymes nécessaires au métabolisme du glycogène, qui ne peut plus être utilisé normalement par l'organisme.

glycolipide n. m. Grosse molécule de lipide comportant un constituant glucidique.

Les glycolipides sont des éléments des membranes cellulaires (surtout bactériennes) et des tissus nerveux (cérébrosides).

glycolyse n. f. Ensemble des réactions de dégradation métabolique du glucose qui s'effectuent soit en présence d'oxygène (aérobiose, respiration), soit en l'absence d'oxygène (anaérobiose, fermentation).

glycoprotéide n. m. Grosse molécule composée d'une fraction glucidique (sucre) et d'une fraction protéique (protide).
On trouve des glycoprotéides dans le sérum (orosomucoïde, haptoglobine, céruléoplasmine); comme constituant des antigènes des groupes sanguins et de certaines enzymes* ou de certaines hormones; enfin, dans les sécrétions salivaires, le mucus, etc.

glycorachie n. f. Taux de glucose présent dans le liquide céphalo*-rachidien, normalement égal à la moitié de la glycémie*.

glycorégulation n. f. Ensemble des mécanismes physiologiques permettant le maintien du taux sanguin de glucose (glycémie) à 1 gramme par litre.
Le glucose sanguin représente le chaînon intermédiaire entre le foie, qui le libère à partir du glycogène* en fonction des besoins de l'organisme, et les cellules des tissus consommateurs, où il sera métabolisé. La constance de son taux résulte d'un équilibre entre un facteur hypoglycémiant et plusieurs facteurs hyperglycémiants. L'hormone hypoglycémiante est l'insuline*. Elle agit en stimulant la formation de glycogène au niveau du foie et en favorisant la pénétration du glucose dans les cellules des tissus.
Les facteurs hyperglycémiants sont :
— l'adrénaline, sécrétée par les glandes médullosurrénales, et le glucagon*. Ces deux hormones stimulent la libération du glucose à partir du glycogène;
— l'hormone somatotrope hypophysaire, qui stimule la formation de glucose à partir des graisses;
— les glucocorticoïdes (cortisol), qui agissent à partir des protides.
Le fonctionnement correct de la glycorégulation est apprécié par diverses épreuves*, et en particulier par l'épreuve d'hyperglycémie* provoquée.
Les troubles de la glycorégulation se voient essentiellement dans le diabète* (hyperglycémie), un grand nombre d'affections hypoglycémiantes (v. HYPOGLYCÉMIE) et dans les glycogénoses*.

glycosidase n. f. Enzyme hydrolysant la chaîne des osides contenant du glucose. (V. GLUCOSE.)

glycosurie n. f. Présence de sucre (glucose) dans les urines, signe de diabète*.

godet (signe du), empreinte creuse restant dans la peau lorsqu'on appuie fortement avec un doigt, et qui indique la présence d'un œdème*.

goitre n. m. Augmentation de volume du corps thyroïde*, quelle qu'en soit la cause. Le goitre est secondaire soit à une hyperplasie* cellulaire (multiplication des cellules), soit à une hypertrophie (gonflement des cellules).

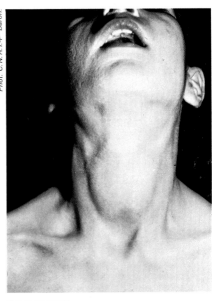

Phot. C.N.R.I.-P° Baron.

Goitre nodulaire.

Le plus souvent, l'anomalie est diffuse (goitre colloïde); parfois, seul un nodule est anormal (goitre nodulaire); plus rarement, une calcification du goitre peut être à l'origine d'accidents vasculaires.
Le fonctionnement de la thyroïde est sous la dépendance de la thyréostimuline, hormone hypophysaire. Si la sécrétion thyroïdienne diminue, l'hypophyse sécrète plus de thyréostimuline, ce qui provoque une hyperplasie de la glande thyroïde; inversement, l'augmentation de la sécrétion thyroïdienne freine la sécrétion hypophysaire de thyréostimuline.

Goitres avec insuffisance de sécrétion thyroïdienne. Ils résultent d'une anomalie thyroïdienne qui se répercute au niveau de l'hypophyse, entraînant des modifications de la

sécrétion de thyréostimuline (v. FEED*-BACK).
Parfois, des anomalies métaboliques congénitales sont à l'origine d'un blocage enzymatique (par absence de l'enzyme) qui entraîne un stockage de l'hormone avec hypertrophie cellulaire. Ce trouble héréditaire est responsable d'une diminution de la sécrétion hormonale de la thyroïde (puisque l'hormone ne peut s'en échapper) et d'un hyperfonctionnement hypophysaire réactionnel.

Goitres avec excès de fonctionnement thyroïdien. Ces goitres sont secondaires à une stimulation hypophysaire anormale qui aboutit également à la formation d'un goitre sécrétant l'hormone thyroïdienne en excès : c'est la maladie de Basedow*.

Goitres endémiques. L'augmentation de volume du corps thyroïde n'est pas, ici, secondaire à une anomalie thyroïdienne, mais à une carence iodée. Dans certaines régions, dites «goitrigènes», l'eau ne comporte pas les infimes quantités d'iode nécessaires au fonctionnement thyroïdien. Cela est à l'origine d'un goitre par hyperfonctionnement hypophysaire. Les régions touchées sont isolées de la mer (Jura, Alpes, Andes).

Traitement. Il est à base d'iode minéral et d'hormones thyroïdiennes (pour les goitres avec diminution de la sécrétion) associés à un régime alimentaire convenable. La chirurgie est rarement nécessaire, sauf en cas de compression vasculaire ou de nodule isolé. Les goitres nodulaires doivent être régulièrement surveillés pour dépister une transformation maligne de la lésion (v. THYROÏDE). Les goitres avec augmentation de la sécrétion ont un traitement spécifique. (V. BASEDOW.)

gomme n. f. 1. Suc visqueux de certains arbres (pin). [Les gommes sont utilisées en pharmacie pour la préparation de potions.] — 2. Formation nodulaire d'origine infectieuse. (La syphilis, la tuberculose et certaines infections à staphylocoque peuvent être à l'origine de gommes. Le prélèvement en fera la preuve bactériologique.)

gonade n. f. Glande qui produit les cellules reproductrices (testicule* ou ovaire*).

gonadostimuline n. f. Hormone d'origine hypophysaire, stimulant l'activité des glandes mâles ou femelles.
La *gonadostimuline A* (syn. : F. S. H. [Folliculo-Stimuline-Hormone]) active, chez la femme, la formation et la maturation du follicule de De Graaf. Associée à la gonadostimuline B, elle fait sécréter la folliculine d'origine ovarienne. Chez l'homme, elle permet le développement de la spermatogenèse (production de spermatozoïdes).
La *gonadostimuline B* (syn. : L. H. [Lutéo-stimuline-Hormone]) est à l'origine de la

sécrétion de folliculine*, de la ponte ovulaire et du corps jaune chez la femme. Chez l'homme, elle stimule la fonction endocrine du testicule (testostérone).

gonadotrope adj. *Hormone gonadotrope.* V. GONADOTROPHINE.

gonadotrophine n. f. Hormone agissant sur les gonades pour les stimuler. (Syn. : HORMONE GONADOTROPE.)
On distingue les gonadotrophines d'origine hypophysaire (v. GONADOSTIMULINE) et les hormones d'origine placentaire, ou *prolans*, qui assurent le maintien du corps jaune de grossesse.
L'utilisation des gonadotrophines (F. S. H.) a constitué un progrès capital dans le traitement des stérilités par anovulation. On les emploie également dans les retards pubertaires, l'acné, etc.

gonalgie n. f. Douleur du genou.

gonarthrose n. f. Arthrose* du genou.

gonioscopie n. f. Examen optique de l'angle formé par l'iris et la cornée.
La gonioscopie est d'une grande importance dans la surveillance du glaucome*. On utilise un verre de contact contenant un prisme, qu'on place sur l'œil, et on regarde au biomicroscope.

gonococcie n. f. Infection par le gonocoque.
La gonococcie peut être localisée à l'urètre (v. BLENNORRAGIE) ou aux conjonctives, chez le nouveau-né infecté lors du passage dans les voies génitales de la mère. Elle peut être généralisée, et provoquer alors une septicémie (gonococcémie) succédant à une urétrite.

gonocoque n. m. Microbe responsable de la gonococcie.
C'est un diplocoque ne prenant pas la coloration de Gram et se localisant à l'intérieur des cellules.

gonoréaction n. f. Réaction sérologique de fixation du complément, utilisée dans le diagnostic des gonococcies. (Sa fiabilité est discutée.)

Goodpasture (syndrome de), association d'une affection pulmonaire avec crachats sanglants et d'une atteinte des glomérules* du rein*, d'évolution grave.

gorge n. f. Nom familier donné au pharynx. *Mal de gorge.* V. ANGINE.

goudron n. m. Résidu de la distillation de la houille ou du bois.
Le *goudron de houille* s'emploie en pommade contre l'eczéma. Le *goudron de pin* est utilisé pour la préparation de pâtes au goudron. Le *goudron de genévrier* est *l'huile de cade*.

Gougerot Sjögren (syndrome de).
Sécheresse des yeux, de la bouche et des
muqueuses due à une insuffisance de sécrétion des larmes, de la salive, etc. Il existe
des auto-anticorps* dans le sang, et une
cause génétique est présumée.

goundou ou **n'goundou** n. m. Localisation tropicale du pian*, consistant en une
tuméfaction du sillon naso-génien en rapport
avec une ostéite* du maxillaire supérieur.

gourme n. f. Syn. d'IMPÉTIGO*.
Gourme des mineurs, phénomène allergique
qui accompagne souvent l'infestation par les
ankylostomes*.

goût n. m. On distingue quatre modalités du
goût : sucré, salé, acide, amer.

Les récepteurs du goût sont constitués par
des bourgeons situés sur les bords et la face
dorsale de la langue. En certains endroits,
ces bourgeons se groupent en papilles, et
leurs cellules sont reliées aux terminaisons
des nerfs sensoriels de la langue. L'appareil
gustatif est stimulé par des corps solubles
venant au contact de la langue. Pour les
autres substances, cristallisées ou gazeuses,
la salive les dissout, puis les véhicule vers les
cellules réceptives.

D'autre part, les récepteurs gustatifs sont
sensibles à l'action de substances sapides
quand elles sont introduites dans le sang
circulant. Ainsi explique-t-on la sensation
gustative qui accompagne une injection intraveineuse. On a utilisé cette propriété pour
mesurer la vitesse circulatoire. Les voies de
transmission du goût empruntent le nerf
glosso-pharyngien pour le tiers postérieur de
la langue, et la corde du tympan, branche du
nerf facial, pour ses deux tiers antérieurs.
Ces voies nerveuses gagnent, après relais au
tronc cérébral et au thalamus, le lobe pariétal
du cerveau, à côté de la zone des sensations
tactiles et douloureuses de la langue, qui est
sous la dépendance du nerf trijumeau.

On conçoit dès lors qu'une paralysie
faciale, une névrite qui intéresse la face
perturbent le goût. De même, la disparition
du goût, ou *agueusie*, peut être due à une
tumeur du tronc cérébral ou du thalamus.

Le goût a un rôle physiologique important
puisqu'il règle la prise d'aliments ; il permet
de moduler la pulsion que représente la faim,
d'apprécier et de choisir les aliments.

goutte n. f. Affection très douloureuse,
provoquée par un trouble du métabolisme de
l'acide urique entraînant l'augmentation de
son taux dans le sang (hyperuricémie).
Circonstances de survenue. La goutte est une
affection fréquente, touchant l'homme vers
40 ans. L'hérédité, les habitudes alimentaires
jouent un rôle important puisque 50 p. 100

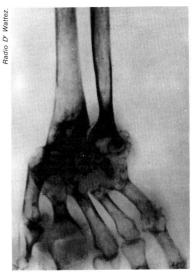

Radio Dʳ Wattez.

Goutte. Déformation des mains.

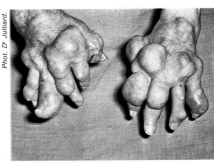

Phot. Dʳ Julliard.

Goutte chronique de la main.

des goutteux présentent un excès de poids.
Néanmoins, certaines gouttes sont secondaires à une intoxication par le plomb
(saturnisme) ou à une hémopathie* maligne.
Manifestations cliniques. La goutte se manifeste, d'une part, par des accès aigus inflammatoires touchant les articulations, d'autre
part par des affections chroniques dues à la

surcharge dans les tissus de dépôts ura-tiques.

L'ACCÈS DE GOUTTE AIGU. Dans la majorité des cas, le sujet est réveillé la nuit, brutalement, par une douleur du gros orteil qui augmente progressivement, comparable à un broie-ment. Vers le matin, la douleur s'atténue, laissant l'articulation de l'orteil rouge, chaude, tuméfiée. Le phénomène se repro-duit les nuits suivantes. L'accès cède au bout de cinq jours environ. On retrouve des facteurs déclenchants, comme un écart de régime, un surmenage physique ou intellec-tuel, et le malade se rappelle quelques signes avant-coureurs de la crise : malaises diges-tifs, lassitude, crampes du gros orteil. La crise elle-même s'accompagne d'un état saburral* des voies digestives (langue char-gée), d'une fièvre modérée et se termine par une débâcle urinaire. Pendant longtemps les crises se répètent à intervalles très variables suivant les sujets, rétrocédant spontanément, puis évoluant vers la goutte chronique.

MANIFESTATIONS DE LA GOUTTE CHRONIQUE. *Les tophi.* Ce sont des concrétions uratiques visibles sous les téguments, de volume souvent important, de couleur blanc jaunâtre, siégeant électivement aux cartilages de l'oreille, aux coudes, aux mains et aux pieds. *Les arthropathies chroniques.* Elles sont dues à l'infiltration de l'articulation par les dépôts uratiques et rendent celle-ci gonflée, raide et douloureuse à la mobilisation.
Les manifestations rénales. La lithiase* rénale se traduit par des crises de coliques néphrétiques. L'insuffisance rénale, tardive, aggrave le pronostic de la maladie goutteuse.
L'évolution de la goutte s'étend sur des dizaines d'années, et l'invalidité finit par être sévère.

Traitement de la goutte. *L'accès de goutte.* Le médicament spécifique du traitement est la *colchicine,* prescrite par voie orale. Les doses sont limitées par le risque de diarrhée.
La phénylbutazone, anti-inflammatoire effi-cace, est utilisée avec précaution en raison de sa toxicité pour le rein et l'appareil digestif. Les corticoïdes* sont proscrits en raison de la flambée de goutte qu'ils pro-voquent après une brève amélioration. Le régime alimentaire, le repos au lit aident à l'efficacité du traitement.
Traitement de fond. Il repose sur le régime et les médicaments. On proscrira l'alcool, les graisses et les aliments riches en purines, sources d'acide urique (ris de veau, abats, foie, harengs). On restreindra les aliments tels qu'épinards, petits pois, fruits de mer, poissons. En compensation, on encouragera le sujet à consommer du lait écrémé, des fromages maigres, des céréales, des œufs.

Le régime doit tendre à réduire le poids du sujet et à provoquer une forte diurèse*. On conseille ainsi les eaux bicarbonatées.
Les médicaments uricosuriques sont repré-sentés par le probénécide, qui augmente l'élimination urinaire de l'acide urique. Aussi est-il contre-indiqué en cas d'atteinte rénale et remplacé par l'*allopurinol,* qui diminue la formation d'acide urique, donc son taux sanguin et son élimination urinaire.

goutte-à-goutte n. m. Méthode d'admi-nistration lente des solutés, par perfusion* intraveineuse. — Le compte-gouttes spécial qui sert à cet effet.

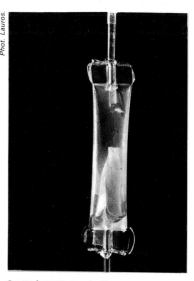

Phot. Larouss.

Goutte-à-goutte en plastique.

gouttelette n. f. Gouttelettes de Flügge, particules de salive ou de sécrétions nasales émises lors de la parole, de la toux ou de l'éternuement (*postillons*), qui sont un agent de transmission des maladies contagieuses.

gouttes n. f. pl. Médicament liquide dont la prise est déterminée par un certain nombre de gouttes et qu'on administre, au compte-gouttes, après dilution sur un morceau de sucre ou dans une petite quantité d'eau.
Les *gouttes nasales* sont introduites dans les narines. Il ne faut pas abuser des gouttes

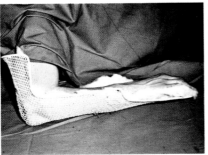

Gouttière pour membre supérieur.

huileuses, car elles peuvent pénétrer dans les voies respiratoires et provoquer des pneumonies huileuses.

gouttière n. f. **En anatomie,** dépression allongée entre deux reliefs osseux : *gouttière du pouls*.
En chirurgie, attelle métallique, plastique ou gonflable, utilisée comme moyen d'immobilisation provisoire d'un membre.

grain n. m. **Grain de beauté,** nom familier du *nœvus**.

graisse n. f. On distingue les *graisses d'origine minérale* : vaseline*, paraffine*, et les *graisses d'origine animale ou végétale,* les lipides*.
Diététique. Seules les graisses d'origine animale ou végétale ont un rôle alimentaire. Les graisses animales ont une forte teneur en cholestérol*, que les graisses végétales (margarine) n'ont pas. Ces dernières sont donc recommandées dans l'hypercholestérolémie. Une distinction doit être faite entre les graisses crues et les graisses cuites. Les premières sont réputées plus digestes, et il est recommandé à ceux qui souffrent de troubles digestifs de ne pas consommer de graisses cuites, surtout brûlées (beurre noir). Mais il ne faut pas oublier que les graisses crues réclament au foie un travail équivalent à celui qui est nécessité pour les graisses cuites.

Gram (méthode ou coloration de), coloration au violet de gentiane utilisée en bactériologie et qui, après une décoloration à l'alcool, permet de différencier deux sortes de bactéries : les Gram + (positives), qui conservent leur coloration, les Gram − (négatives), qui sont décolorées (ces dernières sont

mises en évidence par un deuxième colorant, rouge, la fuchsine).

grandeur n. f. Les idées de grandeur caractérisent la mégalomanie (v. DÉLIRE) et se définissent comme la surestimation par l'individu de ses capacités, physiques ou morales.

granulation n. f. Partie d'un tissu, d'un organe ou d'une cellule qui a la forme d'une petite masse arrondie, semblable à un grain. Les granulations pathologiques sont le plus souvent la manifestation d'une inflammation provoquant un bourgeonnement du tissu conjonctif : *granulations tuberculeuses.* Le tissu conjonctif qui couvre les plaies prend le plus souvent un aspect granuleux (tissu de granulation).

granule n. m. Petite pilule, du poids de 5 cg environ, où le principe actif est une substance toxique à la dose de 0,1 à 1 mg (digitaline, strychnine, arsenic, etc.).
En homéopathie, les petites pilules imprégnées d'une dilution dont elles reçoivent le numéro d'ordre sont aussi appelées *granules.*

granulie n. f. Atteinte tuberculeuse aiguë et généralisée, caractérisée par la présence de multiples granulations tuberculeuses, de la taille d'un grain de mil, dans les organes.

granulocyte n. m. Syn. de POLYNUCLÉAIRE. (V. LEUCOCYTE.)

Phot. Dʳ Julliard.

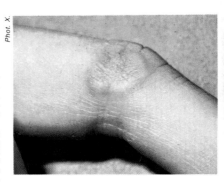

Phot. X.

Granulome annulaire.

granulome n. m. Petite tumeur de forme arrondie, quelle qu'en soit la nature.

Granulome de la peau, amas inflammatoire dermique de cellules conjonctives : *granulome annulaire, granulome à corps étranger, granulome infectieux,* etc.

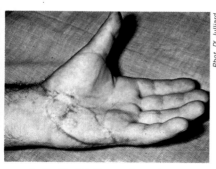

Greffe. Résultat d'une greffe sur la main.

Granulome dentaire, pseudotumeur appendue à certaines racines dentaires dépulpées, qui a l'aspect d'un bourgeon charnu.
Granulome éosinophile, affection osseuse frappant surtout les enfants et les adolescents, de pronostic favorable.

granulopénie n. f. Diminution du nombre des granulocytes, ou polynucléaires. (V. LEUCOPÉNIE.)

graphologie n. f. Science qui cherche à définir les rapports entre l'écriture et la personnalité.
La graphologie est mise à profit en médecine (études psychologiques des enfants, des malades mentaux, etc.) et en criminologie.

Greffe. Différents types de greffes cutanées par lambeaux pédiculés.

Phot. Dr Julliard.

gras, grasse adj. Qui contient des graisses* ou entre dans leur composition.
Acides gras, acides organiques entrant dans la constitution des lipides. (Les sels d'acides gras constituent les savons*.)

Grasse, station climatique des Alpes-Maritimes, à 17 km de Cannes.
Son climat, doux en hiver et tempéré en été, convient aux convalescences d'affections pleuro-pulmonaires congestives, aux asthénies, à certains rhumatismes.

gravatif, ive adj. Qui s'accompagne d'une sensation de lourdeur («tête lourde»).

gravelle n. f. Ancien nom de la *lithiase* urinaire.

gravide adj. Qualifie un utérus contenant un embryon ou un fœtus et, par extension, une femme en état de grossesse.

gravidique adj. Qui dépend de la grossesse.

gravidocardiaque adj. Relatif au fonctionnement du cœur durant la grossesse.
Accidents gravidocardiaques, ensemble des manifestations d'insuffisance cardiaque survenant au cours de la grossesse, des suites de couches et de l'accouchement, chez les femmes porteuses d'une cardiopathie. Le pronostic fœtal est généralement bon, sous réserve de la prématurité. En revanche, la vie de la mère peut être mise en danger.

greffe n. f. Opération qui consiste à transférer sur un individu des parties de tissu ou d'organe prélevées sur lui-même ou sur un autre. (Lorsque le transfert concerne un organe entier [rein, cœur,...] dont il faut assurer la continuité vasculaire, on parle de *transplantation*.)

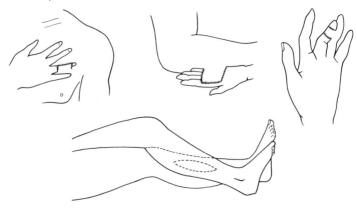

On nomme *autogreffes* les greffes prélevées sur l'individu lui-même, *homogreffes* celles qui sont prises sur un autre homme, et *hétérogreffes* celles qui proviennent d'un animal. Seules les autogreffes peuvent survivre sans préparation spéciale du sujet ; les homogreffes posent des problèmes difficiles du fait de l'existence de réactions immunologiques entre receveur et greffon* (phénomène de rejet) ; les hétérogreffes ne servent que de matériel de prothèse provisoire, qui doit être entièrement réhabité par les cellules du receveur (greffon osseux, par exemple).

Les greffes les plus fréquentes sont les *greffes de peau*, qui peuvent être dermo-épidermiques ou de peau totale par pastilles, lambeau libre ou pédiculé. L'os est très souvent utilisé comme greffon dans les pertes de substance, les pseudarthroses (autogreffes, hétérogreffes conservées). Tous les tissus peuvent être greffés, avec plus ou moins de chances de succès : cornée (kératoplastie*), cartilages, tendons, nerfs.

Très particulières sont les greffes de moelle osseuse dans les aplasies* médullaires accidentelles (irradiation à dose léthale).

Outre les problèmes de rejet, se posent pour les homogreffes des problèmes juridiques, particulièrement depuis que les greffes et transplantations ont fait des progrès considérables : réglementation des prélèvements sur un sujet vivant (rein, par exemple), prélèvements *post mortem*, prélèvements sur des sujets en état de coma dépassé (loi du 22 déc. 1976).

greffon n. m. Tissu ou organe servant à faire une greffe*.

grenouillette n. f. Kyste (tumeur liquide) du plancher de la bouche, se formant aux dépens des glandes muqueuses.
Le traitement en est chirurgical.

Gréoux, station thermale des Alpes-de-Haute-Provence, à 52 km d'Aix-en-Provence, ouverte du 15 mai au 15 octobre.

L'eau sulfurée, chloro-bicarbonatée sodique et calcique émerge à 36 °C ; elle est radioactive. On l'emploie en bains dans le traitement des affections articulaires (arthrose, suites de traumatismes) et en applications locales dans les affections du nez, de la gorge, des oreilles et des bronches.

griffe n. f. *Maladie des griffes du chat.*
V. CHAT.

grille n. f. Grille antidiffusante, en radiologie, système de lames de plomb permettant de supprimer les rayons X diffusés, et de ne garder que les rayons X directs.

grilthérapie n. f. Radiothérapie effectuée en protégeant la peau avec une grille antidiffusante.

grincement n. m. Grincement des dents, bruit lié au frottement des dents de la mâchoire supérieure sur la mâchoire inférieure.
On l'observe dans la spasmophilie*, les méningites*, etc., ou pendant le sommeil chez les sujets nerveux.

grindelia n. m. Plante dont on emploie les sommités fleuries, sous forme d'extraits ou de teinture, pour leurs propriétés antiasthmatiques, anticoquelucheuses et expectorantes.

grippe n. f. Affection virale très contagieuse, évoluant par poussée épidémique.
L'agent pathologique est *Myxovirus influenzæ*, avec plusieurs types dont les plus fréquents sont A1, A2 et B (Hongkong).

Épidémiologie. Lorsque survient une pandémie (épidémie frappant un continent, voire tout le globe), des millions de personnes sont atteintes, et la mortalité est alors élevée. Les dernières grandes pandémies sont celles de 1918 (grippe « espagnole ») et 1957 (grippe « asiatique »). La contamination se fait par voie respiratoire, frappant plus particulièrement l'enfant et le vieillard.

Signes. *Grippe commune.* Après une incubation courte de 1 à 3 jours, le début est brutal : fièvre à 39-40 °C, maux de tête, frissons, courbatures et fatigue.

Puis se surajoutent les phénomènes respiratoires, catarrhe nasal, gêne à la déglutition, larmoiement tandis que la fièvre chute brusquement à 37 °C environ pour réapparaître quelques heures plus tard (« V » grippal). La grippe s'estompe en 5 à 6 jours et laisse le sujet fatigué.

Grippe grave ou maligne. On note parfois un syndrome de grippe maligne avec insuffisance respiratoire par surinfection ou par atteinte des bronches, qui justifie alors une réanimation urgente (oxygénothérapie*, assistance respiratoire).

Complications. Chez les sujets fragiles (vieillards, nourrissons) ou atteints d'une affection intercurrente peuvent apparaître des complications telles que sinusite, otite, pneumonie, encéphalite*.

La tension artérielle peut être abaissée du fait d'une atteinte des centres nerveux régulateurs du bulbe rachidien. Il s'ensuit des malaises et parfois des tendances syncopales, voire des syncopes. C'est pourquoi il est indispensable de garder le lit. L'hypotension est traitée par administration de phényléphrine. On peut également observer des troubles respiratoires en rapport avec l'atteinte du centre respiratoire bulbaire.

Traitement. Il concerne essentiellement les effets de la grippe ; il faut lutter contre la fatigue par le repos au lit, contre les douleurs et la fièvre par des antipyrétiques (quinine, aspirine, paracétamol). Le malade doit boire beaucoup de boissons chaudes et prendre des désinfectants des voies respiratoires. En cas de surinfection bactérienne, et de toute façon chez les sujets âgés ou déficients, le traitement antibiotique s'impose pour éviter les complications.

Prophylaxie. La prévention de la grippe comporte la vaccination, qui est utile chez les sujets fragiles au début de l'hiver.

gris, e adj. Substance ou matière grise, partie du tissu nerveux formée par les corps des cellules nerveuses, ou neurones*, par opposition à la *substance blanche*, formée uniquement des axones* de ces cellules.

La substance grise est représentée par l'*écorce cérébrale*, ou *cortex*, les *noyaux gris centraux* (v. CERVEAU) et par la partie centrale de la *moelle* épinière*.

griséofulvine n. f. Antifongique* extrait de *Penicillium griseofulvum*.

Elle est absorbée par l'intestin et est active contre les principales mycoses* de la peau et des phanères, où elle se concentre. (Le traitement dure de 3 à 8 semaines.) Elle possède également une action anti-inflammatoire, employée dans les rhumatismes.

grog n. m. Boisson alcoolisée, chaude et sucrée.

Bienfaisant en cas d'indisposition légère ou de refroidissement passager, le grog doit être prohibé dans les infections graves, surtout s'il y a baisse de la tension artérielle, et chez tous les sujets hépatiques, diabétiques ou déficients. Il ne doit pas être consommé en cas d'exposition prolongée au froid, car il aggrave la déperdition calorique par vasodilatation*.

groupe n. m. Hématologie.

Groupes sanguins érythrocytaires (des globules rouges).

1. SYSTÈME A. B. O. Les globules rouges sont porteurs d'antigènes spécifiques dont la présence détermine l'appartenance du sujet au groupe sanguin A, B, O ou AB. Si le sujet appartient au groupe A, son sérum comportera des anticorps* dirigés contre l'antigène B (*anticorps anti-B*), c'est pourquoi on ne pourra lui transfuser du sang du groupe B ou AB sous peine de voir apparaître un choc transfusionnel avec hémolyse*.

Pareillement, un sujet du groupe B ne pourra pas être transfusé avec un sang du groupe A, car il contiendra des anticorps *anti-A*. Par contre, les sujets du groupe AB, portant les deux antigènes sur leurs hématies, peuvent recevoir indifféremment du

grossesse n. f. État de la femme enceinte, débutant le jour de la fécondation et se terminant le jour de l'accouchement. (Syn. : GESTATION.) [La grossesse dure en moyenne de 270 à 280 jours.]

Signes cliniques de la grossesse.

Dans les premiers mois. La survenue d'une grossesse a trois sortes de conséquences sur l'organisme féminin :

a) L'ovulation et la menstruation (les règles) sont supprimées. Le retard de règles est donc le signe clinique essentiel de la grossesse au début ;

b) La présence de l'œuf entraîne des modifications générales de l'organisme : nausées, vomissements, salivation, brûlures œsophagiennes, somnolences, envies fréquentes d'uriner. Les seins augmentent de volume, se couvrent d'un fin réseau veineux, leur aréole s'accentue, se pigmente et présente de petits tubercules dits « de Montgomery » ;

c) Enfin, le médecin constate par le toucher vaginal que l'utérus est gros, mou, globuleux et contractile.

Ultérieurement. La mère perçoit les mouvements du fœtus à partir de 4 mois et demi. Son abdomen augmente de volume, pointe en avant chez la primipare, retombe en besace chez la multipare. Des taches brunes, ou chloasma, marquent parfois le visage (masque de grossesse).

Le médecin peut recueillir par l'examen un certain nombre de renseignements :

— la mensuration à l'aide d'un centimètre permet d'apprécier la hauteur utérine en fonction de l'âge de la grossesse ;

— la palpation renseigne sur la position du fœtus, sa présentation (partie de l'enfant qui sortira en premier lors de l'accouchement) et son volume ;

— l'auscultation des bruits du cœur fœtal à l'aide d'un stéthoscope rigide permet d'entendre le rythme cardiaque, rapide (140/mn), à partir de 4 mois et demi ;

— le toucher vaginal retrouve un col ramolli dont il apprécie la longueur et la fermeture ; il permet de confirmer la présentation et d'étudier ses rapports avec le bassin.

Signes biologiques et radiologiques.

Diagnostic biologique. Fondé sur la mise en évidence de gonadotrophines, ou prolans, il permet un diagnostic précoce. Ces gonadotrophines peuvent être mises en évidence soit en recherchant leur action sur des animaux de laboratoire (lapine vierge, crapaud) — c'est la méthode la plus ancienne —, soit

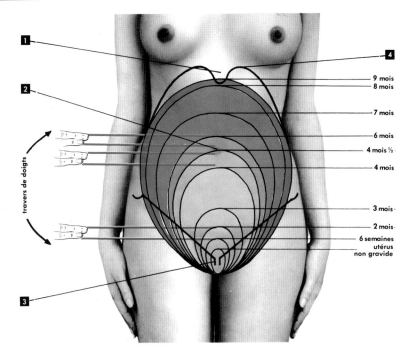

travers de doigts

9 mois
8 mois
7 mois
6 mois
4 mois ½
4 mois
3 mois
2 mois
6 semaines
utérus
non gravide

Grossesse. Dimensions successives de l'utérus au cours de la grossesse.
1. Sternum; 2. Ombilic; 3. Pubis;
4. Rebord costal.

par méthodes immunologiques ou radio-immunologiques — c'est la méthode récente. La méthode immunologique, présentée en « kit » dans les pharmacies, permet à toute femme de faire elle-même le diagnostic de grossesse sur ses urines.
Dosage des hormones stéroïdes. Les hormones sexuelles (œstrogènes et progestérone) sont sécrétées de façon de plus en plus abondante, d'abord par le corps jaune gravidique de l'ovaire, puis par le placenta à partir du 3ᵉ mois. Leur dosage sert plus à apprécier la vitalité de la grossesse qu'à en faire le diagnostic.
Les frottis vaginaux. Au cours de la grossesse, les cellules prennent un aspect particulier (cellules naviculaires).
Échographie. L'utilisation des ultrasons en échographie bidimensionnelle (écho B) permet la représentation de véritables « coupes »

de l'utérus et facilite le diagnostic précoce des grossesses gémellaires.
Radiographie du contenu utérin. Dès le 5ᵉ mois, elle permet de mettre en évidence le squelette du fœtus avec des rayons X mous.

Surveillance de la femme enceinte.
La loi impose des examens prénataux réguliers, avant le 3ᵉ mois, aux 6ᵉ, 8ᵉ et 9ᵉ mois, pour bénéficier des prestations familiales. Un examen postnatal est prévu dans les 8 semaines suivant l'accouchement. Les éléments indispensables de cette surveillance sont la prise de la tension artérielle, la

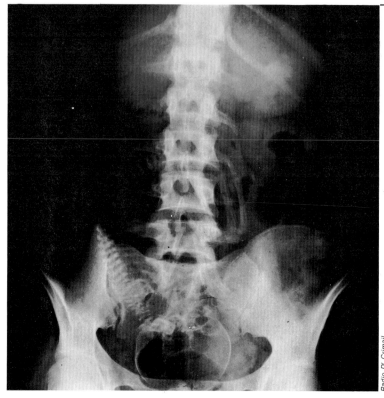

Grossesse. Radiographie de l'abdomen
d'une femme enceinte
montrant le fœtus
se présentant la tête en bas.

Radio D' Crimail.

recherche d'albumine et de sucre dans les
urines, la surveillance de la prise de poids.
Les prises de sang permettent de dépister la
syphilis, la rubéole, la toxoplasmose et, en
cas de première grossesse, de préciser le
groupe sanguin et le facteur Rhésus. Cette
mise en observation permet également de
dépister les facteurs de risques pathologiques
ou socio-économiques et de classer éventuellement la grossesse dans le groupe des
grossesses dites « à hauts risques », dont la
surveillance, qui fait appel à des techniques
très particulières (amnioscopie, ponction
amniotique, dosages d'œstriol et d'hormone
lactogène placentaire, surveillance de la fréquence cardiaque fœtale), doit être encore
plus attentive.

Hygiène de la grossesse.
Digestive. Le régime alimentaire doit être
varié et équilibré. Sont déconseillés, surtout
dans le dernier trimestre, les crustacés, les
coquillages, les poissons fumés, le caviar, le
gibier, la charcuterie, le foie gras, les truffes,
les abats, la triperie, les apéritifs et les

alcools. Le régime désodé, dit sans sel, est souhaitable, même en dehors de toute thérapeutique, dans le dernier mois. La *constipation* doit être combattue, et les *soins dentaires* assurés comme en dehors de la grossesse.

Vestimentaire. La *ceinture de grossesse* n'est pas nécessaire quand la musculature est de bonne qualité. Le soutien-gorge doit pouvoir s'adapter à l'augmentation de volume des seins. Les chaussures doivent avoir un talon bottier.

Corporelle. Les *bains* sont autorisés, mais la future mère doit éviter de les prendre seule dans l'appartement. Les *injections vaginales* doivent être évitées. Les *rapports sexuels* sont possibles jusqu'au dernier mois, à la condition qu'ils ne soient pas douloureux.

Voyages. Ils sont déconseillés pendant les deux derniers mois. La marche, sans excès, reste le meilleur exercice.

Petits incidents de la grossesse normale.

La grossesse peut s'accompagner de petits *troubles mineurs* qu'il faut connaître et dont il ne faut pas s'alarmer : malaises simples ou pertes de conscience dans les endroits publics où il fait chaud et où l'on respire mal ; troubles du sommeil ; troubles digestifs ; essoufflements ; crampes ; fourmillements des extrémités. Il peut exister également des douleurs abdominales basses, au niveau des aines, donnant l'impression que « l'enfant appuie » ou que « tout va tomber ». Ces douleurs et ces impressions réalisent le syndrome douloureux des femmes enceintes, qui n'a aucune gravité et ne préjuge nullement de l'évolution de la grossesse.

Grossesse prolongée.

La durée exacte de la grossesse normale ne semble pas devoir excéder 280 jours. Un grand nombre de grossesses dites « prolongées » sont en fait normales. Toutefois, il existe de rares cas de terme véritablement dépassé, qui peuvent faire courir un risque à l'enfant. Dans les cas exceptionnels de grossesse vraiment prolongée, il faudra alors discuter le moment et la modalité du déclenchement thérapeutique de l'accouchement.

Grossesse extra-utérine.

C'est une grossesse qui se développe en dehors de la cavité utérine, le plus souvent dans une trompe. (V. EXTRA-UTÉRIN.)

Interruption de grossesse.

V. AVORTEMENT.

sang du groupe A ou du groupe B. Les sujets qui sont du groupe O ne portent pas d'antigène du système A. B. O. sur leurs hématies. Ils sont donc appelés *donneurs universels,* car on peut — en théorie — transfuser leur sang aussi bien aux sujets du groupe O qu'à ceux des groupes A, B et AB.

De telles transfusions restent cependant risquées. Les sujets AB, par contre, sont dits *receveurs universels,* car, portant aussi bien l'antigène A que l'antigène B, ils n'ont ni anticorps anti-A ni anticorps anti-B.

2. SYSTÈME RHÉSUS. Du nom du singe *Rhésus,* grâce aux hématies duquel on a découvert ce second système antigénique attaché aux globules rouges. Il s'agit d'un système de 5 antigènes auxquels on donne les noms de D, C, E, c, e. Les sujets dits Rh+ sont ceux qui possèdent l'antigène D. Ils représentent 85 p. 100 de la population de race blanche. Les autres (soit 15 p. 100) sont dits Rh−.

Ainsi, un sujet du groupe O porteur de l'antigène D aura pour groupe sanguin O+. Un sujet du groupe AB n'ayant pas l'antigène D aura pour groupe sanguin AB−. (V. aussi INCOMPATIBILITÉ *fœto-maternelle.*)

3. AUTRES SYSTÈMES. Les systèmes antigéniques portés par les globules rouges sont au nombre de 15 en tout. Cependant, ces autres systèmes ou sous-groupes sont secondaires, et il suffit en général, pour la sécurité des transfusions, que le sang transfusé soit *isogroupe* dans les systèmes A. B. O. et Rhésus. Mais il arrive que, même lorsque cette condition est respectée, il survienne un choc lors d'une transfusion*. Il faut alors procéder à une analyse poussée des groupes érythrocytaires du sujet, pour mettre en évidence tous ses sous-groupes et lui transfuser un sang adapté.

DÉTECTION DES GROUPES SANGUINS. Elle s'effectue en mettant en contact les globules du sujet avec différents sérums contenant successivement des anticorps anti-A, anti-B, anti-Rh+, etc. Lorsqu'il ne se produit pas de réaction d'agglutination*, c'est que le sang du malade appartient au même groupe que le sang du sérum avec lequel il est mis en contact, et qui est connu.

Système HLA ou Human Leucocyte Antigen. De découverte récente, ce sont des groupes associés aux globules blancs (leucocytes) et dont l'identification est très importante en immunologie, pour les greffes et les transplantations d'organes, l'identité des systèmes HLA du donneur et du receveur étant un facteur important de la prise du greffon.

Hérédité des groupes sanguins. Les antigènes érythrocytaires du système A. B. O. sont transmis par des gènes, suivant les lois de Mendel. Ce sont des *allèles*, car ils sont

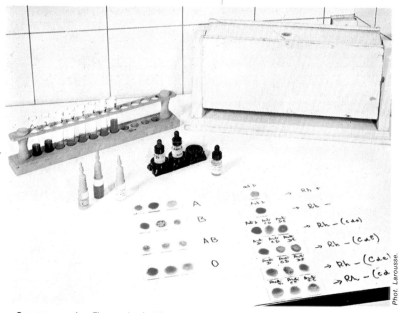

Phot. Larousse.

Groupes sanguins. Flacons de réactifs
et agglutinations diverses.

situés sur le même locus du chromosome qui
les porte. Chaque individu possède un gène
hérité du père et un gène hérité de la mère.
C'est ainsi que les enfants nés d'un mariage
entre un père BO et une mère AB pourront
avoir :
— soit un génotype* BB correspondant à B ;
— soit un génotype BO correspondant également à B, car B domine O ;
— soit un génotype AB correspondant à AB ;
— soit un génotype AO correspondant à A,
car A domine également O, celui-ci étant
toujours récessif*.
Ce mécanisme de transmission permet
d'effectuer des recherches de paternité* en
fonction des groupes de l'enfant, de la mère
et du père supposé.
En psychologie et sociologie, le groupe est un
ensemble d'individus au sein duquel s'éta-
blissent des interactions intellectuelles et
affectives. Le sociologue cherche à définir la
structure d'un groupe donné à l'intérieur
d'une organisation sociale. En psychiatrie, on
utilise la « dynamique de groupe » dans un
sens psychothérapique. (V. PSYCHOTHÉRAPIE.)
guêpe n. f. Insecte hyménoptère dont la
piqûre est très douloureuse. (V. ABEILLE.)
guerre n. f. **Plaies de guerre.** Elles sont
provoquées par des projectiles divers (balles,
éclats) constamment souillés de débris de
terre et de vêtements, donc particulièrement
septiques. Les lésions atteignent la peau, les
aponévroses, les muscles, au niveau desquels
existe un écrasement massif (chambre d'attrition). Le traitement commence sur le terrain
par une réanimation d'urgence, pour traiter
ou prévenir l'état de choc*, un pansement
sommaire et une immobilisation aussi bonne
que possible. À l'échelon chirurgical, il faut
pratiquer une excision large des tissus lésés
et lutter contre l'infection : infection à
germes banals, tétanos*, gangrène* gazeuse.
Le pronostic a certes été amélioré par les
antibiotiques, la vaccination, la sérothérapie,
mais les difficultés d'évacuation rapide, qui
se produisent souvent, font que ces plaies
sont toujours plus graves que celles qui sont
observées en pratique civile.

Guerre et psychiatrie. La guerre peut réveiller ou, au contraire, faire disparaître des troubles mentaux préexistants ; elle peut d'autre part en créer de nouveaux. La pathologie mentale observée est liée à des facteurs somatiques (traumatismes, carences, intoxications) et à des facteurs psychologiques (désorganisation des cadres sociaux, peur, panique, etc.).

gueule-de-loup n. f. Malformation congénitale de la face, liée à l'absence de soudure des bourgeons faciaux de l'embryon, et qui réalise un bec*-de-lièvre bilatéral.

gui n. m. La feuille de gui contient un hétéroside hypotenseur et tonicardiaque. On l'emploie sous forme de poudre ou d'extrait dans l'artériosclérose.

guimauve n. f. La *racine de guimauve* est anti-inflammatoire ; on l'emploie en décoction (25 g par litre) pour les gargarismes. Les feuilles de guimauve ont le même emploi. Les bâtons de guimauve calment les gingivites des nourrissons. Les fleurs de guimauve, employées après dessiccation, sont actives contre la toux : elles entrent dans la composition des espèces* pectorales.

gustatif, ive adj. Qui a rapport au goût. *Papilles gustatives.* V. GOÛT et LANGUE.

Guthrie (test de), méthode de dépistage précoce (avant le 10ᵉ jour de la vie) de la phénylcétonurie*. Il consiste à mettre en évidence la présence de phénylalanine dans une goutte du sang de l'enfant, par un procédé bactériologique (culture de bacille subtil).

gutta-percha n. f. Sève coagulée de l'arbre *Isonandra gutta.* Elle est utilisée pour la fabrication d'objets chirurgicaux et en chirurgie dentaire.

gymnastique n. f. La *gymnastique athlétique* est une discipline sportive qui demande un long apprentissage et une forme physique parfaite.
   La *gymnastique corrective* a un but hygiénique, préventif et correcteur de défauts de maintien légers.

Gymnastique corrective.
Travail des muscles rachidiens
et de la ceinture scapulaire.

La *gymnastique médicale*, à l'origine de la *kinésithérapie** et de la *rééducation**, repose sur des bases physiologiques précises, les différents types de mouvements (passifs, actifs, analytiques ou globaux) devant être adaptés à chaque cas. Cette gymnastique médicale s'applique à un grand nombre de malades : gymnastique orthopédique, respiratoire, abdominale, pré- et postnatale, etc., et joue un rôle de plus en plus important en cardiologie, en rhumatologie par exemple.

gynandromorphisme n. m. Présence simultanée chez un même individu de caractères sexuels mâles et femelles.

gynécologie n. f. Spécialité médicale consacrée à l'organisme de la femme et à son appareil génital. (Elle peut s'exercer seule ou conjointement avec l'obstétrique* [gynécologie-obstétrique].)

gynécomastie n. f. Développement anormal des seins chez l'homme, le plus souvent secondaire à une augmentation du taux des œstrogènes et à une réceptivité tissulaire particulière.
Le traitement médical du cancer de la prostate, certains cancers des testicules ou des surrénales sont les causes principales de la gynécomastie, sans oublier la cirrhose du foie (où les hormones ne sont plus détruites par le foie).

Un traitement chirurgical est parfois nécessaire en cas de retentissement psychique de ce phénomène.

gyromitre n. m. Champignon toxique s'il est consommé cru. (Syn. : FAUSSE MORILLE.) Son absorption entraîne essentiellement une hémolyse*.

habitus n. m. Apparence du corps et du visage.
L'habitus offre quelques renseignements sur le bien-être ou la souffrance d'un sujet. L'expression du visage, la posture de repos, l'attitude fournissent des indications sur la psychologie du sujet, très utilisées en médecine générale comme en psychiatrie.

hæmagogus n. m. Moustique vecteur de la fièvre jaune.

hâle n. m. Teinte bronzée ou cuivrée que prend l'épiderme après exposition au soleil.
Les sujets blonds à peau blanche ne doivent s'exposer que progressivement, car ils risquent des brûlures avec apparition de bulles (ampoules) ainsi que des lésions de kératose* sur le visage et les mains, lésions qui peuvent dégénérer en cancers cutanés.

haleine n. f. Odeur de l'air expiré.
L'haleine peut être caractéristique d'un certain nombre d'affections : haleine « chargée » des maladies du foie, odeur acétonique de l'haleine pendant un coma diabétique, haleine de l'alcoolique, etc. Le manque de soins de bouche est la raison la plus fréquente des mauvaises haleines. Il suffit souvent d'une bonne hygiène dentaire pour éviter cet inconvénient, pénible pour l'entourage. Si la bouche et les dents ne sont pas en cause, il faut chercher l'origine de la mauvaise haleine dans les voies respiratoires (O. R. L., bronches, poumons) et le tube digestif (estomac).

hallucination n. f. Perception anormale d'un objet qui n'existe pas dans la réalité.
L'hallucination peut affecter chacun des 5 sens (hallucinations auditive, visuelle, olfactive, gustative, tactile) ou la sphère des représentations psychiques (le sujet a l'impression que sa pensée lui échappe).
La production des phénomènes hallucinatoires peut être liée à des maladies du système nerveux* central, à des intoxications (mescaline), à un fléchissement de la conscience vigile, à l'isolement sensoriel (sourds, aveugles). Elle participe aussi à différents processus psychotiques (schizophrénie*, psychose hallucinatoire).

hallucinogène adj. et n. m. Se dit d'une substance ou d'un état pathologique qui provoque des hallucinations.
L'usage de végétaux comme hallucinogènes est très ancien : de nombreuses peuplades primitives les utilisaient dans les cérémonies divinatoires ou rituelles. Les champignons tels que les agarics provoquent une action proche de celle du peyotl, dont est extraite la mescaline, qui donne des visions colorées. Le diéthylamide de l'acide lysergique (L. S. D. 25) provient de l'ergot de seigle et provoque des alternances d'euphorie et de tristesse et de fantastiques hallucinations colorées. Les substances hallucinogènes sont classées dans la catégorie des stupéfiants.

hallux valgus n. m. Déviation en dehors du gros orteil (en lat. *hallux*), qui chevauche les orteils suivants. (V. ORTEIL.)

halo n. m. Halos colorés, cercles brillants, souvent colorés (violet), que le sujet perçoit en regardant une source lumineuse. — Il s'agit d'une manifestation d'œdème de la cornée, pouvant être la première manifestation d'un glaucome aigu.

halopéridol n. m. Neuroleptique* de la famille des butyrophénones.
Il est indiqué dans les états d'agitation psychotique, les hallucinations et les nausées et vomissements.

halothane n. m. Gaz anesthésique non inflammable. — L'halothane permet des interventions de longue durée. Il ne peut être employé pour l'accouchement.

hamamélis n. m. Arbrisseau dont les feuilles ont un pouvoir astringent et vasoconstricteur.

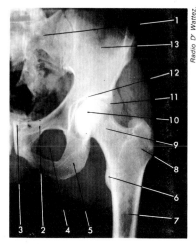

Radio D' Wattez.

Hanche normale d'adulte, vue de face.
1. Sacrum ; 2. Branche horizontale du pubis ;
3. Pubis ; 4. Trou ischio-pubien ; 5. Ischion ;
6. Petit trochanter ; 7. Fémur ;
8. Grand trochanter ; 9. Col du fémur ;
10. Tête du fémur ;
11. Toit de la cavité cotyloïde ;
12. Cavité cotyloïde ; 13. Aile iliaque.

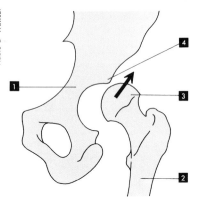

Hanche. Luxation de la hanche.
1. Os iliaque ; 2. Fémur ;
3. Tête du fémur sortant de la cavité ;
4. Toit de la cavité cotyloïde effacé.

On en fait une teinture et un extrait pour le traitement des varices et des hémorroïdes. L'eau distillée d'hamamélis sert aux soins de la peau.

hanche n. f. Partie du corps qui unit le membre inférieur au bassin*.
Anatomie. L'articulation de la hanche, ou *coxo-fémorale*, unit la tête du fémur* et la cavité cotyloïde de l'os iliaque*. Les surfaces articulaires sont maintenues par une capsule et des ligaments puissants, mais qui permettent des mouvements très variés. En avant de l'articulation se trouve la région inguino-crurale, en dedans la région pubienne et obturatrice, en arrière la région fessière.
Pathologie. Parmi les lésions traumatiques de la hanche, les *fractures du col du fémur* sont particulièrement fréquentes. Les *luxations traumatiques*, rares, exigent un choc très violent. Ce n'est qu'après un examen radiographique excluant toute lésion osseuse que l'on peut porter le diagnostic de *contusion* de la hanche.

Luxation congénitale. V. LUXATION.
La localisation à la hanche du rhumatisme dégénératif, très fréquente, se nomme *coxarthrose*, alors que le rhumatisme inflammatoire ou infectieux prend le nom de *coxite*. Les dystrophies acquises de la hanche ne sont pas rares chez le sujet jeune (*ostéochondrite*, *coxa* *vara* de l'adolescent).
handicapé, e adj. et n. Désavantagé.
Enfant handicapé, enfant souffrant d'une anomalie physique ou mentale, qui le met en état d'infériorité par rapport à la majorité des enfants du même âge. L'état de ces enfants nécessite des mesures médicales (soins, rééducation ou éducation en milieu spécialisé), qu'il importe de mettre en œuvre assez tôt afin d'éviter ou de réduire le plus possible leur inadaptation*.
Législation sociale. La loi du 30 juin 1975, dite « d'orientation en faveur des personnes handicapées », coordonne les mesures prises en matière d'adaptation et de réadaptation et simplifie les procédures et les allocations : il n'existe plus qu'une allocation pour les enfants (l'allocation d'éducation spéciale) et une pour les adultes (l'allocation aux adultes handicapés). Cette loi a également pour objectif de faire passer la protection des handicapés du domaine de l'assistance à celui de la solidarité nationale et elle pose le principe des droits des handicapés et des devoirs de la société à leur égard (droit à l'éducation, à la gratuité de celle-ci, à la

formation permanente, au travail et à un minimum de ressources garanties).

La prévention des handicaps a été améliorée par l'institution du certificat de santé. (V. PROTECTION MATERNELLE ET INFANTILE.)

Hansen (bacille de), bacille de la lèpre*.

haptène n. m. Substance non protéique qui, combinée à une matière protéique, lui permet d'acquérir les qualités d'antigène* que, seul, il ne possède pas. (V. IMMUNOLOGIE.)

haricot n. m. 1. Légume.
Les haricots verts ont une valeur nutritive modeste (40 calories pour 100 g), encore plus faible quand ils sont conservés (20 calories). Les haricots blancs ont une valeur nutritive beaucoup plus importante (337 calories pour 100 g) et contiennent des minéraux : potassium, calcium, magnésium et des vitamines B.
2. Petite cuvette, ayant la forme d'un haricot, servant aux soins hospitaliers. (Elle épouse les surfaces convexes du corps.)

Hartnup (maladie de), maladie héréditaire due à un trouble du métabolisme et qui se manifeste par des lésions de la peau, analogues à celles qu'on retrouve dans la pellagre*, et par des troubles de l'équilibre dus à une perturbation du cervelet*.

haschisch ou **hachisch** n. m. Résine du chanvre indien (*Canabis indica*), dont les fleurs servent à faire le kif et la marijuana. Tous ces produits sont euphorisants. Les fortes doses provoquent un coma avec arrêt respiratoire ou cardiaque. L'emploi répété conduit à la toxicomanie.

haute fréquence (courants de). V. DIATHERMIE.

Hauteville-Lompnes, station climatique de l'Ain, sanatoriums, établissements de soins et de convalescence.

H. C. H., sigle d'HEXACHLOROCYCLOHEXANE*.

H. D. L.-cholestérol, v. CHOLESTÉROLÉMIE.

hébéphrénie n. f. Forme de schizophrénie* touchant les adolescents.

Heberden (nodosité d'), épaississement des articulations des doigts dans le rhumatisme chronique.

Heine-Medin (maladie de). V. POLIOMYÉLITE.

héliothérapie n. f. Traitement des maladies par les rayons du soleil.
Précautions. Les temps d'exposition quotidiens doivent être, au début, de 10 minutes, puis progressivement augmentés jusqu'à 40 minutes. Les premières cures doivent se faire le matin, lorsque le soleil est moins

ardent. Les yeux doivent être protégés par des lunettes noires. On doit surveiller la peau, qui rougit rapidement chez les sujets sensibles (blonds).
Incidents et accidents. L'exposition prolongée peut provoquer le « coup de soleil », allant de la simple rougeur (érythème) à la brûlure du 2e degré avec phlyctènes (ampoules). Le coup de chaleur* est beaucoup plus redoutable, surtout chez le nourrisson et le petit enfant. (V. CHALEUR.)
Affections traitées. L'exposition au soleil aide à la cicatrisation des plaies atones ou traînantes, des plaies après nécrose tissulaire par traumatisme ou radiothérapie. Les enfants chétifs, débiles et surtout rachitiques sont améliorés ainsi que la spasmophilie*. On traite les tuberculoses osseuses, ganglionnaires, péritonéales et épididymaires par les cures héliomarines (Berck).
Contre-indications. La primo-infection tuberculeuse et la tuberculose pulmonaire sont des contre-indications à l'héliothérapie, surtout à l'exposition du thorax au soleil. La plus grande prudence doit être observée chez les sujets âgés, hypertendus et artérioscléreux.

helminthe n. m. Nom scientifique donné aux vers, qui se différencient en :
— *plathelminthes*, ou vers plats, tels les trématodes* et les cestodes* ;
— *némathelminthes*, ou vers ronds, à sexes séparés, groupant les filaires, les ascaris, les oxyures... ;
— *sangsues*, vers hématophages*.

helminthiase n. f. Atteinte parasitaire due aux helminthes*, ou vers. (V. ASCARIS, CESTODES, FILAIRES, TÉNIA, TRÉMATODES, etc.)

hémangiome n. m. V. ANGIOME.

hémarthrose n. f. Épanchement de sang dans une articulation, le plus souvent traumatique, exceptionnellement spontané (hémophilie).

hématémèse n. f. Rejet de sang par la bouche, lors d'un vomissement.
C'est une hémorragie digestive, témoignant d'un ulcère gastro-duodénal qui saigne, ou d'une rupture de varices œsophagiennes causée par une hypertension portale*.

hématie n. f. Cellule sans noyau, biconcave, présente dans le sang circulant, auquel elle confère sa couleur rouge. (Syn. : GLOBULE ROUGE, ÉRYTHROCYTE.)
L'hématie est le véhicule de l'oxygène dans les tissus. Son diamètre est de 7 à 8 μ. Son épaisseur de 1 à 2,4 μ. Son volume moyen de 90 μ³. Le sang en contient environ de 4 à 5 millions par millimètre cube.
Formation des hématies, ou érythropoïèse. Elle a lieu dans la moelle osseuse. Le globule

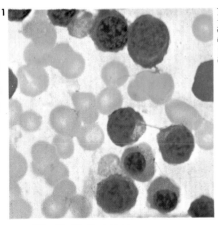

Phot. P' Christol.

Hématie. Moelle osseuse.
Différents stades de l'érythropoïèse
(formation des globules rouges, ou hématies).

rouge adulte, ou érythrocyte, est le terme
d'une lignée cellulaire qui comprend plusieurs stades successifs : *proérythroblaste,
érythroblaste, réticulocyte,* et enfin *érythrocyte.* Au cours de cette transformation, la
cellule perd son noyau et se spécialise dans la
synthèse de l'hémoglobine*. L'érythropoïèse
est un phénomène *permanent,* la durée de vie
du globule rouge étant de 120 jours. Elle peut
se multiplier par 7 à 8 pour compenser des
pertes sanguines par hémorragies ; on
observe alors une augmentation des réticulocytes dans le sang circulant. (V. ANÉMIE.)
L'érythropoïèse exige la présence de fer et
des vitamines* B6, B9, B12 et C.
Rôle du globule rouge. Le globule rouge
assure le transport de l'oxygène aux tissus
par l'intermédiaire de l'hémoglobine* dont il
est chargé. La diminution du nombre ou de la
qualité des globules rouges entraîne une
anémie*. Leur augmentation provoque au
contraire une polyglobulie*. Les globules
rouges sont également affectés par les anomalies de l'hémoglobine*. (V. HÉMOGLOBINO-
PATHIE.)

hématocèle n. f. Épanchement de sang
enkysté (par exemple, chez la femme, *hématocèle rétro-utérine,* due à la fissuration d'une
grossesse extra-utérine).

hématocolpos n. m. Rétention du sang
des règles dans le vagin, lorsqu'une imperforation congénitale de l'hymen en empêche
l'écoulement.

hématocrite n. m. Volume occupé par les
éléments figurés du sang (globules) dans un
volume sanguin donné, exprimé en pourcentage.
Sa valeur normale est de 40 p. 100 environ
chez l'adulte. Ce volume diminue dans les
hémorragies et les anémies* et augmente au
cours des polyglobulies*.

hématodermie n. f. Manifestation cutanée
et muqueuse d'une atteinte des cellules
sanguines : leucémies, maladies de Hodgkin,
de Kaposi, etc.
Les hématodermies ont en commun leur
tendance à former des plaques rouges, à
provoquer la démangeaison*, à résister au
traitement.

hématogène adj. Qui est apporté par le
sang.

hématologie n. f. Étude des maladies du
sang.

hématome n. m. Collection sanguine bien
limitée, superficielle (« bleu ») ou profonde.
La résolution survient le plus souvent spontanément, aidée par de petits moyens locaux,
mais certains hématomes importants doivent
être évacués chirurgicalement.

Hématocèle chez la femme.
1. Trompe ; 2. Rupture de la trompe ;
3. Le sang s'accumule
dans le cul-de-sac de Douglas ;
4. Cul-de-sac de Douglas ; 5. Péritoine ;
6. Rectum ; 7. Vagin ; 8. Vessie ; 9. Utérus.

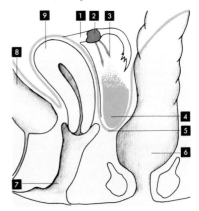

Hématome intracrânien (extradural, sous-dural). V. CRÂNE, *Pathologie.*

Hématome rétroplacentaire, collection sanguine qui se constitue entre le placenta et la muqueuse utérine, et qui entraîne, dans la grande majorité des cas, la mort du fœtus.

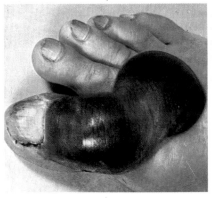

Phot. Elpé-Productions.

Hématome géant du pied.

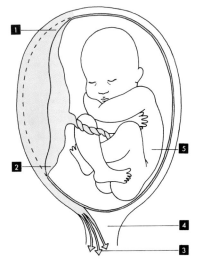

hématophage adj. 1. Qui se nourrit de sang (tel l'anophèle). — 2. Par extension, ce qui détruit les hématies (telle l'amibe).

hématopoïèse n. f. Formation des cellules du sang.

Chez l'embryon*, l'hématopoïèse a lieu d'abord dans le foie et les îlots sanguins de la vésicule ombilicale, puis dans la moelle osseuse, la rate* et les ganglions. Chez l'adulte, l'hématopoïèse se déroule dans la moelle osseuse pour les globules rouges (érythropoïèse, v. HÉMATIE), globules blancs et plaquettes, dans les ganglions lymphatiques et la rate pour les lymphocytes*, dans tout le tissu réticulo*-endothélial pour les monocytes*.

hématosalpinx n. m. Épanchement de sang dans la trompe de Fallope.

Il est en règle générale la conséquence d'une grossesse extra-utérine*.

hématose n. f. Transformation du sang veineux en sang artériel, dans les alvéoles pulmonaires, où le sang rejette le gaz carbonique et se charge en oxygène. (V. RESPIRATION.)

hématozoaire n. m. Protozoaire responsable du paludisme*.

L'hématozoaire fait partie du genre *plasmodium**. C'est un petit sac ovalaire, nucléé, qui se déforme facilement. Différentes espèces parasitent l'homme et sont les agents du paludisme.

Plasmodium vivax et *P. ovale* sont responsables de la fièvre tierce bénigne, alors que *P. malariæ* est l'agent de la fièvre quarte et que *P. falciparum* est à l'origine de la fièvre tierce maligne et surtout des accès pernicieux*.

Le vecteur responsable de la propagation du paludisme est un moustique qui inocule à l'homme l'hématozoaire. Celui-ci se multiplie de deux façons, sexuée et asexuée :

1. Le *cycle sexué* a lieu chez le moustique. Les cellules sexuées, mâle et femelle, forment un œuf contenant de nombreux *sporozoïtes*, qui sont entraînés dans les glandes salivaires du moustique. En piquant l'homme, le moustique femelle inocule les sporozoïtes dans le sang, où ils se fixent aux hématies.

2. Le *cycle asexué* commence par la maturation et la transformation de sporozoïtes en *trophozoïtes*. Le globule éclate en libérant

Hématome rétroplacentaire.
1. Épanchement de sang décollant le placenta ;
2. Placenta ;
3. Hémorragie ; 4. Col de l'utérus ; 5. Fœtus.

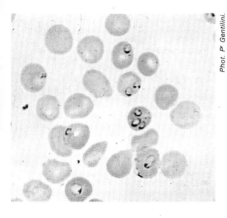

Hématozoaire.
Présence de nombreux trophozoïtes
de *Plasmodium falciparum,*
jusqu'à trois sur la même hématie.
Accès pernicieux.

des *mérozoïtes,* qui parasiteront d'autres
hématies.

La recherche de l'hématozoaire dans le
sang se fait au microscope par l'examen de la
« goutte épaisse », goutte de sang recueillie à
bout de doigt et étalée sur une lame, ou par
un examen immunologique.

hématurie n. f. Émission d'urines contenant du sang.
Ce symptôme doit faire rechercher avec soin
une cause rénale, vésicale, prostatique.

héméralopie ou **hespéranopie** n. f.
Diminution considérable de la vision quand la
lumière diminue (crépuscule).
L'avitaminose A et certaines affections de la
rétine en sont la cause.

hémianopsie n. f. Perte de la vue atteignant une moitié du champ visuel.
L'hémianopsie n'est pas due à une affection
de l'œil ou du nerf optique, mais à une
atteinte des voies nerveuses optiques ou des
centres visuels cérébraux.
Hémianopsie latérale homonyme. Les deux
yeux perdent la vision pour la même moitié
de leur champ visuel (la droite ou la gauche
pour les deux yeux). Le malade est incapable
de voir ce qui se passe dans la partie droite
(ou gauche) de son champ visuel. Il peut ne
pas prendre une conscience nette de son
trouble et le compense par une rotation de la
tête. La lésion peut être d'origine vasculaire
(hémorragie, ramollissement), tumorale ou
traumatique.
Hémianopsie bitemporale. Dans ce cas, le
malade ne peut voir qu'en face de lui, mais
pas latéralement, ni à droite ni à gauche. Le
plus souvent, il s'agit d'une tumeur de l'hypophyse ou de sa loge.

hémiballisme n. m. Succession de mouvements anormaux très brusques, de grande
amplitude, touchant principalement le membre supérieur (bras projeté en dehors et en
avant, avec tendance à fléchir et à s'enrouler
sur son axe), dus à une hémorragie du corps
de Luys, noyau gris* situé à la base du
cerveau.

hémicolectomie n. f. Ablation de la partie
droite ou gauche du côlon.

hémimélie n. f. Absence congénitale d'un
segment distal de membre (main et bras ou
pied et jambe).

hémiparésie n. f. Paralysie discrète (parésie*) d'une moitié du corps.

hémiplégie n. f. Paralysie d'une moitié du
corps, droite ou gauche.
L'hémiplégie est due à une atteinte des voies
nerveuses pyramidales*. Ces voies nées du
cortex cérébral se croisent au-dessus du
bulbe* rachidien ; aussi l'atteinte est-elle
opposée au côté de la lésion quand celle-ci
siège au-dessus du bulbe. La cause en est le
plus souvent un accident vasculaire cérébral :
thrombose* ou rupture d'une artère du cerveau (hémorragie cérébrale). Au niveau de la
moelle, les traumatismes sont souvent responsables d'hémiplégie ; dans ce cas, la
paralysie est du même côté que la lésion.
L'évolution des hémiplégies dépend en
grande partie de leur cause. Lorsqu'il s'agit
d'un accident vasculaire mineur, l'hémiplégie
est parfois transitoire et régresse rapidement.
Si la lésion est plus importante, l'hémiplégie
persiste, associée alors aux réactions inflammatoires de voisinage qui aggravent les
signes nerveux.
Soins aux hémiplégiques. Malgré l'irréversibi-
lité des lésions nerveuses, l'hémiplégique doit

toutefois recevoir des soins attentifs, car il ne peut souvent pas assurer les actes usuels de la vie. Il doit aussi subir une rééducation visant à assurer la suppléance d'autres groupes musculaires qui ne sont pas atteints.

Après les premiers soins d'urgence, il faut éviter les complications pulmonaires, urinaires et digestives dues à l'impossibilité par le sujet d'assurer les fonctions naturelles de respiration, déglutition, etc. Après un mois, lorsque les troubles se stabilisent, une rééducation kinésithérapique est entreprise, associée à des massages, à des bains, qui apporte des résultats intéressants.

hémochromatose n. f. Maladie due à une surcharge en fer de l'organisme.

La forme la plus typique est l'*hémochromatose primitive*, héréditaire, transmise sur le mode dominant et qui se révèle vers 50 ans, frappant plus souvent l'homme que la femme. La peau est le siège d'une pigmentation brune, il existe une impuissance sexuelle, un gros foie douloureux, qui tend à devenir cirrhotique. Le diabète sucré, fréquent, est grave. Une insuffisance cardiaque* se révèle parfois et devient vite sévère. Le signe biologique majeur est l'hypersidérémie (augmentation du taux de fer dans le plasma sanguin), au-dessus de 200 gammas.

Certaines hémochromatoses sont secondaires. Ainsi, les cirrhoses alcooliques se compliquent souvent d'une surcharge en fer. Après des transfusions multiples, au cours de certaines anémies, on rencontre des hypersidéroses (surcharges en fer) dont le retentissement viscéral est bien moindre.

hémoclasie n. f. Ensemble des manifestations observées lors de l'introduction dans l'organisme d'une substance étrangère (en particulier d'un colloïde*).

Les manifestations (chute de la tension artérielle, fièvre, éruption) peuvent être à l'origine d'un choc anaphylactique. (V. ANAPHYLAXIE.)

hémoconcentration n. f. Déficit absolu ou relatif d'eau par rapport à la quantité des éléments figurés ou dissous du sang. (Contr. : HÉMODILUTION*.)

Rarement, il s'agit d'une augmentation de ces éléments (polyglobulie*, hyperprotidémie...). Le plus souvent, il s'agit d'une déshydratation*, quelle que soit sa cause. L'hémoconcentration se traduit par une augmentation de l'hématocrite* et des concentrations des constituants du plasma. Son risque majeur est la thrombose*.

hémoculture n. f. Culture microbienne d'un échantillon de sang, à la recherche du germe responsable d'une septicémie*.

hémodiagnostic n. m. Méthode de diagnostic consistant à mélanger, sur une lame de verre, une goutte de sang du malade et une goutte d'émulsion du germe suspecté.

Si le test est positif, on voit se former une agglutination* visible à l'œil nu (diagnostic rapide de la typhoïde, du typhus* exanthématique ou de la brucellose*).

hémodialyse n. f. Procédé d'épuration* du sang de ses déchets métaboliques en cas d'insuffisance rénale* majeure. (Syn. : REIN ARTIFICIEL.) L'appareil employé comporte une ligne d'entrée branchée sur une artère du malade ; une pompe ; un épurateur alimenté en permanence en dialysat par un autre circuit sous pression ; une ligne de sortie branchée sur une veine.

Les séances d'épuration ont lieu en centre spécialisé ou à domicile à raison de 4 à 6 heures, 2 ou 3 fois par semaine. L'hémodialyse, bien qu'astreignante, permet à de nombreux insuffisants rénaux complets de poursuivre une vie presque normale.

hémodilution n. f. Augmentation de l'eau du sang par rapport aux éléments figurés et dissous. (Contr. : HÉMOCONCENTRATION.)

On observe lors des grandes rétentions d'eau (insuffisance rénale, insuffisance cardiaque, myxœdème*...).

hémodynamique n. f. Étude des différents facteurs (pressions, débits, résistances, etc.) régissant la circulation du sang.

hémogénie n. f. Trouble hémorragique dû à une diminution du nombre des plaquettes*, d'origine inconnue et touchant électivement la femme. (Syn. : PURPURA THROMBOCYTOPÉNIQUE ESSENTIEL, THROMBOPÉNIE ESSENTIELLE.)

Les hémorragies sont surtout des purpuras*, des saignements de nez, de gencives, etc.

hémoglobine n. f. Protéine complexe (hétéroprotéine) constituant le pigment respiratoire des globules rouges.

L'hémoglobine est synthétisée dans le globule rouge jeune et stockée dans l'hématie* (globule rouge adulte). À la mort de celle-ci, l'hémoglobine passe dans le foie et est transformée en bilirubine*.

Taux normal d'hémoglobine. Le taux normal pondéral de l'hémoglobine fonctionnelle circulante totale est de 13 g pour 100 ml de sang chez la femme et de 14 g chez l'homme. Les taux colorimétriques et photométriques normaux sont de 90 à 100 p. 100. L'abaissement de ces taux définit l'anémie*.

Fonction de l'hémoglobine. C'est, d'une part, le transport de l'oxygène des poumons aux tissus, d'autre part le transport du gaz carbonique (CO_2) des tissus aux poumons.

Pathologie. Des différences d'acides aminés

dans les chaînes de polypeptides constituant l'hémoglobine déterminent une hémoglobinopathie*.

Hémoglobine glycosylée. Hémoglobine liée à du glucose, dont le taux dans les globules rouges augmente durablement en cas d'hyperglycémie. (Sa mesure renseigne sur la glycémie des trois mois précédents.)

hémoglobinopathie n. f. Maladie caractérisée par une anomalie héréditaire récessive de l'hémoglobine*, comportant le remplacement des acides aminés normaux qui la composent par d'autres acides aminés.

La *drépanocytose,* ou hémoglobinose S, qui touche la race noire, est caractéristique par ses hématies en faucille. Les sujets homozygotes* sont atteints dès l'enfance par un ictère et une grande pâleur témoignant de l'anémie massive, des douleurs osseuses, des crises abdominales douloureuses. L'électrophorèse de l'hémoglobine apporte la certitude diagnostique en identifiant l'hémoglobine S. En revanche, l'hétérozygote ne présente aucun trouble, excepté une anémie discrète et quelques hématuries* transitoires. Le traitement repose sur les transfusions chez l'homozygote.

Il existe d'autres hémoglobinopathies, rares, telles que les hémoglobines « instables », responsables d'hémolyses* chroniques, et les hémoglobines C en Afrique, E en Extrême-Orient, toutes deux bien supportées.

Un groupe un peu différent d'hémoglobinopathies est dû à des anomalies quantitatives de l'hémoglobine. L'exemple typique est représenté par la *thalassémie* du pourtour méditerranéen, caractérisée par l'insuffisance de synthèse d'une partie de l'hémoglobine.

La thalassémie majeure, ou maladie de Cooley, frappe les homozygotes. L'atteinte débute dès l'enfance, marquée par une anémie, un faciès mongoloïde, une grosse rate et de l'ostéoporose. L'électrophorèse met en évidence la persistance de l'hémoglobine fœtale F et l'absence d'hémoglobine normale A.

À l'inverse, la thalassémie mineure, frappant l'hétérozygote, est bien supportée.

hémoglobinurie n. f. Présence d'hémoglobine dans les urines.

L'hémoglobinurie donne une coloration « porto » aux urines. Elle est fréquente au cours des septicémies à bacilles perfringens, de la fièvre bilieuse hémoglobinurique, de l'hémolyse toxique.

C'est le signe majeur de l'hémoglobinurie paroxystique nocturne, ou maladie de Marchiafava-Micheli, dont la cause est inconnue.

Il existe aussi des hémoglobinuries d'effort. (V. MYOGLOBINURIE.)

hémogramme n. m. Étude quantitative et qualitative des globules du sang.

L'hémogramme comprend la *numération globulaire* (dénombrement des globules rouges, des globules blancs et des plaquettes) et la *formule leucocytaire* (proportion des divers types de globules blancs).

Numération globulaire. Il existe chez l'adulte normal de 4 à 5 millions de *globules rouges* par millimètre cube de sang. On appelle *anémie* la diminution de ce chiffre et *polyglobulie* son augmentation. Le chiffre normal des *globules blancs* est, chez l'adulte sain, de 5 000 à 10 000 par millimètre cube. La *leucopénie* est la diminution de chiffre et l'*hyperleucocytose* son augmentation. Les *plaquettes,* ou thrombocytes, sont au nombre de 250 000 par millimètre cube ; ce nombre diminue dans les *thrombopénies*, il augmente dans les *polyglobulies.*

Formule leucocytaire. On étale une goutte de sang sur une lame de verre ; après séchage, on colore la lame selon une technique particulière. Normalement, on a :

polynucléaires neutrophiles 45-70 p. 100
— éosinophiles 1-3 p. 100
— basophiles 0-0,5 p. 100
lymphocytes 20-40 p. 100
monocytes 3-7 p. 100

Il faut noter que, chez l'enfant, les proportions de lymphocytes et de polynucléaires sont inversées. La présence de globules jeunes dans le sang périphérique est soit un signe de prolifération augmentée pour lutter contre une anémie (réticulocytes) ou contre une infection (myélocytes), soit un signe d'hémopathie (leucémie, mononucléose, polyglobulie, etc.).

hémohistioblaste n. m. Cellule souche du tissu conjonctif et des lignées sanguines.

hémolyse n. f. Destruction des globules rouges.

Il existe une hémolyse normale des globules rouges à la fin de leur cycle de vie (120 jours). Elle a lieu dans la rate.

Cependant, l'hémolyse peut devenir excessive, entraînant une perte exagérée de globules rouges et une anémie *hémolytique*. Le diagnostic d'hémolyse excessive se fait, en pratique, devant une anémie sans signes d'hémorragie, avec des signes de destruction exagérée de l'hémoglobine.

a) Si l'hémolyse a lieu dans la rate, le foie et la moelle osseuse, on note une élévation de la bilirubine* libre qui peut aller jusqu'à entraîner un ictère*.

b) L'*hémolyse intravasculaire* (dans les vaisseaux) est un phénomène plus rare et plus grave. L'hémoglobine libérée passe dans les urines, et le danger est le choc* avec anurie*.

hémolytique adj. Qui a rapport avec l'hémolyse.

Anémie hémolytique, anémie par excès d'hémolyse.

Anémies hémolytiques liées à une anomalie constitutionnelle du globule rouge. Elles peuvent être dues à un déficit enzymatique héréditaire qui entraîne des crises hémolytiques aiguës lors de l'absorption de certains produits oxydants (antipaludéens*, sulfamides*, vitamine K, pollen de fèves...).

Le second groupe de ces anémies hémolytiques constitutionnelles concerne les anémies liées aux *hémoglobinopathies*.

On voit aussi des anémies hémolytiques dues à des anomalies héréditaires de la membrane du globule rouge (*sphérocytose héréditaire* ou *maladie de Minkowski*-Chauffard*).

Enfin, une anomalie acquise du globule rouge entraîne une anémie hémolytique assez particulière, l'*hémoglobinurie* paroxystique nocturne.

Anémies hémolytiques dues à une agression du globule rouge d'origine extérieure. Ce sont soit des intoxications chimiques (hydrogène arsénié, chlorates, plomb); soit des infections bactériennes (perfringens, streptocoque hémolytique); ou bien des morsures de serpent; ou bien des infections parasitaires (paludisme); ou encore des agressions mécaniques (valve cardiaque, maladies vasculaires étendues). Enfin, une grosse rate peut séquestrer un nombre anormalement élevé de globules rouges et les détruire (*hypersplénisme*).

hémoméningé, e adj. Relatif au sang et aux méninges*.

Barrière hémoméningée, barrière que doivent franchir les substances circulantes et les médicaments pour passer du sang dans le liquide céphalo*-rachidien.

hémopathie n. f. Terme générique désignant toute maladie du sang. (V. ANÉMIE, LEUCÉMIE, POLYGLOBULIE, etc.)

hémopéricarde n. m. Épanchement de sang dans la cavité péricardique.

hémopéritoine n. m. Épanchement de sang dans la cavité péritonéale, d'origine traumatique ou tumorale, ou par rupture de grossesse* extra-utérine.

hémophile adj. et n. m. 1. Se dit de bacilles qui vivent de sang. — 2. Sujet atteint d'hémophilie*.

hémophilie n. f. Maladie héréditaire liée au sexe, consistant en une anomalie de la coagulation* qui entraîne des hémorragies incoercibles au moindre traumatisme.

Le gène responsable est lié au chromosome X et récessif*, c'est pourquoi il est transmis par les femmes (XX) et ne se manifeste pratiquement que chez les hommes (XY). [Ceux-ci n'ayant qu'un chromosome X, le gène responsable ne peut pas être inhibé par son allèle* dominant.] (V. HÉRÉDITÉ.)

La maladie consiste en un déficit congénital de facteurs de la coagulation*, qui sont le facteur VIII ou A : c'est l'hémophilie A, forme grave; le facteur IX ou B : c'est l'hémophilie B, ou forme modérée.

Dans la forme grave, les hémorragies apparaissent dès le plus jeune âge, souvent massives et gravissimes. Dans la forme atténuée, elles peuvent n'apparaître que chez l'adulte. On voit des *plaies vasculaires* qui ne se ferment pas lors d'intervention chirurgicale ou de la chute d'une dent, des saignements de nez, des gencives; des *hématomes* volumineux et dangereux qui surviennent lors de traumatismes minimes aux membres, aux muscles psoas*, simulant une urgence abdominale, au plancher de la bouche, asphyxiants; des hémorragies des articulations (*hémarthroses*); des hémorragies urinaires.

Devant une hémorragie chez un hémophile, il faut d'abord corriger l'anémie par transfusions si la déperdition sanguine est importante, ensuite injecter le facteur manquant de la coagulation : facteur VIII pour l'hémophile A, IX pour l'hémophilie B; les injections peuvent se faire par voie intraveineuse ou par transfusions. Le meilleur traitement de l'hémophilie est en fait l'injection de la *fraction PPSB* (facteurs II, VII, X et IX).

Mais la conduite à tenir la plus importante pour tout hémophile est de *prévenir l'apparition des hémorragies* en limitant sévèrement les risques de choc, en proscrivant toute injection intramusculaire, toute ponction d'articulation, et d'inscrire le malade à l'Association des hémophiles. Il devra en permanence porter sur lui sa carte de groupe sanguin et sa carte d'hémophile.

hémopneumothorax n. m. Présence de gaz et de sang dans la cavité pleurale, due à un traumatisme ou à une complication d'un pneumothorax* spontané.

hémopoïèse n. f. Syn. d'HÉMATOPOÏÈSE*.

hémoptoïque adj. Teinté de sang : *un crachat hémoptoïque est un crachat sanglant.*

hémoptysie n. f. Crachat sanglant provenant des voies respiratoires.

Il faut différencier l'hémoptysie de l'hématémèse*, qui est un vomissement de sang.

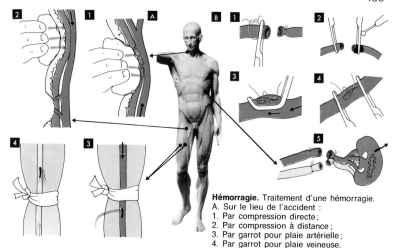

Hémorragie. Traitement d'une hémorragie.
A. Sur le lieu de l'accident :
1. Par compression directe ;
2. Par compression à distance ;
3. Par garrot pour plaie artérielle.
4. Par garrot pour plaie veineuse.
B. Par le chirurgien :
1. Pose de pince hémostatique et ligatures ;
2. Pince hémostatique et électrocoagulation ;
3. Clampage partiel ; 4. Clampage total ;
5. Ablation de l'organe
et ligature des vaisseaux.

Toute hémoptysie doit entraîner une exploration complète de l'arbre respiratoire (radiographie, examen de crachats, au besoin bronchoscopie).

hémorragie n. f. Écoulement de sang hors des vaisseaux qui doivent le contenir.
Le sang peut se répandre à l'extérieur du corps (hémorragie externe) ou s'épancher à l'intérieur des tissus ou entre les organes (hémorragie interne). L'arrêt de l'hémorragie peut se faire spontanément par la formation d'un caillot ; cette hémostase* naturelle est possible grâce à la *coagulation**. Les conséquences de l'hémorragie sont très variables selon son importance et sa rapidité. Nulles dans les petites hémorragies capillaires ou veineuses, elles peuvent être dramatiques dans les hémorragies artérielles importantes : c'est le tableau du *choc hémorragique**.
Signes cliniques. Les *hémorragies externes* les plus spectaculaires sont les hémorragies des plaies artérielles, avec jaillissement de sang rouge en jets saccadés propulsés par les battements du cœur. Une hémostase spontanée peut se faire, mais elle est toujours précaire. Les plaies veineuses sont en général de faible gravité, avec écoulement régulier de sang noirâtre (rupture de varice) ; en revanche, rares mais gravissimes sont les plaies des gros troncs veineux (cou).
La symptomatologie des *hémorragies internes* est fonction du siège de la lésion : rupture de grossesse* extra-utérine avec choc

hémorragique et douleur exquise (très localisée) à l'examen gynécologique ; hémorragies digestives, qui posent des problèmes diagnostiques et thérapeutiques difficiles (les ulcères* gastro-duodénaux, la cirrhose* du foie en sont les causes les plus fréquentes) et qui peuvent se manifester par un vomissement de sang (hématémèse*), par une hémorragie intestinale de sang rouge ou noir (méléna*). Les grandes contusions de l'abdomen s'accompagnent souvent d'hémorragie intrapéritonéale par rupture de la rate, du foie.
Traitement. Le traitement de l'hémorragie est commandé par deux impératifs : arrêter le flux sanguin et reconstituer la masse sanguine. Cette reconstitution de la masse sanguine, seul traitement du choc hémorragique, est obtenue par la *transfusion* de sang*. L'arrêt de l'hémorragie dépend de sa nature ; dans les plaies artérielles des membres, le *garrot** ou la *compression manuelle* avec des compresses ou même à main nue assurent une hémostase* (arrêt du saignement) provisoire, le vrai traitement étant la ligature artérielle. Les hémorragies veineuses des membres cèdent à la simple

compression, à l'élévation du membre. Les hémorragies internes traumatiques commandent l'intervention d'urgence, l'hémostase pouvant être difficile à réaliser (éclatements du foie). Quant aux hémorragies digestives, la décision opératoire est délicate à prendre, et les transfusions donnent le temps nécessaire à un diagnostic précis.

Hémorragie cérébrale. V. CERVEAU, *Accidents vasculaires.*

hémorragique adj. Relatif à l'hémorragie*.

Choc hémorragique, conséquence des hémorragies importantes, réalisant un tableau typique : sujet pâle, refroidi, inerte, tension artérielle effondrée, pouls petit et rapide, respiration rapide et superficielle.

Syndrome hémorragique, ensemble d'hémorragies (nasales, cutanées, urinaires, etc.) liées à un déficit de l'hémostase*, qui peuvent être dues à une maladie vasculaire, à une anomalie des plaquettes* (hémogénie, purpura), à un déficit des facteurs de la coagulation* (hémophilie).

hémorroïde n. f. Tumeur variqueuse (varice) constituée par la dilatation des veines de la région ano-rectale.

Plusieurs facteurs interviennent dans leur apparition : hypertension* portale (grossesse, tumeur abdominale, cirrhose), atonie* du

sphincter anal, hernie de la muqueuse rectale, phénomènes inflammatoires locaux. La vie sédentaire et la constipation sont des facteurs prédisposants.

Signes cliniques. Les hémorroïdes peuvent être *externes,* petites tumeurs molles visibles, ou *internes,* décelables par le toucher rectal et avec l'anuscope. Elles se manifestent par des hémorragies de sang rouge qui enrobent ou suivent les selles, par des douleurs à la défécation. Mais toute hémorroïde peut cacher une affection plus grave (cancer du rectum), d'où la nécessité d'un examen complet. Les hémorroïdes peuvent se compliquer d'infection, d'hémorragies importantes ; la *thrombose* hémorroïdaire entraîne de vives douleurs et nécessite souvent l'intervention d'urgence ; non traitée, elle évolue vers la formation d'une petite tumeur cutanéomuqueuse dure, régulière, la *marisque.*

Traitement. Il est médical dans le plus grand nombre des cas : règles hygiénodiététiques, pommades astringentes, injections sclérosantes. Le traitement chirurgical reste l'exception : résection des paquets hémorroïdaires ou résection circulaire avec abaissement de la muqueuse.

hémospermie n. f. ou **hématospermie** n. f. Éjaculation de sperme teinté de sang, témoin d'une inflammation de la prostate ou des vésicules séminales, survenant parfois sans aucune cause. (Phénomène le plus souvent bénin.)

hémostase n. f. Ensemble des moyens qui permettent d'arrêter une hémorragie*.

Hémostase spontanée. L'hémorragie d'un petit vaisseau s'arrête d'elle-même grâce à une vasoconstriction et à la formation d'un *caillot.* (V. COAGULATION.)

Hémostase chirurgicale. La compression manuelle est un procédé de fortune, mais qui peut sauver la vie du blessé ; pénible pour l'opérateur, elle ne peut être maintenue longtemps. Le *pansement compressif* est un excellent moyen d'hémostase dans les hémorragies veineuses. Dans les hémorragies artérielles des membres, le *garrot* est un pis-aller nécessaire ; il doit être desserré toutes les heures. Le *tamponnement* par mèche de gaze est très utile dans les hémorragies nasales ou dentaires. L'hémostase définitive de vaisseaux importants ne peut être réalisée qu'en milieu chirurgical : ligature ou mieux suture du vaisseau lésé.

hémostatique adj. et n. m. Se dit de tout procédé, substance ou instrument utilisé pour arrêter une hémorragie : *pince hémostatique ; hémostatiques locaux ou généraux.*

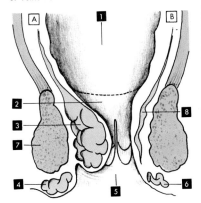

Hémorroïde.
A. Formation d'hémorroïdes. B. Côté normal.
1. Rectum ;
2. Canal anal ; 3. Hémorroïdes internes ;
4. Hémorroïdes externes ; 5. Anus ;
6. Veine hémorroïdale externe ; 7. Sphincter ;
8. Veine hémorroïdale interne.

hémothorax n. m. Épanchement de sang dans la cavité pleurale ; en règle générale, secondaire à un traumatisme.

héparine n. f. Substance anticoagulante* présente dans tous les tissus, en particulier le foie et le muscle.

Pharmacie. L'héparine est extraite du poumon et du foie de bœuf. Le produit officinal est le sel de sodium, très soluble dans l'eau, injecté par voie intraveineuse. Il existe également des sels calciques à action retardée injectés en intramusculaire et des préparations externes (pommade, suppositoires).

Emploi thérapeutique. L'héparine est avant tout anticoagulante, empêchant la transformation de la prothrombine en thrombine et l'action de la thrombine sur le fibrinogène. (V. COAGULATION.) Elle contrarie l'agglutination des plaquettes*, premier temps de la coagulation, et active la résorption du caillot (fibrinolyse*).

Elle est aussi anti-inflammatoire, fluidifiante et antalgique.

L'héparine est utilisée, à titre préventif, chez tout sujet exposé aux thrombophlébites (immobilisation prolongée, cardiaque alité...) ; et, à titre curatif, lors des thromboses constituées récentes : infarctus du myocarde, phlébite, embolie pulmonaire, etc.

hépatectomie n. f. Ablation d'un lobe ou d'un segment du foie*.

hépatique adj. Relatif au foie*.

Pédicule hépatique, ensemble des organes réunis en faisceau qui vont au hile* du foie* ou en reviennent : artère hépatique, veine porte*, canaux hépatique et cholédoque*, nerfs et ganglions lymphatiques.

Insuffisance hépatique. Pour qu'elle se manifeste, il faut qu'une fraction très importante du tissu hépatique soit supprimée, les réserves fonctionnelles de cet organe étant très grandes. L'insuffisance hépatique se manifeste dans les affections majeures de l'organe : cirrhose*, hépatites*, cancers du foie. Elle entraîne un amaigrissement important, des œdèmes, une ascite, une tendance hémorragique. Cette insuffisance de la cellule hépatique se reflète dans les épreuves biologiques : le taux de cholestérol* est diminué, ainsi que la prothrombine. Sont diminués également les taux de fibrine, d'albumine et de toutes les protéines. Par contre, le taux sanguin d'ammoniac et l'azotémie* augmentent. (V. FOIE, *Explorations fonctionnelles.*)

Si l'insuffisance hépatique est sévère et non corrigée par un régime alimentaire approprié, on assiste à une intoxication progressive de l'organisme par l'azote et l'ammoniac, qui aboutit à une *encéphalo-*

pathie hépatique* qui peut être mortelle par *coma hépatique.*

Seul le régime pauvre en protides peut équilibrer le taux de l'azotémie*. Le coma hépatique nécessite les mesures de réanimation* propres à tout coma.

hépatisation n. f. Transformation du parenchyme pulmonaire en un tissu ressemblant au foie, qui s'observe dans la pneumonie.

hépatite n. f. Inflammation du foie.

Les hépatites ont pour cause soit des substances toxiques (*hépatite toxique*), soit des virus (*hépatite virale*), ou encore des bactéries ou des parasites (*hépatites infectieuses*).

Hépatite toxique. Elle est consécutive à l'ingestion d'un produit toxique pour le foie. Les hépatites toxiques entraînent une nécrose hépatique, des troubles digestifs, un ictère* ; elles peuvent être mortelles. Les produits en cause sont les hydrocarbures chlorés (benzène, tétrachlorure de carbone), les amanites* phalloïdes, le phosphore. La prise de certains médicaments : chlorpromazine*, I. M. A. O.*, sulfamides hypoglycémiants, certains anticancéreux, etc., peut simuler une hépatite virale ou un ictère rétentionnel.

Hépatites virales. Elles sont dues à deux types de virus. Le virus A est responsable de l'*hépatite épidémique* et se transmet par voie orale. Le virus B est responsable de l'hépatite dite *de la seringue* et se transmet par voie parentérale (transfusion de sang infesté, matériel d'injection contaminé). Après un temps d'incubation variable, allant, suivant le virus en cause, de 1 à 6 mois, apparaît une phase prodromique avec fatigue, douleurs articulaires, courbatures, fièvre et parfois prurit*. Au bout de 8 à 10 jours apparaît l'*ictère*, jaune, touchant la peau et les muqueuses. Les troubles digestifs sont constants. Le foie est parfois un peu gros et sensible, et la rate est hypertrophiée. Les épreuves de laboratoire montrent une élévation des transaminases*, des réactions de floculation positives et une élévation de la bilirubine dans le sang (cause de l'ictère). [V. FOIE, *Explorations fonctionnelles.*] L'évolution se fait vers la guérison en quelques semaines. Cependant, une fatigue importante peut persister longtemps, de même qu'une intolérance digestive, qui impose un régime sévère et prolongé.

Il existe aussi des formes très graves, heureusement rares, où l'évolution est rapidement mortelle.

Le *traitement* de l'hépatite virale comprend le repos complet et un régime sans corps gras ni boissons alcoolisées, mais avec un apport protéique suffisant (viandes rouges grillées ou rôties). Certains auteurs préconisent la corticothérapie* dans les formes graves, mais c'est un traitement qui comporte des risques en lui-même.

Hépatites infectieuses. Elles sont dues à des parasites ou à des bactéries : hépatite amibienne, leptospirose*, tuberculose, fièvre récurrente, fièvre jaune, mononucléose* infectieuse, etc.

Hépatite chronique. Quelle que soit l'étiologie de l'hépatite, il arrive qu'elle se prolonge anormalement ou qu'elle rechute constamment. On parle alors d'*hépatite chronique,* apparaissant sur un terrain génétiquement prédisposé et présentant des troubles de l'immunité. L'évolution de l'hépatite chronique est grave et se fait soit vers l'atrophie, soit vers la cirrhose du foie.

hépatocyte n. f. Cellule du foie*.

hépato-lenticulaire adj. Qui intéresse conjointement le foie et les noyaux lenticulaires du cerveau.

Dégénérescence hépato-lenticulaire, maladie métabolique héréditaire associant une cirrhose du foie à une augmentation du tonus* musculaire, à des mouvements anormaux et à des anomalies oculaires. L'évolution se fait vers la démence*. Chez l'enfant, l'atteinte réalise la *maladie de Wilson* ; chez l'adulte, la *pseudo-sclérose en plaques de Westphal-Strümpell.*

hépatome n. m. Tumeur primitive du foie.

hépatomégalie n. f. Augmentation de volume du foie.
L'hépatomégalie s'apprécie par la palpation de l'abdomen (bord inférieur) et la percussion du thorax (limite supérieure).

Les principales causes d'hépatomégalie sont les cirrhoses* du foie, le foie cardiaque et les cancers du foie.

hépatonéphrite n. f. Affection grave, toxique ou infectieuse, touchant ensemble le foie et le rein.

hépatosplénomégalie n. f. Augmentation de volume simultanée du foie et de la rate.

heptaminol n. m. Substance de synthèse stimulant le muscle, le cœur et le système nerveux.

herbicide n. m. Produit utilisé comme désherbant. — Il en existe de nombreuses variétés, suivant les herbes à détruire, et certains produits sont dangereux.

Toxicologie. Les *sels de fer* sont peu dangereux : il en faut de 30 à 40 g pour provoquer une intoxication, qui se traduit par des vomissements, de la diarrhée et un état de choc. Il faut faire un lavage d'estomac,

donner une purge, remonter la tension et administrer l'antidote, la desferrioxyamine.

Les *sels de cuivre* à partir de 10 g causent des lésions du foie ; le calcitétracémate (E. D. T. A.) en réduit les effets nocifs.

Les *sels d'arsenic* provoquent une intoxication chronique. (V. ARSENIC.)

Les *borates* provoquent des troubles digestifs, des convulsions et un coma, des troubles hépatiques et rénaux ; l'épuration* par le rein artificiel peut être nécessaire.

Le *chlorate de soude,* après absorption de 15 g, entraîne la mort par méthémoglobinémie*, hémolyse*, lésions des reins et du foie. Par ailleurs, le chlorate est un comburant : mélangé à des poudres, à du bois, répandu sur des vêtements, des souliers, il est explosif et fait courir des risques de brûlures ou d'incendie (changer de vêtement et de chaussures, éviter de fumer).

La *cyanamide calcique* entraîne une intoxication cyanhydrique*. Les sels libérant de l'*acide sulfurique* peuvent occasionner des brûlures oculaires, cutanées, etc.

Les *propionates* et *acétates* provoquent un coma avec convulsions.

Les *phénols* (dinitrophénol, dinitro-orthocrésol, etc.) provoquent des troubles moteurs (parésies) avec vomissements et diarrhée, des troubles du rythme cardiaque pouvant entraîner la mort. Le premier geste doit être un lavage d'estomac précédant un traitement symptomatique, car il n'existe pas d'antidote.

hérédité n. f. Ensemble des caractères passant des ascendants aux descendants.
Les caractères transmis par les gamètes (ovule et spermatozoïdes) constituent le *génotype* de l'individu. Leur expression peut secondairement être modulée par le milieu où vit le sujet, l'ensemble formant le *phénotype* qui est l'expression finale sous laquelle se présente l'individu.

Lois de l'hérédité. L'étude de l'hérédité, ou *génétique,* fut entreprise par Grégoire Mendel, moine autrichien, qui, dès 1866, en énonça les premières lois qui portent son nom : loi de pureté des gamètes ; loi de dominance ; loi de récessivité.

Loi de pureté des gamètes. Les caractères héréditaires sont portés par les chromosomes*, sur lesquels se trouvent une multitude de gènes* commandant chacun un ou plusieurs caractères (cheveux frisés, yeux bleus, par exemple) de façon très stricte. Le gamète est dit « pur », car il ne contient pas deux gènes identiques.

L'ovule et le spermatozoïde comportent chacun moitié moins de chromosomes que les cellules des autres tissus de l'organisme, grâce à une division dite « réductionnelle »,

Consanguinité

Tare récessive

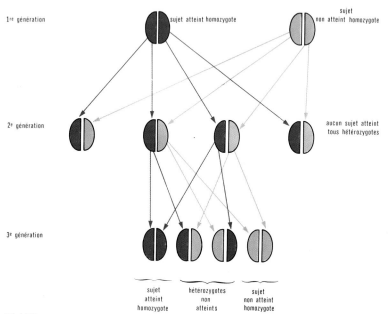

1re génération — sujet atteint homozygote — sujet non atteint homozygote

2e génération — aucun sujet atteint tous hétérozygotes

3e génération

sujet atteint homozygote — hétérozygotes non atteints — sujet non atteint homozygote

Hérédité.

ou méiose*, donnant, à partir d'une cellule mère à 2n chromosomes, deux cellules filles à n chromosomes. Une seule de ces cellules filles fécondera (ou sera fécondée par) une seule cellule de l'autre sexe. La réunion des deux redonnera une cellule à 2n chromosomes (46 chez l'homme). L'appariement se fait par paires de chromosomes homologues porteurs chacun de gènes homologues. Ou bien la paire de gènes est formée de 2 gènes rigoureusement identiques (yeux bleus - yeux bleus, par exemple) et le sujet est dit *homozygote** pour le caractère considéré, ou bien les gènes bien qu'homologues (couleur des yeux) sont légèrement différents (yeux bleus - yeux marron, par exemple) et le sujet est dit *hétérozygote** pour le caractère considéré. On comprend ainsi les deux autres lois de Mendel.

Loi de dominance. Certains gènes s'expriment toujours et dominent leur gène homologue. Par exemple, le caractère yeux marron est dominant. Un sujet hétérozygote (yeux marron - yeux bleus) aura les yeux marrons. Mais, après réduction chromosomique dans ses gamètes, il transmettra une fois sur deux le caractère marron et une fois sur deux le caractère bleu qui pourra s'exprimer chez un descendant.

Loi de récessivité. Le caractère bleu de l'exemple précédent est dit « récessif » et ne peut s'exprimer qu'à l'état homozygote (bleu-bleu).

Ces lois toujours vraies et vérifiées sont compliquées par de nombreux facteurs intervenant lors des divisions cellulaires et pouvant perturber l'ordre des gènes, dévoilant un caractère masqué bien que présent chez les ascendants, ou faire disparaître un caractère jusque-là présent. Il existe en outre des relations entre certains gènes qui peuvent ne s'exprimer que sous l'action «permissive» d'autres gènes. Enfin, la structure même du gène peut être brutalement modifiée : ce sont les *mutations*, dont certaines causes sont connues (radiations ionisantes, anticancéreux*, etc.).

Maladies héréditaires. Elles sont dues à une altération des gamètes et non de l'œuf ou du fœtus (maladies congénitales).

Transmission. Par définition, elles sont transmises des parents aux enfants selon les lois de Mendel.

Soit une tare T dominante, l'ascendant porteur est donc atteint. La forme homozygote T-T ne peut que transmettre la maladie ; tous les descendants sont atteints.

La forme hétérozygote T-r (r = gène homologue récessif) donne un gamète porteur de la tare et un gamète sain. 50 p. 100 des descendants sont porteurs de la tare, 50 p. 100 sont sains.

Soit une tare *t* récessive. Le sujet hétérozygote *t*-D est porteur sain (D = gène homologue dominant). Il transmet la tare, sans l'exprimer, une fois sur deux. La maladie n'apparaîtra que dans deux cas : *a)* le conjoint est également porteur sain et la rencontre de gamètes porteurs de *t* de chaque parent a créé un individu homozygote *t-t ; b)* la tare est portée par un gène qui n'a pas d'homologue susceptible de le dominer et le sujet est *t*-0, malade.

C'est le cas de certaines maladies récessives liées au sexe, telle l'hémophilie* portée par le chromosome X féminin, et qui se manifestent chez l'homme (qui n'a qu'un seul chromosome X).

Variété des maladies héréditaires. Leur catalogue est à la fois très vaste et très imprécis, car, en dehors des rares cas où la maladie s'accompagne d'anomalies morphologiques visibles des chromosomes, il repose sur des notions statistiques, les gènes étant des entités non visibles en microscopie. L'étude du caractère dominant ou récessif est, elle aussi, statistique, nécessitant l'examen d'un arbre généalogique détaillé. Néanmoins, le caractère héréditaire est actuellement affirmé, et le mode de transmission connu pour un très grand nombre d'affections, qu'il s'agisse, par exemple, d'anomalies osseuses (maladie de Crouzon*), cartilagineuses (achondroplasie*), oculaires (aniridie*, héméralopie), sanguines (hémophilie*) ou métaboliques (maladie de Gaucher*), pour n'en citer que quelques-unes.

À côté de ces maladies précises existe indiscutablement une hérédité de terrain, créant une prédisposition aux allergies (eczéma, asthme, rhume des foins), aux infections,

à certaines maladies vasculaires (hypertension) ou métaboliques (goutte, diabète).

hermaphrodisme n. m. Anomalie ou ensemble d'anomalies se caractérisant par la présence simultanée, chez un même individu, de caractères morphologiques et de tissus propres les uns au sexe masculin, les autres au sexe féminin.

Hermaphrodisme vrai. C'est une anomalie très rare, où le sujet est porteur à la fois d'un testicule d'un côté et d'un ovaire de l'autre. Les organes génitaux externes peuvent être de type mâle, de type féminin, ou ambigus.

Pseudo-hermaphrodisme féminin. Il s'agit de sujets génétiquement féminins (XX) possédant deux ovaires, mais dont les organes génitaux externes ont été «masculinisés», soit en raison d'une malfaçon embryonnaire (hypospadias vulviforme), soit sous l'influence d'hormones mâles pendant la vie intra-utérine. Ces hormones mâles peuvent avoir eu une origine exogène (thérapeutique intempestive administrée à la mère), ou une origine endogène (hyperplasie de la surrénale fœtale). Les grandes lèvres prennent ainsi une allure de testicules, et le clitoris, hypertrophié, peut être pris pour une verge. Cela représente une cause non exceptionnelle d'erreur d'état civil à la naissance.

Pseudo-hermaphrodisme masculin. Il s'agit de sujets génétiquement mâles (XY), porteurs de testicules souvent ectopiques* et dont les caractères sexuels externes, malformés ou anormaux, prêtent à confusion. La cause en est soit une malfaçon (hypospadias vulviforme du garçon), soit une insensibilité congénitale des récepteurs (des tissus) à l'action de l'hormone mâle (testicule «féminisant»).

L'hermaphrodisme et les pseudo-hermaphrodismes sont des malformations graves par leurs incidences sociologiques et psychologiques ; ils doivent être reconnus le plus tôt possible, afin d'éviter à l'enfant les perturbations d'un changement de sexe et d'état civil.

hernie n. f. Issue d'un organe hors de la cavité où il est normalement contenu.

Les hernies les plus fréquentes sont les hernies de l'abdomen à travers les différents canaux naturels ou les points faibles de la paroi : hernies *inguinales, crurales, ombilicales, épigastriques, obturatrices, lombaires.* Les hernies *diaphragmatiques* réalisent un tableau particulier (v. DIAPHRAGME). Il existe aussi des hernies du disque intervertébral ou *hernies discales.*

Hernies abdominales. Toute hernie est caractérisée par une *enveloppe* formée par le péritoine* (*sac herniaire*) et les éléments de la paroi repoussée, distendus. Le *contenu* est très variable : épiploon, anse intestinale le

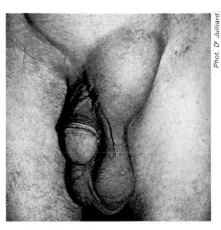
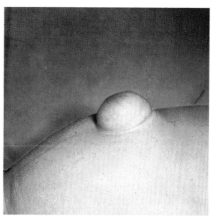

Phot. D' Julliard.

Phot. D' Julliard.

Hernie inguinale.

Hernie ombilicale.

plus souvent, mais tout organe de voisinage peut y être inclus ; les organes herniés le sont occasionnellement (hernie réductible) ou en permanence ; le *trajet* dépend de la nature de la hernie ; dans la *hernie congénitale,* le sac est un reliquat embryonnaire qui ne se ferme pas à la naissance (canal péritonéo-vaginal de la hernie inguino-scrotale) ; dans la *hernie acquise,* le trajet se constitue sous l'influence de la poussée abdominale au niveau d'un point faible de la paroi. Affection très répandue, la hernie est favorisée par les efforts, les facteurs qui affaiblissent la paroi (grossesses répétées, amaigrissement important...). Une hernie peut rester stationnaire toute une vie ou grossir lentement jusqu'à prendre des proportions énormes. Les signes révélateurs sont souvent discrets : douleurs à l'effort, à la marche ; l'examen montre une saillie arrondie de taille variable se continuant dans la paroi abdominale par une portion rétrécie, le pédicule ; avec les doigts, on arrive à refouler la saillie herniaire et à la réintégrer dans l'abdomen : il est alors possible d'étudier le trajet en introduisant le doigt dans l'orifice herniaire ; lorsque le malade tousse, la hernie se reproduit et subit une impulsion à chaque secousse.

L'*étranglement herniaire* est une complication grave due à la constriction serrée et irréversible d'une portion d'intestin à l'intérieur du sac herniaire. Les vaisseaux intestinaux comprimés ne peuvent plus remplir leur rôle, et des lésions irréversibles d'ischémie*

surviennent plus ou moins rapidement. Cliniquement, cet étranglement réalise une occlusion* par strangulation. L'intervention d'urgence s'impose, entraînant souvent l'ablation d'une portion d'intestin, d'où l'intérêt de faire le diagnostic au début, devant une hernie douloureuse, tendue, irréductible, non impulsive à la toux.

Le *traitement des hernies* est essentiellement chirurgical. Le *bandage herniaire* est un pis-aller très inconfortable qui ne met pas à l'abri d'un étranglement et doit être réservé aux nourrissons et aux grands vieillards.

Hernie diaphragmatique, hernie hiatale. V. DIA-PHRAGME.

Hernie discale. La *hernie discale* est une saillie que fait un disque intervertébral dans le canal rachidien et qui correspond à l'expulsion en arrière de son noyau gélatineux, le *nucleus pulposus.* Cette hernie se produit surtout au niveau des dernières vertèbres lombaires, à l'occasion d'un mouvement de force ou d'un traumatisme, entraînant une compression des racines du nerf sciatique. Le repos, joint aux anti-inflammatoires et décontracturants, à une kinésithérapie prudente, permet souvent la rétrocession des signes, mais, en cas d'échec, l'ablation chirurgicale du nucleus hernié est le seul moyen radical.

héroïne n. f. Dérivé de la morphine, stupéfiant très dangereux abandonné en thérapeutique.

457

L'intoxication aiguë se manifeste par un coma associé à des troubles respiratoires, une parésie* des membres et des troubles visuels.

L'intoxication chronique aboutit à une toxicomanie* grave.

herpès n. m. Affection due à un virus, le virus herpétique, qui atteint la peau et les muqueuses.

L'homme est le seul réservoir de virus. La première atteinte, ou *primo-infection herpétique,* est surtout observée chez les enfants. Elle assure une protection (par formation d'anticorps), mais cette immunité est parfois diminuée, voire abolie, quelques années après, expliquant les herpès secondaires.

La primo-infection herpétique. Chez l'enfant, le virus atteint le plus souvent la bouche et la langue. Les lésions sont des vésicules souvent rompues, recouvertes d'un enduit rougeâtre. Elles sont très douloureuses, prurigineuses*, empêchant l'alimentation. Les ganglions du cou sont gonflés. On observe une fièvre élevée et une atteinte de l'état général. La guérison survient une semaine après environ. La localisation peut être différente, atteignant la gorge (angine), les régions génitale ou oculaire (kérato-conjonctivite), plus rarement le poumon ou le système nerveux (méningite).

Chez le nouveau-né, la primo-infection est rare, mais extrêmement grave.

L'herpès secondaire. Il siège le plus souvent sur la peau sous forme d'un « bouquet » de vésicules claires qui s'opacifient en quelques jours. Des croûtes se forment, annonçant la cicatrisation. Il existe également une adénopathie (gros ganglion) peu douloureuse. Souvent appelé « bouton de fièvre », l'herpès est fréquent au cours des infections pneumococciques et méningococciques. L'autre localisation est génitale. Chez la femme, il peut récidiver à chaque cycle menstruel ; chez l'homme, la lésion siège souvent sur le gland, pouvant simuler un chancre syphilitique. Mais les éléments sont nombreux, en « bouquet » et douloureux, sans infiltrations.

Le *diagnostic* repose sur l'isolement du virus et sur le diagnostic sérologique.

Traitement. Il évitera surtout les surinfections. Actuellement un vaccin inactivé est utilisé dans les herpès secondaires, avec des résultats variables.

D'autres maladies sont parfois nommées « herpès », mais elles sont dues à des mycoses (herpès circiné) ou à des phénomènes complexes (*herpes gestationis* de la femme enceinte).

herpétique adj. Relatif à l'herpès.

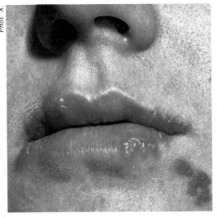

Phot. X

Herpès multiple des lèvres.

Herxheimer (réaction d'), accident brutal survenant après l'administration d'antibiotique dans le traitement d'une infection (syphilis, typhoïde, etc.).

La réaction est due à l'efficacité du médicament, qui détruit les germes et provoque la libération des toxines.

Cette réaction est évitée par l'administration de doses progressivement croissantes d'antibiotique.

hétérochromie n. f. Coloration différente des deux iris, donnant lieu aux yeux vairons.

hétérochromosome n. m. Nom donné aux deux chromosomes* sexuels. (Syn. : GONOSOME.)

hétérogreffe n. f. Greffe* dont le donneur appartient à une autre espèce animale que le receveur.

hétérophorie n. f. Trouble de la vision binoculaire dans lequel les axes des globes oculaires ont perdu leur parallélisme en position de repos.

Il s'ensuit un effort supplémentaire pour faire coïncider les images lorsqu'on fixe un objet. Si les axes sont déviés en dehors, il y a *exophorie* ; en dedans, *ésophorie* ; en haut ou en bas, *hyperphorie.* La fatigue, un fléchissement de l'état général peuvent faire apparaître des céphalées, des éblouissements, une diplopie* passagère au cours de l'hétérophorie, qui peut évoluer vers le strabisme*. Le traitement consiste en exercices orthoptiques.

hétéroside n. m. Sucre complexe. (V. GLU-CIDE.)

hétérozygote adj. et n. Se dit d'un sujet ou d'un de ses caractères dont les gènes* allèles* (déterminant un caractère donné et contenus l'un dans un chromosome paternel, l'autre dans un chromosome maternel) sont différents. (V. HÉRÉDITÉ.)

hexachlorocyclohexane (H. C. H.) n. m. Puissant insecticide de contact utilisé en poudre à 3 p. 100 contre les ectoparasites de l'homme et des animaux.

Toxicologie. L'ingestion ou un contact massif avec la peau provoquent des vomissements, de la diarrhée, des céphalées, des tremblements et des convulsions. Des troubles du rythme cardiaque apparaissent parfois. Il n'existe pas d'antidote. Un lavage d'estomac doit être pratiqué, suivi d'un traitement des symptômes.

hexachlorophène n. m. Antiseptique bactéricide employé sous forme de poudres, pommades ou pâtes.

hexamidine n. f. Antiseptique et bactéricide puissant, utilisé en *solutions alcooliques* ou *aqueuses* et en pommade, pour désinfecter les plaies ou les lésions cutanées, ainsi qu'en *collyre* ou en *pulvérisations.*

héxétidine n. f. Antiseptique et antifongique employé en solution pour bains de bouche.

hiatal, e, aux adj. Qui se rapporte à un hiatus.
Les *hernies hiatales* sont des hernies de l'estomac à travers l'hiatus* œsophagien. (V. DIAPHRAGME.)

hiatus n. m. Nom donné à certains orifices anatomiques : *hiatus œsophagien.*

hibernation n. f. Méthode d'hypothermie* provoquée, destinée à réduire les réactions de défense de l'organisme. — L'hibernation produite par des médicaments neuroplégiques* (chlorpromazine*, péthidine*, prométhazine*) réduit les besoins de l'organisme en inhibant les réactions de défense.

hidradénome n. m. Petite tumeur bénigne qui se développe aux dépens d'une glande sudoripare.

hidrosadénite n. f. Inflammation staphylococcique des glandes sudoripares et sébacées de l'aisselle.

hilaire adj. Relatif à un hile : *ganglion hilaire.*

hile n. m. Région d'un organe où pénètrent les artères et d'où sortent les veines et les canaux excréteurs : *hile du poumon, du foie, du rein.*

hippocratique adj. Qui a trait à Hippocrate (médecin grec du IXe siècle av. J.-C.), à sa doctrine.
Le *faciès hippocratique* est le visage altéré (pâle, couvert de sueur) du moribond.
La *succussion hippocratique* est le bruit venant de la rencontre de l'air avec le liquide de la plèvre, rencontré dans l'hydropneumothorax*.
Les *ongles hippocratiques* sont les ongles bombés en verre de montre terminant les *doigts hippocratiques*, élargis au bout, en baguette de tambour, et observés au cours des affections respiratoires chroniques.

hippocratisme n. m. *Hippocratisme digital,* déformation particulière des doigts. (V. HIPPOCRATIQUE.)

hippus n. m. **Hippus pupillaire,** alternance de contractions et de dilatations de la pupille, se produisant de façon rythmique.

hirsutisme n. m. Exagération du système pileux, due à des troubles endocriniens.
On l'observe essentiellement chez la femme, le plus souvent lié à une anomalie du fonctionnement de l'ovaire* ou des glandes surrénales*, provoquant une sécrétion trop importante d'hormones androgènes*. (V. HYPERTRICHOSE.)

His (faisceau de), élément essentiel du système de conduction nerveuse intracardiaque. (V. CŒUR.)

histamine n. f. Amine qui provoque la contraction des muscles lisses (intestin, bronches, utérus), une vasodilatation* des artérioles et une hypersécrétion de suc gastrique.
Elle joue un rôle important dans les mécanismes de l'inflammation*. Sa libération dans l'organisme est à l'origine des phénomènes d'anaphylaxie*; son rôle est également important dans les manifestations allergiques. Le traitement de celles-ci est souvent à base d'antihistaminiques*.

histidine n. f. Acide aminé utilisé dans le traitement de l'ulcère* gastrique.

histiocyte n. m. Cellule jeune du tissu réticulo-endothélial*.

histiocytome n. m. Petite tumeur arrondie et indolore formée par une prolifération bénigne d'histiocytes, facilement détruite par électrocoagulation*.

histiocytose n. f. Maladie, sans cause connue, qui se caractérise par l'infiltration de certains parenchymes par des histiocytes.
Le traitement associe la corticothérapie à la radiothérapie.

histochimie n. f. Étude de la constitution chimique des cellules et des tissus.

histocompatibilité n. f. Ensemble des conditions que doivent remplir deux tissus pour pouvoir être greffés l'un sur l'autre.
Pour qu'une greffe prenne, il faut, en effet, que les deux tissus mis en présence aient des caractéristiques génétiques et immunologiques pratiquement identiques.

histologie n. f. Étude de la structure microscopique des tissus. Les tissus sont préparés au moyen d'une fixation qui empêche toute modification de structure. La préparation est ensuite sectionnée en tranches très fines, colorée, puis étudiée au microscope. L'*histopathologie* est l'étude des tissus malades obtenus par biopsie ou autopsie.

histoplasmose n. f. Maladie provoquée par une levure (*histoplasma*), et fréquente en Amérique (États-Unis) et en Afrique noire.
Histoplasmose américaine. L'agent contaminateur est *Histoplasma capsulatum,* parasite des rongeurs. L'affection se manifeste par une atteinte pulmonaire, semblable à celle de la tuberculose, ou par une septicémie.
Histoplasmose africaine. Le champignon responsable est *Histoplasma duboisii.* La forme la plus fréquente est une atteinte cutanée et ganglionnaire ; la dissémination est plus rare.

Le diagnostic se fait par la recherche du champignon (crachat, prélèvement de ganglion) et par des examens de sérologie.
Le traitement emploie l'amphotéricine B complétée parfois par la chirurgie.

H. I. V., sigle de *H*uman *I*mmunodeficiency *V*irus. le virus du S. I. D. A.

HLA (système). V. GROUPE, *Hématologie.*

Hodgkin (maladie de), affection maligne touchant essentiellement la trame réticulo-endothéliale des ganglions lymphatiques. (Syn. : LYMPHOGRANULOMATOSE MALIGNE.)
Elle est caractérisée par la prolifération de cellules spécifiques, les *cellules de Sternberg,* dans tout le système réticulo-endothélial, et par la disparition parallèle de la structure normale de ce tissu.
C'est une maladie de cause inconnue, qui peut se voir à tout âge. Touchant d'abord les ganglions, elle entraîne des adénopathies* superficielles et profondes dont le bilan est fait par la lymphographie*. Elle s'étend ensuite aux viscères, et en premier lieu à la

Maladie de Hodgkin.
Lymphographie du bassin :
gros ganglions pathologiques iliaques.

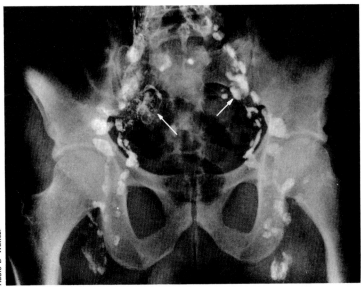

rate, réalisant une splénomégalie* (grosse rate), signe de l'extension de la maladie. Elle peut toucher ensuite le foie, les poumons, la plèvre, le système nerveux, cette extension viscérale s'accompagnant de signes généraux : fièvre, démangeaisons, sueurs, dont l'existence isolée doit déjà faire suspecter la maladie, même en dehors de l'existence de ganglions palpables. Le diagnostic est porté par la découverte de cellules de Sternberg à la biopsie ganglionnaire.

Le pronostic, jadis toujours mortel, a été considérablement amélioré par les traitements modernes, à base d'irradiations massives et de chimiothérapie. On a déjà constaté des guérisons complètes.

homéopathie n. f. (grec *homoios,* semblable, et *pathos,* affection). Doctrine affirmant que les symptômes des maladies peuvent être traités par des doses minimes de produits déterminant chez l'homme sain des symptômes semblables.

Médecine homéopathique. À l'opposé de la médecine allopathique représentée par Galien et fondée sur la loi des contraires, l'homéopathie, mise à l'honneur par Samuel Hahnemann, est fondée sur la «loi de similitude» : toute substance qui provoque chez un sujet sain l'apparition de symptômes est capable de guérir ces symptômes et la maladie qui en découle.

Le médecin homéopathe peut soigner les maladies aiguës et les troubles fonctionnels ; en ce qui concerne les lésions organiques, il peut en améliorer les symptômes, mais il a recours aux traitements classiques chaque fois que ceux-ci se révèlent nécessaires.

Pharmacie homéopathique. Les médicaments sont formés d'un principe actif employé à des dilutions successives et d'une substance véhicule inerte.

Matière première homéopathique. On distingue : les *teintures mères,* par macération alcoolique de substances végétales ou animales ; les *macérats ;* les *biothérapiques,* préparés à partir d'allergènes*, de substances microbiennes ; les *isothérapiques,* préparés extemporanément à partir de prélèvements effectués sur le malade ; les *produits chimiques.*

Dilutions homéopathiques. L'homéopathie s'attache à la notion de dispersion du principe actif au sein d'un véhicule liquide ou solide (trituration), obtenue par mélanges soignés et successifs.

Formes homéopathiques. Outre les présentations habituelles, il existe les granulés et les globules, petites sphères de sucre imprégnées d'une dilution liquide et qu'on dessèche à basse température. On doit les laisser fondre dans la bouche.

Les remèdes sont désignés par le nom latin de leur principe actif, suivi du numéro de leur dilution (ex. : *belladona* 5 CH). Parmi les produits les plus courants, citons : *arnica, belladona, chelidonium, calcarea, tuberculinum.* La posologie est uniquement établie par le médecin homéopathe.

homéothermie n. f. Constance de la température centrale de l'homme et des animaux supérieurs. (V. THERMORÉGULATION.)

homicide n. m. L'*homicide pathologique* est en relation avec des anomalies mentales. Il s'oppose — en théorie — à l'*homicide responsable,* dont les motifs sont intelligibles en dehors de toute explication psychopathologique.
C'est le rôle des experts psychiatres d'apprécier le degré de responsabilité des auteurs de meurtres.

homme n. m. 1. Représentant de l'espèce humaine (ordre des primates, sous-ordre des hominiens). — 2. Être humain de sexe masculin.

Différences entre l'homme et la femme. Dès la naissance, le sexe peut généralement être reconnu par les organes génitaux externes ; toutefois, une confusion peut résulter soit d'un retard de formation de l'embryon (par exemple, des testicules non descendus et une commissure du scrotum non soudée peuvent faire prendre un vrai garçon pour une fille, alors que son développement ultérieur sera normal), soit d'une aberration génétique créant un état intersexuel d'évolution variable (v. HERMAPHRODISME). Le nourrisson mâle a très peu de différences physiologiques avec la petite fille. Les différences ne se manifestent vraiment qu'avec la puberté*.

Chez l'adulte, des différences anatomiques caractérisent l'homme : développement du thorax et de la ceinture scapulaire (épaules) important, alors que chez la femme c'est le bassin qui se développe le plus ; la répartition des graisses est différente et il existe une diversité statistique des tailles et de la force musculaire.

La physiologie de l'homme diffère de celle de la femme par le caractère continu de l'activité sexuelle à partir de la puberté et par son déclin progressif dans la vieillesse, alors que la femme a un cycle menstruel et une ménopause*. D'autre part, les constantes biologiques de l'homme sont toujours un peu plus élevées que celles de la femme.

Parmi les affections plus fréquentes chez l'homme que chez la femme, citons les maladies cardio-vasculaires, dont la femme est protégée par ses hormones (œstrogènes) jusqu'à la ménopause, moment à partir duquel elle est également accessible à l'infarctus. Par contre, elle présente plus souvent que l'homme des affections des voies biliaires*, certains rhumatismes, les maladies dites « de système » (collagénoses*).

homogénéisation n. f. Action d'homogénéiser un produit pathologique (crachats, urines, tissu) pour en faciliter l'examen microscopique.

homogreffe n. f. Greffe dont le donneur appartient à la même espèce que le receveur.

homosexualité n. f. Comportement lié à « l'appétence pour l'individu du même sexe » (Fay).

L'homosexualité est essentiellement due à des facteurs psychologiques et sociaux plutôt qu'à des facteurs biologiques. Chez l'adulte, à côté des conduites homosexuelles occasionnelles dues à l'absence de partenaires du sexe opposé, il existe des comportements homosexuels d'origine névrotique ou perverse, et enfin psychotique ou démentielle. On peut y ajouter les comportements homosexuels sous-tendus par des préoccupations sociales ou philosophiques (Grèce antique). Le *transsexualisme* correspond à la conviction d'appartenir au sexe opposé.

L'homosexualité masculine se manifeste par la pédérastie (rapports sexuels contre nature d'un homme avec un autre homme ou un adolescent). L'homosexualité féminine (lesbianisme) est plus discrète et plus stable. Chez l'adolescent, l'homosexualité peut n'être que l'aspect adopté par une ambivalence sexuelle passagère.

Le traitement — essentiellement psychothérapique — ne peut intervenir et n'a de chance de succès que chez le névrosé culpabilisé qui le sollicite.

homozygote adj. et n. Se dit d'un individu qui, pour un caractère héréditaire donné, porte deux gènes allèles* identiques : il est dit *homozygote* pour tel gène. (Contr. : HÉTÉROZYGOTE*.)

honoraires n. m. pl. **Honoraires médicaux,** rétribution des services rendus par le médecin à son client. Les honoraires payés par des assujettis au régime de la Sécurité sociale leur sont remboursés par les caisses d'assurance maladie sur le vu d'un acquit concrétisé par la signature du praticien sur la feuille de maladie, avec indication de l'acte* qu'il a pratiqué. Ils sont soumis à des tarifs fixés par avenant à une convention nationale. Cette convention, aux termes de la loi du 10 juillet 1975, est conclue entre la Caisse nationale de l'assurance maladie des travailleurs salariés et une ou plusieurs des organisations syndicales nationales les plus représentatives des médecins. Un certain nombre de médecins

peuvent se placer eux-mêmes ou se voir placer « hors convention ». En conséquence, leurs honoraires sont libres, et les assurés ne bénéficient pas du remboursement prévu par la convention : ils sont remboursés sur la base d'un tarif d'autorité.

Les honoraires réglés par la clientèle non assurée sociale sont également libres. Mais le médecin devra tenir compte de sa notoriété, de la fortune des malades et des circonstances particulières.

Les honoraires réglés par un tiers payant (cas d'accident du travail, d'aide médicale) sont réglés directement au médecin par l'administration qui en prend la charge.

Le médecin est libre de donner gratuitement ses soins.

honteux, euse adj. Se dit de différents éléments anatomiques en rapport avec des organes génitaux : *vaisseaux, nerf honteux internes.*

hôpital n. m. Établissement public ou privé où sont prodigués des soins aux malades et aux blessés.

Au XXᵉ s., on en vient à considérer l'hôpital non plus comme un établissement de charité, mais essentiellement comme un établissement de soins. Des consultations externes sont ouvertes aux personnes autres que les pauvres. La création, en 1958, du plein-temps hospitalier (v. MÉDECIN, *Plein-temps*) accentue ce caractère. L'hôpital reçoit des missions nouvelles, notamment dans la formation et le perfectionnement du corps médical et du personnel paramédical. En 1970, la loi portant sur la réforme hospitalière crée une carte sanitaire du pays, qui devrait permettre de combattre l'illogisme des implantations.

Cette même loi crée un service public hospitalier (S. P. H.) qui doit assurer l'examen, le diagnostic et le traitement des blessés, malades et femmes enceintes, concourir à l'enseignement universitaire et postuniversitaire, aux actions de médecine préventive et participer à la recherche médicale. Ce service public est assuré par les établissements d'hospitalisation publics et ceux des établissements hospitaliers privés qui acceptent les conditions qui leur sont imposées ou ont passé accord avec le S. P. H.

La classification utilisée pour les établissements publics et privés assurant le S. P. H. est la suivante :
1. *Centres hospitaliers* divisés en centres hospitaliers universitaires (C. H. U.), centres hospitaliers régionaux (C. H. R.) et centres hospitaliers (C. H.) selon leur importance et leur équipement ;

2. *Centres de convalescence, cure, réadaptation ; unités d'hospitalisation,* qui soit constituent un hôpital local, soit sont incluses dans un C. H. R., un C. H. ou un centre de convalescence, de cure ou de réadaptation.

Hygiène. Les salles communes tendent actuellement à être remplacées par des chambres à 2, 3 ou 4 lits. La température de la chambre doit être modérée, l'insonorisation est essentielle.

Le risque majeur dans un service hospitalier concerne la propagation de microbes (staphylocoque*, proteus*, bacille pyocyanique*) devenus résistants aux antibiotiques utilisés. (V. HOSPITALISME.) Aussi, faut-il que les locaux et les instruments et accessoires soient désinfectés régulièrement, que chaque malade possède son thermomètre et son bassin. Les services de chirurgie sont divisés en deux parties : septique et aseptique. Le personnel du bloc opératoire, bien distinct du reste du personnel, prend toutes les précautions vestimentaires nécessaires avant de pénétrer dans la salle d'opération.

Les services de pédiatrie renforcent encore les règles d'hygiène : asepsie des biberons, des aliments, de l'air (rayons ultraviolets), et tout spécialement pour le service des prématurés.

Les services de contagieux comportent des chambres individuelles d'isolement, et les visites ne sont admises qu'à travers des couloirs vitrés. Le personnel revêt des vêtements stériles avant d'y pénétrer.

hoquet n. m. Spasme subit du diaphragme, involontaire, entraînant chez l'individu qui en est victime un bruit aspiratif caractéristique.
Le hoquet correspond à une irritation du nerf phrénique* ou des centres nerveux du tronc cérébral. Le meilleur moyen d'arrêter le hoquet consiste à se retenir de respirer le plus longtemps possible (apnée) et à plusieurs reprises. S'il persiste, il faut consulter le médecin.

hormone n. f. Substance sécrétée par une glande endocrine, qui la libère dans la circulation générale où elle va, véhiculée par le sang, exciter le fonctionnement d'un organe.
Les hormones ont une action importante sur la morphologie de l'individu, sur les métabolismes, sur la circulation sanguine et sur le système nerveux, qui, à son tour, agit sur la sécrétion hormonale.

Les hormones sont sécrétées par l'hypophyse*, le corps thyroïde*, les parathyroïdes*, les surrénales* et les glandes génitales (ovaires*, testicules*), ainsi que par diverses formations cellulaires disséminées (îlots de Langerhans* du pancréas*, certaines cellules gastriques, etc.).

hormonothérapie n. f. Traitement par les hormones.
Elle est employée dans plusieurs intentions :
1. Une *action substitutive,* où le produit supplée à une déficience ou à une absence de sécrétion ;
2. Une *action inhibitrice,* dans l'intention de mettre la glande sécrétrice au repos;
3. Une *action symptomatique,* où l'on recherche l'activité pharmacodynamique des hormones : activité anti-inflammatoire de la cortisone, antidiurétique de l'hormone antidiurétique, etc.

horripilation n. f. Redressement des poils, accompagné d'un aspect caractéristique de la peau dit « en chair de poule ».
Due à la contraction du muscle horripilateur qui siège à la base de chaque poil, on l'observe lors d'une émotion intense ou d'une sensation de froid.

Horton (maladie de), artérite* inflammatoire segmentaire, intéressant surtout les artères de la tête, notamment l'artère temporale. (Syn. : ARTÉRITE TEMPORALE.)
La maladie de Horton survient après 50 ans.
Le tableau clinique associe des maux de tête intolérables, une fièvre et une grande fatigue. Le diagnostic repose sur la découverte d'une tuméfaction inflammatoire, douloureuse, de l'artère temporale superficielle (qui ne bat plus) et sur la biopsie de celle-ci. Histologiquement, elle est caractérisée par un granulome* contenant des cellules géantes et des plages de nécrose fibrinoïde*.
La corticothérapie*, poursuivie pendant 1 an, assure une nette amélioration et évite les complications oculaires (cécité) et l'atteinte des gros vaisseaux.

hospitalisation n. f. Situation du malade soigné à demeure dans un établissement de prévention, de traitement ou de cure.
L'admission des malades n'est soumise à aucune restriction d'ordre économique ou social tenant à la personne du malade. Les établissements assurant le service public hospitalier sont ouverts à toutes les personnes dont l'état requiert leurs services. Le libre choix de l'établissement de soins est de règle, sous réserves des dispositions prévues par les différents régimes de protection sociale. (Ainsi, les organismes de sécurité sociale ne participent aux frais de séjour que dans la limite du tarif de responsabilité fixé pour l'établissement public ou privé le plus proche de la résidence du malade quand ce dernier a choisi, pour des raisons de conve-

nances personnelles, un établissement dont le tarif est supérieur.)

Le directeur de l'établissement prononce l'admission, sur avis d'un médecin de l'établissement ou de l'interne de garde, au vu des certificats exigés selon la catégorie de malade dont il s'agit.

Le directeur est seul habilité pour ordonner la sortie des malades dès que le médecin-chef de service déclare que cette sortie est sans danger pour eux : un hospitalisé n'est jamais retenu à l'hôpital contre son gré (exception faite des malades mentaux). En cas de sortie jugée prématurée par le médecin, l'intéressé doit remplir une attestation dégageant l'hôpital de sa responsabilité.

Après la sortie, le dossier médical est conservé à l'hôpital, mais l'information du médecin traitant est assurée, sauf opposition du malade.

Hospitalisation à domicile, forme d'hospitalisation qui s'applique à des malades préalablement hospitalisés, mais dont l'état ne nécessite plus la présence constante de l'équipe médicale.

L'intéressé a le libre choix de son médecin en ville, lequel, après avoir accepté cette charge, restera en liaison constante avec son confrère hospitalier. Tout le matériel est fourni aux patients qui bénéficient aussi d'équipes d'infirmières diplômées d'État, d'aides soignantes, d'assistantes sociales, de kinésithérapeutes, d'aides ménagères.

hospitalisme n. m. Ensemble des manifestations physiques et psychiques que provoque sur l'individu un séjour prolongé à l'hôpital.

Particulièrement net chez le jeune enfant, il provoque d'abord cris et protestations, puis perte de la propreté, du langage, troubles du sommeil.

Chez l'adulte, il se manifeste par une dépendance vis-à-vis du milieu et du médicament.

Hospitalisme infectieux. Il résulte de la sélection en milieu hospitalier de germes de plus en plus résistants aux antibiotiques et de leur propagation par épidémie locale, provoquant des infections difficiles à juguler.

hôte n. m. Organisme qui supporte un parasite. (S'il s'agit d'une cellule, on dit CELLULE HÔTE.)

houblon n. m. Les inflorescences femelles, ou *cônes de houblon,* sont utilisées en infusé dans les maladies de peau ; en décocté (25 g par litre), comme sédatif des douleurs d'estomac.

houx n. m. Arbuste dont les feuilles sont employées en décocté (30 g par litre) contre les rhumatismes.

huile n. f. Corps gras liquide à la température ordinaire.

Les huiles végétales ou animales sont des esters ; les huiles minérales sont des hydrocarbures.

Huiles alimentaires. Ce sont des huiles végétales extraites de fruits. Les plus courantes sont les huiles d'arachide, d'olive, de colza. Les huiles de germe de maïs, de soja, de tournesol, contenant des acides gras insaturés, sont conseillées en cas d'hypercholestérolémie, d'hyperlipémie.

Huiles pharmaceutiques. *Huiles médicinales.* Elles résultent de l'action émulsifiante ou dissolvante des huiles végétales sur diverses drogues. On en fait des préparations injectables (huile camphrée) ou pour usage externe (huile de jusquiame composée).

Huiles de poisson. Les huiles de foie de morue ou de flétan sont employées comme sources de vitamines A et D.

Huile de vaseline ou de paraffine. Obtenues par distillation du pétrole, elles servent d'excipient pour les préparations dermatologiques (pommades) et comme laxatifs mécaniques.

Huiles industrielles. Les *huiles de coupe,* employées dans le façonnage des métaux et dans l'industrie textile, provoquent, par projection répétée sur la peau, des dermites rappelant l'eczéma, des «boutons* d'huile» (pyodermite), une pigmentation de la peau. Une hygiène correcte permet d'éviter ces inconvénients. Les *lubrifiants* ont des inconvénients analogues, mais les contacts sont moins directs et moins étendus.

huître n. f. Mollusque marin comestible. Les huîtres apportent pour 100 g : 81 g d'eau, 10 g de protides, 6 g de glucides, 1,4 g de lipides, des sels minéraux (sodium, potassium, calcium, magnésium, phosphore, soufre, fer, iode, vitamines) et 76 calories. L'huître, riche en protides et en sels minéraux, pauvre en glucides et en lipides, est permise dans les régimes amaigrissants. Les huîtres passent pour nocives de mai à septembre (époque du frai). Elles doivent être consommées dans les 10 jours suivant leur mise en bourriche.

Toxicologie. L'allergie provoque des éruptions d'urticaire chez les sujets sensibilisés. Les infections à staphylocoques, à colibacilles, la fièvre typhoïde, l'hépatite virale représentent les plus grands dangers. La contamination de l'huître par un protozoaire, *Gonyaulax cutenella,* sécrétant une toxine, cause des troubles digestifs et paralytiques graves. Les huîtres mortes (gel ou réfrigérateur) provoquent un choc avec diarrhée. Une seule huître avariée peut être mortelle.

humage n. m. Traitement par inhalation d'une substance thérapeutique volatile dans un local spécialement aménagé.

huméral, e, aux adj. Relatif à l'humérus* ou en rapport avec lui : *artère et veines humérales.*

humérus n. m. Os long constituant le squelette du bras.
Son extrémité supérieure comprend la tête humérale, qui s'articule avec l'omoplate, et deux tubérosités, le *trochiter* et le *trochin.* L'extrémité inférieure présente une surface articulaire avec le cubitus, en forme de poulie, la *trochlée ;* en dehors d'elle se trouve le *condyle,* prolongé par l'*épicondyle ;* en dedans de la trochlée, la saillie de l'*épitrochlée.*

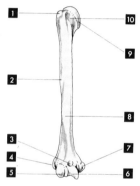

Humérus.
1. Trochiter ; 2. Empreinte deltoïdienne ;
3. Cavité coronoïdienne ;
4. Épicondyle ; 5. Condyle ; 6. Trochlée ;
7. Épitrochlée ; 8. Bord antérieur ;
9. Tête de l'humérus ; 10. Trochin.

Les *fractures* de l'extrémité supérieure de l'humérus atteignent spécialement les gens âgés. Le traitement en est essentiellement orthopédique ; les raideurs de l'épaule en sont des séquelles fréquentes. Les fractures de la diaphyse* humérale se voient surtout chez l'adulte : leur danger est l'atteinte du nerf radial, qu'il faut dépister au premier examen. Les fractures de l'extrémité inférieure sont fréquentes chez l'enfant ; leur traitement est souvent difficile.

humeur n. f. 1. Ensemble des liquides de l'organisme. — 2. État psychique qui

témoigne de la disposition affective d'un sujet à un moment donné. (Syn. : MORAL, THYMIE.)
Liquides de l'organisme. Les humeurs qu'on rencontre dans l'organisme humain sont : le sang, la lymphe, le liquide céphalo-rachidien, le liquide interstitiel (entre les cellules).
Humeur aqueuse. L'humeur aqueuse baigne la chambre antérieure de l'œil. Sécrétée par l'épithélium ciliaire, elle est évacuée par le canal de Schlemm au niveau de l'angle irido-cornéen. Dépourvue d'éléments vivants, l'humeur aqueuse contient des sels minéraux, de l'acide lactique et de l'acide ascorbique.
Humeur pathologique, syn. de PUS*.
Humeur psychique, « disposition affective fondamentale » susceptible d'osciller entre le pôle dépressif (mauvais moral, tristesse), fait de douleurs et d'angoisse, et le pôle expansif, fait de joie et de plaisir (bonne humeur).
Les perturbations de l'humeur correspondent à des exagérations de ces dispositions naturelles. (V. DÉPRESSION, MANIACO-DÉPRESSIVE [*psychose*], MANIE, MÉLANCOLIE.)

humoral, e, aux adj. Qui a trait aux humeurs (liquides de l'organisme).
On parle de *commande humorale* quand on exprime le rôle des hormones circulantes (par opposition à *commande nerveuse*).

Hurler (maladie de), syn. de GARGOYLISME.

Hutchinson (dent de), malformation des incisives supérieures.

Hutchinson (syndrome de), association de tumeurs de la voûte crânienne et rétro-orbitaires, donnant un faciès de grenouille par exophtalmie* chez l'enfant.

Hutchinson (triade de), association d'une surdité, d'opacités cornéennes (kératite interstitielle) et de malformation des incisives, observée dans la syphilis* congénitale.

hyalin, e adj. De la transparence du verre. L'humeur vitrée* (milieu transparent de l'œil) est également appelée *corps hyalin.* Dans certaines lésions, les tissus peuvent subir une dégénérescence hyaline.

hyalinose n. f. État d'un tissu qui devient transparent.
Hyalinose cutanéo-muqueuse d'Urbach-Wiethe, maladie associant des petites tumeurs des paupières, une grosse langue et une infiltration hyaline* des téguments.

hyaluronidase n. f. Enzyme dégradant l'acide hyaluronique (constituant du tissu conjonctif). Elle se trouve dans les venins, le sperme et certaines bactéries. Elle favorise la diffusion des substances dans les tissus et est employée dans diverses préparations pharmaceutiques.

hybridome n. m. Culture de tissus obtenue à partir d'une cellule douée de propriétés spécifiques et d'une cellule tumorale. (C'est la base de production des anticorps monoclonaux et de divers produits biologiques.)

hydantoïne n. f. Base organique qui fournit, par substitutions chimiques variées, divers médicaments anticonvulsivants et antiseptiques.

hydarthrose n. f. Épanchement de liquide dans une articulation, de causes variées.
Le terme d'*épanchement de synovie*, d'usage courant, est impropre, car le liquide est inflammatoire, bien différent de la synovie* normalement contenue dans les articulations.

hydatide n. f. Larve du ténia échinocoque du chien.
L'œuf de ce ténia se transforme chez l'hôte intermédiaire (homme, mouton) en une larve qui se loge dans le foie ou le poumon, entraînant la formation d'un kyste hydatique*. (V. ÉCHINOCOCCOSE.)

hydatique adj. Qui provient de l'hydatide.
Kyste hydatique. Il résulte du développement de la larve hydatide dans les tissus humains. (V. ÉCHINOCOCCOSE.)
Le *kyste hydatique* est limité par l'*adventice* (membrane constituée d'une partie sans cellules), contenant une outre centrale liquide où se forment des vésicules pouvant être à l'origine de la dissémination parasitaire.
Il se localise le plus souvent au foie et se traduit par une hépatomégalie* contenant une masse arrondie, vibrante (frémissement hydatique) plus ou moins volumineuse. Le kyste peut être responsable de compression des voies biliaires, mais, surtout, sa rupture avec dissémination des larves dans le péritoine, provoquant péritonite et infection généralisée, est redoutable.
Le *traitement* est chirurgical (ablation du kyste). La ponction est abandonnée depuis longtemps. La seconde localisation est le kyste pulmonaire, qui sera lui aussi enlevé chirurgicalement.

hydramnios n. m. Augmentation supérieure à 2 litres de la quantité de liquide amniotique dans lequel baigne le fœtus.
Les causes sont nombreuses et en rapport avec une anomalie de formation ou de résorption de ce liquide.
Hydramnios chronique, augmentation insidieuse et progressive du liquide amniotique en fin de grossesse. — Cette augmentation peut passer inaperçue de la femme, et n'être reconnue que par le médecin.
Hydramnios aigu, augmentation importante et rapide qui apparaît dès le 4e mois. — L'abondance, qui peut dépasser 10 litres,

Phot. Dr Julliard.

Hydatique. Kyste hydatique de l'aisselle (peropératoire).

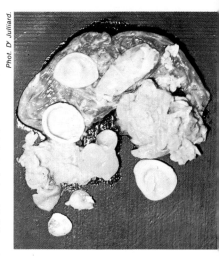

Phot. Dr Julliard.

Hydatique.
Kyste hydatique de l'aisselle ouvert (pièce).

explique l'importance des troubles cliniques. Il existe des douleurs très pénibles, avec gêne respiratoire, anxiété et insomnie. C'est en général la marque d'une anomalie grave du fœtus.

hydrargyrisme n. m. Intoxication chronique par le mercure*.

hydrastine n. f. Alcaloïde extrait du rhizome d'*Hydrastis canadensis,* vasoconstricteur et hémostatique utérin. (Toxique, tableau A.)

hydrastinine n. f. Alcaloïde obtenu par oxydation de l'hydrastine, et qui possède les mêmes propriétés, à un degré plus puissant.

hydrastis n. m. Plante herbacée de la famille des renonculacées. — On extrait l'hydrastine de son rhizome. L'hydrastis est employé dans les paresses gastriques, les hémorroïdes. (Toxique, tableau A.)

hydrique adj. Relatif à l'eau.
Diète hydrique, régime où l'eau seule est autorisée.

Hydrocéphalie. Énorme tête de fœtus, indiquée par les flèches.

hydroa n. m. Toute affection de la peau comportant des bulles* ou des vésicules*.

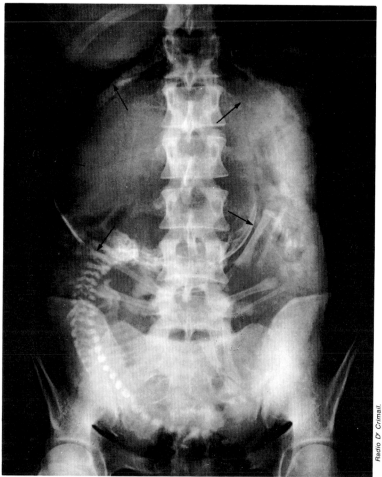

Radio Dr Crimail.

hydrocèle n. f. Épanchement séreux dans la tunique vaginale qui entoure le testicule.

C'est souvent une affection bénigne dont le traitement est chirurgical, mais ce peut être aussi la première manifestation d'un cancer du testicule.

hydrocéphalie n. f. Dilatation des ventricules cérébraux et, par suite, de la tête, chez l'enfant, secondaire à une augmentation du volume du liquide céphalo*-rachidien. (Chez l'adulte, une hypertension* intracrânienne existe, mais elle ne peut distendre la cavité crânienne, rigide.)

Deux phénomènes peuvent être à l'origine de cette atteinte : une surproduction ou une non-résorption du liquide, ou un obstacle à son écoulement.

Signes cliniques. L'hydrocéphalie du nourrisson s'exprime par différents signes. C'est le plus souvent l'augmentation du périmètre crânien qui attire l'attention du médecin ; le crâne est alors énorme, élargi ; les bosses frontales et pariétales sont très saillantes. Le regard est «en coucher de soleil» (déviation des globes oculaires vers le bas), un strabisme est fréquent. La peau du crâne est fine, les fontanelles béantes. Plus tard, on note chez l'enfant une disjonction des sutures crâniennes avec bombement de la fontanelle. À ces signes locaux s'ajoutent des manifestations neurologiques (somnolence, troubles de la vigilance et du tonus).

La révélation d'une hydrocéphalie peut être très rapide, lors de l'accouchement, sur l'association d'un hydramnios*, d'une dystocie*, d'une spina-bifida* ou lorsque les premiers jours ont été marqués par une méningite ou par une hémorragie ventriculaire. Les examens complémentaires qui assureront le diagnostic sont : la transillumination*, l'échoencéphalographie, les explorations radiologiques.

Causes. En dehors des tumeurs, qui sont rares, les principales causes sont congénitales (anomalie de circulation du L. C. R.) ou inflammatoires (infectieuses ou hémorragiques).

Traitement. Il doit être rapide, pour prévenir l'altération du tissu nerveux, et il doit être pratiqué sur un sujet sans lésions cérébrales. Il consiste à dériver le L. C. R. dans le système veineux au moyen d'une valve reliant l'espace ventriculaire à l'oreillette droite du cœur. Cette opération, qui donne de bons résultats, est actuellement le meilleur traitement, mais elle expose à des infections, et l'inextension du matériel ajouté, qui ne «suit pas» la croissance, est un inconvénient important.

hydrocholécyste n. m. Dilatation de la

vésicule biliaire, provoquée par un obstacle s'opposant à l'évacuation de la bile, le plus souvent un calcul.

hydrocortisone n. f. Hormone de la glande corticosurrénale*. (V. CORTICOTHÉRAPIE.)

hydrocution n. f. Accident subit, dû à l'immersion dans l'eau froide et entraînant la mort s'il n'est pas traité.

L'hydrocution met en jeu un réflexe périphérique qui naît dans la peau et entraîne une vasoconstriction des centres nerveux. La réponse, trop brutale, arrête la circulation et la respiration, d'où la syncope. Ce réflexe se produit exceptionnellement lors de manœuvres insignifiantes, telles une injection vaginale ou une dilatation anale.

L'hydrocution ne peut pas être évitée avec certitude. On déconseille d'entrer dans l'eau après le repas quand la température extérieure est très chaude ou quand l'eau est trop froide.

Le *traitement* de l'hydrocution repose sur le massage cardiaque externe, la respiration assistée (par le bouche-à-bouche) et le réchauffement.

hydrolat n. m. Médicament résultant de l'action dissolvante de l'eau sur les principes volatils des plantes (essences*).

hydrologie n. f. Science qui étudie les eaux naturelles. (V. THERMALISME.)

hydrolysat n. m. Mélange de molécules résultant de l'hydrolyse* d'une molécule plus complexe.

hydrolyse n. f. Décomposition d'une molécule complexe en deux parties, avec saturation des valences libres ainsi formées par les ions constitutifs de l'eau H^+ et OH^-.

hydrominéral, e, aux adj. Relatif à l'eau et aux sels minéraux. (Se dit surtout des stations d'eaux médicinales [v. EAU].)

hydronéphrose n. f. Distension du bassinet et des calices du rein* par l'urine en rétention.

On distingue l'hydronéphrose développée en amont d'un obstacle (calcul), et qui cède à la levée de l'obstacle, et l'hydronéphrose congénitale, due au mauvais fonctionnement de la zone qui unit l'uretère au bassinet.

Après des crises lombaires douloureuses et des épisodes d'infection urinaire, le diagnostic d'hydronéphrose peut porté par le médecin du fait de la perception d'un gros rein à la palpation et par l'urographie* intraveineuse.

Le *traitement* est généralement chirurgical. (V. ill. p. 468.)

hydropéricarde n. m. Épanchement dans la cavité péricardique d'une sérosité non

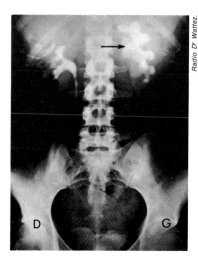

Radio Dʳ Wattez.

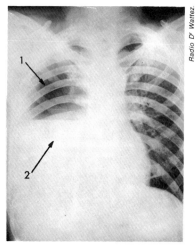

Radio Dʳ Wattez.

Hydronéphrose. Hydronéphrose gauche avec amincissement du parenchyme rénal. Rein droit normal.

Hydropneumothorax droit. Notez le niveau liquide. 1. Pneumothorax; 2. Épanchement liquide.

inflammatoire, observée dans le myxœdème, l'insuffisance cardiaque.

hydrophobie n. f. Répulsion pour l'eau; *en pathologie*. peur incontrôlée de l'eau, symptôme de la rage*.

hydropisie n. f. Rétention d'eau dans l'organisme. (V. ANASARQUE, ASCITE, ŒDÈME.)

hydropneumothorax n. m. Présence simultanée d'un épanchement de gaz et de liquide dans la plèvre.
L'auscultation d'un hydropneumothorax laisse entendre la «succussion hippocratique*», bruit de flot à retentissement amphorique.

hydroquinidine n. f. Alcaloïde du quinquina, régulateur du rythme cardiaque.

hydrorrhée n. f. Écoulement de liquide aqueux. — L'hydrorrhée nasale s'oppose aux rhinorrhées* séreuses (coryza). Elle est soit d'origine allergique, soit le témoin d'un écoulement de liquide céphalo*-rachidien, en cas de fracture du crâne.

hydrothérapie n. f. Traitement par l'eau.
L'hydrothérapie comporte les bains* locaux ou généraux, les douches* (en jet, filiforme, en pluie), les applications locales (affusions,

pulvérisations). Pratiquée avec les eaux de source, elle fait partie de la crénothérapie*; avec l'eau de mer, c'est la thalassothérapie*. Les massages* et la rééducation* sont souvent associés à l'hydrothérapie.

hydrothorax n. m. Épanchement de liquide non inflammatoire dans la cavité pleurale.
C'est un phénomène mécanique bilatéral observé dans l'insuffisance cardiaque*.

hydrotimétrie n. f. Mesure des sels de calcium et de magnésium contenus dans l'eau.
Un degré hydrotimétrique trop faible favorise l'usure des tuyaux de plomb et peut être cause de saturnisme*; un degré trop fort est gênant pour la cuisson des aliments et le lavage.

hydroxydione n. f. Stéroïde sans action hormonale, mais doué de propriétés anesthésiques et utilisé pour cela en chirurgie.

hydroxocobalamine n. f. Forme de la vitamine B12, utilisée dans le traitement de l'anémie de Biermer*.

hygiène n. f. Ensemble de pratiques et de règles qui améliorent les conditions de vie et préviennent l'apparition des maladies.

Le domaine de l'hygiène comprend tant l'étude des différents milieux dans lesquels l'homme séjourne que la détection des maladies.

L'étude du milieu extérieur s'attache à celle de l'atmosphère troublée par les poussières, les fumées, à celle de la température et à celle de l'humidité. (V. CLIMATOLOGIE.)

L'étude du milieu artificiel comprend celle des habitations et des locaux professionnels. On étudie ainsi la température, les moyens de chauffage, d'éclairage, de ventilation, sans oublier l'évacuation correcte des déchets. (V. ÉGOUT, FOSSE D'AISANCES.)

L'hygiène rurale et l'hygiène urbaine posent des problèmes différents. Le traitement et la surveillance des eaux de boisson y jouent un rôle prépondérant.

L'hygiène individuelle concerne les soins de propreté (v. COSMÉTIQUE) et les précautions vestimentaires.

L'hygiène joue un rôle important dans la prévention des maladies infectieuses et la lutte contre leur propagation.

Hygiène bucco-dentaire. C'est l'ensemble des moyens qui permettent la prévention des maladies du système dentaire et de ses annexes.

L'acte essentiel est le brossage des dents, qui doit se faire après chaque repas. Le soir, il sert à éliminer les débris alimentaires qui causent, pendant la nuit, des fermentations. Le matin, il élimine les produits toxiques formés pendant le sommeil. Il faut effectuer le brossage verticalement, en allant toujours de la gencive vers la dent. Ainsi les espaces interdentaires sont nettoyés. On termine en frottant horizontalement les gencives et on rince soigneusement la bouche après chaque brossage. La brosse à dents doit être choisie en fonction de l'état des gencives et on préfère habituellement des brosses en soies artificielles (qui ne retiennent pas les microbes), souples de préférence, pour s'infiltrer mieux dans les recoins. Les dentifrices* facilitent le brossage et le nettoyage ; ceux qui contiennent du fluor ont un rôle préventif de la carie dentaire.

Il est recommandé d'adjoindre à cette technique de brossage l'utilisation d'un fil de soie dentaire ou, à défaut, d'un cure-dents, pour dégager les aliments coincés, que la brosse ne parvient pas à éliminer.

Hygiène mentale, secteur particulier de la médecine et de la psychologie qui traite du milieu dans lequel vit l'homme et qui s'efforce de le modifier dans le sens favorable à son développement.

L'hygiène mentale individuelle commence avec les meilleures conditions de vie apportées à un enfant et avec un entourage affectif suffisant.

hygroma n. m. Épanchement de liquide dans une bourse séreuse para-articulaire, d'origine traumatique ou rhumatismale (particulièrement fréquent au coude et au genou).

hygromètre n. m. Appareil permettant d'évaluer le degré d'humidité de l'air.
Utile dans les habitations et les locaux de travail.

hymen n. m. Membrane cutanéo-muqueuse mince, séparant le vagin de la vulve, et qui disparaît lors du premier rapport sexuel.
En réalité, cette membrane présente toujours un ou plusieurs orifices, puisqu'elle doit laisser passer le sang menstruel. Sa valeur en tant que critère de virginité est très relative, car sa morphologie est très variée, et elle peut être absente chez les vierges.

hymenolepis n. m. Petit ténia, généralement parasite des rongeurs.
L'espèce le plus souvent retrouvée chez l'homme est *Hymenolepis nana,* qui mesure de 1 à 3 cm de long. Les vers adultes vivent en grand nombre dans l'iléon, entraînant des troubles digestifs, des convulsions et des défauts de croissance chez les enfants. Pour le traiter, on emploie les ténifuges* courants.

hyoïde adj. En forme de U. (L'*os hyoïde* est un os médian placé au-dessus du larynx et donnant attache à de nombreux muscles et ligaments.)

hyoscine n. f. Alcaloïde de la jusquiame*. (Syn. : SCOPOLAMINE.) [Toxique, tableau A.]

hyoscyamine n. f. Alcaloïde de la belladone* et de la jusquiame*, possédant les mêmes propriétés que l'atropine*. (Toxique, tableau A.)

hyperacidité n. f. Manifestation clinique de l'hyperchlorhydrie*.
L'hyperacidité se manifeste par des douleurs ou des brûlures gastriques apparaissant assez tôt après les repas, et par des renvois acides.

hyperaldostéronisme n. m. Ensemble de troubles dus à l'hypersécrétion d'aldostérone* par la corticosurrénale, secondaire à une tumeur surrénale (syndrome de Conn), à une cirrhose* ou à un syndrome néphrotique*.
Il se caractérise par une hypertension* artérielle, des crises de paralysie transitoire, une fatigue permanente. On peut aussi observer des accès de tétanie*, une soif intense, des urines très abondantes. On enregistre une diminution du potassium sanguin, une alcalose* métabolique et une élimination élevée de l'aldostérone dans les urines.

En cas de tumeur surrénalienne, l'ablation chirurgicale entraîne une guérison totale.

hyperazotémie n. f. Augmentation pathologique de l'azotémie due à une insuffisance rénale. (On l'estime par le dosage de l'urée.)

hyperbare adj. Se dit d'un gaz dont la pression est supérieure à la pression atmosphérique.
On utilise l'oxygène hyperbare dans les cas où il faut faire respirer à un malade une quantité d'oxygène supérieure à celle qui existe dans l'air atmosphérique. (V. CAISSON.)

hypercapnie n. f. Augmentation de la pression partielle du gaz carbonique du sang artériel.
On l'observe principalement au cours des insuffisances respiratoires* chroniques évoluées.

hyperchlorhydrie n. f. Teneur excessive du suc gastrique en acide chlorhydrique.
Elle est souvent en rapport avec un ulcère de l'estomac et constante dans le syndrome de Zollinger*-Ellison. Elle est parfois isolée, sans cause organique. Elle se manifeste par un syndrome d'hyperacidité*. Son *traitement* consiste à éviter les mets épicés, à prendre des poudres absorbantes et à en traiter la cause quand elle est connue.

hypercholestérolémie n. f. Augmentation du taux de cholestérol dans le sang au-dessus de 2,50 g par litre.
Parmi les *hypercholestérolémies primitives*, on distingue l'hypercholestérolémie « essentielle », qui se manifeste parfois par des xanthomes* tendineux et qui est responsable d'artériosclérose et de maladies coronariennes (infarctus du myocarde). Le traitement repose sur un régime pauvre en graisses animales et en cholestérol, associé au clofibrate*.
Certaines hypercholestérolémies sont associées à l'augmentation du taux des triglycérides sanguines ; elles représentent les hyperlipidémies « endogènes ». L'obésité est fréquente chez ces sujets, dont on redoute les maladies coronariennes si le H. D. L.-cholestérol est bas (v. CHOLESTÉROLÉMIE) et à qui il convient de prescrire un régime hypocalorique associé à la restriction en sucre, en alcool et à la prescription de clofibrate.
Les *hypercholestérolémies secondaires* sont consécutives à une cholestase*, à un syndrome néphrotique*, à une hypothyroïdie, à un diabète mal compensé.

hyperchromie n. f. Excès de coloration.
En dermatologie, exagération de la pigmentation normale de la peau (lentigo*, chloasma*, mélanodermie*).

hypercorticisme n. m. Hypersécrétion de la corticosurrénale*.

hyperesthésie n. f. Exagération de la sensibilité.
L'*hyperesthésie cutanée* entraîne un abaissement du seuil de la douleur, ressentie au moindre contact. Elle se rencontre dans les méningites* et dans certaines polynévrites*.

hyperfolliculinie n. f. Syndrome gynécologique hormonal caractérisé par une exagération des manifestations physiologiques induites par la folliculine.

Manifestations cliniques. Elles sont multiples : sensations abdomino-pelviennes, tension et gonflement des seins, phénomènes de rétention d'eau dans les tissus, manifestations psychiques (nervosité) et neurovégétatives, troubles des règles, troubles thyroïdiens et digestifs.
Ces manifestations apparaissent le plus souvent 6, 8 ou 10 jours avant la survenue des règles et constituent le « syndrome prémenstruel ». Ailleurs, ils culminent au 14e jour et réalisent le syndrome intermenstruel.
Pour en préciser la variété, on fait appel à l'étude de la courbe thermique, à des frottis vaginaux, à la biopsie d'endomètre, à des dosages de folliculine et de progestérone.
Traitement. Il est fonction de la variété et de la nature de l'hyperfolliculinie. Il varie selon qu'il existe une augmentation absolue de la folliculine ou une hypersensibilité, voire une allergie, des organes « récepteurs » à la folliculine.

hyperglycémie n. f. Augmentation de la glycémie* au-dessus de 1,10 g par litre, signe biologique du diabète* sucré.
Hyperglycémie provoquée. V. DIABÈTE, *Signes biologiques.*

hyperhémie n. f. Syn. de CONGESTION.

hyperhidrose n. f. Sudation exagérée, ordinairement diffuse et constitutionnelle.
Si elle est d'apparition tardive et localisée, elle doit faire rechercher un trouble neurologique. Aux mains, l'hyperhidrose est souvent un signe d'anxiété. Elle peut être à l'origine de complications infectieuses : intertrigo*, mycoses*, etc.

hyperkératose n. f. Augmentation d'épaisseur de la couche cornée de l'épiderme.
Congénitale ou acquise, l'hyperkératose est faite soit de cellules normalement kératinisées (durillon), soit de cellules avec noyaux, et il s'agit alors d'une parakératose. Le *traitement* comprend des préparations salicylées à concentrations variables.

hyperlipémie ou **hyperlipidémie** n. f. Augmentation de la quantité de lipides* (graisses) du sang.
On constate une hyperlipémie dans le diabète*, le myxœdème*, la néphrose* lipoïdique; c'est un facteur important de l'athérosclérose*.

L'*hyperlipémie essentielle* est une maladie héréditaire rare, qui associe à l'augmentation massive des lipides un gros foie, une grosse rate, des crises douloureuses abdominales et une rétinite*.

hyperlordose n. f. Éxagération de la courbure, à convexité antérieure, de la colonne vertébrale. On la voit dans les cyphoses* (comme compensation) ainsi que dans le spondylolisthésis*. (V. VERTÈBRE.)

hypermétrie n. f. Trouble de la motricité, caractérisé par un mouvement trop ample, dépassant son but.
Elle traduit une atteinte du cervelet*.

hypermétropie n. f. Anomalie de la vision, dans laquelle l'image vient se former en arrière du plan de la rétine.
Elle se corrige par des verres convergents.
Chez les sujets jeunes, l'accommodation du cristallin permet de pallier l'hypermétropie, et celle-ci peut passer inaperçue. Mais il en résulte souvent une fatigue anormale et parfois des maux de tête qui obligent au port de lunettes, surtout pour voir de près. L'hypermétrope devient presbyte plus tôt que le sujet emmétrope*.

Hyperkératose du genou.

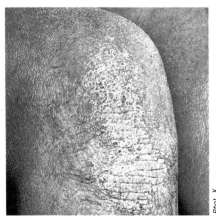

Phot. X.

hypermnésie n. f. Exagération de la capacité de rappel des souvenirs, qui reviennent nombreux et en désordre.

hypernéphrome n. m. Tumeur du tissu rénal, maligne mais de bon pronostic après exérèse chirurgicale.

hyperpituitarisme n. m. Hypersécrétion des hormones de l'hypophyse*. (V. ACROMÉGALIE.)

hyperplasie n. f. Développement excessif d'un tissu par multiplication de ses cellules, avec conservation d'une architecture et d'une capacité fonctionnelle normales.

hyperprotidique adj. Riche en protides.
Régime hyperprotidique, régime alimentaire administré aux dénutris ou aux convalescents, et comportant une ration plus importante de viande et de poisson.

hypersplénisme n. m. Syndrome hématologique caractérisé par une grosse rate, associée à une anémie*, à une thrombopénie* et à une leucopénie*, c'est-à-dire à une diminution de toutes les cellules du sang. (La moelle osseuse reste normale.)

hypertension n. f. Augmentation de la tension des parois d'une cavité lorsque la pression du liquide qu'elle contient est supérieure à la normale.
Cela s'applique aux artères (hypertension artérielle), à certaines veines dépendant du système porte (hypertension portale), à la boîte crânienne (hypertension intracrânienne), au globe oculaire (glaucome).
Hypertension artérielle (H. T. A.). Elle est définie par des chiffres supérieurs à 16 cm de mercure pour la maximale (ou pression systolique) et 9 pour la minimale (ou ession diastolique), mesurés sur un sujet allongé, au repos depuis 20 minutes.
Certaines H. T. A. ne touchent que la pression systolique. Elles sont variables et essentiellement d'origine émotive ou neurotonique, cédant au repos.
Parmi les H. T. A. vraies, touchant les pressions maximales et minimales, on distingue :
— les H. T. A. *essentielles,* sans cause décelable ;
— les H. T. A. *symptômes* d'une affection et disparaissant avec elle.
Hypertension artérielle essentielle. Elle représente 90 p. 100 des hypertensions. Par définition, le bilan complet à la recherche d'une cause reste négatif. Elle a deux expressions :
— l'une rare, survenant brutalement chez l'adulte jeune, d'emblée très grave par ses chiffres (25 de pression maximale avec poussées à 30) et surtout par son retentissement

viscéral aboutissant à une insuffisance rénale rapide. C'est l'H. T. A. maligne, nécessitant un traitement d'urgence et dont les séquelles sont graves (insuffisance rénale, cécité, lésions neurologiques) ;
— l'autre, fréquente après la cinquantaine, d'apparition progressive, s'aggravant lentement si elle n'est pas traitée. Cette forme commune est de pathogénie complexe, due à un dysfonctionnement des mécanismes régulateurs de la pression artérielle.

Très schématiquement, ces mécanismes agissent :
a) Sur le débit sanguin, donc sur le rythme cardiaque, et sur le volume sanguin circulant (volémie), qui dépend lui-même en grande partie du sodium et de l'eau qui lui est liée (v. ALDOSTÉRONE, SODIUM) ;
b) Sur le tonus des vaisseaux (vasomotricité) par l'intermédiaire d'une substance sécrétée par le rein : la rénine*.

La compréhension de ces notions permet d'appliquer un traitement efficace.

Ce type d'H. T. A. est indiscutablement favorisé par la sédentarité, les régimes riches en protides et en graisses, le surmenage et le tabagisme.

Hypertension artérielle « symptôme ». Elle est beaucoup plus rare, mais indispensable à connaître puisqu'elle impose un geste thérapeutique précis, qui la guérit avec sa cause, si celle-ci est curable.

1. La *sténose congénitale de l'isthme de l'aorte*, ou coarctation* aortique, entraîne une hypertension purement mécanique, en amont du rétrécissement.

2. Les *affections rénales* s'accompagnent souvent d'une hypertension :
— soit au cours d'une maladie aiguë qui guérira sans séquelles (glomérulonéphrite) ou au cours d'une insuffisance rénale chronique dont les causes sont variées et dont certaines sont génératrices d'hypertension ;
— soit lors d'une anomalie unilatérale où le rein malade, mal irrigué, sécrète de la rénine en grande quantité : on l'observe lors des sténoses de l'artère rénale, des atrophies congénitales, ou lors d'une affection unilatérale acquise : hydronéphrose, séquelles tuberculeuses, etc. L'ablation chirurgicale du rein malade peut guérir l'H. T. A. dans ces derniers cas.

3. Les *hypertensions endocriniennes* sont rares et dépendent d'affections des glandes surrénales : syndrome de Cushing* ; hyperaldostéronisme* primaire (syndrome de Conn) ; phéochromocytome*.

4. Au *cours de la grossesse*, il faut distinguer :
— l'H. T. A. permanente, préexistante, aggravée par la grossesse ;
— l'H. T. A. *gravidique*, transitoire, non récidivante, n'affectant pas les grossesses ultérieures.

Elle fait partie du tableau de la toxémie* gravidique, s'accompagnant d'une rétention d'eau et de sel. Le pronostic fœtal est mauvais ;
— l'H. T. A. gravidique transitoire mais récidivante, évoluant ultérieurement vers une H. T. A. permanente dont la grossesse est le révélateur.

Signes et évolution de l'hypertension artérielle. Bien souvent l'hypertension artérielle est découverte à l'occasion d'un examen systématique.

Les signes révélateurs sont en fait les symptômes de son retentissement viscéral.

Ce sont, habituellement, des signes cérébraux : céphalées, vertiges, bourdonnements ou sifflements d'oreilles, troubles visuels divers : mouches volantes, taches colorées, etc. Parfois ce sont des troubles neurologiques périphériques : fourmillements des membres, doigts morts.

Souvent encore ce sont des signes cardiovasculaires : soit hémorragiques (saignements de nez, hématurie*) ; soit proprement cardiaques (poussée d'insuffisance cardiaque, douleurs d'angine* de poitrine, etc.). Plus rarement ce sont des signes rénaux : polyurie, pollakiurie.

La découverte d'une H. T. A. impose un double bilan :
— l'un à la recherche d'une cause curable ;
— l'autre pour évaluer le retentissement viscéral de la maladie, qui touche les organes fragiles : cerveau, œil, cœur et rein.

Évolution et complications. L'H. T. A. est parfois mal tolérée d'emblée. Plus souvent elle est bien supportée, mais son évolution est imprévisible et peut, à tout instant, donner lieu à une complication. Elle doit donc toujours être traitée. Certaines complications s'installent lentement : insuffisance cardiaque progressive, insuffisance rénale, baisse de l'acuité visuelle.

D'autres sont brutales et dramatiques, souvent à l'occasion d'une poussée : hémorragie méningée ou cérébrale, infarctus* du myocarde, cécité (perte de la vue).

Traitement. La gravité de la maladie impose que le traitement soit entrepris sans délai et qu'il soit efficace, c'est-à-dire qu'il ramène les chiffres tensionnels à la normale en permanence.

Ce traitement comporte :
a) *Une hygiène de vie :* suppression des excitants (café, thé, tabac, etc.), du surmenage, des contrariétés.
b) *Des règles diététiques :* suivre un régime léger, pauvre en graisses et en sel, à adapter

en fonction de la tolérance individuelle. Réduire le volume des boissons. Ce régime est complété ou modulé grâce aux diurétiques*, dont le choix (salidiurétique, antialdostérone, etc.) dépend du type de l'hypertension et de son retentissement.

c) *Le traitement de toute maladie associée*, en particulier diabète, goutte et hyperlipémie.

d) *Un traitement spécifique*, enfin, dont le choix dépend de la sensibilité du malade. Il doit, de façon impérative, couvrir 24 heures d'efficacité, c'est-à-dire que les prises doivent être fractionnées.

Les médicaments employés, outre les diurétiques, appartiennent à plusieurs groupes :
— les *bétabloquants**, souvent employés seuls en début de traitement, et qui peuvent suffire ;
— les *inhibiteurs* calciques*, qu'on associe aux bétabloquants lorsque ceux-ci n'ont pas une action suffisante ;
— les *inhibiteurs* de l'enzyme de conversion*, qui agissent sur le mécanisme de l'hypertension, et qu'on peut associer aux diurétiques ;
— les substances à action centrale (sur le cerveau), telle la *clonidine** ;
— les vasodilatateurs périphériques, telle la *dihydralazine**.

L'association de deux médicaments augmente leurs effets sans augmenter les doses de chacun, ni leurs inconvénients.

Le traitement de l'hypertension doit être poursuivi avec une grande régularité.

Hypertension portale. V. PORTE.

Hypertension intracrânienne. Toute augmentation de volume du contenu de la boîte crânienne (cerveau, méninges, vaisseaux) entraîne une importante augmentation de la pression à l'intérieur de cette cavité inextensible. Cette hypertension favorise l'œdème cérébral, qui accroît encore la pression.

Les signes les plus précoces en sont les céphalées et les vomissements. À un degré de plus s'installe une torpeur progressive, avec un œdème papillaire au fond d'œil.

Il peut également apparaître des paralysies ou des crises convulsives.

Les tumeurs cérébrales en sont les principales causes. Mais il peut s'agir d'un obstacle à l'écoulement du liquide céphalo*-rachidien (hydrocéphalie*) ou d'œdème cérébral : traumatisme crânien, méningite, etc.

Le risque redoutable de l'hypertension intracrânienne est l'engagement du cervelet dans le trou occipital. Il s'ensuit un coma brutal avec souvent arrêt respiratoire. Le traitement sera chirurgical (ablation d'une tumeur ou dérivation du liquide céphalo-rachidien) ou médical (médicaments antiœdémateux).

Hypertension oculaire. V. GLAUCOME.

hyperthermie n. f. Augmentation de la température du corps. (Syn. : FIÈVRE.)

hyperthyroïdie n. f. Hypersécrétion des hormones thyroïdiennes.

Diverses causes sont à l'origine de cette atteinte : hypothalamo-hypophysaire, responsable de la maladie de Basedow* ; thyroïdienne par la formation d'un nodule ou d'un cancer thyroïdien hypersécrétant. Les signes cliniques sont ceux de la maladie de Basedow. Le *traitement* est différent selon la cause : la chirurgie, les antithyroïdiens* de synthèse, l'iode radioactif.

hypertonique adj. **1.** Se dit des solutions dont la concentration en sels minéraux est supérieure à celle du plasma sanguin.
2. En neurologie, se dit des affections s'accompagnant d'une augmentation du tonus musculaire.

hypertrichose ou **hyperpilosité** n. f. Exagération de la densité, de la longueur et du diamètre des poils.

Lorsqu'elle est très accentuée, elle est dénommée *hirsutisme* et peut, dans de rares cas, être hideuse ou grotesque (femmes à barbe). Son retentissement psychologique est toujours plus grave chez la femme que chez l'homme.

hypertrophie n. f. Augmentation du volume et du fonctionnement d'un organe, en rapport avec une augmentation de ses échanges nutritifs.

Le terme d'« hypertrophie » est souvent employé par extension pour désigner toute augmentation de volume, notamment pour les ganglions lymphatiques (adénopathie), la rate (splénomégalie), le foie (hépatomégalie), due à l'inflammation ou à une tumeur.

hyperuricémie n. f. Augmentation du taux d'acide urique dans le sang, responsable des manifestations pathologiques de la goutte*. Il y a hyperuricémie quand l'uricémie dépasse 70 mg pour 1 000 g de sang.

hypervitaminose n. f. Augmentation excessive du taux des vitamines dans le corps. — Les vitamines solubles dans l'eau ne s'accumulent jamais dans l'organisme, car le rein élimine leur excès. Mais les vitamines liposolubles (solubles dans les graisses) peuvent s'accumuler et entraîner des troubles. L'*hypervitaminose A* est responsable d'œdèmes cérébro-méningés, de douleurs osseuses, d'une coloration jaune de l'épiderme.

L'*hypervitaminose D,* plus fréquente, est une conséquence de traitements intempestifs contre le rachitisme ou l'ostéoporose ; des troubles rénaux apparaissent, par dépôts de sels de calcium (néphrocalcinose).

Hyphéma.

hyphéma n. m. Hémorragie de la chambre antérieure de l'œil*, principalement d'origine traumatique.
L'hyphéma peut masquer la pupille et, par conséquent, empêcher la vision. Il peut se résorber spontanément ou s'organiser, auquel cas il devra être évacué chirurgicalement.

hypnose n. f. État de sommeil particulier, au cours duquel le sujet est capable d'obéir à des suggestions.
L'état d'hypnose ne peut être induit que chez certains sujets réceptifs. L'hypnose est utilisée en médecine dans le traitement de certains états névrotiques et pour remplacer, dans quelques cas, l'anesthésie chirurgicale.

hypnotique adj. et n. m. Se dit de tout procédé destiné à provoquer le sommeil.
L'hydrothérapie*, l'électrothérapie*, l'isolement peuvent avoir un rôle hypnotique.
Néanmoins, on réserve habituellement ce terme à une substance chimique et en particulier aux barbituriques* et aux tranquillisants.
Ces substances induisent un sommeil qui présente des inconvénients (réveil difficile, lassitude le lendemain), et tous les bénéfices du sommeil normal ne sont pas retrouvés. De plus, l'accoutumance qui découle de la prise répétée des hypnotiques a obligé à apporter des restrictions légales à leur utilisation.
Toxicologie. L'abus répété de barbituriques est responsable de confusion mentale, de détérioration intellectuelle, de somnolence. Le caractère devient instable et le sujet ne peut dormir sans une dose croissante d'hypnotique. Ces produits sont également toxiques pour le rein et le foie.
La prise massive d'hypnotiques (tentative de suicide) est responsable d'un coma profond qui nécessite un traitement urgent de réanimation.

Néanmoins, les avantages des hypnotiques bien employés sont considérables, puisqu'ils permettent à un sujet fatigué ou malade de retrouver un sommeil indispensable.

hypnotisme n. m. Ensemble de procédés capables de provoquer l'hypnose.

hypochlorite n. m. Sel de l'acide hypochloreux.
Les hypochlorites ont une action oxydante, décolorante, antiseptique et désinfectante.
Les principaux sont l'eau de Javel et le chlorure de chaux. Leur ingestion est grave et occasionne de sévères lésions du tube digestif et notamment de l'œsophage, pouvant entraîner la mort (caustiques).
En pharmacie, on utilise l'hypochlorite de sodium sous la forme de soluté de Dakin.

hypocholestérolémiant, e adj. et n. m. Se dit de tout procédé ou substance qui diminue le taux sanguin de cholestérol*.
Les principaux hypocholestérolémiants sont les acides gras insaturés (huiles d'olive, de tournesol, de maïs), le clofibrate et ses dérivés, les dérivés de l'acide nicotinique, les hormones thyroïdiennes.

hypochrome adj. Anémie* hypochrome, anémie où les globules rouges ne sont pas suffisamment chargés en hémoglobine* et sont donc peu colorés.

hypocondre n. m. Région de l'abdomen* située sous le rebord inférieur des côtes, de part et d'autre de l'épigastre, au-dessus de la fosse iliaque.

hypocondrie n. f. Inquiétude excessive, relative au fonctionnement du corps et à la santé.
L'individu hypocondriaque est à l'affût de la moindre sensation pénible venant de son corps et cherche à être reconnu comme malade, en dehors de toute véritable affection organique.
L'hypocondrie peut être imbriquée dans un contexte névrotique d'asthénie ou d'angoisse phobique. Elle peut avoir pour toile de fond une détérioration de forme démentielle (v. DÉMENCE). Et, enfin, l'hypocondrie peut être intégrée à un processus psychotique.

hypodermique adj. Se dit de la région située immédiatement sous la peau. (On y fait toutes les injections médicamenteuses qui ne sont pas trop irritantes ou douloureuses.)

hypodermite n. f. Inflammation de l'hypoderme (partie profonde de la peau).
Parmi les hypodermites, citons les gommes*, les oléomes et les paraffinomes dus à une injection huileuse.

hypoesthésie n. f. Diminution de la sensibilité, due à un trouble de l'innervation sensitive : *hypoesthésie cutanée, hypoesthésie douloureuse,* etc.

hypogastre n. m. Région de l'abdomen* située entre la région ombilicale et le pubis.

hypogastrique adj. Relatif à l'hypogastre : *artère hypogastrique.*

hypoglosse adj. **Nerf hypoglosse** ou **grand hypoglosse,** constituant de la 12ᵉ paire des nerfs crâniens. — Exclusivement moteur, il innerve les muscles de la langue.

hypoglycémiant, e adj. et n. m. Substance qui diminue la glycémie* (taux de glucose sanguin).
Les médicaments hypoglycémiants employés dans le diabète* pancréatique sont l'insuline* et des produits de synthèse : les sulfamides et les biguanides.

hypoglycémie n. f. Abaissement du taux de la glycémie* au-dessous de 0,80 g, quelle qu'en soit la cause.
Signes cliniques. Les *troubles cardio-vasculaires* sont souvent au premier plan : palpitations, angoisse s'accompagnant d'une tachycardie*, troubles du rythme et hypertension.
Les *signes digestifs* consistent en une sensation de faim intense, des nausées, des douleurs épigastriques.
Les *signes neurologiques* sont de loin les plus graves, car ils conduisent au coma. Ce sont des céphalées, des troubles de la vision et de l'équilibre, des tremblements, des sueurs abondantes, une fatigue intense, brutale, qui surprend les malades. Certaines séquelles neurologiques (hémiplégie, maladie de Parkinson) peuvent persister après la correction du trouble de la glycémie. Par contre, les crises convulsives sont des accidents réversibles, ainsi que les troubles sensitifs (fourmillements, engourdissement des membres). Les troubles psychiques sont nombreux et délicats à reconnaître : état confusionnel, désorientation, amnésie, activité psychomotrice intense, qui simulent un état d'ivresse. Des hallucinations peuvent s'y ajouter, de même que des crises d'agressivité, de mélancolie ou de somnambulisme.
La manifestation la plus grave est le *coma hypoglycémique.* Il s'accompagne de sueurs, de convulsions et d'un signe de Babinski* bilatéral. Un traitement rapide doit être entrepris. D'autres *troubles* peuvent se voir, en particulier des atrophies musculaires, des phénomènes d'horripilation.
Causes. On distingue les hypoglycémies provoquées (extérieures) et les hypoglycémies spontanées.
Hypoglycémies provoquées. Avant tout, c'est celle du diabétique recevant des doses excessives d'insuline (v. DIABÈTE). L'hypoglycémie

est fréquente chez les alcooliques, dans certaines hépatites graves.
Hypoglycémies spontanées. La plupart ont pour origine une lésion du système glandulaire, qu'elle soit pancréatique (tumeur des îlots de Langherans), endocrinienne (par atteinte des glandes hyperglycémiantes [surrénales, thyroïde]) ou due à une lésion hépatique (blocage de la synthèse du glycogène*). D'autres sont dites « secondaires » : après une gastrectomie*, lors du kwashiorkor*, pendant la grossesse.
Souvent les hypoglycémies restent sans cause connue.
Traitement. L'hypoglycémie nécessite toujours un traitement d'urgence, administré très rapidement pour prévenir l'aggravation de lésions. C'est l'absorption de quelques morceaux de sucre dans les cas bénins, ou l'injection intraveineuse de glucagon* et la perfusion d'une solution glucosée dans les cas plus graves.
Après l'accès d'hypoglycémie, on en recherchera la cause, qui sera traitée. Si aucune cause n'est trouvée, un régime restrictif en glucides est institué, et l'alimentation est répartie en plusieurs petits repas par jour, pour maintenir une glycémie plus ou moins constante et éviter les hypoglycémies profondes qui suivent les repas importants, au cours desquels la consommation d'insuline est excessive.

hypophyse n. f. Glande endocrine située à la base du crâne, dans la selle* turcique.
L'hypophyse a le volume d'une noisette et pèse moins de 1 g ; on y trouve des tissus d'origine embryologique, de structure histologique et de fonctions différentes qui lui confèrent un rôle physiologique d'importance primordiale.
On peut individualiser :
— le lobe antérieur, ou *antéhypophyse,* dérivé de l'endoderme ;
— le lobe intermédiaire, de même origine ;
— le lobe postérieur, ou *posthypophyse,* dérivant de l'ectoderme.
L'hypophyse est sous la dépendance étroite de l'hypothalamus (v. CERVEAU) par sa vascularisation (système porte) et par ses connexions nerveuses. L'hypothalamus est le centre nerveux de commande de l'hypophyse.
Physiologie de l'hypophyse. *L'antéhypophyse.* Elle est constituée principalement de cellules glandulaires chromophiles qui sécrètent des hormones : les *stimulines hypophysaires* et *l'hormone de croissance* (*S. T. H.*). Cette sécrétion est placée sous la dépendance de l'hypothalamus.
1. Les *stimulines hypophysaires* sont sécrétées sous le contrôle de facteurs hypothala-

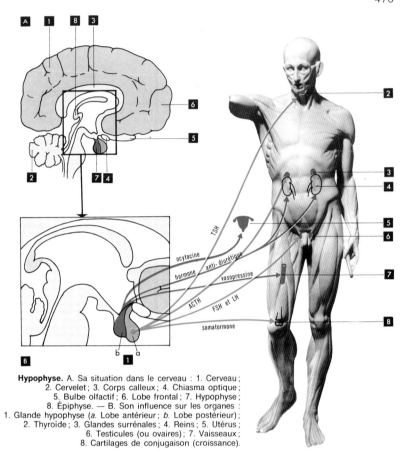

Hypophyse. A. Sa situation dans le cerveau : 1. Cerveau ;
2. Cervelet ; 3. Corps calleux ; 4. Chiasma optique ;
5. Bulbe olfactif ; 6. Lobe frontal ; 7. Hypophyse ;
8. Épiphyse. — B. Son influence sur les organes :
1. Glande hypophyse (*a.* Lobe antérieur ; *b.* Lobe postérieur) ;
2. Thyroïde ; 3. Glandes surrénales ; 4. Reins ; 5. Utérus ;
6. Testicules (ou ovaires) ; 7. Vaisseaux ;
8. Cartilages de conjugaison (croissance).

miques (*releasing factors* ou hormones de libération). À leur tour, elles stimulent les autres glandes endocrines (surrénales, thyroïde, ovaires, testicules...).
— La *thyréostimuline* (*T. S. H.*) excite la sécrétion thyroïdienne sous l'action de son hormone de libération hypothalamique (T. R. H.).
— La *corticostimuline* (*A. C. T. H.**) commande les sécrétions surrénaliennes (corti-

sol* et androgènes). Elle dépend elle-même de l'hormone hypothalamique (α-C. R. F.).
— Les *gonadostimulines**, qui apparaissent lors de la puberté, sont au nombre de deux : l'hormone folliculostimulante (F. S. H.) et la lutéinostimuline (L. H.), toutes deux sous la dépendance d'un seul contrôle hypothalamique (L. H. R. F. - F. S. H. R. F.). La F. S. H. agit sur le développement ovarien* (follicule* de De Graaf) et sur la spermatogenèse chez

l'homme. La L. H. est sécrétée au moment de l'ovulation*, et, chez l'homme, stimule la sécrétion testiculaire interne (testostérone).

— La *prolactine* stimule la lactation et contrôle la production de progestérone*.

Le fonctionnement de l'hypophyse, sous le contrôle inhibiteur ou stimulant de l'hypothalamus, est également soumis à la sécrétion des glandes qu'elle stimule. La régulation se fait par *feed*-*back* (contrôle en retour).

2. L'*hormone somatotrope* ou *hormone de croissance (S. T. H.)*. Son action est multiple et s'exerce sur des récepteurs spécifiques par l'intermédiaire de substances chimiques, les *somatomédines*. Elle agit sur la croissance et les différents métabolismes (glucides, lipides, protides) en les stimulant.

La S. T. H. est hyperglycémiante* ; elle favorise la synthèse protéique et la dégradation des lipides. Elle agit, au niveau rénal, sur la fuite calcique et la rétention phosphorée.

Le lobe intermédiaire. Il sécrète la mélanostimuline (M. S. H.) sous le contrôle inhibiteur de l'hypothalamus (M. I. F.). La M. S. H. induit la pigmentation de la peau en augmentant la synthèse de mélanine*.

La posthypophyse. Sa sécrétion est sous la dépendance directe des noyaux supra-optiques hypothalamiques. Elle sécrète deux hormones : l'ocytocine* (responsable des contractions utérines) et l'hormone antidiurétique, ayant une double action : vasopressive et antidiurétique* (A. D. H.).

Troubles du fonctionnement de l'hypophyse. Schématiquement, il existe des anomalies par excès ou par défaut de la sécrétion hypophysaire.

L'antéhypophyse. 1. Les *syndromes d'hypofonctionnement* peuvent toucher soit toutes les hormones, réalisant un *panhypopituitarisme*, soit une seule sécrétion.

L'origine de cet hypofonctionnement est difficile à établir. Il peut s'agir d'un syndrome de Sheehan (hémorragie et nécrose hypophysaire après accouchement), ou d'une hémochromatose*, ou d'une lésion hypothalamique (tumeur, opération chirurgicale, traumatisme). Les états de grande carence sont à l'origine d'un tarissement hypophysaire (hypopituitarisme secondaire).

2. L'*hyperfonctionnement,* au contraire, est plus souvent dissocié, avec toutefois des interactions hormonales.

L'hypersécrétion de la S. T. H. réalise chez l'adulte une *acromégalie*, et chez l'enfant un gigantisme. Elle est due à la prolifération des cellules sécrétrices de S. T. H. (adénome acidophile).

L'hypersécrétion de corticostimuline (A. C. T. H.), due à un adénome basophile,

est responsable de la maladie de Cushing*. L'hypersécrétion de thyréostimuline, due à un dérèglement hypothalamique, se traduit par la maladie de Basedow*.

L'hypergonadisme, plus rare, toujours d'origine tumorale, réalise chez l'enfant une puberté précoce.

La posthypophyse. La *diminution* de sécrétion posthypophysaire réalise le diabète* insipide.

L'*hyperfonctionnement* posthypophysaire n'est pas encore formellement établi.

Tumeurs de l'hypophyse. Les tumeurs hypophysaires, le plus souvent bénignes, sont localisées dans le lobe antérieur (ou dans des vestiges embryologiques : cranio-pharyngiome*). Selon les cellules en cause, on différencie divers adénomes*.

Ces tumeurs sont responsables d'un dysfonctionnement hormonal (soit augmentation de la sécrétion d'une ou de plusieurs hormones, soit compression et insuffisance hormonale) et des signes neurologiques (altération de la vue, céphalées). Les troubles nerveux nécessitent une intervention (libération du chiasma* optique, lequel, voisin de l'hypophyse, est comprimé par la tumeur), mais le traitement habituel est la radiothérapie.

hypophysectomie n. f. Ablation chirurgicale de l'hypophyse.

hypopion n. m. Collection purulente située dans la chambre antérieure de l'œil.

hypopituitarisme n. m. Diminution des sécrétions de l'hypophyse.

hypoplasie n. f. Insuffisance de développement d'un tissu ou d'un organe.

hypospadias n. m. Malformation de l'appareil urinaire masculin dans laquelle le méat* urétral s'ouvre à la face inférieure de la verge, et non à son extrémité.

hyposulfite n. m. Sel de l'acide hyposulfureux. (Syn. : THIOSULFATE.) L'*hyposulfite de soude* est employé comme désensibilisant dans les allergies.

hypotenseur adj. et n. m. Se dit des médicaments visant à réduire l'hypertension* artérielle.

hypotension n. f. Abaissement au-dessous de la normale de la pression* régnant dans les vaisseaux (artères) et dans certaines cavités (boîte crânienne).

Hypotension artérielle. Elle est définie par une pression systolique (maxima) inférieure à 10 cm de mercure. On l'observe chez les sujets fatigués et surmenés ; chez les cachectiques ; dans certaines maladies (insuffisance surrénale chronique et maladie d'Addison*) ;

enfin, c'est le signe principal du collapsus*
cardio-vasculaire, que sa cause soit un saignement abondant, une déshydratation, une
infection ou un traumatisme.

L'*hypotension orthostatique* est un syndrome clinique caractérisé par une impression de vertige presque immédiatement suivi
de syncope, avec hypotension importante,
survenant à la station debout et plus souvent
au passage rapide de la position couchée à la
position debout. L'affection peut être isolée
ou accompagner une maladie neurologique.
Elle peut être due à des médicaments.

Le *traitement* de l'hypotension est avant
tout celui de sa cause. L'hypotension orthostatique autonome peut être améliorée par
certains moyens mécaniques : levers progres-
sifs, bandes molletières diminuant le volume
vasculaire périphérique, par les analeptiques
cardio-vasculaires (néosynéphrine, nicorine)
et par la dihydroergotamine (qui facilite le
retour du sang veineux).

Hypotension intracrânienne. On l'observe au
cours des déshydratations, en particulier chez
l'enfant. Le cerveau, diminué de volume,
s'écarte des parois osseuses. Le risque majeur
est la constitution d'un hématome extra-dural,
nécessitant une évacuation urgente.

hypothalamus n. m. Centre nerveux du
diencéphale composé d'un assemblage de
substance grise qui tapisse les parois du
3ᵉ ventricule (v. CERVEAU). Pourvu de voies
nerveuses qui y aboutissent et en repartent, il
constitue le centre supérieur de tout le système
neurovégétatif et du système endocrinien,
sur lequel il agit par l'intermédiaire de neuro-
hormones, qui déclenchent la sécrétion des
diverses hormones hypophysaires.

hypothénar adj. Se dit de l'éminence
située à la partie interne de la paume de la
main*.

hypothermie n. f. Abaissement de la
température centrale au-dessous de la normale (37 °C).

Hypothermie pathologique. Elle s'observe au
cours des expositions prolongées au froid,
lorsque l'organisme ne peut plus assurer une
température constante : séjour en eau froide
(naufragés), froid très vif sans protections, et
d'autant plus que le froid diminue les réactions musculaires formant de la chaleur. Cette
hypothermie cède au réchauffement. On
l'observe également au cours de certaines
intoxications, en particulier alcooliques et
barbituriques.

Enfin, certaines maladies infectieuses s'accompagnent d'hypothermie parfois profonde :
outre le choléra*, ce sont surtout les septicémies* à bactéries Gram négatif avec état de
choc* qui en sont responsables.

Hypothermie thérapeutique. L'hypothermie
provoquée permet, en diminuant la consommation d'oxygène des tissus, d'interrompre la
circulation d'un territoire à des fins chirurgicales, ou d'en assurer une oxygénation plus
faible, donc plus facile à maintenir.

L'*hypothermie générale* est obtenue soit par
refroidissement externe (vessies de glace,
bain froid, couverture froide), après administration de neuroleptiques et sous anesthésie
générale juste avant l'intervention ; soit par
refroidissement du sang lorsque est mise en
place une circulation extracorporelle. On
cherche à obtenir une température centrale de
28 à 30 °C, qui diminue considérablement les
besoins en oxygène du cerveau et facilite l'arrêt
du cœur, nécessaire au cours des opérations à
cœur ouvert.

L'*hypothermie locale* est obtenue par de la
glace le plus souvent, et on l'utilise au niveau
des membres ou sur certains viscères après
pose d'un clamp* sur leur pédicule vasculaire, en particulier lors des prélèvements
pour greffe (rein surtout).

hypothrepsie n. f. Dénutrition chez le
nourrisson, dont la forme extrême, l'*athrepsie*
(littéralement : « arrêt total des fonctions de
nutrition »), aboutit à la mort.
L'hypothrepsie et l'athrepsie peuvent être
dues soit à une insuffisance d'apports alimentaires, soit à une assimilation défectueuse ou
à tout autre facteur acquis (infection), provoqué (erreur de régime) ou constitutionnel
(intolérances digestives, malabsorption*).

hypothyroïdie n. f. Insuffisance de sécrétion thyroïdienne.
La forme la plus fréquente en est le myxœdème*, mais elle peut être aussi observée
après l'ablation de la glande thyroïde.

hypotonie n. f. 1. État des solutions salines
dont la concentration est inférieure à celle du
plasma sanguin.
2. Diminution du tonus* musculaire.

hypotrophie n. f. Diminution des échanges
nutritifs, entraînant une diminution de
volume au niveau d'un tissu, d'un organe,
d'une partie du corps ou du corps tout entier.
(Le degré extrême de l'hypotrophie est l'*atrophie*.)

hypovolémie n. f. V. VOLÉMIE.

hystérectomie n. f. Ablation de l'utérus.
Elle peut être totale ou laisser le col de
l'utérus en place (hystérectomie subtotale).
Elle peut être isolée ou associée avec l'ablation d'organes voisins (ovaires et trompes).

hystérie n. f. Névrose caractérisée par une
disposition particulière à exprimer par des
manifestations corporelles des conflits affectifs inconscients.

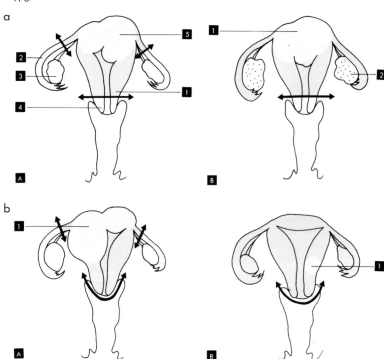

Hystérectomie. a. *Hystérectomie subtotale.*
A. Avec conservation des annexes :
1. Corps de l'utérus ; 2. Trompe ; 3. Ovaire ;
4. Col de l'utérus ; 5. Tumeur bénigne.
B. Avec castration :
1. Tumeur bénigne ; 2. Ovaire infecté.
b. *Hystérectomie totale.*
A. Trompes et ovaires conservés :
1. Tumeur bénigne.
B. Avec castration : 1. Tumeur maligne.

La *personnalité hystérique* est caractérisée par la suggestibilité, l'immaturité avec égocentrisme, l'hyperexpressivité avec théâtralisme, le besoin de séduire son entourage, les tendances mythomaniaques. C'est sur ce terrain que se développent les *symptômes dits « de conversion ».* Parmi les premiers décrits, les grandes crises d'agitation avec convulsions sont de plus en plus rares. Il s'agit plus fréquemment de « crises de nerfs » avec pleurs, gémissements, syncopes, etc. À côté de ces crises existent des paralysies, des contractures, une cécité, une surdité et autres manifestations à type de douleurs viscérales, cardiaques ou autres. Aussi impressionnants que soient ces troubles, ils n'ont jamais aucune base organique. L'hystérique n'est pas un simulateur, car il croit à l'authenticité de ses troubles. Ceux-ci sont un moyen pour lui d'exprimer des affects interdits, refoulés dans l'inconscient.

L'évolution est variable. Parfois l'hystérie se stabilise, mais, en fait, elle est souvent tenace, étant donné les bénéfices secondaires qu'apporte la sollicitude de l'entourage.

Traitement. Les manifestations de conversion peuvent nécessiter un isolement complet dans un service spécialisé. Il faut prendre à l'égard de ces malades une attitude compré-

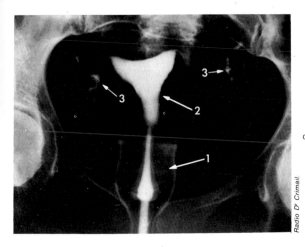

Hystérographie.
Image lacunaire arrondie
et aspect très déchiqueté :
cancer du corps de l'utérus.

hensive mais ferme et sobre. Une psychothérapie peut être proposée.

hystérographie n. f. Technique radiologique consistant à injecter dans la cavité
utérine et dans les trompes un liquide opaque
aux rayons X, de façon à en visualiser la
morphologie.
C'est un examen peu douloureux, qui détermine seulement une discrète sensation de
congestion. La patiente peut ensuite repartir
par ses propres moyens.

hystéromètre n. m. Sonde graduée qui
sert à mesurer la profondeur de l'utérus.

hystéropexie n. f. Intervention de chirurgie gynécologique consistant à replacer
l'utérus en bonne position et à le fixer.
Elle est réalisée en cas de rétroversion
utérine, ou comme temps complémentaire de
la cure de certains prolapsus* génitaux.

hystérosalpingographie n. f. Syn.
d'HYSTÉROGRAPHIE*.

**Hystérographie
normale.**
1. Ventouse en verre
qui a permis l'injection ;
2. Cavité utérine
triangulaire ;
3. Trompes festonnées
perméables.